중국통사

4

History of China(中國通史：成人Color版)
by
Historical Association of China

Copyright (c) 2000 by Petrel Publishing House(海燕出版社)
All rights reserved.
Original Chinese edition was published by Petrel Publishing House (ISBN 7-5350-1954-4)
Korean translation rights arranged with Petrel Publishing House, Zhengzhou.
Korean translation copyright (c) 2013 by Bumwoo Publishing Co., Gyeonggi-do.

이 도서의 국립중앙도서관 출판시 도서목록(CIP)은
e-CIP홈페이지(http://www.nl.go.kr/cip.php)에서 이용하실 수 있습니다.
(CIP제어번호 : CIP2013001106)

명·청

중국통사

중국사학회 엮음 / 강영매 옮김

4

B 범우

전체목록

History of China

제4권

명
청

명 · 청화훼문 뚜껑이 있는 항아리

명 · 쌍룡문양의 손잡이가 있는 청옥 잔

명 · 하조종이 만든 상아색유 달마 자기 입상

차 례

명 · 백유녹운용문 접시

명 · 상아산마필

contents

명 · 이무기가 조각된 황화리 의자

청 · 분채 '백록百祿' 항아리

청 · 손잡이가 있는 꽃그림 법랑주전자

청 · '신위무적대장군' 대포

청 · 금을 상감한 허리에 차는 칼

청 · 진주를 상감한 천구의

명
明

서기 1368~1644년

명 · 선덕 운문 동향로

명 시기(1433년)의 전체 지도

오이라트[瓦剌]

누르칸도사[奴兒干都]

타타르[韃靼]

경사京師

역력파리亦力把里

산동山東

타감도사朶甘都司

섬서陝西

산서山西

하남河南

남경南京

오사장도사烏思藏都司

명明

사천四川

절강浙江

호광湖廣

강서江西

귀주貴州

복건福建

대만도*臺灣島

운남雲南

광서廣西

광동廣東

경주瓊州

일본日本

남녕부
南寧府

광주부
廣州府

남해
南海

명

1368~1644년

명나라는 주원장朱元璋이 남경에 건립한 통일왕조로 영락 19년(1421)에 북경으로 천도했다. 명나라는 1368년 건립에서 1644년 멸망하기까지 277년간 존속했으며 16명의 황제가 있었다.

주원장은 황제가 된 후 20여 년간 정복전쟁을 거쳐 전국을 통일했다. 영토가 가장 넓었을 때는 북쪽으로는 오제하烏第河, 동북쪽으로는 동해**, 서쪽으로는 합밀哈密까지 이르렀으며 티베트를 포함한 서남 및 동해 남해 여러 섬들도 모두 명나라의 판도 안에 있었다. 주원장은 정치와 군사 등 각 방면에서 이전 국가들의 제도를 혁신적으로 개혁하고 정치와 군사 대권을 한 몸에 집중시켜 중앙집권을 강화하였다. 경제적으로는 일련의 사회경제를 회복하고 발전할 수 있는 조치들을 취하여 사회경제는 홍무 연간에 역사상 최고의 수준에 도달하였다. 이는 명대 사회경제의 번영을 위하여 양호한 기초를 마련해주었다. 명 성조 연간에 명나라는 최고의 전성기를 맞이하였으며 15세기 초에 정화는 7차례나 서양을 항해하여 중국 및 세계 항해사에 있어 장거를 이루었다.

명나라는 정통正統(1436) 때부터 쇠락의 길로 향하였으니 환관의 전권, 관리들의 부패, 토지겸병이 격화되었으며 농민기의도 빈번히 폭발하였다. 비록 만력 연간에 장거정張居正 등이 개혁을 단행하였으나 수레 위의 불 붙은 장작더미에 한 잔의 물을 끼얹는 격으로 쇠퇴하는 추세를 막을 수는 없었다. 계급갈등의 격화는 결국 명나라를 멸망으로 몰고 갔다. 숭정 17년(1644)에 이자성이 이끄는 기의군이 북경을 공격함으로써 명나라 통치는 막을 내리게 되었다.

명나라는 중국 봉건사회 경제문화가 지속적으로 발전한 시대였지만 총체적으로 볼 때 중국의 과학기술은 이미 서양에 비해 낙후되었다. 게다가 서양은 이 시기에 자본주의 사회로 진입하였으나 중국은 동남아 연안지역에 엉성하게 출현한 자본주의 맹아조차 봉건제도의 속박아래 꺾여버렸다. 이리하여 위대하고 부강했던 문명 고대국이었던 중국은 점차로 서방의 열강에 비해 한참 낙후되게 되었다.

* 원서에는 '소유구小琉球'로 표기되어 있음 – 역주
** 원서에는 '일본해'로 표기되어 있으나 본서에서는 모두 '동해'로 하였음 – 역주

1368~1398년의 명

서기 1368년, 주원장은 응천應天(지금의 강소성 남경)에 명나라를 건립하고 같은 해 8월에 원나라의 대도大都(지금의 북경)를 공격하니 원나라는 이로써 멸망했다. 그 후 장장 20여 년의 남벌과 북벌을 통하여 1388년에 비로소 전국통일을 실현했다. 이와 동시에 주원장은 정치·경제·군사·문화·풍속 등 각 방면에서 일련의 개혁조치를 취하였다. 특히 중서성을 폐지하고 승상제를 철폐하였으며 정치와 군사대권을 황제 한 몸에 집중시켜 중앙집권통치를 강화했다. 경제적으로는 민생안정 정책을 추진하고 부역제도를 개혁하여 농업과 수공업이 모두 부흥하고 발전하도록 했다.

연대별 주요사건

- 1368년 명 태조 주원장이 황제를 칭하고 국호를 명, 연호를 홍무로 정함
  원 순제가 북으로 달아나자 명나라 장군 서달이 대도로 진입하고 태원을 공격
- 1370년 과거제에 관해 조서를 내림 《원사》 완성
- 1375년 대명보초 인쇄 시작, 초법 설립
- 1380년 좌승상 호유용을 주살하고 중서성을 파하고 승상을 폐함. 대도독부를 중·좌·우·전·후 오군도독부로 바꿈

- 1382년 금의위 설치. 어사대를 도찰원으로 바꿈. 전각대학사 설치
- 1385년 호부시랑 곽환의 횡령사건 발생
- 1393년 남옥안 발생. 《역신록》 반포
- 1397년 《대명률고》 반포
- 1398년 향년 71세로 주원장이 병으로 서거, 효릉에 장사지냄. 황태손 주윤문이 즉위하고 다음 해를 건문 원년으로 개원하니 이가 바로 혜제임

1368년
주원장의 명나라 건국

원나라 지정至正 28년(1368) 정월 4일에 주원장은 응천應天에서 황제로 즉위하였으며 국호는 대명大明, 연호는 홍무洪武라고 정했다. 마씨를 황후에 세우고 주표朱標를 태자에 삼고 이선장李善長을 좌승상에, 서달徐達을 우승상에 임명하였다. 관직을 설치하고 직분을 분배하였으며 문무백관에게 토지, 작위, 호칭, 재물 등을 하사하고 명나라의 통치를 시작하였다.

용문양을 상감한 벽옥 조각품

명대 옥기제품으로 길이 9.1cm, 너비 6cm, 두께 0.8cm다. 옥 재질은 벽녹색을 띠고 있다. 장방형의 조각품은 네 주위 테두리를 권초문으로 조각하였으며 안은 개광開光*이다. 투각은 물결문양의 장식 위에 발톱이 세 개에 꼬리는 물고기인 용을 볼록 튀어나오게 조각했다. 용은 고개를 들어 입을 벌리고 있고 몸은 웅크리고 있는데 긴 머리카락이 앞에 말려있다. 네 귀퉁이의 구멍은 장식을 위한 것이다.

* 기물의 장식에 다양한 변화를 주기 위하여 형상이 돌출되도록 기물의 한 곳에 어떤 모습(예를 들면 도자기의 부채꼴, 마름모꼴, 하트모양 등)의 공간을 남겨둔 후에 이 공간에 문양을 장식하는 것을 말한다. 일반적으로 경태람·퇴주堆朱·도기의 장식에 자주 사용함. 이는 고대 건축 창문의 형식에서 변화해왔음 – 역주

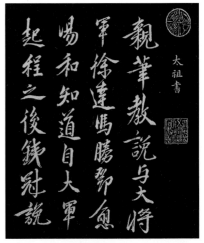

주원장 글씨 《교설대장군敎說大將軍》(일부)

탁발승에서 건국황제가 된 주원장

중국 역사상의 모든 개국황제들과 비교해 보았을 때 주원장은 조금도 손색이 없다. 그는 원 세조의 육도삼략, 송 태조의 용맹함, 수 문제의 담력과 한 고조의 교활함을 겸하고 있었다. 그런 반면 진시황 같은 잔혹함, 진 무제晉武帝의 교만과 방종, 당 고조의 주색잡기 같은 것은 없었다. 그러나 중국 강산을 요리하고 중원을 안정시킨 이 얼굴이 긴 사내는 몇십 년간 무위걸식하던 탁발승이었다. 명 태조 주원장(1328~1398년)은 농민출신으로 어렸을 때 집안이 가난하여 황각사皇覺寺에 들어가 승려가 되었으나 금방 절 안의 식량이 바닥나자 하는 수 없이 목탁을 치면서 바라를 들고 이곳저곳으로 떠돌아다녔다. 후에 곽자흥郭子興이 이끄는 홍건군紅巾軍에 투신하였고 이상하게 생긴 모습 때문에 곽자흥의 친위병이 되었다. 또한 전투에서의 공이 탁월하여 곽자흥의 양녀인 마씨馬氏를 아내로 맞이했을 뿐만 아니라 꾸준히 승진하였다. 이때부터 그는 군대를 모집하고 말을 사고 정원定遠(안휘성에 속함)과 남경을 공격하였다. 또 진우량陳友諒이 교만한 뜻을 갖고 있자 먼저 토벌하고, 그릇됨이 작은 장사성張士誠은 후에 토벌하면서 주원장은 15년간 동서남북을 종횡으로 누비며 군웅을 멸하고 천하를 평정하였다. 그리고는 결국 원나라의 97년간의 잔혹한 통치를 전복시키고 근 3백 년에 이르는 명나라 제왕의 패업을 달성했다.

1368년
위소제의 건립

명 홍무 원년(1368) 정월, 명 태조는 유기劉基가 건의한 '입군위법立軍衛法'을 채택하여 정식으로 위소제衛所制를 창립했다. 위소의 설치는 지리형세와 군사 충원에 근거하여 정해졌다. 일반적으로 말하면 한 군郡마다 소所 하나를 설치하고, 이 군을 연결하여 위衛를 설립하였다. 홍무 7년(1374)에 다시 병위兵衛의 정책을 정할 때 5천6백 명을 일위一衛로 하고 그 아래에 전·후·좌·우·중으로 나누어 5개의 천호소千戶所를 두고, 매 천호소는 또 10개의 백호소百戶所로 조직되었다. 백호소는 명나라 군대의 기층편제로 전부 112명이고 2개의 총기總旗, 10개의 소기小旗가 설치되어 일상적으로 관리와 군사훈련을 진행하였다. 홍무 26년(1393), 천하위소天下衛所를 정했는데 모두 17개 도사都司, 1개 유수사留守司, 329개 위衛, 65개 수위천호소守衛千戶所가 있었다. 전국에는 모두 180여만의 군대가 있었다.

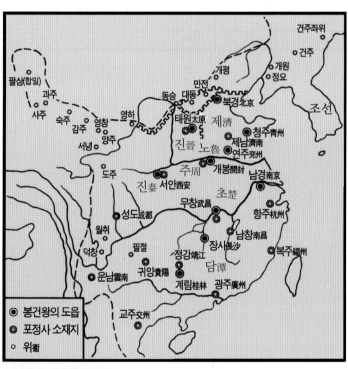

명나라 초기 요충지 약도
주원장은 위소제도를 창설하고 무장력을 강화하여 군대를 통제하였다. 전국의 군대는 모두 위소 안으로 편제되었으며 위소는 전국 각지에 있었다.

1369년
전국에 학교 건립을 명령

홍무 2년(1369) 10월, 주원장은 지방의 군과 현에 학교를 설립하도록 조령을 내리고 또한 부府·주州·현학縣學의 규모와 학생들이 학습하는 내용을 명확하게 규정하였다. 지방학교에서 육성한 학생들의 나이와 경력이 많아지면 정기적으로 경성의 국자감으로 보내 더 깊은 학문을 연구할 수 있도록 하였고 또한 과거에 참가하여 명예와 지위를 얻을 수 있도록 하였다. 1375년에는 또 사학社學을 설립하여 민간 자제들을 교육하도록 했다. 경성의 학교는 즉 국자학國子學(1382년에 국자감으로 바뀜)으로 전국에서 최고의 학부였다. 그 학생들은 감생監生이라 불렸으며 대부분 관료나 지주의 자제들이었다. 이들은 주로 '사서' '오경'과 제도와 법률 등을 배웠고 교육을 전부 수료한 후에는 곧장 관리가 될 수 있었다.

북경 국자감 벽옹辟雍*

* 벽옹辟雍으로 쓰기도 함. 본래는 서주의 천자가 귀족자제들을 교육시키기 위해 설립한 대학으로, 건물 네 주위에 물이 있는 모습이 마치 벽옥같다 하여 이런 이름이 붙혀짐. 남쪽은 성균成均, 북쪽은 상상上庠, 동쪽은 동서東序, 서쪽은 고종瞽宗, 중앙이 벽옹 - 역주

화둔길위지휘사사인禾屯吉衛指揮使司印

명군의 북벌과 원나라의 멸망

원나라 지정至正 27년(1367) 10월, 주원장은 남쪽으로는 장사성과 방국진方國珍 등의 할거세력을 정복했다. 동시에 서달을 정로대장군征虜大將軍으로 삼고, 상우춘常遇春을 부장군으로 삼아 25만 대군을 거느리고 수륙 쌍방으로 진격하여 북쪽의 중원을 취하기로 결정하였다. 주원장의 북벌전략은 세 방면의 병력배치로 이루어졌다. 첫 번째는 먼저 산동을 취하여 상대방을 차단하는 것이고, 두 번째는 하남으로 군사를 돌려 상대방의 날개를 자르는 것이었다. 이 두 가지 방법이 승리를 거두게 되자 원나라 대도를 삼면으로 포위하는 군세가 형성되었다. 이리하여 세 번째 방법은 대도로 곧장 진격하여 원나라를 멸망시키는 것이었다. 원나라는 비록 각 로의 병마가 우리에 갇힌 짐승처럼 마지막 발악을 하였지만 대세가 이미 기운 것은 어찌할 수가 없었으니 원 순제는 태자를 이끌고 북쪽 상도上都로 도주했다. 명군은 원 지정 28년(1368) 8월에 대도에 입성하였고 원나라는 이로써 멸망했다.

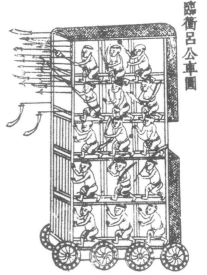

임충려공거도

명나라 대장 상우춘이 구주衢州를 진공할 때 성을 공격하기 위해 이런 높지막한 수레를 사용했다.

1370년
과거의 제정

홍무 3년(1370) 5월, 국가는 인재가 긴급히 필요했으므로 주원장은 과거 조령을 반포하고 8월에 과거를 보아 관리들을 뽑았다. 명대의 과거시험은 문무 두 과로 시험은 향시鄕試·회시會試·전시殿試로 나뉘었다. 향시에 합격한 사람을 거인擧人이라 부르고, 서울에서 거행하는 회시會試에 합격한 사람은 전시에 참가할 수 있는 자격이 주어졌다. 전시는 3년에 한 번 큰 시험을 보았고 황제가 친히 점검하였으며, 전시에 합격하면 통칭 진사라고 했다. 시험에 합격한 진사는 즉시 관직을 수여받았다. 문과시험 내용은 주로 사서오경에 국한되었으며 시험 문체는 팔고문을 사용하여 내용보다는 형식을 중시하였다. 그래서 명대의 과거제를 또 팔고취사八股取士라고 부르기도 한다. 무과시험은 기량과 용맹을 중시하였으며 시험내용은 시국의 요구에 따라 변화가 있었다. 6년에 한 번 큰 시험이 있었으며 여기서 1등으로 합격한 사람은 무장원武狀元이라고 불렀다.

송렴

송렴宋濂(1310~1381)은 자가 경렴景濂이고 호는 잠계潛溪·현진자玄眞子다. 포강浦工(지금의 절강성 금화) 사람이다. 원나라 지정 연간에 한림원 편수를 담당하였고, 후에 나이가 들어 관직을 사직하고 동명산東明山에 은거했다. 주원장이 무주婺州를 공격한 후에 그를 오경사五經師에 초빙하였으며 후에 기거주起居注*에 **임명**하였다. 홍무 2년(1369)에 《원사元史》의 찬수총재관을 맡았으며 책이 안성된 후에는 한림학사에 임명되어 국사편수를 겸임하였다. 홍무 4년에 예부주사禮部主事·찬선대부贊善大夫에 임명되었다. 홍무 6년에 예악 등 여러 제도의 제정에 참여하였고 어명을 받들어 《변간록辨奸錄》을 편집하고 《대명일력大明日歷》·《홍무보훈洪武寶訓》 등을 편수하여 주원장의 깊은 신임을 받았다. 홍무 10년에 벼슬을 사직하고 귀향하였다. 홍무 13년(1380), 호유용胡惟庸 사건이 터지자 송렴의 작은아들 송수宋璲와 장손 송신宋愼이 연달아 참형에 처해지고 송렴도 연좌되어 무주茂州(지금의 성도에 속함)로 귀양을 갔다. 기주夔州에 도착하여 승려 숙사에 기거하다 단식하여 죽었다. 이때가 홍무 14년(1381) 5월이다. 송렴의 학문은 통하지 않는 곳이 없었으며 문장이 깊이가 있고 고문에도 밝아 사방의 학자들이 그를 '태사공'이라고 불렀다. 그의 일생동안의 저서로는 《송학사전집宋學士全集》·《용문자龍門子》·《포양인물기浦陽人物記》·《주례집설周禮集說》·《효경신설孝經新說》 등이 있다. 이들 저서는 명대 대각시파台閣詩派 및 복고 조류의 선구가 되었다.

* 황제를 수행하고 황제의 언행을 기록하는 관직-역주

아들과 신하를 왕에 봉함

홍무 2년(1369), 명 태조는 역대 왕조의 경험과 교훈을 거울삼아 대대적으로 여러 아들들을 봉하여 왕실의 보호막이 되도록 했다. 홍무 3년부터 시작하여 주원장은 25명의 아들과 1명의 조카손자를 왕에 봉했는데 그중 일부는 병권도 수여받았다. 아들을 왕에 봉하여 각지에 주둔시키니 명나라 초기 통치의 공고함에 있어 커다란 역할을 하였다. 그러나 이후 '정난靖難의 변'과 같은 복병을 매복시킨 셈이 되기도 했다. 홍무 3년(1370)에 문신과 무장들에게 개국의 공을 표창하기 위하여 주원장은 봉천전奉天殿에서 의식을 거행하고 공신들에게도 봉을 내렸다. 이선장李善長·서달 등 6명을 국공國公에 봉하고, 탕화湯和·당승종唐勝宗 등 28명을 후侯에 봉하고, 또한 각각 고명誥命·철권鐵券·상품을 하사했다. 얼마 후에 왕광양汪廣洋을 충근백忠勤伯에, 유기劉基를 성의백誠意伯에 봉했다.

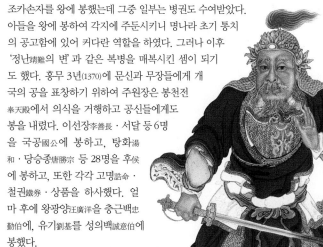

홍무 3년(1370), 중산후中山侯에 봉해진 탕화湯和

1370년
《원사》의 완성

명 홍무 3년(1370), 송렴이 주편한 《원사元史》가 완성되었다. 《원사》는 원나라 사실을 기록한 기전체紀傳體 역사서로 총 210권으로 되어 있다. 전체 책은 본기本紀 47권·지志 58권·표表 8권·열전 97권을 포함하고 있다. 칭기즈칸으로부터 원 순제까지 약 160년간의 몽골과 원나라의 역사를 기록하고 있으며 특히 원나라의 역사사실을 위주로 쓰여졌다. 이 책은 실록·후비 공신 열전 및 여러 사람들이 지은 행장行狀·묘지墓誌에 근거하여 쓰여졌으며 그중 표表와 지志는 《경세대전經世大典》 등의 서적에 의거하여 편찬되었다. 이리하여 《원사》에는 적지 않은 원시자료가 보존되어 있으며 특히 천문·역사·지리·하천 등 사지四志 재료가 가장 진귀하여 원나라 역사를 연구하는 데 기본적인 자료의 하나다. 《원사》를 편찬한 시간은 겨우 11개월로 책이 속성으로 완성되었기 때문에 적지 않은 결함과 오류를 초래하여 후대 학자의 비난을 받고 있다.

1375년
대명보초의 반포 실행

홍무 8년(1375) 3월, 주원장은 '대명보초大明寶鈔'를 인쇄하여 민간에 통용시키라고 명령했다. 홍무 초에 시장에 유통되던 화폐는 대부분 풀무질하여 주조한 동전 '홍무통보洪武通寶'였다. 그러나 갓 건립된 명나라는 원료가 되는 동이 몹시 부족하여 동 재질의 화폐는 시장의 수요를 도저히 만족시킬 수 없었다. 이리하여 주원장은 원대에 실행했던 화폐제도를 거울 삼아 '대명보초'를 인쇄해 동전과 병행하되 지폐를 위주로 하고 동전을 보조로 사용하도록 했다. 명나라의 보초는 모두 6등분할 수 있다. 즉 1백문百文·2백문·3백문·4백문·5백문·일관一貫이 있었다. 당시 정부가 은 사용을 금지하고 대량으로 보초를 발행했기 때문에 보초는 급격한 가치하락으로 이어져 유통에 장애를 받았다. 15세기 중엽에 이르러 시장에서는 이미 거의 사용하지 않았고 가정 원년(1522)에 이르러 정식으로 중지되었다.

1375년
도지휘사사의 설립

홍무 8년(1375) 10월, 주원장은 행성도위지휘사사行省都衛指揮使司를 도지휘사사都指揮使司(간칭 도사都司)로 고치도록 명령하고 모두 13개 도사都司와 2개 행도사行都司로 바꾸어 설립하고 그 후에 다시 증설 보강하였다. 도사는 대도독부에 예속되었으며 홍무 13년에 오군五軍에서 도독부를 관리하고 병부에서 군사 파견을 통일하도록 규정했다. 도사에는 도지휘사 한 사람 및 도지휘동지都指揮同知·도지휘첨사都指揮僉事 등의 관직을 두어 일방적으로 군정을 관장하였다. 또한 각 도사의 병사 훈련·둔전·군기軍器·조운漕運·방비 등의 사무를 책임졌다. 전쟁이 일어났을 시는 모든 관병들이 출정에 소집되었고 평상시에는 각각의 본부로 돌아갈 수 있었다.

《원사》
명 홍무 연간의 내무부 각본이다.

명·금 뚜껑과 받침이 있는 백옥잔

동용銅俑

명초 왕리王履의 〈화산도〉(일부)

명초 화가 왕리

왕리(1332~?)의 자는 안도安道, 호는 기수畸叟고 강소성 곤산昆山 사람이다. 그 지역의 의사였으며 게다가 어느 정도 공적도 있었다. 또한 시와 문장에 능하였으며 회화를 몹시 좋아하였고 산수화에 뛰어났다. 그는 줄곧 마원馬遠과 하규夏圭의 산수화를 좋아하였으며 이들의 예술은 "거칠지만 속됨이 없고, 세밀하면서도 교태가 흐르지 않고, 명쾌하고 광활하여 초탈한 여운이 있으며, 어둡고 먼지가 쌓여 비루해도 외설스럽지 않고, 그림은 영척盈尺*을 넘지 않지만 그 뜻이 몹시 무궁하며 충만하다"고 여겨 마음을 다하여 이들을 모방했다. 홍무 16년(1383), 그의 나이 52세 때 화산을 유람하고 정상에 올라 기이하고 웅장한 풍광을 음미한 후 〈화산도華山圖〉 40폭을 그렸다. 매 폭마다 가로 50.5cm, 세로 34.5cm로 유기遊記 · 시 · 서序와 서紋를 지었다. 〈화산도〉는 현재 북경 고궁박물원과 상해박물관에 나뉘어 소장되어 있다. 〈화산도〉에서 왕리는 그가 산에 오르며 본 경치를 이미지화 하였는데 산천의 웅대함과 기이함은 그에게 있어 회화창작에 대한 진일보한 인식을 깨우쳐 주었다. 북경 고궁박물원에 소장되어 있는 〈화산도〉는 깊고 깊은 화산의 신령스런 기골을 잘 형상화한 걸작품이다. 그림책은 구도상 대부분 근경과 중경中景을 채용하여 경물이 눈앞에 역력히 드러나도록 하였다. 동시에 공간의 깊이와 넓이에 주의를 기울였다. 바람과 산이 곧게 뻗어 나가고 산길이 휘돌아치며, 가까운 산은 하늘과 함께 있고 먼 산은 아득하여 비록 그림이 영척을 넘지 않지만 심원함과 웅대한 기개가 있다. 필묵 기교 방면에서 왕리는 마원과 하규의 강건하고도 굳센 필법을 흡수하여 산석을 짧게 끊는 간결한 소부준법小斧皴法으로 가파르고 견고한 돌의 질감을 표현했다. 나뭇가지는 주로 '굽은 강철처럼 가늘면서도 힘이 있는' 붓 터치로 그렸다. 수묵의 선염은 농담에 층차가 있도록 하여 명암의 향배向背 관계를 표시했다. 그는 〈화산도서華山圖序〉에서 자신의 느낌을 표명했는데, 예술창작은 조화造化를 스승으로 해야만 하며 결코 비단이나 종이에 옮겨 적는 임모에 그쳐서는 안 된다고 하였다.

* 한 자 미만의 넓이라는 뜻으로 매우 좁음을 이르는 말 – 역주

개국공신 유기의 병사

명 홍무 8년(1375) 4월, 유명한 문학가이자 정치가인 유기劉基가 향년 64세로 사망했다. 명나라 건립 후 유기는 태사령 · 어사중승 겸 태사령을 역임했으며 조정의 여러 가지 중대 정책에 참여했다. 홍무 3년 유기는 성의백誠意伯에 봉해지고 후에는 좌승상 호유용의 모함 사건에 연루되어 고향으로 보내졌다. 홍무 8년 억울하게 죽었다(일설에는 호유용에게 독살되었다고 함). 유기는 경사에 박학다식하고 병법과 육도삼략 · 천문지리에 정통하였으며 글씨를 잘 썼고 문장을 잘 지었다. 저서로는 《울리자鬱離子》·《사정집寫情集》·《춘추명경春秋明經》 등이 세상에 전해온다. 후인들이 이 작품들을 《성의백문집誠意伯文集》으로 합쳐서 편찬했다.

유기

유기(1311~1375)는 자가 백온伯溫이고 청전靑田(지금의 절강성) 사람이다. 원 지순至順 2년(1331)에 진사에 합격했으며 후에는 관직을 사직하고 귀향했다. 전심전력으로 글을 쓰고 학설을 세웠다. 주원장이 절동浙東을 공격한 후 유기는 남경으로 가서 지원하였다. 그는 주원장에게 시무 18책 및 원나라를 망하게 하는 방침을 설명하였고 소명왕小明王에게서 벗어나 자립할 것을 권하여 주원장의 깊은 신임을 얻었다. 이후에 그는 주원장이 진우량과 장사성을 멸하는 것을 보좌하였으며, 북으로는 중원을 토벌하고 남으로는 여러 군郡을 평정하며 혁혁한 전공을 세웠다. 이리하여 명나라의 개국공신 중의 한 사람이 되었다.

봉래수성

봉래수성蓬萊水城은 또 비위성備倭城이라고도 부른다. 북쪽으로는 바다에 임하고 남쪽으로 부성府城에 접해있으며 뒤쪽의 산은 바다와 연결되어 있다. 천혜의 요새로 명대의 전형적인 바다를 방위하는 성채다. 명 홍무 9년(1376)에 등주登州가 부府로 승격되면서 봉래수성을 건축하였다. 수군사령부가 이곳에 세워졌으며 여러 대에 걸쳐 수차례 중건되어 전함이 정박하고 수군 군대가 주둔하며 바다로 항해하는 순시선의 군사요새가 되었다.

줄세공 법랑 전지연꽃 문양에 코끼리모양의 손잡이가 있는 향로[拍絲法瑯纏枝蓮象耳爐]

1376년
봉래수성의 건설

홍무 9년(1376), 비위성備倭城(즉 봉래수성)이 건설되었다. 명대에는 해안에 연한 각 성의 해상에서 늘 왜구가 소란을 피웠기 때문에 명나라 초기 이래로는 해안 요충지에 방위거점을 설치하였다. 이런 해안방위건설은 위衛·소所·보堡·채寨로 나뉘었다. 산동성의 봉래수성은 그 중의 전형적인 성으로 명대 해안방위 거점의 체제와 특징을 엿볼 수 있다. 봉래수성은 크게 두 부분으로 이루어졌다. 하나는 작은 바다를 중심으로 수문·방파제·평량대平浪台 및 등루燈樓 등 항구건축물들로 이루어졌다. 또 하나는 봉래수성 그 자체를 주체로 하며 거기에 포대炮台·적대敵台 및 수갑水閘 등 군사방어 시설로 이루어졌다. 항구 위치의 선택과 항만의 기획배치는 물론이고 군사방어 시설의 배치 역시 모두 명나라 장인의 탁월한 기예와 설계 계획의 과학성을 표현하고 있다. 봉래수성은 군사전략 요충지가 됨은 물론이고 또한 일반적인 바다항구로 볼 때도 중국 항구 건설사상 모두 중요한 지위를 구비하고 있다.

명대에 건설한 가욕관嘉峪關

1378년
명 황릉의 건설

명 황릉은 주원장의 부모·형님과 형수의 능묘로 안휘성 봉양현鳳陽縣 서남쪽에서 8킬로미터 지점, 북쪽의 중원 도성으로부터는 약 5킬로미터 떨어진 태평향太平鄕에 있다. 명 홍무 2년(1369)에 건설이 시작되어 홍무 11년(1378)에 기본적으로 완성되었다. 전체 능역의 계획은 고대 능묘제도를 계승하였으며 규모는 상당히 크다. 황성皇城·전성磚城·토성土城 세 겹의 담으로 이루어졌고 가장 외곽인 토성의 주위 길이는 14킬로미터에 달한다. 명 황릉은 북쪽을 면하고 있으며 능묘는 토성 남부에 위치한다. 황릉으로 통하는 신도神道에는 32쌍의 돌조각 의장대가 길게 배열되어 있어 기세가 장엄하고도 엄숙하다. 이들 조각들의 석질은 견고하면서도 조각이 아름답고 스타일은 호방하고도 운치가 있다.

명·중도中都 황릉 석각군
모두 32쌍의 석각이 있으며 북쪽에서 남쪽으로 배열되어 있다. 이 석각들은 기린 2쌍, 사자 4쌍, 호랑이 4쌍, 화표華表* 2쌍, 말과 마부 6쌍, 표범 4쌍, 양 4쌍, 문신 2쌍, 무신 2쌍, 내시 2쌍이 있다.

* 고대의 궁전, 능묘陵墓 등의 큰 건축물 앞에 장식용으로 세우던 거대한 돌기둥. 몸체에는 주로 용과 봉황 등의 그림을 새겨 넣었으며, 위쪽에는 꽃을 조각한 석판이 가로로 꽂혀 있음. 한국에서는 망주석, 망두석이라고도 하는데 주로 무덤 앞에 있는 경우를 말하므로 여기서는 중국식대로 화표주라고 했음 ─ 역주

석인(문신)

석인(무신)

가화전차架火戰車(모형)
길이 120cm, 너비 52cm, 높이 87cm다. 이 전차는 외바퀴 차에 불화살을 장착한 전차로 앞에는 면으로 만든 끈이 있어 필요할 때면 납탄을 장전할 수 있고 전차의 양측에는 여섯 통의 화살을 설치할 수 있다. 전체 160발, 화총은 2발, 장총도 2발을 설치할 수 있으며 두 사람이 조작한다.

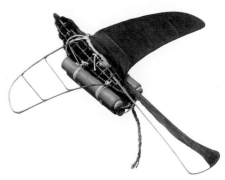

신화비아神火飛鴉(모형)
길이 45.5cm, 너비 57cm이다. 이 장치는 대나무 가지를 묶어 까마귀 형태로 만든 비탄飛彈이다. 내부에는 화약을 가득 장착했으며 4개의 화약통이 추진기 역할을 한다. 300m까지 날 수 있으며 적 진영에 떨어진 후, 까마귀 형태의 화약이 폭발하여 적군을 공격한다.

원대를 계승한 삼송

'삼송三宋'은 원나라가 망하자 명나라로 들어온 유명한 서법가인 송극宋克·송수宋廣·송광宋廣 세 사람을 말하다 이득은 주로 명 태조 홍무 연간에 활동했다. 이들의 서법은 원대인의 전통을 계승하였고 자체字體의 외형적 아름다움, 즉 '상태尙態'를 중시했다.

송극(1327~1387)은 명초의 첫 번째 유명 서예가로 해서·행서·초서·장초章草 등의 서체에 뛰어났으며 특히 그의 장초는 한 시대를 풍미했다. 그의 장초 서법은 원대 서예가인 여서余緖를 계승하였고 위진 이래의 고장초古章草 서법을 부활시켜 발전시켰다. 특히 고장초의 편방자형扁方字形을 장방체로 바꾸었고, 둥글고 두터운 고졸한 필법을 곧고 가늘면서도 힘이 있는 필획으로 바꾸어 장초로 하여금 새로운 뜻을 드러내도록 했다.

송수(1344~1380)는 해서·예서·전서·초서에 뛰어났으며 그의 소전은 명나라 제일이라는 명예를 얻었다. 그의 소해小楷도 단정하고 아름다우며 멋진 풍모를 지니고 있다. 행초서는 필획의 구조가 호리호리하며 가늘면서도 힘이 있고, 신속한 운필 속에서 형세를 매듭짓는 것에 뛰어났다.

송광(생년월일 미상)은 오로지 행초서에 뛰어난 서예가였다. 송광의 필법은 대체로 가늘면서도 힘이 있는 수법을 취하였고 기세를 맺는 것에 뛰어났다. 붓의 사용은 종횡무진 분방하며 서법이 기세가 있고 생동감이 있어 가히 마음먹은 대로 하여도 그 규칙을 넘어서지 않는 경지에 도달했다고 할 수 있다.

송극宋克의 칠언절구

문방지보

홍무 '사옥'

명 태조의 독단적인 정치의 관제개혁은 왕권이 고도로 집중되었음을 표현함은 물론이고 더욱 심각한 것은 이런 군주독재통치를 유지하기 위하여 각종의 극단적인 야만적이고도 낙후된 진압수단을 채용하였으니, 만년에는 특히 여러 가지 폐해가 있었다. 그는 '스스로 권력을 조종'하기 위하여 실제에 근거하지 않고 허망한 이미지에만 의지하여 여러 차례 옥사獄事를 일으켰다. 가장 유명한 네 가지 사건이 있는데 사람들은 이를 홍무 '사옥四獄'이라고 한다. 즉 홍무 9년(1376)의 '공인안空印案'과 18년(1385)의 호부시랑 곽환郭桓의 횡령사건이 있다. 이 두 사건은 비록 횡령의 폐단을 근절하기 위한 징벌로 일어난 것이지만 연좌된 사람이 아주 많다. 여파가 가장 컸던 사건은 홍무 13년(1380)에 시작된 승상 호유용胡惟庸 사건과 26년(1393)에 발생한 대장군 남옥藍玉 사건(역사에서는 이 둘을 '호람지옥胡藍之獄'이라고 함)으로 5만여 명이 죽었으며 이들 속에는 공公과 후侯 직위에 있는 사람도 근 40여 명이나 된다. 이런 대살육을 겪으면서 왕권에 대한 직접적인 위협은 비록 잠시 사라졌지만 개국공신들은 거의 주살되었다.

호유용 사건

명 홍무 13년(1380) 정월에 주원장은 "반역을 도모했다"는 죄로 좌승상 호유용을 주살하고 중서성과 승상제도를 폐지하여 이를 바꾸어 6부로 정했다. 호유용은 안휘성 정원定遠 사람으로 일찍이 주원장을 수행하며 병사를 일으켜 자못 신임을 받았다. 그는 여러 직을 역임하였고 홍무 10년에 좌승상으로 승진하여 백관의 우두머리가 되었다. 권세가 끊임없이 커지자 호유용은 나날이 교만하고 방자해졌다. 죽이고 살리는 일과 관직의 승진과 강등을 제멋대로 하였으며, 사당私黨을 만들고 권력을 휘두르며 사리사욕을 채웠다. 13년 정월에 주원장은 모반이라는 죄명으로 호유용·서녕徐寧·도절塗節 등을 주살했다. 반역을 소탕하기 위하여 주원장은 책임을 끝까지 추궁하니 여기에 연루되어 죽은 자가 3만여 명이었고 그중에는 개국공신인 이선장 등 공公 2명, 후侯 20명이 포함되었으며 그 사건은 장장 10년간이나 지속되었다. 호유용이 피살된 후 주원장은 승상직을 폐지하고 중서성을 철폐하였으며 조정은 이후 두 번 다시는 승상을 세우지 말라고 규정했다. 승상이 장악했던 사무는 대부분 6부로 넘어가 관리되었고 황제가 직접 이들을 이끌게 되자 중앙집권은 한층 더 강화되었다.

호유용 사건의 대대적인 체포와 사형
주원장은 모반이라는 죄명으로 호유용 집안의 가산을 몰수하고 삼족을 멸하였으며 호유용과 함께 했던 무리들을 대대적으로 체포하여 죽였다. 이에 연루되어 죽은 자가 3만여 명이나 되었다.

명·남유 백화 접시[藍釉白花盤]
높이 5.2cm, 입지름 26cm다. 바탕 재질은 비교적 두껍다. 접시 바닥 중앙에 두 겹의 동심원이 청화로 그려져 있으며 그 안쪽은 가늘고 바깥쪽은 거칠다. 접시 안에는 꽃과 과일 도안이 있고 외벽 장식으로는 연꽃이 한 바퀴 둘러 그려져 있다. 백채의 농도가 짙어 남유와 서로 어울리며 선명한 색상이 눈길을 끈다.

한국공韓國公 이선장
이선장李善長은 원래 좌승상이었는데 호유용 사건에 연루되어 자살을 강요받았고 77세로 죽었다.

승록사와 도록사의 설치

홍무 15년(1382)에 주원장은 승록사僧錄司와 도록사道錄司를 설치하고 외부의 부府·주州·현縣에는 승망僧綱·도기道紀 등의 지방 분과기구를 설치했다. 모든 승록사와 도록사 관리들은 모두 경전에 정통하고 수행과 계율이 단정한 자들을 선발하여 충당했다. 사관寺觀의 승려와 도인道人의 수대로 승록사와 도록사에서 정부가 발급한 책을 교부했다. 동시에 정부는 승원僧院과 도관道觀에 대량의 전답과 소작농을 내려서 승려와 도사들이 사용하도록 하고 사원 소유의 전답세와 부역세는 면제해주었다. 승려와 도사들이 만일 규칙과 계율을 어기면 해당 기관에서 스스로 심리를 하도록 하였고 지방관리들은 간섭하지 못하도록 했다. 만일 범법자들과 지방군민이 관계가 있으면 지방관은 반드시 승록사와 도록사의 관원들과 협상하여 해결하도록 했다. 주원장이 이처럼 승려와 도사들을 총애한 것은 종교를 통하여 한층 더 백성에 대한 사상 통제를 강화하고자 했기 때문이다. 이후의 명대 여러 제왕들은 주원장의 영향을 깊이 받아서 명나라 궁정에서는 불교와 도교를 선호하는 풍조를 형성했다.

주원장이 하사한 사원의 편액
명 홍무 26년에 주원장은 '구담사瞿曇寺'라는 편액을 사원에 하사했다.

구담사의 내력

명나라 초기에 삼라라마三羅喇嘛라는 티베트의 고승이 있었는데 티베트에서 청해호青海湖의 해심산에 와서 수양을 하였다. 후에 또 낙도樂都 남산으로 가서 불법을 포교하였는데 그 명성이 점차 커져갔다. 1389년에 주원장이 그를 북경으로 불러들였으며 스승으로 존경하였다. 얼마되지 않아 조정에서 돈을 출자하여 구담사를 건립하였고 주원장이 절의 이름을 하사하였다. 이때부터 구담사는 낙도의 남산에 우뚝 서게 되었다.

구담사 벽화

청해 낙도의 구담사
구담사는 청해성에 보존되어 있는 가장 완벽한 명대 건축물이다. 구담사의 전당殿堂 건축은 고궁의 특색을 갖고 있다. 전하는 바에 의하면 애초에 고궁건축물을 모방해 지었다고 하며 그래서 '소고궁小故宮'이라는 명칭이 있다. 구담사 주위는 여러 산들이 에워싸고 있으며 가까운 곳에는 수목이 가득하여 울울창창하고 졸졸 시내가 흐르며 새들이 지저귀고 꽃향기가 가득하다. 먼 곳에는 낙도의 남산 만년설이 쌓여있고 햇빛 속에 차가운 빛이 가득하다. 전체 절은 금광전金光殿·구담전·보광전·융국전隆國殿 등으로 조성되었으며 그중 특히 융국전이 장관이다. 날아갈 듯한 처마, 그림과 조각으로 치장된 기둥과 서까래는 크고도 웅장하며 호화롭다.

명 홍무 15년(1382) 정월,《화이역어華夷譯語》가 편찬 완성되었다. 원나라 초기에는 문자가 없었기 때문에 몽골자의 역어로 책을 만들 수가 없었다. 명나라 건립 후에 원나라와 관련된 정황을 이해하기 위하여 주원장은《화이역어》를 편찬하도록 명령했다.《화이역어》는 한문을 이용하여 몽골어를 해석하였는데 그 내용은 천문·지리·인사·물류·복식·기물 용기 등을 포함하고 있었으므로 실제적으로는 한몽자전이라고 할 수 있다. 이 책을 편찬할 때는 또《원비사元秘史》등 원나라 사료를 참고하였고 절음방법切音方法을 사용하여 한자와 몽골자 독음의 차별을 주석註釋했다. 이때부터 북방 몽골지역에 가는 사신들은 두 민족 간의 뜻에 모두 통달하여 민족 간의 교류가 강화되었다.

《화이역어》
《화이역어》는 명청 양대의 회동관會同館과 사이관四夷館(청초에 사역관으로 개칭)에서 편찬한 여러 종류의 언어와 중국어 대역의 사전 총칭이다. 모두 네 가지 판본이 있는데 3종은 명대에 완성되었고, 1종은 청대에 완성되었다. 이 책은 명나라 화원걸火原杰이 한자를 사용해 몽골어를 기록한《화이역어》다.

서안의 종루 모습

종루鐘樓는 서안성 중심인 동서남북 네 거리의 교통중심지에 있다. 명 홍무 17년(1384)에 처음 세워졌으며 전체 높이 36m에 겹처마와 2층의 사각모임지붕[四角攅尖頂]* 목재 구조다. 고루鼓樓는 종루의 서북쪽 200m 지점에 있으며 종루보다 4년 일찍 건설되었다. 전체 높이 33m로 누각은 장방형이고 팔작지붕 겹처마 삼적수三滴水** 목조 구조의 건축으로 푸른 벽돌로 쌓았다.

* 사각모임지붕은 지붕의 평면이 방형이며 네 개의 지붕면이 하나의 꼭지점으로 모이는 형태로 정자 건축에 많이 쓰임 - 역주

** 고대 건축에서 3층 지붕 형식의 건축을 말하며 대부분 팔작지붕 건축물에 이용 - 역주

서안성벽

명나라 초기, 당나라 장안성의 기초 위에 건설하였다. 성벽 꼭대기에는 안팎을 따라서 낮은 담장(이를 여장女牆이라 함)이 있으며 성벽 밖에는 해자가 있다. 서안성벽의 전체 건축물 배치는 모두 수비에 편리하도록 하였으며 성안 방어체계의 중요한 유적지다.

1382년
금의위 건립

명 홍무 15년(1382) 4월, 주원장은 의란사儀鸞司를 폐지하고 황제 호위의 군사기구인 금의위錦衣衛를 설치하였다. 금의위를 건립하기 전의 의란사는 황제를 위한 의장儀仗의 호위기구에 불과했는데 금의위로 바꾼 후에는 권력이 대대적으로 증가했다. 호위 직권을 장악했음은 물론이고 순찰과 체포 그리고 옥사의 심리에 관한 권력까지 갖게 되어 사실상 명나라에서 설립한 특무조직이었다. 금의위에 예속된 진무사鎭撫司는 황제가 명령한 안건의 조사를 도맡았고, 그들은 혹독한 형벌을 사용했으며 그 고통은 종종 관官형벌의 열 배에 달했다. 위충현魏忠賢이 금의위를 장악했을 때는 척추를 분지르고, 손가락을 잘랐으며 또 자심刺心과 비파琵琶라는 잔혹한 형벌도 있었다. 이런 형벌은 범인을 혹독하게 고문하여 자백을 강요하는 불법적인 잔혹한 방법으로 백성들의 격한 분노를 자아냈으며 원성이 거리에 자자하였다. 홍무 20년(1387)에 주원장은 부득이 금의위에서 사용하던 형구를 태워버리도록 명령하였고 압송된 범인도 형부刑部에서 심리하도록 했다. 동시에 내옥內獄과 외옥外獄에 있는 죄수들을 삼법사三法司에 보내어 심리하도록 명령하고 금의옥錦衣獄을 폐지했다. 그러나 명 성조에 이르러 금의위가 다시 회복되었고 또한 북진사北鎭司가 전적으로 옥사문제를 처리했다. 금의위는 수많은 특권 외에도 또 대량의 토지를 소유했다. 성화 연간에 이르러

서야 이들의 권세와 지위가 비로소 약화되었다.

금의위 목도장

목재로 된 인신印信을 도장 면적의 테두리 너비는 11.5cm, 도장 두께는 1cm, 전체 높이는 4cm다. 이 도장은 어깨가 좁아지는 평평한 꼭지를 갖고 있으며 부분적으로 파열된 흔적이 있다. 도장 앞면에는 전각으로 '금의위인錦衣衛印'이라고 새겨져 있으며 도장 뒷면에는 "성화 14년 삼법사三法司置"라고 새겨져 있다. 금의위는 명대 궁정 내의 호위 정찰기관으로 홍무 15년(1382)에 처음으로 건립되었으며, 호위·체포·형옥刑獄의 업무에 종사하였다. 황제를 호위하면서 황제의 눈과 귀가 되어 명 왕조와 시종일관 함께 했다. 명초에 주원장은 중앙집권을 강화하기 위하여 형부刑部·도찰원都察院·대리사大理寺 세 기관으로 나누어 옥사에 관한 일을 처리하도록 하였는데 이를 삼법사三法司라 한다. 이 세 기관이 서로 견제하도록 하였으니 만일 중대한 사건이 생기면 이 삼법사에서 함께 심리하고 사건을 종결하였다. 이 목도장은 삼법사가 회동했을 때 쓰는 도장이다.

효릉에 관한 일화

효릉에 관한 민간전설이 있는데, 명 태조 사후에 도성의 13개 성문에서 동시에 관을 메고 나갔다고 한다. 이리하여 사람들은 종종 주원장이 정말 효릉에 매장되었을까 의심한다. 어떤 사람은 주원장은 황성의 만세전 아래에 매장되었다고 하고 어떤 사람은 성의 서쪽 조천궁朝天宮 삼청전三淸殿 아래에 매장되었다고 하며, 또 어떤 사람은 북경의 만세산에 매장되었다고도 한다. 이런 여러 가지 추측이 있는 까닭은 아마도 주원장의 성격이 의심이 많고 게다가 그가 생전에 죽인 사람이 너무 많았기 때문에 사람들이 자신의 묘를 파헤쳐 보복할까 두려워한 심리가 있었기 때문일 것이다.

1383년
효릉의 건설

명 효릉孝陵은 명나라 개국황제인 주원장의 능묘로 남경 동쪽 교외 자금산紫金山 남쪽 기슭 독룡부獨龍阜 완주봉玩珠峰 아래에 있다. 홍무 14년(1381)에 건설하기 시작하여 홍무 16년에 완성되었고 주원장 사후에 이곳에 매장하고 효릉이라 했다. 명 효릉은 전후 두 부분으로 조성되었는데 앞은 신도神道 부분이고 뒤는 능원 부분이다. 신도 부분은 전체 길이 1천8백 미터로 하마방下馬坊으로부터 어하교御河橋에 이르기까지 지형에 의거하여 이리저리 구불구불한 배치가 아주 묘하게 되어 있다. 신도 앞에는 평면의 방형으로 면적이 커다란 신령스런 성덕의 비루碑樓가 있어 사람들에게 숭고하고 장엄한 느낌을 준다. 신도 양측에는 1리가 넘게 석각들이 배열되어 있어 능묘를 신비하고도 성스럽게 하며 능묘건축의 공간 층차를 증가시켜준다. 또

한 능묘를 구별하는 등급의 표지역할을 하고 있다. 능원의 주체부분은 엄격한 대칭의 종축형태를 채용하여 전반부분이 산세에 의지하여 구부러진 것과는 상반된다. 전후 모두 세 개의 대문을 들어서야 하는데 방성명루方城明樓* 및 보정寶頂은 후원에 있다. 능은전棱恩殿과 방성명루가 서로 결합하여 능묘건축의 주체를 구성하고 있다. 궁전과 사원처럼 전조후침前朝後寢**으로 능체의 주체부분이 돌출되는데 송대 능 형태인 방형의 능대와 토성을 대신하여 능묘건축의 예술성을 제고시켰다.

* 명대 능묘의 형식으로 아래는 네모난 단을 만들고 그 위에 세운 높은 누각. 누각 중앙에는 제왕의 묘호 석비가 있고 아래는 영침靈寢이 있음 - 역주

** 기본적인 궁궐배치로 앞쪽 건물이 조정이고 뒤쪽 건물은 왕과 왕비의 처소임 - 역주

석수石獸(기린)

명 태조 주원장 묘

요패

관원의 감찰제도는 중국 고대 문관제도 중에서도 가장 독특한 내용이다. 이 그림은 명대 감찰어사 왕서王抒의 상아로 만든 요패腰牌*다.

* 옛날 허리에 차던 출입 증명서 – 역주

1385년
진사의 한림 시작

홍무 18년(1385) 3월 15일, 조정은 진사를 한림으로 하기 시작했다. 명초의 한림원 관리들은 모두 각지의 추천에 의한 사람들이었다. 홍무 15년 이후에 중앙 및 지방의 각급 관리들은 보편적으로 인원이 다 찼다. 그래서 과거로 채용된 진사들 중 어떤 사람은 한림원·승칙감承敕監·중서성의 육과六科 등에 들어갔고, 어떤 사람은 도찰원·통정사通政司·대리시 혹은 기타 여러 기관에 채용되었다. 이들은 직접 직무를 위임받지 못했기 때문에 모두 정부에서 일률적으로 녹미를 발급했으며 한림원 등에서 직임의 발탁과 승진을 기다렸다. 이때부터 한림원은 과거에 합격한 진사들이 입신출세를 청하는 곳이 되어버렸다. 정부에서는 일단 사람이 필요하면 한림원으로부터 조달을 받았다.

금릉의 최고 명승지—막수호

막수호莫愁湖 공원은 남경의 서문 밖에 있다. 당시 주원장이 도성을 건설한 후에 개국공신이자 중산왕인 서달徐達과 종종 공원 안에 있는 승기루勝棋樓에서 바둑을 두었다고 한다. 서달이 바둑에서 이기자 주원장은 승기루와 막수호를 서달에게 선물했다고 하며 승기루는 이로써 명성을 얻게 되었다.

개국공신 서달의 죽음

명 홍무 18년(1385) 2월에 명나라 대장이자 개국공신인 서달이 타계했다. 서달(1332~1385)은 자가 천덕天德이고 호주濠州(지금의 안휘성 봉양鳳陽) 사람이다. 원 지정 13년(1353)에 주원장의 부대에 들어간 후 강남의 군웅들을 토벌할 때 혁혁한 전공을 세웠다. 1367년 10월, 주원장은 서달을 정로대장군에 임명하고 25만 대군을 이끌고 중원을 북벌하도록 명했다. 주원장이 황제가 된 후에 서달은 우승상 겸 태자태부에 임명되었다. 그 후에도 서달은 병사를 이끌고 원나라의 대도大都·태원·대동大同 등을 공격하여 섬서지방을 평정하였으며 북원의 확곽첩목아擴廓貼木兒 군과의 전투에서 대승하였다. 홍무 5년(1372)에 서달은 또 병사를 이끌고 북쪽 사막을 정복하였고 14년에는 재차 탕화湯和 등을 이끌고 내아불화乃兒不花를 토벌하고 불후의 공훈을 세웠다. 서달은 지혜와 용맹함을 모두 갖추었고 군을 엄정하게 다스렸으며 일생동안 겸허하게 근신하면서 부하와 함께 동고동락을 하여 사병들이 은혜에 감사하고 덕을 추앙하였다. 그러므로 줄곧 적이 없었다. 그는 공훈이 탁월하여 개국 제일공신으로 부끄럽지 않았다. 주원장은 그를 "명령을 받고 나가면 성공하여 돌아온다. 교만하거나 내세우지 않아 좋아하지 않는 여자들이 없다. 재물은 취한 바가 없으며 공정하고 결점이 없어 일월보다 밝은 사람은 대장군 한 사람뿐이다"고 평가했다.

승기루의 전설

막수호 공원 안에 있는 승기루는 명 홍무 초년에 건설되었다. 전하는 바로는 당시에 명 태조 주원장이 종종 개국공신이자 중산왕 서달과 여기서 바둑을 두었다고 한다. 서달은 바둑의 고수로 주원장은 적수가 되지 못했다. 하루는 서달이 또 이겼지만 그의 검은 돌은 주원장의 흰돌 중간에 '만세' 두 글자를 만들어 내었다. 주원장은 결국 승기루와 막수호를 서달에게 하사했다. 지금도 누각 내에는 바둑을 둘 수 있는 바둑탁자가 있고 중앙에는 바둑판이 새겨져 있다. 옆에는 검은돌과 흰돌의 바둑돌이 가득 담겨 있는 두 개의 통이 있다.

1386년
남경의 건설과 준공

명 태조 주원장은 응천應天(지금의 남경)을 수도로 정한 후에 대규모 도성 건설을 시작했다. 1366년부터 1386년까지 원래 있던 도시의 기초 위에 황성·부성府城 및 외성의 3중으로 도성을 건설했다. 황성은 성의 동쪽에 있었으며 평면의 사각형으로 안에는 궁성 즉 자금성이 있었다. 황성은 남북 중추선을 골간으로 하여 성안은 이 중추선을 따라 봉천奉天·화개華蓋·근신謹身 삼전三殿과 건청궁乾淸宮·곤녕궁坤寧宮 두 궁을 건설했다. 이곳은 황제가 대전을 거행하며 조정 일을 처리하고 거주하는 장소다. 성안의 중심부에 종루와 고루鼓樓를 건설했다. 계룡산雞籠山과 취보산聚寶山에는 각각 관상대를 설치했다. 고루 동남쪽의 국자감은 당시 전국 최고의 학부였다. 남경의 각종 종교건축물 역시 아주 많으며 그중 유명한 것으로는 영곡사靈谷寺·보은사報恩寺·천녕사天寧寺 등이 있다. 특히 보은사 안에 있는 9층 유리보탑琉璃寶塔은 한낮에는 햇빛에 빛을 발하고 밤에는 1백여 개의 등이 켜지며 일대 장관을 이룬다.

명나라 통일전쟁 중요 사건표(1368~1388)

1368년 산동·하남·광동·광서·대도·산서 평정
1369년 섬서·닝도·경상을 평정하고 서안부를 건설
1370년 응창에 진입, 원나라 황제 북으로 도주
1371년 탕화와 부우덕이 천촉 평정
1372년 감숙성 평정
1379년 대녕을 공격
1381년 부우덕·남옥·목영이 운남 평정, 원의 양왕 자살
1387년 풍승이 요동의 원나라 장수 나합출을 토벌하여 전국을 통일할 대규모 전쟁이 기본적으로 종결됨
1388년 남옥이 포어아해에서 원병을 물리치니 원나라 왕 탈고사첩목아가 도주. 동북 전체가 명나라 판도로 들어옴. 이로써 통일전쟁 종결

천촉을 평정

1371년 정월, 주원장은 촉을 토벌하라는 조서를 내렸다. 천촉川蜀에 기반을 두고 정권을 할거하고 있던 하夏를 토벌하도록 탕화·부우덕傅友德에게 수군과 육군 대군을 나누어 거느리고 사천으로 진공하도록 명령했다. 1372년 탕화가 군대를 이끌고 중경에 도착하자 하왕 명승明升(명옥진明玉珍의 아들임)은 스스로를 포박하고 백관을 거느린 채 말 앞까지 와서 투항하였다. 이와 동시에 부우덕 역시 성도를 공격하였고 사천은 평정되었다.

1388년
전국 통일을 완성한 명나라

원나라 수도 대도의 함락은 원 통치의 종결을 의미하는 것이었지만 그것이 결코 명 태조의 최후의 승리를 의미하는 것은 아니었다. 원나라는 각지의 잔존 세력과 원말에 기의하여 건립해 일어난 수많은 할거정권이 있었는데 모두 명나라의 통치를 위협하고 있었다. 이 때문에 명 태조는 황제가 된 후에 개혁과 건설을 진행하는 동시에 말을 먹이고 무기를 손질하면서 남북 전쟁을 하였으며 20년이라는 세월을 거쳐 1388년에 결국 통일대업을 실현하였다.

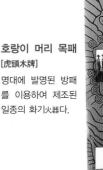

호랑이 머리 목패
[虎頭木牌]
명대에 발명된 방패를 이용하여 제조된 일종의 화기火器다.

남경고성南京古城의 성벽

나관중의 《삼국연의》

원말명초의 소설가 나관중은 사실史實과 전설을 결합하여 《삼국지통속연의三國志通俗演義》를 창작했다. 이는 중국 역사 연의류 장회소설의 시작을 연 작품으로 간단히 《삼국연의三國演義》라고 한다. 전체는 모두 120회, 약 75만 자로 동한 영제靈帝 건녕建寧 2년(169)에서 서진 무제 태강大康 원년(280)까지의 110여 년의 역사이야기로 특히 위·촉·오 삼국의 투쟁에 집중되어 있다. 《삼국연의》는 탁월한 예술성취를 얻었다. 특히 독자들에게 한 폭의 색채가 빛나는 역사인물 군상을 제공하였다. 그중에서 제갈량의 이미지가 가장 특출난데 중국 백성들의 마음 속에 제갈량은 지혜의 대명사다. 이밖에 조조의 간계, 유비의 어짐, 관우의 의리, 장비의 경거망동 등은 사람들에게 깊은 인상을 남겨주었다.

나관중

나관중羅貫中(약1330~1400)의 이름은 본本이고 자는 관중이며 호는 호해산인湖海散人이다. 산서성 태원 사람이다. 일설에는 전당 사람 또는 여릉廬陵 사람이라고도 한다. 원말명초의 걸출한 소설가다. 《삼국연의》는 그의 대표작이다. 이외에도 현존하는 소설에는 또 《수당지전隋唐志傳》·《잔당오대사연의전殘唐五代史演義傳》·《삼수평요전三遂平妖傳》 등이 있다.

청 · 가경 7년 각본 《삼국영웅지전》

명 · 관우금장도關羽擒將圖*

* 관우가 적장 방덕龐德을 사로잡은 그림 – 역주

시내암의 《수호전》

시내암이 완성한 장회소설 《수호전水滸傳》은 중국 영웅전기 중에서 가장 걸출한 작품이자 첫 번째로 미죽의 반항투쟁을 제재로 한 장편소설이다. 이 소설은 예술의 형식으로 진실하게 봉건사회의 부패와 어둠을 반영하였고 관료가 백성을 핍박하는 사회현실을 보여주고 있다. 주로 북송 말년에 송강宋江 등이 이끄는 농민기의의 발생과 발전, 그리고 실패하는 과정을 묘사하였다. 소설의 결말이 비극적 분위기로 충만하지만 거기서 구가하는 영웅주의는 여전히 작품에서 가장 사람을 감동시키는 장면이다. 《수호전》의 언어는 구어체가 기본이며 세련되게 가공을 거쳐 창조된 문학 언어로 그 특징은 정확하고 구체적이고 생동적이며 명쾌하다. 서술적인 언어는 물론이고 인물들이 말하는 언어까지도 모두 묘사와 모방이 진짜 같으며 농후한 생활 숨결이 담겨 있다. 인물언어의 성격화는 아주 높은 수준에 도달하였다.

노지심魯智深

무송武松

청대에 수호 이야기에 의거하여 제작한 판화 《삼타축가장三打祝家莊》

1393년
명대 관복의 기본 확정

명나라는 몽골귀족의 손에서 빼앗은 정권이었기 때문에 의례의 정돈과 회복을 몹시 중시했다. 그들은 원나라의 관복제도를 폐지하고 한족의 습속에 의거하였다. 위로는 주나라 한나라를 채용하고 아래로는 당송 관복제도를 채택하여 복식제도에 새로운 규정을 두었다. 이 관복제의 확정은 약 30년간의 시간을 필요로 하였으며 홍무 26년(1393)에 이르러서야 기본적으로 확정이 되었다. 명대 문무 관원의 관복冠服에는 조복朝服·제복祭服·공복公服과 평상복 등이 있었다. 각종 복식의 스타일과 치수에 관해서는 옷감·모자·수놓는 모습·색채 내지는 신발에 모두 엄격한 제도의 규정이 있었다. 즉 명대 문무 관원의 복식은 완전히 제도와 규정의 엄격한 제약을 받았다는 것이다. 명나라 통치자는 관원의 각종 다른 복식을 통하여 관 질서의 고하를 나타내었고 이로써 봉건제도는 더욱 합법화되었으며 마음 속에 통치자에 대한 신비감과 위엄을 갖도록 하였다.

오사모를 쓰고 관복을 입은 명나라 관리

오사모烏紗帽
(상해 반윤징潘允徵 묘에서 출토된 실물)

옥으로 만든 머리묶는 장식

문관의 흉배

문1품文一品 선학 흉배[선학보仙鶴補]*

문2품 금계 흉배[금계보錦鷄補]

문3품 공작 흉배[공작보孔雀補]

문4품 운안 흉배[운안보雲雁補]

문5품 흰솔개 흉배[백한보白鷴補]

문6품 해오라기와 난새 흉배[노란보鷺鸞補]

문7품 물새 흉배[계칙보鸂鶒補]

문8품 꾀꼬리 흉배[황리보黃鸝補]

문9품 메추라기 흉배[암순보鵪鶉補]

* 흉배를 중국어로는 보補라고 함－역주

명 **29**

관리의 일상관복

명대 관리의 상복常服*은 대부분 사모紗帽와 두건을 주로 썼고 라운드 깃의 소매가 좁은 도포를 입었다. 1393년 조정은 관리의 일상관복에 새로운 규정을 했다. 모든 문무관원들은 계급을 막론하고 반드시 도포의 앞과 뒤에 네모난 흉배를 달았다. 문관은 날짐승[禽], 무관은 길짐승[獸]을 사용하여 차별을 두었다. 이는 명대 관복 중 가장 특색있는 차림이다.

* 왕과 관료가 일반 집무를 할 때 입는 옷. 근무처를 떠나 평소에 입는 옷은 평상복이라고 했음 – 역주

대구帶鉤*

* 호크haak와 비슷한 역할을 함 – 역주

대구帶扣

긴 갑옷을 입고 있는 제독

무관의 흉배

무1품武一品 사자 흉배[사자보獅子補]

무2품 사자 흉배

무3품 호랑이 흉배[호보虎補]

무4품 표범 흉배[표보豹補]

무5품 곰 흉배[웅보熊補]

무6품 범무늬 흉배[표보彪補]

무7품 범무늬 흉배

무8품 물소 흉배[서우보犀牛補]

무9품 해마 흉배[해마보海馬補]

원대를 답습한 철투구

원대를 답습한 철투구

어림군용 철투구

어림군용 철투구

사명四明투구

일괴철一塊鐵 철투구

피천유엽皮穿柳葉 투구

장관이 갑옷을 입고 있는 모형도
(전해지는 석각 및 그림에 근거해 복원한 그림)

육엽六葉 투구

주원장의 서거

홍무 31년(1398) 윤달 5월 10일, 명 태조 주원장이 서거했다. 주원장은 1368년에 황제가 되어 명나라를 건국하고 1388년에 중국통일을 실현했다. 통치를 공고히 하기 위하여 각종 정치제도를 완벽하게 세웠고, 사회경제를 회복 발전시켰으며 또한 가혹한 형벌을 만들어 탐관오리들을 엄히 징계했다. 후에는 중서성과 승상을 폐하고 황제가 대권을 총괄하여 봉건중앙집권을 더욱 집중시키고 강화했다. 주원장은 나라를 엄히 다스렸으며 특히 금의위와 정장廷杖*의 건립과 실시로 인해 공훈이 탁월한 수많은 문신과 무장들이 죽임을 당했다. 어진 신하와 간사한 신하를 가리지 않고 연루하여 해를 입은 사람이 헤아릴 수 없을 정도다. 비록 이렇게 하였지만 주원장은 여전히 봉건사회 안에서는 성과를 거둔 제왕이자 정치가라고 할만하다. 그는 재위기간 동안에 '홍무의 치세[洪武之治]'를 실현했다. 주원장은 31년간 재위하였으며 71세에 서거했다. 같은 해 16일에 효릉에 장사지냈다. 시호는 고황제高皇帝고 묘호는 태조다. 같은 날 황태손 주윤문朱允炆이 즉위하니 명나라 제 2대 황제다.

* 황제의 명에 의하여 조정에서 곤장으로 신하를 때리는 벌 – 역주

효릉 비석의 정자 '사방성'
'사방성四方城' 안에는 하나로 된 커다란 돌비석이 있는데 높이 8.78m로 주체朱棣가 세운 것이다. 비문은 반듯한 해서체로 주원장의 공덕을 찬양하고 있으며 이것이 바로 '대명효릉신공성덕비大明孝陵神功聖德碑'다. 이 비석의 정자는 이미 훼손되었고 그 안에 있던 비석과 사면 주위의 담장과 문동門洞* 만이 남아 있어서 후세 사람들이 '사방성' 이라고 한다.

* 대문 안에 지붕이 있고 비교적 긴 통로 – 역주

1398~1435년의 명

건문建文 원년(1399)에서 선덕宣德 10년(1435)까지의 30여 년간 명나라는 건문·영락·홍희洪熙·선덕의 네 황제에 걸쳐 기구의 건설·제도의 완비·북경으로의 천도·변경의 개발 등 일련의 중대 조치를 겪으면서 공전에 없던 통일되고 강성한 대국이 되었다. 그러나 다른 한편에서는 '우주 안의 풍요', '천하태평'이라 불리던 명나라 초기는 이미 풍요와 태평이라는 배후에 극복할 수 없는 심각한 정치적 위기가 도사리고 있었다.

연대별 주요사건

- **1399년** 연왕 주체가 일으킨 '정난의 변' 시작
- **1402년** 연나라 군대가 남경을 공격하고 건문제 행방불명됨. 주체가 즉위하니 성조임. 건문 4년을 홍무 35년으로 개원하고 다음 해를 영락 원년으로 개원. 《태조실록》 중수. 내각제도가 정식으로 건립
- **1403년** 환관을 지방관으로 임명하고 경영군을 감독하도록 명령함
- **1405년** 태감 정화를 처음으로 서양에 파견
- **1407년** 《영락대전》 편찬
- **1409년** 노아간도사 설치
- **1410년** 성조가 달단을 친히 정복
- **1411년** 회통하의 개통
- **1414년** 성조가 오이라트를 친히 정복
- **1416년** 정화를 재차 서양에 파견
- **1420년** 당새아의 기의. 동창 설치. 다음 해에 북경으로 천도할 것을 명령. 경사를 남경으로 개칭
- **1424년** 성조가 유목천에서 병사하니 향년 65세. 천수산 장릉에 장사지냄. 태자 주고치 즉위, 다음 해를 홍희 원년으로 개원하니 이가 인종임
- **1425년** 주고치가 병사하여 헌릉에 장사지냄. 태자 주첨기 즉위, 다음 해를 선덕 원년으로 개원하니 이가 선종임
- **1426년** 한왕 주고후가 반란을 일으키니 서인으로 폐함

덕화요德化窯 관음상

흰색에 약간의 황색을 띤 유색釉色이다. 관음의 머리는 여섯 가닥으로 길게 땋아 양쪽 어깨로 늘어뜨렸다. 눈썹은 아름답고 가느스름한 눈의 표정은 자상하고 단정하다. 왼손에 여의를 들고 짐승머리 모양을 한 둥근 의자에 손을 올리고 기대어 있다. 오른손이 무릎을 올린 오른쪽 다리 위에 올려져 있다. 왼쪽 다리는 양반다리를 하고 있는데 앉은 모습이 자유스럽다. 복장은 풍성하고 흐르는 듯한 옷주름이 아주 자연스럽다.

1398~1402
건문의 제도 개혁

주원장 사후에 황태손 주윤문이 즉위하고 다음 해(1399)가 건문 원년이다. 자신의 새로운 정치를 추진하기 위하여 건문제는 우선 중추 권력기구에 대한 조정을 진행하였다. 그는 병부시랑 제태齊泰를 병부상서에 임명하고 한림수찬 황자증黃子澄을 태상경에 임명했다. 또 방효유方孝儒를 한림시강翰林侍講에 발탁하여 크게 중용했다. 뒤이어 또 계속하여 일련의 개혁조치를 추진하였다. 그 주요내용으로는 형벌과 감옥을 줄이고 강절江浙의 세금을 균일하게 하며, 정부관료기구를 조정하는 것이었다. 특히 후자는 건문제 재위 기간에 시종여일 중단없이 진행되었으며 관제의 수많은 방면에까지 연관되어 조정되었다. 그 가운데 가장 중요한 것으로는 두 가지가 있다. 첫째는 주와 현을 합병하여 필요없는 관리와 인원을 제명시키고, 둘째는 내외 관제를 개정한 일이다. 상서의 등급을 정2품에서 정1품으로 올렸는데 이는 어느 정도 봉건 최고권력기구의 기형적 특징 및 내부의 불평등 현상을 완화시켜 주었다. 건문의 제도개혁은 비록 4년간에 걸쳐 진행되었지만 현저한 성과를 거둘 수 있었으니 명대 사학가 주로朱鷺는 이를 "4년 동안에 정치를 관대히 하고 엄한 형벌을 풀어주었네"라고 칭찬했다.

방효유

명 · 변경소邊景昭의 〈죽학도竹鶴圖〉

1398년
건문제의 번국 삭감

일찍이 주윤문이 황태손이었을 때 그는 여러 번국왕인 숙부들이 갖고 있는 권력에 심히 불안을 느끼고 있었으며 공부선생 황자증黃子澄과 함께 왕들의 권력을 삭감할 계획을 세웠다. 즉위하자 즉시 여러 가지 실천에 옮겼으며 제태齊泰 · 황자증과 함께 번국의 권력을 삭감할 정책을 기획했다. 제태는 우선 연왕燕王 주체朱棣부터 시작해야 한다고 하고 황자증은 먼저 주왕周王 주숙朱橚부터 시작해야 한다고 의견이 달랐다. 주윤문은 황자증의 건의를 받아들였다. 홍무 31년(1398) 8월, 주윤문은 조국공曹國公 이경륭李景隆에게 병사를 데리고 가 개봉을 포위하라고 명령했다. 그리고 주왕周王을 체포하여 서울로 데려온 후에 서인으로 폐하고, 왕으로 봉했던 것을 거두고 운남으로 옮겨 살도록 했다. 뒤이어 또 화폐를 위조하고 멋대로 살인했다는 죄명을 날조하여 상왕湘王 주백朱柏을 체포하도록 했다. 주백은 소문을 듣고는 분신하여 자살했다. 이어 제왕齊王 주부朱榑를 서울로 불러들이고 폐서인하고는 서울에 가두었다. 이후에는 대왕代王 주계朱桂 · 민왕岷王 주편朱楩 역시 같은 방법으로 날조하여 왕의 작위를 없애고 폐서인하였다. 전후 1년의 기간도 안 되어 주周 · 상 · 제 · 대 · 민 다섯 왕을 해결하였으니 가히 전광석화 같다고 할만하다.

명 · 영락 취청유翠靑釉 자기 사발

이 사발은 전체에 청유를 시유했으며 유색이 빛이 난다. 구연부에는 얇게 유채를 하여 흰색이 드러난다. 내벽과 굽의 유채를 한 곳은 물빛 녹색이 드러난다. 굽바닥의 시유하지 않은 곳은 태질이 희고 세밀하다. 기물의 조형은 반듯하고 몹시 섬세하게 작업했다. 명 영락 시기의 취청유 자기 사발 중에서도 진품이다.

건문 원년 응천부 동권

저울의 부품으로 높이 5.5cm, 바닥지름 2.5cm로 상업활동에서 빼놓을 수 없는 물건이다. 사람들은 '권權'을 속칭 '저울추'라고 한다. 저울추의 중량은 칭량稱量을 결정하므로 저울추가 무거울수록 칭량도 무거워진다. 권은 일반적으로 철 · 동 · 돌로 만들었다. 이 동권은 건문 원년(1399)에 응천부應天府(지금의 남경시)에서 제조한 것이다.

1399~1402년
숙질 간의 정난의 변

건문 원년(1399) 7월, 주윤문이 연왕의 작위를 빼앗으려고 준비하고 있는 참에 연왕 주체는 공개적으로 반란을 일으켰다. 5일에 연왕은 장병들을 모아 놓고 출정하기 전에 결의를 다졌다. 즉 "황제의 측근 타도" "간신 소탕"이라는 명목 하에 스스로 "하늘의 뜻을 받들어 변란을 평정한다"고 하였다. 건문제는 주체가 북평北平에서 거병하고 반란을 일으켰다는 소식을 듣고 급히 70이 넘은 노장군 경병문耿炳文을 대장군에 임명하고 대군 30만을 거느리고 연나라를 치도록 했다. 이때부터 명나라 역사상 장장 4년이라는 긴 정난의 변이 서막을 열었다. 1402년 정난의 변은 연왕이 승리함으로써 막을 내렸다.

명초의 분봉 지도

영왕寧王
대녕大寧

대왕代王
대동大同

연왕燕王
북경北京

숙왕肅王
장액張掖

진왕晋王
태원太原

진왕秦王
서안西安

응천應天

1402년
주체의 즉위

명 건문 4년(1402) 6월 17일, 연왕 주체가 황제에 즉위하니 이가 바로 성조 문황제文皇帝다. 1402년 6월, 연왕의 군대가 도성으로 진입하였고 그 다음날 건문제 주윤문에게 봉호가 삭감되었던 여러 왕들이 문무 대신들을 거느리고 주체에게 표를 올려 황제가 되어 줄 것을 간청하였다. 주체가 처음에는 허락하지 않자 여러 왕들과 군신들이 며칠간 계속 권하였다. 6월 17일 편수編修 양영楊榮이 제의하기를, 주체는 우선 명 태조 주원장의 능침에 배알하고, 여러 왕과 문무백관에게는 법가를 준비하도록 하며, 옥새를 받들고 길에서 영접하며 소리 높여 만세를 부르도록 제의하였다. 이렇게 되자 주체는 비로소 연輦을 타고 궁으로 들어갔다. 봉천전에서 병부상서 여상茹瑺을 위주로 한 군신들의 하례를 받고 정식으로 황제에 즉위하고 영락이라 개원했다. 7월 1일, 주체는 남교에서 천지에 제사를 올린 후에 봉천전으로 돌아와서 다음 해(1403)를 영락 원년으로

하도록 조서를 내렸다. 건문제가 개혁했던 조종朝宗의 법은 모두 폐기하고 모든 것을 구제도로 회복하였다. 7월 3일, 또 건문 때에 개정했던 관제를 홍무의 구 제도로 바꾸도록 조서를 내렸다. 9월 4일과 다음 해(1403) 5월, 주체는 두 차례에 걸쳐 정난 공신들에게 대대적으로 봉을 내렸다. 건문 4년(1402) 11월 13일, 주체는 서씨徐氏를 황후에 책립하였다. 명 성조는 여러 왕들의 작록을 회복시킨 후에 암암리에 번국을 삭감하는 '삭번削藩'을 진행하였다. 변경의 여러 왕들을 내지로 옮기고 호위병들을 삭감시켰으며 동시에 그들의 장수將帥 · 위소군衛所軍에 대한 지휘권을 제한하였다. 이렇게 하여 다시는 왕들이 제멋대로 군인과 백성, 관리들을 동원해서는 안 된다는 금령을 내렸다. 지방사무에 대한 질문을 허락하지 않았고, 과실이 있는 왕들이 있으면 먼저 글로 경계하여 타이르고, 계속하면 징벌을 가하였으며, 결국에는 폐서인하거나 더 큰 벌로 다스렸다. 이 '삭번' 정책은 건문제가 삭번했던 것보다 더욱 은밀하게 진행되었으며 실제적인 진행은 더욱 조용하여 삭번으로 인하여 다시 반란을 일

건문제 행방의 수수께끼

건문제는 도대체 어디로 간 것일까? 사서의 기록은 불일치한다. 어떤 사람은 건문제와 그 후비는 모두 궁 안에서 분신했다고 한다. 또 어떤 사람은 건문제는 결코 죽은 것이 아니라 승려로 분장하고 황궁에서 빠져나와 도망쳤다고 한다. 후에 나이 64세의 주윤문이 사람들에게 발견되었는데 경성에서 데려갔다고 한다. 영종英宗은 진위를 판별하기 위하여 일찍이 건문제를 시봉했던 노 태감 오량吳亮에게 식별하도록 했다. 건문제의 왼쪽 발뒤꿈치에 검은 점이 있는데 오량은 이를 확인하고는 건문제의 발을 부여잡고 통곡하기 시작했다. 사람들은 곧바로 건문제를 궁으로 영접하여 살게 하였고 그곳에서 늙어 죽었다고 한다. 사실 위에 적은 두 가지 설은 모두 증거가 부족하다. 건문제의 행방은 지금까지도 고증하기 어려운 명대 역사의 커다란 미제 사건이다. 전해지기로는 성조가 정화를 서양에 파견한 것도 실은 건문제의 행방을 찾는 것이 목적이었다고도 한다.

으키는 결과는 없었다. 영락 원년(1403)에 북평을 북경으로 바꾸었고 북경에 행도제아문行部諸衛門을 설립하고 대녕大寧에 있던 도사都司를 보정保定으로 옮겼다.

주체

주체(1360~1424)는 주원장의 넷째 아들이고 연왕에 봉해졌다. 그는 강력한 군대를 소유하고 북평에 주둔하였다. 주원장 사후에 장손 주윤문이 황위에 즉위하니 이가 바로 혜제다. 주윤문의 삭번 정책에 반대하여 주체는 거병하여 항거하였고 4년간의 전쟁을 거쳐 남경을 점령하고 황제가 되었다. 이를 역사에서는 '정난의 변' 이라고 한다. 주체는 즉위한 후, 친히 다섯 차례의 북벌을 단행하였고 수도를 북경으로 천도하였다. 태감 정화鄭和에게 여러 척의 선함을 주어 서양에 가도록 파견하였다. 또한 민력을 동원하여 회통하會通河를 개통하여 항주에서 북경에 이르는 남북대운하의 소통에 장애가 없도록 하였다. 주체는 재위 기간 동안에 3천여 명의 학자들을 조직하여 수년간의 노력을 들여서 중국역사상 최대의 사전인《영락대전》을 편찬하였다. 1424년 주체는 제5차 몽골 북벌 도중에 병사하니 향년 65세였다. 재위기간은 22년이고, 북경 장릉長陵에 능을 썼으며 묘호는 성조成祖다.

듣기만 해도 겁나는 '과만초'

주체는 자신의 황위를 공고히 하기 위해 정적에 대해 피비린내 나는 진압을 감행했다. 그는 건문제의 수족 대신들 50여 명을 간신의 범주에 얽어놓고 현상금을 내걸어 잡아오도록 했다. 일단 잡아온 후에는 그 본인을 죽일 뿐만 아니라 연좌죄로 묶어 구족을 멸했다. 죄가 가벼우면 남자는 귀향을 보내 부역하게 하고 여자는 교방敎坊에 보내거나 무수리로 만들거나 공신들의 집으로 보내 노비로 삼았다. 죄가 무거운 자는 일률적으로 죽였다. 간신의 명단 중에 제일 앞에 나열된 이는 바로 가장 먼저 '삭번' 을 주장한 제태와 황자증이었다. 연왕의 군대가 남경을 공격하여 점령했을 때 이 두 사람은 경성에 없었다. 제태의 전 가족은 여섯 살 난 아들을 빼고는 이 재난을 피한 사람이 한 명도 없었다. 황자증은 밀고를 받고 가흥에서 잡힌 후 남경으로 압송되어 왔다. 주체가 친히 심문한 후 사지가 찢기는 형벌에 처해졌다. 그 가족은 남녀노소 관계없이 일률적으로 죽임을 당했고 모든 친인척도 변방으로 귀양 보내졌다. 오직 한 아들이 탈출해서 전경田經이라 이름을 고치고 호북으로 도망가 살았다. 연좌법이 가장 광범위하게 실행되었던 사건은 방효유方孝孺 사건이다. 주체는 방효유 및 그 구족과 친구, 문하생 873명을 주살하고, 1천여 명이나 되는 사람을 유배지로 부역을 보냈다. 이 피의 진압을 역사에서는 '과만초瓜蔓抄' 라 한다. 이 뜻은 등나무줄기가 얽히는 것처럼 중상모략하여 체포하고 잡아간다는 뜻으로 '간신' 이라는 사람과 조금의 인척 관계라도 있으면 숙청의 대열에 들어갔다. 이렇게 연좌에 걸린 사람은 수만 명 이상에 달한다.

송렴이 쓴 《우세남모난정서첩발虞世南摹蘭亭序帖跋》

명·남유藍釉 미인도가 있는 연병

연병硯屛은 벼루 뒤에 세워두는 것으로 먼지나 먹물이 튀는 것을 막기 위한 작은 병풍이다. 지금까지 전해 내려오는 연병은 거의 다 감상용이다. 칠기·자기·상아를 재료로 하여 만들었다.

왕여王㒥의 상아 요패

이 요패腰牌는 허리에 매다는 장식물로 신표의 증거로 사용된다. 이 요패는 명대 감찰어사였던 왕여의 요패다.

명 · 채색의 태감 모습

1402년
내각제의 창립

주체가 등극한 후에 경력은 짧지만 재능이 있는 일부 문신을 기용하여 기무에 참여하도록 결정했다. 건문 4년 (1402) 8월 1일에 주체는 시독侍讀 해진解縉과 편수 황회黃淮에게 문연각에 입직하여 조정 기밀의 중대한 업무를 의논하도록 명령했다. 9월에 다시 시독 호광胡廣 · 수찬修撰 양영楊榮 · 편수 양사기楊士奇 · 검토檢討 김유자金幼孜와 호엄胡儼을 함께 문연각에 입직하여 기무에 참여하도록 명령했다. 해진 · 황회 두 사람은 함께 조석으로 좌우를 시종하면서 황제의 고문을 맡으니 이를 내각內閣이라 한다. 그들은 문건을 나누어 장악하고 황제의 명령을 통괄하여 관리했다. 이에 따라서 내각제도가 창립되었다. 그러나 이때의 내각 품계는 6부상서의 아래에서도 아주 낮은 5품이었다. 게다가 관속도 설립되지 않아 여러 사司의 사무를 할애받지 못하였다. 홍희와 선덕 두 황제를 거치면서 내각제도는 비로소 점차 완비되어갔다.

대각체

대각체臺閣體는 중국 서예사에 있어서 아주 특수한 현상이다. 홍무 연간에 주원장은 천하에서 글 잘 쓰는 선비들을 불러 모아 전적과 책, 칙서와 조령 등을 베껴 쓰도록 했다. 기록에 의하면 주공이朱孔易가 대선전大善殿의 편액을 썼는데 황제가 몹시 좋아하여 그날 당일로 중서사인中書舍人 직을 제수하였다. 다음날에 황제는 또 내제內制*에서 글 잘 쓰는 사람들을 모두 중서사인으로 봉했다. 홍무 연간에 중서사인은 겨우 십여 명에 불과했지만 영락 시기에 이르러서는 그 수가 3, 40명으로 증가되었다고 한다. 당시 궁정에서는 글씨 잘 쓰는 사람을 가장 많이 소집했으며 《영락대전》의 편집과 필사 만큼 엄격한 것은 없었다. 《영락대전》의 필기는 특별히 엄격함을 요구했는데 재능과 면모가 일치했다. 이런 궁정의 요구로 인하여 홍무에서 영락까지 서법예술은 현저한 변화가 있었으며 숙련되고 장식미를 중시하는 궁정서법 풍모를 형성하게 되었다. 게다가 서로 서로 따라하는 것이 풍속이 되어버리니 이것이 소위 '대각체' 다. 심도沈度와 심찬沈粲은 그중에서 대표적인 인물이다.

* 한림학사에서 관장하는 황제의 조령을 말함 - 역주

양영

양영楊榮은 자가 면인勉仁이고 복건성 건안建安(지금의 건구乾甌) 사람이다. 홍무 말년의 진사로 영락 초에 한림편수를 제수받았고 즉시 내각에 들어가 지제고知制誥 업무를 보았다. 과단성있고 민첩한 인재로 다섯 황제를 모셨다.

금실 적계荻髻

거친 금실로 골격을 만든 후에 가는 금실로 촘촘히 짠 그물 덮개를 만들었다. 정수리쪽은 둥글고 아랫부분은 조금 넓고 아래로 챙이 있다. 적계는 명대에 기혼 부녀자들이 머리를 올릴 때에 밖에 쓰던 것으로 '관아冠兒' 또는 '가각假殼'이라고도 한다. 일반적으로 비단으로 만들지만 귀부인의 적계는 대부분 금사나 은사로 만들었다.

1403년

지방관에 임명되어 군대로 파견된 환관

영락 원년(1403), 주체는 환관들을 선발하여 지방관으로 임명하여 군대로 파견했다. 홍무 초기에 주원장의 환관 수는 백 명에도 못 미쳤다. 말년에는 12감監 및 각 사국司局을 정했다. 동시에 환관은 조정의 문무직을 겸할 수 없고 조정 신하의 관복을 입을 수 없으며, 정사에 관여하는 자는 모두 참수한다는 규정을 두었다. 건문제가 즉위한 후에도 여전히 엄격하게 환관을 통제했으며, 환관이 만일 출궁하여 법을 어기면 지방관은 그를 체포하여 징계할 수 있도록 규정했다. 주체는 즉위 후 건문제가 황제였을 때 조정에서 내부정황을 알려준 환관들에게 대대적으로 상을 내렸다. 얼마되지 않아 주체는 경군삼대영京軍三大營을 설치하고 환관에게 이 경영군京營軍을 관리 감독하도록 했다. 이는 실제로는 명대 환관들에게 전권을 주는 화근이 되었다. 영락 3년(1405) 6월에 주체는 환관 산수山壽 등에게 기병을 주어 운주雲州로 파견해 무성후武城侯 왕총王聰 등과 함께 포로를 잡고 직접 군대를 통솔하도록 했다. 주체가 환관에게 부여한 권력은 태조가 환관에 대한 금령을 훨씬 넘어서는 것이었다. 환관은 내지를 순시하는가 하면 변방의 '흠차대신'이었으며 지방관으로 임명되어 군대를 통솔하는 조정의 눈과 귀였다.

《문화보감》의 완성

영락 2년(1404), 성조 주체는 본보기가 될만한 고대의 좋은 언행과 선행을 편집하여 책을 만들라고 대신들에게 명령했다. 이해 4월 14일에 책이 완성되니 이를 《문화보감文華寶鑒》이라 명명하였다. 성조는 태자를 훈계할 때 자신을 수신하고 남을 다스리는 요점이 모두 이 책 속에 있으므로 이 책을 읽으면 제왕의 도리를 알 수 있다고 말하였다. 성조는 또한 황태자에게 경연을 해주는 신하 해진解縉 등에게도 《문화보감》은 《제군소감록儲君昭鑒錄》에 비해 좀더 확충된 것으로 선친의 유지와 교훈을 더했으므로 자손에게 제왕의 치세방법을 가르칠 수 있으며 능히 이 법을 지킬 수 있게 된다면 훌륭한 어진 임금이 될 수 있다고 하였다.

《문화보감》에 기재된 고인들의 좋은 언행과 행동은 제왕 통치에 있어서 거울같은 역할을 하며 제왕 통치가 흥할 수 있는 방법과 패할 수 있는 방법에 대해 상세하게 해설하고 있다. 이 책은 성조가 태자에게 어떻게 하면 어진 임금이 될 수 있고, 어떻게 천하를 다스리면 좋은지를 가르칠 수 있는 '교과서'로 사용했다. 이는 군자가 되기 위한 품덕 수련에 커다란 도움이 되었으며 국가사업에 있어서도 많은 도움을 주었다.

명 · 두경杜瓊의 〈남촌별서도南村別墅圖〉(일부)

명 · 청옥 쌍룡 손잡이가 있는 잔[青玉雙龍耳杯]
높이 5.2cm, 너비 15.1cm, 입지름 9.3cm로 청옥이며 드문드문 갈색이 있다. 넓은 아가리에 운두는 깊고 둥근 굽은 밖으로 약간 퍼져있다. 좌우에 대칭으로 손잡이가 있는데 쌍룡을 투각했다. 조형미가 뛰어나고 제작이 정교하다.

1403~1424
중국 최대의 동종 주조

중국에서 발견된 최대의 청동은 영락대종으로 영락 연간(1403~1424)에 주조되었으며 이 종은 세계적으로 유명한 큰 종의 하나다. 영락대종의 합금 성분은 동銅 80.54%·석錫 16.40%·연鉛 1.12%다. 동종은 진흙으로 만든 거푸집을 사용해 주조했다. 종신鐘身은 원형이고 그 외부는 전체 7층으로 되어 있으며 층을 따라 거푸집의 안과 결합이 되어 종의 정수리 부분에 이르도록 먼저 주조된 종뉴鐘紐를 집어넣고 주조 후에 하나가 되도록 했다. 영락대종은 전체 높이는 6.75미터, 어깨 바깥지름은 2.4미터, 입구 바깥지름은 3.3미터다. 종벽의 두께는 일정치 않다. 가장 얇은 곳은 종의 허리부분으로 그 두께는 94밀리미터다. 가장 두꺼운 부분은 종의 입부분으로 그 두께는 185밀리미터다. 무게는 약 46톤이다. 동체 안팎에는 단정하고 뚜렷한 경문이 새겨져 있다. 전체 22만 7천 자로 명대의 서예가인 심도沈度가 썼다고 한다. 종소리는 아름답고도 청량하다. 영락대종은 북경 덕승문德勝門 주조공장에서 주조되었으며 명 만력 연간(1573~1620)에 서쪽 교외의 만수사萬壽寺로 옮겨졌다. 청나라 옹정 11년(1733)에 다시 각생사覺生寺(지금은 속칭 대종사大鍾寺라고 함)로 옮겨졌다.

명·금제 주구酒具

매화 모양의 은잔

북경 대종사에 있는 영락대종

북경 대종사

1404년
노아간위 건립

영락 2년(1404) 2월, 여진女眞 두목 파랄답합把剌答哈이 조정에 들어와 황제를 알현했다. 이에 성조는 노아간위奴兒幹衛를 설립하고 파랄답합 등 네 사람을 지휘동지指揮同知에, 고로古驢 등을 천호소진무千戶所鎭撫에 제수하고 도장·관대冠帶·습의襲衣*와 지폐 등을 하사했다. 이는 즉 흑룡강 하류지역이 명나라 판도에 들어왔음을 설명한다. 이후에 성조는 또 알난하斡難河·흑룡강 유역의 남북지역 및 송화강·오소리강烏蘇里江·격림하格林河·항곤하恒滾河 등에 차례대로 130개 위소를 설치하고 이 지역에 대한 통치를 더욱 강화했다. 영락 7년(1409) 윤 4월에 주체는 노아간위 관원의 요구에 응하여 정식으로 노아간도사奴兒幹都司를 설립했다. 이 도사에서는 서쪽으로는 악눈하鄂嫩河에서부터 동쪽으로는 사할린 반도, 북쪽으로는 오제하烏第河, 남쪽으로는 동해까지 관할하였으며 이로써 해서여진海西女眞·건주여진建州女眞·야인여진野人女眞 등 여러 추장들이 모두 명나라에 귀속하도록 하였다. 이렇게 되어 명나라는 동북지역에 대한 통일을 완성하였다.

* 습의는 고대에 예를 행할 때 겉옷 위에 입던 옷-역주

1407년
《영락대전》의 편찬

영락 5년(1407) 11월, 영락대전이 완성되었다. 명 성조 주체가 몸소 이 책의 서를 썼다. 영락 원년(1403) 7월, 명 성조는 한림시독학사翰林侍讀學士 해진 등에게 《운부군옥韻府郡玉》,《회계사운回溪史韻》 두 권의 예를 참조하여, 각 책에 기재되어 있는 사물을 수집하고 종류에 따라 배열하여 운을 통계 내도록 명령하였다. 해진 등은 명을 받들어 그 다음 해 11월에 편찬해서 올리니, 주체는 《문헌대성文獻大成》이란 책명을 하사했다. 얼마 지나지 않아 주체는 책에 기록된 사물들이 빠진 부분이 많다고 생각하고 요광효姚廣孝, 유계지劉季籬에게 해진과 함께 다시 편집하라 명하였다. 또 특별히 왕경王景, 왕달王達 등 다섯 사람을 총재로, 추집緻輯 등 20명을 부총재로, 진제陳濟 등을 도총재로 삼았다. 또 내외관원 및 각지에서 문학에 조예가 깊은 선비들을 선발해 편찬하도록 하고, 글씨 잘 쓰는 국자감 및 군현 생원들을 뽑아 이를 베껴 쓰게 했다. 광록사光祿寺에 모두 2,169명 분의 음식을 제공하도록 하고 문연각文淵閣을 열었다. 동시에 또한 관원을 전국 각지로 나누어 파견해 누락된 서적들을 찾아 구해오게 하여 수록에 완비를 기하도록 하였다. 5년의 세월에 걸쳐서 책이 완성되니 책이름을 《영락대전》이라 바꾸었다. 전체는 모두 22,937권, 장정 11,095책冊이다. 이 서적은 중국역사상 규모가 가장 큰 사전이며 또한 지금까지 세계가 공인한 최초의 대형백과사전이다.

《영락대전》

《영락대전》 정본正本은 명말에 그 행방을 알 수 없게 되었고 부본이 강희 연간에 발견되었으나 이미 소실된 부분이 많다. 건륭 37년(1772)에는 1,000여 책이 없어졌고, 광서 원년(1875)에는 이미 5,000책에도 못 미쳤다. 광서 20년(1894)에는 400책도 안 되었다. 이후로도 날이 갈수록 없어졌는데 후에는 여러 방면에서 수집하여 현재는 세계 각지에 소장되어 있는 것이 약 800여 권이다.

고궁 안에 있는 동학銅鶴

웅장한 명나라 장성

명나라는 중국 만리장성을 축조한 마지막 봉건왕조다. 비록 대도에서 원나라 통치자들을 쫓아내었지만, 명나라 북부의 안전은 여전히 커다란 위협을 받고 있었다. 명나라 초기부터 영락 중엽까지 여러 차례 격렬한 전쟁이 발생했기 때문에 명나라는 북부와 국경요새의 안전을 방어하기 위하여 대량의 인력과 물자를 아까워하지 않고 장성을 축성했다. 홍무 원년(1368)부터 대장 서달을 파견하여 거용관居庸關 장성을 축성하는 것으로부터 시작하여 16세기 말까지 2백여 년의 긴 시간을 거친 후에야 비로소 기본적으로 완성하게 되었다. 거기에 별도로 성城·보堡·관성關城 등은 명말까지 아직 건축 중에 있었으며 동쪽의 압록강에서 시작하여 서로는 가욕관에 이르는 전체 12,700리에 달하는 긴 성벽을 완성하였다. 동시에 방어설비와 공정기술을 한층 더 완벽하고도 고급스런 단계로 끌어올렸다. 지금까지 완전하게 보존된 것으로 대표적인 것은 바로 명대에 건설한 장성이다. 명 장성의 공사는 양적인 면에서도 역사상 어떤 왕조에도 비할 수 없는 것이었다. 명대에 축성한 장성에 사용된 벽돌·돌·토방土方* 등을 어림잡아 통계를 해 보더라도 두께 1미터, 높이 5미터의 성벽을 건축했으니, 이는 지구를 한 바퀴 돌고도 남는 것으로 그 공사의 어마어마함을 상상할 수 있다.

명나라 장성도長城圖

* 토목공사에서 흙을 재는 단위. 흙을 파내고, 메우고, 운반하는 작업량을 일반적으로 '세제곱미터'로 계산을 하는데, '1세제곱미터'를 '1토방'이라고 함 – 역주

가욕관

가욕관嘉峪關은 지금의 감숙성 가욕관시 서남쪽에 있으며 명나라 초년에 건설되었다. '천하웅관天下雄關'이라 불린다. 당시 가욕관을 건설할 때에 기술자는 몹시 정밀하게 계산하여 준공 시에는 딱 벽돌 한 장이 남았을 뿐이라고 한다.

1405~1433년
정화의 서양 항해

명나라 전기에는 해외 각국과의 관계를 강화하기 위해 명 성조는 환관 정화鄭和를 사신으로 서양에 파견했다. 1405년에 정화는 제1차 사절단과 서양에 갔다. 그는 2만 7천 명을 이끌고 200여 대의 함선에 나누어 타고서 기세좋게 유가항劉家港을 출발하였다. 1433년까지 정화는 일곱 차례나 서양에 사절로 파견되었다. 그는 아시아와 아프리카 30여 개 국가와 지역을 거쳤으며 가장 먼 곳으로는 아프리카 해안과 홍해 연안까지 갔다. 이는 세계 항해사상의 쾌거다. 정화는 배 안에 금은보석을 가득 싣고 갔는데 가장 잘 팔린 것은 비단과 청자 그릇이었다. 그들은 각국에서 이것들을 보석, 향료와 약재 등 특산물과 교환했다. 정화의 원양 항해는 중국과 아시아, 아프리카 각국과의 경제 교류를 촉진했다.

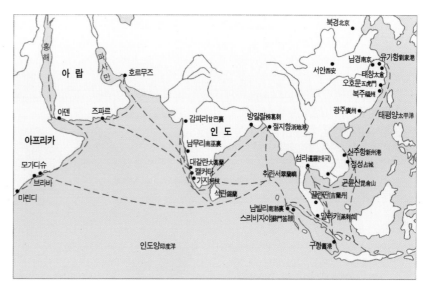

정화의 항해 노선도

중국의 위대한 항해가인 정화를 기념하기 위하여 1985년 중국은 '정화의 서양 항해'라는 기념우표 세트를 발행했다.

항해 견성도
삼보태감 정화는 일곱 차례 서양을 항해했는데 매번 정확하게 목적지에 도달하였다. 이는 항해 나침반·항해도와 견성도牽星圖에 의지했기 때문이다. 이 그림은 정화가 항해할 때 사용했던 견성도다.

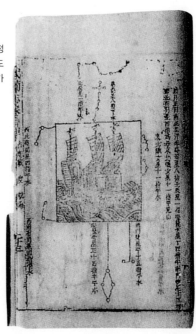

정화
정화(1371~1435)의 본성은 마馬, 아명은 삼보三寶고 운남성 곤양 사람이며 회족이다. 조부와 부친은 모두 해로를 통해 이슬람 성지인 메카를 다녀왔으며 정화도 어려서부터 가정의 깊은 훈육을 받았다. 후에 그는 입궁하여 태감이 되었고 연왕부燕王府에 파견되었다. 그는 총명하고 재주가 있고 공손하고 신중하였으며 책임도 강하여 연왕 주체의 심복이 되었다. 주체가 황제로 즉위한 후에 그에게 정화鄭和라는 이름을 하사했으며 사람들은 그를 삼보태감三保太監이라고 불렀다. 1405~1433년까지 정화는 일곱 차례 서양에 출항하였고 가장 먼 지역으로는 아프리카 해안과 홍해 연안까지 갔다. 세계 항해사상의 일대 쾌거를 이룩했다.

조선업의 흥성

명대 조선업은 관영과 사영私營 두 종류로 나뉜다. 명나라 전기에는 관부의 조선업이 몹시 흥성했다. 기술이 좋은 많은 기술자들이 관영의 조선창에 모여들었다. 그들은 각각의 전문적인 기능을 살려 작업할 때 명확하게 분업을 하면서 원가에 구애받을 필요가 없었기 때문에 조선업이 질적으로 비교적 높았다. 정화가 사절단을 이끌고 서양에 가기 2년 전에 명 조정에서는 대대적으로 해선을 만들기 시작했다. 영락 18년(1420)에는 또한 남경에 보선창寶船廠을 설립하고 전문적으로 서양 항해에 필요한 보선을 만들었다. 명 성조 사후에 인종은 보선 제조를 중지할 것을 명령했지만 선종宣宗 즉위 후에 다시 보선 제작 업무를 회복하라고 명령했다. 정화의 서양 항해에 사용된 보선은 이전의 규제를 훨씬 넘어서는 것이었다. 공전에 없던 흥성한 조선업은 정화의 서양 항해라는 인류 항해사의 쾌거를 위하여 기초를 놓아 주었다.

정화 해선(모형)

삼보태감 정화는 선대를 거느리고 일곱 차례에 걸쳐 서양을 항해했다. 선대중 가장 큰 해선의 길이는 44장 4척, 너비는 18장, 9개의 돛대에 12개의 돛을 달아 당시 세계에서 가장 큰 대범선이었다.

정화 행향비行香碑

이 비석은 정화가 제5차 서양 항해를 위하여 천주泉州 오산吳山의 이슬람 성지 묘에 가서 향을 피우고 항해의 안녕을 기도하면서 세운 돌 비석이다.

명·청화훼문개관青花卉紋蓋罐

경덕진요의 작품으로 홍무 때에 제조되었다. 바탕재질은 깨끗하고 조밀하다. 유색은 흰 색에 옅은 청색을 띠고 있다. 항아리의 몸은 12개 꽃잎의 능형으로 되어 있다. 뚜껑은 연꽃잎 모양이고 꼭지는 보정寶頂 모습이다. 청화 유색은 약간 회갈색을 띠고 있다. 항아리 형태는 몹시 크고 웅혼한 느낌이 있다. 전체 장식은 번잡하고 조밀하지만 분명하게 17층의 문양으로 나뉘어 있다. 주제와 부제가 조화를 이루며 생동감이 있고 활발하다. 당시 자기 공예 제작 수준을 반영하고 있다.

코지코드 항구

정화의 서양 항해 중 첫 번째 항해의 최종 지점은 코지코드Kozhikode*였다. 이후 항해 중 여러 차례 이곳을 경유했다. 그림은 인도 남서부 해안에 있는 코지코드 옛 항구다.

* 현재 인도 남서부 케랄라 주 북부에 있는 도시. 고대 명칭은 캘리컷Calicut이었고 중국에서는 고리古里라고 표기 함 – 역주

정화묘

운남성 진녕현晉寧縣 곤양昆陽에 있으며 이곳은 정화의 고향이다. 현지인들은 이 위대한 항해가를 기념하기 위하여 이곳에 정화묘와 기념정자를 건립했다.

중국 기린과 아프리카의 기린

정화가 제5차 서양에 갔을 때 마림국麻林國*에서 명나라 왕에게 진기한 동물인 기린을 선물했는데 이는 커다란 반향을 일으켰다. 윗 그림은 중국인들의 마음 속에 있는 기린이고 아래 그림은 아프리카의 장경록長頸鹿**이다.

* 지금의 탄자니아 동부 해안 앞 섬으로 킬와 키시와 니Kilwa Kisiwani를 말함 – 역주

** 중국에서는 전설 속의 기린만을 '麒麟'으로 표기 하고 동물원에서 볼 수 있는 기린은 '長頸鹿'으로 표기함 – 역주

화교와 남양의 개발

일찍이 당나라 때, 해외로 멀리 나간 사람이 있었으며 남양 일대까지 가 생계를 도모했다. 정화의 서양 진출 이후 중국인들의 남양 진출은 더욱 많아졌다. 중국인들은 선진적인 생산기술과 문화지식을 갖고 가서 적극적으로 남양의 개발과 건설에 전념했다. 명나라 후기에 남양의 화교는 루손섬과 자바에 비교적 많이 살고 있었다. 화교의 고된 노동은 현지의 경제와 문화 발전을 촉진했다.

염사법랑연문掐絲琺瑯蓮紋 큰 대접

이 대접은 동 재질에 금을 도금한 것으로 넓은 아가리에 둥근 굽을 갖고 있다. 바탕에는 안팎으로 옅은 남색 법랑유를 시유하였고 전체에 염사로 홍·황·백·흑색의 법랑유를 넣었다. 대접 벽은 전지백엽纏枝百葉이 연꽃문양을 휘둘러 감고 있으며 굽 아래 장식은 바둑판무늬다.

1411년
남북대운하의 소통

원나라는 대도(지금의 북경)에 도읍을 건설한 후에 수나라 때 개통한 남북 대운하의 기초 위에 제주하濟州河·회통하會通河 등과 강소성 운하의 뱃길 등을 연결하여 경항대운하京杭大運河를 건설했다. 이로써 하북·산동·강소·절강 네 성을 관통할 수 있게 되었다. 그러나 지리적으로 지세가 비교적 높고 수원이 부족하여 운하의 수송량은 제한을 받게 되었고 실질적으로 운하의 전체 노선을 항해한 적은 없었다. 홍무 연간에 황하 둑이 무너져 회통하가 막히자 남방에서 북방으로 보내는 조운선으로 나르던 식량을 바닷길을 통해 옮기게 되었다. 그러나 바다 운항은 위험이 커서 확실함을 보장할 수가 없었다. 영락 9년(1411), 명 성조는 제녕동지濟寧同知 반숙정潘叔正의 건의를 받아들여 백성 30여만 명을 동원하고 공부상서 송례宋禮에게 감독을 명령하여 다시 회통하를 개통하도록 하였다. 이리하여 영락 10년에 준공하여 영락 13년(1415)에는 바다로 조운 식량을 나르던 것이 완전히 금지되었다. 이는 명나라 초기의 중요한 건설이다.

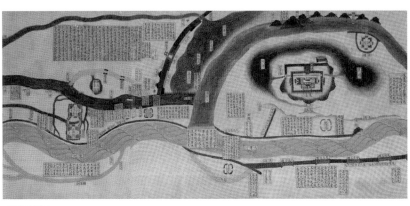

황하운하도(일부)

황하는 동서를 관통하는 중국 북방의 큰 강이며 남북대운하는 즉 절강성 항주에서부터 양자강과 황하를 거쳐 곧장 북경으로 들어가는 인공 운하다. 원나라 때 남방의 식량을 북방으로 운반하기 위하여 지원至元 연간에 산동 지역 내의 회통하와 북경의 통혜하通惠河를 뚫기 시작하였으나 얼마되지 않아 모래가 쌓이면서 통행할 수 없게 되었다. 명나라가 북경으로 천도한 후에도 여전히 남방에서 대량의 식량을 북경으로 운반했는데 하남과 산동 지역의 30여만 농민들을 동원하여 회통하를 준설하니 남북대운하는 아무런 장애없이 통하게 되었다. 매년 조운하는 식량은 3, 4백만 석에 달하였다. 대운하는 명나라의 생명선이 되었다. 그래서 명청 양대는 모두 황하와 대운하의 관리가 하나로 연계되었다. 이 〈황하운하도〉 그림은 황하와 대운하를 함께 연결하여 그린 것이다.

명·임량의 〈산다백우도〉

〈산다백우도山茶白羽圖〉는 명초의 화가 임량林良의 화조화 중 비교적 완전하게 아름다운 작품이다. 그림은 봄날 들녘 한 풍경을 그렸다. 그림 속 중앙의 바위 위에 흰색 장끼 한 마리가 서 있다. 가슴을 꼿꼿이 처들고 날개를 뻗고 있는 자태가 아름답고 색상이 화려하다. 바위 근처에는 분홍색의 산다화가 활짝 피어있어 흰색의 장끼와 서로 받쳐주고 있다.

명·성화 '천天'자 관지가 있는 채색 해수운룡문海水雲龍紋 자기와 뚜껑이 있는 항아리

1415년
옥중에서 죽은 해진

해진解縉(1369~1415)은 자가 대신大紳 이고 길수吉水(지금의 강서성에 속함) 사람이다. 홍무 21년(1388), 진사에 합격하였고 중서서길사中書庶吉士를 제수받았다. 일찍이 만언서를 올려 태조가 정령을 자주 바꾸고 수많은 사람을 죽인 것을 비판하여 황제의 노여움을 받았다. 그러나 또 '태평십책太平十策'을 올려 태조의 칭찬을 얻어 어사御史가 되었다. 후에 고향으로 낙향했다. 건문 때에 한림대조에 기용되었다. 성조 즉위 후에는 시독侍讀으로 발탁되어 문연각을 맡았고 다시 한림학사 겸 우춘방右春坊 대학사로 승진하였다. 《영락대전》 편찬을 주재하였고 성조의 깊은 신임을 받았다. 후에 태자를 세우는 일에 연루되어 한왕漢王 주고후朱高煦의 미움을 받았다. 영락 9년(1411), 체포되어 투옥되었고 많은 사람들이 연루되어 처형되었다. 영락 13년(1415) 정월, 금의위 기강紀綱이 범죄자의 명부를 올렸는데 성조는 해진의 이름을 보고 해진이 아직도 살아 있느냐고 물었다. 황제의 속마음을 알아차리는 데 능했던 기강은 기회를 잡아 해진이 술에 만취하도록 한 후에 눈더미 속에 파묻어 얼어죽도록 했다. 그리고 해진의 가산을 몰수하고 해진의 처와 가족들을 요동으로 귀양보냈다. 성화 원년(1465)에 해진을 원래의 관직으로 추존하고 조의대부朝議大夫를 더해주었다. 해진의 저서로는 《문의집文毅集》·《춘우잡술春雨雜術》 등이 있다.

해진

명대의 주택

명나라의 주택은 전기와 후기에 변화가 있다. 명초에는 검약을 숭상하여 중산층의 주택은 앞채는 흙담에 초가집이었고 뒤채는 기와집이었다. 후대가 되면서 돈 많은 사람들의 주택은 점차 호화스러워졌다. 명나라 주택은 지역 차이에서도 변화가 있었다. 북방주택은 북경의 사합원四合院이 대표다. 강남주택은 그다지 규격이 정해져 있지 않고 산간지역은 그 지형을 이용하여 높고 낮음이 있는 주택을 지어 멀리서 바라보면 아름답고 변화도 풍부하다. 봉건예교는 부잣집에 뚜렷하게 반영되곤 했는데 집안의 웃어른은 위채[上房]를 사용하고 아랫사람은 곁채[側房]에 살았으며 노복들은 아래채[下房]에 살았다. 또한 여성들은 마음대로 바깥 정원에 나가지 못하였다.

명나라 주택의 실내 배치

명·덕화요 학록鶴鹿노인

이 학록노인 도자기 석상은 명대 덕화요의 우수한 작품이다. 조소의 기교가 몹시 뛰어나다. 노인은 흰머리에 동안童顔으로 두 눈을 살며시 감고 있으며 얼굴에는 인자한 미소를 띄우고 있다. 몸에는 넓은 학창의를 입고 자연스럽게 구멍이 숭숭 뚫린 돌 위에 앉아있다. 노인의 머리는 약간 비스듬하고 두 손을 팔짱 낀 채 돌 탁자 위에 기대고 있다. 오른손에는 경권經卷을 들고 있어 의연한 선인 풍골의 신선 형상이다. 구멍 뚫린 돌 좌대 왼쪽에는 작은 사슴 한 마리가 고개를 올리고 귀를 곧추세운 채 눈동자는 노인 머리의 방향을 응시하고 있다. 구멍 입구의 오른쪽 옆에는 선학이 한 마리 있는데, 긴 다리에 굽은 목으로 뭔가를 찾고 있는 모습이다. 하나는 동적이고 하나는 정적인 아름다운 결합으로 자기 조각품에 적지 않은 생기와 정취를 자아내게 한다. 노인 등 뒤에는 음각으로 '하조종何朝宗'이라는 세 글자가 표주박 모양의 낙관 속에 새겨져 있다.

세계건축의 보물-북경성

북경성은 삼중으로 되어있으며 가장 안쪽이 궁성으로 또한 자금성이라고도 부른다. 자금성 1내이 궁전은 정교한 목조木彫, 석조石彫, 채화와 금빛 찬란한 유리기와의 지붕이 있어 수공 장인들의 아주 뛰어난 기교를 체현했다. 이 건축 공사는 주로 목공 출신인 괴상蒯祥이 설계하였다. 자금성은 중국에서 가장 완전하게 보존되고 규모가 가장 웅대한 황제의 궁전이다. 궁성 외부는 황성皇城으로, 황성의 정문인 승천문承天門은 그 기세가 자못 대단하다. 승천문 앞의 궁정 광장에는 한백옥 석교, 화표주華表柱, 돌사자들로 꾸며져 있어 황성의 장엄하고도 단정함을 더하여 준다. 황성의 외부는 경성이다. 주위는 20킬로미터에 9개의 성문이 있다. 하나의 중추선이 남북으로 통과하고 양변의 도로와 중요 건축물은 좌우에 대칭을 이루고 있다. 경성 내엔 상점들이 즐비하고 상업이 번영했다. 후에 경성 남쪽에 외성을 더 건설했으며 수공업과 상업 지역으로 가장 번화한 거리가 되었다. 외성 중에는 웅대하고 장엄한 천단天壇이 있는데 북경 최고의 특색 있는 건물 중 하나다.

1416년
북경의 건설

사회와 경제가 회복과 발전을 거두고 남북대운하가 소통이 되자 북경을 건설하고 천도를 할 수 있는 물질적 조건이 성숙했다. 영락 14년(1416) 11월, 주체는 여러 신하들에게 북경 건설에 관한 사무를 의논하라고 명령했다. 그는 평강백平江伯 진선陳瑄에게 조운과 목재를 북경으로 옮기는 것을 감독하도록 명령했다. 이렇게 정식으로 건설공사가 시작되어 전국의 기술자와 일꾼들이 북경으로 운집했다. 북경의 공사는 내성·황성과 자금성 세 부분으로 나뉘어 진행되었다. 내성은 기본적으로 원나라 대도 남부의 형태를 그대로 취하였고 단지 남쪽 성벽만을 조금 바깥쪽으로 확장했다. 황성은 원나라 성터에 하였고 궁전은 비록 남경의 체제를 모방하였으나 그보다 더욱 장엄하고 화려했다. 원나라 궁전은 명나라 초기에는 이미 철거된 상태였으므로 실제적으로는 중건한 것이라고 볼 수 있다. 영락 18년(1420), 북경 궁전이 완성되었다. 영락 19년(1421) 정월 초하루루 북경으로 천도하였다. 이때부터 북경은 명나라의 도성이 되었다.

북경궁성도

이 그림은 명대 초기에 그려진 북경 자금성이다. 궁성은 대내大內, 또는 자금성이라고 불렀다. 자금성은 영락 4년(1406)에 건설이 시작되어 영락 18년(1420)에 기본적으로 완성이 되었다. 원나라 대도의 궁전 유적지에서 조금 남쪽의 터에 세워졌다. 그 규모와 모습, 명칭은 모두 남경의 궁전에 의거하여 지어졌다. 북경 자금성은 명청 양대에 걸쳐 서로 다른 규모로 중건되고 확장되었다. 그러나 기본적인 틀은 변하지 않았다. 그림 속의 승천문承天門(지금의 천안문) 아래에 서 있는 사람은 승천문을 설계한 괴상이라고 한다. 괴상은 소주 오현吳縣(지금의 강소성 소주) 사람으로 원래는 목공이었으나 영락 시기에 북경 궁성의 건축과 설계에 참여하였고 후에는 관직이 공부좌시랑까지 올랐으며 84세에 사망했다.

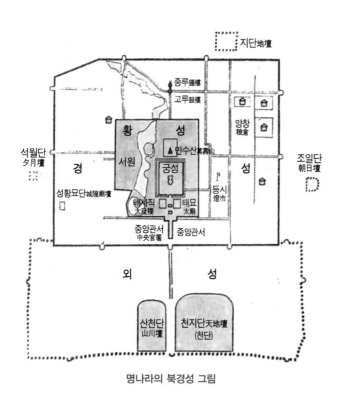

명나라의 북경성 그림

1416년
무당금전의 건설

명 영락 14년(1416), 무당금전武當金殿이 건설되었다. 금전은 호북성 무당산 천주봉天柱峰 정상에 세워진 동에 도금한 정자로 중국 고대의 대형 주조물이다. 높이 5.54미터, 너비 4.4미터, 깊이 3.15미터로 전체 대전은 모두 동으로 주조되었으며 금이 도금되어 있다. 조형이 웅장하고 화려하며 장식이 번잡하고 광채가 눈길을 뺏는다. 실내에는 보좌·향안香案과 기물들이 진설되어 있는데 모두 금으로 장식되었다. 안에 걸린 도금 명주明珠는 설계가 교묘하여 마치 나무에 조각한 듯하다. 특히 중량이 10톤이나 되는 갑옷을 입고 있는 진무제군眞武帝君 동상이 가장 진귀한데 무당의 금산金山 주조 조상 예술품 중에서도 우수한 작품이다. 금전 앞에는 금종·옥경玉磬이 설치되어 있으며 역시 빼놓을 수 없는 예술품이다. 금전을 주조할 때에 아마도 이미 구성물들의 팽창 지수를 고려했는지 구성물들의 배치가 비교적 엄밀하고 게다가 무거운 주조물건은 실랍失蠟 주조법으로 주조한 후에 산 정상으로 옮겨와 조립했다. 이리하여 금전은 당시 사회의 종교가 왕성했던 측면을 반영할 뿐만 아니라 또한 여러 방면에서 명대 과학기술이 이미 상당히 높은 수준에 도달했음을 보여주고 있다.

무당금전

금전의 기이한 경관

천주봉 정상에 우뚝 세워진 무당금전은 정교하고도 웅장한 건축 구성으로 세상에 드문 국보일 뿐만 아니라 그 특유의 기이한 장관으로 세상 사람들의 찬탄이 끊이지 않는다. 무당산은 도교로 유명한 명산으로 얼마간의 신기함이 복잡하게 뒤섞여 분간하기 어려운 아름다운 일들이 저절로 더해졌다. 금전의 기이한 경관 중에서 가장 유명한 것은 조사祖師에서 땀이 난다는 '조사출한祖師出汗', 해마가 안개를 토해낸다는 '해마토무海馬吐霧', 번갯불이 금전을 씻어준다는 '뇌화연전雷火煉殿' 세 가지다. '조사'는 바로 금전 내의 진무동상을 말한다. 매번 큰비가 올 때에 진무동상은 마치 사람처럼 더워지면서 땀이 나와 온 등을 적신다고 한다. '해마토무'는 금전 꼭대기의 해마상이 어떤 때는 입속에서 뭉게 뭉게 흰 구름을 후후 하고 하늘에 길게 내뿜는다는 것이다. 도사들은 이는 천제가 앞으로 뇌공우雷公雨를 파견하여 금전을 씻겠다는 예시라고 한다. 이때 금전 정상에서 당직하던 도사들은 금전 정상에서 아래의 남천문까지 급히 내려온다. 이윽고 얼마 지나지 않아 번개와 함께 비가 내리친다. 그러면 번개가 때리고 천둥이 치면서 수많은 크고 작은 불꽃들이 금전의 네 주위를 번쩍번쩍 치곤 하여 사람들의 마음과 정신을 다 빼놓는다. 비가 그치고 날이 맑으면 대전은 황금빛이 찬란하게 빛나며 마치 씻어놓은 듯 한데 이를 '뇌화연전'이라고 한다. 도사들은 이는 천제天帝가 이 금전을 더럽히지 않고 청결하게 보전하기 위한 것이라고 한다. 그래서 금전 안의 보물들이 더욱 아름다워진다고 믿는다. 그들은 또한 만일 금전 안에서 뇌화를 맞는다면 득도하여서 장생불사한다고 믿고 있다.

장릉 능은전의 모습

장릉長陵 능은전棱恩殿의 면적은 9칸으로 앞쪽에서 뒤쪽까지의 길이는 5칸이다. 4천여 m²다. 선덕 2년(1427)부터 조성하였는데 지금까지도 완전하게 보존되었다.

1417년
소록국왕의 내조

소록국蘇祿國*은 본래 하나의 섬나라로 동왕東王·서왕西王·동왕峒王이 있어 업무를 총괄했다. 영락 15년(1417) 8월, 소록국왕은 그 친족 및 수행원 등 340여 명으로 조직한 사신단을 거느리고 진기한 보물과 보석 대모玳瑁 등을 갖고 망망대해를 넘어 이곳저곳의 긴 여정을 거쳐 중국에 도착했다. 이는 정화의 사절단 방문에 대한 소록국의 답방이었다. 부루나이**·말라카***국왕의 방문에 이어 또 하나의 해외국가 수령이 친히 사절단을 이끌고 중국을 방문한 것이다. 북경에 머무는 동안 세 왕은 최고 격식의 대접을 받았다. 9월에 동왕이 남쪽으로 돌아가던 중 산동성 덕주德州를 지날 때에 불행히도 세상을 떠났다. 성조는 왕의 예에 따라 장사를 치르도록 명령했고 예부랑중 진사계陳士啓를 파견하여 제례를 주지하도록 명령했다. '공정恭定'이라는 시호를 내리고 덕주에 동왕을 위한 웅장한 능묘를 건설했다. 영락 16년(1418) 9월 1일, 성조가 친히 소록국 동왕묘의 비에 비문을 쓰고 심심한 추억과 애도의 뜻을 나타냈다.

* 지금의 필리핀 소록 군도에 있었던 섬나라 – 역주
** 당시 중국표기는 계발니繼渤泥 – 역주
*** 14~16세기 말레이시아 반도에 있던 봉건국가로 말라카 해협의 요충지에 있었음 – 역주

1420년
태묘의 건설

태묘太廟는 황제 조상의 사당으로 황제가 선조에게 제사드리던 곳이며 또한 도성 계획 건설 중에 빼놓을 수 없이 조성해야만 하는 곳이다. 명 영락 18년(1420)에 성조 주체는 남경의 태묘 건설을 참고하여 북경태묘를 건설했다. 구오지존九五之尊*의 존귀한 수치에 의해 사당은 9실로 정했고 전체 면적은 약 16.5만 제곱미터로 남북향 규모의 장방형이다. 주요 건물은 중추선을 연하여 남에서 북으로 안쪽을 향해 극문戟門·정전·침전·조묘祧廟 등을 배치했으며 그 대칭이 몹시 근엄하고 안으로 들어갈수록 깊어진다.

* 제왕을 뜻함. 중국에서는 고대에 숫자를 음수와 양수로 나누었는데 홀수를 양, 짝수를 음이라고 함. 양수 중 구九가 가장 큰 수이고 오五는 정중앙에 해당하므로 '구오九五'는 황제의 권위를 나타내며 황제를 '구오지존'이라고 함 – 역주

태묘대전太廟大殿

유목천에서 서거한 명 성조

영락 22년(1424) 7월에 주체는 제5차 북벌대군을 거느리고 북경으로 돌아오고 있었다. 얼마 지나지 않아 주체는 몸이 좋지 않음을 느꼈다. 14일 군대는 취미강翠微岡을 지났다. 임시로 그곳에 군막을 치고 주체는 탁자에 기대어 앉았는데 피곤함이 역력했다. 그는 내시 해수海壽에게 물었다. "아직 며칠을 더 가야 북경에 도달하느냐?"

해수가 대답했다. "대략 8월 중순이면 도착합니다."

얼마 지나지 않아 주체는 옆에 있던 대학사 양영楊榮에게 말했다.

"태자가 요 몇 년 정무에 점점 익숙해지고 있으니 북경에 돌아간 이후에는 군국대사를 태자에게 넘겨 처리하도록 해야겠다. 나는 만년을 편하게 보내고 싶구나."

그러나 주체는 이때 저승사자가 그를 향해 오고 있음을 몰랐다. 7월 15일, 주체는 병세가 더욱 심해져서 병상에서 일어나지 못했다. 16일, 어가가 유목천榆木川(지금의 내몽골 다륜 서쪽)에 도달했을 때 주체는 의식불명이었다. 17일, 주체가 세상을 떠났다. 대군이 마침 수도로 돌아가는 도중이었기 때문에 대학사 양영과 태감 마운馬雲 등은 소식이 새나가지 않도록 결의하고 비밀로 발상을 하지 않고 잠시 거상을 미루었다. 그리고 군대 안에 있는 석기錫器들을 모아서 관을 만들고는 주체의 유체를 비밀리에 염하여 안치했다. 비밀을 지키기 위하여 관을 만든 장인들은 모두 죽여버렸다. 대군이 귀경하는 도중에도 황제에게 수라를 올리고, 예를 행하고, 업무를 상주하는 일 등은 모두 늘 하던대로 행하였다. 동시에 내시 해수를 비밀리에 북경으로 보내어 태자에게 보고하도록 했다. 태자 주고치는 소식을 들은 후에 즉시 황태손을 군영으로 파견했다. 8월 11일, 황태손이 군영에 도착한 후에야 비로소 주체가 이미 서거했다는 소식을 발표했다.

황제 상복의 용

용의 도안은 고대부터 발전하여 명대에 이르기까지 수차례의 변화를 겪었다. 선진先秦 이전의 용문양은 그 형상이 비교적 질박하고 거칠었으며 대부분 발톱이 없어 파충류 동물과 비슷했다. 진한秦漢 시기의 용문양은 대부분 짐승모양이 두드러졌으며 발톱이 모두 구비되었지만 비늘이 없었고 걸어다니는 형태로 그렸다. 그래서 당시의 호랑이 형태와 비교적 비슷했다. 당송 이후의 용문양은 뱀 형태가 대부분으로 늘 구름문양과 함께 그려 사람들에게 허무하고 표표한 감정을 주었다. 명대에 이르러 용의 형상은 더욱 완벽해졌는데 각종 동물의 일부의 특징을 부여하였다. 예를 들면 머리는 소 머리로, 몸은 뱀 몸으로, 뿔은 사슴 뿔로, 눈은 새우 눈으로, 코는 사자 코로, 입은 노새 입으로, 귀는 고양이 귀로, 발톱은 독수리 발톱으로, 꼬리는 물고기 꼬리를 이용했다. 도안의 구조와 구성에서도 몹시 특색이 있었다. 전통적인 행룡行龍, 운룡雲龍 이외에도 또 웅크린 용[團龍], 바로 앉아 있는 용[正龍], 앉아있는 용[坐龍], 승천하는 용[升龍], 하강하는 용[降龍] 등의 명칭이 생겨났다.

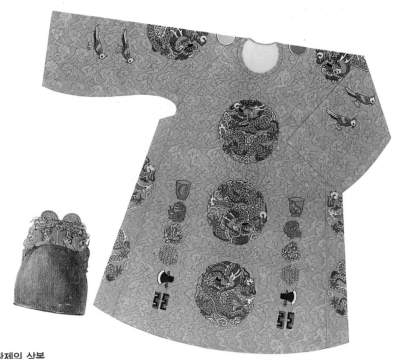

황제의 상복

명나라 황제의 상복常服*은 황색 비단으로 만들어졌으며 웃옷에는 용문양과 꿩문양 및 12문장을 수놓는다.

* 왕과 관료가 일반 집무를 할 때 입는 옷. 근무처를 떠나 평소에 입는 옷은 평상복이라고 했음 – 역주

금향낭

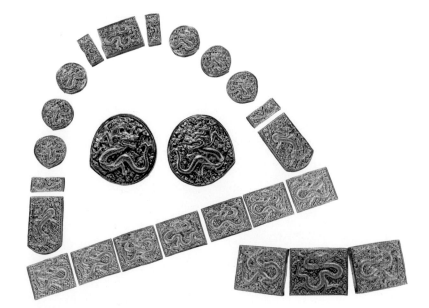

운룡문이 있는 금대판

금대판金帶板은 모두 20개로 고리와 향낭으로 이루어졌다. 모양은 한쪽이 뾰족한 규형圭形의 장방형으로 복숭아 모양이다. 뒷면은 모두 두 개의 구멍이 있다. 운룡문은 추섭錘鍱*공예로 만들어졌으며 조형이 생동적이고 공예는 몹시 정밀하다. 명나라의 복식제도에 의거하면 금대는 고급 관리가 착용하던 것이다. 명대의 금대판 출토는 고고학적으로 드물게 보는 것으로 명대의 역사와 공예, 매장풍속을 한층 더 이해할 수 있게 해주는 실물자료를 제공해주고 있다.

* 망치로 금붙이를 두드려서 만드는 방법 – 역주

주첨기의 〈여주와 쥐[苦瓜鼠圖]〉

1424년
인종의 즉위

주체 서거 후에 태자 주고치朱高熾가 즉위하고 홍희洪熙라 개원하니 인종仁宗이다. 주고치가 대통을 이어받을 수 있게 되기까지는 험난한 길을 걸어야 했다. 그는 홍무 11년(1378)에 주체의 적장자로 태어났으며 홍무 28년(1395)에 명 태조 주원장에 의해 연세자燕世子로 책봉되었다. 그는 몸집이 뚱뚱하고 다리를 절어 걷기에 불편하여 승마도 화살도 잘 쏘지 못하였으나 사람됨은 후덕하고 인자했다. 그러나 주체는 이런 후덕하고 효자로 소문난 큰아들을 몹시 싫어했으며 둘째 아들인 주고후朱高煦에 대한 인상은 좋았는데 그가 자신을 닮았다고 여겼기 때문이다. 영락 2년(1404) 4월, 마침내 정식으로 주고치를 태자로 선포하였으나 황위계승을 둘러싼 문제의 투쟁은 아직 끝나지 않았다. 주고치는 황위 쟁탈전에서 여러 차례 위험을 받았으니 마치 살얼음을 딛고 있는 것 같았다. 그러나 애석하게도 이렇게 힘들게 차지한 황제 보좌를 겨우 9개월만 누리고 홍희 원년 5월에 갑자기 병사하였다. 그의 아들 주첨기朱瞻基가 즉위하니 이가 선종宣宗이다.

황위 쟁탈전에서 주첨기의 역할

전하는 바에 의하면 주첨기가 출생하기 하루 전날 밤에 당시에는 연왕이었던 할아버지 주체가 기이한 꿈을 꾸었다. 꿈속에서 그는 아버지 명 태조 주원장이 그에게 커다란 대규大圭를 주면서 말하길 "자손에게 전하여 영원토록 창성하게 하라"고 했다. 그때 주원장은 이미 서거한 뒤였고 주체는 황위를 탈취하겠다는 생각을 품기 시작하던 때라서 이 꿈이 아주 길하다고 여겼다. 그 다음날 주첨기가 탄생했다. 한 달이 되기를 기다렸다가 주체는 손자를 품에 안고서 오랫동안 자세히 살피고 나서는 "기가 얼굴에 충만한 것이 내 꿈과 아주 맞는구나"라며 아주 기분좋게 말했다. 주체는 그가 원하던 바대로 황제가 되고 난 후, 꿈에서 보고 얻은 이 손자를 더욱 좋아하게 되었다. 자신이 순행이나 정복을 나갈 때도 늘상 그를 곁에 데리고 다니며 그에게 안목을 키워주고 견문을 넓히도록 해주었다. 또한 학식이 풍부한 학사 호광胡廣을 파견해 주첨기의 스승으로 삼아 한층 더 그를 세심하게 육성했다. 주첨기 역시 자신에 대한 할아버지의 깊은 신임을 저버리지 않았다. 그는 몹시 총명하였고 독서를 좋아하였으며 사람을 대할 때나 일을 처리할 때도 적절하게 행동하여 더욱 주체를 만족시켰다. 주체는 주첨기의 아버지인 황태자 주고치에게 말하기를 "후일에 천하를 태평케 할 천자감이다"고 했다. 영락 9년(1411), 주체는 14세의 주첨기를 황태손으로 세우고 장래에 황위를 주첨기에게 전할 뜻을 표명했다. 이를 실현하기 위하여 주체는 우선 황위를 주첨기의 아버지 주고치에게 물려주었다. 이는 의심할 여지도 없이 주고치로 하여금 황위 쟁탈전에서 커다란 힘을 주는 것이었다.

명·선덕 경덕진요 청화오채연지원앙도青花五彩蓮池鴛鴦圖 **사발**
이 사발은 전체에 백유를 시유했으며 유색은 약간 청색을 띠고 있다. 안팎으로 모두 청화오채도안을 그려 넣었는데 주 문양은 복부에 있는 원앙연지문양이다. 연꽃은 홍채로, 잎새는 녹채로 하였고, 물에서 노는 두 쌍의 원앙은 홍과 녹색으로 하였고, 자채緖彩(검붉은 흙의 빛깔)와 청화로 묘사했으며 색채가 선명하고 선이 유창하다. 이 사발은 지금까지 발견된 경덕진 관요의 명대 청화오채자기 중에서 가장 이른 시기에 조성된 것으로 보존이 완벽한 작품이다.

바둑의 신속한 발전과 유행

춘추전국 시기에 이미 바둑에 관한 문자기록이 있다. 위진남북조와 수당시기에 바둑은 급속히 발전을 하였다. 명청시기는 중국바둑사상의 세 번째 절정기로 바둑이 신속히 발전하고 유행했으며 게다가 권력자들의 지지를 얻을 수 있었다. 《청포현지靑浦縣志》의 기록에 의하면 명나라 초기에 바둑계의 고수 상자선相子先은 홍무 연간에 황제의 부름을 받고 서울에 갔다. 연왕은 그와 바둑 한 판을 두고는 용봉바둑 도구 한 벌을 하사했다.

《영파부지寧波府志》 기록에 의하면 영락 초년에 상자선과 누득달樓得達은 황제의 명을 받고 함께 서울에 도착하였다. 명 성조는 두 사람에게 대적하도록 했는데 누득달이 이겼다. 그러자 이부吏部에 명하여 그에게 금대를 하사했다. 홍치 연간에는 구성九成이 서울을 유람하며 바둑을 두었는데 서울의 고수들을 모두 이겼다고 한다. 명 효종은 구성을 불러들여 시험했는데 정말 발군의 기량을 갖고 있어 그에게 '국수國手'라는 명예를 주었다. 바둑의 광범위한 유행과 신속한 발전은 바둑 기예를 지속적으로 제고시켰으며 가장 현저한 것은 각종 바둑 유파가 형성되었다는 점이다. 예를 들면 '경사파京師派' '영가파永嘉派' '신안파新安派' 등이 있었다. 바둑계의 고수를 명대에는 '국수' '국공國工'이라는 명칭 외에 이미 '관군冠軍'이라는 칭호도 사용했다.

바둑두는 그림

헌릉 능원

헌릉獻陵은 인종 황제 주고치의 능침으로 1426년에 세워졌다. 주고치朱高熾(1378~1425)는 성조 주체의 적장자다. 봉양鳳陽에서 태어났으며 18세 때 부름을 받고 남경에 도착하였고 영락 2년 27세의 나이에 황태자에 책봉되었다. 22년(1424) 7월에 성조가 유목천에서 병사하자 같은 해 8월 15일 주고치는 황제에 즉위하였다. 그 다음 해 5월 황궁 흠안전欽安殿에서 48세에 병사하니 재위 기간은 9개월에도 못 미쳤다.

내서당의 설치와 환관의 공부

홍무 연간에 명 태조 주원장은 환관의 우환을 방지하기 위하여 엄격히 태감들이 글자를 아는 것을 금지했다. 후에 비록 내관에 감전監典과 상보감尙寶監을 설치하여 문서와 왕실도서를 나누어 관리하도록 했지만 그 내관들은 글자만 겨우 깨쳤지 문장의 내용에 대해서는 잘 몰랐다. 영락 시기에 이르러 조정에서는 정식으로 교관이 궁에 들어와 환관들을 가르치도록 했다. 선덕 연간에 정식으로 궁안에 내서당內書堂을 설립하고 환관들에게 글자를 읽고 쓰는 법을 가르치도록 했다. 형부주사 유충劉翀을 한림수찬으로 임명하여 학습을 책임지도록 했다. 궁 안에서 10세 전후의 환관을 선발하여 가르치니 글을 읽는 사람의 수가 점차 증가하여 4, 5백 명까지 되었다. 유충의 후임으로는 대학사 진산陳山·수찬修撰 주조朱祚 등이 모두 학습을 담당하는 관직을 맡았다. 이리하여 한림관 4명이 가르치고 공부하는 것이 일상이 되었고 점차 제도가 형성되었다. 내서당의 설립은 환관들에게 글을 알게 해주는 것을 시작으로 사례司禮·장인掌印 및 병필태감秉筆太監이 모두 이 기회에 정사에 참여하기 시작했다. 매일 문서를 상주하고 어필로 친히 비준을 하는 몇 건을 제외하고는 나머지는 모두 병필태감이 대학사들의 표의票擬*에 따라서 붉은 붓으로 대신 비준을 하였다. 이렇게 되니 환관들은 외정外廷**과 직접 왕래할 수 있는 기회를 갖게 되어 안과 밖에서 결탁하여 환관의 화를 가속화시켰다. 이후 환관의 전권은 드디어 명나라를 멸망에 이르게 하였으니 모두 내서당 설치와 분명히 관계가 있다.

* 표의라는 것은 표지票늴 또는 조지條늴라고도 하는데 즉 상소문이 올라오면 황제가 상소문을 보기 전에 내각의 대학사들이 작은 종이에다가 자신들의 의견을 적어 상소문 봉투에 붙여 올림으로써 황제가 비준하는 데 참고용으로 제공하는 것임 - 역주

** 왕과 신하가 국정을 처리하던 곳으로 태화전太和殿·중화전中和殿·보화전保和殿 등을 가리킴 - 역주

1425년
과거 정원의 개정

명 홍희 원년(1425), 조정에서는 과거의 정원을 개정하였다. 홍무 초기에는 과거에서 선비를 선발할 때 정원이 있었으나 얼마 되지 않아 제한이 없어졌다. 명 인종 때에 조정에서는 새롭게 선비의 정원을 규정할 것을 결정하고 대학사 양사기楊士奇가 남북을 나누어서 선비를 뽑자는 주청을 올렸다. 홍희 원년(1425), 인종황제가 정식으로 각 성의 향시 정원을 결정했다. 그중 남경의 국자감 및 남직례는 전체 80명이고, 북경 국자감 북직례는 50명이며 회시 선발자는 1백 명을 넘지 않도록 했다. 또 남방인이 5분의 3을, 북방인이 5분의 2를 차지하도록 했다. 고금에 두루 통하고 단정하고 침착한 나이 25세 이상자가 시험에 응시할 수 있었다. 이 규정이 아직 실행되기 전에 인종이 서거하였다. 선종이 등극한 후에 천하에 이를 반포하고 각 성에서는 이 규정을 따라 집행하도록 요구했다.

명청의 팔고문에 대한 사람들의 조롱

거드름을 피우면서 장원급제자라네.
삼통三通·사사四史가 어떤 문장인지는 알겠는데,
한고조·당태종은 어느 나라 황제지?……
세월을 저버린 채 일생을 헛되이 보내고
그를 고관이라고 속이니
역시 백성과 조정이 재수없을 뿐이네.

1426년
한왕 주고후의 모반 실패

명 선덕 원년(1426) 8월 1일에 한왕 주고후朱高煦가 모반을 일으켰다. 주고후(1380~1426)는 명 성조의 둘째 아들로 '정난' 때 전공을 세웠으며 여러 차례 위기에 처한 성조를 구하였다. 이리하여 그는 자신의 공만 믿고 교만 방자하였으며 멋대로 법을 지키지 않고 태자의 자리를 찬탈하고자 망상을 하였다. 영락 2년(1404), 주고후는 한왕漢王에 봉해졌다. 후에 다른 곳으로 봉지가 바뀌자 주고후는 봉지로 가려 하지 않았다. 그는 뜻대로 되지 않자 하루종일 답답하게 보내면서 반란을 도모했다. 홍희 원년(1425) 6월, 그는 매복했다가 선종宣宗을 습격하기로 계획하였지만 실패하였다. 선덕 원년 8월 1일, 주고후는 북경에 지진이 난 틈을 타서 낙안樂安(지금의 산동성 광요廣饒 동북)에서 모반을 하고는 왕군부王軍府·천초千哨를 설립하고 관직을 나누어주고 영국공英國公 장보張輔와 내응하기로 결탁하였다. 선종은 대학사 양영楊榮의 권고 하에 어가를 몰아 친히 주고후를 정벌하러 나섰다. 8일, 선종은 대군을 거느리고 출정하여 20일에 낙안성 북쪽에 이르러 조서를 주고후에게 보냈다. 주고후는 저항할 힘이 없자 어찌하는 수 없어 손을 들고 투항하였으며 잔당들은 포로가 되었다. 선종의 군대는 피 한 방울 흘리지 않고 크게 승리하고 돌아왔다. 낙안은 무정武定으로 개칭하고 주고후는 서안문 내의 소요루逍遙樓에 연금하였다. 모반에 참여했던 왕빈王斌·주환朱恒 및 천진과 산동 각 지역의 640여 명은 전부 처형하였으며, 변방으로 유배된 자는 1천5백 명에 달했다. 주고후는 연금 후에도 여전히 반성을 하지 않았다. 하루는 선종이 방문했는데 선종이 한눈을 파는 사이 다리를 뻗어서 선종을 넘어뜨렸다. 이러자 선종은 대로하여 당시 힘센 무사들을 시켜 동항아리에 주고후를 집어넣고 태워죽이도록 명령하고 그 아들들도 전부 죽여버렸다.

주고후

주고후(1380~1426)는 명 성조 주체의 둘째 아들로 한왕에 봉해졌다. 어려서부터 난폭하고 짓궂은 말썽쟁이였으며 언행이 방탕하였다. 1395년에 처음에는 고양군왕高陽郡王에 봉해졌다. 명 태조는 여러 왕자들을 서울로 불러들여 공부하도록 했는데 주고후는 공부에는 마음이 없고 하루 종일 말타고 활쏘는 것만 좋아하였으며 언행이 방탕하여 그에 대한 주원장의 인상은 좋지 않았다. 1398년, 주원장이 죽자 연왕燕王은 큰아들 주고치와 작은 아들 주고후를 북평(지금의 북경)에서 불러들여 남경으로 문상을 오도록 했다. 주고후의 외할아버지 위국공魏國公 서휘조徐輝祖는 건문제에게 다음과 같이 말했다.
"고후는 사람됨이 난폭하여 장래 필히 조정의 화근이 될 것입니다. 반드시 서울에 붙들어두시고 엄하게 단속하십시오"
건문제는 서휘조에게 주고후를 더욱 엄히 단속하도록 했다. 그러나 주고후는 가르침을 듣지 않을 뿐만 아니라 서휘조의 좋은 말을 몰래 훔쳐서 강을 건너 서울을 떠났다. 도중에 관리나 백성들의 접대가 흡족하지 않으면 죽여버렸다. 탁주涿州에 도달했을 때 또 역승驛丞을 죽이자 조정의 견책을 받았다.

1430년
명 선종이 편찬한 《기농》

선덕 5년(1430) 3월 10일, 선종 주첨기朱瞻基가 황태후를 모시고 장릉사궁長陵四宮을 참배한 후 돌아오는 여정 중에 본 것을 적어 《기농紀農》한 편을 지었다. 이를 군신에게 보여주고 세상사의 어려움과 관리들이 치세의 득실을 알아 백성의 고통을 체험할 수 있도록 격려하였다. 선종은 농부와의 대화형식을 빌어 사계절 농사를 지어야 하는 농민의 어려움을 책에 담아냈다.

"고개를 들어 쉴 시간조차 없이 매일 몸을 구부려 그리도 열심히 농사를 짓는 연유가 무엇이냐?"

"열심히 일하는 것이 저의 소임인 줄 아옵나이다."

"쉴 시간은 있는가?"

"농사를 지으려면 봄에는 밭을 갈고, 여름에는 관리를 해야 하며, 가을에는 수확을 해서 저장해야 하므로 언제나 부지런히 일을 해야 합니다. 잠시라도 게으르면 1년 내내 배고픔과 추위에 시달려야 하기 때문입니다. 겨울이 농한기이긴 하지만 관아의 노역에 종사해야 하니 쉴 시간은 거의 없습니다."

"그렇다면 어찌 직업을 바꾸지 않는 것인고? 선비나 기술자나 상인이 된다면 휴식시간이 있지 않겠는가?"

"저의 집은 대대로 농사를 지어왔고 직업을 바꾼 적이 없습니다. 선비나 기술자들이 휴식시간이 있는지 저는 알지 못합니다. 하지만 상인도 우리처럼 힘들다는 것은 알고 있습니다."

다시 농부에게 평소에 보고 들었던 것에 대해 물어보자 농부는 전임 현령에 관해서 이야기했다.

"저는 두 부류의 현령을 뵌 적이 있습니다. 한 분은 백성의 일에 진심을 다하시고 부지런하고 근면하셨는데 승진하여 임지인 이곳을 떠나셨지만 백성들이 여전히 그를 잊지 못합니다. 다른 한 분은 백성의 고충을 묻지 않으셨고 백성들도 그를 그저 지나가는 사람으로만 보았습니다."

선종은 농부의 말을 듣고 깊이 감동하여 《기농》을 편찬하고 이 농부에게 큰 상을 하사했다고 전해진다.

티베트에서 전해 온 불교 바라
이 바라는 직경 8.1cm, 높이 2.5cm로 은사슬로 연결되어 있으며 가운데에는 붉은색 마노와 녹송석이 꿰어져 있다.

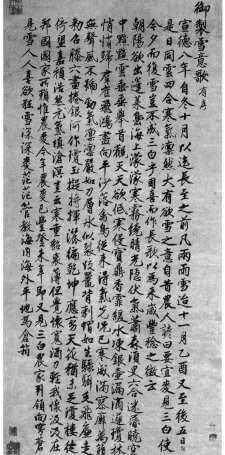
주첨기의 〈설의가雪意歌〉

명·상희商喜의 〈명선종출렵도明宣宗出獵圖〉축
선발대와 후위대는 대부분 내시 환관으로 생김새가 모두 다르며 대부분이 실제 인물이다.

1430년
개평위의 내륙 이전

선덕 5년(1430) 6월, 개평위開平衛를 독석보獨石堡로 이전하니, 300리 요충지까지 잃게 되었고 변방 수비에도 빈 곳이 많아지게 되었다. 홍무 3년(1370), 이문충이 군대를 거느리고 북원北元 상도上都를 공격하자 명 태조는 비로소 개평위를 설립하였다. 개평위의 소재지는 오늘날의 내몽고 정람기다룬正藍旗多倫 서북 지역이며, 당시 8개의 역참驛站을 설치하고 동서 두 지역으로 구분하였다. 동쪽은 양정凉亭 · 이하泥河 · 새봉賽封 · 황애黃崖, 서쪽은 환주桓州 · 위로威虜 · 명안明安 · 습녕濕寧이다. 개평은 북방 변경의 요충지로 성조가 4차례 북벌을 감행했을 당시 모두 개평을 지나간 바 있다. 성조는 "이곳이 참혹히 파괴되어도 개평만 굳건히 지키면 흥화興和 · 요동 · 감숙甘肅 · 영하寧夏 변방에 영원히 우환이 없을 것이다"라고 말했다. 영락 원년에 정난이 일어났을 때 올량합兀良哈이 출병하여 도와준 은혜에 보답하기 위하여 성조는 그중 3곳의 개평위를 그에게 넘겨주었다. 영락 20년(1422), 흥화 지역은 또 다시 아루크타이[阿魯台]에 의해 함락되었기 때문에 개평은 후방의 지원이 끊겼다. 선덕 5년(1430) 6월, 타타르족[韃靼族]이 수차례 개평을 침략하자 선종은 개평위를 독석보로 이전하라 명하고 300리 땅을 포기했다. 이 당시 개평위의 내륙 이전으로 인해 천연요새인 용강龍岡과 난하灤河를 잃게 되었고, 북방 변경의 수비는 더욱 허술해지게 되었다.

1432년
위소에 유학을 설립

선덕 7년(1432), 이부상서 곽련郭璉 등은 섬서 안찰사첨사按察司僉事 임시林時가 진언한 것을 다시 상주하였다. 즉 각지의 위소衛所에 학교를 설립하여 군관의 자손이 교육을 받도록 해야 한다고 말했다. 이부는 또 이와 관련된 조정의 신하와 회의를 하여 부현府縣과 인접한 위소衛所에서는 군관 자손들이 그 부 · 주 · 현의 학교에 입학하여 공부를 할 수 있도록 하고, 부주현에서 멀리 떨어진 위소에도 학교를 설립하여 군관 자손의 학습문제를 해결해야 한다고 했다. 또한 학문을 마친 자는 해당지역의 향시에 참가할 수 있도록 해야 한다는 데 이견이 일치를 보았다.

선덕 10년(1435) 10월 13일, 섬서성 안찰사첨사 임시는 다시 진언을 올려 각지 위소의 군인 중에도 특출한 인재가 있으니, 학교를 각각 설립하고 교육하여 문과와 무과 양쪽 모두 완벽을 기해야 국가에 도움이 된다고 고하였다. 이 두 상소는 모두 선종의 재가를 얻었고, 황제의 칙령 하에 전국 각지 군인이 주둔하는 지역에 학교가 세워졌다.

이문충李文忠

명 · 쌍룡문양의 손잡이가 있는 청옥 잔[青玉雙龍耳杯]

옥 재질은 백색을 띠고 있다. 타원형으로 넓은 입에 아래로 좁아지고 있으며 굽은 둥글다. 전체적으로 빛이 나지만 문양은 없다. 양측에 조각한 가는 목의 용머리를 대칭으로 놓아 손잡이를 만들었다. 옥잔의 바탕재질은 깨끗하고 영롱함이 빛을 발한다. 쌍룡머리의 조각은 더욱 정교하다.

경릉능원景陵園

경릉은 선종 주첨기와 계후繼后 손씨孫氏의 합장릉으로 1435년 조성되었다. 주첨기(1398~1435)는 인종의 장자로 북경에서 출생하여 11세에 황태손으로 책봉되었고 홍희 원년(1425년) 6월에 제위에 등극하였다. 재위기간은 10년으로 38세에 병으로 건청궁乾淸宮에서 별세하였다. 정궁인 황후 호씨胡氏는 '자손이 없고 병이 있다' 라는 이유로 황후자리를 사양하고 장안궁長安宮으로 퇴거하였다. 귀비 손씨가 황후로 봉해졌고 천순天順 6년 9월에 세상을 떠나니 같은 해 11월 경릉에 합장되었다.

강남문인화의 흥성

명대 전기, 명의 통치자는 송대의 '원체院體' 화풍을 적극 제창했다. 그러나 강남지역에는 원대 문인화기의 영향력이 여전히 강하게 남아 있었고, 궁정화가 이외의 문인사대부 화가 중에도 왕리王履 이외에 서비徐賁·두경杜瓊·유각劉珏·왕불王紱·하창夏杲·사진謝縉과 마완馬琬 등은 멀리는 동원董源과 거연巨然을 사사했으며, 가까이로는 원사가元四家의 전통을 계승하였다. 그들의 회화는 원나라 화가들로부터 시작하였으며 전형적인 문인화풍을 지녀 선비의 정취를 구현하였고, 그 중에는 명대 중엽에 나타난 오문화파吳門畵派의 선구가 되기도 했다.

하창의 〈기원춘우도淇園春雨圖〉축

하창夏杲(1388~1470)의 본래 성은 주朱, 자는 중소仲昭, 호는 자재거사自在居士로 강소성 곤산 사람이다. 영락 13년(1415)에 진사에 급제하여 벼슬이 태상시경太常寺卿까지 올랐으며, 한림원에서 왕발에게 죽석 그리는 법을 배웠으며 후에는 대나무 그림으로 명성을 날렸다. "하경(하창)의 대나무 그림 하나는 서량西凉의 금 열 덩이와 맞먹는다"란 말이 《명화록名畵錄》에 실려 있다. 전해지는 작품으로는 〈상강풍우도湘江風雨圖〉두루마리, 〈기석수황도奇石修篁圖〉가 있다. 계승자가 많은데 중요한 사람으로는 위천기魏天驥 등이 있으며, 상당한 영향력을 가진 곤산묵죽화파崑山墨竹畵派를 형성했다.

왕리의 〈화산도華山圖〉첩(중의 두번째)

왕리王履(1332~?)의 자는 안도安道고 말년의 자호는 기수畸叟, 또는 포독노인抱獨老人이며 강소성 곤산崑山 사람이다. 시문서화에 뛰어났으며 마원과 하규의 산수화를 계승하였다. 기발하면서도 오묘한 배경을 그려냈고, 필묵에선 마원과 하창의 필법을 넘나들었다. 예술과 관련하여 그가 남긴 명언 "나의 스승은 마음이고, 마음의 스승은 눈이고, 눈의 스승은 화산이다[吾師心, 心師目, 目師華山]"라는 말은 후대 사람들의 중시를 받았다. 전해지는 작품으로 〈화산도〉가 있다.

두경의 〈남촌별서도南村別墅圖〉책(중의 다섯 번째)

두경杜瓊(1396~1474)의 자는 용가用嘉다. 세간에서는 동원선생東原先生이라 부르며 말년의 자호는 녹관도인鹿冠道人이다. 강소성 오현吳縣 사람이다. 글과 그림에 능하고 은거하며 벼슬길에 나가지 않았다. 산수화에 공을 들였고, 동원董源과 거연巨然 그리고 왕몽王蒙을 사사했다. 간필 준법에 뛰어났으며 특히 묘사에 뛰어나고 담백한 문인의 정취가 풍겨 나오는데, 이는 앞의 원대 사조를 계승하였기 때문이다. 후에 오파吳派를 개척한 선구자로 전해지는 작품은 〈남호초당도南湖草堂圖〉·〈우몽노우松圖〉·〈남촌별서도〉책이 있다.

사진의 〈운양조행도雲陽早行圖〉축

사진謝縉(1360~1431)은 사진謝晉이라고도 쓰는데 자는 공소孔昭, 호는 난정생蘭亭生 혹은 심취도인深翠道人이다. 소주 지역에 기거하였고 산수화는 왕몽의 화법을 사사했다. 고졸하고 둔중한 구도로 준법이 조밀하여 '사첩산謝疊山'이라는 호칭이 있다. 심주沈周 및 그 아버지 세대와 교분이 두터웠으며 현존하는 작품이 많지 않다. 〈담북초당도譚北草堂圖〉는 최근에 발견된 걸작이다.

서비徐賁(생몰년 미상)

자는 유문幼文이다. 원말에 절강성 호주湖州의 촉산蜀山에 은거하였다. '명초사수明初四手'의 한 명으로 산수화에 능하고 화법은 동원과 거연의 전통을 사사했다. 회화에선 피마준법披麻皴法을 많이 사용하였으며 필묵에 짙은 윤기가 감돈다. 전해지는 작품으로는 〈촉산도蜀山圖〉 등이 있다.

유각劉珏(1410~1472)

자는 정미廷美, 호는 완암完庵이며 지금의 강소성 소주 사람이다. 산수화는 원나라 오진吳鎮과 왕몽의 풍격을 계승하였고 구도가 치밀하고 풍경묘사에 뛰어나며 짙은 먹색이 특징이다. 전해지는 작품으로는 〈하산욕우도夏山欲雨圖〉·〈청백헌도淸白軒圖〉가 있으며 오문화파에 영향을 미쳤다.

왕불王紱(1362~1416)

자는 맹단孟端, 호는 우석생友石生 또는 구룡산인九龍山人으로 강소성 무석無錫 사람이다. 산수화와 죽석竹石에 능하였고 원나라 화가들의 수묵화법의 전통을 계승했다. 회화는 피마준법과 절대준법折帶皴法을 사용하였고 그림에 여운이 있고 아름답다. 전해오는 작품으로는 〈북경팔경도北京八景圖〉·〈산정문회도山亭文會圖〉·〈묵죽도墨竹圖〉·〈호산서옥도湖山書屋圖〉가 있다. 당시 사람들에게 '나라 안에서 제일'이라는 칭송을 받았다.

1435~1521년의 명

1435년 명 선종이 서거하자 나이 겨우 9세의 주기진朱祁鎭이 즉위하니 이가 바로 영종英宗이다. 이후 80여 년 동안 명나라는 경제景帝·헌종·효종·무종 등 몇 명의 제왕이 있었으며 사회경제는 지속적으로 발전하여 '홍치중흥弘治中興'의 번영된 국면이 나타났다. 그러나 영종시기 환관 왕진王振이 멋대로 전권을 휘둘러 명대 이후의 정치생활에 음영을 남겼고 영종부터 명나라가 망할 때까지 명나라 정부는 여러 차례 환관의 전권 사례가 나타났으며 이는 명나라 정치의 커다란 특색이 되었다. 정통 14년(1449), 영종은 왕진의 부추김 아래 친히 병사를 이끌고 에센[也先]의 소요를 징벌하러 나갔다가 토목보에서 포로가 되었다. 이 사건은 명나라가 초기에서 중기로 넘어가는 전환점이 되었다.

연대별 주요사건

- **1435년** 주첨기가 38세로 서거하여 경릉에 장사지냄. 태자 주기진이 즉위하니 영종임. 그 이듬해를 정통 원년으로 개원. 왕진이 사례감에 임명. 섭종류의 기의
- **1448년** 등모칠의 기의
- **1449년** 토목보의 변으로 영종이 포로가 됨. 성왕 주기옥이 감국이 됨. 주기옥이 즉위하고 주기진을 태상황제로 추존, 다음 해를 경태 원년으로 개원하고 경제가 됨
- **1450년** 주기진이 오이라트에서 서울로 돌아오고 남궁에 한거함
- **1452년** 처음으로 단영 설립
- **1457년** 탈문의 변으로 영종 복위. 이 해를 천순 원년으로 개원하고 우겸 등을 주살. 주기옥을 성왕으로 폐위
- **1460년** 석형이 하옥되고 주살됨
- **1461년** 조길상이 정변을 일으켰으나 피살
- **1464년** 주기진이 38세로 병사. 궁녀들의 순장을 피하도록 유언. 유릉에 장사지내고 주견심 즉위. 다음 해를 성화 원년으로 개원하니 이가 헌종임

- **1465년** 형양의 유민 기의
- **1477년** 서창 설치, 태감 왕직에게 서창을 통솔하도록 명령
- **1487년** 주견심이 41세로 병사하여 무릉에 장사지냄. 주우당이 즉위하고 다음 해를 홍치 원년으로 개원하니 이가 효종임
- **1505년** 주우당이 36세로 병사하여 태릉에 장사지냄. 주후조가 즉위하고 다음 해를 정덕 원년으로 개원하니 이가 무종임
- **1508년** 내행창을 설립하고 태감 유근에게 이를 통솔토록 함
- **1510년** 안화왕 주진번의 반란. 내시 유근이 처형을 당함
- **1514년** 포르투갈 선박이 처음으로 광동에 도착
- **1519년** 영왕 주신호의 반란
- **1521년** 주후조가 31세로 병사하니 강릉에 장사지냄. 흥헌 왕세자 주후총을 서울로 영접하여 제위에 오르니 다음 해가 가정 원년이 되고 이가 세종임

연잎 모양의 호박잔

호박琥珀으로 만들어진 잔으로 높이 4.8cm, 길이 12.8cm, 너비 8.6cm다. 잔 주위는 부조와 투각으로 가지런하게 연줄기와 수초의 모양을 만들었고, 고기잡이 노인 모양을 손잡이로 만들었다. 고기잡이 노인은 윗도리를 드러낸 채 허리에는 바구니를 차고 있으며 오른손으로는 술잔 입구를 잡고 왼손으로는 물고기를 잡고 기뻐하는 모습이다. 구성이 교묘하고 조각이 빼어난데 호박제품은 보기 드문 물건이다.

청화승모호青花僧帽壺

명 선덕 연간에 제조되었으며 호흐의 입구가 마치 승려모자와 같아서 이런 이름이 붙었다. 물대가 앞으로 뻗혀 있는 모양이 마치 오리 주둥이 같다. 넓은 목, 불룩한 배, 둥근 굽이 있다. 이 호의 굽바닥에 청화로 둥근 원이 두 줄 있고 그 안에 해서체로 '대명선덕년제大明宣德年製'라고 쓰여 있다. 승모호는 원대에 처음으로 보이기 시작했으며 명 영락과 선덕 때의 조형은 이전의 원형호가 목이 넓고 배가 볼록한 양식으로 바뀌었다. 유채는 청화 외에 또 홍유와 백유가 있다.

청화 팔선호로병

1435년
영종의 즉위

선덕 10년(1435) 정월 3일에 선종 주첨기가 서거하자 대학사 양사기와 양영楊榮 등은 주기진을 황제로 옹립하니 이가 바로 영종이다.

주기진은 선종 주첨기의 맏아들로 어머니는 손귀비孫貴妃다. 선종이 서거했을 때 주기진은 겨우 9세였다. 조정의 한 신하가 애왕哀王을 황제로 세우고자 하였다. 그러나 대학사 양사기와 양영 등의 노력 끝에 다른 의견들을 잠재우고 결국 주기진이 정월 10일에 정식으로 황제에 즉위하였고 그 다음 해를 정통正統 원년으로 개원했다. 2월에 황태후를 태황태후로 높였다. 태황태후는 국가의 군정대권을 장악하고 급하지 않은 모든 사무를 정지하라고 명령하고는 궁 안에서 즐길 수 있는 것들을 없애 어린 황제가 열심히 공부할 수 있도록 격려하였다. 이리하여 인종 시기에 비교적 양호했던 정치적 상황이 정통 초기에도 여전히 지속되었다. 즉 나라 안이 부유하고 조야가 깨끗하고 평안하며 기강은 해이하지 않았다. 이때 양사기·양영·양부楊溥 등 원로 중신들은 여전히 조정 안에서 큰 역할을 수행하였는데 그들은 선종의 유지를 받들고 태황태후와 협조하여 어린 황제를 잘 보좌하여 안정된 정국을 '청명' 한 국면으로 유지시키는 데 커다란 역할을 했다.

세금을 은으로 환산하여 납부하다

정통 원년(1436) 8월, 영종은 홍무 시기의 '절색折色'*제를 모방하는 것에 동의했다. 그리고 세금을 은으로 환산하여 승운고承運庫에 넣도록 하였는데 이것을 '금화은金花銀' 이라고 한다. 당시 식량을 운송하는 상황에 대하여 도찰원우부都察院右副 주전周詮이 조정에 상주하길, 관리들에게 녹봉으로 지급하는 쌀을 남경으로 운반하는 비용이 너무 높고, 늘 쌀로 물건을 바꾸는데 비싸게 사서 싸게 팔므로 그 가치가 원래의 10분의 1도 안 된다고 지적하였다. 그러므로 남기南畿·절강·강서·호광湖廣 등 수로로 운반하기 불편한 곳에서는 백금이나 직물로 환산하여 봉록미를 대신하는 방법으로 바꾸어 서울에 보내는 녹봉을 충당하자고 청하였다. 영종은 8월에 전국적 범위 내에서 '절색' 제를 추진하기 시작하였다. 세금을 은으로 환산해 납부하는 방법을 전면적으로 추진하니 대대적으로 식량을 운송해야 하는 부담을 경감시켰으며 창고에 쌓여 있는 식량도 점차 감소하게 되었다

* 고대에 식량으로 징수할 세금을 은이나 화폐 또는 다른 물건으로 환산하여 징수하는 것. 봉록도 환산하여 돈으로 지급 – 역주

명 · 염주형 옥팔찌

크기가 같은 한 쌍의 백옥 팔찌다. 먼저 옥을 둥근 팔찌형으로 조각하고 다시 하나하나의 둥근 구슬과 납작한 것을 꿴 것처럼 조각하여 장식하였다. 20개의 둥근 구슬을 20개 납작한 구슬에 끼워넣은 것처럼 연결하여 조각했다. 조형이 몹시 기이하고 조각은 정교하다.

明英宗姓名朱祁鎮宣宗長子在位十四年北
征瓦剌敗於土木被俘皇太后命郕王監國
明英宗為太上皇明年帝被放還逾八年復辟殺
尊謙帝前後在位共二十三年號正統天順廟
號于英宗

명 영종

명 영종 주기진朱祁鎮은 선종의 맏아들로 14년간 재위하였다. 정통 14년(1449), 오이라트의 북벌에 실패하고 토목보土木堡에서 포로가 되었다. 황태후는 성왕郕王을 감국監國에 임명하고 영종을 태상황으로 높였다. 다음 해 영종이 포로에서 풀려나 귀환했다. 경태 8년(1457)에 다시 복위하고는 우겸于謙을 죽였다. 명 영종은 전후로 23년간 재위하였고 연호는 정통과 천순이고 묘호는 영종이다.

1437년
왕진을 죽이고자 했던 태황태후

명 영종이 황위에 즉위하였을 때 태황태후 장씨張氏(인종의 후비)는 결정권을 내각에 건네며 양사기·양영·양부 세 사람에게 마음을 합해 정치를 보좌할 것을 부탁하고 함께 신하들의 상소를 상의하였다. 환관 왕진王振이 수차례 자기 멋대로 결정을 하면서 조정 일에 간섭하였다. 정통 2년(1437) 정월 말에 태황태후는 왕진을 죽이려고 했지만 영종과 정사를 보좌하는 다섯 대신이 죽음만은 면하게 해달라고 청하였다. 이후에 왕진은 비록 본분을 지켰지만 태황태후와 양씨 세 원로가 죽자 더욱 방자하고 거리낌이 없이 멋대로 하면서 명대 환관이 조정을 간섭하는 시초를 만들었다.

1444년
대학사 양사기의 죽음

양사기는 명 중기의 유명한 대신으로 양부·양영과 함께 '삼양三楊'으로 불린다. '삼양'은 공정하고 청렴하며 자신의 직무에 충실하였으며 위엄과 신망이 아주 높았다. 양사기(1364~1444)는 이름이 우寓, 자는 사기士奇며 강서성 태화泰和 사람으로 '삼양'에서도 으뜸이다. 편수編修와 시강의 직책을 역임했다. 영락 15년(1417)에 한림학사가 되었다. 인종 즉위 시에 예부시랑 겸 화개전華蓋殿 대학사로 승진하였으며 얼마 안 되어 또다시 소보少保·소부少傅 등의 직함을 더하였다. 영종 즉위 후에 태황태후는 양사기·양영·양부를 임용하여 모든 일에 있어 세 사람에게 자문을 구한 후에 결재하였다. 양사기는 정무를 보좌하는 데 있어 변경의 방위를 중시하였고 형옥을 신중히 하였으며 백관을 엄히 다스려 자못 정치

에 대한 평판이 있었다. 정통 9년(1444) 3월 14일, 양사기가 향년 80세로 서거하였다. 태사太師에 추증하고 시호는 문정文貞이다. 저서에 《이삼조성론집二三朝聖論集》·《역대명신주의歷代名臣奏議》 및 《동리집東里集》 등이 있다. 1446년, '삼양' 중에서 최후의 한 사람인 양부가 세상을 떠나자 조정에는 훌륭한 신하가 없게 되고, 게다가 왕진의 권세는 날로 심해져 가니 조정은 환관들에 의해 엉망이 되었다.

양사기

왕진

왕진은 산서성 울주蔚州 사람으로 어렸을 때 공부를 하여서 교관을 했던 적이 있다. 후에 죄를 지었기 때문에 본래 귀양을 보내 노역에 종사해야 했지만 이때 마침 인종황제가 "아들이 있는 자로 몸이 깨끗한 사람이 궁에 들어올 수 있다"라는 명을 내렸다. 왕진은 여기에 해당되어 기회를 잡아 자진하여 황궁 안으로 들어와 궁인들에게 글을 가르치니 황궁 안의 사람들은 모두 그를 '왕선생'이라 불렀다. 왕진이 입궁한 지 얼마 안 되어 명 선종의 신용을 얻어 황태자 주기진을 시봉하라고 파견되었다. 그는 태자의 마음에 잘 영합하여 금방 주기진의 환심을 샀다. 주기진이 즉위한 지 얼마 안 되어 그는 사례감 태감으로 승진하였다. 이후에 그는 영종의 총애를 무기삼아 사례감이 내외 상소문을 관리하는 것을 이용하여 백관들을 억누르고 제멋대로 권세를 틀어쥐고 휘두르니 점점 환관이 권력에 개입하는 폐단을 만들어 내었다.

지화사

북경에 있는 지화사智化寺는 원래 명대 사례감 태감 왕진의 가족 사당이다. 후에 황제가 은혜에 감사하기 위해 지화사라는 이름을 하사하였다. 이로 볼 때 명대 태감의 지위를 알 수 있다.

1449년
토목보의 변

원말명초에 몽골은 세 부족으로 분열되었으니 즉 올랑합부兀良哈部·타타르부·오이라트부瓦刺部 세 부족이다. 오이라트는 장기간의 발전을 거쳐 세력이 점차 강해졌으며 오이라트 수령 에센[也先]은 몽골 세 부족을 통일하고 게다가 중국까지 삼키겠다는 야심을 갖고 있었다. 정통 14년(1449) 7월, 에센이 동·서·남 세 길로 나누어 중원을 침공하자 북쪽 국경 변방에서 급보가 날아왔다. 명 영종은 왕진의 부추김 아래 병사를 이끌고 친히 출정에 나섰다. 창졸간에 나선 출병이었기 때문에 군대의 대오도 맞지 않고 군량도 부족하여 군졸들의 사기 또한 아주 떨어졌다. 8월 1일에 대동大同에 도착하자 오이라트부의 수령 에센은 짐짓 퇴각하는 척하며 명나라 군대가 깊이 들어오도록 유인했다. 왕진은 전방에서 패배했다는 소식이 계속 날아들자 놀라고 당황하여서 어찌할 바를 모르고 군대를 지휘하여 급히 퇴각하였다. 퇴각하는 중에 왕진은 고향에서 자신의 위세를 뽐내기 위해 대동의 총병이 영종에게 속히 자형관紫荊關으로 들어오라는 건의를 따르지 않고 도리어 영종에게 울주蔚州(지금의 하북성 울현)으로 가서 자신의 집을 방문하도록 했다. 40여 리를 간 후에 대군이 지나면서 자기 집안의 농작물을 손상시킬까 걱정이 되어 다시 선부宣府로 돌아가도록 명령했다. 14일간을 토목보에서 주둔하다가 에센의 부대에 포위되었다. 명나라 군대는 마실 물조차 없

어 어려운 지경에 빠져버리니 영종은 사신을 보내 화의를 청했다. 에센은 거짓으로 받아들이는 척 하면서 명나라 군대에게 주둔지를 옮겨 성에서 나오도록 유인하였다. 오이라트 군대는 이런 기회를 틈타 사면에서 포위 공격했다. 명나라 군대는 창졸간에 사람과 말이 짓밟히면서 죽은 자가 셀 수 없이 많았다. 영종 역시 탈출하지 못하고 오이라트 군대에게 포로로 잡혔다. 전투 중에 호위장군 번충樊忠은 태감 왕진을 쇠뭉치로 때려 죽였다. 이 전투에서 명나라 군대의 사상자는 수십만이었으며 문무관원도 50여 명의 사상자가 있었다. 영종이 포로가 되었다는 소식이 전해지자 서울은 혼란이 일었다. 조정 대신들은 급한 상황에 맞추어 황태후에게 성왕郕王을 황제로 즉위시키라고 청하였다. 황태후는 여러 사람들의 의견에 동의하였지만 성왕은 여러 차례 사양하였다. 이때 영종의 사자가 와서 성왕에게 즉위하도록 했다. 성왕은 9월 6일에 등극했으며 다음 해를 경태 원년으로 개원하고 영종을 태상황으로 올렸다. 오이라트는 영종을 포로로 잡은 후에 대대적으로 중원으로 침입해왔다. 태상황을 돌려보낸다는 명목 하에 명나라 각 변경의 성문을 열게 하고는 그 기회를 틈타 도시를 공격하였다. 10월에 오이라트 군대는 또 백양구白羊口·자형관紫荊關·거용관居庸關을 공격하면서 곧장 북경으로 쳐들어왔다.

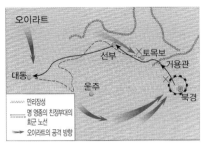

토목보의 변 중 쌍방향으로 진행한 노선도

선부 : 지금의 하북성 선화宣化
울주 : 지금의 하북성 울현
토목보 : 지금의 하북성 회래懷來 동쪽

토목보의 변 진행표	
3월	에센이 명 정부에 더 많은 상을 하사할 것을 요구
7월	에센이 3로로 나누어 중원을 공격
7월 15일	영종이 조서를 내려 친정한다고 하고 성왕(주기옥)에게 수도를 지키도록 명령
7월 16일	명군 출발
8월 1일	명군이 대동에 도착하나 전방에서 연이어 패전 속보가 전해지자 영종은 회군을 결심
8월 3일	명군이 철수를 시작
8월 10일	명군이 선부로 퇴각하나 에센의 군대가 추격하여 토목보를 향해 철수
8월 14일	명군이 토목보에 도착하는 즉시 에센이 이끄는 병졸에게 포위됨

호로박 모양의 귀고리

명대 귀고리는 가볍고 기묘한 것을 숭상하였으며 통상 금실로 둥글게 만들어 끼울 수 있도록 만들었다. 금실의 한쪽에 두 개의 크기가 다른 구슬을 끼워서 전체 조형이 하나의 호로葫蘆박과 같은 모습으로 속칭 '호로귀고리' 라고 한다.

1436~1449년
북경에 관상대 설치

현재 북경 동성 건국문建國門 서남쪽에 있는 옛날 관상대는 명대 정통 연간(1436~1449)에 세워졌다. 영락 4년 (1406), 성조 주체는 북경으로 천도하기로 결정하였지만 천문의기는 여전히 남경에 두었다. 그래서 흠천감欽天監 관리들은 북경성 동남성벽 위에서 육안에 의지하여 천문을 관찰했다. 정통 2년(1437), 흠천감에서 사람을 남경으로 파견하여 목재를 이용하여 송대 혼의渾儀와 원대 간의簡儀 등 천문의기를 제작하여 북경으로 가지고 와서 시험을 한 후에 동의銅儀를 구워 주조했다. 정통 7년(1442), 흠천감·관상대를 건설하고 또 기계를 배치했다. 관상대의 유적지는 지금 북경의 옛날 관상대 자리다. 후에 정통 11년(1446), 또 구영당을 건설했다. 이로부터 북경 옛날 관상대와 그 아래 서측에 자미전을 위주로 하는 건축군이 생기게 되었는데 기본적으로는 오늘날 볼 수 있는 규모와 배치를 모두 갖추었다.

구영당晷影堂
북경의 옛날 관상대 서남쪽에 있다. 명 정통 11년 (1446)에 세워졌다. 원래 구영당 안에는 규표圭表·누호漏壺·일구日晷 등 천문의기가 있었다. 그림은 구영당에서 본 옛날 관상대다.

코뿔소로 만든 조롱박 모양의 주전자

일와봉一窩蜂(모형)
이 무기는 명대에 사용했던 일종의 동형筒形 불화살통이다. 몇십 개의 불화살을 커다란 통 안에 넣고, 사용할 때는 붙어있는 실에 불을 붙이면 몇십 개의 불화살이 동시에 발사한다. 발사하는 모습이 마치 벌떼들이 사람에게 달려드는 것 같아서 이를 '일와봉'이라고 부른다.

1449년
북경을 지킨 우겸

에센은 영종을 포로로 잡은 후에 대대적으로 중원을 침략하여 도성 사람들의 마음을 불안하고 두렵게 하였다. 민심을 안정시키기 위하여 9월 초 엿새에 영종의 동생 주기옥朱祁鈺은 황태후의 유지를 받들어 황제로 즉위하니 이가 바로 경제景帝다. 경제는 영종을 태상황으로 높였다. 그러나 여전히 남쪽으로 천도해야 한다는 주장이 있었다. 병부시랑 우겸于謙이 이런 주장을 극력히 반대하고 굳건히 수도를 지켜야 한다고 주장하며 각지의 무장세력들을 불러들여 황제를 보호하도록 했다. 이런 후에 우겸은 통주通州 창고의 식량을 경성으로 들여오는 것을 주재하면서 하남과 산동 지역의 군대들을 경성으로 불러들여 방위하도록 했다. 이렇게 되어 경성은 식량이 풍족하고 병사들도 정예병들이 주둔하게 되자 민심도 얼마간 안정이 되었다. 정통 14년(1449) 10월 6일에 에센이 영종을 인질로 잡고 북경으로 침략해 들어오자 황성에 급보가 날아들었고 북경을 보호하는 전쟁이 시작되었다. 경제는 각지의 왕들에게 병사들을 데리고 북경으로 들어오도록 명령하였고 또 우겸에게 전권을 주어 성을 지키는 전투를 하도록 명령했다. 우겸은 여러 장군들에게 병사 22만 명을 거느리고 길을 나누어 경성 구문九門 밖에 포진하도록 했다. 그리고 친히 석형石亨과 함께 덕승문德勝門 밖에 진을 치고서 적의 선봉을 막았다. 13일, 우겸은 기병을 파견하여 에센을 유인하였고 에센은 수만 명의 병사를 거느리고 덕승문으로 압박해왔다. 명나라 부대는 매복하고 있다가 이 기회를 빌어 돌격하면서 신기영神機營 화기火器를 임제히 발사하니 에센은 성 아래서 패하였다. 에센이 다시 서직문西直門으로 공격방향을 바꾸자 성 위의 수비병들이 화살과 포를 써서 반격하였고 에센은 결국 패하여 퇴각하였다. 이렇게 되어 수도의 포위도 풀렸다.

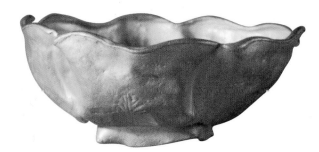

명 · 입구가 꽃모양인 금잔

전루箭樓

전루는 북경 천안문 광장의 남단에 있다. 명 정통 4년(1439)에 건설되었다. 화살을 쏠 수 있는 창이 82개가 있고 성의 망루와 통하는 문이 있다.

북경 보위전保衛戰 유화

1450년
오이라트에서 돌아온 영종

　에센은 거느리고 온 오이라트군이 경성 아래서 비록 실패하였지만 여전히 야심이 가득한 채 권토중래할 것을 도모하였다. 경태景泰 원년(1450), 에센은 또 계속 명나라에 공세를 발동하여 공격했지만 모두 명나라 군대에게 패했다. 군사상의 손해는 명나라를 침범한 에센의 실력을 대대적으로 허약하게 하였으며 게다가 명나라가 새로운 황제를 세웠기 때문에 영종을 납치해 간 당초의 뜻이 모두 무산되었다. 에센은 이리하여 명나라에 대한 책략을 바꾸기로 결정하고 영종을 돌려보내 명나라와 화의를 꾀하였다. 경태 원년(1450) 8월 15일, 영종이 북경으로 돌아와 태상황이 되었다. 경제는 영종이 자신에게 끼칠 나쁜 영향을 방지하기 위해 형 영종이 돌아오는 것을 마중하고 남궁으로 보내어 할 일 없이 한가하게 지내도록 하고 전적으로 남궁을 감시하는 관리를 파견하였다. 그리고 여러 신하들이 영종을 알현하지 못하도록 하였으며 영종과 궁정대신들의 왕래를 불허하여 영종의 복위활동을 방지하였다.

상아 산마필山馬筆

술 제조 공예도
명대 회화책《본초품휘정요本草品彙精要》의 한 장면

북경 진각사 금강보좌탑
보좌탑은 명나라 영락 연간(1403~1424)에 창건하기 시작하여 성화 9년(1473)에 완성되었다. 이 탑을 건축한 목적은 명나라 영락 때에 서역의 승려 반적달班迪達 대국사가 진헌한 금신오불상金身五佛像을 안치하기 위해서였다.

중국에 전래된 담배

　담배[煙草]는 1년생 초본식물로 원산지는 아메리카다. 16세기에 유럽으로 전래되었고 대략 16세기 중후기에 중국에 전래되었다. 담배의 전래는 대략 남북 두 방향으로 들어왔다. 남쪽은 필리핀으로부터 들어와 복건지역과 광동지역을 거쳐 다시 호남 호북 및 서남 각지로 전래되었다. 북쪽 방향은 일본에서부터 조선을 거쳐 중국의 동북지역으로 전래되었다. 담배의 전래와 유행은 재배면적이 끊임없이 확대되도록 했고 진일보하여 식량과 경작지를 다투게 되는 갈등까지 나타나게 되었다. 명나라에서는 비록 여러 차례 금령을 내렸으나 관료들이 비호하였고, 또 이를 재배하면 이득이 많고 애연가들이 많은 원인 등으로 거의 효과를 보지 못하였다. 이와는 반대로 담배 재배면적은 끊임없이 확장되었으며 게다가 상대적으로 집중되는 지역을 만들어 내었다.

《의방류취》

《의방류취醫方類聚》는 조선의 의학가 김예몽金禮蒙 등이 1443년에 편찬한 대형 의학유서다. 이 책은 150여 종의 중국과 조선의 고대 의학서를 분류 정리하였다. 조선의 고대의학은 중국 고대의학의 기초 위에서 조선 의학가들의 실천 경험을 결합하여 형성되었다. 이 책은 즉 조선 고대의학의 특성을 반영하고 있다. 그림은 명 정통 연간(1436~1449)에 조선의 활자원본을 모방하여 축소 인쇄한 《의방류취》다.

명·국화잎 모양의 고족금배高足金杯

계국산금도桂菊山禽圖
명나라 여기呂紀 작품이다. 한폭의 화조화로 그림 속의 계수나무·국화·산금山禽(까치와 꿩 등)은 모두 약으로 쓰인다.

명·통마늘 모양의 선세공 법랑 병
이 법랑그릇은 분쇄 연마된 법랑유약을 금속가공을 거친 금속제품 표면에 덧씌워 건조와 소성의 제작과정을 거친 복합적인 공예품이다. 중국의 선세공 법랑 공예는 명나라 경태景泰 연간에 가장 발달했다. 법랑의 채색은 남색이 주류를 이루기 때문에 '경태람景泰藍'이라고도 부른다.

명·누각과 인물이 조각된 금비녀

난무의 《전남본초滇南本草》

명나라 난무蘭茂는 정통 원년(1436)에 《전남본초》를 저술했다. 난무(1397~1476)는 지기 경수延秀고 호는 지암止庵이다. 히남성 낙양 사람으로 후에 운남으로 이사했다. 어렸을 때부터 식물을 좋아하였으며 후에 어머니가 오랫동안 병석에 있게 되자 의약학을 연구하게 되었다. 그는 운남 지역에 있는 채소와 식물 중에서 약용으로 쓸 수 있는 것을 널리 수집하고 성질에 따라서 분류하고 그림으로 그 형태를 그려서 《전남본초》를 저술했는데 모두 3권이다. 책 속에는 운남지역의 약물 4백여 종에 관해 기록하고 있으며 대부분 현지 특산물인 약물로, 또한 일반 본초학 저서에 기록되지 않은 것도 있다. 일부분은 운남지역 소수민족의 의학경험을 기록하였으며, 치료 경험과 처방전을 부록으로 싣고 있어 고대 남방지역의 약물과 민간 의학을 연구할 수 있는 중요한 참고문헌이다. 또한 소수민족 의학을 연구하는 데도 없어서는 안 될 귀중한 자료다. 동시에 《전남본초》는 현존하는 최초의 비교적 완벽하며 특색을 갖춘 지방의 약물 전문서적으로 후세 중의학에 대한 영향이 비교적 크다.

1452년

단영제를 창설한 우겸

경태 3년(1452) 12월 5일, 병부상서 우겸이 단영제團營制를 창립했다. 영종이 북쪽에서 돌아온 후에 우겸은 병권과 정치가 해이해지고, 삼대영三大營* 간에 협조가 안 이뤄지는 상황을 알게 되었다. 특히 변방이 위태로울 때 임시로 조달해야 하는 병졸과 장수들은 평소 서로 간에 잘 알지 못하니, 장수는 병졸을 모르고, 병졸은 장수를 모르는 것에 대해 깊이 생각하였다. 이리하여 우겸은 삼대영 중에서 10만 명을 선발하여 다섯 개의 군영軍營으로 나누어 단체 조련하도록 했는데 이를 '단영법團營法'이라 한다. 매 군영에는 도독 한 명과 그 아래에 도지휘 세 명, 총지배인 열다섯 명, 지휘 서른 명을 배치했다. 단영은 무신과 내신이 돌아가며 제독을 맡도록 했다. 단영에 없는 군대는 본영으로 보내 훈련을 받았으며 위호군사衛護軍師를 '노영老營'이라 했다. 우겸은 수도의 구 제도를 개혁하고 군기를 정돈하여 면목을 일신시켰다. 천순天順 원년(1457)에 영종이 복위하여 우겸은 무고를 당해 주살되니 단영 역시 이로써 정지되었다.

* 명대에 수도의 군편제로 오군영五軍營, 삼천영三千營, 신기영神機營을 말함 – 역주

규석협접도葵石峽蝶圖
이 그림은 대진이 만년에 전당에 있을 때 그린 것으로 공필工筆 채색 화조화로 대진 작품 중에서도 드문 좋은 작품이다.

〈육대조사상六代祖師像〉두루마리(일부)
이 작품은 불화에서 습관적으로 사용하는 연속 구도 형식이다. 서로 다른 시대의 선종 6조六祖를 한 화면에 모두 그려넣었다. 그림 속의 인물들의 모습은 각각 다르다. 이는 대진이 서울에 들어오기 전에 그린 작품이다.

1457년
영종의 복위

경태景泰 8년(1457) 정월, 주기진朱祁鎮이 복위하고 연호를 천순으로 개원하였다. 대종代宗 주기옥朱祁鈺은 중병을 앓고 있었고, 원래 황태자에 책봉되었던 주견제朱見濟는 이미 세상을 떠났기 때문에 조정대신들은 황위 계승 문제를 걱정하고 있었다. 새로운 황태자를 옹립하는 문제로 의견이 분분했다. 무청후武淸侯 석형石亨은 대종의 병환이 깊어 회복이 불가능한 것을 알고 태감太監 조길상曹吉祥·태상경太常卿 허빈許彬·부도어사副都御使 서유정徐有貞과 영종 주기진의 복위를 모의했다. 정월 17일 새벽, 석형과 서유정이 황실을 장악하기 위해 사방의 국경에서 급보가 왔다고 구실을 대며 부하에게 군대를 거느리고 황궁으로 입성하여 방비를 강화하라는 명령을 내렸다. 그리고 자신은 곧장 남궁으로 가 주기진을 영접해 와 봉천전奉天殿의 보좌에 오르게 했다. 서유정이 조회에 들어오는 대신들을 기다렸다가 태상황이 복위하였음을 선포하였다. 주기진은 서유정에게 기무機務를 주관하도록 명하고 다음날 병부상서兵部尙書에 봉하고 우겸과 왕문王文 등을 체포하여 옥에 가두고는 후에 처형했다. 21일에 영종은 경태 8년을 순천 원년으로 개원한다고 반포하고 석형을 충국공忠國公에 봉했다. 주기진의 황제 복위가 이로써 성공을 거두었다. 이 사건을 역사에서는 '탈문의 변[奪門之變]'이라고 한다.

1457년
우겸의 피살

천순 원년(1457) 정월, 병부상서 우겸이 '탈문의 변' 후에 무고죄로 주살되니 향년 60세였다. 우겸은 영락 19년에 진사가 되었으며 감찰어사·병부시랑·대리시소경大理寺少卿 및 산서·하남순무를 역임하였다. 토목보의 변 후에 병부상서로 승진하였다. 일찍이 병졸들을 거느리고 북경성 밖에서 오이라트군을 격퇴시켰으며 오이라트를 압박하여 경태 원년에 영종을 석방하도록 했다. 또 경제를 설복하여 영종을 모시고 귀국하도록 했다. 그는 무너져 버린 서울의 영군제를 정돈하고자 노력하였으며 단영團營을 창설하고, 군무를 총독하여 훈련을 강화하고 조금도 해이해지지 않도록 했다.

우겸 본인은 재주와 학식이 남보다 뛰어났으며 우국애민하여 경제의 깊은 신임을 받았다. 헌종이 즉위하여 이전의 잘못된 정치적 결정을 정정해주고 관직도 회복시켜 주었다. 효종 즉위 후에는 다시 태부를 추존하고 숙민肅愍이라는 호를 내렸으며 그를 위하여 '정공사旌功祠'를 건립하였다. 후에 신종은 다시 '충숙忠肅'이라는 시호를 내렸다.

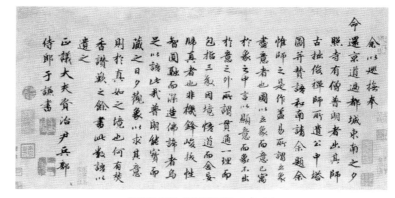

우겸의 글씨 〈공중탑도찬公中塔圖贊〉

화룡출수火龍出水(모형)

5척 길이의 죽통으로 용신龍身을 만들었다. 앞뒤에 목제의 용머리와 용꼬리를 매달았다. 용신 앞뒤와 양측에는 각각 커다란 화약통을 묶어서 용신이 날아갈 수 있도록 추진역할을 한다. 뱃속에는 화살을 장착했다. 이는 세계적으로 최초의 2급 화살이다.

명대 상아조각의 발전

상아조각은 조각 공예의 일종이다. 조각 공예에 사용되는 재료에는 옥·상아·코뿔소·대나무·나무 등이 있다. 명대 전기 공예는 대부분 궁정에 집중되었기 때문에 그 조각들의 재료 역시 귀중한 것이었다. 중기 이후에 민간 조각 공예가 크게 발전하면서 일반 재료가 점차 귀중한 재료를 대체하기에 이르렀다. 또한 유명한 조각공예가들도 출현하게 되었다. 명대에 상아조각은 코뿔소 조각 공예처럼 이미 새롭게 출현한 트렌드였다. 대나무·나무·금·돌 등의 조각은 소품의 기물로 안궤 위에 놓거나 문방사우과 함께 진열하는 감상품이었다. 상아조각 예술품 및 다른 공예미술품은 당시에 관방의 수공예 제작이 있고 민간의 작업장도 있었으며 개인 수공예가 및 문인 중에서도 공예를 즐기는 사람이 있었다. 그들은 서로 간에 커다란 영향을 주었다. 어떤 문인학사들은 코뿔소·상아·대나무·나무를 조각하는 것을 일종의 취미로 여겼다. 이리하여 종종 의미가 참신한 작품이 출현하였고 사회에 커다란 영향을 주었다.

군대에 대량으로 배치된 화포

명나라 때 화포가 이미 대량 생산되어 군대에 배치되기 시작했다. 명나라 초기의 화포는 원나라 때 발명된 구경이 넓은 완구포碗口炮와 구경이 좁은 잔구포盞口炮를 개량한 것이다. 이것은 원나라 화포가 포신이 짧고 구경과 탄약에 통일된 규격이 없으며, 장전과 발사속도가 느리고 사정거리가 짧은 단점을 보완하여 만든 것이다. 이어 포신의 저항력을 강화하고 탄약이 발사할 때 터지는 것을 방지하기 위해 포신에 철 테를 둘러 개량하였다. 명나라 전기에 화포는 전쟁터에서 사용되는 중요한 중형무기가 되었다. 명나라 전기에 군기국軍器局과 병장국兵仗局에서 제조된 화포는 잔구포·완구포·신기포神機炮·선풍포旋風炮·장군포將軍炮 등 십여 종이나 되었다. 명나라 때 화포는 군대에 대량으로 배치되어 군대의 작전수행능력을 향상시키고 변방의 수비를 공고히 하여 명나라 통치를 유지하는 데 중요한 역할을 했다.

명·대완구동총大碗口銅銃

육자강의 청옥치靑玉卮*

전체 높이 11.5cm, 입지름 6.4cm, 바닥지름 6.6cm다. 그릇의 표면은 광택이 나며 매끄럽다. 곧은 입에 배 부분은 원통형이며 바닥은 평평하다. 뚜껑 위에 세 마리의 짐승이 있고 다리는 세 개로 되어 있다. 배 부분의 바탕 문양은 운룡문이고 기룡문夔龍紋도 언뜻 보인다. 배 부분에는 둥그런 손잡이가 있으며 측면으로 삐쭉 나와 있고 손잡이 위는 코끼리 머리로 장식되어 있다. 코끼리 코는 자연스럽게 안으로 구부러져 있어 구멍이 만들어졌으며 이곳에 실을 넣어서 잔의 뚜껑과 연결하도록 되어 있다. 원형 뚜껑의 정중앙은 둥근 기둥으로 꼭지가 있고 투각의 작고 둥근 구멍이 있다. 옆에는 세 마리의 누워있는 사자가 볼록하게 조각되어 있다. 뚜껑의 바탕 장식은 수면문獸面紋이고 테두리는 구름 문양으로 장식되어 있다. 손잡이 아래에는 음각의 전서로 '자강子剛'이라는 두 글자가 새겨져 있다. 자강은 명대의 가정 만력 연간에 소주에 살았던 옥 조각의 명장인 육자강陸子剛이다. 기물 위에 작가의 서명이 있는 옥기는 아주 보기 드물다.

*치는 고대에 술을 담아두던 그릇을 말함 – 역주

명·상아 입체조각 인물

상아얼굴을 상감한 목조 왕모상王母像

이 조각은 침향목을 이용하여 만든 조각품으로 상아로 된 얼굴을 상감하였다. 머리는 높이 틀어올렸고 비녀를 꽂고 있으며 타원형의 얼굴이다. 앞이마는 높이 솟았고 두 눈은 아래를 응시하고 있다. 옷주름은 거칠면서도 강하고 상아로 만든 얼굴은 특별히 연하고 부드러운 느낌이다. 명대 채색조각 예술의 대표작이다.

1459~1461년
조석의 변

영종이 황제에 복위한 후 대대적인 학살을 감행하며 경제가 임용했던 문무관원들을 파직시키거나 쫓아내었다. 한편으로는 또 이번 정변에 적극적으로 참가했던 중요인물들에게 직위와 상금을 내렸다. 석형이 진쯤에 봉해지고 충국공이 되었으며, 서유정은 무공백武功伯에 봉해졌고, 조길상曹吉祥은 사례태감으로 승진되고 삼대영三大營의 총독이 되었다. 얼마 안 되어 석형과 조길상은 서유정을 배제하고 그를 운남으로 귀양보냈다. 이때부터 대권을 장악하고 거만하게 독단적으로 굴면서 권력으로 조야를 제압하였다. 그들의 오만방자함은 영종의 불만을 야기시켰다. 천순 3년(1459) 7월에 영종은 석형과 석표石彪가 안팎으로 장악하고 있던 병권에 깊은 불안을 느껴 석표에게 서울로 돌아오도록 명령했다. 석표는 명령을 받들지 않고 천호千戶 양빈楊斌 등 50여 명에게 황제에게 상소를 올려 석표가 대동을 지키게 해달라고 청하도록 하였다. 이로 인해 영종은 한층 더 의심을 하게 되었고 양빈을 체포하도록 명령하고 심문을 한 끝에 석표의 지시로 했다는 것을 알게 되었다. 이에 영종은 즉시 석표에게 "속히 입경하라"고 명령하였다. 8월에 금의위 감옥에 하옥시키고 얼마 안 되어 석형 역시 감옥에 넣었다. 다음 해(1460) 2월에 석형이 옥사하고 석표는 처형되었다. 토끼가 죽으면 여우가 슬퍼하듯이 석형의 죽음은 조길상과 조흠曹欽 등에게 몹시 놀라

운 일이었다. 이리하여 정권을 탈취할 활동에 박차를 가하였다. 그러나 영종이 이 소식을 알게 된 후 곧장 조길상을 체포하였고 규대를 파견하여 그 임당의 뿌리를 뽑아버렸다. 조길상은 3일 후에 능지처참 되었고 오랫동안 쌓여온 반란은 이로써 종식되었다.

명·선세공 법랑 사자모양의 술단지
술단지 전체에 남유로 바탕색을 시유하였고 복부 장식은 네 마리 사자가 공을 갖고 노는 모습이다. 그 중간에는 꽃무늬가 들어 있다. 다리 안 중앙에 '경태년제景泰年製'라는 양각의 해서체 관지가 있다.

1464년
헌종의 즉위

천순 8년(1464) 정월 7일, 38세의 영종 주기진이 서거했다. 천순 8년 정월 21일에 장자 주견심朱見深이 정식으로 제위에 등극하여 천하에 대사면을 내리고 다음 해를 성화成化 원년으로 공포하였다. 헌종이 즉위한 후 조정의 신하들에게 양궁兩宮의 존호를 의논하도록 명하였다. 중관中官 하시승夏時承

明憲宗
明憲宗姓朱名見深英宗長子即位詔雪于謙之冤屢蹋災糧禁止豪強兼并然頗事逸游溺於女色信用宦官用汪直置西廠國政日壞廟號憲宗朝積女帑俱盡在位二十三年號成化廟號憲

명 헌종
헌종의 성은 주朱, 이름은 견심見深이며 영종의 맏아들이다. 즉위 후에 우겸의 억울함을 풀어주었고 또한 호족들이 토지를 겸병하는 것을 금지하였다. 그러나 헌종은 놀기를 좋아하여 여색에 빠지고 환관들을 중용하였다. 재위 기간에 환관 왕직汪直을 중용하고 서창西廠을 설립하였다. 헌종 재위 동안 국정은 나날이 나빠져만 가고 국고는 텅 비게 되었다. 헌종은 23년간 재위하였고 연호는 성화, 묘호는 헌종이다.

이 주귀비周貴妃의 뜻이라면서 전황후錢皇后는 오래도록 병을 앓아 태후라는 호칭이 맞지 않다고 하였다. 그러나 귀비는 황제의 생모이니 선덕 연간에 있었던 일에 의하면 좋겠다고 하였다. 그러나 대학사 이현李賢과 팽시彭時가 불가하다고 적극 주장하였다. 즉 "지금의 상황은 선덕 연간과는 다르다. 당시에는 호태후胡太后가 양위하겠다고 상소를 올렸기 때문에 처음으로 정통에게 존호를 부여하지 않았던 것이다. 그런데 지금 전태후는 명분이 있는데 어떻게 그럴 수가 있느냐"고 했다. 팽시도 "선제(영종)께서 건재하실 때 행하신 일을 지금 누가 감히 바꿀 수가 있는가?"라고 말했다. 조정이 천하를 호령할 수 있는 것은 삼강오륜이 지켜지기 때문이지, 삼강오륜이 지켜지지 않고 예의와 제도가 바르지 않으면 성덕에 해가 될 것이다. 신하들이 아첨하고 순종한다면 이는 만세에 죄인이 될 것이라고 하였다. 이현도 역시 강력하게 반대 의견을 내니 드디어 의논이 정해졌다. 책봉을 올리려고 하자 팽시가 또 양궁이 같은 칭호를 쓰면 차별이 없으니 전황후에게 마땅히 두 자를 더해야 한다고 했다. 드디어 천순 8년(1464) 3월 1일에 영종의 전황후에게는 자의황태후慈懿皇太后, 귀비貴妃 주씨周氏에게는 황태후皇太后의 존호를 내렸다. 이로써 양궁의 존호에 관한 논쟁은 종결되었다.

1465년
형양 유랑민의 기의

명나라 중기에 토지의 겸병이 극렬하고 게다가 해마다 기아와 가혹한 부역이 더해지니 유랑자들이 점점 많아져 갔다. 호광 형양荊襄은 비교적 풍족한 지역이라 유랑민들이 이곳으로 집결하게 되었다. 명 조정에서는 군대를 파견하여 이들을 소탕하여 유랑민이 되어가는 것을 저지하고자 하였으나 뜻대로 되지 않았다. 성화 초기에 산에 들어가 황무지를 개간하는 자는 이미 150여만 명에 달하였다. 성화 원년(1465) 3월에 유통劉通·석룡石龍·풍자룡馮子龍 등의 영도 하에 유랑민들은 방현房縣 대석청大石廳에서 황기黃旗를 세우고 기의를 했다. 모인 군중들은 매계사梅溪寺를 근거지로 하여 유통을 한왕漢王, 국호를 한漢, 연호를 덕승德勝이라 건원하고 장군과 원수 등의 직함을 설치했다. 얼마 지나지 않아 기의라는 깃발 아래 모인 유랑민은 이미 4만여 명이 넘게 되었다. 이후 유통은 병사들을 이끌고 방현 등지를 전전하면서 주둔지를 세우고 경작하면서 전쟁을 치렀다. 다음 해 3월에 대시大市에서 명 정부군과 만나게 되었는데 중과부적이라 유통은 포로가 되어 살해되었다. 그 부장과 잔병들은 명 정부군의 진격과 소탕에 분분히 와해되었고 기의는 실패했다. 그러나 명 조정은 이 사건을 겪은 후에 엄격한 조치를 제정하였고, 유랑민들을 강제로 고향으로 돌려보냈으며 유랑민들이 운양鄖陽 지역으로 들어오는 것을 금지하였다. 후에는 또 호광 운양부를 개설하고 이 지역에 호광 행도사와 위소를 설치하여 전문적으로 유랑민들을 다스렸다.

유민도流民圖
형양의 유랑민 기의는 결과적으로는 비록 진압되었지만 명 정부로 하여금 금산령禁山令을 취소하도록 하여 유랑민이 산간지역에 호적을 두고 백성이 되는 것을 허락하여 황무지를 개간하고 영원히 그 일을 하도록 하였다.

〈승암잠화도升庵簪花圖〉축

이 그림은 현실생활의 인물 이야기에서 취재하였다. 승암은 명대의 유명한 학자인 양신楊愼이다. 그는 다른 사람의 모략으로 변방에서 30여 년간 귀양살이를 했다. 실의에 빠지면 얼굴에 화장을 하고 머리를 양 갈래로 묶어 꽃을 꽂으며 놀았다. 이 그림은 바로 그가 술에 취한 후에 시녀들이 그릇을 받쳐들고 시중을 하고 있는 모습이다. 술에 취해 노래를 하는 듯한 방탕한 모습이다.

풍성한 절기 오락

명대 민간의 절기 활동의 내용은 풍성하고 형식도 다양하며 생활에 활력을 주었다. 정월 대보름인 원소절元宵節에 민간에서 하는 유희 오락 활동으로는 주로 화등火燈·꽃이름 일이밎구기와 각종의 문에 제육활동이 있있다. 예를 들면 백희白戱·용춤·사자춤·나무다리 타기·축구·포한선跑旱船*·팽이치기·전지剪紙** 등의 활동이 있었다. 북경의 정월 대보름 활동은 정월 초파일부터 시작하여 13일에 최고조에 이르며 17일이 되어서야 겨우 끝이 난다. 이런 활동과 명절은 상업적으로 서로 결합되었으며 또한 '등시燈市'라고도 부른다. 명절 기간에 사람들은 불꽃놀이를 보며 즐긴다. 각종 민간 무용과 기예, 오색찬란한 등불은 도시 안에 있는 각 계층의 사람들을 끌어들여 밤을 새면서 한바탕 즐기도록 한다.

* 민간 무용의 한 종류로, 여자 역을 맡은 사람은 대나무 조각과 천을 같이 동여 맨 후 바닥이 없는 배의 중간에 서서 몸을 뱃전에 묶고 춤을 추고, 뱃사공 역을 맡은 사람은 노를 젓는 동작을 하며 추는 춤 – 역주

** 사람, 화초, 새, 짐승 등의 형상으로 종이를 오리는 민간 예술 – 역주

백성의 토지를 빼앗아 황궁 전답으로 만들다

명 천순 8년(1464) 10월, 헌종은 태감 조길상이 점유하고 있던 백성들의 경작지를 몰수하여 황궁의 전답으로 하였다. 황실의 전답이라는 의미의 '황장皇莊'이란 말은 이때부터 시작되었다. 홍무 시기에 친왕 및 대신·공후·승상들에게 전답을 하사했는데, 적으면 백경百頃, 많으면 천경이나 되었다. 후에는 백관에게 봉록을 하사하였기 때문에 이 하사한 전답들을 회수하였다. 헌종이 즉위 초에 몰수한 조길상의 땅을 궁중의 전답으로 하도록 명령하니 급사중 제장齊莊이 상소하기를 "세상이 모두 천자 것인데 무엇하러 자신의 전답을 두어 백성과 이익을 다투십니까?"하고 말했다. 그러나 헌종은 이를 상관치 않았다. 이렇게 되니 훈척이나 총애를 받는 환관 집안에서는 백성의 땅을 빼앗아 자기 땅으로 하였다. 홍치 2년에 이르러 서울 근교의 다섯 곳이 황장이 되었고 12,800여 경을 차지하게 되었다. 훈척이나 내관의 전답은 332곳에 33,000여 경을 차지하였다. 모든 곳의 황장에는 하급관리 및 마름과 하인 등이 있었다. 그들은 종종 토지를 강점하고 재물을 빼앗고 마을에 해를 입혔다.

오대산

불교에서 오대산은 문수보살의 도량이다. 일찍이 당나라 때 불교명산으로 이름이 났으며 명나라에 이르러서는 불교문화가 더욱 번성하였다.

오대산 사원음악

오대산은 중국 불교 성지로 역사가 오래된 많은 고찰들이 있으며 청묘靑廟와 황묘黃廟 두 계통으로 나눈다. 오대산 사원음악 역시 이에 따라 청묘와 황묘 두 유파로 나뉜다. 오대산 사원음악의 곡명은 '찬贊'·'계偈'·'진언眞言'·'주어咒語' 등 불교 전문용 이외에 대부분 당송대 곡唐宋大曲·송대사악宋代詞樂·명청 시기 민간 곡패 및 현대 민간 소곡의 명칭을 연용하고 있다. 즉 당대 《교방기敎坊記》 중의 '망강남望江南'·'우미인虞美人', 송대 사조의 '당다령唐多令'·'감황은感皇恩', 그리고 명대 곡패 '산파양山坡洋'·'기생초寄生草' 등등이 있다. 원래의 사詞는 이미 소실되었지만 종교 내용의 사구로 바뀌었으며 어떤 곡은 기악곡이 되어 당송 시기 곡명의 음악을 여전히 이용한다.

법해사 벽화

법해사法海寺 벽화는 규모가 크고 그 선이 유창하며 채색이 농염하고 화려하여 높은 예술적 가치를 구비하고 있다. 명대 벽화의 우수한 전범이라고 할 수 있다.

법해사 벽화

명대의 벽화예술은 규모나 수량 면에서 당송 벽화와는 비교의 대상이 되지 않지만, 사원벽화는 몹시 흥성하여서 수많은 유명 화가들이 일찍이 사원에서 벽화를 그렸다. 대진戴進·관위關偉·송욱宋旭 등은 가치가 있는 수많은 사원벽화 작품을 남겼다. 북경의 법해사 벽화가 바로 이런 전형적인 예다. 북경 법해사의 명대 벽화는 영종의 근시태감이었던 이동李童이 발기하고 승려와 대중, 관민이 모금을 하여 건설한 것으로 공부工部에서 설계하고 시공하였다. 대략 정통 8년(1443)에 완성되었으며《제석범천도帝釋梵天圖》라 이름을 붙였다. 궁정화가인 완복청宛福淸·왕서王恕·장평張平·왕의王義·고행顧行·이원李源·반복潘福·서복徐福 등 15명이 그린 것이다. 이 벽화는 대웅보전의 북쪽 벽에 있는데, 당송이래 널리 전해오는《제석범천도》를 제재로 하여 불교의 여러 호법신들을 그렸다. 제석帝釋과 범천梵天 등 20여 개의 형상은 진한 종교 분위기를 갖고 있다.

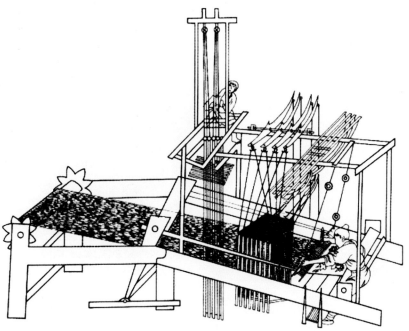

화루기도花樓機圖

이 그림은 송응성宋應星의《천공개물天工開物》에 의거하여 임모한 것이다. 유명한 촉금蜀錦과 남경의 운면雲綿은 모두 이 화루기로 직조하였다.

명대 방직기술의 발전

명나라 때 방직기술은 더욱 발전했다. 소주·항주·성도·광주·복건 등은 각종 비단 생산으로 유명하며 국내외로 유통되었다. 관부에서도 규모가 큰 방직공장인 기방機房을 세우고 주로 황실에서 사용하는 물품을 생산했다. 민간 견직업도 흥성하기 시작했다. 명대에는 도드라진 무늬인 자카드Jacquard 기술도 발달하여 직기상의 5층의 날줄을 4층으로 개선하였고 직물은 가늘고 얇게 실용적으로 하여 원료를 절약하고 원가를 낮추었다. 이리하여 생산품이 급증하게 되었고 품종도 많아지게 되어 "기교가 백출하니 모양과 색상이 날로 새롭다"라는 말이 있었다. 직조방법만 하여도 17개 품종이 있었으며 직조기술은 후에 자카드 직조기의 문양장식의 선구가 되었다.

1468년
헌종이 티베트 승려에게 봉호를 하사

　명 성화 4년(1468) 4월에 헌종은 총애하는 티베트 승려 답파견찬苔巴堅贊 · 봉찰실파封扎實巴 · 쇄남견참鎖南堅參 · 단죽야부端竹也夫 등에게 봉호를 주고 고명을 내렸다. 그들의 의복 · 음식 · 용기 등은 왕족들과 비슷하였다. 또한 출입할 때는 종려나무 가마를 타고 호위무사인 집금오執金吾*의 장대가 앞에서 인도하였으며, 고관대작들도 그들에게 길을 양보하였다. 헌종은 매번 그들을 불러 입궁하게 하고 경전과 염불을 낭독한 후에는 함께 입궁한 티베트 승려들에게 봉호를 내렸다. 답파견찬 · 봉찰실파 등은 이리되자 수많은 문도들을 거느리게 되고 세력이 날로 확대되었다. 그들의 문도 중에는 '진인' '고사高士' 등의 명칭을 가진 자가 몇천 명이나 되어 온갖 악행을 저지른 무리들도 그들의 비호를 받을 수 있었다.

* 도성과 황궁을 수비하던 관원-역주

1471년
조량장운법의 제정

　명 성화 7년(1471) 9월, 조정에서는 조량*장운법漕糧長運法을 제정하기 시작했다. '조량장운법'은 선덕 연간에 실행했던 '지운법支運法' '태운법兌運法'의 기초 위에서 제정된 것이다. '지운법'은 백성이 양식을 회안准安 · 서주徐州 · 임청臨清 · 덕주德州의 강변에 있는 식량창고에 운반해 놓으면 다시 관군들이 통주나 천진의 식량창고로 옮기는 것으로 시간과 인력이 많이 소모되었다. 그래서 주침周忱이 강남을 순무할 때에 백성들은 식량을 과주瓜洲 · 회안까지만 운반하고, 그 후에 관군에게 운반비를 보급하여 관군이 대신 운반하는 것을 '태운법'이라고 한다. 백성의 부담을 한층 더 경감시키기 위한 것으로 응천순무應天巡撫 등소滕昭는 관군이 직접 강남 강변까지 가서 바꾸게 되면 손실이 더해지기 때문에 백성들에게 군관들이 강을 건너는 비용을 쌀로 보충해주어야 한다고 건의했다. 이런 조량운송 방식을 바로 '조량장운법'이라고 한다.

* 조량이란 황실과 관료, 군인에게 지급되는 양식-역주

대운하
조운漕運은 나라의 명맥과 관계가 있기 때문에 역대 집권자들이 중시하였다. 운하의 개통 여부는 조운 효과의 크고 작음을 결정하였다. 그림은 이전에 조운의 옛 뱃길 양주단운하揚州段運河다.

요녕성 의현義縣 만불당萬佛堂 원통탑
이 탑은 명 성화 10년(1474)에 건축되었다. 전해오는 바에 의하면 표기장군 왕개王鎧가 어머니의 무병장수를 빌기 위해 지었다고 한다. 탑은 원통형圓筒形이고 탑정에는 작고 둥근 석개石盖가 있다. 그 위에는 삼중의 석보주가 있으며 높이는 3.4m다. 그 형태와 구조는 불탑 중에서도 독특한 스타일이다.

명대 금강살타령金剛薩埵鈴
이 두 개의 법기는 명나라 조정이 티베트 사원에 보시한 예물이다.

봉두혜鳳頭鞋
이 신발은 산동성 추성鄒城 명대 무덤 안에서 발굴된 한 켤레의 돌조각 여성신발이다. 신발의 형태와 스타일은 진짜 신발과 비슷하다. 길이 10cm, 폭이 가장 넓은 곳은 3.2cm, 뒤의 굽깊이는 3cm다. 이 신발은 앞쪽에 봉황머리를 조각했는데, 앞을 바라보고 있는 것이 아니라 뒤로 고개를 돌려 주위를 살펴보는 느낌이 든다.

1477년
명 조정의 서창 설치

명나라 황제들은 집권통치를 강화하기 위하여 일찍이 영락 18년(1420), 성조가 북경으로 천도할 때에 동창東廠이라고 하는 특무기구를 설치했다. 환관을 통솔자로 하여 전문으로 관료와 백성의 개인적인 비밀을 정탐하였다. 성화 13년(1477) 5월에 헌종은 특무통치를 한층 더 강화하기 위하여 또 서창西廠을 설치하고 대태감 왕직汪直을 제독에 임용하였다. 붉은 옷을 입은 서창의 무사 수는 동창의 배나 되었고 그 위세는 금의위錦衣衛 위에 있었다. 왕직은 금의위 백호百戶 위영韋瑛을 심복으로 하여 여러 차례 큰 옥사를 감행했다. 왕직이 외출할 때마다 수행 병졸이 앞과 뒤에서 에워싸고 그 숫자는 셀 수 없이 많았다. 공경대부들은 모두 이를 피해 길을 에돌아 다녔다. 삼품 이하의 대신은 왕직이 제멋대로 집안을 몰수하고 심문하였다. 5월에 비록 여러 명의 대신들이 탄핵하여 한 번 해산하였지만 2개월 뒤에 다시 위세를 회복하고 그 불길은 더욱 세찼으며 멋대로였다. 당시에 수도에서부터 양자강 남북에 이르기까지 서창의 교위들이 없는 곳이 없었다. 이들은 크게는 군정에 참여하였고 작게는 민간의 작은 말다툼까지 황제에게 고하지 않는 것이 없어 민심이 흉흉하고 관리와 상인들도 불안해하였다. 성화 18년(1482) 3월에 이르러 헌종은 동창과 서창이 함께 있는 것이 적합지 않다는 이유로 서창을 폐쇄하였다. 그러나 동창은 여전하여 동창의 화가 끊이질 않았다.

《적봉수》

《적봉수赤鳳髓》는 명대 주복정周履靖이 편집한 일종의 중요한 기공서氣功書로 전체 3권이다. 동공動功과 정공법靜功法 9가지를 수록하였고 대부분 그림이 첨부되어 있다. 그림은 생동적으로 수련법을 설명하고 있다. 《적봉수》의 권1에서는 주로 기를 연습하는 법을 말하고 있다. 조기調氣·인기咽氣·행기行氣·연기煉氣·폐기閉氣·복기服氣 등과 취吹·호呼·허噓·희呬·가呵·희嘻의 6자결六字訣 호흡법도 포함하고 있다. 또한 '오금희五禽戲'와 '팔단금八段錦'의 그림 비결도 있다. 권2와 권3은 그림 도식이 58폭이 있는데, 매 폭의 도식은 모두 병증을 치료하는 법과 행공行功의 방법을 주를 달아 설명하였다. 독자들은 생동적인 그림과 명확한 문자 설명으로 동작의 요령을 터득할 수 있다. 중국에는 신체를 단련하고 병을 치료하는 도인도보導引圖譜의 종류가 적지 않지만《적봉수》처럼 수많은 도식과 완벽한 문자설명이 있는 것은 많지 않다.

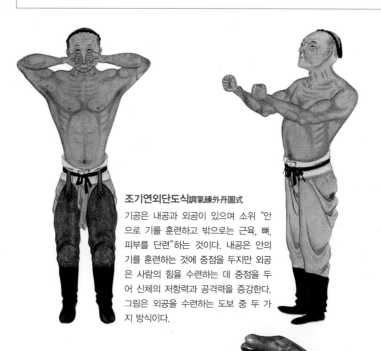

조기연외단도식調氣練外丹圖式

기공은 내공과 외공이 있으며 소위 "안으로 기를 훈련하고 밖으로는 근육, 뼈, 피부를 단련"하는 것이다. 내공은 안의 기를 훈련하는 것에 중점을 두지만 외공은 사람의 힘을 수련하는 데 중점을 두어 신체의 저항력과 공격력을 증강한다. 그림은 외공을 수련하는 도보 중 두 가지 방식이다.

운기법運氣法

수정으로 만든 누워있는 사슴

수정으로 만든 누워있는 사슴은 높이 6.2cm, 너비 4.7cm, 길이 9.7cm에 백색에 투명한 광택이 난다. 사슴이 누워있는 모습으로 고개를 들고 입은 약간 벌리고 있다. 곧은 목에 등은 둥글고 다리를 구부리고 있다. 땅바닥에 평평하게 누워있는데 둔부가 비대하고 작은 꼬리는 위로 올려져 있다. 수정으로 만든 외뿔짐승 모양의 연적과 다른 문구들도 함께 출토되었는데 문진으로 쓰인 물건이다. 형태가 생동적이고 조각법이 간단하며 연마가 매끄러운 것이 명초 수정제품의 대표작이다.

1487년
효종의 즉위

성화 23년(1487) 8월, 헌종 주견심이 서거하고, 9월 6일에 명 헌종의 셋째 아들인 주우당朱祐樘이 황제에 즉위하여 천하에 대사면을 선포하고, 다음 해를 홍치 원년으로 하니 묘호는 효종이다. 효종은 즉위 후에 치세에 힘을 다하였으니 우선 조정을 정리하는 데 착수하고 헌종 때의 간신들을 유배 보내거나 내쫓았다. 또한 선사와 진인 등 240여 명을 파직시켰다. 서역의 법왕과 불자, 국사 등 7백여 명의 승려들도 모두 본국으로 보냈고, 고칙誥敕·인장 및 의장물들도 도로 거두어들였다. 헌종 때의 간신들은 기본적으로 소탕되었다. 효종 통치 시기에 명나라는 '홍치중흥弘治中興'의 흥성한 국면이 출현했다.

칠기에 운룡문을 상감한 작은 탁자
탁자 위에는 붉은색과 녹색의 두 마리 용이 공을 갖고 노는 문양으로 장식되었다. 해수와 강가 절벽 문양이다. 수공이 아주 정교한 얻기 힘든 귀중한 물건이다.

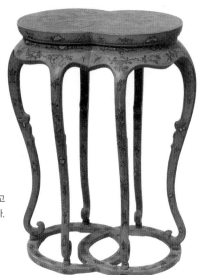

明孝宗姓朱名祐樘憲宗第二子即位逮宦官梁芳佞人李孜省黜斥奸邪任用賢能廣開言路勤於朝政恭儉愛民史稱中興晚年熱衷齋醮禱祀大廟號孝宗年號弘治在位十八年

약 뿌리는 도구
강음江陰에서 출토된 명대 인후과咽喉科의 용구로 이 기구는 목 부위에 약을 뿌릴 때 쓰는 도구로 설계가 몹시 기묘하다.

명 효종

효종의 성은 주朱, 이름은 우당祐樘이고 헌종의 셋째 아들이다. 즉위 후에 환관 양방梁芳과 간신 이자성李孜省을 체포하였고 사악한 무리를 배척하고 현명한 이들을 임용했다. 언로를 폭넓게 열어주었고, 정치에 힘썼으며 근검 절약하고 국민을 사랑하여 역사에서는 이를 '홍치중흥'이라고 한다. 만년에는 도가의 제사에 탐닉하여서 신하들은 그의 얼굴을 보기가 어려워지니 조정은 날로 쇠퇴해갔다. 재위 기간은 18년이며 연호는 홍치고 묘호는 효종이다.

용봉문양
명 시기의 비단문양은 사람들의 길상여의吉祥如意·부귀평안을 추구하는 길상의 뜻에 부합하여 디자인되었다. 용봉도는 가장 대표적인 길상 도안이다.

경덕진요의 도자기 제조도(모사)

《경덕진도록》은 문자로 기술하고 그에 맞는 형상도를 배치하였는데 재료 만들기, 재료 그리기, 모양 다듬기, 시유하기, 가마 채우기, 채색하기 등 여섯 폭의 그림이다.

재료 만들기

재료 그리기

모양 다듬기

시유하기

가마 채우기

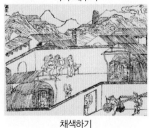

채색하기

중국 자기업의 중심이 된 경덕진

중국 도자기 공예 발전은 명대에 이르러 채색도자 위주의 찬란한 황금시기로 진입하였다. 특히 경덕진景德鎭의 이름이 천하에 널리 퍼지고 중국 자기업의 중심이 되었다. 소위 "명나라에서 정교하고 아름다운 도자는 경덕진에서 나온 것을 따를 수 없다"는 말이 있게 되었다. 경덕진은 "사방에서 장인들이 몰려들고 경덕진의 그릇이 천하에 넘쳐난다"고 할 정도였다. 경덕진 자기는 스타일이 다양하고 품질이 좋으며, 생산량이 많고 기술이 정교해 영향이 지대하여 중국에서 최고였다. 비록 하북성의 팽성彭城(지금의 한단)·절강성의 용천龍泉·복건성의 덕화德化·강소성의 의흥宜興 등지에서 서로 다른 특징의 자기가 대량으로 생산되었지만 경덕진처럼 전면적으로 발전하지는 못했다. 특히 채색자기·청화자기 및 색유色釉자기의 소성의 성취는 탁월했다. 경덕진의 자기 제조기술의 중요한 성과는 '탈태脫胎' 자기*의 창조라고 할 수 있다. 영락시기(1403~1424)의 박태자기薄胎瓷器가 '반탈태半脫胎'의 정도까지 발전하였고, 성화 연간 이후에 태胎 제작기술이 더욱 성숙하여서 그릇의 벽의 얇기가 마치 종잇장처럼 태를 벗긴 것과 같게 되었다. 이에 취유법吹釉法이 발명되었는데, 즉 시유를 더욱 균등하게 할 수 있으면서도 원재료는 훼손하지 않았다. 박태자기와 탈태자기는 이 방법을 사용했다. 경덕진 자기의 품종은 청화자·점채點彩·유토채釉土彩·두채斗彩·오채五彩 등이 있다. 연대가 다름에 따라 또 홍무요洪武窯·영락요·선덕요·정통요·경태요·천순요·성화요·홍치요·정덕요·가청요·융경요·만력요·천계요·숭정요 등으로 나뉜다.

* 태토胎土가 종잇장처럼 얇아서 그릇들이 유약만으로 이루어진 것처럼 보이는 자기—역주

영락요·백유의 세 호효가 연결된 그릇

영락요에서 제조된 백유의 반태半胎자기는 경덕진의 단색유 자기가 발전해오는 과정 중에서 커다란 진보를 이룬 작품이다. 세밀하면서 희고 게다가 태질이 아주 얇아서 마치 유약층만 보이고 태질은 보이지 않는 듯하다. 지문이 보일 정도이며 또 자기 위에 새겨진 운룡화훼와 음각의 관지를 볼 수 있다.

청화전지연문관靑花纏枝蓮紋罐

명 선덕 연간의 제품으로 높이 35.3cm, 입지름 24.8cm, 바닥지름 24.5cm다. 곧은 입에 목이 짧고 어깨가 풍부하며 배는 볼록하고 굽은 둥글다. 항아리 장식은 청화 전지 연꽃과 연잎 문양 등이 있다. 어깨 부분에 청화로 '대명선덕년제大明宣德年製'라는 해서체 여섯 글자가 있다. 이 그릇의 조형은 장중하면서도 형태가 아름답고 공예가 정교하다. 장식의 배치는 합리적이면서도 선이 유창하고 자연스럽다. 청화색이 빛이 나고 화려하며 독특한 예술적 매력이 있어 선덕 관요 청화자기 중의 뛰어난 작품이다.

티베트 의학에 남북학파 출현

15세기부터 티베트 의학은 남북 양대 학파를 형성하기 시작했다. 티베트 남북 각지에서는 그들의 학술관점을 모두 《사부의전四部醫典》에 의거했다. 그러나 남북의 지리환경과 기후조건 등의 차이로 의사들이 갖고 있는 학술사상은 서로 달랐다. 티베트 북방학파의 창시자는 앙인昻仁 지역 출신인 강파強巴 남걸찰상南杰札桑(1394~1475)으로 그의 대표 저서에는 《의학발지요의여의보일백이십상醫學八支要義如意寶一百二十章》·《냉능명등冷能明燈》 등이 있다. 북방학파들은 약물藥物을 따뜻하게 사용하고 약의 성질을 잘 조제하는 데 뛰어났으며 인체해부·장과 폐의 구조에 정통했고, 침과 뜸·채혈·혈 자리에 침놓기 등의 기술 위주가 주요 특색이다. 이런 것들이 중요한 특색이 되어 이 일파의 학술풍격을 형성하였다. 특히 바람과 습기로 인하여 뼈마디가 저리고 아픈 풍습성 질병 치료에 있어 풍부한 경험을 갖추고 있었다. 색카素卡 연모니다길年姆尼多吉(1439~1475)은 낭현朗縣에서 티베트 의학 남방학파를 창립했다. 이 학파의 저서는 색가 연모니다길의 《은광보감銀光寶鑒》·《천만개사리千萬個舍利》·《여남파의생통신집與南派醫生通信集》 등을 포괄하고 있으며 습열병 치료에 뛰어나다. 티베트 의학은 남북학파가 창립된 이후 200여 년간을 정립해 오면서 오래도록 학술논쟁을 불러일으켰고 수많은 의사와 의학저서들이 출현하였다. 이는 티베트 의학 산업의 신속한 발전을 촉진시켰을 뿐만 아니라 티베트 약학 보고의 내용을 더욱 풍부하게 만들어 주었다.

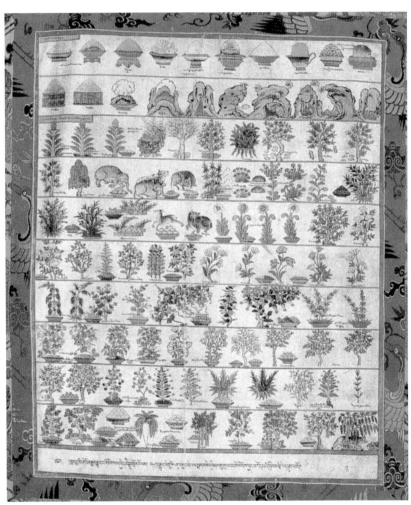

식물약도보植物藥圖譜
《사부의전四部醫典》은 전체 900여 종의 약물을 수록하였으며 그중 동식물 약명은 5분의 2에 해당한다. 광물약은 5분의 1을 점하고 있다. 그림은 《사부의전계열괘도四部醫典系列掛圖》 중의 일부 식물약도보.

인체생리와 병리도
이 그림은 나무의 뿌리·줄기·가지·잎의 형상을 이용하여 계통적으로 인체의 생리적 효능과 병리적 변화를 소개하고 있다.

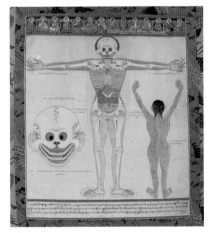

인체골격도(정면)
티베트 의학에서 인체골격은 치아를 포함하여 306개가 있다고 여긴다.

티베트 명의도名醫圖

티베트 의학사상 일련의 유명한 의약학자들이 출현하였는데, 그들은 티베트 약학 발전에 탁월한 공헌을 했다. 이 《티베트 명의》 그림에는 티베트 의학사상 13명의 걸출한 의사들이 앉아 있는 모습이 담겨있다. 그림 정중앙에 있는 분이 제5대 달라이 라마 아왕阿旺 낙상가조洛桑嘉措다.

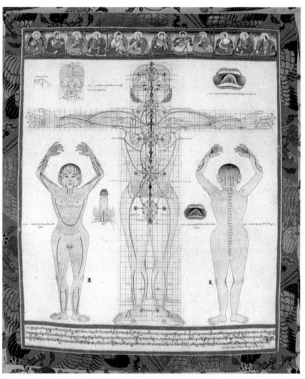

인체맥락도(정면)

티베트 의학에서는 인체 안에는 3종류의 맥락이 존재한다고 여겼다. 흑맥黑脈은 앞에 위치하고, 명맥命脈은 중간에 위치하고, 백맥白脈은 뒤에 위치하고 있는데 사람의 맥락은 배꼽이 중심이다. 맥락은 배꼽으로부터 위는 뇌수를 형성하고, 배꼽에서 중앙을 관통해서는 명맥을 형성하고, 배꼽 아래로는 생식기관맥을 형성한다고 한다.

황도적승도皇都積勝圖(부분)

이 긴 그림은 명나라 중·후기 북경성의 번잡한 모습을 재현하였다. 이 그림은 노구교盧溝橋로부터 광녕문廣寧門(지금의 광안문廣安門)을 거쳐 북경성 안으로 진입하여 다시 정양문正陽門·기반가棋盤街·대명문大明門·승천문承天門(천안문)·황궁 등의 거리를 통과해 북쪽으로 뻗어있는 거용관까지 그려져 있다. 화면은 시내의 상업중심지역의 면모를 중점적으로 그렸으며 거리의 마차와 행인들이 즐거워하면서 왕래하고, 찻집과 술집이 즐비하게 서 있고 점포의 깃발과 간판을 도처에서 볼 수 있다. 곳곳에 사람들이 운집해 있는 곳에서는 서커스와 노래하는 모습을 볼 수 있고, 어떤 사람은 손님을 접대하고 있고, 금은방에는 손님들이 밀물처럼 몰려오고 있다. 이 화면에서 보여주는 곳은 긴 두루마리 중에서 정양문·기반가와 대명문 일대의 번화한 풍경이다.

소나무 줄기 문양의 은잔[松枝紋銀杯]

명·공작남유모란문집호孔雀藍釉牡丹紋執壺
높이 18.4cm다. 긴 목에 넓은 입이 있다. 물대와 손잡이는 가늘고도 길며 전후에 대칭으로 되어 있다. 전체적으로 공작남유를 시유하였고 무늬는 얇게 선으로 파 넣었다. 배부분은 절지折枝 모란 문양이고 목 부분의 장식은 여의구름 무늬다. 조형이 몹시 색다르며 독특한 장인의 마음이 깃들어 있다. 명대 단색유 자기 중의 훌륭한 작품이다.

명·보석을 박아넣은 금나비

1492년
개중염법을 절색납은법 으로 개정

홍치 5년(1492) 10월, 효종은 호부상서 섭기葉淇의 건의를 받아들여 개중염법開中鹽法을 절색납은법折色納銀法으로 바꾸었다. 개중염법은 홍무 3년(1370), 주원장이 실행하기 시작했다. 상인들에게 양식을 변방의 군사요충지나 서울로 수송하도록 하고 그런 다음 가격에 따라 그에 상응하는 식염운송판매권을 상인들에게 부여하였다. 상인들은 염인鹽引(소금을 수령할 수 있는 영수증)을 소지하고 소금 생산지로 가서 소금을 수령하여 정해진 장소에서 판매하였다. 헌종 이후에 권세가들이 소금의 이익을 독점하여 관리와 상인들이 결탁하여 이전의 염인을 다시 쓰고 가짜 염인을 만들어 소금을 수령하였다. 또한 관염의 판매를 막아 사염이 성행하여 개중염법의 원래 의미는 실종되었다. 호부상서 섭기는 변방의 군량이 부족한 국면을 타개하기 위하여 상인들에게 운사運司에 가서 돈으로 납부하여 염인을 수령하도록 건의하였다. 이 건의가 실행된 후에 창고에 쌓인 돈이 백여만에 달했다.

1493년
유대하의 황하 치수

홍치 6년(1493) 정월, 효종은 유대하劉大夏를 우부도어사右副都御史에 발탁하고 황하를 치수하라는 명을 내렸다. 홍치 5년(1492) 7월에 황하는 장추張秋(지금의 산동성 양곡陽谷 동쪽)에 제방이 무너져 범람하여 수해가 나 조운이 단절되었다. 다음 해에 효종은 유대하에게 전면적으로 황하를 치수하는 책임을 부여했다. 유대하는 현지를 관측조사한 후, 우선 상류를 정리하고 새로운 물길을 열어 오래된 강을 준설하여 물길을 황하와 회하로 끌어들여야 한다고 의견을 내었다. 홍치 8년(1495)에 황하 연안에 제방 160여 리를 건축하여 황하가 전부 바다로 들어가게 하니 황하가 범람하는 우환은 장기간 재발하지 않았다.

정덕요 소삼채 두꺼비 문양의 세洗
정덕요의 걸출한 성취는 바로 '소삼채素三彩'*라는 신품종을 창조해 냈다는 데 있다. 이 그릇의 특징은 홍색을 사용하지 않고 아무것도 없는 태질 위에 직접적으로 시유를 했다는 점이다. 공작유孔雀釉** 자기의 소성제작은 정덕요의 또 하나의 성취다.

* 일반적으로는 흰색, 남색, 검은색을 말하는데 여기서는 흰색, 노란색, 초록색을 사용했다 - 역주
** 도자기에 쓰이는 비취빛의 유약 - 역주

1500년
형부조례의 개정

홍치 13년(1500) 2월, 효종은 급사중給事中 양렴楊廉의 건의를 받아들여 형부조례刑部條例를 개정했다. 명나라의 입법 창제는 모두 주원장 시대에 제정되었다. 홍무와 영락 연간에 제도를 정하고 사법부에서 소송사건을 심판할 때는 반드시 법률의 예에 의거하였으며 멋대로 조례를 인용하는 것을 허락지 않았다. 영종과 헌종 이후에 불법을 행하는 관리들은 종종 법률을 저버리고 조례를 만들어 기회를 틈타 뇌물을 받고 직권을 이용하여 법을 어기는 일이 많아졌다. 이리하여 조례는 날이 갈수록 번잡해져 갔다. 효종 때에 번잡한 조례에 새로운 수정이 가해졌으며 집행할 수 있는 조례는 모두 290여 조목이 선택되었고 율법과 동시에 시행되었다. 홍치 전 기간에 걸쳐 정장廷杖* · 조옥詔獄** 등 참혹한 일은 발생하지 않았다. 그리고 동창과 금의위의 불법 횡행도 얼마간은 사라졌다.

* 조정에서 관리를 곤장 때리는 벌-역주

** 구경九卿이나 군수 등 2천 석 이상의 고관들이 죄를 지면 황제가 조서를 내려 옥에 가두고 죄를 묻는 것-역주

1504년
직조환관의 파면

홍치 17년(1504) 5월, 병부상서 유대하가 상소를 올려 직조織造를 감독 관리하는 환관을 전부 파면시키라고 요청하니 효종은 이 의견을 받아들였다. 확립된 제도에 의거하여 소주와 항주부에는 모두 직염국織染局을 설치하여 채색비단을 직조하였는데, 해마다 그 수량에 제한이 있었다. 영종 천순 4년(1460)에 환관을 소주 · 송강 · 항주 · 가흥 · 호주 5부府에 파견하여 직조를 감독하도록 하고, 이들을 직조환관織造宦官이라고 불렀다. 그들은 통상의 제한된 수량에다가 채색비단 7천 필을 증가하였고 이후에는 해마다 추가하였다. 효종 즉위 후에 점차적으로 이런 병폐를 개혁하였다. 이때부터 직조 사무는 그 고장의 관원과 순관巡官이 함께 관리하게 되니 환관의 중간 착취가 감소했다.

봉황모양의 금비녀[金鳳簪]
명나라 무덤에서 출토된 봉황모양의 금비녀다. 비녀 꼭대기에 금으로 만든 봉황을 장식하였다. 제작이 몹시 아름답다. 봉잠은 통상 두 개를 겸용하는데 양쪽에 나누어서 꽂는다.

《예문류취藝文類聚》
이 책은 정덕 10년(1515) 인본으로 중국 초기의 동활자로 인쇄한 책이다.

백유녹운룡문白釉綠雲龍紋 자기 사발
사발 입구는 조금 퍼져 있으며 둥근 굽이다. 사발 외벽은 암각으로 해수무늬와 운룡무늬가 그려져 있다. 운룡은 녹색으로 채워져 있으며 채색은 청취靑翠롭다.

오문사가

오문화파吳門畵派는 명대 중기에 소주지역에서 일어선 회화유파 중 하나다. 이 화파는 명대 전기의 궁정원화宮廷元畵와 절파浙派의 흥성을 이어받은 이후, 단번에 화단의 맹주가 되었다. 이 화파의 핵심인물인 심주沈周와 문징명文徵明은 모두 장주長洲(지금의 강소성 소주로 명대에는 소주부 오현吳縣이 있음) 사람이다. 오현은 춘추 시대 오왕 합려闔閭가 수도를 세웠던 지역으로 "오문吳門"이라고도 부르기 때문에 이 화파를 '오문'이라고 명명하였다. 오문파 화가의 예술은 주로 송원宋元이래 문인화의 전통을 이어받았으며, 그들의 그림은 중국 문인화 발전 과정 중에 나타난 최고봉이라 할 수 있다. 명대의 오문화파는 아주 널리 이름을 날리고 오래 지속되어 그 영향 또한 심원하여 중국 회화역사상 가장 중요한 위치를 차지한다.

당인

당인唐寅(1470~1523)의 자는 자외子畏, 또는 백호伯虎, 호는 육여거사六如居士며 강소성 오현 사람이다. 29세 때 응천부 향시에서 해원解元으로 합격하였으며, 다음 해(1499)에 북경에서 회시에 참가했는데 시험장에서의 부정행위 사건에 연루되어 하옥되었다. 그 후 관직에서 파면되어 문장과 그림을 팔아서 생계를 이어갔다. 그는 재주가 뛰어나고 성격이 분방하여 그에 관한 유명한 일화가 많이 있다. 당인의 그림은 처음에는 심주의 화풍을 따랐고, 후에는 주신周臣의 영향을 받아서 자신만의 독특한 풍격을 만들어냈다. 그의 주요 산수작품에는 〈기려귀사도騎驢歸思圖〉·〈산로송성도山路松聲圖〉·〈서주화구도西州話舊圖〉가 있고, 인물화에는 〈맹촉궁기도孟蜀宮妓圖〉·〈도곡증사도陶谷贈詞圖〉·〈추풍환선도秋風紈扇圖〉 등이 있다.

심주

심주(1427~1509)의 자는 계남啓南, 호는 석전石田, 만년의 호는 백석옹白石翁이고 장주 사람이다. 심주의 회화는 몇 단계로 나누어진다. 40세 이전에 심주는 옛사람의 필법을 따라하는 단계로 이 시기의 주요작품은 〈유거도幽居圖〉·〈채릉도采菱圖〉·〈여산고도廬山高圖〉 등이 있다. 40세 이후 심주의 작품 풍격은 웅혼하고 중후함으로 바뀌었다. 심주의 만년 작품은 간결하고 우울한 화법이 오진吳鎭의 거친 호방함, 황공망黃公望의 수려함, 왕몽王蒙의 영활함과 마원馬遠이 하규夏珪의 강건함이 유기적으로 결합되어, 대략적이고 거칠면서도 천진난만한 독특한 풍격을 형성하였다. 심주는 일생동안 관직을 지낸 적이 없이 평생 동안 처사로 지냈다. 심주는 고결한 인품으로 사리사욕이 없고, 온화한 성격과 시·글·그림의 폭넓은 재능까지 갖고 있어 사회 각 계층 인사의 많은 존경을 받았다. 심주는 오파 중에서도 명예가 가장 높아 자연스럽게 오문화파의 영수가 되었다.

당인의 〈사녀취소도仕女吹簫圖〉

당인의 인물화는 대부분 고금의 사녀들의 생활과 역사 이야기를 주로 묘사하였다. 사녀의 모습은 마치 살아있는 듯하고 그 조형이 아름답다. 이 그림은 옥피리를 연주하는 사녀를 묘사한 것으로 그 자태가 우울한데 마치 한없는 근심을 불어서 없애는 것 같다.

심주의 〈와유도臥游圖〉책册

심주는 화조화 영역에 적절하게 산수화의 발묵채색 기법을 첨가하였다.

심주의 〈창주취도滄州趣圖〉

문징명의 〈진상재도眞賞齋圖〉

문징명

문징명(1470~1559)의 호는 형산거사衡山居士고 장주 사람이다. 문징명은 시·서·화 각 방면에서 모두 폭넓은 수양을 쌓았으며 그 명성이 날로 높아져만 갔다. 그의 시작詩作은 "사랑의 감정에서 출발하여, 아름답고 우아하다"라고 평가되는데, 그래서 "오중사재吳中四才子" 중 하나가 되었다. 그의 서법은 처음에는 구양순歐陽詢의 필법을 따르고, 후에는 황정견黃庭堅, 미불米芾, 조맹부趙孟頫의 필법을 배워 비범하고 청신한 풍격을 형성하였다. 회화 방면에서 문징명은 심주의 가르침을 깊이 받아 작품은 정교하고 세밀하며 섬세하면서도 평안한 느낌이 있다. 그의 회화작품의 구도는 평온하고 필법이 단정하며 색감처리가 우아하다. 이렇기 때문에 매 작품마다 평담하면서 기이함이 없는데 이것이 바로 문징명의 풍격 특색이다. 그의 대표작으로는 〈미불을 모방한 운산도[仿米氏雲山圖]〉권卷 ,〈동원도東園圖〉권과 〈혜산다회도惠山茶會圖〉 등이 있다.

구영

구영仇英(약 1505~1552)의 자는 실보實父, 호는 십주十洲며 강소성 태창太倉 사람으로 후에는 소주에 살았고 원체화가인 주신周臣을 스승으로 모셨다. 그는 인물·산수·화조·기화起畵*에 뛰어났으며, 특히 모사에 뛰어났다. 색을 중히 여기던 삼조三趙(조백구趙伯駒, 조백소趙伯驌, 조맹부)의 작품을 위주로 삼았다. 후세에 알려진 것으로는 〈도원선경도桃源仙境圖〉·〈잔도도棧道圖〉 등이 매우 뛰어나다. 구영이 '오문사가'의 행렬에 자신의 이름을 둘 수 있었던 것은 그가 꾸준히 지칠 줄 모르며 열심히 한 덕택이었다. 그림을 그릴 때는 "북과 말들이 달리는 소리도 들리지 않는다"고 할 정도로 집중력을 갖고 있었다. 그의 의고擬古작품은 명청 궁전, 민간과 문인의 회화에 모두 상당히 큰 영향을 주었다.

* 이 빛과 저 빛의 구별이 다르게 먹으로 줄을 그리는 화법 – 역주

구영의 〈도원선경도〉축

〈도원선경도〉는 흰 구름이 첩첩의 푸른 산봉우리를 두르고 있는 아래에 몇 명의 은사들이 흐르는 냇가에서 거문고를 타는 것을 감상하고 있다. 먼 곳의 누각이 보일 듯 말 듯하게 그려져 있다. 순전히 석청색으로 큰 산과 돌을 채색하고 있으며 규칙적으로 배열되었다. 수려하고 우아한 모습이 조용하고 한적하게 있는 인물과 융합되어 마치 속세를 벗어난 선경의 정경 같다.

명대 출판인쇄업의 번성

명대의 출판업은 송·원 양대에서 발전한 기초 위에서 더욱 발전을 거듭하여 중국 출판사업과 인쇄기술 발전사에서 번성한 시기가 되었다. 명대는 각급 관부를 중시했기 때문에 관각본官刻本이 성행했다. 이와 동시에 정교하게 판각한 사가각본私家刻本 역시 일시에 성행하였고 방각본坊刻本도 널리 분포했으며 인쇄와 장정기술은 나날이 완비되어 갔다. 이런 것은 편집·판각·판매가 삼위일체가 된 전문업체의 출현을 이끌었다. 명대 관각서는 내부각본內府刻本·감본監本과 번각본藩刻本이 대표다. 내부각본은 궁정에서 간행한 도서로 사례감 환관이 주재하였다. 부설의 경창이 있었으며 대부분 율령이나 경사문집을 간행하였다. 감본은 즉 국자감각본國子監刻本으로 그중 남경 국자감에서는 지도와 호적부 인쇄로 유명하다. 번각본은 명 왕조가 분봉한 각 곳의 친왕부에서 간행한 서적을 말한다. 번각본의 간행도서가 가장 많고 교감도 정확하여 명대 관각의 특색이 되었다. 관각서 이외에 명대의 사가私家 도서간행도 성행했는데, 그중 강소성과 절강성이 가장 유명하다. 출판 및 인쇄기술이 최고조에 이름에 따라 편집·판각·판매의 세 가지를 하나로 하는 전문업소가 출현하였다. 이런 서적전문업소에서는 대량의 의서醫書와 소설을 그림을 곁들여 출판했는데 독자들의 열렬한 환영을 받았으며 해외에도 수출하였다.

《명해증화천가시주明解增和千家詩注》
명대 황태자용의 교과서로 중국 최초로 채색 그림의 삽화가 들어있는 도서.

1505년
무종의 즉위

홍치 18년(1505) 5월에 명 효종 주우당이 서거하자 그의 큰아들 주후조朱厚照가 즉위하였다. 다음 해를 정덕正德 원년으로 하고 천하에 대사면을 선포하니 이가 바로 무종武宗이다. 이로부터 16년간의 무종 통치기간이 시작되었다. 이 시기의 정치상황은 홍치시기와 정반대로 몹시 부패했다. 주후조가 즉위한 초기에는 환관 유근劉瑾·마영성馬永成·곡대용谷大用·위빈魏彬·장영張永·구취邱聚·고봉高鳳·나상羅祥 등 8명을 중용하니 당시에 이들을 '팔호八虎'라 하였다. 이 여덟 명의 환관들은 매일 무종을 가무·여색·개 사육·승마로 유혹하여 정사는 완전히 소홀하게 만들었다. 모든 정령과 법도는 이 팔호에 의해 조종되니 명 왕조의 통치는 날로 부패로 치달았다. 정덕 2년(1507) 8월, 무종은 유근 등 환관의 꼬임에 이끌려 표방豹房을 건축하기 시작했다. 무종 즉위 초에는 환관에게 북경의 점포들을 모방하여 황궁 안에도 상점을 설치하도록 명령하고는 무종 자신이 장사하는 사람의 옷을 입고서 물건을 팔기도 하였다. 물건 값을 가지고 논쟁이 있게 되면 환관에게 시장을 정돈하고 중재를

하도록 했다. 주점에서는 소위 술집 아낙네를 두어 무종을 주색에 빠지게 했다. 표방을 건축한 것도 역시 향락을 위한 것으로 서화문西華門 근처에 세웠다. 무종은 매일 그 안에서 기거하였고 교방의 악공들이 그 옆에서 모시며 질펀하게 향락을 즐겼다. 이때부터 무종은 궁전에도 나가지 않고, 교방 악공들은 황제가 친히 왕림해주니 자신들이 당대 제일이라고 생각하고 몹시 오만하였다. 정덕 7년, 무종은 또 표방 200여 칸을 더 확장하도록 하여 수만 량을 소모하였다. 무종은 태만한 정치를 하고 멋대로 돈을 써 국고는 텅 비게 되었다. 정덕 16년(1521)에 무종은 표방에서 서거했다.

明武宗姓朱名厚照孝宗長子信用宦官谷大
用劉瑾等縱情聲色後又寵信江彬等遊天
下掠奪民女廣建皇莊大興土木在位十六
年號正德廟號武宗

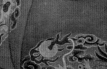

명 무종

명 무종은 성이 주朱, 이름은 후조厚照며 효종의 장자로 재위 기간 동안 곡대용谷大用·유근 등을 신임하였다. 여색과 음주로 방종한 생활을 했으며 후에는 또 강빈江彬을 총애하였다. 그는 민간의 여자들을 약탈하고 황실 장원을 확장 건축하여 대대적으로 토목공사를 일으켰다. 16년간 재위하였고 연호는 정덕이며 묘호는 무종이다.

유근의 처형

유근劉瑾은 섬서성 흥평興平 사람으로 본래 성은 담씨談氏다. 경태 연간에 황궁에 들어온 후 유태감 밑으로 들어가 성을 유로 바꾸었다. 주후조가 즉위한 후에 유근은 날마다 매사냥·가무·씨름 등의 유희로 무종을 유혹하여 밤낮으로 놀게 해주어 무종의 신임을 받았다. 홍치 18년 8월에 유근은 또 같은 무리 여덟 명을 궁 안의 중요 부서에 배치하였다. 이때부터 황제는 향락에 심취하여 정사에는 태만하게 되고 수많은 상소와 문건들을 모두 유근에게 처리하도록 하였다. 유근이 조정을 손안에 움켜쥔 뒤에는 올바른 사람과 청렴한 관리는 설 곳이 없게 되었다. 정덕 3년(1508) 정월, 퇴조 후에 익명의 편지가 떨어진 것을 발견했는데 유근의 죄악을 폭로하는 내용이었다. 유근은 이를 바로잡겠다고 백관들에게 봉천문 아래서 무릎을 꿇게 하고 훈시를 하며 정오부터 해가 질 때까지 있도록 명령했다. 뙤약볕 아래서 기절한 이가 십여 명, 목이 타 죽은 자가 세 명이나 되었다. 그 후에 또 3백여 명이 체포되어 금의위 옥에 감금되었다. 유근의 성정은 몹시 흉폭하여 관리와 백성들 중 그에게 죄를 지어 죽은 자가 무수하였다. 경성 안의 사람들은 저마다 안전하지 않고 위험하다고 느끼게 되니 평온한 날이 없었다. 정덕 5년(1510) 8월에 장영張永이 무종에게 유근이 모반한다고 밀고를 하고 그동안 유근이 저지른 불법행위 17건을 보고하였다. 며칠 후에 유근의 집을 몰수하니 황금, 백금, 원보元寶가 무수히 많았다. 또 금지물품인 곤룡포 4벌과 망복 4벌, 갑옷 1천 벌, 궁노弓弩 500개가 나왔다. 무종은 대로하여 유근을 옥에 가두도록 명했다. 8월에 유근은 저잣거리에서 사지를 찢기는 형벌을 당했고 그의 무리들도 모두 처형당하거나 유배당하였다.

동활자 인쇄의 유행

15세기 말에서 16세기 초에 동활자 인쇄가 중국 남방일대에서 유행하기 시작했다. 송대 필승畢昇이 맨 처음 만든 흙활자 인쇄술은 중국의 4대 발명품의 하나로 세계적으로도 유명하다. 이후에 또 나무와 주석을 사용하여 제조한 활자판 인쇄 서적이 나타났다. 명대에 동활자 인쇄는 비교적 보편적으로 응용되었다. 무석無錫의 화씨華氏와 안씨安氏 두 집안에서 만든 동활자로 인쇄한 책이 가장 유명하다. 명 홍치 3년(1490), 화수華燧(1439~1513)가 처음으로 동활자로 《회통관인정송제신문집會通館印正宋諸臣文集》 50책冊을 인쇄했다. 후에 또 《금수만화곡錦繡萬花谷》·《백천학해百川學海》 등의 서적을 간행하여 수많은 고서들을 보존하였다. 동활자 인쇄의 유행은 흙활자 인쇄발명 이래로 인쇄기술상의 일대 진보며 중국인쇄술의 성숙한 발전의 중요한 지표가 된다.

선덕 연간에 오방좌吳邦佐가 제작한 쌍룡 거울
명대의 청동거울로 둥근 인꼭지[鈕鈕]가 있고 인꼭지를 중심으로 하는 자리[鈕座]는 없다. 쌍룡이 인꼭지를 사이에 두고 대치하고 있으며 서로 입을 댄 곳이 둥근 인꼭지다. 고개를 쳐들고 몸을 구부리고 있다. 그 사이에는 네 송이의 상서로운 구름이 장식되어 있다. 인꼭지 위에는 네모 칸 안에 명문이 있는데 '대명선덕년제'라는 여섯 글자다. 인꼭지 아래에는 장방형 칸 안에 '공부감조工部監造 오방좌吳邦佐'라는 일곱 글자가 있다. 두 겹의 테두리로 되어 있다. 거울 전체는 두껍고 둔중하며 제작이 일정한 규격에 맞게 되어 있다.

백옥 용어龍魚 모양의 꽃꽂이용 침봉

태화문太和門 광장

1519년
영왕 주신호의 모반

정덕 14년(1519) 6월 14일, 영왕寧王 주신호朱宸濠가 모반을 했다. 주신호는 홍치 10년(1497)에 영왕을 계승하였으나 자신의 왕위가 마음에 들지 않아 내심으로는 모반을 계획하고 있었다. 주신호는 황제 찬탈의 염원을 실현하기 위하여 황궁에 대를 이을 아들을 들여보내는 방법을 생각해 내었다. 그리하여 전녕錢寧과 장현臧賢에게 그의 아들을 태묘에 향을 올리는 '사향태묘司香太廟'가 되게 해달라고 요구했다. 마침 이때에 무종 주후조를 가까이 모시는 강빈과 장충張忠은 전영, 장현과 서로 알력을 다투고 있었다. 장충은 무종에게 전영과 장현이 여러 차례 주신호가 현명하고 근면하다고 칭찬했

다고 하면서 그 속내는 황제가 현명하지 않고 근면하지 않다는 뜻이라고 하였다. 무종은 즉시 명령을 내려 영왕의 호위무사를 몰수하고 백성에게서 뺏은 농지를 돌려주도록 했다. 주신호는 이 소식을 듣고는 즉각 병사를 일으켜 모반을 했다. 징집된 병력이 10만으로 이들은 남창에서 출발하여 파양호鄱陽湖를 거쳐 구강九江·남강南康 등지로 내려가 마지막으로 남경을 공격하여 황제에 즉위하고자 준비했다. 남공순무南贛巡撫 왕수인王守仁·길안지부吉安知府 오문정伍文定은 왕실을 위한 병사들을 모집하고 주신호의 죄상을 선포했다. 다음 달에 주신호의 안경安慶 공격은 좌절되었다. 영왕군은 왕수인이 거느린 군대와 전투할 때마다 패했다. 7월 26일, 영왕이 포로가 되고 모반은 실패하니 반란은 겨우 43일 만에 끝나버렸다.

황당한 포로 인수

정덕 14년(1519) 6월에 영왕 주신호가 거병하여 반란을 일으켰다. 이길 승산이 있는 정황 히에서 무종은 조서를 내리고 친히 정벌에 나섰으나 실은 강남에 가서 유람이나 하기 위해서였다. 유유자적하게 연말이나 되어서 남경에 도착했을 때 왕수인은 이미 영왕을 잡아놓고 있었다. 그러나 무종은 남경에서 얼마간 머물기 위하여 포로 인수를 줄곧 연기하였다. 정덕 15년 윤 8월이 되어서야 포로 인수식을 정식으로 거행하였다. 이는 몹시 황당한 의식이었다. 무종은 우선 커다란 광장을 만들어 병사들을 겹겹이 에워싸게 하고 자신은 무장 복장을 하고 수많은 시위들에게 둘러싸여 광장으로 나왔다. 그리곤 주신호 등 반란군을 압송하도록 명령하였다. 오랏줄을 제거하고 직접 북과 징을 치며 관병들을 지휘하였다. 포로들을 앞으로 나오게 하여 다시 체포하고 그들을 오랏줄로 묶었다. 이렇게 하여 결국 정상적인 포로 인수 의식이 있게 되었다.

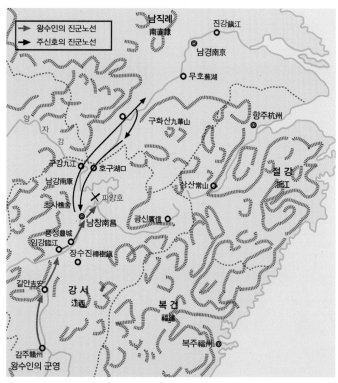

주신호의 반란 형세도

오채어조문五彩魚藻紋 뚜껑이 있는 항아리
명 가정 연간 제품으로 전체 높이 33.2cm, 입지름 19.5cm다. 항아리는 유하청화釉下靑花와 유상에 각종의 색채가 서로 결합하였고 붉은 잉어가 연꽃과 수초 사이에서 노닐고 있는 그림이다. 색채가 농후하고 화려하다.

1521~1620년의 명

1521년에서 1620년간은 명나라 역사상 가장 중요한 시기로 근 백 년 동안 겨우 세 명의 황제만이 재위했다. 명나라는 역사의 궤도 위에서 계속 발전하였고 각종 사회적 갈등 역시 한층 더 격화되었다. 장시간의 안정은 정치상의 경직과 부패를 가져왔다. 그러나 사회경제와 문화의 왕성한 발전은 전환점을 만들었다. 이 시기는 명나라 제국이 번영한 시기지만 이 커다란 번영의 배후에는 또한 커다란 위기가 이미 잉태하고 있었다.

연대별 주요사건

- 1521년 주후총이 안륙에서 서울로 입경하여 즉위하고 다음 해를 가정 원년으로 개원하니 이가 바로 세종임
- 1523년 주후총이 궁 안에서 도교식 제사를 올리기 시작. 영파에서 일본 공사 간에 내홍이 일어 소세츠[宗設]*가 즈이사[瑞佐]**를 살해함
- 1535년 포르투갈 식민자가 명나라 지휘사 황경을 매수하여 시박사를 호경(지금의 마카오)으로 옮김
- 1542년 엄숭이 내각에 들어와 기무에 참여하기 시작
  임인궁변 발생
- 1548년 증선과 하언이 피살됨
- 1550년 경술지변, 알탄간이 침입
- 1553년 포르투갈 식민자가 호경의 정박권을 취득
- 1555년 왕강경의 쿠데타. 왜구에 대패
- 1562년 엄숭이 파직됨
- 1563년 척계광이 평해위에서 왜구를 대파함
- 1566년 해서가 상소를 올려 하옥됨
  주후총이 60세로 병사하니 영릉에 장사지냄
  주재후가 즉위하고 다음 해를 융경 원년으로 개원하니 목종임
- 1571년 명이 알탄간을 순의왕에 봉함
- 1572년 주재후가 36세로 병사하니 소릉에 장사지냄
  주익균이 즉위하고 만력으로 개원하니 신종임

- 고공이 축출되어 귀향, 장거정이 수보로 승진
- 1578년 전국의 토지를 상세히 측량하도록 명령
- 1581년 전국에서 일조변법을 추진하여 실행
- 1582년 장거정의 서거
- 1583년 장거정의 관직 박탈
  마테오 리치가 중국에서 선교 시작
- 1596년 광림세사를 파견하기 시작
- 1599년 임청의 민란. 무창·안양의 민란
- 1601년 마테오 리치가 서울에 거주
  무창에서 재차 민란. 소주의 민란
  황제 맏아들 주상락을 태자에 세우고 주상순 등 여러 아들을 왕에 봉함
- 1606년 운남 민란
- 1615년 몽둥이 타격 사건
- 1616년 누르하치가 혁도아랍에서 즉위하고 국호를 금(역사에서는 후금), 연호를 천명으로 건원함
- 1618년 요동에 군사비용을 증설하여 보내기 시작
- 1619년 양호가 4로의 명나라 군대로 후금을 공격하니 살이허에서 대패
- 1620년 주익균이 58세로 병사하니 정릉에 장사지냄

* 겐도 소세츠[謙道宗設]는 오우치[大內]가家에서 파견한 일본의 정사正使 – 역주
** 란고 즈이사[鸞岡端佐]는 호소가와[細川]가에서 파견한 일본의 정사 – 역주

용문옥대판龍紋玉帶板

세종의 즉위

정덕 16년 3월, 무종武宗이 병사하였으나 후사가 없었기 때문에 황태후 장씨張氏는 태감 장영張永과 곡대용 등에게 내각에 가서 대학사들과 상의하여 제위를 이을 사람을 인선하도록 명령했다. 수보首輔 양정화楊廷和는 일찌감치 준비를 하였다가 소매 속에서 〈황명조훈皇明祖訓〉을 꺼내서는 "형이 돌아가시면 아우가 이를 잇는데 누가 욕할 수 있겠는가? 흥헌왕興獻王의 맏아들이자 헌종憲宗의 손자, 효종孝宗의 조카며, 대행황제의 사촌동생이 마땅히 황제가 될 서열이다"라고 하였다. 황태후 장씨는 보고를 들은 후에 이를 비준하였다. 양정화가 발의하여 황위 계승을 획득한 이가 바로 주후총朱厚熜이다. 그의 아버지 주우원朱祐杬은 헌종의 넷째 아들로 성화 연간에 흥왕興王에 봉해졌고 홍치 연간에 안륙安陸(지금의 호북성 종상鍾祥)의 번으로 나갔다. 족보상으로 볼 때 주후총은 명 무종의 사촌동생이며 혈연관계로 볼 때도 가장 가깝기 때문에 이리하여 제위를 이을 수 있었다. 같은 해 4월에 주후총은 안륙에서 출발하여 22일에 서울에 도

착하였고 그날 오후에 봉천전에서 등극하였다. 천하에 대사면을 선포하고 다음 해를 가정嘉靖 원년으로 바꾸니 이가 바로 장장 45년간 재위에 있었던 명 세종이다.

明世宗姓名朱厚熜，憲宗之孫，興獻王之子。武宗無嗣，受命入繼大統。即位之初，用楊廷和為首輔，銳意興革，罷各地鎮守官，除額外征斂，蠲民間所欠，一稅頗多善政。旋即興大禮議，朝廷正士為之一空。寵任相嚴嵩，迷信方術，日以修煉，放逐貶殺忠良，後因服食煉方藥而死。在位四十五年，號嘉靖，廟號世宗。

명 세종

명 세종의 성은 주朱, 이름은 후총厚熜이다. 헌종의 손자이자 흥헌왕의 아들이다. 무종이 후사 없이 서거하자 대통을 이어받았으며 연호는 가정이다. 즉위 초기에 양정화를 수보에 임명하고 개혁에 힘을 기울였다. 각지에 주둔하고 있던 환관들을 제거하고 정액 외의 세금 징수를 없애며 자못 선정을 베풀었다. 그러나 얼마 되지 않아 대례大禮의 논쟁이 일어나 조정 안에는 정직한 인사들이 하나도 남지 않게 되었다. 이때부터 간신들을 총애하고 미신과 방술에 심취해 간신 엄숭嚴嵩을 장장 20여 년간 임용하여 국정은 날로 쇠퇴하였고 후에는 방사가 진상한 단약을 복용하고 죽었다. 재위 기간은 45년이었다.

1528년
왕수인의 서거

가정 7년(1528) 11월, 명대의 이학가 왕수인王守仁이 향년 57세로 서거했다. 왕수인은 천부적으로 총명하여 18세에 정주파程朱派 학자인 루량婁諒을 방문하여 주희의 격물과 성인이 배워야 할 사상에 관하여 토론했다. 후에는 집안에 단정히 앉아서 학문에 전념했다. 그는 중국 유심주의의 집대성자로 주관유심 철학론의 철학체계를 창립하였고 육구연陸九淵의 '심즉리야心即理也'의 학설을 계승 발전시켰다. 개개인의 치량지致良知와 지행합일을 제창하고 이학 중의 '왕학王學'을 형성하였으며 그 제자들이 천하에 가득하였다. 그 사상의 발전과 전파는 명 중엽 후의 사상에 깊은 영향을 주었다. 《왕문성공전서王文成公全書》와 《전습록傳習錄》이 세상에 전해온다. 왕수인은 일찍이 평생동안 스스로 자랑할 만한 두 가지 일을 했다. 그 하나는 산중의 도적들을 토벌한 것으로, 즉 농민기의를 진압한 일이다. 두 번째는 마음의 적을 토벌한 것으로, 즉 심학心學의 광범한 전파에 있다. 어쩌면 이것이 그 자신에 있어서 가장 좋은 결과일 것이다.

12면류관

명나라 황제의 예모는 칠죽사漆竹絲로 태를 만들고 겉면은 흑사黑紗로 만들었으며 안감은 붉은 비단으로 만들었다. 위에 오동나무로 직사각형의 큰 판인 연延을 만들고 연의 앞뒤에 각각 12줄의 유旒를 매단다. 이 유는 오색실에 구슬 12개를 꿰어 매달았다*. 면류관은 둥근 모양으로 상부 양측에 각각 구멍이 한 개씩 있는데 장방형의 옥형玉衡을 꽂아서 면류관을 고정한다. 아래에는 옥잠으로 올린 머리를 고정시켰으며 양측에는 각각 옥진玉瑱이 있다. 옥잠의 양끝에는 붉은 실이 있어 턱 아래에서 묶을 수 있다. 《명회전明會典·관복冠服》의 기록에 의하면 황제는 천지·종묘·사직·선농 및 정월 초하루·동지·만수절萬壽節**·책봉 등 큰 예를 올릴 때 곤룡포를 입고 12면류관을 썼다.

* 유의 수는 황제가 12류, 왕은 9류, 상대부는 7류, 하대부는 5류로 되어 있었으나 송대 이후 상대부 이하는 유를 사용하지 않게 됨-역주

** 중국 명나라 때, 황제의 탄신일을 기념하던 날-역주

구영의 〈취소인봉도〉

〈취소인봉도吹簫引鳳圖〉의 이야기는 한나라 유향劉向의 《열선전列仙傳》에서 인용했다. 전설에 의하면 춘추 시대에 진 목공의 딸 농옥弄玉은 피리를 잘 불었는데, 역시 피리를 잘 부는 신선인 소사簫史와 부부의 연을 맺었다. 목공이 봉대鳳臺를 지어주자 두 사람은 피리를 불어 봉황을 끌어들이고 쌍쌍이 봉새를 타고 하늘로 날아가 버렸다고 한다. 그림은 번화하면서도 정밀한 예술 수법으로 농옥이 피리를 불어 봉황을 불러들이자 사람들이 감동하는 모습의 아름다운 경지로 신화적 색채가 풍부하다.

왕수인

왕수인(1472~1528)의 자는 백안伯安이고 절강성 여요餘姚 사람이다. 일찍이 양명동陽明洞에서 강학을 하였기 때문에 학자들은 그를 양명선생陽明先生이라고 부른다. 홍치 12년(1499)에 진사에 합격했고, 관직은 형부와 병부 주사主事였다. 유근劉瑾에게 미움을 받아 용장역승龍場驛丞으로 좌천되었다. 새롭게 기용된 후에 남경 홍려시승鴻臚寺丞·순무남공巡撫南贛·우첨도어사右僉都御史 등직을 역임하였다. 복건과 강서 등에서 일어난 농민기의를 진압하였다. 정덕 14년에 영왕 주신호의 반란을 평정한 공으로 신건백新建伯에 봉해졌다. 가정 7년(1528)에 강서성 남안南安에서 향년 57세로 서거했다. 시호는 문성文成이다.

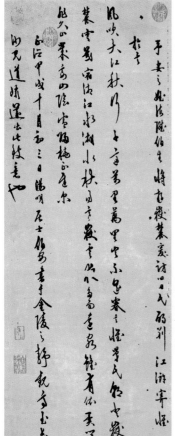

왕수인의 오언시

각단형角端形 청옥 향로

명대 향로로 뚜껑과 향로가 한 마리의 괴상한 짐승 형태로 되어 있다. 뚜껑은 짐승 머리고 향로 몸체는 짐승의 몸이다. 외뿔에 고개를 들고 입을 벌려 이빨을 드러내고 있다. 목부위에 짧은 갈기가 빙 둘려있고 몸은 둥근 공 같은 모양이다. 네 다리를 곧추세웠고 꼬리는 위로 올라가서 등 부위에 붙어있다. 앞의 양다리는 각각 기룡夔龍을 돋을새김 하였고 뒤의 두 다리 위에 봉황 하나씩을 돋을새김 해 놓았다. 그 사이의 장식은 구름문양이다. 향로 속은 비어 향을 넣을 수 있도록 되어 있으며 향기는 각단의 입속에서 나오도록 되어 있다. 각단은 중국 고대 전설 속의 신령스런 짐승으로 명청시대에 종종 향로로 만들었다. 실용적이면서도 사악한 것을 막아내는 벽사辟邪의 의미가 있는 신비한 색채를 띠고 있다.

진탁陳鐸(1488~1521)의 자는 대성大聲, 호는 추벽秋碧이고 하비下邳(지금의 강소성 비현) 사람으로 명대의 산곡가散曲家다. 그는 지휘사指揮使를 세습하며 금릉에서 살았고 박학다식, 다재다능하였으며 사람됨이 풍류를 즐기고 호방했다. 시사詩詞와 산곡에 뛰어났으며 음률에도 정통하였다. 비파도 잘 탔으며 교방 제자들은 그를 '악왕樂王'이라고 존경했다. 북곡北曲 소령小令《골계여운滑稽餘韻》은 진탁 산곡의 대표작이다. 전체 곡은 소령 136수를 수록하였고 도사·승려·장인·점포·중매인·무당·소금장수·하급관리·철공장이·기와장이 등 60여 업종을 묘사하였다. 이는 상당히 진실하게 명대 중엽 하층사회의 생활상을 반영한 것으로 장면 장면이 시민생활 풍속화라고 할만하다. 작품에는 당시 쉽고도 통속적인 구어체를 채용하였으며 유머가 넘치고 신랄한 면이 강한 풍자적 의미를 갖고 있다.

명대의 희곡인물

1536년
부처 사리를 훼손한 세종

명 세종은 도교를 신봉했다. 가정 15년(1536) 5월, 원나라 때의 불당을 철거하고 황태후를 위하여 궁을 지었는데 불당 안에서 대량의 금은불상·불아佛牙·부처 사리 등이 나왔다. 상서 하언夏言이 부처 사리들을 들 한가운데에 파묻어 백성들의 의혹을 막아야 한다고 주장했으나 세종은 이것들을 없애버리라고 명령했다. 이리하여 금은불상 169기가 훼손되었고 불아와 부처 사리 1만 3천여 점을 불태워버렸다.

명나라 기마무사용騎馬武士俑

명나라 때 건축된 산서성 오대산 탑원사 사리탑

명·정덕 연간의 비단 바탕에 운룡문을 수놓은 윗도리

문단의 복고 '전칠자'

명대 조정에서는 팔고문의 과거시험제도를 제정하니 천하의 문인들은 오직 '사서오경'에만 주의를 기울였으며 기타 고서나 전적은 보려고도 하지 않았다. 더구나 당시 문단에 유행하던 문체는 '대각체台閣體'와 '이기시理氣詩'로 그중 '대각체'는 순전히 태평을 구가하고 별것도 아닌 것을 떠벌리는 무병신음無病呻吟하는 작품이었고, '이기시'는 전혀 시적인 맛이 없는 저속한 시였다. 이러한 상황 속에서 새로운 문학단체인 '전칠자前七子'가 출현하여 복고를 제창했다. 이들은 문장의 정서도 풍부하고, 글귀도 아름다운 한위성당漢魏盛唐의 시가를 학습하여, 팔고문이 문인들에게 끼치는 나쁜 영향을 없애고자 하였다. '전칠자'는 이몽양李夢陽을 수장으로 한 하경명何景明·서정경徐禎卿·변공邊貢·강해康海·왕구사王九思와 왕정상王廷相 등 7인을 말한다. 그들은 복고를 위하여 "문장은 반드시 진한秦漢, 시는 반드시 성당盛唐"이란 구호를 내세우면서 문장은 진한을 학습하고, 고시古詩는 한위漢魏를 학습하고, 근체시는 성당을 모방해야 한다고 강조했다. 한당 이후의 시문은 즉 한 세대가 다음 세대만 못하기 때문에 반드시 엄숙하게 옛 법을 지켜서 고대 시문의 형식을 따라 창작해야 한다고 하였다. 전칠자는 당시에 비록 고인의 시작 형식을 모방하였기 때문에 몹시 딱딱하고 내용도 새로움이 없지만 팔고문을 타격하고 복고를 제창하는 면에서는 일정한 공적이 있다.

'전칠자'의 수장인 이몽양의 친필 묵적墨跡

불랑기 대포
가정 9년(1530) 10월부터 불랑기佛郎機 대포를 제조하기 시작했다. 작은 화포의 무게는 20근斤, 사정거리는 600보며, 큰 화포의 무게는 70근이고 사정거리는 5~6리 정도다. 만들어진 후에는 각 변경지역에 배치되었고 '대장군'이라 불렀다.

1536년
다마법의 정비

명대에는 차茶로 말을 바꾸는 제도가 이미 확립되어 있었다. 그러나 오랜 기간 지속되다 보니 폐단이 생겨났다. 개인 차 사업이 성행하다 보니 상업용 차가 유통되지 않았고 변경의 말 시장도 형성이 되지 않았다. 세종 주후총은 어사의 건의를 받아들여 이를 정비하도록 하였다. 가정 15년(1536) 6월, 다마법茶馬法을 정비하라는 칙령을 내렸다. 그 규정은 조하洮河 등 세 곳의 다마사茶馬司는 2년 이상 소비할 차의 재고를 둘 수가 없으며 말로 교역하는 액수를 제한했다. 동시에 상업용의 차 시장을 더 많이 열어 내지에 유통되도록 했다. 관의 각장에서는 그 절반을 군량으로 비축하고 하주河州·난주蘭州·계주階州·민주岷州 등지에서의 판매를 엄금하며 조주洮州·민주·하주 등에는 변비도감찰, 임조臨洮·난주에는 농우도분순隴右道分巡, 서녕西寧은 병비검핵兵備檢核을 두고 관리를 선발해 지키도록 했다. 만일 개인이 차를 국경으로 넘기거나 성문을 넘게 되면 감찰을 소홀히 한 책임을 물어 관직에서 파면당하거나 죽음에 이르렀다. 이리되자 소수민족들은 지정된 시간에 지정된 장소에서 말과 차를 바꾸니 교역질서도 점차 면모를 일신하게 되었다.

명

새로운 작물의 전래

　명대 중후기에 중국에는 외국에서 들어온 수많은 농작물이 있었다. 그중에서 비교적 중요한 것은 양식작물인 고구마와 옥수수, 감자, 경제작물인 땅콩과 담배, 그리고 현재 가장 중요한 채소 중의 하나인 토마토가 있다. 이 작물들은 모두 아메리카가 원산지로 남양을 거쳐 중국으로 들어왔다. 이 작물들의 전래는 중국인의 식생활 구조를 대대적으로 풍요롭게 하였으며 그중에서도 고구마·옥수수·감자 등의 작물은 생성 조건이 까다롭지 않고 생산량은 많아서 흉년에 가난한 사람들이 배고픔을 견딜 수 있는 구황작물이 되었다.

비운루飛雲樓
명대는 중국 고대 건축이 발전했을 뿐만 아니라 수많은 성취를 거두었다. 특히 목조 건축물 방면에서 성과가 뛰어났는데 기술은 그 전 시대를 뛰어넘었다. 산서성 만영현萬榮縣에 있는 동악묘東嶽廟 안의 비운루는 명대의 유명한 목조 건축물 중의 하나이다. 비운루는 명대 목조 누각의 특색을 잘 보여주고 있다.

1536년
황사성의 건립

　가정 13년(1534) 7월, 세종은 대학사에게 역대 황제의 어용御容·《보훈寶訓》·《실록》은 마땅히 존중받는 자리에 있어야 한다고 훈시를 하였다. 동시에 대학사에게 선비들을 소집하여 새롭게 《보훈》과 《실록》을 편찬하여 돌궤짝에 소중히 보관하도록 명령했다. 이리하여 남쪽의 택지를 골라서 신어각神御閣을 짓고 이부상서 겸 병부상서 왕횡汪鈜에게 감독 관리하도록 했다. 가정 15년(1536) 7월, 신어각이 건립되자 황사성皇史宬으로 명칭을 바꾸었다. 황사성 안팎은 벽돌을 쌓아 지었고 면적은 2천여 제곱미터다. 그 안에 돌궤짝을 놓고 《보훈》과 《실록》을 보관하였다. 새롭게 편찬된 《보훈》과 《실록》의 서질書帙의 크기는 《통감강목通鑑綱目》에 의거하여 매 목目당 1책册이고 두께는 모두 균등하다. 모든 황제마다 1궤짝씩이다. 그리고 역대 황제의 어용은 경신전景神殿을 다시 건립하고 그곳에 소장했다.

1539년
악록서원을 재건한 계본

　악록서원은 송나라 개보開寶 9년(976)에 창건된 4대 서원 중 하나로 호남성 악록산嶽麓山에 있다.
　긴 역사를 가진 악록서원은 온갖 풍파를 견디며 명나라 중엽에 다시 각광을 받게 되었다. 가정 18년(1539), 장사지부長沙知府 계본季本에 의해 재건되었으며, 그가 직접 강단에 서기도 했다. 이는 수많은 사람들이 사방에서 몰려와 양명학陽明學 연구를 시작하게 된 계기가 되었다. 그 당시 정부에서 서원 금지령을 선포한 지 얼마 되지 않았기 때문에 사람들은 계본의 용기에 탄복했다. 강우왕문江右王門 대표 학자인 나홍선羅洪先 또한 이곳에서 강연했다. 주희가 주창한 '도학정맥道學正脈'의 본산지인 이곳을 두고 양명학파 간의 쟁탈전이 벌어졌다. 이때, 이학理學을 추구하는 호상학파湖湘學派 학자들은 당대에 이학이 이화異化되는 것을 원치 않아 투쟁에 나서면서 '이학'과 '심학心學' 학파간의 분쟁장소가 되었다. 이 분쟁을 통해 악록서원

가정 연간에 건축된 북경의 황사성

은 몸소 실천을 중시하는 전통을 고수할 수 있었고, 양명학의 학풍 개선에도 계기를 마련해주었다. 양명학의 유명 학자들이 하나둘씩 이곳에서 강연을 함으로써 악록서원의 명성이 나날이 높아져 명대에 가장 유명한 서원으로 발돋움했다. 그리고 명나라 중엽 서원 재건 운동이 일어났을 때 중요한 역할을 했다.

장사의 악록서원

주가주와 《장황지》

명 가정·만력 연간(1522~1620) 표구 장인 주가주周嘉冑는 강남지역의 표구*를 연구해《장황지裝潢志》를 편찬했다. 주가주는 회해淮海(지금의 강소성 양주) 사람으로 정확한 생존 연대는 알려지지 않았다.《장황지》는 서화 표구에 관한 유명한 전문서적으로, 작가는 서화에 있어 표구는 없어서는 안 될 중요한 부분으로 생각했다. 작가는 이를 바탕으로 저서에 '표구가는 손재주, 통찰력, 민첩함, 세심함이라는 네 가지 능력을 겸비해야 한다'고 밝혔다.《장황지》는 이전의 표구기술과 작가의 경험을 모아 출간한 책으로 표구에 관한 지침과 원칙이 쓰여 있어 오늘날 서화 표구가들에게 많은 귀감이 되고 있다.

* 중국어로는 장황裝潢이라고 함 – 역주

표구가 잘된 긴 두루마리와 서화첩

'주씨삼송'과 대나무 조각품

명대의 대나무 조각품은 두 파로 나뉜다. 즉 가정파嘉定派와 금릉파金陵派다. 가정파는 '주씨삼송朱氏三松'으로 대표되며 그들은 명 중기 정덕·가정嘉靖 연간 사람들로 주송린朱松鱗·주소송朱小松·주삼송三松이다. 이들 할아버지, 아들, 손자 3대는 모두 대나무 조각의 명인들로 가정嘉定 출신이다. 그래서 이들을 가정파라 부른다. 가정파의 창시자는 주송린이다. 주송린의 이름은 학鶴, 자는 자명子鳴이다. 시대가 오래되어 그 작품이 전해진 것이 거의 없는데, 지금 세상에 나와 있는 것 중 그의 이름이 새겨져 있는 것은 대부분 위조품이다. 현존하는 진품은 남경박물원에서 소장하고 있는 붓통이다. 그 조각법은 높은 돋을새김[高浮彫]*을 사용하였고 커다란 노송 가지에 빽빽하게 송린松鱗과 관솔옹이를 조각하였다. 그 옆에는 또 다른 소나무가 있는데 구불구불한 여러 잔가지들이 커다란 노송가지를 둘러싸고 있고 소나무 옆에는 두 마리 학이 소나무 가지를 사이에 두고 있다. 뒷면에는 대나무 가지와 매화를 조각하였다. 주소송은 주송린의 아들이고 이름은 주영朱纓, 자는 청보淸甫고 소송은 그의 호다. 주소송은 전서와 행초서에 뛰어났으며 그림에 조예가 깊었다. 긴 두루마리의 소폭그림이 뛰어나다. 그의 대나무 조각 작품은 형상이 생동적이고 활발하여 마치 살아있는 듯 하다. 주삼송의 이름은 주아정朱雅征이고, 호가 삼송三松이며 주소송의 둘째 아들이다.《남촌수필南村隨筆》에서는 그를 "먼 산과 돌, 대나무 숲과 고목을 잘 그리며 특히 나귀 그리는 것을 좋아한다. 조각 역시 소홀하지 않아 시작하면 끝까지 하는데, 하나를 만드는 데 수많은 시간이 지나서야 겨우 완성했다"고 기록하고 있다. 주씨삼송 이후, 가정 지역에서 대나무 조각을 배우는 사람은 점점 늘어났고 이를 전업으로 하며 주씨 풍격을 갖추었는데, 이는 그들이 주씨삼송의 영향을 깊이 받았음을 설명해준다.

* 모양이나 형상을 나타낸 살을 매우 두껍게 드러나게 한 부조 – 역주

1541년
알탄칸의 침입

몽골 타타르의 수령 알탄칸俺答汗은 가정 20년(1541)부터 여러 차례 명나라의 국경에 침입해 국경지역 국민들의 생명과 재산 안전에 큰 위협을 끼쳤다. 가정 20년 9월, 알탄칸은 형 길낭吉囊과 함께 타타르 군사를 이끌고 산서山西지역에 침입했고 대동大同, 태원太原 등지에서 제멋대로 가축과 재산을 약탈했다. 이듬해 윤달 5월, 알탄칸은 명나라와의 관계를 회복하고자 먼저 석천작石天爵을 대동으로 파견해 명 조정에 조공을 바치고 무역할 것을 요구했다. 또한 "국경지역 국민들은 안쪽에서 농사를 짓고, 이민족은 외곽지역에서 가축을 키운다" 그리고 "다시는 서로 침범하지 않는다"고 약속했다. 대동 순무巡撫 용대유龍大有는 공을 세우기 위해 석천작을 유인한 뒤 시장에서 사지를 찢어 죽이고 그 수급首級을 변방으로 보냈으며, 알탄칸을 잡아 죽이는 데 현상금을 내걸기도 했다. 이 소식을 듣고 격노한 알탄칸은 같은 해 6월, 청대길青臺吉, 주랄합呪剌哈, 합랄한哈剌漢 및 대동지역 수장 고회지高懷智 등을 규합하여 각각 수만에 이르는 군사를 이끌고 삭주朔州를 거쳐 안관雁關 지역을 초토화시키고, 심주沁州와 분주汾州까지 나누어 침입해 들어가 약탈했다. 같은 해 7월, 알탄칸이 이끄는 군대는 10위衛와 38개 주와 현을 약탈하고 20만 명의 사람을 도륙했다. 또한 총 8만 곳에 이르는 군사 주둔지와 민가 및 수십만 경頃의 경작지를 훼손시켰고 부총사령관인 장세

충張世忠 등 여러 명장을 죽였다. 이후 세종 때에 이르러서도 알탄칸은 북쪽 지역에서 말썽을 일으키는 명나라의 가장 주된 화근이었다.

농업기술의 발전

명나라 농업기술은 새로운 역사적 환경 속에서 발전을 거듭했다. 경작지 수리시설과 생산도구의 발전은 미미했지만 농업 기술은 크게 발전했다. 기존의 기술 위에 세밀하고 완전하며 집약화되는 방향으로 발전해갔다. 예를 들어 겹갈이와 깊이 파기 · 땅을 얕게 갈아 그루터기 제거하기 · 모래밭 재배 · 친전법親田法* · 튼튼한 묘목 심기 · 보리 옮겨심기 등의 기술이 바로 이 시기에 생겨났다. 원예, 목축과 수의獸醫 및 수산양식 등의 기술 또한 크게 발전했다. 이 시기 중국의 전통 농업기술이 크게 발전함과 동시에 서구의 근대 농업 기술도 산발적으로 유입되었다. 또한 유명한 농학 저서인 《농정전서農政全書》 및 기타 서적들이 출간되었다.

* 다섯 구획으로 나누어 한 곳에만 집중적으로 재배한 후 다섯 구획을 번갈아 재배하는 것 – 역주

명 · 경직원耕織園 벽화
산서성 신강현新絳縣 직익묘稷益廟에 있는 벽화로 명나라 농업생산 모습을 보여준다.

1542년
임인궁변

가정 21년(1542) 10월, 궁녀 양금영楊金英 등은 세종의 목을 졸라 죽이려다 실패해 처형당했다. 가정 연간, 세종 주후총의 총애를 받던 도사는 그에게 단약을 지어주었고, 예부에 "대를 이어야 하니 전국에서 소녀들을 찾으라"고 명하니, 수도를 중심으로 찾은 8~14세 소녀들이 입궁해 왕을 모셨다. 그중 학대를 받은 일부 궁녀들이 원한을 품고 세종을 죽이고자 했다. 가정 21년(1542) 10월 21일 새벽, 양금영을 중심으로 한 16명의 궁녀는 세종이 건청궁에서 잠든 틈을 타 올가미로 목을 졸라 살해하려 했다. 하지만 올가미의 매듭이 잘못되어 단단히 조일 수 없었고 일이 뜻대로 되지 않음을 보고 장금련張金蓮이라는 궁녀는 이 사실을 황급히 황후에게 알렸다. 황후가 재빨리 건청궁으로 달려와 매듭을 풀었다. 그리고 태의원太醫院에서 일을 보는 허신許紳에게 명해 약을 지어 세종을 치료하게 했다. 16명의 궁녀는 모두 능지처참 당했고 조사 결과 영빈寧嬪 왕씨王氏가 주범이고, 단비端妃 조씨曹氏도 연루되어 있다는 사실이 드러났다. 가정 22년 2월, 세종은 이 사건에 연루된 모든 사람을 처형했다. 가정 21년은 임인년이기 때문에 역사에서는 이를 '임인궁변壬寅宮變'이라고 한다. 죽음 앞에서 기적적으로 목숨을 건진 세종은 조천궁朝天宮에 제단을 만들어 7일 동안 제사를 지냈다. 사건 발생 다음날, 세종은 거처를 서쪽에 있는 만수궁萬壽宮으로 옮기고

다시는 대전으로 돌아오지 않았다. 그 후 세종은 20년간 조정의 일은 돌보지 않고 매일 밤낮으로 불로장생을 위한 기도를 드렸다.

소단도
진홍수陳洪綬가 그린 〈소단도燒丹圖〉에는 세종의 총애를 받았던 도사가 그려져 있다. 그가 세종에게 단약을 지어준 후, 당시 사회에는 단약을 먹고 신선이 되고자 하는 열풍이 불었다.

당송학파와 귀유광

명 가정 초년, 이몽양李夢陽, 하경명何景明등 전칠자가 '문필진한文必秦漢'을 외치며 고문을 숭상하고 복고로 돌아가자고 주장했다. 이를 바로잡기 위하여 왕신중王愼中·당순지唐順之·이개선李開先 등은 당송의 구양수歐陽修와 증공曾鞏의 소박하고 수수한 문장을 내세웠다. 이로써 전칠자가 옛사람만을 모사하여 난삽해 읽기가 어렵고 사상적인 내용이 결여된 작문의 폐단을 바로잡고자 했으며, 이때부터 당송학파가 정식으로 자리 잡게 되었다. 당송학파 산문가 가운데 가장 뛰어난 사람으로 손꼽히는 사람이 바로 귀유광歸有光이다. 그는 가난한 유학자 출신이지만 명성이 자자한 후칠자後七子와 어깨를 나란히 했을 뿐만 아니라, 그의 강직한 성격 또한 아낌없이 드러냈다. 그는 당송시대 문인 각각의 장점을 본받아 작품을 썼고, 비교적 완전하게 당송고문의 전통을 계승해 그 당시의 구양수라 불리기도 했다. 그는 감정표현과 기사記事에 능했고 특히 주변의 사소한 일들이나 부모의 정에 관해 쓴 작품이 많다. 대표작으로는 《항척헌지項脊軒志》·《선비사략先妣事略》·《여여란광지女汝蘭曠志》·《한화장지寒花葬志》 등이 있다. 그의 작품은 대다수가 감정과 일상생활에 대한 묘사로 담담하게 써 내려갔지만 아주 재미있고 독특하다. 이리하여 귀유광은 명나라 제일의 산문가로 손꼽히며 직접 동성파桐城派의 서막을 열었다. 종합해보면 명나라 당송학파는 복고파인 전후칠자의 문풍을 바로잡는 데 있어 큰 성과를 거두었으며 후세, 특히 청나라의 동성파에 직접적인 영향을 끼쳤다.

**부채에 쓰여진 당순지의
친필 칠언율시**

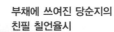

1544년
수보에 오른 엄숭

엄숭嚴嵩(1480~1567)은 명대 강서성 분의分宜 사람이다. 자는 유중惟中, 호는 개계介溪며 홍치 연간에 진사에 급제하였다. 가정 21년(1542)에 엄숭은 무영전대학사武英殿大學士에 임명되고, 문연각에 입직하여 국가 기밀정무에 참여하면서 예부상서를 겸임했다. 그는 세종의 비위를 맞추고 아첨하며 전행을 부리며 정적을 제거했다. 엄숭은 도교제사에 쓰이는 제문인 청사靑詞를 뛰어나게 지어내 세종의 총애를 받았다.

엄숭은 도사 도중문陶仲文과 결탁하여 하언夏言을 참소해 그를 수보首輔 자리에서 밀어냈다. 또한 그는 자신보다 지위가 높은 적란翟鑾을 시기하여, 가정 23년(1544) 8월에 몰래 간관을 시켜 적란 부자父子가 진사 시험에서 부정행위를 저질렀다고 탄핵하였다. 이 일로 적란은 관직을 박탈당하고 평민으로 전락했다. 9월, 엄숭이 수보의 자리에 오르면서 권력을 장악하자 사람들은 그를 '청사재상靑詞宰相'이라고 불렀다. 엄숭이 나이 60세 때 하루종일 서원西苑에서 당직을 섰는데 몸을 씻으러도 가지 않자 세종은 그의 한결같음을 칭찬하며 더욱 신뢰하게 되었다. 엄숭은 아들 엄세번嚴世蕃과 수양아들 조문화趙文華를 앞세우고 금의위錦衣衛 총독인 육병陸炳을 끌어들여, 10여 년 동안 조정을 쥐락펴락하며 막강한 권력으로 국정을 어지럽혔다. 이로 인해 명나라는 정치적 암흑기에 들어섰고 변경수비 역시 느슨해졌다.

1546년
하투 수복을 주장한 증선

가정 25년(1546) 여름, 명나라 조정은 병부시랑 증선(曾銑, 자는 자중子重, 강도江都 사람)에게 산서를 순무하도록 명령했는데 그는 원래 섬서삼변陝西三邊의 군무를 맡고 있던 총독이었다. 증선은 하투지역을 근거지로 하는 몽골 기병이 변방요새로 접근해 섬서와 산서 등의 지역을 자주 침입하는 것을 보고 북부 변경이 매우 위태로운 상황이라고 판단했다. 그래서 같은 해 12월, 그는 성벽 수리와 하투 수복이라는 두 가지 책략을 상소로 올렸고 3년 이내에 하투지역을 수복하겠다는 계획을 세웠다. 그는 조정에 은 수십만 냥을 내려달라고 주청했고 결국 세종은 동의했다. 내각의 수보 하언은 변방 공격을 기회로 삼아 자신의 입지를 굳힐 생각이어서 증선의 계획에 힘을 싣고자 노력했다. 하지만 원래 의심이 많았던 세종은 하언과 증선 사이를 의심하기 시작했고 하투로 출병하려 했던 마음은 이내 흔들렸다. 가정 27년(1548), 세종이 하투 수복에 뜻이 없음을 간파한 엄숭은 기회를 빌어 하투 수복을 위한 출병에 반대하는 상소를 올렸다. 또 그는 이를 빌미로 정적인 하언을 모함하고 공격했다. 하언의 항변에도 불구하고 세종은 그를 믿지 못해 조령을 내려 그의 모든 관직을 파면시키고 관직 자리에서 강제로 쫓아냈다. 또한 금의위 관교官校에게 명을 내려 증선을 체포해 수도로 데려와 죄를 묻게 했다. 엄숭의 끝없는 이간질로 같은 해 3월, 증선은 사형을 당했고 후에 하언 역시 사형당한 후 저잣거리에 버려졌다. 이때 이후로는 하투 수복을 거론하는 사람이 단 한 명도 없었다.

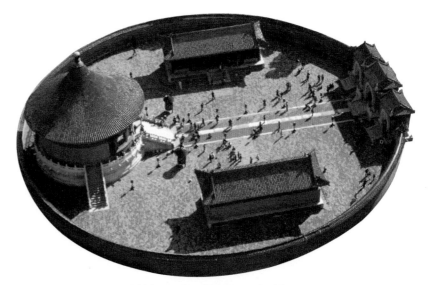

북경 천단天壇공원의 황궁우皇穹宇와 회음벽回音壁
(명대 가정시기의 건축물)

1550년
경술의 변

가정 29년(1550) 10월, 타타르 부족의 수령 알탄칸은 10여만 대군을 거느리고 남쪽 대동大同을 침범했다. 선대 총병宣大總兵 함녕후咸寧侯 구란仇鸞은 놀란 나머지 어찌할 바를 모르다가 거액의 뇌물로 알탄칸을 매수해 다른 지역을 공격하라고 간청했다. 8월 알탄칸은 군대를 끌고 동쪽 계주薊州로 향했다. 수천 명의 기마병이 고북구古北口 장성의 변경 성벽을 공격했다. 또 다른 정예 기마병들은 샛길로 가서 성벽을 뚫고 진입해 명 군대의 후방을 둘러쌌다. 앞뒤로 적군의 공격을 받게 되자 명의 군대 모든 진영은 삽시간에 무너졌다. 뒤이어 알탄칸은 대군을 거느리고 통주通州로 진격했고, 병력을 나누어 창평昌平과 천수산天壽山 왕릉들을 약탈했다. 수도에는 계엄령이 선포되었다. 알탄칸이 성 밑까지 쳐들어와 상황이 위급해지자, 세종은 조서를 내려 각 진鎭의 장군들에게 군대를 통솔하여 임금과 왕실을 위하여 충성을 다하라고 했다. 또한 구란을 '평로대장군平虜大將軍'에 임명하여 각지의 근왕병勤王兵을 지휘하게 했다. 병부상서 정여기丁汝夔는 수보 엄숭에게 적을 물리치는 계략을 구했다. 전쟁에서 패배하는 것이 두려웠던 엄숭은 모든 장군들에게 경거망동하지 말 것을 엄히 명했다. 알탄칸의 군대가 8일 동안이나 성 외곽에서 만행과 약탈을 저질렀는데도 구란은 동문에서 그저 바라보고만 있었다. 9월, 알탄칸의 군대가 많은 재물과 가축, 백성을 약탈한 후 백양구白羊口(지금의 북경 연경 서남쪽)를 유유히 떠나 도망쳤다. 구란은 명령에 따라 적군을 추격했지만 크게 참패하였다. 그러자 그는 백성 80여 명을 죽이고 그들의 목을 베어 돌아와서는 적군을 죽였다고 속였고 이로 인해 구란은 공을 세웠다 하여 상까지 하사 받았다. 이 사건이 경술년에 일어난 것이라서 역사는 이를 '경술庚戌의 변'이라 한다. 이는 대권을 장악하여 나라를 망치게 한 엄숭의 전행과 부패하고 무능한 명 정부를 여실 없이 폭로하는 일이다.

명·육치陸治의 〈유거악사도幽居樂事圖〉책의 약초 캐기

명·팔선八仙이 생신을 축하하는 모습을 조각한 상아 홀笏

태산 대묘岱廟에 보관되어 있으며, 명대에 도교가 융성했음을 보여주고 있다.

곤산강의 발전

곤산강崑山腔은 희곡의 곡조이자 전통극의 한 종류로 곤강崑腔·곤곡崑曲 혹은 곤극崑劇이라고도 한다. 곤산강의 발원지는 소수부의 곤산과 태창太倉이니 남희南戲가 곤산 일대에서 행해질 때, 현지 언어, 음악과 함께 결합한 후 곤산 출신 음악가 고견顧堅에 의해 편곡되면서 등장하게 되었다. 곤산강은 명대 초기에 이르러 점차 발전하기 시작했다. 가정 10년에서 20년(1531~1541) 사이, 태창 사람 위량보魏良輔 등의 노력으로 한층 더 발전되어 완곡하면서도 섬세하고 유창하면서도 유원한 특징을 만들어 냈다. '수마조水磨調'라는 곤강 노래형식이 매우 유명했으며 당시의 곤강은 반주가 없었다. 그 후에 곤산 사람 양진어梁辰魚·정사립鄭思笠·당소우唐小虞 등이 선배들의 업적을 이어 곤강을 연구하고 발전시켰다. 융경隆慶 말, 양진어는 곤강의 첫 전기 작품인《완사기浣紗紀》를 집필하여 곤강의 영향력을 확대시켰다. 문인학자들은 곤강을 소재로 전기를 썼고 곤강을 공연하는 극단들도 갈수록 늘어났다.

명대의 4대 곡조로는 곤강, 여요강餘姚腔·해염강海鹽腔 그리고 익양강弋陽腔이 있다. 곤강은 후에 북경에까지 전해져 전국적으로 사랑받는 전통극이 되면서 '관강官腔'으로도 불렸다. 현대 중국 각지의 전통극 곡조들은 곤극의 영향을 많이 받았고, 다른 전통극 곡조들 역시 곤극을 통해 풍부한 소재와 내용을 얻을 수 있었다. 곤강의 영향을 많이 받은 월극越劇*이 그 대표적인 예이다.

* 절강성 승주嵊州에서 생겨난 전통극의 한 종류. 절강성과 상해 일대에서 유행함-역주

곤극 희곡 인물

명·복록수福祿壽와 용문양이 새겨진 해바라기 꽃 모양 접시

지름 34.4cm, 길이 4.5cm로 되어 있다. 테두리가 해바라기 꽃잎 모양의 접시이며 가장자리는 10개의 꽃잎으로 구분되어 있다. 아래에서 위로 붉은 녹색, 붉은 황색, 녹홍색으로 칠해져 있고 소나무·대나무·매화·복숭아꽃·산석과 구름 무늬가 조각되어 있다. 중앙에는 황색 몸통과 녹색 갈기를 한 용이 새겨져 있고, 용 머리 위쪽에는 전문篆文으로 쓴 복福, 수壽, 록祿이라는 글자가 새겨있다. 접시 가장자리의 10개 칸에는 모양이 각기 다른 봉황과 학이 새겨져 있다.

도중문

도중문陶仲文(약 1475~1560)의 초명은 전진典眞이고, 황강黃岡(지금의 호북성) 사람이며 도사로 명 세종의 총애를 받았다. 가정 18년(1539)에 도교를 총괄하기 시작했다. 세종의 남방 순시를 수행한 그는 황제의 총애를 받아 '신소보국홍렬선교진법통진충효병일진인神霄保國弘烈宣敎振法通眞忠孝秉一眞人'에 봉해졌다. 세종이 병에 걸렸을 때, 도중문이 제단을 쌓고 기도를 올린 것이 효과를 보자 소보少保·예부상서·소부少傅의 자리에 연이어 임명되었다. 가정 23년(1544) 11월, 대동에서 첩자 왕삼王三이 체포되고 수도의 계엄령이 풀리자 이에 세종은 하늘이 도왔기 때문이라 여겨 하늘에 기도를 올린 도중문을 소사少師로 임명하고 소보와 소부를 겸임하게 했다. 그 시대 삼고三孤*를 겸임한 사람은 도중문 한 사람뿐이다. 장수하길 원했던 세종은 서원西苑으로 들어가 하늘에 올리는 제사도 지내지 않고, 대신들도 만나지 않았다. 하지만 도중문 만은 언제든 세종을 알현할 수 있고 앉을 수 있는 특권을 누렸다. 세종은 그를 스승님이라고 부르기도 했다. 도중문은 세종의 장수와 건강을 축복하기 위해 향鄕과 현縣 곳곳에 뇌단雷壇 세우기를 청했지만 어사御史와 낭중郎中, 급사중給事中들의 반대에 부딪혔다. 하지만 반대했던 이들 모두 세종의 명으로 체포되어 감옥 신세를 져야 했다. 도교는 이렇게 도중문의 활약으로 전국 각지에 널리 퍼졌다. 모두들 길함을 나타내는 물건을 바치는 데 열을 올렸고, 법사를 올리는 일은 더 이상 비난받지 않았다. 도중문은 20년간이나 황제의 두터운 총애를 받았다. 가정 36년(1557), 그는 병을 핑계로 산속으로 돌아가길 청하였고 하사받았던 망옥蟒玉·보물·법관法冠 그리고 백금 만 냥을 헌상했다.

* 삼공 다음가는 직위-역주

명·황유를 칠한 청화靑花 호리병

태산 대묘岱廟에 보관되어 있으며, '진산삼보鎭山三宝' 중의 하나다. 호리병 바닥에 '대명가정년제大明嘉靖年製'라는 글씨가 청화 해서楷書체로 쓰여 있다.

1552년

날로 창궐하는 왜구

왜구로 인한 환란은 명 홍무 2년 (1369)부터 시작되었다. 당시 일본은 남북조로 분열된 시기였다. 내전에서 패한 무사와 낭인, 상인들이 서남부의 봉건제후와 대사원 지주로부터 자금 지원을 받아 해적선을 끌고 중국 연안 지역에 출몰하여 재물을 약탈하고 소란을 피웠다. 역사에서는 이들을 왜구 倭寇라고 부른다. 명나라 초기 국력이 강성할 때에는 해안방어를 중시하였기 때문에 왜구들이 큰 소란을 피우지 못했다. 가정(1522~1566) 연간에는 정치적으로 부패하고 변경수비가 해이

해진 데다 동남 연안 지역에 상공업이 발전하면서 왕직王直이나 서해徐海 같은 부자상인과 해적상인이 왜구와 결탁하여 약탈을 일삼았다. 이로 인해 왜구에 의한 환란이 날로 심해졌고 연안지역이 재난을 입을 뿐 아니라 조운 漕運까지 위협을 받게 되었다. 가정 28 년(1549)에 이르러 절강순무浙江巡撫 주환朱紈이 왜구를 토벌하려다 도리어 억울하게 해직되면서 왜구들로 인한 피해는 날로 심각해졌다. 왜구는 가정 31년(1552)부터 여러 해 동안 계속해서 동남 연안 지역을 약탈하였고 이로 인해 백성들은 도탄에 빠졌다. 부패하고 무능하며 군사적으로 무방비 상태였던 명 정부는 왜구의 피해에 대해 속수무책이었다.

세계 최초의 분사화기噴射火器
화살대 앞에 가벼운 화약통이 있어 화약을 이용해 뒤쪽으로 분사가 되면서 발생하는 반작용으로 화살을 쏠 수 있다.

왜구가 사용했던 일본도

횡서橫嶼대첩(유화)

1553년

엄숭을 탄핵하다 옥에 갇힌 양계성

가정 32년(1553) 1월 23일, 양계성楊 繼盛이 병부무선사兵部武選司 낭중郎中 으로 부임한 지 한 달이 되었다. 그는 충군보국忠君報國을 자신의 소임으로 삼았다. 1552년 10월, 남경어사 왕종무王宗茂가 엄숭의 8대 죄상과 함께 그를 탄핵하는 상소를 올렸다. 계속하여 양계성이 엄숭의 10대 죄상과 그를 도운 다섯 명의 간신을 탄핵하는 상소를 올렸다. 양계성이 탄핵 상소를 올렸다는 사실을 알게 된 엄숭은 있는 힘을 다해 그를 모함했다. 이에 크게 화가 난 세종은 양계성을 곧장 백 대에 처하고 옥에 가두어 고문하도록 했다. 강직한 양계성은 이에 굴복하지 않고 죽음을 두려워하지 않았다. 가정 34년 (1555), 엄숭은 양계성을 다른 처결 명단에 포함시킨 후 사형판결을 내렸고, 10월 서시西市에서 처형했다.

명·융경 청화어조青花魚藻 접시

과소비의 성행

명대 중엽, 경제가 크게 발전하면서 사회적 부가 날로 증대되고 백성들의 수중에도 쓸 수 있는 돈이 많아졌다. 이로 인해 기존의 검소하고 소박하던 소비관에 영향을 주었고 사치스럽고 화려한 생활방식이 출현하면서 사회적으로 점차 과소비가 유행했다. 과소비는 먼저 마시는 것에서 먼저 나타났는데, 사람들은 점점 더 많은 돈을 술자리에 썼다. 다음으로 의복과 장신구에 쓰는 돈이 상당했다. 마지막으로 더 많은 돈을 주거환경 개선에 썼는데 일반적으로 수십, 수백에서 수천 냥에 달했다. 명대 중엽에는 강남에서부터 개인 정원을 조경하는 것이 유행하기 시작했다. 당시에는 음식과 복식, 주거환경 뿐만 아니라 경조사에도 겉치레가 많았다. 사치스럽고 화려한 과소비 문화는 당시 거대한 사회적 부에서 비롯되었다. 그러나 과도한 재물이 소비에 사용되면서 생산에 대한 투자가 줄어들었다. 특히 국가경제 및 국민생활과 관련된 기초적인 수공업에 대한 투자가 줄어들면서 사회 경제발전을 저해했다.

용 문양 청화주전자

명 선덕 연간(1426~1435)에 만들어진 작품이다. 높이 22.8cm, 입지름 6.3cm, 바닥 지름은 9.2cm 이다. 입구는 좁고 곧다. 배 부분은 타원형이고 굽은 원을 이루고 있다. 배의 한 쪽에는 용 모양의 긴 물대가 놓여있으며, 다른 한 쪽에는 용 모양 손잡이가 있다. 배 부분의 복숭아 문양 안쪽에는 용구름 문양과 여러 가지 보석 문양을 청화로 그려 넣었다. 이 자기는 조형이 독특하고 제작 솜씨가 뛰어나며 도안이 참신하다. 또한 작품에 기품이 넘치며 청화 빛깔이 선명하여 선덕 연간의 청화 자기 중 진품珍品이라 할 수 있다. 고분에서 출토되었으며 보존이 잘 되어 있다.

〈성세자생도盛世滋生圖〉권(일부)
명대 작품으로 당시 소주 회서교懷胥橋 상가의 번화한 정경을 담은 그림

명·《서상기西廂記》의 판화 삽화

중국 판화의 황금기

명대는 중국 판화 예술의 황금기로 이 시기 판화예술은 판각인쇄의 보급과 서민문학의 발전에 힘입어 크게 번성했다. 판화 삽화는 지식 전파에도 매우 중요한 역할을 했다. 특히 문학예술 작품의 감화력을 확대시켰다. 명대 판화는 문인, 서점상, 각공刻工의 노력으로 번영, 발전하였고 풍격이 서로 다른 판화 유파들이 등장하게 되어 후세에 매우 귀한 판화 걸작품들을 남겼다. 명대 판화예술의 발전에는 몇 가지 특징이 있다. 첫째, 매우 정교하고 세밀하다. 둘째, 판화의 내용이 풍부하다. 셋째, 색채 인쇄기술이 발달하여 대량의 서화첩을 제작했다.

명대에는 서방書房*이 매우 많았는데 판화예술은 이러한 서방간의 경쟁 속에서 각종 유파를 만들어냈다. 이들 유파들은 각자 지방 특색과 개인 풍격을 갖고 있다. 명대 판화의 주요 유파로는 신안파新安派·건안파建安派·금릉파金陵派·무림파武林派 등이 있다. 이러한 유파들이 서로 교류하고 경쟁하면서 지방 특색과 개인 풍격을 가진 예술 유파를 형성했고 이로써 중국 판화예술은 명대에 최고 전성기를 맞이하게 되었다.

* 책을 인쇄하고 파는 곳 - 역주

1555년
왜구를 대파하고도 처형된 장경

가정 34년(1555) 5월, 절강성 총독 장경張經과 부총병副總兵 유대유俞大猷가 가흥 북쪽 왕강경王江涇에서 왜구를 대파했다. 가정 33년(1554) 5월, 명 세종은 총독대신을 세우자는 급사중 왕국정王國禎의 제안을 받아들여 남경 병부상서 장경에게 우부도어사右副都御史를 겸할 것을 명했다. 총독은 남직례南直隸 · 절강 · 산동 · 복건 · 양광兩廣까지 군사업무를 총괄했으며 주요 임무는 왜구 소탕이었다. 가정 34년(1555) 5월, 불법으로 자림柘林(지금의 상해시 봉현현 남쪽)을 점거하고 있던 왜구들이 집결하여 4천여 명 가량이 가흥부嘉興府에 침입했다. 장경은 파견된 장수들을 집결시킨 후, 참장參將 노당盧鐺을 파견해 군사를 이끌고 수륙으로 협공하도록 했다. 왕강경에서 왜구는 대패하여 물러갔다. 왜구는 왕강경에서 유대유와 팽익남, 팽신신이 이끄는 군대에게 앞뒤로 협공을 당해 1,980여 명이 사망했다. 무수한 사상자가 발생하자 도망친 병마와 병사들은 자림으로 돌아가 굳게 지킨 채 나오지 않았다. 장경과 유대유가 명군에게 자림을 불태우도록 명령하자, 왜구들은 다급하게 배를 타고 도망쳤다. 왕강경대첩은 명의 군대가 왜구와 벌인 전쟁에서 거둔 가장 큰 승리였으며, '왜환이 있은 이래 최고의 승리'라고 불렸다. 왕강경대첩 후 장경은 엄숭과 조문화趙文華, 절강순안어사浙江巡按御使 호종헌胡宗憲의 모함을 받아

하옥되어 목숨을 잃었다. 유대유 역시 이에 연루되어 붙잡혀 하옥되었다. 이를 통해 가정 연간의 정치적인 부패가 어느 정도인지 짐작할 수 있다.

명 · 왜구를 격퇴한 명장 유대유 초상화

왜구를 격퇴하는 장면을 담은 그림(일부)
명 가정 연간(1522~1566)에 절강성 해안지역 군민이 왜구의 침범에 맞서 싸우는 모습을 담은 그림. '수상 격전' 장면이다.

수도의 외성 확장

명 성조 주체朱棣가 북경으로 수도를 천도한 후, 북경성 재건을 시작하여 웅대하고 강엽히게 궁전을 축조했다. 정통(1436~1449) 연간에는 내부는 흙으로, 외부는 벽돌로 보수하여 성벽이 더욱 견고해졌다. 그러나 성은 있어도 여전히 성곽이 없었다. 가정 21년(1542), 변방의 변란이 날로 심각해지자 도어사都御史 모백온毛伯溫은 수도의 외성 건축에 대한 상소를 올렸다. 명 세종이 그의 제안을 받아들였지만 재정적인 원인으로 인해 가정 22년(1543)에야 공사를 시작할 수 있었다. 총독 융정戎政 평강백平江伯 진규陳圭 등이 공사의 관리를 맡았고, 금의위 도지휘첨사都指揮僉事 유경劉鯨이 현장 감독을 책임졌다. 한때 재정이 부족해 외성의 남쪽 일부만이 건설되었다. 즉 성터의 동쪽으로 꺾어 북쪽으로 돌면 성의 동쪽과 연결되고, 서쪽으로 꺾어 북쪽으로 돌면 성의 서쪽과 연결됐다. 7개월의 시간이 흘러 10월 28일에 완공되었다. 외성은 길이가 28리里(1리는 약 500m), 담장 벽의 두께가 2장丈(1장은 약 3.3m), 천정 1.2장, 높이는 1.8장이다. 성 위에 벽돌을 사용해 0.5장 높이로 성가퀴를 더 쌓아 총 높이는 2.3장이다. 성벽 바깥에 흙을 파서 해자垓字를 조성했다. 그래서 북경성은 '凸'자 모양이다. 이때에 이르러 북경성은 외성과 내성(원나라 때의 성), 황성, 그리고 궁성의 4중 성벽 구조를 갖추었다. 명 세종은 기뻐하며 정양 바깥문에 영정永定, 숭문 바깥문에 좌안左安, 선무 바깥문에 우안右安, 대통교문大通橋門에 광거廣渠, 창의가문彰義街門에 광안廣安이라는 이름을 하사했다.

1555년

섬서와 산서의 대지진

가정 34년(1555) 12월 12일, 섬서와 산서 대부분 지역에 8급의 특대 지진이 발생했다. 12일 밤에 섬서와 산서의 대지가 지진으로 붕괴되고 도로가 무너지니 압사된 관리와 군민이 82만여 명이라는 보고가 있었으며 보고되지 않은 성명미상의 재난자는 더욱 부지기수였다. 이 지진은 8급으로 진앙지의 열도烈度 XI고, 가장 멀리까지 파괴된 거리는 약 450킬로미터, 지진을 감지할 수 있었던 거리는 800킬로미터였다. 그 파급지역은 섬서·산서·북경·산동·남직례(지금의 강소성)·한남漢南·호광湖廣 등 7개 성 130여개 부府·주州·현縣과 그중 95개 부·주·현은 서로 다른 정도의 파괴가 있었다. 예를 들면 북경과 획록獲鹿은 연하여 세 차례나 진동이 있었고 수많은 성곽과 가옥들이 파괴되었다. 이 지진의 범위는 크고 파괴력이 강하여 수많은 지역의 재해민들은 몇 년 동안 세금을 낼 수가 없었다.

북경 정양문 성루

무대예술의 전면적 번영

명대 희곡은 송원 시대의 남희와 북극잡극을 계승한 기초 위에서 발전하였다. 여러 곡조와 극종 예능인들의 장기간의 광범위한 실천을 통하여 노래[唱]·대사[슌]·동작[做]·무용 및 무대 미학 등 방면에서 전면적으로 발전하였고 향상되었다. 이로써 희곡예술은 점차 성숙해져 갔으며 번영시기로 들어섰다. 명대의 서로 다른 희곡 곡조는 각각의 음악 스타일을 갖고 있었다. 그러나 '우아함[雅]'의 방향으로 발전해가는 곤산강이든, '속俗'의 방향으로 나아가는 익양강戈陽腔이든지 간에 모두 노래예술에 주의를 기울였으며, 가장 먼저 '소리[聲]'에 신경을 썼다. 무술과 곡예는 희곡무용의 중요한 근원이다. 희곡예인들은 끊임없이 무술과 곡예 중의 뛰어난 부분을 흡수하여 무용화시키고 희곡화시켜 작품 속의 인물을 만들어 극의 내용을 표현하기 위해 노력하였다. 당시 유행하던 옷은 현실생활 속에 나타난 패션을 끊임없이 무대 위로 흡수하여 희곡배우의 공연복장은 몰라보게 달라졌다. 얼굴분장[臉譜] 역시 희곡연출에 있어 점차 정형화되고 풍부해졌다. 명대의 다양한 형식의 공연 활동 중에서 체험과 표현이 유기적으로 결합된 예술은 폭넓은 실천을 얻었으며 후세 희곡표현예술을 위한 풍부한 경험을 제공했다.

명나라 사람의 연극 공연 그림

명·작자미상 〈백묘나한白描羅漢〉(일부)
나한은 당송이래 전통의 불교화에서 창작되는 제재다. 이 두루마리 그림은 바다를 건너는 나한을 그렸다. 나한 한 분이 용을 타고 바람을 가르며 파도를 건너고 있는 모습으로 몹시 생동감이 있다.

명 중기·꽃과 용문양이 있는 척홍剔紅 병

'백양청등'의 화조사의花鳥寫意

명대의 사의화寫意畵는 명초의 왕불王紱·하창夏杲의 수묵난죽으로부터 시작되었다고 할 수 있으며 임량林良과 손륭孫隆이 궁정 화조화를 개혁할 수 있는 필요한 받침이 이미 제공되어 있었다. 오문화파인 심주와 당인이 제재와 필묵 기교의 개척에서 깊이 있는 방면으로 분수령의 한 걸음을 내디뎠지만 마지막으로 사의寫意 화조화를 더욱 새롭고 완벽한 수준으로 끌어올린 사람은 명대 중엽 전후의 진도복陳道復과 서위徐渭다. 회화사에서는 이들을 '백양청등白陽靑藤'이라고 한다.

진도복(1483~1544)의 초명은 순淳이고, 후에 자를 행行으로 했다가 다시 자를 복보復甫로 바꾸었다. 호가 백양산인白陽山人이며 오吳(지금의 강소성 소주) 사람이다. 일찍이 문징명文徵明에게서 그림을 배웠는데 중년 이후에는 그림이 방종하였으며 시문서화에서 선명한 개성을 드러냈다. 그는 화조화에 뛰어났으며 심주의 구조와 격식을 주로 이용하였고 송대 사람들의 선의사생禪意寫生과 원대 사람들의 서화 수법을 취하여 담채와 수묵이 서로 융합하고 있다.

서위(1521~1593)의 자는 문장文長, 호는 천지天池고 만년의 호는 청등도사靑藤道士며 산음山陰(지금의 절강성 소흥)사람이다. 어려서부터 남달리 총명하였으며 시문서화에 모두 조예가 깊었다. 그의 일생은 몹시 험난하였고 이런 생활은 그가 화조화를 그릴 때 구속에 얽매임이 없고 방자하게 제멋대로 정취의 체현에 주의를 기울이도록 하였다. 서위의 창작은 진도복의 뒤를 이어 중국 사의화조화를 자신의 주관성정을 강렬하게 발휘할 수 있는 새로운 경지로 끌어올렸다. 더구나 생선지生宣紙 위에서 자유자재의 필법으로 수분과 먹색을 통제하였다. 이런 정련된 필묵언어의 표현력은 전에는 볼 수 없었던 수준으로 끌어올렸다. '백양청등'은 중국 사의화조화 발전의 이정표라고 할 수 있다.

진도복의 〈홍리시화도紅梨詩話圖〉권

서위의 〈묵포도도墨葡萄圖〉축

1562년
엄숭의 파직

가정 41년(1562) 5월, 내각수보 엄숭이 파직되고 그의 아들 엄세번嚴世蕃이 감옥에 갇히게 되었다. 엄씨 부자는 권력을 잡은 후에 줄곧 세종에게 여자들을 헌상하고 전권을 농락하고 자신들과 의견이 다른 사람들은 배척하며, 충신과 선량한 사람들을 해하였다. 또 하언夏言·증선曾詵·장경張經·심련沈鍊·양계성楊繼盛 등을 죽였다. 동시에 관직을 팔고 뇌물을 받으며 사사로이 사람들을 끌어들이니 사방의 관원들은 다투어 뇌물을 바치게 되었다. 그 탐욕이 끝이 없어 남경과 양주 등지에 광범위하게 생산업체를 갖고 있었다. 특히나 집정 후기에 군량을 불법으로 착복하여 전투력을 해이하게 하고 동남의 왜구의 환란과 북방 변경지역의 환란을 더욱 가중시켰다. 또한 세금과 부역은 날로 증가하여 그 폐해가 빈번하니 하늘과 사람이 모두 원한을 갖고 있었다. 가정 37년(1558) 이후 세종은 엄숭에게 불만을 갖기 시작하였고 대학사 서개徐階를 더욱 신임하게 되었다. 방사方士 남도행藍道行은 엄숭과 갈등이 있었는데, 그는 점치는 기회를 이용하여 신선과 같은 말투로 엄숭 부자는 간신이라고 지적하여 명 세종으로 하여금 드디어 엄숭을 파면할 마음을 먹도록 하였다. 어사 추응룡鄒應龍은 세종의 의도를 알아차리고 서개徐階의 응원 하에 가정 41년(1562) 5월 19일에 엄숭 부자가 뇌물을 받고 매관매직을 하며 전답과 가옥을 널리 소유하고 있다고 탄핵 상

소를 올려 엄세번을 처단하고 엄숭을 파면해달라고 청하였다. 명 세종은 드디어 엄숭의 방종함과 엄세번이 나라의 은공을 모른다는 죄를 주어 관직을 파면하고 고향으로 돌아가도록 하였다. 또한 엄세번과 하인 엄년嚴年은 하옥시키도록 하였다. 가정 44년(1565) 3월에 엄세번이 참형을 당하였다. 엄숭은 파직되어 일반인의 신분으로 묘지에 딸린 움막에서 기거하다가 융경 원년(1567)에 죽었다. 강서 순무 성수절成守節이 명령을 받들어 강서에 있는 엄숭의 가산을 몰수하였는데 황금 3만여 량, 은 202여만 량, 저택의 집이 6천6백여 칸, 전답과 연못 등이 2만 7천여 무畝*가 되었으며 금은보석이 셀 수 없을 지경이었다.

* 전답의 면적 단위로 1무는 666.7㎡임 – 역주

엄숭

엄숭(1480~1567)의 자는 유중惟中, 호는 개계介溪며 강서성 분의현分宜縣 사람이다. 홍치 18년(1505)에 진사에 합격했고 시강侍講·국자감좨주·예부우시랑·이부좌시랑·남경례南京禮·이이부상서吏二部尙書를 역임했다. 가정 24년(1545)에 태자태사太子太師·소사少師를 추가하였으며 내각수보로 영전되면서 독단적으로 국정을 농단했다. 그는 집권 시기에 아들 엄세번과 함께 전권을 농락하며 충성스럽고 현량한 사람들을 해쳤다. 가정 41년(1562)에 파직당하고 44년(1565)에 그의 아들이 처형당하였으며 엄숭은 일반인으로 내쫓겨나 융경 원년(1567)에 죽었다.

명대식 가구

중국 가구는 당나라 이전에는 바닥에 앉는 일상생활 방식에 따라서 대부분 낮은 평례였으나. 낭 이후에 생활방식이 설상에 앉는 방식으로 바뀌자 가구 역시 이에 따라 높아졌다. 송·원대의 가구는 실물이 적고 명대 전기 실물 역시 많지 않다. 가정 원년(1522) 이후, 상품경제가 커다란 발전이 있게 되어 자본주의 맹아가 출현하였다. 이때 수공업 수준 역시 향상되어서 장인들은 더욱 많은 자유를 얻었고 종사도 증가하여 가구업의 발전을 촉진하였다. 명 후기에 강남과 남해 지역의 대도시가 날로 번영하게 되고 시장도 신속히 발전하였다. 이와 동시에 강남의 가구업 역시 커다란 발전이 있었다. 질과 양적인 면에서 모두 최고봉에 달했으며 점차 명나라식 가구 특색을 형성하게 되었다. 명나라식 가구는 대부분 남양에서 수입한 질 좋은 단단한 나무를 사용하였는데 황화리黃花梨·자단목·홍목紅木·철목鐵木·가래나무목 등과 같은 재목은 그 재질이 단단하고 색감이 부드러우며 나뭇결이 아름답다.

사방이 뚫어진 자단紫檀 걸상

교룡이 조각된 황화리黃花梨 안락의자

1564년

왜구의 소탕

가정 41년(1562) 11월, 왜적이 흥화부興化府를 약탈하고 다음 해 2월에는 또 복건성 평해위平海衛(지금의 포전현 평해)를 공격하며 사방에서 출몰해 소란을 피우니 복건성의 골칫거리가 되었다. 가정 42년(1563) 4월, 유대유兪大猷·유현劉顯이 합동으로 복청福淸에 주둔하고 있던 왜구를 섬멸하였다. 동시에 척계광戚繼光이 이끄는 척가군戚家軍이 절강으로부터 복건으로 들어와 유대유·유현과 병력을 세 갈래로 나누어서 평해위를 공격하였다. 척가군은 중도의 선봉에서 공격하였고 유대유와 유현은 좌우에서 협공하여 2천2백여 명의 적을 사살하고 흥화를 수복하였다. 척계광은 이로써 도독동지都督同知로 승진하고 유대유를 대신하여 총병관에 임명되었다. 유대유는 양광총독 겸 광동총병관 순무로 추천되어 왜구 소탕을 책임졌다. 가정 43년(1564) 2월, 척계광이 재차 선유仙遊·동안同

安·장포漳浦 등지에서 왜구를 대파하고 죽이거나 포로로 잡은 자가 무수하였다. 나머지 왜구들은 바다로 도망갔다. 복건성에 왜구가 출몰하는 우환은 점차 평정되었다. 같은 해 6월, 유대유가 혜주惠州 해풍海豐에서 왜구 1천 2백여 명을 사살하는 '해풍대첩海豐大捷'을 성공하여 왜구와 결탁하고 있던 조주潮州의 도적 오군吳軍과 그 일당들인 남송산藍松山·섭단루葉丹樓 등을 강제로 투항하게 만들었다. 12월에 왜구와 결탁하고 있던 광동의 수령 구만리邱萬里 등을 사로잡았다. 이로써 왜구는 커다란 타격을 받고 돌아갔으며 절강성과 복건성, 그리고 광동성 등의 연해에서 20여 년간 약탈을 자행했던 왜구의 우환은 점차 평정되었다.

명·도금 동불탑
탑 전체가 금으로 도금되어 있으며 탑기·탑신·탑찰 세 부분으로 구성되어 있다. 꼭대기에는 보개寶蓋와 일월보주日月寶珠가 있다.

대복선大福船(모형)
또 다른 이름은 백조白槽다. 복건성에서 건조되었기 때문에 또 복선福船이라고도 하는데 명대 남해 수군이 갖추고 있던 중요한 전함이다.

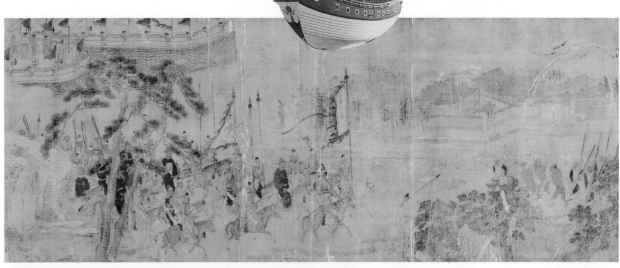

명군과 왜구의 전투도

척가군戚家軍

가정 35년(1556), 척계광은 영파·소흥·태주·금화 등지에 주둔하며 방비하라는 명령을 받고 왜구 소탕의 최전선에 뛰어들었다. 명군 병력이 나태하여 훈련과 기율에 해이해지고 전투력이 서하된 약점에 착안하여 척계광은 병사를 훈련시켰다. 한편 "적을 죽여 백성을 보호한다"는 구호를 내걸고 가정 38년(1559) 9월에 친히 의오義烏·금화로 가서 소질이 훌륭한 광부와 농민들을 모집하였다. 9개월간 세심한 편제와 엄격한 훈련을 거친 후에 3천여 명의 새로운 군대가 조직되었다. 이후에 척계광은 또 태주 등지에서 어부를 모집하여 수군을 조직하였다. 새로운 군대는 기율이 엄격하여 척계광의 지휘 하에 용감하게 왜구 소탕 작전을 수행하였으나 백성에게는 추호도 규율에 어긋나는 일을 하지 않았다. 여러 차례 전공을 세워 전투력이 몹시 강하여 사람들은 이들을 '척가군'이라고 명예롭게 불렀다. 동남에서 왜구에 항거할 때 척가군 총병력은 약 3천~6천여 명으로 보병과 포병이 혼합된 편제로 냉병기와 열병기가 혼성되어 편제되었다. 계문薊門을 수비할 때 병력은 1만 명에 달하였으며 독립적인 기병·보병·거병車兵 등의 병종으로 조직되었고 각종 관형화기管形火器는 약 3,040~4,220개(문門)나 되었다. 가정 39년(1560) 2월 초파일에 조정의 관원들이 왕직王直을 사로잡은 공에 관해 토론할 때 "병사를 통솔하는 데 있어 기율이 있다"라고 척계광을 칭찬하였다. 이후에 '척가군'은 동남 연해에서 왜구를 격퇴하는 전쟁에서 용맹하게 잘 싸웠으며 이 군대가 출전하면 반드시 이기니 동남 지역을 진동시키며 천하에 명예로운 이름을 날리게 되었다.

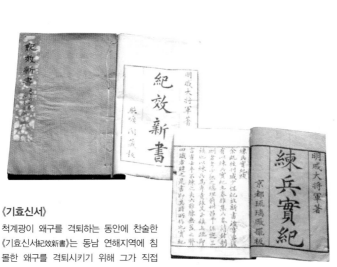

《기효신서》

척계광이 왜구를 격퇴하는 동안에 찬술한 《기효신서紀效新書》는 동남 연해지역에 침몰한 왜구를 격퇴시키기 위해 그가 직접 군사를 조련하고 작전을 지휘했던 경험을 집대성한 것이다. 책 안에는 군사사상과 진법선택, 군사훈련 등 군사지침에 유용한 내용들이 기록되어 있다. 이 밖에도 이 책은 왜구 격퇴 시의 작전 지휘 경험을 집대성하였고 시대적인 특색이 강해 중국 고대 군사 역사에 있어서 큰 가치를 지니고 있다. 후대의 군사학자들에게 큰 영향을 미쳤다.

척계광

척계광(1528~1587)의 자는 원경元敬, 호는 남당南塘이고 산동성 봉래현蓬萊縣 사람이다. 무장집안의 출신으로 등주위登州衛 지휘첨사를 세습하였으며 후에는 절강도사참장浙江都司參將으로 전임되었다. 그는 '척가군戚家軍'을 조직하여 왜구 공격의 명장인 유대유 등과 협력하여 절강 복건 등지의 왜구를 평정하였다. 또한 광동 지역으로 전투를 옮겨가면서 철저하게 동남 연해의 왜구의 환란을 종식시켰다. 융경 2년(1568)에 계문薊門·창평昌平·보정保定 3진의 도독동지총리가 되어 16년간 다스렸다. 이로써 북방 방어가 충분히 공고해지도록 하였는데 현재의 산해관 이내의 북쪽의 명대 장성長城은 바로 그의 주재 하에 건축되었다.

마카오 대삼파패방大三巴牌坊

1565년
마카오를 점령한 포르투갈

가정 44년(1565) 4월 17일에 광동의 호경壕鏡(지금의 마카오)을 점령한 포르투갈 사람 아야라귀씨啞喏喇歸氏*가 명 정부에 무역통상을 요구하였다. 일찍이 가정 33년(1554)에 불랑기佛郞機(포르투갈 사람)** 상선이 풍랑을 피한다는 이유로 호경을 빌려 물에 빠진 공물을 말리도록 해달라고 요청하고 해도부사海道副使 왕박汪柏의 허가를 받아 호경에 텐트 수십 채를 쳤다. 다음 해 불랑기는 다른 국가의 명의를 도용하여 통상을 요구하였고 왕박은 뇌물을 받고 이를 윤허하였다. 이로부터 불랑기 상선은 관례에 따라 상업세를 내었고 포르투갈 사람들도 벽돌건물을 짓기 시작하였다. 가정 43년(1564), 호경에 사는 포르투갈 사람은 이미 1만 명을 넘었다. 가정 44년에 아야라귀씨는 거짓으로 만랄가滿剌加(지금의 말레이시아의 말레카)라 하고, 나중에는 또 포르투갈***이라고 핑계를 대면서 통상을 요구하였다. 양광진무관兩廣鎭巡官이 조정에 이를 보고하니 예부에서는 이를 상의하였다. 예부는 양광진무관에게 조사를 하도록 명령하고 만일 거짓이 있으면 거절하도록 했다. 만일 또 중국사람이 이들과의 통상을 꼬드긴다면 이들도 징벌하도록 하였다.

* 본명이 어떻게 되는지는 알 수 없음 – 역주

** Frank의 한자식 발음임 – 역주

*** 원문에는 蒲麗都家라고 되어 있는데 이 발음은 pulidujia로 오히려 지금의 포르투갈 음역인 葡萄牙[putaoya]보다 더 원음에 가까움 – 역주

1566년
해서의 상소

가정 45년(1566) 2월, 호부 운남사주사雲南司主事 해서海瑞는 명 세종이 20여 년간 대신을 접견하지 않으며 조정을 다스리지 않고 서원에 깊이 거주한 채 오로지 불로장생만을 추구하여 국사가 점차로 쇠퇴하자 특별히 좋은 관 하나를 사놓고 처자와 이별하고 집안의 노복들을 모두 돌려보냈다. 그리고 죽음을 무릅쓰고 《치안소治安疏》를 상주하였다. 《치안소》는 사회의 폐단에 대한 비평과 의론이 격렬한 문장으로, 직접 황제의 잘못을 지적했다. 상소가 나오자 사람들은 "천하 제일의 상소" "만세치안소萬世治安疏"라 하였다. 그러나 세종은 이 상소를 보고 대로하여 소疏를 바닥에 집어던지며 해서를 체포하도록 하였다. 이를 저지하는 권유를 듣고서야 상소를 남겨놓았으나 해서는 감옥에 가두어 죽이라고 하였다. 같은 해 12월, 명 세종이 서거하였다. 같은 달에 해서는 석방되었고 관직도 원래대로 회복되었으며 얼마 안 가 대리시승大理寺丞으로 승진하였다.

천일각

명대에 경제문화가 발달함에 따라 개인 장서도 성행하였고 수많은 장서가들이 출현하였다. 그중에서 가장 유명한 것은 천일각天一閣을 창건한 범흠范欽이다. 천일각은 명 가정 40년(1561)에 건설하기 시작하여 약 가정 45년(1566)에 완성되었다. 지금의 절강성 영파시寧波市 서월호西月湖 호숫가에 있다. 천일각의 주인 범흠(1504~1585)은 자가 효경堯卿, 호는 동명東明이며 절강성 은현鄞縣(지금의 영파시) 사람이다. 가정 11년에 진사에 합격하였고 관직은 병부우시랑에 이르렀다. 그는 평생 배우기를 좋아하고 독서를 좋아하여 각지에 있는 장서가들을 방문하고 각지의 서점들을 돌아다니며 도서를 수집하였다. 선본을 구하지 못하면 빌려보고 베껴 쓰면서 시간이 지나니 장서가 풍부해졌고 장서를 보관할 수 있는 천일각을 건설하였다. 천일각의 뜻은 "천일생수天一生水* 지육성지地六成之"라는 말에서 따온 것으로 주 건축물로는 존경각尊經閣과 천일각 등이 있고, 총 면적은 2천여만 제곱미터다. 수많은 명대 학자들의 저술, 시문집과 명대에 판각한 명대 이전의 고서들을 소장하고 있다. 이리하여 천일각은 중국 고서 보존에 있어서 중요한 역할을 하고 있다. 천일각은 원래 7만여 권의 장서가 있었다. 범흠은 일생동안 열심히 장서를 수집하였고 그 수집한 도서들은 주注를 달지 않은 명 이전의 구본으로서 몹시 중요한 당시 자료가 된다. 천일각에서 소장하고 있는 명대 각 성의 지방지가 있는데 홍무 · 영락 이래 각 성의 등과록 및 각 성의 향시 · 회시 · 무과록이 그 장서의 특색이며 더욱 진귀한 자료다.

* 정현鄭玄의 《역경》 주에 나오는 말인데 한의학에서 의미하는 바와는 다름. 범흠은 장서각들이 화재로 인하여 사라지는 것을 보고 화재를 피하기 위하여 이런 이름을 지었다고 함 – 역주

천일각 보서루寶書樓
절강성 영파에 있는 천일각은 중국에서 현존하는 가장 오래된 장서각藏書閣이다.

아백유牙白釉 하조종 달마 입상

복건성에 있는 덕화요德化窯는 송나라 때부터 있었
으며 명나라 때는 전문적으로 백자를 굽기로 유명
하였다. 그중 자기 조각의 대가인 하조종何朝宗은
특별히 자기의 질감과 조각의 아름다움을 추구하여
불후의 걸작들을 만들어 냈다. 이 작품은 그의 대표
작이다. 달마는 삭발한 머리에 길게 늘어진 귀, 찌
푸린 양미간, 입가에 웃음을 머금고 있으며 두 손은
모아서 소매 속에 감추고 눈과 얼굴은 아래를 응시
하며 용솟음치는 바닷물을 내려다보고 있다. 달마
의 등 뒤에 '하조종제何朝宗製'라는 네 글자가 음각
되어 있다. 입상 전체에 상아빛 백유를 시유했고,
유약을 바른 표면은 응고된 기름처럼 윤이 난다. 조
각 방법이 섬세하고 선이 아름다우며 옷 주름은 마
치 바람을 따라 나부끼는 듯한 느낌을 준다. 이 작
품은 달마의 인자함과 장엄함을 잘 표현하고 있다.

세종의 장생 추구

세종은 일생동안 도교를 신봉하고 장생을 추구하였다. 그는 즉위 초기에 이를 업으로 삼고
조정 일은 관심이 없었다. 가정 2년(1523), 세종은 태감 최문崔文의 말을 듣고는 건청궁 밖에 도
교제단을 실치하고 새궁離宮을 획정 건립하여 대대적으로 도기식 제사를 올렸다. 세종이 도가
수련에 심취하자 수많은 방사方士들이 가정 연간에 총애를 받았는데 소원절邵元節·도중문陶仲
文·단조용段朝用·고가학顧可學 등이 방술로 인하여 최고의 신하 자리에 앉게 되었다. 도교제
사 의식을 거행할 때 예를 행하는 자는 반드시 천신에게 바치는 표문表文을 올려야 했다. 이 표
문은 일반적으로 변려체를 사용했는데, 푸른 등나무 종이[靑藤紙]에 붉은 글씨로 썼기 때문에
이를 '청사靑詞'라고 부른다. 세종은 도처에 제단을 쌓고서 빈번히 예를 올렸기 때문에 이에 필
요한 '청사'의 수요가 몹시 많았고 하언夏言·엄숭嚴嵩·서개徐階 등 수많은 대신들은 청사를
잘 써서 총애를 받게 되었다. 누구라도 이 청사 쓰는 일에 진심을 다하면 총애를 받을 수 있었
다. 이에 반대하는 자는 총애를 받을 수 없었다. 세종이 도가 수련에 미쳐있는 것만 보아도 그
정치를 짐작할 수 있다. 가정 21년(1542)에 임인궁변이 일어난 후에 세종은 서원의 영수궁永壽宮
으로 거처를 옮겼다. 영수궁이 화재로 훼손되자 세종은 또 새로 만수궁萬壽宮을 건설하니 신도
들로 가득하고 날마다 불로장생을 추구하는 제사를 열었다. 궁안에만 틀어박혀 좀처럼 나오지
않고, 교묘郊廟 의식에도 사람을
대신 보내 거행하고 경연도 완전
히 폐지하여, 군신간에도 보기가
어렵게 되었다. 이리되자 상하
간의 마음은 날이 갈수록 멀어져
통하지 않게 되고 오로지 도사 도
중문 만이 늘상 독대했다. 세종
은 그의 전체 정치 생애를 오로지
불로장생의 제사활동에만 쏟았
으나 60세에 자신이 그토록 탐닉
하던 단약 때문에 죽었다. 이는
역사가 그에 대한 풍자를 한 것이
라 할 수 있다.

명대 방사들이 단약을 만드는 그림

한족과 몽골족이 통상하던 옛 길에 있는 우물

1566년
목종의 즉위

세종은 만년이 될수록 도가법술에 대해 더욱 심취하고 불로장생과 건강을 위한 약에 대한 심정은 더욱 간절해져갔다. 일부 간악한 무리들이 포상을 받고자 이런 세종에 영합하여 대량의 부적과 비서秘書들과 단약을 헌상했다. 일부 충직하고 강직한 대신들은 이런 일에 관해 간언을 하였지만 세종은 이들의 권고를 들으려고 하지 않았다. 계속하여 방사들이 준 단약을 복용하고는 끝내 자신을 죽음에 이르게 했다. 이런 단약은 약성이 강렬하여 신체를 강건하게 하고 남성성을 발휘하게 한다. 그러나 장기간 다량으로 복용하여 이것들이 뱃속에 쌓이게 되면 가슴이 답답하고 배가 팽창해지며 오래되면 될수록 뱃속은 점점 딱딱하게 굳어지며, 이 딱딱한 물질이 점점 확대되어 결국에는 사람을 죽음에 이르게 한다고 한다. 세종 후기에 병세가 날마다 심해졌는데 병 증세는 이런 것과 딱 들어맞는다. 가정 45년(1566) 12월, 세종은 겨우겨우 숨만 쉬고 있었는데 그는 태감에게 자신이 이미 20여 년 간 떠나왔던 건청궁乾淸宮으로 데려가 달라고 명령했다. 그리고 이날 배가 팽창하여 서거하니 향년 60세였다. 다음 해에 시호를 효숙황제孝肅皇帝, 묘호를 세종이라 하고 능묘는 영릉永陵이라 하였다. 세종 사후 셋째 아들 주재후朱載垕가 그의 두 형이 이미 죽었기 때문에 차례에 의해 황위를 계승하니 이가 목종穆宗이며, 융경隆慶이라 개원하고

재위 6년간 황위에 있었다.

명 목종

명 목종 주재후朱載垕는 세종의 셋째 아들이며 가정 45년(1566)에 즉위하였고 재위 기간은 6년이다. 연호는 융경, 묘호는 목종이다.

明穆宗
明穆宗姓朱名載垕世宗第三子初即位召用
世宗貶斥諸臣罪謫方士減賦息民邊境和諡
在位六年年號隆慶廟號穆宗

목종 '중주中主'

목종은 즉위 조서에서 가정 연간의 모든 폐정을 폐지하겠다고 선포하니 일시에 조야의 선비와 백성들은 모두 새로운 황제에 대한 희망을 갖고 목종이 잘해주기를 기원하였다. 그러나 이런 좋은 시절은 얼마 못 가고 목종은 태감 등상滕祥·맹충孟沖·진홍陳洪 등을 총애하였다. 이런 간신배들의 유혹 하에 목종은 혼용무도할 뿐만 아니라 여색에 빠져 대부분의 시간을 모두 후궁에서 보냈으며 어떤 때는 아예 조회에 나오지도 않고 대신들도 만나지 않았다. 새로운 황제가 즉위하고 얼마 되지 않아 조회가 계속 열리지 않으니 대신들이 걱정을 하기에 이르렀다. 그러나 목종은 신하들이 간언을 계속하는 것을 금지하고 간언을 하는 신하들에게 종종 타격을 가하였다. 목종은 재위 기간 동안 비록 오락만을 좋아하였지만 재간 있는 대신들을 기용하기도 하였으니 '중주中主' 즉, '중간 정도의 황제' 는 되는 셈이다. 목종의 통치는 총체적으로 볼 때 가정 말년처럼 그렇게 심한 사회적 위기는 없었고 심지어 완화되기까지 하였다. 그가 중년에 서거하였기 때문에 어린 아들이 제위를 계승하게 되고 이로 인하여 재주있는 내각 대신들이 한층 더 치국의 책략을 제공하고 펼쳤기 때문에 더욱 좋은 기회가 되었다. 이리하여 이후의 명나라 정국은 여전히 명대 역사에 있어 칭찬할 만한 새로운 막을 열게 되었다.

1571년
순의왕에 봉해진 알탄칸

융경隆慶 4년(1570) 9월 13일, 타타르 부족 알탄칸의 손자 바간나기[把漢那吉]는 알탄칸이 자신의 약혼녀를 뺏어가자 이에 분개하여 명나라에 투항했다. 이로써 명나라와 알탄칸의 수십 년의 전쟁이 매듭지어졌다. 바간나기가 명나라에 투항했다는 소식을 들은 알탄칸은 기병 2만 명을 거느리고 평로성平虜城 북쪽에서 60킬로미터 떨어진 곳에 진을 치고 바간나기를 돌려보내라고 명나라를 위협하니 그 기세가 하늘을 찌를 듯하였다. 알탄칸이 명나라의 봉호를 받도록 하기 위해 10월에 명나라 내각 수보首輔 고공高拱과 차보次輔 장거정張居正은 바간나기의 귀순을 함께 받아들이기로 결정하고 그를 지휘사에 임명하고 붉은 비단옷을 하사하였다. 그리고 총독 왕숭고王崇古와 순무巡撫 방봉시方逢時에게 알탄칸과 합의를 보라고 명했다. 알탄칸은 11월에 왕숭고에게 사신을 보내 봉호를 하사하고 변경에 있는 호시互市(국제교역시장)를 개방해 달라는 청을 하였다. 왕숭고는 알탄칸의 청을 받아들이는 대신 명나라를 배반하고 몽골로 도망간 백련교白蓮敎 교주 조전趙全 등을 내놓으라고 요구했다. 12월에 알탄칸은 조전을 북경으로 압송하였으며 명나라도 바간나기를 사신과 함께 알탄칸에게 되돌려 보냈다. 융경 5년(1571년) 3월, 목종穆宗은 정식으로 조서를 내려 알탄칸을 순의왕順義王에 봉하고 인신印信을 하사했다. 알탄칸이 거주하는 성을 귀화성歸化城이라 명하고

그의 동생, 조카, 손자들 역시 차등을 두어 직책을 수여하였다. 이와 동시에 병부는 왕숭고의 주청에 근거하여 호시에서 통상하는 9관 조례를 제정했다. 그해 가을 제1차로 시장이 개방됐다. 명 조정은 말 500여 필을 공물로 받았고 알탄칸은 시장에서 대량의 생필품을 교환하였을 뿐만 아니라 명 조정으로부터 큰 상도 받았다. 알탄칸의 선도 하에 얼마 안 되어 오르도스[河套]지역의 길능吉能 부족들도 곧 입공入貢하겠다고 청을 올렸고 명나라도 이를 받아들였다. 그 뒤로 알탄칸 등 부족들은 해마다 호시를 열었다. 변경 지역을 약탈하는 부하들에게 알탄칸은 엄벌을 내리고 여러 소속부족들이 명나라 변경을 침략하지 못하도록 엄격한 단속을 했다. 그 뒤로 북방에는 평화가 깃들면서 여러 민족 백성들도 행복한 삶을 살았다.

삼낭자

만력 15년(1587), 몽골의 타타르 부족의 여수령 삼낭자三娘子가 충순부인忠順夫人에 봉해졌다. 삼낭자는 20여 년간 집권하면서 적극적으로 명 조정과 우호관계를 맺었고 한·몽 두 민족 간의 경제문화교류를 촉진하는 데 큰 노력을 기했다. 삼낭자는 원래 타타르 부족 수령 알탄칸의 외손녀였으나 알탄칸은 그녀의 미모와 총명에 반해 자신의 아내로 맞았다. 알탄칸이 죽은 뒤 아들 센게[黃臺吉]가 몽골의 풍속에 따라 삼낭자를 아내로 맞았다. 얼마 지나지 않아 센게가 죽자 삼낭자는 또 센게의 아들인 추르게[撦力克]의 아내가 되었다. 삼낭자는 평생의 배필로 수령 3대를 모시면서 부족의 군정대권을 20여 년 동안 장악했으며 주변의 부족들은 모두 그녀를 두려워하고 따랐다. 삼낭자는 알탄칸의 정책을 계승하여 명 조정과 화목하게 지내기에 힘썼다. 명 조정도 그녀를 매우 신임하였으며 만력 15년에 그녀의 남편인 추르게의 아들을 순의왕順義王에 봉했고 특별히 삼낭자를 충순부인에 봉했다. 삼낭자는 일생동안 조국을 위해 변경을 지키고 조금도 경계를 늦추지 않았다. 한족과 몽골 두 민족은 마침내 전쟁에 종지부를 찍고 시장을 개방했으며 민족·경제·문화의 교류를 촉진했다.

미대소美岱召

미대소는 내몽골 토묵특우기土默特右旗에 있다. 미대소의 전신은 알탄칸의 '귀화성'이다. 사당 안에는 삼낭자의 납골당인 '태후묘太后廟'가 있다.

1572년
신종의 즉위

융경隆慶 6년(1572) 5월, 겨우 재위 6년을 넘긴 명 목종의 병이 위중하자 그는 대학사인 고공高拱·장거정·고의高儀를 고명대신에 명하고 그들에게 어린 황제를 잘 보좌하도록 명령했다. 26일에 목종이 건청궁에서 병사하니 향년 36세였으며 소릉昭陵에 장사지냈다. 6월 초열흘에 황태자 주익균朱翊鈞이 유지에 따라 황위를 계승하고 다음 해를 만력萬曆 원년으로 개원하니 이가 바로 명나라에서 가장 오래 재위에 있던 황제 명 신종이다. 즉위할 때 나이 겨우 열 살이었다. 나이가 어리기 때문에 조정 일을 볼 수가 없어 하는 수 없이 양궁兩宮의 황태후가 수렴청정을 하였다. 양궁 황태후 궁에서는 안으로는 사례를 장악하고 있는 감독령 동창태감 풍보馮保에 의지하고 밖으로는 내각 수보인 장거정에게 의지하여 만력 초년의 양호한 정치국면을 만들어내었다.

오자등과경五子登科鏡
명대의 동경銅鏡으로 둥근 꼭지가 있으나 뉴좌鈕座는 없다. 거울 뒷면은 아무것도 없는 바탕이고 '오자등과五子登科'라는 넉 자가 있다. 모든 글자의 앞쪽에 '희喜'자가 있어 서로 대응하고 있으며 글자는 모두 네모난 칸 안에 쓰여 있다. '오五'자의 양측에는 장방형의 칸 속에 '호취성호청동명경胡聚盛號靑銅明鏡'이라는 여덟 자가 있고, '자子' 글자 양측은 연밥송이 문양이 있다. 이는 '연이어 귀한 아들을 낳는다'는 '연생귀자連生貴子'의 뜻을 취한 것이다. 오자등과는 당시 자주 사용되던 덕담이었다.

명·유리로 만든 용모양의 건축물 장식품

'대명만력년제大明萬曆年製'라고 쓰인 오채 운룡문 자고瓷觚

號田大秩居明明
萬美臣抄正神神
曆宅朝沒執宗宗
廟邊政其政姓
號防大家勵名
神日壞沈行朱
宗壞遣溺改翊
　民中酒革鈞
　變官色居穆
　屢開搜正宗
　起礦刮死第
　在騷珍神三
　位擾玩宗子
　四民二盡十
　十間十削歲
　八掠年居即
　年奪不不位
　　良見正官
　　　　官張

명 신종
명 신종 주익균은 목종의 셋째 아들로 열 살에 즉위하였다. 장거정이 내각수보로 개혁을 단행하고 국정을 일신하였다. 장거정 사후에 신종은 장거정의 관직을 삭탈하고 그 집안을 몰수하였다. 그 후에 주색에 탐닉하고 천하를 소란스럽게 하였다. 20여 년간 조정 신하들을 만나지 않으니 조정은 크게 쇠락하고 변방의 방비도 제대로 되지 않아 백성들의 기의가 도처에서 빈번히 일어났다. 48년간 재위에 있었고 연호는 만력, 묘호는 신종이다.

칠기공예의 절정

중국 칠기공예의 역사는 유구하고 그 기원 또한 오래되었다. 특히 명대에 이르러서 칠기공예 발전은 정점에 도달하였다. 품종과 기술에 있어서 모두 장족의 발전을 했을 뿐만 아니라 칠기공예 기술의 전문 서적 및 유명한 장인들이 출현하였다. 명대에는 표준중국 고대의 유일한 현존의 저서인 《휴식록髤飾錄》이 출현했다. 이 책은 명 후기 칠기공예의 대가 황성黃成이 지은 것이다. 이 책에서는 중국의 풍부하고 다채로운 칠기예술 품종과 그 역사 및 중국 고대 각종 칠기예술의 장식수법을 전면적으로 소개하여 후세 사람들에게 지속적으로 더욱 폭넓은 길을 개척하도록 해주고 있다. 중국 고대 칠기공예의 끊임없는 발전은 중국인에게 풍부한 유산을 남겨주었을 뿐만 아니라 또한 전 세계로 전파되었다. 먼저 동아시아와 동남아, 그리고 계속하여 서구와 북미로 전파되었다. 세계의 모든 칠기제조 혹은 기타 재료로 칠기를 모방하는 국가들은 크든 작든 간에 중국의 영향을 받지 않은 나라가 없다. 그러나 중국의 명장들 역시 다른 나라의 장점을 흡수하는 데 능했으며 다른 사람의 성취도 존중하였다. 이 점 역시 중국 고대 칠기공예가 부단히 전진하고 발전하는 중요한 요소가 되었다.

운룡문이 있는 매화모양의 칠합[雕塡雲龍紋梅花形漆盒]

이 합은 나무 재질로 굽 안의 검은 칠 바닥에 해서체로 '대명만력정미년제大明萬曆丁未年製'라고 가로로 쓰여 있다. 이 칠합은 매끄럽고 두껍고 튼실하게 조각하였다. 금색칠은 휘황찬란하여 명대 말기 창금戧金* 칠기의 칠장식 공예에서 발전해온 칠기의 우수한 작품이다.

* 유약을 칠한 칠기나 도자기의 표면에 무늬를 새겨 그 자리에 금박을 메우는 장식법–역주

'대명만력임진년제大明萬曆壬辰年製'라고 쓰인 용문양이 있는 채색칠 접시

화조와 파도 무늬가 있는 퇴주堆朱* 칠병

이 화병의 바탕은 나무 재질이다. 명대 초기의 원활함이 후기의 섬세함과 기묘함으로 넘어가는 특징이 확연히 드러난다. 원말명초의 퇴주의 스타일과는 아주 다르며 심지어는 명대 중기 퇴주의 표준기물이다.

* 퇴주는 기물에 여러 차례 칠을 바르고 말린 후 각종 무늬를 부조浮雕한 것임–역주

장거정의 개혁

대학사 장거정(1525~1582)의 자는 숙대叔大, 호는 태악太嶽이고 호광湖廣 강릉현江陵縣(지금의 호북성 강릉) 사람이다. 가정 26년(1547)에 진사에 합격하였고, 편수·예부시랑 겸 한림원학사·이부좌시랑 겸 동각東閣 대학사·예부상서 겸 무영전武英殿 대학사를 역임했으며, 소보少保 겸 태자태보太子太保를 더하였다. 명대의 저명한 정치가다. 융경 6년(1572) 7월, 어린 신종을 보조하던 환관 풍보馮保와 손을 잡고 조정을 장악했다. 신종 즉위 후 1개월이 안 되어 대학사 장거정은 환관 풍보를 이용하여 고공高拱을 배척하고 자신이 수보가 되었다. 또 예부상서 여조양呂調陽을 추천하여 문연각 대학사를 겸임하도록 하여 기무에 참여토록 했다. 이때에 이르러 국가 조정의 모든 일은 장거정과 풍보가 장악하였다. 풍보와 장거정이 정권을 장악한 후에 풍보는 내정을 주재하였고 장거정은 외정을 주재하게 되니 조정 대권은 장거정의 수중에 떨어졌다. 장거정은 황제를 도울 수 있는 여러가지 조치들을 실시하였다. 12월 17일에 장거정은 강의를 하는 관원들을 대동하고 신종에게 《제감도설帝鑒圖說》을 올렸다. 이 도서는 도해형식으로 되어 있어서 어린 황제의 교육에 알맞았다. 동시에 가정과 융경 이래로 내려온 군정의 부패·바닥난 재정·백성의 궁핍과 어려움·심각한 위기의 국면들을 전환시키기 위하여 구제도를 폐지하고 새로운 제도를 선포하며 폐단을

제거하고 부국강병을 종지로 삼았다. 관리의 치세를 정리하고 변방의 식량과 방위를 정돈하며, 경제를 정비하고 수리사업을 복구하는 등 여러 방면에서 일련의 개혁을 실시하였다. 10년의 노력을 거쳐 장거정의 개혁 실시는 여러 면에서 실질적으로 현저한 성과가 나타났다. 이런 결과를 두고 "나라 안을 맑게 일소하니 사방의 오랑캐가 복종하고 창고의 곡식은 수년을 지탱할 만하다" "천하가 태평하다"는 평가가 있게 되었다. 그러나 그의 개혁은 관료 대지주들의 반대와 저항을 받았다. 만력 10년(1582), 장거정이 죽자 개혁 역시 중지되었다.

장거정이 황제를 위해 편찬한 《제감도설》

주재육이 창립한 무학

　주재육朱載堉은 중국 명나라의 저명한 과학자이자 예술사론가이다. 악학樂學 · 율학律學 · 역학 등 방면에서 커다란 성취를 이루었고 또한 무용을 '음악'에서 분리해 내어 새로운 학문인 '무학舞學'을 세웠다. 주재육의 무용 학설은 《율려정의律呂精義 · 논무학불가폐論舞學不可廢》 상 · 하편 및 다수의 '의고무보擬古舞譜'의 서문과 발문 속에 집중되어 있다. '무학십의舞學十議'를 포함하여 무용 예술의 10개 방면에 관해서 토론한 중요문제는 다음과 같다. '무학'은 무용의 기본 이론과 어떤 대상에 대한 평론이다. '무인舞人'은 무용 표현자의 신분 · 교양 · 몸짓 · 풍채에 대한 표준 및 요구다. '무명舞名'은 역대 유명한 곡패曲牌에 대한 회고와 분류다. '무기舞器'는 무용 도구의 규격과 사용방식이다. '무일舞佾'은 무용가의 수와 행렬의 표준을 말한다. '무표舞表'는 무용의 위치와 활동형식을 말한다. '무성舞聲'은 무용음악으로 창사唱詞를 포함한다. '무용舞容'은 무용의 자태 및 그것이 표현하는 의의를 말한다. '무의舞衣'는 무용 복식의 제도와 형식이다. '무보舞譜'는 무용의 구체적 내용이다. 주재육이 400년 전에 창립한 무학과 그의 무학에 관한 연구 성과는 후세에 중요한 참고 가치가 있으며 계시의 역할을 해주고 있다.

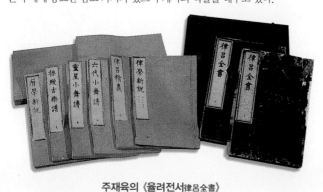

주재육의 《율려전서律呂全書》

명 · 문백인文伯仁의 〈초곡도樵谷圖〉

그림 속의 나무는 울창하고 계곡에는 졸졸졸 물이 흐른다. 마치 산속 깊은 계곡에서 구불구불 흐르는 시냇물 소리가 들려오는 듯하다. 시냇가에는 초가집이 언뜻언뜻 보이며 산봉우리 나무 끝에는 봄이 오는 듯하다. 전체 작품에 산촌생활의 숨결이 가득하다.

명대의 장호 제도

명나라는 원나라의 장호제도匠戶制度를 답습하여 인가를 민·군·장匠 삼등으로 구분하였다. 그중 장적匠籍은 전부 수공업자이고, 군적 중에도 적지 않은 각 도사위소都司衛所에서 관할하던 군기국軍器局에 근무하던 자를 군상군匠軍匠이라고 칭했다. 법률 지위로 볼 때 이들은 특수한 호적의 장인匠人과 군장에 편입되어 일반 민호 지위보다도 낮았고, 그들은 대대로 세습되었으며 보충할 때 편리하게 하기 위하여 분호分戶가 허락되지 않았다. 장호와 군호가 만일 원래의 호적에서 이탈하려면 몹시 어려웠다. 황제의 특별한 지시에 의하여 비준을 받아야 했으며 장호나 군호의 신분으로는 시험에 응시할 수도 없었고 선비들과 함께 있지도 못하였다. 교대 근무하는 윤반장輪班匠*들의 노동력은 무상이었고 공작소 우두머리의 관리를 받고 착취를 당했다. 장인들은 파업·사칭·도망 등의 수단을 써서 반항을 계속하였다. 명 정부는 부득이 상품경제발전에 적용하도록 은으로 노동을 대신하는 법을 제정하였다. 가정 41년(1562)부터 교대 근무하는 장인들은 일률적으로 은을 지불하였고 정부에서도 은으로 장인을 고용하였다. 이렇게 되니 윤반장은 실제로 이미 유명무실하게 되었고 신분이 장적匠籍에 있는 사람도 자유롭게 상공업에 종사할 수 있게 되어 신분 속박이 대대적으로 약화되었다. 명 중기에 시작되어 점차 심화되던 장인노역 개혁이 민간 수공업 생산의 발전을 촉진시켰음은 의심할 여지가 없다. 청대에 이르러 4반세기 동안 지속되었던 장호제도는 정식으로 종결되었다.

* 명대에 관방의 수공업장에서 교대로 근무하던 근로자 – 역주

만력 3년(1575) 정월, 명 정부는 요동의 방위체계를 더욱 굳건히 하기 위하여 지속적으로 고산孤山·험산險山·연강沿江·신안新安 등 여섯 변방에 보堡를 건설하였다. 또한 고산과 험산 두 곳에 참장參將을 파견해 성을 수비하도록 했다. 요동진遼東鎭은 명 정부가 북방 몽골 세력의 침략을 방어하기 위하여 건립한 아홉 개의 변경 도시 중에서도 으뜸으로 지금의 요동 대부분 지역을 관할하였으며 수도 북쪽의 병풍구실을 했다. 명 조정에서는 요동 육보六堡를 건설하고 무순撫順 이북과 청하淸河(무순 동남쪽) 이남의 광활한 지역을 통제하여 수도 보호에 있어 적극적인 역할을 하였다.

명·곽후의 《잡화책》(일부)

곽후郭詡(1456~약1529)는 자가 인굉仁宏, 호는 청광淸狂이고 강서성 태화泰和 사람이다. 홍치 연간에 관직을 사직하고 다시는 벼슬을 하지 않았다. 회화에 있어서는 공정·근엄함과 거칠고 호방한 두 가지 스타일을 겸했으며 우위吳偉와 이름을 나란히 했다. 이 《잡화책》은 화조·초충草蟲·인물 등을 그리고 있는데 그중 하나를 선택한 것이다. 그림 속에는 몰골설색법沒骨設色法으로 갈대와 갓 한 포기를 그렸는데 붓 운용법이 청려하고도 매끄러우며 자유롭고 대범하다.

서위 석각상

서위와 《사성원》

서위(1521~1593)의 자는 문장文長, 만년호는 청등도사靑藤道士며 산음山陰(지금의 절강성 소흥) 사람이다. 그는 서화예술 방면에 조예가 깊었을 뿐만 아니라 또한 커다란 성취를 이룬 문학가이자 극작가다. 서위의 문학 성취를 가장 잘 나타낸 것은 그의 창작 잡극 《사성원四聲猿》이다. 《사성원》은 잡극 네 편의 총칭으로 《광고사어양삼농狂鼓史漁陽三弄》·《왕선사취향일몽王禪師翠鄕一夢》·《자목란체부종군雌木蘭替父從軍》·《여장원사황득봉女狀元辭凰得鳳》이 포함되어 있다. 서위의 《사성원》은 기존의 잡극을 뛰어넘었다. 기존의 잡극은 전부 1본本에 4절折 형식이었지만 《사성원》에 포함된 네 편의 극은 장단長短이 같지 않아 1절에서 5절까지 모두 있다. 그밖에 기존의 잡극은 기본적으로 북곡 범주에 속했지만 《사성원》 중의 《여장원사황득봉》은 전체가 남곡을 사용하여 쓰여졌다. 이로써 남곡을 사용하여 극을 쓰는 선례를 만들었다. 그가 쓴 잡극은 연출을 위해 썼을 뿐만이 아니라 농후한 현실의미를 갖고 있다. 옛이야기를 빌어 당시 백성들의 착취에 대한 반항을 서술함으로써 봉건예교 속박에 반대하는 강렬한 희망을 담고 있다.

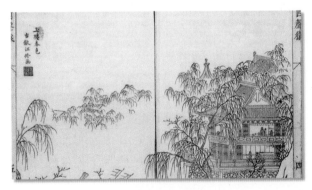

《사성원》삽화(명 만력각본)

채회구변도彩繪九邊圖·요동진도遼東鎭圖

이 그림은 명 가정 연간에 그려진 묵서채회본이다. 전체 그림은 12폭 병풍으로 되었다. 이 두 폭은 요동진도다. 이 그림은 명대 9개의 변경지역이 위치했던 지리를 연구할 수 있는 실물자료다. 또한 명대 및 그 이전의 채색지도의 회화법과 그 특징을 고찰해 볼 수 있는 진귀한 진적眞迹으로 중국 지도사에 있어 귀중한 자료다.

1578년
반계순의 황하 치수

만력 6년(1578) 여름, 황하 치수의 전문가인 반계순潘季馴이 재차 공부시랑 겸 우도어사右都御史에 임명되어 황하의 물길 치수를 총감독하게 되었다. 만력 3년(1575) 2월, 황하와 회하에 홍수가 나서 사방으로 범람하니 그 해가 다 지나도록 다스리지를 못하고 계속하여 제방이 터졌다. 만력 6년(1578) 2월, 신종은 장거정의 건의를 채택하여 형부우시랑 반계순을 공부시랑 겸 우도어사 총리로 임명하여 물길을 다스리도록 하였다. 같은 해 6월 25일, 반계순은 〈양하경략소兩河經略疏〉를 상주하여 황하를 다스릴 수 있는 조치에 관한 항목을 제출하였다. 또한 황하와 회하 하류 및 운하를 다스리는 전면적인 계획을 진행하였다. 신종은 이 건의를 받아들였다. 다음 해 겨울에 반계순은 황하와 회하의 공정을 보고하였다. 전체 56여만의 은량을 소비하였으나 원래 계획에 비하여 24만 량이 감소하였다. 흙제방은 10만 2천여 장

丈을 건축하였고 돌제방은 3천여 장을 건설하였으며, 무너진 둑 139곳을 메웠다. 저수지 4곳을 건설하고 두 갈래의 물길을 파서 운하의 얕은 곳 1만 1천여 장을 준설하여 소통되도록 했다. 제방에는 버드나무 83만 2천여 그루를 심어서 제방을 보호하도록 하였다. 반계순은 1년 동안 황하와 회하 두 강이 정상으로 돌아오게 했고, 모래를 파내 물길을 깊게 하고, 항구의 대대적인 개척과 전답의 회복 등에 있어 공적이 있다. 이후 수년간 황하는 홍수피해가 나지 않았고 조운 역시 비교적 잘 소통되었다.

비룡문옥완飛龍紋玉碗

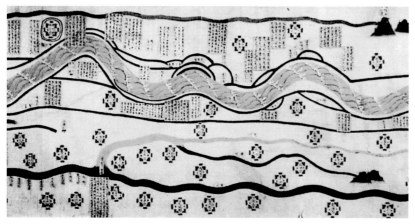

황하 치수 일람 도권圖卷(일부)

1582년
장거정의 죽음과
개혁의 중지

장거정은 명나라의 흥성시기에 있으면서 정무에 종사하고도 피곤한 줄 몰랐지만 오히려 전염병에 걸려서 만력 10년(1582) 6월에 서울에서 죽음을 맞이했다. 신종은 조회를 거두고 장거정을 상주국上柱國에 추서하고 사품경경四品京卿·금의당상관·사례태감 등에게 관을 호위하여 강릉에 안장하도록 명령하고 '문충文忠'이라는 시호를 하사했다. 그러나 얼마 가지 않아 장거정은 공정하지 못한 대우를 받게 되었다. 즉 만력 21년 3월, 신종은 장거정의 상주국과 태사라는 작위를 몰수하고 그 시호까지 삭탈하였다. 또한 그의 아들 금의위지휘錦衣衛指揮 장간수張簡修를 파직하고 평민으로 만들었다. 만력 12년 4월에 신종은 또 사례감 태감 장성張誠과 시랑 구순丘橓 등을 강릉으로 파견하여 장거정의 재산을 몰수하였고 장거정의 큰아들인 예부주사 장경수張敬修는 혹독한 고문을 이기지 못하고 핍박 끝에 자살하였다. 수보직을 했던 신시행申時行과 형부상서 반계순 등의 대신이 강력히 청을 드리자 신종은 비로소 약간의 자비를 베풀어서 빈집 한 곳과 전답 10경頃을 남겨 팔순이 넘은 장거정의 노모가 쓰도록 하였다. 8월에 신종은 재차 장거정의 관리 등급을 모두 삭탈하도록 조서를 내리고 이전에 하사한 옥서 및 4대 고명誥命을 모두 박탈하였으며 장거정의 '죄상'을 천하에 반포하였다. 장거정의 동생 도지휘都指揮 장거이張

居易·아들인 편수編修 장사수張嗣修는 모두 생활하기 어려운 편벽한 지역으로 유배를 보냈다. 장거정이 권력을 장악하고 있을 때 반포했던 일련의 개혁법은 이로써 모두 중지되었다.

정대위와 《산법통종算法統宗》

명 만력 20년(1592), 명대의 주산가인 정대위程大位가 60여 세의 고령으로 그의 걸작인 《직지산법통종直指算法統宗》(간칭《산법통종》)을 완성하였다. 이 책은 중국 고대 수학발전 과정 중 몹시 중요한 저서로 널리 오랫동안 전해 내려오고 있으며 중국 민간의 주산 보급에 있어서 촉진역할을 하였다. 명말에 이 책은 조선과 일본 및 동남아 각지로 전해졌으며 이들 지역에 주산을 전파할 수 있는 중요한 역할을 하였다. 정대위(1533~1606)의 자는 여사汝思, 호는 빈거賓渠며 안휘성 휴녕休寧 사람이다. 어렸을 때 폭넓은 독서를 하였으며 서예와 수학에 특히 흥미를 갖고 있었다. 20세에 양자강 유역에서 장사를 하기 시작했으며 동시에 각 곳의 명사들을 찾아 방문하며 수많은 수학서적을 수집하고 연구하였다. 약 40세 때 귀향하여 전심으로 연구를 하여 마침내 만력 20년에 이 걸작을 완성했다.

청 태조 누르하치

1583년
누르하치의 흥기

만력 11년(1583), 누르하치[努爾哈赤]*(1559~1626)가 겨우 25세 때 그 선조가 남긴 13벌의 투구와 갑옷의 힘을 빌려 병사를 일으켜 니감외란尼堪外蘭을 정벌하였고, 이로써 그의 여진 각 부족에 대한 정벌여정이 시작되었다. 누르하치의 성은 애신각라愛新覺羅**며 그 선조 맹가첩목아猛哥帖木耳는 명 영락 10년(1412)부터 명나라의 책봉을 받은 건주좌위지휘建州左衛指揮로 대대로 명나라의 관작을 봉받던 지방관이었다. 원래 여진의 각 부족은 평화롭지 못하였는데 도륜부圖倫部의 니감외란은 명나라 군대와 결탁하여 누르하치의 조부인 각창안覺昌安과 부친 다쿠시[塔克世]를 모함하여 죽였다. 누르하치는 나머지 부족 수백 명을 집합시켜 니감외란을 정벌하고 일거에 도륜성을 공격하여 병사 수백 명을 사로잡고 갑옷 30벌을 획득하였다. 니감외란이 악륵혼성鄂勒琿城으로 도망을 가자 명 조정에서는 결국 누르하치를 지휘사에 임명하였다. 누르하치는 계속하여 서쪽을 정벌하였다. 다음 해(1584) 9월, 동악董鄂의 옹악낙성翁鄂洛城을 공격하여 손에 넣었고, 만력 13년(1585)에는 혼하부渾河部의 계범界凡성 등을 공격하여 취하였다. 14년(1586)에는 소극소호하부蘇克蘇護河部의 과지가성瓜之佳城·혼하부의 패혼성貝琿城·철진부哲陳部의 탁마화성托摩和城을 공격하였다. 이어서 악륵혼성에 있던 니감외란을 공격하니 니감외란은 다시 무순撫順으로 도망가 명나라 군대의 보호

를 요청하였다. 그러나 명나라 군대는 그를 잡아서 누르하치에게 넘겼다. 누르하치는 드디어 명나라와 강화를 맺고 통상을 하며 작위를 부여받기로 하였다. 만력 16년(1588)에 누르하치는 완안부完顔部를 멸하니 이로써 그는 정식으로 건주 5부를 통일하였으며 그의 역량은 신속히 커져만 갔다. 여진 사람들은 본래 궁술과 기마에 능숙하고 용감하며 전쟁을 잘하여 당시에는 "여진은 만 명이 안 되지만 이 만 명에게 적이 없다"고 하는 속담이 생겨났다. 누르하치는 또한 칭기즈칸 이래로 보기 드문 군사적 천재였다. 그가 거느린 철기군대는 북방 변경의 대사막과 남쪽의 고원을 질주하며 만 리가 넘는 토지를 확장하여 청대에는 중국 역사상 영토가 가장 넓은 대제국을 건립하는 기초를 마련하였다.

* 한국에서는 누르하치의 한자를 보통 努兒哈赤으로 표기하지만 원서에 근거하여 표기하였음. 누르하치 등 우리에게 이미 익숙한 명칭은 그대로 표기하고 나머지는 모두 한자음으로 표기하였음 – 역주
** '아이신교로' 라고도 하는데 본 번역서에서는 '애신각라' 로 씀 – 역주

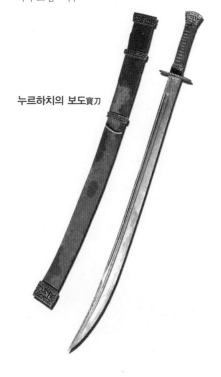

누르하치의 보도寶刀

《본초강목》과 이시진

의약학 저서의 대량 편찬은 명대 의약학이 공전의 발전을 했다는 확실한 표시 중의 하나다. 만력 6년(1578), 걸출한 의학가 이시진李時珍은 본초학을 집대성한 《본초강목本草綱目》을 지술하였다. 이는 이 시기 중 약학의 최고 성취를 대표하며 중국 및 세계의 의약학을 몹시 풍부하게 해주는 의약학 보고寶庫다. 이시진(1518~1593)의 자는 동벽東壁, 호는 빈호瀕湖며 만년의 호는 빈호산인으로 호북성 기주蘄州(지금의 호북성 기춘蘄春) 사람이다. 대대로 의술을 행하는 집안에서 태어났으며 어릴 적부터 집안 분위기의 영향을 받아 자연스럽게 의학에 깊은 흥미를 갖게 되었다. 그는 34세 되던 해부터 《본초강목》 편찬에 착수했으며 장장 27년이라는 각고의 노력 끝에 800여 종의 문헌자료를 참고하고 세 번의 수정 과정을 거쳐 만력 6년, 그가 60세 되던 해에 드디어 새로운 시대를 열 수 있는 약물학 거작을 완성하였으니 중국 약학사에 있어 중요한 이정표가 되었다. 전체 《본초강목》은 총 190여만 자로 이루어져 있다. 16부, 62류, 50권으로 분류하였으며, 수록한 약재가 1,892종, 약방문이 11,096개에 달하며, 동식물 삽화가 1,110폭에 이른다. 각종 약물의 복잡한 형태와 효능과 효과를 구체적으로 표현하였다. 책 속에 수록된 약물은 과학적 분류를 하였는데, 예를 들면 풀은 산초山草와 방초芳草로 나누고, 동물은 충虫(곤충류)·린鱗(어류)·개介(연체동물류)·금禽(조류) 등으로 분류하였다.

이시진 묘 앞의 조각상

'이시진의 약재 채집' 조각상

1585년
해서의 죽음

수보 장거정이 죽은 이후에 조정은 장거정이 조정에서 배척했던 관원들을 회복시키기 시작했다. 만력 13년(1585), 관직을 그만두고 한가롭게 지내던 이미 72세 고령의 해서海瑞가 다시 남경 우도어사에 임명되었다. 그는 자신의 습성대로 여전히 청렴결백하였으며 만력 15년(1587)에 임지에서 병에 걸려 죽었지만 사후에도 돈이 없어 사람들이 돈을 모아서 장례를 치러주었다. 장례를 치르는 동안 농사꾼들은 밭갈이를 그만두고 장사꾼들은 시장을 철시하였으며, 곡소리가 수백리까지 끊이질 않았다. 후에 '충개忠介'라는 시호를 내렸으며 민간에서는 그를 '해청천海靑天'이라고 부른다. 해서의 일생은 강직하고 사사로움이 없었으며 스스로도 "죽음이 두렵지 않고, 돈을 사랑하지 않고 당을 만들지 않는다"고 하였다. 그는 자신을 깨끗이 하여 백성을 사랑하고 끊임없이 자신을 연마해, 세상에서 보기 드문 절개가 있는 사람으로 후세인들이 존경하고 있다. 저서로는 《해서집海瑞集》이 출판되었다.

해남도 해구시에 있는 해서 묘

명대 진혁희陳奕禧 《서유기》도책

오승은과 《서유기》

　　오승은吳承恩(약1500~약1582)은 명나라의 소설가로 자는 여충汝忠, 호는 사양산인射陽山人이며 본적은 강소성 연수漣水다. 후에 회안의 산양山陽(지금의 강소성 회안)으로 이주하여 살았다. 그의 일생 중 가장 유명하고 영향력이 있는 것은 그의 장편소설 《서유기西遊記》다. 《서유기》는 명대 소설 중에서 '4대기서四大奇書'의 하나로 오승은이 역대 민간의 전설·설화예인과 무명작가가 창작한 기초 위에 가필한 것으로 자신이 현실생활에서 느낀 것을 융합하여 창작해낸 지극히 현실 의의가 있는 고전 장편 신화소설이다. 《서유기》는 당나라 정관 연간의 승려 현장법사(602~664)가 홀로 천축국(지금의 인도)에 가서 불경을 가지고 온 일에 근거하여 진화시킨 작품이다. 《서유기》의 예술성취는 아주 높다. 《서유기》는 신성神性·인성과 물성物性(자연성) 3자가 합일된 방식으로 인물을 창조했다. 손오공의 형상은 중국문학사에 있어 독자적인 특색을 구비하고 있다. 신적인 위력이 있지만 오히려 현실사회 속의 사람과 동물의 습성이 결여되어 있어 고대 비슷한 류의 소설 속에서는 쉽게 볼 수 없는 요소다. 소설은 풍부하고도 대담한 예술적 상상력을 통하여 현란하고도 신기한 신화세계를 창조하였다. 이야기 줄거리도 곡절이 있고 생동적이며 기묘함과 환상이 빼어나 예술적 매력이 농후하고 충만하다. 소설의 언어는 구어의 기초 위에 세련됨을 가미하여 생동적이고 유창하며 표현력이 풍부하다. 인물들의 언어와 개성이 선명하여 몹시 강한 생활의 숨결이 있으며 유머와 해학을 구비하고 있다. 구성에 있어서는 불경을 구하는 인물의 활동을 중심으로 부차적으로 줄거리가 전개되므로 주제와 부제가 명확한 몹시 마음을 쓴 흔적이 있는 소설이다.

강소성 회안에 있는 오승은 묘

1594년
국본 논쟁

신종이 오랫동안 태자를 세우지 않자 대신들 간에 논쟁의 단서가 되었으며 이는 무의식 중에 동림당東林黨 논쟁의 발단이 되었다. 만력 22년(1594), 신종은 정귀비鄭貴妃의 소생인 주상순朱常洵을 태자로 세우고자 하였다. 그러나 조정 신하들은 대부분 장자인 주상락朱常洛을 태자로 세워야 한다고 주청하였으며 이로 인해 조정에서는 국본의 논쟁이 출현하였다. 이부의 문선랑文選郎 고헌성顧憲成이 "적장자를 세우지 않으면 안 된다"고 강력히 주장하여 신종의 심기를 건드렸다. 수보 왕석작王錫爵이 관직을 사직하니 고헌성은 왕가병王家屛을 추천하여 수보를 대신하게 하였다. 왕가병도 역시 장자 옹립파였으므로 고헌성은 이로써 다시 한 번 신종의 노여움을 사 파직되어 귀향하였다.

명·만력 연간의 금 줄세공으로 용이 구슬을 가지고 노는 모습이 있는 동법랑 병

고헌성

고헌성(1550~1612)의 자는 숙시叔時고 무석 사람이다. 동림서원東林書院은 송나라 때 양시楊時가 강의하던 장소였다. 고헌성은 관직에서 파직된 후 그의 동생 고윤성顧允成과 함께 동림서원을 수리하고, 뜻을 함께 하는 고반룡高攀龍·전일본錢一本·설부교薛敷敎·사맹린史孟麟·우공겸于孔兼 등과 함께 이곳에서 강의를 하였다. 해마다 큰 대회를 한 번 열고, 한 달마다 작은 회를 열었다. 당시 관직에서 쫓겨난 일부 사대부들은 세상과 융화하지 못하고 산야에 은거하고 있었는데 이런 소식을 듣고는 모두 호응하였다. 그들은 시정을 풍자하면서 인물을 추측하여 단정하였다. 동림서원은 은연중에 당黨이 되어 후에는 결국 동림당이라고 불리게 되었으며 고헌성을 부를 때도 역시 존경을 담아서 '동림선생'이라 하였다. 그후 손비양孫丕揚·추원표鄒元標·조남성趙南星 등 정직한 군자들이 조정에서 축출되자 역시 동림으로 가서 강의하였다. 그들은 스스로 절개를 부여잡고 조정과 항쟁하니 동림당 쟁론의 시초가 되었다.

'동림선생' 고헌성

광범위하게 사용된 조총

명나라 초기부터 말기까지 화기火器는 줄곧 혁신과 발명 과정 중에 있었다. 가정 연간에 기술의 도입과 연구를 거쳐 개선된 조총은 화총을 대신하게 되어 명나라 군대의 중요한 열병기 장비가 되었다. 조총은 유럽인이 발명한 것으로 명 가정 연간에 일본을 거쳐 중국에 도입되었다. 가정 37년, 명 조정은 처음으로 조총 제작에 성공하였다. 동시대에 룸Rúm(지금의 터키에 위치)의 조총이 중국에 전래되어 중국의 수많은 화기 전문가들은 깊이 있게 이를 연구하여 혁신을 이루었다. 명 만력 26년(1598), 조사정趙士禎은 룸 조총을 모방하고 개조를 계속하여 장신관長身管을 더하여 발화 장치를 개선하고 발사동작을 간략화 하였다. 또한 총 끝에 강철도를 부착하여 바꾸어 들면 근접거리의 전투에서는 군도로 사용할 수 있도록 하였다. 개량후의 조총은 사정거리가 멀고 위력이 커졌으며 형태제작에 있어서도 일본 조총보다 우월하였다. 조사정은 같은 해에 또 우수한 체전총掣電銃을 연구 제작하였다. 다 만든 후에 자총子銃을 장착하는 형태다. 이런 자총은 실은 화약이 있고 탄두가 있는 원시자탄으로 중국 고대 병기사에 있어 중대한 발명으로써 대대적으로 조총의 광범위한 사용을 촉진시켰다. 조총의 출현과 개량제작은 군대장비의 중대한 변화를 가져왔을 뿐만 아니라 신속하게 명나라 군대의 중요한 경량형 화기의 하나가 되었다. 후에 조총의 끊임없는 개선과 군대에서 대량으로 준비하게 됨에 따라 군대의 전투력을 대대적으로 증강시켰다.

명대 동수총銅手銃

1598년
중일전쟁의 종결과 일본의 대패

만력 20년(1592) 5월, 일본 관백關白 (재상) 도요토미 히데요시[豐臣秀吉]는 고니시 유키나가[小西行長]를 선봉으로 수륙군 20여만 명을 파견하니 조선해협을 몰래 건너 신속하게 부산과 서울을 공격 점령하며 평양까지 몰고 들어왔다. 조선의 국왕 이연李昖은 명나라에 원조를 청하였다. 명나라 조정에서는 일본이 조선을 침략한 것은 중국을 위협하기 위한 것이라 여겨 부총병副惠兵 조승훈祖承訓을 보내 군대를 이끌고 조선을 원조하도록 하였다. 이후 중국과 일본 쌍방은 장장 7년이나 전쟁을 하였다.

만력 26년(1598) 7월, 도요토미 히데요시가 병으로 죽자 일본군은 동요되었고, 사병들 모두 고향을 그리워했다. 11월, 일본군 장군 고니시 유키나가와 가토 기요마사[加藤淸正]는 해상을 이용하여 일본으로 도망가려고 하였다. 명군 수군제독 진린陳璘은 전함을 보내 해로를 봉쇄하였다. 또한 부장副將 등자룡鄧子龍과 조선 장군 이순신을 보내 일본군을 추격하도록 하였다. 이미 70세가 넘은 등자룡은 전선 300척을 이끌고 선봉대가 되어 계속 추격하여 부산해협에 이르게 되었고 300명의 용사들은 용맹하게 적을 물리쳤다. 이 교전 중 전함에 포탄이 떨어져 등자룡과 이순신 두 사람은 장렬하게 전사하였다. 그때 부장 진잠陳蠶, 계금季金이 군사를 이끌고 도착하여 앞뒤에서 협공하고 추격하여 일본군

전함들을 불태워 버리니 일본군의 사상자들은 무수히 많았다. 진린과 유정柳綎이 거느린 군대는 예교채曳橋寨*에서 일본군을 지지하여 일본군 전함 100여 척을 불태웠다. 이 부산 남해대전에서 명군은 일본 전투선 900여 척을 격침하였고 만여 명의 병사를 섬멸하였다. 명군의 원조를 받은 조선은 왜군과의 전투를 승리로 끝을 맺었다.

* 여기서 예교채라고 하는 것은 우리가 말하는 왜교(倭橋)가 아닌가 생각됨. 이 전투 상황은 우리가 알고 있는 것과 다르게 명나라 입장에서 서술하였으나 원서대로 번역하였음 – 역주

중일전쟁 중, 쌍방이 부산성에서 격전하는 장면

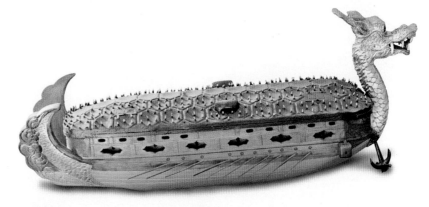

거북선(모형)

조선의 삼남수군통제三南水軍統制 이순신이 개량 제조한 것으로 사면에서 화포를 발사할 수 있어 방어력과 기동성에 있어 비교적 강하다. 중국과 조선의 군대는 노량진 전투에서 이런 거북선을 투입하여 일본군을 대패시켰다.

천하를 주유한 서하객

　만력 36년(1608), 21세의 서하객은 집을 떠나 여행길에 올랐으며 천하를 주유하는 위대한 여정을 시작하였다. 서하객은 30여 년의 여행 여정 속에서 온갖 험난함을 맛보면서 전국 각지를 편력하였다. 서하객은 도착한 곳마다 보고 듣은 바를 생동감 있고 진실하게 기록하였다. 사후에 다른 사람이 정리하여 일기체 위주의 지리 명서인 《서하객유기徐霞客遊記》가 완성되었다. 내용은 지리, 물의 각종 자연현상, 식물 등을 기록하였고 역사지리 · 사회정치 · 경제 · 민족풍속 · 도시와 취락 등에 대해서도 언급하였고 그 내용이 몹시 풍부하다. 중국지리를 연구하는 데 희소가치가 있는 진귀한 자료를 제공해주고 있다. 또한 생동적인 문필은 최고의 문학작품으로도 손색이 없다. 서하객은 중국지리학에서 체계적인 실지實地 고찰과 자연규율을 연구하는 새로운 방향을 개척하였다. 그는 중국 지리학사에서 이전에 없던 탁월한 공헌을 하였으며 특히 카르스트의 기록과 연구에 관해서는 유럽인보다 2세기나 앞서 당시 세계를 선도하는 수준에 있었다.

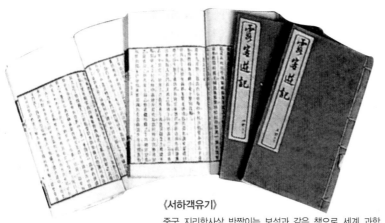

《서하객유기》
중국 지리학사상 반짝이는 보석과 같은 책으로 세계 과학사상에서도 첫 번째 자리를 점하고 있다. 책 속에는 서남지방의 카르스트(Karst) 지세의 광범위하고도 깊이 있는 고찰을 기술하고 있어 중대한 과학 가치를 구비하고 있다. 전체 책의 문필이 생동적이며 기행문학의 우수작품이다.

서하객
서하객徐霞客(1587~1641)의 이름은 홍조弘祖, 자는 진지振之, 호는 하객霞客이고 남직례 강음현江陰縣(지금의 강소성에 속함) 사람이다. 선비 집안에서 태어났으며 어려서부터 열심히 공부하기를 좋아해 경학과 지리지를 폭넓게 공부하고 중국의 명산대천을 주유하리라 마음 먹었다. 명말의 정치가 암울했기 때문에 벼슬길에 나아가 관직에 오르기를 원치 않았고 오로지 여행만 하여 중국 역사에서 가장 위대한 지리학자가 되었다.

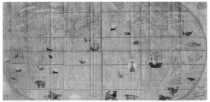

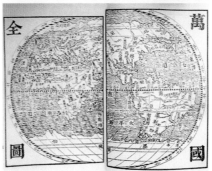

마테오 리치가 명 만력 30년(1602)에 제작한 《곤여만국전도坤輿万國全圖》

1601년
마테오 리치의 북경 거주

　만력 28년(1600) 12월 21일, 이탈리아의 선교사 마테오 리치가 두 번째로 북경에 왔다. 그는 신종 주익균에게 자명종 · 서양악기 · 진주를 상감한 십자가 · 천주상 · 성모상 · 《만국도지萬國圖志》 등을 공물로 바쳤다. 신종은 그를 접견하고는 그가 북경에서 선교할 수 있도록 윤허하고 조정의 관직을 주어 녹봉도 하사하였다. 마테오 리치는 이를 더없는 영광으로 여기며 이때부터 북경에 거주하였다. 10년 후에 세상을 떠났다. 신종은 조서를 내려 북경의 부성문阜成門 밖에 신하의 예로 장사 지내 주도록 했다.

북경의 삼탑사三塔寺에 위치한 마테오 리치의 묘비

마테오 리치와 서광계의 화상

마테오 리치

마테오 리치(1552~1610)의 중국 자字는 서태西泰이고 이탈리아의 마젤라타성에서 출생했다. 1571년 19세였던 마테오 리치는 예수회에 가입하였으며 1577년 이탈리아에서 동쪽으로 항해하여 1582년에 마카오에 도착했다. 마테오 리치는 중국어와 문학을 배웠다. 1583년에 중국 선교를 시작하였다. 동시에 그는 중국에 서양의 근대 자연주의 과학을 전파하는 생애가 시작되었다. 중국에서의 선교를 순조롭게 하기 위하여 그는 열심히 중국어를 배우고 중국 습속을 따랐기 때문에 그를 '서유西儒'라고 칭할 정도였다. 후에 조정의 관원이나 선비들과 교제를 편하게 하기 위하여 그는 유생의 복장으로 갈아입고 머리와 수염도 길렀으며 이마두利瑪竇라는 중국식 이름을 지었다. 마테오 리치 이후의 선교사들도 그를 모방하여 중국에 오면 중국식 이름으로 바꾸었으니 이는 고착된 습관으로 형성되었다. 그는 선교하는 과정 중에 중국의 전적을 열심히 연구하고, 중국의 정치·종교·풍속을 연구하였다. 아울러 서방의 진보된 과학지식을 중국에 도입하였으며 또한 중국의 문화를 서구에 소개하였다. 이로써 명대 중국과 서양 문화의 교류를 이루었으며 점차로 '서학동점西學東漸'의 풍조를 이끌었다.

서양지도의 중국 전래

만력 29년(1601), 이탈리아 선교사 마테오 리치가 두 번째로 북경에 와서는 황제에게 예물을 드렸는데 그중《만국도지》는 신종의 커다란 흥미를 이끌었고 이리하여 서방지도가 중국에 들어올 수 있게 되었다. 이때부터 마테오 리치의 각종 세계지도가 세상에 편집되어 나오니 정부 안팎의 사람들이 중시하기 시작했다. 마테오 리치는 지도와 지리학에 관계된 서양의 근대적인 과학방법도 가져왔는데 그중에는 등적투영等積投影과 방위 등거리 투영의 지도 투영방법이 포함되어 있었다. 이는 처음으로 중국인들의 "하늘은 둥글고 땅은 네모나다"라는 전통 관념을 타파하여 중국학자들로 하여금 중국은 그저 지구의 한 부분일 뿐이라는 인식을 갖도록 하였다. 그밖에도 마테오 리치의 지도에는 이미 북극권·북회귀선·남회귀선·남극권 등이 표시되어 있고, 열대·온대·한대가 나뉘어졌으며, 지도 안에는 바다와 육지의 분포가 있어 이미 대체적으로 기본 윤곽이 반영되어 있었다. 세계지도 위에는 또한 일식과 월식도가 부록으로 있었고 북극권을 보는 법(즉 지리위도 측정법)·태양의 매일 적위표赤緯表·중기도中氣圖 및 지구의 개념 등이 있었다. 이것들은 당시의 중국 지식인들이 볼 때 모두 상당히 신선하고 그동안 들어보지 못했던 것들로 대대적으로 사람들의 안목을 틔워주었다. 이로부터 1,2천 년간 중국에서 전해오던 지도학은 강한 충격을 받고 개혁하기 시작하였다.

《기하원본》의 번역완성

만력 35년(1607) 초에 이탈리아 사람 마테오 리치의 구술번역에 의해 서광계徐光啓 등이 《기하원본幾何原本》전 6권을 중국어로 번역을 완성하고 북경에서 출판하였다. 이로써 희랍 고전 시기의 수학 성취를 총결한 저서가 중국에 전래되었으며 이는 중국 근대 수학발전에 있어 중대한 영향을 주었다. 《기하원본》은 맨 처음 중국어로 번역된 서양과학 저서로 비록 앞의 6권만을 번역하였지만 이미 충분히 서방의 공리적公理的 수학체계의 사상과 방법, 특징을 드러내고 있으며, 그 추상적 진술형식 및 엄밀한 로직logic 추리는 모두 중국 전통과학에서 결여된 것이었다. 《기하원본》의 전래는 중국 근대수학 발전에 커다란 영향을 주었고 이 이후 중국에서 기하학 지식이 널리 전파되었을 뿐만 아니라 적지않은 중국인들이 저술한 기하학에 관한 저서도 출현했다.

刻幾何原本序
唐虞之世自義和治歷暨司空
后稷工虞典樂五官者非度數
不爲功閎官六藝數與居一焉
而五藝者不以度數從事亦不
浮工也襄曠之於青股墨之於
其易信侯人㫧想見其意
如是則何知先生之學可信不疑大㮣其他
說幾何諸家藉此爲用略具其
自叙中不備論吳淞徐光啓書

서광계가 직접 쓴 《각기하원본서刻幾何原本序》

휘파 전각의 형성

명대 중엽 전후에 문인화가들은 친히 전각篆刻에도 참여하니 전각예술은 새로 운 발전을 얻게 되었고 일련의 전가유파 가 출현하게 되었다. 예를 들면 하진何震 을 대표로 하는 '휘파徽派'가 있다. 하진 (?~약1604)의 자는 주신主臣, 호는 설어雪漁 며 안휘성 무원婺源(지금의 강서성에 속함) 사 람이다. 그는 남경에 살 때, 문징명의 아 들 문팽文彭을 스승이 될 만한 친구로 삼 을 정도로 우정이 깊었다. 문팽은 유명한 전각가로 전각유파 중에서 '오문파吳門 派'의 대표며 문인도 석각인石刻印을 할 수 있는 풍조를 만들었다고 한다. 하진과 문팽은 함께 육서를 정성껏 연구하여 그 각인刻印 방법을 학습했다. 그는 또 원로 수장가인 정원변頂元汴의 집에 가서 수천 개의 옛 도장을 모방하여 조각을 하면서 전력으로 매진하였다. 하진이 각인한 전 법과 장법章法의 변화는 아주 크며 그는 동인銅印·옥인玉印을 능히 제조할 수 있 었고 소전小篆·무전繆篆·도필刀筆의 외 표에 여운이 무궁하다. 그가 모방한 만한 백문인漢滿白印은 칼 흔적이 선명하게 드러나면서 천연스럽고도 소박하다. 짧 은 칼로 도장의 변을 새기는 데 있어 웅건 함과 비트는 맛은 또다른 기묘함이 있다.

명·하진의 '죽연신월竹煙新月' 청전석인青田石印

국본 논쟁의 종결

국본 논쟁은 즉 맏아들인 황태자 주 상락朱常洛을 세울 것인지 아니면 정 귀비의 아들 주상순朱常洵을 세울 것 인지에 관한 것으로 신종 연간 동안 줄곧 황제와 조정 신하들의 마음의 병 이었다. 만력 29년(1601) 10월 15일에 신종은 드디어 20세의 장손 주상락을 황태자에 책봉하고 주상순은 복왕福 王, 주상호朱常浩는 서왕瑞王, 주상윤朱 常潤은 혜왕惠王, 주상영朱常瀛은 계왕 桂王에 봉하였다. 같은 달 28일에 황태 자에게 관冠을 내리고 복왕, 서왕 등 여러 왕들에게도 관을 더하였다. 태자 를 세우는 논쟁은 이로써 일단락 되었 다. 국본에 관한 논쟁은 16년이라는 긴 세월을 끌면서 신종이 권력의 득실 을 저울질하다가 드디어 장자를 황태 자에 책봉하고 천하에 반포를 하였다. 명대에 태자 책봉받는 일이 주상락 만 큼이나 어려웠던 적은 없었다.

명·대빈大彬*의 관지가 있는 주전자
이 자사호紫砂壺는 전해오는 대빈호大彬壺 가운 데서 가장 아름다운 작품이다.

* 시대빈時大彬(1573~1648)을 말함. 만력에서 청 순치 연간 사람으로 유명한 '자사사대가紫砂四 大家'의 한 사람인 시붕時朋의 아들임 - 역주

팔기제도를 창시한 누르하치

누르하치가 군사를 일으킨 후부터 그의 세력은 날로 강대해졌고, 만력 29년(1601)에 이르러 팔기제도를 조직 하였다. 팔기제는 니루제[牛錄制]가 확 충되어 이루어진 것이다. 1니루*는 삼 백 명으로 구성되며, 그 우두머리는 '니루어전[牛錄額眞]'(중국어로는 좌령佐 領)이고, 다섯 니루는 또 1갑나[甲喇]를 이루며 그 우두머리는 '갑나어전(중국 어로는 참령參領)이고, 다섯 갑나는 또 1 쿠산[固山]을 이루며 그 우두머리는 '쿠산어전固山額眞'(중국어로는 도통都統) 이라고 부른다. 모든 쿠산은 각자 특 정한 색깔의 깃발을 갖고 있다. 당시 만주군은 모두 4개의 쿠산이 있었으 며, 황색·백색·청색·홍색의 4가지 색깔의 깃발로 나뉘어져 있었다. 만력 43년(1615), 만주군 조직이 확대되어 양황鑲黃·양백·양청·양홍의 4개 쿠산이 증설되어, 모두 8개 쿠산에 6 만 명에 이르렀다. 쿠산이란 즉 만주 어로 '깃발'이란 뜻이다. 그러므로 8 쿠산의 건립을 또한 '팔기제도'라고 부른다. 누르하치는 전체 여진족을 모 두 팔기에 편입시켜 일종의 군정합일 의 제도를 실시하였다. 모든 기의 쿠 산어전은 모두 황족들이 맡고 있었으 며 이들을 '기주旗主'라고 부르고 일 반 백성은 '기하旗下'라고 불렀다. 기 민旗民은 출병하면 군사가 되고 평상 시에는 백성으로, 유사시에는 징집되 었으며 군사일이 없으면 경작과 수렵 을 하였다. 행군시에는 길이 넓으면

팔기가 각각 길을 나누어 나란히 가고, 길이 좁으면 한데 모여 행군했다. 출정하여 싸울 때에는 긴 창과 큰 칼을 쓰는 자를 선봉으로 삼고, 활을 잘 쏘는 자가 뒤에서 활로 공격을 가하며 정예 군사들이 서로 호응하여 행동하였다. 팔기병은 민첩하고 용맹하여 전쟁에 능하고, 규율이 엄격하고 공정하였다. 이후에 만주족 통치자는 주로 이 무장역량에 의지하여 전국을 통일하였다. 팔기제도 하에서 기주들은 기하에 대하여 봉건통치를 하며 착취했다. 누르하치는 팔기 기주의 제일 윗자리에 있는 팔기의 우두머리였다.

* 니루는 화살이란 뜻으로 원래 건주여진족이 수렵을 갈 때 한 사람당 화살 하나씩을 내던 것에서 유래함. 본래 1니루는 10명이었음 – 역주

후금 군병기
후금시기에 누르하치의 팔기 병사들이 사용했던 철검·철도·철투구다.

정운붕의 〈녹주도漉酒圖〉(술 거르는 그림)축

정운붕丁雲鵬(1547~1628)은 자가 남우南羽, 호는 성화거사聖華居士며 안휘성 휴녕休寧 사람이다. 불교와 도가 인물을 그리는 데 뛰어났으며 여러 종교 인물화를 그렸다. 일찍이 오도자吳道子의 필법을 배웠지만 주로 문징명文徵明·구영仇英의 법도를 취했으며 일종의 세필화로 수려한 기풍을 표현하였다. 그는 비록 종교인물을 그렸지만 고대 종교화처럼 짙은 색깔의 종교적 기풍은 없고 더욱 융화된 통속인물화의 감상용 그림을 그렸다. 이 그림은 은둔하고 있는 선비와 두 동자가 함께 술 거르는 통을 바라보고 있는 모습을 담고 있다. 그림 속의 기법이 몹시 엄정하고 정교하며 붓의 사용은 가볍고 부드러우며 표일한 맛이 있다. 채색은 선명하고도 밝으며 색과 먹이 혼연일체가 되어 있다.

삼해 건설

삼해三海 역시 명나라 서원西苑으로 금원禁苑이라고도 부른다. 명대의 황제와 황후들이 즐기거나 유람을 하면서 조정의 정무를 처리할 수도 있는 황실 정원으로 북경 황성 안의 궁성 서쪽에 있다. 삼해는 지금의 북해北海·중해中海·남해南海를 포함한 것이 기본적인 배치다. 삼해의 수면은 좁고 길기 때문에 그 배치가 자연적으로 시원하며 웅대하고 엄정한 궁전건축과 강렬한 대비를 이루고 있어 더욱 서원 경치의 생동감과 아름다움을 드러내고 있다. 좁고 긴 수면의 처리는 전혀 판에 박은 것 같지 않고 세 개의 수면은 모두 모여짐과 흩어짐이 있어 각각 특색을 지니고 있다. 삼해의 정원예술은 강조점을 두드러지게 하며 변화가 많다. 전체 정원 건축과 고궁의 경산은 긴밀한 관계를 이루며 중국 고대 정원예술의 우수한 전통과 고도의 성취를 구현했다.

북해北海 오룡정五龍亭

1602년
이지의 죽음

만력 30년(1602) 윤 2월 예과급사禮科給事 장문달張問達이 이지李贄를 탄핵하는 상소문을 올려 그의 책은 "독이 바다로 흘러드는 것처럼 민심을 현혹하고 있다"라고 하였다. 이 사건으로 이지는 옥에 갇히게 되고, 그로부터 얼마 지나지 않아 그는 핍박에 못 이겨 자진하고 그의 책은 불태워지고 금서가 되었다.

이지는 중국 역사상 가장 위대한 사상가의 한 사람으로 그의 학설은 왕수인 및 선종에 영향을 주었지만 스스로 공개적으로 '이단' 이라고 자처하였다. 그는 공자의 시비관으로 사물의 시비의 표준을 판단하는 것을 반대하고, 주희의 이학은 더욱 경시하였다. 그는 비천한 유학자들은 무식하며, 속된 유학자들은 실질이 없고, 부패한 유학자들은 죽지도 않고 냄새만 풍기며, 유명한 유학자들은 절개를 위해 이름만을 남긴다고 통렬하게 비판하였다. 뿐만 아니라 봉건지주 계급의 이학사상에 대해서도 맹렬한 비판을 가하였다. 이지는 또 봉건윤리도덕에 반대하고 개성의 해방과 남녀평등을 제창하며, 여성의 교육과 과부의 재가를 주장하였다. 이지는 학문의 폭이 넓고 깊어 《분서焚書》·《장서藏書》·《속분서續焚書》·《속장서續藏書》등의 저서를 편찬하였다. 이들 서적들은 당시 많은 사람들이 다투어서 읽었지만 조정에서는 이를 홍수나 맹수처럼 여겼다. 이지는 옥에 갇히고도 전혀 두려워하지 않고 여느 때와 다름없이 독서와 시

짓기를 하였다. 그를 고향인 복건성으로 압송할 때 그는 "내 나이 76세인데 죽으면 죽는 거지 뭣하러 고향에 보내는가"라고 말했다고 한다. 드디어 사형을 집행하려고 하자 칼을 빼앗아 스스로 죽으니 이 위대한 사상가는 이렇게 비참하게 감옥 안에서 죽었다.

이지

이지(1527~1602)의 자는 탁오卓吾, 호는 온릉거사溫陵居士며 복건성 진강晉江 사람이다. 가정 30년(1551)에 거인에 합격하였고 만력 연간에 관직은 요안지부姚安知府에 이르렀으나 얼마 안 가 관직을 버리고 전심으로 강의를 하고 저술활동을 하였다. 그의 사상은 유학 명교와 봉건윤리에 반대한 것으로 유명하며 이리하여 봉건 세력은 그를 수용할 수 없었다. 만력 30년(1602)에 옥중에서 죽었다.

나전공예의 번영

명대의 나전공예는 비교적 유행했으며 그중에서도 얇은 나전공예가 커다란 발전을 이루었다. 나전은 일종의 수공예품으로 소라껍데기나 조개껍데기를 칠기나 목가구, 혹은 조각기물의 표면에 상감하는 것으로 천연채색 광택이 있는 문양이나 도형을 이룬다. 명대에는 두꺼운 나전과 얇은 나전이 동시에 유행하였다. 명대의 얇은 나전은 두꺼운 나전에 비하여 더욱 큰 발전이 있었으며 세심하고 정교하여 사람들이 놀랠 지경이었다. 당시 사람들의 이에 대한 평가는 "백 가지의 그림이 있는데 점點·붙여넣기·걸어붙이기·선 넣기 등이 모두 정교하고 치밀한 것이 마치 그림과 같이 묘하다"고 하였다. 당시에 이미 서로 다른 색상의 광택을 어떻게 구분해야 하는지를 알았고, 서로 다른 형태의 상감재를 잘라서 교묘하게 운용을 더하여 공필화工筆畫의 효과까지 얻었다. 만일 거기에 금은편을 더하여 배합해 사용하면 더욱 화려하고 생기발랄하였다. 17세기에 이르러 얇은 나전칠기의 발전은 최고봉에 이르렀다고 할 수 있다.

명·자개를 상감한 흑칠 대안大案

높이 87cm, 옆길이 197cm, 너비 53cm로 현재 고궁박물원에 소장되어 있다. 책상은 평평하고 네 다리는 안으로 넣어 고정시켰다. 전체가 검은 흑칠이 되었으며 자개로 운룡문을 상감하였다. 책상 면에는 다섯 마리의 커다란 용이 춤을 추는 모습을 상감하였고 나머지 부분에도 역시 용이 구슬을 희롱하는 문양이 있는데 몹시 아름답게 자개를 상감하였다. 모양의 구분도 세심하게 나누었다. 책상 아래에는 자개로 '대명만력년제' 라는 관지가 있어 명대의 '어용감' 제품인 것을 알 수 있다. 이 책상은 명대 만력 연간의 관지가 있는 유일한 자기 칠 제품이다.

1615년
몽둥이 타격 사건

만력 43년(1615) 5월 4일 유시酉時에 계주薊州 출신 장차張差가 몽둥이(대추 나무 몽둥이임)를 들고 황태자 주상락이 거주하고 있던 자경궁慈慶宮에 침입하여 수문태감 이감李鑒에게 몽둥이질을 하고는 곧바로 전각 처마까지 내달았다. 이에 내관 한본용韓本用 등이 그를 사로잡았다. 몽둥이 타격 사건이 발생하자 전 조정은 깜짝 놀랐다. 황태자는 이튿날 황제에게 이를 고하고 신종은 즉시 사법부에 장차를 심문하도록 명령했다. 형부제로주사刑部提牢主事 왕지심王之案은 이 사건을 지시한 사람이 환관 방보龐保 · 유성劉成이며 이들이 모두 정귀비의 내시라는 것도 밝혀냈다. 수많은 언관들이 철저히 조사하기를 주청하였으나 대학사 방종철方從哲 · 오도남吳道南 등은 완전히 상반된 결론을 내리니 장차는 미친 자라는 것이었다. 25년간 신하들을 접견하지 않던 신종은 자녕궁慈寧宮으로 방종철과 오도남 등 문무 신하들을 불러서 그들에게 신종과 황태자의 관계를 이간질하지 말라고 경고했다. 그리고 몽둥이 타격 사건에 대하여는 깊이 조사하지 말기를 원하며 장차를 정신병자라 여기고 같은 달 29일에 처결하였다. 또 방보와 유성을 궁 안에서 몰래 죽여 입을 막고 사건을 매듭지었다. 동시에 왕지심은 일반백성으로 관직을 삭탈하고 철저한 조사를 주장했던 관원들은 직위를 강등시키거나 감봉을 하였다. 명말의 3대 사건의 하나인 몽둥이 타격사건은 연루된 자가 아주

많다. 이 안건에 관한 논쟁은 천계 5년(1625)까지 계속되었다.

예방의학의 탁월한 성취-종두의 발명

명 중엽 이후 중국 전통의학은 커다란 진전이 있었을 뿐만 아니라 또한 예방의학 방면에서도 커다란 성적을 거두었다. 이 방면에서 가장 뛰어난 것은 종두의 발명 및 민간으로의 전파다. 1695년에 완성된 《장씨의통張氏醫通》의 기록에 의하면 종두는 주로 두의법痘衣法과 비의법鼻衣法(장묘법漿苗法 · 한묘법투苗法 · 수묘법水苗法 포함)이었는데 전파 과정 중에 그 기술이 끊임없이 발전하였다. 당시 종두기술은 상당히 완벽하였으며 더구나 성공률 역시 높았다. 장염張琰의 《종두신서種痘新書》 기록에 의하면 6,7천 명이 종두를 하면 실패한 사람은 겨우 2,30명에 불과했다고 하니 성공률이 97%나 된다. 이리하여 이 기술은 전국의 도시와 지방으로 신속하게 확산되었고 외국까지 전파되었다. 1688년 러시아에서는 사람을 파견하여 종두기술을 학습하였고, 터키에 전파된 후에는 터기에 주재하는 영국 공사 부인 몬타규Montague가 영국으로 이를 가지고 가서 영국에 널리 보급하였다. 이로써 유럽과 아시아, 아메리카 등에 널리 전파되었다. 1796년에 영국인 에드워드 제너 Edward Jenner가 만든 천연두를 예방하는 우두기술은 직접적으로 중국 종두기술의 계시를 받아 이룬 성공이다. 인두人痘 접종술은 우두발명이 있기 전 중국 인민들이 천연두를 예방하던 창조적인 성취일 뿐만 아니라 인공면역법의 선구다. 이는 세계의 무수한 생명들을 천연두 같은 강력한 전염병의 위협에서 구해주었을 뿐만 아니라 세계 방역의학을 위해서도 중요한 공헌을 하였다.

탕현조의 '임천사몽'

명 만력 연간(1573~1620)에 저명한 희곡가 탕현조湯顯祖가 '임천사몽臨川四夢'을 완성하였다. 탕현조(1550~1616)는 자가 의잉義仍, 호는 약사若士며 임천(지금의 강서성 임천) 사람이다. 선비 집안에서 태어났으며 이지李贄 같은 사상가의 영향을 받았고, 관직은 풍파가 많아 벼슬길에 절망을 느끼고 은거하여 작품활동을 하였다. 탕현조의 주요 창작은 희곡방면에서 성취를 거두었다. 《자차기紫釵記》·《모란정牡丹亭》·《남가기南柯記》·《한단기邯鄲記》를 합칭 '임천사몽' 이라고 한다. 《모란정》은 탕현조의 대표작으로 그의 사상과 예술이 동시에 성숙하게 녹아있는 작품이다. 작품에서는 봉건 혼인제도를 반대하고 개인 행복과 낭만주의 이상을 강렬하게 추구하고 있다. 봉건예교가 인간의 아름다운 사상을 훼손하고 있다는 것을 폭로하며 청춘남녀가 자유롭게 결합하기 위한 애정을 쟁취하기 위하여 용감하게 투쟁하는 정신을 노래하고 있다. 《모란정》은 전설이야기를 명대의 현실생활과 결합하여 만든 탕현조의 창작 작품으로 낭만주의 정신을 구비한 걸작이다. 또한 《모란정》에서 주로 표현한 것이 탕현조의 지정사상至情理想을 추구한 것이라면 나머지 '삼몽' 은 전제주의에 대한, 봉건 권위주의에 대한 비판의 표현이다. 다른 것은 생각 안 하고 오직 이익만을 추구하며, 서로 속고 속이는 악몽과도 같은 암흑의 관리세계를 폭로하였다. 탕현조는 명대 희곡사상 가장 걸출한 희곡가다. '임천사몽' 은 농후한 비극적인 정서가 넘쳐흐르지만 청대문학의 감상주의感傷主義의 서막을 이끌었다. 이런 감상주의는 후대의 《장생전長生殿》·《도화선桃花扇》·《홍루몽紅樓夢》 속에서 더욱 진하게 표현되고 있다.

명 · 황유 쌍룡모란문 자기 그릇
높이 16.8cm, 입지름 35cm로 그릇 안팎에 모두 문양장식이 있다. 안의 그림은 봉황이 모란 속에 있으며 밖의 그림은 쌍룡이 구슬을 가지고 놀고 있다. 그릇 바닥에는 "황명 숭정 11년 섣달 초파일 길일"이라는 관지가 있다. 정확한 연도가 있는 물건이다.

1616년
칸이 된 누르하치

명 만력 44년(1616) 정월 초에 여진족(만주족) 수령인 누르하치가 허투알라[赫圖阿拉](지금의 요령성 신빈부新賓附)에서 칸이라 칭하고 연호는 천명天命, 국호는 금이라고 하니 역사에서는 이를 '후금後金'이라 칭한다. 이가 바로 후의 청 태조 고황제高皇帝다. 누르하치가 칸이 되었다는 것은 후금이 신속하게 강대해졌음을 의미한다. 즉위할 때 그는 조선국왕에게 편지를 보내 조선이 만일 이후에 다시 명나라를 원조한다면 바드시 전쟁으로 서로 맞붙을 것이라고 했다. 이는 그의 강한 웅지와 실력을 표현한 것이다. 이로써 후금은 명나라 동북부의 위협적인 역량이 되었다. 그는 즉위 후에 지속적으로 자신의 세력을 확장하며 날로 강성해져 명나라와 대항하게 되었고 대청조大淸朝를 건립하기 위한 견실한 기초를 마련하였다.

누르하치 어책御册

누르하치 옥새

누르하치 어용보검

명 · 남영의 〈화악고추도〉
남영藍瑛(1585~?)은 자가 전숙田叔이다. 남영과 그의 자제들은 절강성 항주 일대에서 활약하였는데 옛날에는 항주를 무림武林이라고 불렀기 때문에 회화사에서는 이들을 '무림파武林派'라고 부른다. 또 남영은 직업화가 출신이며 절강 사람이라서 그를 '후절파後浙派'라고도 부른다. 남영은 일생동안 근면하게 정성껏 노력을 해서 후세 사람들에게 대량의 작품을 남겼다. 〈화악고추도華嶽高秋圖〉는 그가 남긴 작품의 하나다.

1619년

사르흐 대전

명 만력 46년은 또한 후금 천명天命 3년(1618)이다. 이 해 4월에 누르하치는 '칠천한七天恨'으로 하늘에 고하고 정식으로 명나라를 정복하기로 결정하였다. 만력 47년(1619) 3월, 명나라 군대와 후금은 사르흐[薩爾滸]에서 전투를 벌였는데 명군이 전부 몰살되었다. 이해 정월에 후금은 예허[葉赫] 부족을 정복하였다. 이때에 명군은 요나라를 원조하기 위하여 집결하고 있었는데 때마침 예허가 급하게 원조를 구한다는 보고를 받게 되었다. 명나라의 병부좌시랑 겸 우첨도어사·경략요동 양호楊鎬는 2월에 요양遼陽에서 장병들을 모아 놓고 맹세하며 출정의 전투 의지를 고취시키고는 군대를 네 갈래로 나누어 이 기회에 후금을 없애버려 동북 변방의 위협을 제거하리라 생각했다. 3월에 양호는 병력을 나누어 출격하였는데 서로통수西路統帥 두송杜松이 제일 먼저 공을 세우려고 먼저 혼하渾河를 건너 두 개의 작은 성채를 공격하고 그 승세를 타서 사르흐 산 계곡까지 도달하였다. 누르하치는 명군의 분포 배치를 정탐하며 매복하고 있다가 팔기병 6만을 집결시켜 명군이 부서를 아직 정하지 못한 틈을 타서 공격하였다. 먼저 계번산界藩山 길림암吉林嵓에서 두송 군대 3만을 격파하였고 두송은 전사하였다. 승세를 몰아서 비로산飛勞山에 있던 명군의 또 다른 대장 마림馬林의 부대를 공격하니 명군은 전부 섬멸되고 예허 군대도 놀래서 도망쳐버렸다. 양호는 두 갈래길이 패배했다는 소식을 듣고 급히 이여백李如柏과 유정劉綎의 두 군대에게 격문을 보내어 중지하도록 했다. 이때에 유정은 이미 300리나 신군하여 깊은 강까지 들어가 있었다. 누르하치는 유정을 매복권 내에 들어오도록 유인하여 전후에서 협공을 하니 유정도 전사하였다. 전군이 섬멸되고 조선의 원군 역시 투항하였다. 이 사르흐 대전에서 명군의 손실은 심각한 반면 후금의 군세는 위력을 크게 떨쳤다. 6월과 8월에 개원開元·철령鐵嶺을 공격하니 마림 역시 전사했다. 이때부터 후금과 명나라 간의 공수攻守는 역전세가 되었고 후금 병사들은 파죽지세로 명나라를 약탈하는 토벌 전쟁이 시작되었다.

사르흐 전투의 작전 경과도

사르흐 전투의 유물 – 명군 철포

중국 목조건축의 정형화

　중국의 목조건축은 장기간의 발전을 거쳐 명대에 이르러 점차 정형화·표준화되는 추세로 나아갔으며 성숙한 시스템과 만드는 방법이 형성되었는데 목조건축 발전의 필연적인 추세를 반영한다. 녹소선숙의 말선과 면혁이 가상 중효아세 나타난 곳은 두공斗拱 구조의 기능의 변화다. 원나라 이후부터 두공의 구조적 기능은 약화되고 비율이 축소되었으며 배열도 점차로 밀집되어 거의 순수한 장식 부재部材처럼 되어버렸다. 안처마 두공 역시 점점 작아지고 대들보는 직접 기둥 위나 혹은 기둥 속으로 넣어 대들보를 받치는 기둥과의 구조관계는 간략하게 되었고 연계는 더욱 밀접해졌다. 이외에도 기둥의 비례는 가늘고 길게 변하였으며 기둥의 생기生起·측각側脚 역시 아주 드물게 사용되었다. 상술한 변화로 인하여 명대의 관방건축의 지붕 처마는 작게 변하고 용마루의 유연하고 완곡한 선은 보이지 않게 되고 둔중하고 엄숙한 건축조형을 형성하였다. 명대 목조건축은 이미 고도로 표준화되고 정형화되어 각 틀 간에는 일정한 비례관계가 있었다. 또한 건축 설계와 시공의 공정을 간략화하여 작업능률을 제고시켰으며 동시에 노동력과 재료도 적게 들었다. 이런 표준화의 방법은 목조건축 체계를 표현했을 뿐만 아니라 문·창문·채색·수미좌須彌座·난간 심지어는 장식 문양에 있어서도 모두 충분한 반영을 하고 있다.

신종의 서거와 정릉

　만력 48년(1620) 7월, 신종 주익균이 서거했다. 10월에 묘호를 신종神宗이라 올리고 정릉定陵에 장사지냈다. 신종은 나이 겨우 21세부터 수궁壽宮*을 선택하기 시작했다. 다음 해에 공사를 시작하여 6년이 지나서야 완성되었다. 신종은 자신의 수궁을 몹시 중시하여 친히 규획을 하였는데 그 조부 세종의 영릉永陵을 많이 모방하였다. 영릉은 명 13릉 중에서 시간과 비용, 노역자를 가장 많이 들인 능인데, 정릉은 어떤 면에서는 영릉보다 더욱 크고 정교한 점이 있다. 신종은 48년간 재위하였으며 1620년에 서거하였고 정릉에 장사지냈다. 같은 해에 서거한 효단황후孝端皇后와 광종의 생모인 황귀비皇貴妃(효정황후孝靖皇后) 역시 이곳에 장사지냈다. 정릉은 북경 명 13릉 중에서 고고학 연구를 위하여 유일하게 발굴된 능묘로, 수많은 진귀한 역사문물이 출토되어 명대 역사를 위한 연구에 풍부한 자료를 제공해주었다.

* 임금이 살아 있을 때 나라에서 미리 만들어 두는 능 자리 – 역주

큰 기둥이 숲처럼 서 있고
기세가 당당한
천단의 기년전 실내

천단 내의 기년전祈年殿
천단은 명나라 영락 18년(1420)에 짓기 시작하였다. 당시는 하늘과 땅에 함께 제사를 드렸기 때문에 천지단天地壇이라고 하였다. 가정 9년(1530)에 조정에서는 교외 네 곳에서 나누어 제사를 드리는 제도를 제정하였다. 4년 후에 땅에 드리는 제사는 새로 지은 지단地壇에서 거행하였고, 이곳은 제왕이 하늘에 제사지내고 풍년을 기원하고 기우제를 드리는 장소가 되었으며, 이로인해 천단天壇으로 개칭하였다. 천단의 기년전에서는 매년 정월 상신일上辛日이 되면 황제가 이곳에서 기곡례祈穀禮를 거행하고 오곡이 풍성하게 해달라고 하늘에 기원했다.

정릉에서 출토된 금잔옥배

정릉 무자비無字碑

정릉에서 출토된 가정청화대룡嘉靖青花大龍
항아리

수예 12장+二章 곤룡포

정릉에서 출토된 금실 익선관

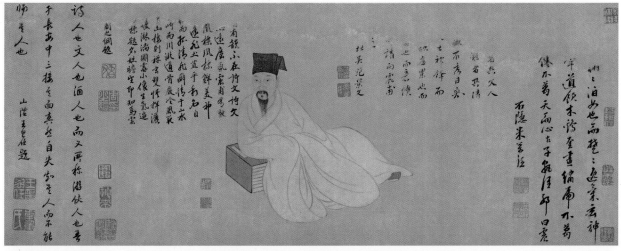

명·증경의 〈갈일룡상〉

증경曾鯨(1566~1650)의 자는 파신波臣이고 복건성 보전莆田 사람이며 명대에 가장 영향력이 컸던 초상화가다. 그 화법은 '묵골墨骨'을 위주로 하고 다층의 색채를 결합했다. 전해오는 그의 작품에는 〈갈일룡상葛一龍像〉·〈장경자상張卿子像〉 등이 있으며 흡사 살아있는 것과 같으니 전신傳神의 묘함을 얻은 작품들이다.

1620~1644년의 명

명나라는 인종·선종을 거치면서 쇠퇴기로 접어들었다. 무종과 세종은 정사를 돌보지 않았고 부패는 도를 넘어섰다. 목종과 신종은 즉위 초기 얼마간 분발하였지만 결국 끝까지 견지하지 못하였다. 명나라는 이때부터 원기가 쇠하여 한번 넘어져서는 다시 일어서지 못하였다. 게다가 광종의 단명과 희종의 무도함은 명나라를 죽음의 늪으로 한발 더 빠지게 하였다. 망해가는 명나라를 구원하고자 사종思宗이 즉위 후에 비록 어떻게 해보려고 정무에 힘썼지만 내우외환이 연이어 찾아와 겹겹이 쌓여 되돌리기 어려운 국면에 직면하게 되었다. 사종 주유검朱由檢은 나날이 나빠지는 이런 상황을 헤쳐나갈 능력이 없었다.

연대별 주요사건

- **1620년** 주익균이 서거하여 정릉에 장사지냄. 주상락이 8월에 즉위하고 태창으로 개원하니 광종임. 9월에 서거하여 경릉에 장사지냄. 이궁 사건 발생. 주유교가 즉위하고 천계로 개원하니 희종임
- **1623년** 위충현이 동창을 지휘감독함
- **1624년** 양련이 위충현의 24가지 대죄를 탄핵
- **1625년** 육군자의 사건 발생
- **1626년** 원숭환의 영원대첩, 누르하치가 서거하고 홍타이지가 등극하여 다음 해를 천총 원년으로 개원
- **1627년** 주유교가 23세로 병사하니 덕릉에 장사지냄. 주유검이 즉위하여 다음 해를 숭정 원년으로 개원하니 장열제임. 청대에 그를 사종으로 시호. 위충현의 자살
- **1628년** 왕가윤·왕좌계 기의, 명말 농민 기의가 정식으로 발발
- **1629년** 위충현의 반란 사건을 정리
- **1630년** 이자성이 부잠니부 기의군에 투항. 장헌충이 미지 18채에서 기의
- **1636년** 홍타이지가 황제가 되어 청을 개국함. 이 해를 숭덕 원년으로 정함
- **1639년** 군비를 징수하기 시작함
- **1640년** 이자성 부대가 하남에 진입
- **1642년** 네덜란드가 대만을 침입, 송금전투의 대패
- **1643년** 홍타이지가 서거하고 아들 복림이 즉위하니 청 세조임. 다음 해를 순치 원년으로 개원. 이자성 군대가 서안 공격
- **1644년** 이자성이 왕을 칭하고 국호를 순이라 건국, 연호는 영창, 서안을 서경으로 개칭, 대순군이 3월에 북경 공격, 주유검이 목메어 자살하니 명나라가 멸망함

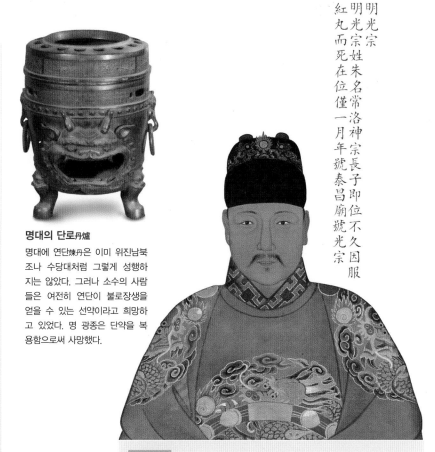

명대의 단로丹爐

명대에 연단煉丹은 이미 위진남북조나 수당대처럼 그렇게 성행하지는 않았다. 그러나 소수의 사람들은 여전히 연단이 불로장생을 얻을 수 있는 선약이라고 희망하고 있었다. 명 광종은 단약을 복용함으로써 사망했다.

明光宗姓朱名常洛神宗長子即位不久因服紅丸而死在位僅一月年號泰昌廟號光宗

명 광종

명 광종 주상락(1582~1620)은 신종의 맏아들로 만력 연간에 동림당파의 도움으로 가까스로 황태자가 되었고 황제에 오르기까지는 20년을 기다려야 했다. 그러나 애석하게도 등극한 지 1개월 만에 서거했다.

명·적동을 상감한 아랍문자가 있는 동향로

동향로는 몸체와 자단목기 뚜껑으로 구성되어 있으며, 뚜껑에는 추상적인 무늬가 부조되어 있다. 향로배 양면에는 아랍글이 적동으로 새겨져 있다. 한쪽에는 "사자使者가 말하길"이라는 뜻이고 또 다른 쪽은 "가장 아름답게 알라신께 기도드립니다"라는 뜻이다.

1620년
'홍환안' 발생과 광종의 병사

만력 48년(1620) 7월, 명 신종 주익균이 서거하여 정릉定陵에 장사지냈다. 8월, 주상락이 즉위하고 태창泰昌이라 개원하니 명 광종光宗이다. 그러나 겨우 1개월 후에 병이 들어 홍려시승鴻臚寺丞 이가작李可灼이 올린 홍환紅丸을 복용하고는 죽으니 역사에서는 이를 '홍환안紅丸案'이라고 한다. 태창 원년(1620) 8월에 광종의 병이 중해지자 태감 최문승崔文升이 설사약을 올렸고 광종이 이를 복용한 후 병세는 더욱 심각해져 하룻밤 사이에 3,40번을 일어났다. 이에 조정 신하들이 분분히 최문승이 병도 모르면서 멋대로 약을 올렸다고 책망하였고, 어떤 사람은 신종의 정귀비가 사주한 것이 아닌가 하고 의심하게 되었다. 8월 29일, 광종의 병세가 더욱 심해지자 홍려시승 이가작이 '홍환'을 올렸고 광종이 이를 복용한 후 9월 1일에 병사하니 조정내외에서는 의론이 분분하였다. 어사 왕안순王安舜이 먼저 상소를 올려 이가작을 엄히 다스리도록 청하였다. 남경태상시 소경少卿 조진曹珍 역시 상소를 올려 최문승과 이가작 등 간악한 무리들을 끝까지 추궁해야 한다고 하였다. 그 결과 조정에서는 최문승을 남경으로 추방하고 이가작은 변경 수비군으로 보내 노역하도록 하였다. 그 후에 위충현이 '홍환안' 사건을 뒤집어 이가작은 변경 수비군을 면하게 되었고 최문승은 조운을 총독하라는 명을 받았다. 위충현이 권세를 잃게 되어서야 최문승은 비로소 하옥되었다.

명 · 이문청옥죽통형배螭紋靑玉竹筒形杯

높이 15cm, 너비 10.5cm다. 북경 고궁박물관 소장이다. 편편하게 둥근 세 마디의 죽통형으로 잔의 입구는 한쪽으로 비스듬하게 되어 있다. 잔 바닥의 한 매듭은 대뿌리를 깎아낸 후에 남은 둥근 원 문양을 하고 있으며 중간의 한 마디는 대나무 가지와 잎을 조각하였다. 한쪽 조각은 한 줄기의 매화를 손잡이로 하였고 또 다른 측의 아랫부분에는 이호螭虎를 조각하였는데 엎드려 움직이려는 모양이다. 형태는 매화와 대나무를 취했지만 고아함이 평범치 않고 엎드려 있는 이호는 길함을 나타내고 있다. 명대 궁정에서 사용하던 물건일 것이다.

1620년
주유교의 즉위

태창泰昌 원년(1620) 9월 1일, 광종이 서거하자 겨우 나이 16세의 황태자 주유교朱由校가 황위에 올랐다. 이때 광종의 선시選侍* 이씨李氏는 여전히 건청궁에 기거하고 있었고 주유교는 자경궁慈慶宮에 거하고 있었다. 이씨와 환관 위충현은 서로 결탁하여 주유교의 나이가 어리다는 점을 이용하여 대권을 독차지하려고 계획하며 건청궁에서 떠나려 하지 않았다. 9월 2일에 도급사중都給事中 양련楊漣이 먼저 힐문하면서 이씨가 건청궁에 계속 기거하는 것을 반대하는 상소를 올렸다. 그는 황태자에게 무례하다고 탄핵하면서 황태자는 이씨에게 의탁하는 것

明明元官昏熹
熹熹宗魏暗宗
宗宗姓標忠至
光長朱等賢極
宗子名東乳民
欣初由林母不
然即校黨客聊
望位光人氏生
治起宗中在在
旋用即興位位
東宦位欣七七
林郎起然年年
朝信用望號號
政官寵治天天
號邸信逐啓啓
　　用東廟廟
　　官林號號

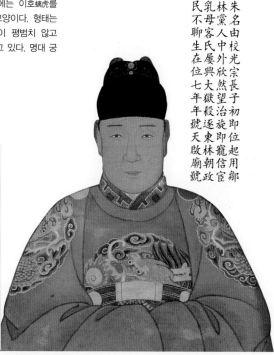

명 희종 주유교

명 희종(1620~1627 재위)은 광종의 맏아들로 1620년에 광종 사후 황위에 등극했다. 그가 등극하기 전에 발생한 '이궁안移宮案'과 만력 연간의 '정격안挺擊案(즉 몽둥이 사건)' 및 '홍환안'을 합쳐 '삼안三案'이라고 부른다. 희종 재위 기간에도 환관들이 정권을 잡았으며 조정은 암흑상태였다.

이 불가하다고 하였다. 어사 좌광두左光斗 역시 상소를 올리고 내정內廷의 건청궁은 외정外廷의 황극전皇極殿과 마찬가지로 오로지 황제의 황후 만이 거주할 수 있다고 하였다. 이씨는 마땅히 후비들이 노년을 보내는 곳인 인수궁 내의 홰난궁噦鸞宮으로 옮겨야 한다고 하였다. 이씨는 좌광두가 상소한 것을 안 후 대로하여 여러 차례 사람을 보내 그를 불렀지만 좌광두는 이를 거절하고 만나지 않았다. 이씨는 더욱 화가 나서 주유교에게 그를 처치하도록 하였으나 주유교는 좌광두의 말이 몹시 지극하다고 여겨 오히려 이씨에게 길일을 택해 궁을 옮기도록 재촉하였다. 양련과 좌광두 등의 힘이 커지자 9월 5일에 이씨는 홰난궁으로 거처를 옮겼고 황태자 주유교는 건청궁으로 들어갈 수 있었다. 9월 6일에 주유교는 정식으로 제위에 오르고 천계天啓로 개원하니 이가 바로 명 희종熹宗이다.

* 왕의 승은을 입었으나 아직 작위를 받지 못한 시녀 - 역주

명대 청화접시

높이 7cm, 입지름 38cm다. 꽃문양의 테두리가 평평하게 살짝 접혀 있으며 낮고도 둥근 굽이 있다. 장식문양은 세 단으로 구분되어 있다. 안쪽 바닥에는 전지纏枝화훼 문양이 있고, 안쪽 벽에는 절지折枝화훼 12송이가 장식되어 있으며 맨 가장자리는 천지串枝화훼 문양이 빙둘러 있다. 도안의 배치는 성김과 빽빽함이 적당하며 빛깔과 광택이 농염하다.

문호의 분쟁

만력 이래 문호門戶의 분쟁은 희종이 즉위할 때에 이르러서는 이미 몇십 년이 경과하였다. 천계 초기에도 이 분쟁은 여전히 계속되었다. 이때 쌍방의 분쟁 초점은 '삼안三案' 시비를 가리는 데 있었다. 동림파가 조정에서 우세를 점하게 되자 그들이 논쟁 속에서 공세에 처하게 되었다. 그러나 정세는 환관 위충현 집단이 대두됨에 따라 극적인 변화가 있게 되었다. 동림당을 반대하는 관원들이 함께 공동으로 동림파를 반대하였다. 동림파가 점점 조정 안에서의 우월적인 지위를 상실하면서 정국은 천계 4년(1624) 후 극단적으로 환관 전권의 암흑 시기로 접어들게 되었다.

'동림서원'의 옛유적지

중국에 온 아담 샬 폰 벨

아담 샬 폰 벨Johann Adam Schall von Bell*의 호는 도미道未이고 독일 사람으로 1591년에 태어났다. 1611년에 예수회에 입교하여 천계 2년(1622)에 중국에 왔다. 그는 광주로 들어온 지 얼마되지 않아 북경으로 와서 중국어를 공부하였고 후에는 또 예수회의 명을 받아 서안과 남경 등지로 가서 선교 활동을 했다. 숭정 3년(1630)에 명 조정에서는 그를 북경으로 불러들여 요한 슈렉Johann Schreck** 사후에 자리가 비어있는 역국曆局을 계속하여 관리하도록 했다. 천문기기를 만들고 《숭정역서崇禎曆書》를 편찬하고 서구식 화포를 감독제조하여 명 조정의 신임을 얻었다. 청나라가 들어선 이후에 아담 샬은 더욱 중시를 받았고 오랫동안 흠천감欽天監직을 맡았으며 태상시경 직함도 갖고 있었다.

* 중국명은 탕약망湯若望 - 역주

** 독일 사람으로 중국명은 등옥함鄧玉函(1576~1630) - 역주

명·전황田黃 짐승모양의 손잡이가 있는 인수장印綬章

1623년
위충현의 동창 감독

위충현魏忠賢의 원래 이름은 이진충李進忠으로 후에 위魏 성을 쓰고 다시 충현이라는 이름을 하사받았다. 본래는 하간 숙녕肅寧의 건달로 도박빚을 갚으려고 스스로 거세를 하고 궁안에 자진하여 입궁했다. 태감 위조魏朝의 비위를 맞추어 왕안王安에게 추천되었고 선시選侍 이씨의 심복이 되었다. 희종 즉위 후에 위충현은 뜻을 펴기 시작하였다. 천계 3년(1623) 12월에 위충현이 제독동창提督東廠을 명받음으로써 중국 역사상 가장 암울한 환관 전권 시기가 시작되어 일시에 창위廠衛의 독이 천하에 퍼지게 되었다. 위충현에게 불만인 수많은 관원들과 선비들이 참옥하게 옥사를 당하였으며 수많은 몰염치한 무리들이 그에게 아부를 하면서 빌붙으니 그중에는 '오호五虎'·'오표五彪'·'십해아十孩兒'·'사십손四十孫'이라는 무리들이 있었다. 아부를 심하게 하는 신하들은 도저에서 살아있는 위충현을 위한 사당인 '생사生祠'를 만들고 이를 위하여 백성들로부터 수천만의 자금을 모금했다. 위충현은 자칭 구천세九千歲라고 하며 자신과 뜻을 달리하는 사람을 공격하고 국정을 농단했다. 이렇게 되자 "위충현 있는 것만 알지 황상이 있는 줄을 모르겠다"는 말이 나오게 되었다. 1627년에 주유검이 즉위하여 대대적으로 이런 환관들의 무리들을 처단하고 위충현은 열 가지 대죄로 다스려 체포하도록 명하였다. 그는 모든 것을 알고난 후에 자결하였다. 1629년에 이르러 그 잔당들도 철저히 숙청되었다.

위충현 생사당
명말에 무청후武淸侯 이성명李誠銘이 살아있는 위충현을 위하여 생사당[生祠] 건설을 위해 자금을 출자하였다. 숭정崇禎이 즉위한 후 위충현을 죽이고 이 사당은 약왕묘藥王廟라고 바꾸었다.

1626년
원숭환의 영원대첩

천계 6년(1626) 정월에 누르하치가 병사 13만을 이끌고 명나라를 공격해 들어와 금주錦州·송산松山·대소능하大小淩河·행산杏山·연산連山과 탑산塔山 7개 성을 연이어 공격하고 영원을 포위공격하면서 원숭환袁崇煥에게 투항을 요구하는 편지를 보냈다. 당시 원숭환은 영전참정寧前參政의 관직에 있었는데 대군이 국경까지 압박해 쳐들어오고 외부의 원조가 없는 긴급한 상황 속에서도 전혀 두려워하지 않았다. 그는 총병總兵 만규滿桂·부장 주매朱梅·참장參將 조대수祖大壽 등과 함께 장수와 병사들을 모아놓고 혈서

원숭환
원숭환袁崇煥(1584~1630)의 자는 원소元素고 광동 동완東莞 사람이다. 만력 47년 진사다. 관직은 병부주사·감군첨사監軍僉事·영전병비첨사寧前兵備僉事를 역임하였으며 1623년 9월에 영원성을 건축하라는 명을 받고 우참정·안찰사 직으로 승진하여 영원성에 주둔하였다. 1626년에 후금의 침공을 격퇴시키고 명나라와 금나라 교전이래 처음으로 대승을 거두어 이 공으로 요동순무로 승진하였다. 그 후에 그는 적극적으로 병사를 훈련하고 장수를 파견하여 성곽을 보수하여 후금 군대의 침략을 힘껏 막았다. 1630년에 명 사종이 홍타이지의 계략에 넘어가 원숭환은 억울하게 죽었다.

를 쓰면서 영원을 굳건히 지키자고 맹세하였다. 그들은 성 밖의 백성들을 성 안으로 옮기고 남은 집과 물자들을 전부 태워버려 부근의 건물·수목 등을 적군이 이용하지 못하도록 제거 또는 소각하고 진지를 굳게 지키면서 적군을 기다렸다. 누르하치는 원숭환이 항복하지 않음을 보고는 군대를 지휘하여 맹렬하게 영원을 공격하였다. 그러나 명나라 군대는 총포와 약단지들을 돌과 함께 내던지며 죽어도 후퇴하지 않았다. 원숭환은 또 병사들에게 홍이대포紅夷大砲를 쏘도록 명령하여 적지 않은 후금 병사들을 사살하였다. 후금 군대는 이틀간 계속하여 공격하였지만 성을 손에 넣을 수가 없었다. 게다가 누르하치 역시 포화를 맞아 부상을 당하니 마침내 포위를 풀고 돌아갔다. 영원 전투는 명나라와 금나라의 교전 이래 명나라 군대가 첫 번째로 승리한 전투였다. 이 전투로 산해관 서쪽 안을 침공하고자 하던 후금의 공격은 중지되었으며 그들의 예기를 좌절시켜 명나라의 영원에서 금주錦州까지의 방어선은 안정되고 견고하게 되었다.

모문룡을 처단한 원숭환

모문룡毛文龍은 인화仁和(지금의 항주) 사람이다. 천계 원년(1621) 7월, 그는 명령을 받들어 조선 서부에서 후금을 습격하고 피도皮島*를 점거하였다. 그런 후에 약 10수만의 유민들을 꼬드겨서 조선 서부의 철산鐵山에 주둔하고 농사를 지으며 또한 끊임없이 군사를 파견하여 연해의 각 섬들과 압록강을 거쳐 요동 내지로 들어가 계속 습격하였다. 후금 천총天聰 원년(1627) 정월, 홍타이지가 조선으로 출병하니 모문룡은 십몇 만이라는 무리를 끌고서 피도로 숨어들어가 감히 원조하러 나오지 않았다. 도리어 조선사람들이 후금을 끌어들여 그를 죽이려고 한다고 거짓말을 하였다. 후금 군대가 철수하자 모문룡은 또 멋대로 머리를 민 조선사람들을 대량으로 학살하거나 잡아가며 금나라 병사를 죽이고 공을 가로챘기 때문이라고 궤변을 늘어놓았다. 원숭환은 요동순무에 부임한 후에 신하를 파견하여 모문룡의 군량을 조사해달라고 상소를 올리니 모문룡은 이 상소에 반박하였다. 원숭환은 이리하여 모문룡을 제거하기로 결심하였다. 숭정 2년(1629) 6월 5일에 원숭환은 군사열병이라는 명목하에 모문룡 주둔지에 가서 장병들의 조련과정을 열병하였다. 원숭환은 산 아래에 장막을 치고 사람들을 장막 밖에 매복시켰다. 모문룡이 도착하자 원숭환은 그에게 군령을 수차례 어긴 것을 힐책하니 모문룡이 항변하였다. 원숭환은 더욱 역정을 내면서 질책하고는 그의 관복과 관대를 벗기도록 명령하고 12가지 죄를 하나하나 나열하였다. 모문룡은 간담이 서늘해져서 고개를 숙이고 용서를 구걸하였으나 원숭환은 늘상의 방침대로 그를 장막 앞에서 처형하였다. 원숭환이 모문룡을 죽인 일은 그가 군기를 재정비 하는 데 있어 커다란 역할을 하였다.

* 피도의 정확한 위치에 관해서는 여러 설이 있음 – 역주

환관 세력의 재창궐

숭정제 주유검은 즉위 초에 위충헌의 화를 본보기로 삼아 각 진에 주둔하고 있던 환관을 없애고 대신을 위임했다. 시간이 얼마 지나지 않아 조정 대신들 간에 문호의 투쟁이 날로 심해지고 군대는 패하고 군량은 부족했지만 대신들은 힘이 될 만한 책략을 올리지 못하였다. 이에 숭정제는 다시 환관들을 쓰고자 하였다. 숭정 4년(1631) 9월 9일에 숭정은 환관 왕응조王應朝·등희조鄧希詔 등을 산해관·영원·계진薊鎭 등으로 보내 군량을 감시하고 각 변방으로 가서 군대를 위로하고 포상하도록 하였다. 왕곤王坤·유문충劉文忠·유윤중劉允中은 선대宣大와 산석山石의 군마를 감시하고, 장국원張國元·왕지심王之心·소희소邵希詔 등은 황계진·동협東協·중협·서협의 군마를 감시하였다. 고기잠高起潛은 영원과 금주의 군량을 감시하였다. 그 후에 또 태감 장이헌張彛憲은 호부와 공부의 식량을 총괄 관리하고 또 이를 위한 부서를 설치하여 '호공총리戶工總理'라 명명하였다. 당문정唐文征을 제독으로 파견하여 군정을 경영하도록 했다. 왕곤은 선부宣府로 가고 유문충은 대동大同으로 가고 유윤중은 산서로 가서 각각 군량을 감시하였다. 이때부터 태감 감군監軍의 풍조가 크게 일어났으며 이들 감군은 대부분 군비를 집어삼키고 매번 전투가 있을 때면 먼저 달아나니 군대의 사무는 더욱 나빠졌다. 이부상서 민홍학閔洪學이 조정 신하들을 거느리고 상소를 올려 이를 바로잡고자 몹시 힘썼지만 숭정의 노여움만 받고 이리하여 환관 세력들이 재차 창궐하게 되었다.

홍타이지가 병사를 소집한 목신패木信牌

1626년
누르하치의 서거, 홍타이지의 즉위

천계 6년(1626) 9월 1일, 홍타이지[皇太極]가 후금 칸의 지위에 오르고 다음 해부터 천총天聰 원년이라고 개원하였다. 이해 정월, 영원의 전투 중에서 누르하치가 부상을 입고 심양으로 돌아갔다. 8월, 통증의 발작이 있어 치료했지만, 아무런 효과도 없이 서거했다. 누르하치는 생전에 후금은 여덟 명의 화석和碩 베이러[貝勒]*가 나라의 정치 제도를 의논하여 다스려야 하며 힘 있는 자를 황제로 세워서는 안 된다고 규정하였다. 게다가 그는 또 다음 후계자에 대한 아무런 유언도 없이 죽었다. 그래서 그가 죽고 난 후, 누구를 칸[汗]으로 세울지에 대한 문제가 만주귀족 내부에서 첨예하게 대두되었다.

홍타이지(1592~1643)는 누르하치의 여덟 번째 아들로 용감하고 전투를 잘했으며 계략에 뛰어났다. 또한 세력이 막강한 다이산[代善](누르하치의 둘째 아들) 부자의 지지를 얻어 결국 칸에 옹립되었다. 홍타이지는 즉위 후에 영원에서의 패배와 명나라와 대치 국면의 형세에 임하여 중대한 조치를 취하였다. 그는 새롭게 8기旗 대신의 권한을 제한하고 대칸의 권력을 확대하였다. 그는 만주와 명나라의 관계를 조정하고 그의 치세 아래에 있는 한족들은 각각 본업에 종사하도록 하였다. 그는 칸을 황제라고 바꾼 후 얼마되지 않아 즉 숭덕 원년(1636)에 동쪽의 조선을 정복하여 명나라와의 전쟁에 대한 뒷걱정을 없애버리고 더불어 군사실력을 확충하였다. 홍타이지는 이러한 조치들을 취하여 신속하게 자신의 통치를 공고히 하였다.

* 베이러는 청나라 때 종실 및 몽고 외번에 수여한 작위. 여기서는 황제의 아들이란 뜻 – 역주

《나헌변고전보》

명 천계 6년(1626), 안계조顏繼祖가 편집한 원고대로 오발상吳發祥이 판각했는데 투색套色과 오목판 기술을 이용하여 목각 채색 화집 《나헌변고전보蘿軒變古箋譜》를 간행했다. 《나헌변고전보》는 상하 두 책으로 상책은 49장 98쪽에 소인小引·목록·화시話詩·균람筠藍·비백飛白·박물·절증折贈·주옥珠玉·두초斗草·잡고雜稿로 분류하였다. 하책은 45장 90쪽에 목록·선석選石·유증遺贈·선령仙靈·대보代步·수기搜奇·용종龍鍾·택서擇棲·잡고로 구성되었다. 《나헌변고전보》는 인쇄사상 활판투색과 오목판을 결합한 대표작의 하나로 이 책의 인쇄는 중국 목판 수인水印 기술에 있어 새로운 진전을 의미한다.

《나헌변고전보》
명 천계 6년(1626) 재인쇄된 각본이다. 가로 21cm, 세로 31.5cm로 현존하는 최초의 여러색 투인의 오목판 투인 판본이다.

심양 고궁 대정전大政殿

1627년
주유검의 즉위

천계 7년(1627) 8월, 희종이 건청궁에서 나이 겨우 23세로 병사하면서 임종시에 "다섯 번째 동생 신왕信王 유검由檢이 제위를 잇도록 하라"는 조서를 남겼다. 주유검朱由檢은 광종의 다섯 번째 아들로 만력 38년(1610)에 태어났다. 그는 당일 저녁에 입궁하였고 3일째 되는 날 제위에 올라 다음 해를 숭정 원년으로 조서를 내리니 이가 바로 장열제莊烈帝다. 역사에서는 그를 사종思宗·의종毅宗·회종懷宗 등으로 부른다. 주유검이 즉위 후에 먼저 한 임무는 위충현의 수중으로부터 권력을 되찾아오는 것이었으며, 이렇게 해야만 그는 진정으로 권력이 있는 황제가

될 수 있었다. 그러나 이때의 위충현은 희종이 일찍 서거하여 의지하고 있던 산이 없어져, 비록 수중에는 상당한 세력이 있었지만 이전처럼 그렇게 오만방자할 수는 없었다. 9월에 위충현은 동창직 사직을 청하니 주유검은 이를 비준하지 않았다. 그가 또 "생사生祠를 중지해줄 것을 청하니" 이를 윤허했다. 10월 이후에 위충현 집단은 내부적으로 분열하기 시작하였고 누군가 위충현의 죄를 탄핵하였다. 주유검은 기회를 놓치지 않고 위충현을 향해 칼을 휘두르기 시작하였다. 주유검은 우선 봉양鳳陽에 위충현을 안치하도록 하고 계속하여 체포하도록 명령을 내렸다. 위충현은 이 소식을 들은 후에 목을 매어 자결하였다. 이로써 주유검은 진정으로 국가대권을 장악하게 되었다.

명 사종 주유검

명 사종 주유검(1627~1644 재위)은 광종의 다섯 번째 아들이며 희종의 동생이다. 천계 2년(1622)에 신왕信王이 되었다. 7년(1627)에 "형이 죽으면 아우가 뒤를 잇는다"는 선조의 훈시대로 황제가 되었는데 이때 나이는 17세였다. 숭정 17년(1644) 3월에 이자성이 북경으로 진입하자 주유검은 매산에서 목을 매어 자결하였다. 후에 의군이 장례식을 치러주었고 사릉思陵에 매장되었다.

송강화파를 개창한 동기창

동기창董其昌(1555~1636)은 자가 현재玄宰, 호는 사백思白이며 화정華亭(지금의 상해 송강)사람이다. 관직은 남경 예부상서에 이르렀다. 그는 서화 감정鑑定에 정통하였고 수집도 많이 한 명대 후기의 서화 대가다. 동기창의 역사적 지위는 심주·문징명과 비슷하지만 화론상에 있어서는 독창적인 구상을 내놓았다. 몇몇의 화가들은 그 이론의 지도 하에 있었고 좌우 상하에서 모두 그의 풍격을 따르니 일시에 성행하였다. 동기창은 사대부 중에서도 그림에 관해 뛰어난 이론가였다. 동기창의 산수화는 수묵·옅은 색·강렬한 색이 모두 있는데 수묵이 가장 많으며 수려하고 울울창창하여 세속을 초탈하였다. 동기창은 막시룡莫是龍·진계유陳繼儒와 함께 남북종설南北宗說을 제창하였으며 '원체院體' 산수화와 '문인화'를 남북 양파로 분류하였다. 후에 동기창과 그 예술을 주장하는 추종자들의 출신지에 의거해 이들을 '송강화파'라고 부른다. 후세 사람들은 그들의 예술주장과 창작실천을 회화의 정통으로 여기고 있으며 청대 통치계급의 사랑과 추앙을 받으며 그 영향이 지대하다.

입축식立軸式 풍차

여덟 개의 닻과 목조로 조성된 입축식 동력장치로 속칭 '주마등走馬燈'이라고 부른다. 명나라 때 바닷가의 여러 지역에서는 이런 커다란 풍차를 사용했다. 입축 아래의 수평으로 된 커다란 톱니바퀴를 움직이면 하나 혹은 두 대의 차를 뒤집을 수도 있다. 이런 대풍차의 장점은 어떤 방향의 바람에도 응용할 수 있다는 점이다.

〈증가헌산수도贈稼軒山水圖〉축

동기창의 작품으로 먹색이 상쾌하며 수려하고 우아하다. 필법이 빼어나고 굳건하며 화가가 추구하는 '평담천진' 한 뜻을 잘 표현하고 있다. 동기창의 의중을 필묵이 전해주는 전형적인 작품이다.

동기창의 서거

동기창은 명말의 유명한 서화가다. 만력 17년에 진사에 합격하였고 서길사로 선택되어 편수를 수여받았다. 경서를 강의하는 관리도 하였으며 호광부사로 나가기도 했다. 태창泰昌 원년(1620)에 태상소경이 되었고 천계 5년 정월에 남경예부상서에 배수되었다. 그의 글씨는 미불米芾을 종주로 삼았지만 스스로 일가를 이루었다. 그의 그림은 여러 화가의 장점을 모았으며, 자신의 뜻대로 행하여 초탈함과 생동감이 있다. 그의 서화 스타일은 당시와 이후에 모두 깊은 영향을 주었다. 숭정 9년(1636)에 동기창이 별세하니 향년 82세였다. 태자태부太子太傅가 증여되었고 시호는 문민文敏이다. 저서로는《용태문집容台文集》9권·《시집》4권·《별집》1권·《화선실수필畵禪室隨筆》4권 등이 있으며《선종유중주소禪宗留中奏疏》집이 있다.

동기창의 〈추흥팔경도秋興八景圖〉 중 하나

동기창의 〈대경방고도對徑仿古圖〉축軸

이 그림은 화가가 사실을 중시하지 않고 필묵의 뜻을 추구하여 고아하면서도 청순한 예술 특징을 잘 체현해내고 있다. 부드러운 붓 속에 강인함이 배어 있고 중봉中鋒으로 곧장 준법을 사용한 것이 마치 원나라의 예찬倪瓚의 취향을 보는 것 같다. 동기창의 전세傳世 작품 중에서도 우수 작품이다. 동기창의 산수화는 대체적으로 두 가지 면모를 지니고 있다. 하나는 수묵을 사용하거나 천강법淺絳法을 겸용하는 것으로 이런 면모의 작품은 비교적 자주 볼 수 있다. 이 그림도 이런 종류에 속한다. 또 다른 하나는 청록채색으로 간혹 몰골법을 사용하는데 비교적 보기 드물다. 동기창은 이전 사람들에 대한 학습을 중시했으나 능히 융합하고 관통할 수 있었으며 신속하고도 철저하게 변화시켜 자신의 풍격특징으로 하였다. 청나라 때 고대를 모방하는 풍조가 성행했던 것도 동기창의 영향을 받은 것과 깊은 관계가 있다.

명말의 삼대 소설

　장편소설 《금병매金瓶梅》는 명대 '4대기서四大奇書'의 하나로 명 융경에서 만력 연가에 완성되었다. 작가의 성명은 고증할 수가 없다. 소위 '난릉소소생蘭陵笑笑生'이라는 이름으로 볼 때 작가는 아마도 산동 사람이 아닐까 생각된다. 난릉은 지금의 산동성 조장棗莊이고 게다가 책 속에는 다량의 산동 방언이 남아있기 때문이다.

　《금병매》는 《수호전》 속의 한 단락인 서문경西門慶과 반금련潘金蓮의 관계를 빌려와 새롭게 이야기를 만들고, 송대의 인물과 이야기를 빌어 명대 중엽 사회현실을 광범위하게 표현하여 100회 이상의 장편으로 창작했다.

　책의 전체 내용은 거상이자 악질적인 관료 서문경 일가의 흥망성쇠를 중심으로, 위로는 봉건 조정 속의 전권을 잡고 있는 간신배로부터 아래로는 지방관료들의 패악 내지는 시정의 무뢰배와 지방 건달들과 아첨배들로 구성된 악당이 날뛰는 세계를 묘사하고 있다. 깊이 있게 세태의 인정을 보여주며 현실의 암울함을 폭로하였다. 《금병매》는 중국문학사상 최초의 문인 독창 장편소설이다. 이후 문인들의 창작은 점차적으로 소설 창작이 주류가 되었다. 《금병매》는 또한 최초로 가정생활을 소재로 삼은 고전 장편소설로 이는 이전에 역사적 이야기와 신화전설에서 소재를 취했던 장회소설이 마감을 하고, 현실사회와 가정의 일상생활을 소재로 창작을 시작했음을 말해준다. 또한 시정 세속의 정황을 묘사하는 '세정소설世情小說'의 효시가 되었다. 《금병매》는 제재와 사실수법, 세부적인 묘사 방면에서 이후의 작품 《홍루몽》에 커다란 영향을 주었다.

《금병매》

풍몽룡馮夢龍(1574~1646)의 자는 유룡猶龍, 별호는 묵감재주인墨憨齋主人이며 장주長洲(현재 강소성 소주) 사람이다. 명대의 통속문학가이자 희곡가다. '삼언三言'은 그 영향이 가장 큰 저서다. 삼언은 즉 《유세명언喩世明言》, 《경세통언警世通言》, 《성세항언醒世恒言》 3부의 단편소설집이다. '삼언'의 매 단편 소설집은 각각 40편으로 전체 120편이다. 그중 명대 의화본擬話本이 약 7,80편이다. '삼언'의 제재는 광범위하여 봉건관료들의 추악함을 질책하고 정직한 관리의 덕행을 칭찬하는 것이 있는가 하면, 우정과 애정을 노래하거나 배신하고 의리를 저버리는 행위에 대한 질책도 있다. 그중 적지않은 작품은 시민의 생활을 묘사하고 있다. 예를 들면 《두십낭노침백보상杜十娘怒沉百寶箱》·《매유랑독점화괴賣油郎獨占花魁》 등이 있다. 예술 표현 방면에서 '삼언' 중의 우수한 어떤 작품은 스토리의 완벽함과 줄거리의 곡절과 세부묘사의 풍부함을 중시했는가 하면, 또 다양한 표현수단을 동원하여서 인물들의 성격을 그려내었다. "인정세태의 서로 다름을 잘 포착하여 희로애락의 극치를 묘사하고 가히 다름을 공경하여 새로움을 뽑아냈으니 마음과 눈을 경계할 만하다고 할 수 있다"(《금고기관今古奇觀》서). '삼언'은 중국 단편백화소설의 민족풍격과 특징이 이미 형성되었음을 나타내고 있다. '삼언'의 출현으로 수많은 송원시대의 작품들이 소멸되지 않았을 뿐만 아니라 도리어 단편백화소설의 발전과 번영을 촉진시켰으니 그 영향이 아주 크다.

《금병매》 삽화 "반금련潘金蓮이 여의아如意兒를 구타하다"

명 천계본 《경세통언》

능몽초凌濛初(1580~1644)의 자는 현방玄房, 호는 초성初成이고 절강성 오정鳥程(지금의 호주시湖州市) 사람으로 명말의 소설가다. 그의 저서로는 의화본 소설집인 《초각박안경기初刻拍案驚奇》와 《이각박안경기二刻拍案驚奇》(이 둘을 '이박二拍'이라고 부름)가 있다. 희곡집으로는 《규염옹虬髥翁》과 《음시이흡詩異》·《시역詩逆》 등 20여 종이 있으며 그중 '이박'의 영향이 가장 크다. '이박'은 숭정 연간에 간행되었고 각각 40권으로 소설 78편이 있으며 당시 풍몽룡이 편찬한 '삼언'의 영향이 성행하던 상황 하에 출판인의 요구에 부응하여 지은 것이다. 작품의 대부분은 고서 중에서 "새롭게 보고 들은 이야기가 될만한 것"을 뽑아서 이를 부연한 것이며 동시에 권선징악의 뜻을 갖고 있다. '이박'의 수많은 문장들은 색정적인 묘사와 인과응보의 사상과 봉건설교가 가득하며 오직 일부작품만 상당한 적극적 의의가 있다. 애정과 혼인을 묘사한 작품 《이장군인구李將軍認舅》·《선휘원사녀추천회宣徽院仕女秋千會》·《착조정가모이녀錯調情賈母訐女》 등은 변하지 않은 굳건한 정절을 노래하여 애정혼인 속에서 남녀평등을 요구하는 관점을 표현하였다. '이박'은 줄거리를 잘 조직한 여러 편이 흡인력을 지니고 있으며 언어도 생동적이다. 그러나 총체적으로 볼 때 '이박'의 예술 매력은 '삼언'에 비하면 차이가 많이 난다.

명 판본 《이각박안경기》

명 판본 《유세명언》

서광계의 타계

서광계徐光啟(1562~1633)의 자는 자선子先, 호는 현호玄扈며 상해 사람이다. 만력 32년(1604)에 진사에 합격하여 서길사庶吉士에 선발되었고 검토檢討에 제수되었다. 44년에 좌찬선左贊善에 들어갔고 서양사람인 마테오 리치에게서 천문·역산·화기 등의 기술에 관해 배웠다. 후에 다시 병기·둔전·염책鹽策·수리水利 등에 관한 책을 폭넓게 공부하였으며, 이로써 고금에 정통하고 또한 중국과 외국의 과학에 관통한 명대에 보기 드문 과학자가 될 수 있었다. 천계 5년에 위충현의 미움을 받아서 관직을 파직당했다가 숭정 원년에 다시 벼슬길에 나왔고 후에 예부상서에 제수되었으며 태자태보를 더하였고 문연각에 들어갔다. 숭정 6년(1633) 10월 9일에 별세했다. 소보少保를 증여받고 시호는 문정文定이다. 서광계는 경제에 뜻을 가진 인재로 세상을 위한 뜻이 있었고 저서와 역서가 아주 많다. 그의 거작 《농정전서農政全書》는 명대의 가장 중요한 농업서적이다. 이 책은 60권으로 그 내용은 농업의 여러 방면에 대해 언급하고 있어 명실상부한 전서全書라 할 수 있다. 그가 마테오 리치와 함께 번역한 《기하원본幾何原本》으로 유클리드의 기하학이 중국에 전래되어 첫발을 내딛게 되었다. 숭정 2년(1629), 서광계는 어지를 받들어 역법 찬수에 들어갔다. 그는 천문학에 능통한 서양 선교사 아담 샬·요한 슈렉·니콜라스 롱고바디·로 자코모 등과 함께 역서를 편찬하는 일을 하였고, 5년 후에 《숭정역서》가 완성되었다. 편찬과정 중 서광계는 친히 일식과 월식을 측량하였고, 동료들과 함께 추산·대비·수정을 하여 중국 역법의 발전을 위하여 유익한 공헌을 하였다. 위에 언급한 저술 이외에 또 《태서수법泰西水法》·《서문정공집徐文定公集》 등이 있다.

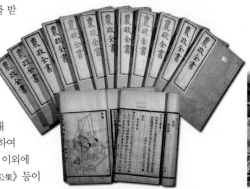

《농정전서》   서광계

고수顧繡의 탄생

명 중엽 이후 자수품이 상당히 유행하였다. 북방 계통으로는 의선수衣線繡·노수魯繡·신신수絎線繡 등 실용싱의 자수가 있다. 또한 그림수예를 위주로 하는 남방 계통으로는 '고수'가 가장 유명했다. 명 가정 연간의 진사 고명세顧名世의 아내 무씨繆氏는 수를 잘 놓았는데 인물과 불상을 수놓은 모습이 진짜와 같았다. 고명세는 일찍이 상해에 '노향원露香園'을 건축했기 때문에 세상에서는 그 집안 사람들이 놓은 수를 '노향원고수' 혹은 '고씨노향원수'라고 부르며 약칭으로는 '노향원수' 또는 '고수'라고 부른다. 고수는 고대 자수의 전통수법을 계승하면서 새로움을 더해 발전하였다. 고수는 조화롭게 네 가지 색을 배합하여 아름답고 자연스럽다. 그림으로 자수를 보충하고, 그림과 자수가 결합되어 회화의 수묵적인 맛을 구비하고 있다. 한희맹韓希孟은 고명세의 작은 손자 며느리인데 그녀의 자수는 "늘 깊은 정을 교묘히 운용"하여 송원시대 유명인의 서화를 조사·수집·정리·임모하는 것을 중시하여 자수의 모델로 만들었다. 동시에 현실적인 경물을 표현하였다. 그는 일찍이 숭정 7년(1634) 봄에 송원 명인들의 유명작품인 〈세마도洗馬圖〉·〈백록도〉·〈여후도女后圖〉·〈순조도鶉鳥圖〉·〈포도송서도葡萄松鼠圖〉·〈편두청정도扁豆蜻蜓圖〉·〈화계어은도花溪漁隱圖〉·〈방황학산초필仿黃鶴山樵筆〉 등 8종의 옛 그림을 모방하여 수를 놓았다. 그런 후에 이를 책으로 만들고 그 책 제목을 《송원명적방책宋元名迹方冊》이라 하였다. 고수는 주로 명인들의 서화를 모방하였기 때문에 또 '화수畫繡' 또는 '수화繡畫'라고도 한다. 문인 사대부의 깊은 사랑을 받았으며 공예미술에 대한 문인예술의 영향을 생동적으로 체현했다.

고수·한희맹이 수놓은 화조책

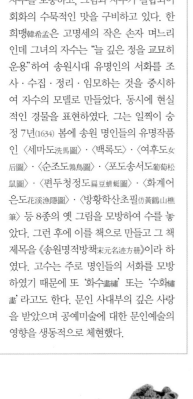

고수·한희맹의 《송원명적방책》 중 〈세마도〉

《숭정역서崇禎曆書》

숭정 2년(1629) 5월, 숭정제는 서양 역서를 참고하여 《대통력大統曆》을 수정하도록 명령히니 서양역법이 이미 중국에 들어오기 시작하였다. 서광계徐光啓 등은 어지를 받들어 이를 수정하여 《조수역법수정세차소條數曆法修正歲差疏》를 진상하고 수정한 10개 사항을 열거하였다. 이외에 또 서양 선교사 아담 샬·요한 슈렉·니콜라스 롱고바디*·로 자코모** 등을 추천하여 그 일을 함께 했다. 1632년 봄에 이르러 황제에게 책력 다섯 가지, 전체 137권을 진상하였는데 중국과 서양을 관통하는 권질이 방대한 새로운 책력이 완성되었다. 숭정 연간에 편찬되었기 때문에 책이름을 《숭정역서》라 하였다.

* Nicolas Longobardi(1559~1654)는 이탈리아 선교사로 중국명은 용화민龍華民임-역주

** Giacomo Rho(1592~1638, 일설에는 Jacques Rho라고도 함), 이탈리아 선교사로 중국명은 나아곡羅雅谷임-역주

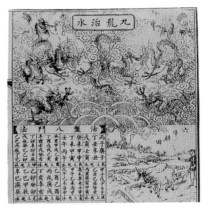

구룡 치수

이 그림은 고대 책력 중의 속표지다. 그림 속의 '구룡치수九龍治水'는 이 해의 첫 번째 날이 '진일辰日' 즉 용날이었기 때문에 결정되었다. 그해 정월 초 구일이 진일, 즉 용날이면 구룡치수인 것이다. 전설에서는 용의 숫자가 많으면 많을수록 그 해에는 강수량이 오히려 적다고 한다. 이와 반대로 그림 속에 농우가 많을수록 그 해는 풍년이 든다고 한다.

1636년
홍타이지의 조선 정벌

후환을 없애버렸다.*

* 우리는 이를 병자호란이라고 함 – 역주

천총天聰 10년(1636) 4월 11일에 홍타이지[皇太極]는 여러 베이러[貝勒]의 건의를 받아들여 심양沈陽에서 황제가 되었음을 선포하고 만주어·몽골어·한문의 세 가지로 표문을 지어 천지에 제사를 고하고 '대청大淸'이라고 개국하였다. 연호는 숭덕崇德이라 개원하고 족명은 '만주'로 바꾸고 또한 존호 '관온인성황제寬溫仁聖皇帝'를 수여받았다. 아버지 누르하치를 태조로 추존하였다. 홍타이지가 황제를 칭할 때 조선은 후금측이 재물을 요구하는 각종 협박을 참을 수 없었기 때문에 후금과의 갈등은 더욱 격화되었다. 홍타이지는 등극하자마자 조선을 정복해야겠다고 결심을 하였다. 숭덕 원년(1636) 12월, 홍타이지는 대군을 이끌고 조선을 침공하였다. 청나라 군병은 두 길로 나누어 좌익은 다이곤多爾袞·호격豪格 등이 인솔하여 넓은 교외에서 길게 산 입구로 들어가 창성昌城을 취한 후 평양平壤으로 남하했다. 홍타이지는 다이산[代善]과 함께 우익을 거느리고 동경대로에서 출발하여 진강鎭江을 지나 조선으로 진입했다. 14일, 청 군대는 안주安州에 도달하였고 조선 국왕은 한강 남쪽의 남한산성으로 피신하였다. 29일에 홍타이지는 한강을 건너 남한산성을 포위하였다. 숭덕 2년(1637) 정월 22일, 청 군대가 다이곤의 인솔 하에 남한산성을 공격하니 조선국왕은 투항하였다. 홍타이지는 조선을 정복한 후에 명나라에 대한

태종 홍타이지

홍타이지(1626~1643 재위)는 누르하치의 여덟 번째 아들로 후금 천명 11년(1626) 9월에 칸으로 즉위하였고 다음 해를 천총 원년으로 연호를 바꾸었다. 후금 천총 10년(1636) 4월에 황제를 칭하고 청나라를 건국하였으며 숭덕으로 연호를 바꾸었다. 이후에 그는 일련의 봉건화를 심화시키는 정책을 실시하여 명나라를 멸망시키고 대청제국을 건립할 수 있는 수많은 기초적인 일을 하였다. 명 숭정 16년, 청 숭덕 8년(1643) 8월에 병사했다.

1636년
틈왕으로 추대된 이자성

이자성李自成의 원래 이름은 이홍기李鴻基며 만력 34년(1606)에 섬북 연안부延安府 미지현米脂縣에서 출생했다. 일찍이 은천銀川 역졸 모집에 응하였는데 기마와 활쏘기에 뛰어난 재능을 갖고 있었다. 숭정 2년(1629), 조정에서 역참을 철수시키자 이자성은 실업자가 되었고 감주甘州로 가서 변방수비병으로 충임이 되었다. 숭정 3년(1630), 이자성은 '틈왕闖王' 고영상高迎祥의 기의에 따랐으며 '틈장闖將'이 되

었다. 숭정 9년(1636) 8월, 고영상이 전투 중에 포로가 되어 희생되자 이자성이 틈왕으로 추대되었다. 9년여의 남북전쟁을 거쳤으며 이때 이자성은 이미 담력과 계략을 갖춘 유망한 농민군 수령이 되어 있었다. 그가 거느린 부대는 견고한 철기부대로 의장이 정돈되어 있었으며 전투력이 몹시 강하여 점차로 각 로路 기의군 중에서 일거수일투족이 큰 영향을 미치는 부대가 되어갔다.

틈왕 이자성
이자성은 섬서성 미지 사람으로 명말 농민기의군의 걸출한 영수다. 숭정 초년에 농민기의군에 참가하였으며 틈왕으로 불린다. 사천성, 호남성, 섬서성을 전전하며 여러 차례 명군을 대패시켰다. 1644년에 황제를 칭하고 수도를 공격하여 명나라를 멸망시켰으나 후에 청나라 군대에게 패배하였다.

1637년
송응성의 저서 《천공개물》

숭정 10년(1637), 송응성宋應星의 저서 《천공개물天工開物》이 간행되었다. 송응성의 자는 장경長庚, 강서성 봉신奉新 사람이다. 만력 43년에 거인에 합격하였다. 분의현학교유分宜縣學敎諭·정주부추관汀州府推官·박주지주亳州知州 등의 관직을 역임하였다. 1644년, 관직을 사직하고 귀향하였다. 송응성은 박학다식하며 많은 저술을 남겼다. 《천공개물》은 과학 저서로 분의현 교유로 있을 때 편찬하였으며 그해에 간행되었다. 《천공개물》이라는 이름은 《상서·고도모皐陶謨》 중의 "천공인기대지天工人其代之"와 《역경·계사系辭》 중의 "개물성무開物成務"라는 두 구절에서 따왔다. 이 책에서 그는 자연계는 인공기교에 의지하여 유용한 물건을 개발한다고 주장한다. 《천공개물》은 전체 3권 18편이다. 책에는 농업과 수공업, 여러 가지 기계·벽돌과 기와·도자·유황·초·종이·병기·화약·방직·염색·제염·석탄채굴·기름짜기 등의 생산 기술을 수록하고 있다. 특히 기계에 관해서 아주 상세하게 기술하고 있으며 입축식 풍차·당차糖車·우전승륜급로牛轉繩輪汲鹵 등도 포함되어 있다. 과학적 가치가 높은 저서다.

1642년
송금전투의 대패

숭정 14년(1641) 3월에 명나라는 금주錦州를 군건히 지키고 있던 총병 조대수祖大壽가 청나라 군대와의 접전이 불리해지자 계속하여 급보가 날아들었다. 명 조정에서는 요계경략遼薊經略 홍승주洪承疇에게 8총병總兵을 인솔하여 병사 13만을 거느리고 금주를 지원하도록 조서를 내렸다. 7월에 홍승주는 영원까지 진격하여 병사들에게 군량을 주어 보호하리라 결정하였다. 행산杏山에서 송산松山으로 진격하고, 송산에서 금주로 진격하였는데 지원군은 송산과 행산 지역에서 습격을 당하여 5만여 명이 죽었다. 홍승주는 송산의 작은 성에서 포위되었다. 숭정 15년(1642) 2월에 송산이 포위된 지 반년이 지나자 성 안의 식량은 바닥이 났고 부장 하성덕夏成德은 성문을 열고 청나라 군대를 받아들였다. 총병 조변교曹變蛟·왕정신王廷臣 및 순무 구민앙邱民仰 등은 포로가 되어 죽었다. 홍승주 역시 청나라 군대에게 포로로 잡혀 성경(심양)으로 압송되었다. 3월에 금주 총병 조대수는 송산이 이미 무너져 수비하는 것이 어렵다는 것을 깨닫고, 결국 식량이 바닥나자 청나라 군대에 투항하였다. 4월에 청군은 계속 행산·탑산塔山을 공격하며 이곳까지 이르니 명 정부의 변경 방어선은 겨우 영원寧遠만이 쓸쓸하게 남게 되었다. 송산 금주의 전투는 명과 청나라 간의 최대의 전투였으며 청나라 군대는 전력투구하여 홍승주 13만 지원군을 격퇴시켰다. 그리고

변경의 군사 요새지인 금주를 획득하고 명말 유명한 명장인 홍승주와 조대수의 투항까지 받게 되었다. 이때부터 명나라는 다시는 힘 있는 부대를 조직할 수 없었으니, 청나라 군대와 서로 엇비슷하게 되었다.

산해관의 명대 철포

네덜란드의 대만 점령

네덜란드 사람들이 만력 29년(1601)에 함선을 이용해 광주에 도착했다. 만력 32년(1604)에 대만 팽호澎湖의 여러 섬들을 습격하였다. 천계 2년(1622)에 팽호를 강점하고 섬에서 공사를 진행하며 요새를 건립하여 이곳을 거점으로 하여 끊임없이 복건성의 해안을 습격해 백성들을 죽이고 재물을 노략질해갔다. 사람들을 납치하여 지금의 인도네시아 자카르타까지 데리고 가서 노예로 팔았다. 천계 4년(1624)에 명나라는 군대를 파견하여 이들을 팽호에서 쫓아내 버렸다. 이때 네덜란드 사람들은 또 대만 대남台南의 안평安平을 점거하고 여기에 '열란차熱蘭遮'*·'적감성赤嵌城' 두 곳의 요새를 건축하고는 대만 남부로 점차 세력을 확장해 나갔다. 천계 6년(1626)에 계롱雞籠(지금의 대만 기륭基隆)을 점거했다. 숭정 15년(1642), 네덜란드와 스페인 두 식민주의 국가들은 대만을 쟁취하기 위한 전쟁을 벌였고 스페인이 패배하자 네덜란드는 대만을 점령하였다.

* 네덜란드 식으로는 질란디아Zeelandia라고 부름 – 역주

대만 안평 옛 보루

원래 성의 보루는 네모 반듯하게 276여 장丈이고 높이는 3장 정도 되었다. 2층으로 각각 성가퀴*가 세워졌다. 네덜란드 사람이 대만을 침략했을 때 건축한 것으로 열란차堡熱蘭遮堡라고 부른다.

* 한자어로는 치첩雉堞이라고 하며 몸을 숨겨 적을 공격할 수 있도록 성 위에 낮게 덧쌓은 담을 말함 – 역주

1643년
청 세조 복림의 즉위

복림福臨은 어린 시절에 격렬한 정치 투쟁 속에서 황제에 옹립되었다. 홍타이지가 숭덕 8년(1643) 8월 9일에 갑자기 서거했지만 아직 황태자를 정하지 않았기 때문에 일단의 사건이 발생하였다. 열네 번째 동생이자 정백기正白旗를 장악하고 있던 화석예친왕和碩睿親王 다이곤多爾袞 및 그 맏아들, 그리고 숙친왕肅親王 호격豪格 사이에 격렬한 황위 쟁탈전이 있었다. 쟁탈자 쌍방의 세력이 엇비슷하여 서로 대치하게 되었다. 눈치가 빠르고 임기응변에 강한 다이곤은 긴급동의를 제안하였다. 즉 홍타이지의 아홉 번째 아들 복림을 황제로 옹립하여 화석정친왕和碩鄭親王 제이합랑濟爾哈朗과 공동으로 정치를 보좌하자고 하였고 결과적으로 이것이 통과되었다. 복림은 8월 26일, 성경盛京(심양) 독공전篤恭殿의 녹각보좌鹿角寶座에서 즉위하였다. 다음 해를 순치順治로 개원하였다.

명·화훼문양의 금잔

1644년
이자성의 대순정권 건립

숭정 17년(1644) 설날에 이자성은 정식으로 건국을 선포했다. 서안을 서경西京으로 바꾸고 국호를 대순大順으로 하고 영창永昌이라 개원했다. 이자성은 서안에서 농민정권의 중앙기구를 한층 더 완벽하게 조정하고 대대적으로 각 항목의 혁명조치를 추진시행하였다. 중앙기구는 천우전天佑殿을 최고행정기관으로 하고 6정부에는 각각 상서尚書 한 사람씩을 임명하였다. 또한 홍문관·문유원文諭院·직지사直指使·간의종정諫議從政·통회統會·상계사尚契司·험마시驗馬寺·지정사知政使·서사방書寫房 등의 정부기구를 건립하였다. 동시에 계속하여 "전답을 균등하게 하고 부역을 면제"하고 "부를 나누어 빈곤한 자를 구제한다"는 정책을 추진하였다. 유랑민들을 안치하고 물가를 안정시켰으며 팔고문을 폐지하고 신역법을 반포하였다. 또한 각 군영마다 병사 훈련을 더욱 긴밀하게 하였고 적극적으로 전쟁을 준비하였다. 일련의 군정 조치를 실시한 결과 농민혁명정권의 근본은 온건하여졌고 각 군영에도 용감한 병사들과 군량이 충분하였다. 이리하여 기의군은 이자성이 친히 인솔하여 보무도 당당히 동쪽 정벌을 시작하였으며 명나라의 수도인 북경을 향해 공격해 들어갔다.

1644년
매산에서 자살한 숭정제

숭정 17년(1644) 3월, 대순大順 군대가 북경성까지 쳐들어왔다. 17일에 이자성은 친히 대군을 지휘하면서 아홉 개의 성문을 공격하였다. 대순군의 장수와 병사들은 사다리를 타고 성벽을 올라 성을 공격하고 성벽을 넘어 진입하니 외성이 공략되었다. 이와 동시에 명 태감 조화순曹化淳은 창의문彰義門을 헌납하면서 투항하였다. 숭정제 주유검은 성이 함락되었다는 소식을 듣고는 곧장 세 아들에게 일반복장으로 갈아입고 도망가도록 명령하였다. 주황후에게는 자살을 강요하고 도끼를 들어서 장녀 낙안樂安 공주의 팔을 자르고 또 비빈 수명을 죽였다. 그리고는 평복으로 갈아입고 태감 왕승은王承恩 등 수십 명을 데리고 동화문東華門으로 나가 도망려고 시도하였지만 성공하지 못하자 다시 궁 안으로 돌아왔다. 19일 이른 아침에 이자성 군대가 내성을 공격하였다. 숭정제는 친히 종을 울려 백관을 소집하였지만 한 사람도 이에 응하는 사람이 없었다. 숭정은 이미 대세가 기운 것을 보고는 태감 왕승은과 함께 궁 안의 정원으로 들어가 매산煤山(지금의 경산景山) 수황정壽皇亭 나무 아래서 목을 맸다. 명나라는 이로써 멸망을 고했다.

명십삼릉

북경에서 북서쪽으로 45킬로미터 떨어진 창평현昌平縣 천수산天壽山 아래에 있다. 영락 7년(1409)에 시작되어 청나라 초에 준공되었다. 명말에 이자성의 기의군이 북경을 공격하고 궁 안으로 진입하자 숭정 황제는 매산에서 스스로 목을 맸다. 청나라 군대는 산해관으로 들어온 후 명나라를 위해 "아버지의 원수를 갚는다"고 분명히 표방하며 숭정을 13릉에 예로써 장사지냈다. 13릉은 완벽한 규격으로 주종이 분명하게 배치된 대형 능묘군이다. 13릉은 즉 명대 열세 명의 황제릉의 총칭이다. 명대는 성조 주체朱棣가 북경으로 천도한 후부터 마지막 황제 주유검由檢에 이르기까지 모두 열네 명의 황제가 있었다. 경제景帝 주기옥만 금산金山에 별도로 매장했으며 그 나머지 황제의 능묘는 모두 이곳에 있다. 차례로 그 명칭을 보면 다음과 같다.

명 성조 주체의 장릉長陵, 인종의 헌릉獻陵, 선종의 경릉景陵, 영종의 유릉裕陵, 헌종의 무릉茂陵, 효종의 태릉泰陵, 무종의 강릉康陵, 세종의 영릉永陵, 목종의 소릉昭陵, 신종의 정릉定陵, 광종의 경릉慶陵, 희종의 덕릉德陵, 사종의 사릉思陵 등 13기의 황제 능묘가 있다.

숭정통보

명말에 지폐의 시스템이 붕괴하자 숭정제는 각지의 전국錢局에 동전을 주조하도록 허용하였다. 통일된 규범이 없었기 때문에 각지의 전국에서 주조된 동전의 크기가 같지 않고 이름도 번잡하였다. 이리하여 숭정통보崇禎通寶의 뒷면도 아주 다양하고 아름다워 장관이다. 숭정통보의 뒷면 문양은 여섯 종류로 나눌 수 있다. 첫째는 도안으로 뒷문양이 된 것, 둘째는 연도를 표시한 것, 셋째는 동전의 중량을 표시한 것, 넷째는 전국錢局의 명칭을 주조한 것, 다섯째는 지명을 첨가한 것, 여섯째는 동전 뒷면에 사건을 기록한 것이 있다. 이 그림은 숭정의 돈임을 보여주는데 '숭정통보' 라고 새겨져 있다. 중간에 네모난 구멍이 뚫려있다. 테두리가 넓고 몸체는 얇으며 글자체는 둔중하고 동색에 붉은 빛이 있다.

사릉의 돌향로

숭정제는 사후에 사릉에 매장되었다. 이 그림은 사릉의 돌향로다. 뒤쪽에 있는 것은 사릉성호비思陵聖號碑다.

신도 석각(무신)

신도 석각(문신)

신도 석각(석상)

명대의 서법

명대의 서법예술에서 중요한 것은 첩학帖學을 숭상했다는 점이다. 명대 전기에 송극宋克·송수宋璲·송광宋廣의 초서草書와 해서楷書는 직접 원대 사람들을 계승하였으며 그 성적 또한 탁월했다. 황실에서는 이왕二王*의 해서를 모범으로 제창하였으며 심도沈度·심찬沈粲 형제가 그 대표적인 서예가로 궁정의 원체화와 대응하는 '대각체台閣體'를 형성하였다.

중기는 즉 성화에서 가정 연간까지로 오문화파吳門畵派가 활약하였으며 절강 일대, 특히 소주 지역에서의 서법 창작은 날로 번성하여 축윤명祝允明·문징명文徵明·왕총王寵 등 걸출한 서예가들이 출현하였다. 당시에는 "천하의 서법은 모두 우리의 오지역에 귀속된다"(《예원치언藝苑卮言》)는 말이 있었다. 축윤명·문징명·왕총은 오중삼대가吳中三大家로 칭해진다. 이들은 이동양李東陽 및 같은 고향의 오관吳寬·왕오王鏊·이응정李應禎·서유정徐有貞·심주沈周 등의 서예 풍격의 영향을 받고 위로는 진당晉唐의 고풍을 따르면서 '대각체'의 속박을 깨뜨리고 개성이 선명한 풍격을 형성하였다.

명 말기에는 초서의 기풍이 성하였다. 명 말기 초입에 진헌장陳獻章이 창제한 띠를 묶어 붓 대신 사용한 '모룡서茅龍書'의 인도 하에 서위徐渭는 호방하고 얽매이지 않는 광초狂草로 이를 계승하였다. 장서도張瑞圖의 준엄함, 황도주黃道周의 장대함, 예원로倪元璐의 방탕함, 왕탁王鐸의 힘찬 도약… 등은 정세가 혼란한 시기에 사람들의 심리상태와 창조력이 발산된 것이다. 동기창董其昌·형동邢侗·장서도·미만종米萬鍾은 '사대가'로 일세에 이름을 떨쳤다. 그중 동기창은 "글자는 반드시 숙련된 후에 생기는 것"이라고 주장하여 그 이름을 떨쳤으며 평담하고 고졸한 서품書品과 화풍을 추구하였다. 이는 명말에서 청대 중엽까지 줄곧 커다란 영향을 주었다.

* 이왕은 왕희지와 그의 아들 왕헌지를 말함 - 역주

오승은이 부채에 쓴 글씨

오승은吳承恩의 글씨다. 자작시 한 수를 썼는데 그 뜻은 다음과 같다. "10년간 속세에서 늘 추위에 떠돌며/오늘 주전자 들고 산에 오르네/술에 취해 꽃가지 붙들고 수조가水調歌를 부르며/파초잎에 글을 써서 산승과 히히덕거리네/맑은 날 달이 지니 강 속 자라 나오고/사찰에 닭소리 울리니 바다가 떠오르네/스치는 바람에 웃음소리 들리니/스스로 놀란 몸 흰구름 속에 있네." 그리고 "갑오년 가을 금산사에 숙박하면서 사양射陽의 오승은이 말호沫湖 선생을 위하여 씀"이라는 관지*가 있다. 율시의 뜻이 아주 심원하고 서법은 행서와 초서가 섞여 있어 구속됨이 없다. 오승은의 필적이 전해지는 것이 많지 않기 때문에 아주 진귀한 물건이다. 갑오는 가정 13년(1534)이다.

* 관지款識는 본래 종이나 청동기, 석기 등에 새겨진 문자로 음각을 관款이라 하고 양각한 것을 지識라 함. 본서에서는 현대적인 의미로 작가가 글씨나 그림에 자신의 이름이나 아호를 쓰고 도장을 찍은 것도 모두 관지로 하였음 - 역주

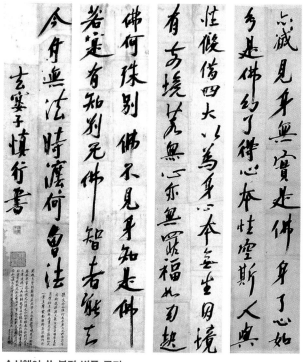

손신행이 쓴 불경 병풍 글귀

손신행孫愼行의 작품이다. 본래는 팔폭 병풍에 불경을 쓴 작품으로 이는 그중 네 폭에 있는 글이다. 모두 말년의 역작이다. 글씨는 초연하면서도 자유롭고 너그러우면서도 침착하다. 황산곡黃山谷과 이북해李北海의 서법을 취하고 다시 안진경과 유공권 등 여러 서예가들의 영양분을 흡수하여 하나로 융합하였다. 독창적으로 새로운 기풍을 만들어내었다.

유각의 〈증별시〉축

유각劉珏의 초서 작품이다. 명나라 때는 초서를 잘 쓴 사람들이 아주 많은데 대부분 진부한 규범을 버리고 가슴 속에 있는 말을 담아내었다. 유각의 〈증별시贈別詩〉축軸은 필법이 원활하면서도 유창하고 그 기세가 세속을 초월하여 분방하며 서정성이 지극히 강하다. 장봉長鋒에 먹을 사용하여 기필起筆의 먹이 진하며 진한 것에서 마르게 되는데 여러 곳에서 갈필渴筆이 나타난다. 그러므로 급함과 느림, 가벼움과 무거움이 역력히 드러난다. 작품의 허실 대비가 강렬하다. 실필實筆은 막힘이 없고, 허필虛筆에서는 골격이 보인다. 전체로 비백飛白이 비교적 많다. 증별시이므로 초서로 그 정을 서술하였고 행서로 그 뜻을 길게 서술하여 일종의 동정교융動靜交融의 통일된 예술적 효과를 내고 있다.

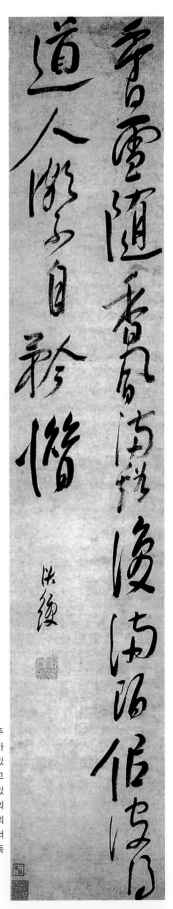

심도의 해서 〈경재잠〉권卷

심도沈度의 글씨다. 해서 〈경재잠敬齋箴〉은 말미의 관지에 "영락 16년 중동지일에 한림학사 운간 심도가 쓰다" 라는 글이 있다. 자체는 아름다우면서도 표일하고, 온화하면서도 점잖은 것이 적당하고 원활하면서 우아하고 몹시 공력을 들인 것이 보인다. 관각체館閣體를 대표하는 작품이다.

진홍수陳洪綬의 〈오언절구시〉축

행초서다. 〈오언절구시〉축은 동시대의 분방함과는 다른 길을 걷고 있는데, 감상자에게 기세가 당당한 장엄미를 주지만 자유자재로움이 시종여일하여 일종의 부드러운 아름다움이 드러난다. 이 부드러움은 결코 힘이 약한 것이 아니며 중봉행필中鋒行筆로 필획이 원활하고 가득하여 온후를 함축하고 있는 것이 드러나 퍽 고의古意를 갖추고 있다. 먹의 운용에 있어서는 고습枯濕을 겸용하여 그 변화가 흥미롭다. 장법章法에 있어서는 대소가 서로 어울리고 끌고 늘이는 것도 여러 가지 모습이다. 예를 들면 둘째 줄의 '人'자를 보면 삐침(丿)과 파임(乀)이 널찍이 펼쳐져 있어 아래의 '파부자頗不自' 석 자를 덮고 있는데 '파頗'자는 오히려 아주 조밀하게 쓰여 있어 위의 '人'자 중간의 공백을 메워주고 있다. 또 그 뒤의 '긍矜'자는 성글게 써서 위의 넉 자를 받쳐주고 있다. 일종의 성기고 조밀함의 절주를 형성한 것이 마치 봄날에 답청을 하는 어른과 어린애가 서로 손을 잡고 함께 있는 것과 같다. 이런 부드러움의 풍격은 쓴 내용과 서로 조화를 이루고 있다. 이 글은 "향기로운 눈은 향기로운 바람을 따라 / 시냇가와 밭두둑에 가득하네 / 마치 도인이 된 듯 / 별로 소중히 여기지 않네"*라는 뜻이다.

* 오언절구 내용은 "香雪隨香風。滿溪復滿陌。似彼得道人。頗不自矜惜"임 - 역주

명대의 회화

명대 회화예술의 가장 큰 특징은 여러 화파가 있으며 유명 화가들이 많이 배출되었다는 점이다. 대체로 이들은 양송兩宋 화원풍격으로 대표되는 원체화와 원대의 황공망黃公望·오진吳鎭·왕몽王蒙 및 예찬倪瓚으로 대표되는 문인화의 양대 전통이 발전하여 변화한 것으로 귀결된다. 명나라 초기 상당한 기간 동안 온화하고 점잖으며 화려한 '원체院體'와 웅건하고 강건한 '절파浙派'가 화단의 주도적인 지위를 점하고 있었다. 직접적으로 원대의 문인화 전통을 계승하였으며 명대 중엽까지 줄곧 이어졌다. 새로운 경제 발전과 문인 개성의식의 자각에 따라서 점차 '원체'의 주류적 지위를 대신하게 되었다. 명대 말년에는 출현한 유파도 많고 유명 화가들을 배출하였다. 이는 황권의 쇠퇴, 도시의 번영 및 '실학'의 대두와 관계가 있다. 명대 말기에 동기창이 제창한 문인화의 창작은 점차로 그 당시의 풍조가 되어버렸다. 명말에 선교사가 서방의 고전주의의 유화와 판화 및 공예미술품을 가지고 중국에 들어오자, 중국 예술가들의 중국과 서양미술에 대한 비교 및 서양화법에 대한 고찰과 취사선택을 촉진시켰다.

〈만학쟁류도萬壑爭流圖〉축

이 그림은 81세의 문징명이 그린 작품으로 청록을 사용하였는데, 조맹부 필묵의 계시를 받았으며 '세문細文' 중에서도 걸작품이다.

〈송학쌍토도松鶴雙兔圖〉축

진가언陳嘉言 작품이다. 이 그림은 푸른 소나무 두 그루를 그렸는데 한 그루는 땅에서 뻗어나가 곧게 구름 속까지 뻗쳐 있고 한 그루는 반만 그려져 있다. 세 마리의 까치가 소나무 가지 위에서 쉬고 있다. 소나무 사이에 매화가지가 있으며 두 마리 토끼는 소나무 아래서 쉬고 있다. 그림에는 길조와 평화, 활력과 융성한 기운이 가득 차 있다. 붓의 운용이 강건하고 노련하며 구도가 근엄하며 배치가 평온하고 생동적으로 묘사되어 진부하지 않다. 이 그림을 보면 화조와 동물의 기법은 임량林良·주지면周之冕·손극홍孫克弘의 영향을 받았고 산석은 진도복陳道復의 화법을 흡수했음을 알 수 있다. 필묵이 윤기가 있고 기품이 평범치 않으며 농후한 생활의 숨결이 느껴진다. 전통적인 공력과 예술상의 독창적인 정신이 깃들어 있다.

〈인물고사人物故事〉책册
(중의 네 번째)

구영仇英 작품으로 이 그림은 백거이白居易의 〈비파행琵琶行〉 시의 뜻을 가져온 것이다. 가을바람이 선뜻 불어오는 가운데 강 위의 갈대 소리가 소슬하게 들린다. 물위에 잔물결이 일고 배 위에선 시인이 온 정신을 집중하여 기생이 연주하는 비파 소리를 듣고 있다. 강은 넓고 망망하며 마치 은은히 울려퍼지는 비파 소리가 귓가에 맴도는 듯하다.

〈송석도松石圖〉축

항성모項聖謨의 작품이다. 이 그림은 소나무의 청정함과 강인함, 곧은 나뭇가지와 무성한 잎, 푸르름이 눈을 사로잡는다. 기이한 돌을 간결하게 그렸으며, 몇 줄기 작은 대나무가 기석奇石과 섞임으로써 자연스러움이 드러난다. 돌 주위에 점점이 그린 연한 빛의 영지는 또 다른 고졸함이 있다. 《국조서화징록國朝書畵微錄》에서는 항성모에 관해 "그림을 잘 그리는데, 처음에는 문형산文衡山을 배웠지만, 후에는 송나라의 광활함과 원나라의 운치를 취하였다. 그가 그린 화초, 송죽, 목석은 특히 정밀하고도 교묘하다"고 평하고 있다.

〈맹촉궁기도孟蜀宮妓圖〉축

당인唐寅 작품이다. 이 그림은 전촉 후주後主의 궁 안에서 음악하는 기녀 네 명을 그렸다. 모습과 자태가 아름답다. 오대와 송대 사람들의 전통방법을 취하여 가는 선으로 옷주름까지도 묘사하였다. 얼굴은 전통의 '삼백三白' 기법으로 색칠을 하였으며 색채가 호화롭고도 화려하다. 명대 인물화 중에서 보기 드문 대표작이다.

〈국죽도菊竹圖〉축

서위徐渭 작품이다. 국화꽃이 꼿꼿이 서 있는데 국화잎이 한쪽으로 몰려 기울어졌으며, 꽃봉오리가 한데 모여 있는 생기발랄한 모습을 그리고 있다. 국화잎은 큰 붓으로 쓱쓱 그린 것이 어떤 것에도 구애받지 않음을 보여준다. 옆에 있는 대나무는 댓잎 끝이 낮게 기울어 국화꽃과 서로 어우러져 흥미롭게 보인다. 댓잎은 대범하고 자연스럽다. 국화꽃과 대나무의 아래에는 풀을 배치하여 청신하고 안일한 모습으로 매우 아름답고 통쾌함이 그지없다. 필묵의 건습乾濕과 농담濃淡이 잘 어우러져 마치 숨을 쉬지 않고 일필휘지로 단숨에 그린 것처럼 보이며 그 여운이 몹시 길게 남는다. 스스로 제한 시에서는 "신세가 마치 바다에 떠있는 배와 같으니／문을 닫아 걸고 몇 달 동안 머리를 빗지 않는다.／동쪽 울타리에서는 나비가 날아다니고／국화꽃을 보니 또 가을 한철이 지나갔다"라고 쓰고 있다. 또 '천지天池'라고 서명하였으며, '서위지인徐渭之印'이란 양각의 인장과 '문장文長'이라는 음각의 인장 두 개가 찍혀 있다.

〈추흥팔경도秋興八景圖〉책(중의 첫번째)

이 그림은 동기창이 명 만력 48년(1620) 8, 9월 사이에 배를 타고 오문吳門과 경구京口로 가는 도중 그린 것이다. 깊고 깊은 계곡, 자욱한 구름 같은 여러 가지 모양을 묘사하였다. 짙푸르고 무성한 초목, 비바람으로 자욱한 강남江南 구릉의 특징이 있는가 하면, 또 모랫가의 갈대와 구불구불한 길들과 마을의 분위기가 있다. 또한 강변의 누각, 배가 출발한 강가의 경치도 보인다. 구도가 정교하고 의경이 심원하며 우아한 멋이 풍부하다. 그중 산수필묵은 송원宋元 여러 파들의 기법의 장점을 모아 수려하고 우아한 화풍을 형성하였다. 필력이 힘있고 묵기墨氣가 부드러우며 건필乾筆의 준법皴法, 교묘한 채색으로 해맑은 모습이 아주 자연스럽다. 색은 황토색과 화청花靑을 주요 색조로 하고 부분적으로 산림과 수림, 산과 산이 연결되어 있는 산에는 석청, 석록, 주사朱砂를 더하여 짙은 색과 선명함이 부드러움과 전체적으로 어우러져 가을 분위기를 한층 높여준다. 이 그림책은 모두 시구와 발문跋文으로 제목을 달았으며 마지막에 "경신 9월 9일 하루 전날 □□작은 경치 여덟 폭을 그리다. 추흥 8수라고 할만하다. 현재玄宰"라고 쓰여 있다. 글은 있지만 도장은 없다. 책 앞에는 증경曾鯨이 그린 동기창의 초상화가 있다. 화폭에는 청나라 오영광吳榮光의 제발문題跋文이 있고 책 뒤에는 사희증謝希曾 등의 제발문이 있다.

명대의 가구

명대 가구는 중국 가구 역사상 최고봉으로 중국 가구 민족 형식의 표본이자 대표로 이는 세계 가구 역사상에서도 독자적으로 한 파를 세워 스스로 체계를 성립하였다. 그 영향 또한 막대하여 중요한 위치를 점하고 있다. 명대 가구는 남양南洋에서 수입한 질 좋은 딱딱한 나무를 많이 사용하였다. 예를 들면 화류목樺榴木 · 자단목紫檀木 · 홍목紅木 · 철목鐵木 · 기재목杞梓木 등으로 목질이 견고하고 단단하며 색이 부드럽고 나뭇결이 아름답다. 전하는 바에 의하면, 이런 목재의 대부분은 정화鄭和가 서양에 갔다 올 때 중국으로 가져왔다고 한다. 명대 가구의 예술적 특징은 다음과 같다.

화류목으로 만든 장방형 의자

첫째, 조형이 간결하다.

둘째, 가공이 세밀하고 엄밀하여 정교함과 우아함이 드러난다.

셋째, 비율이 적당하여 전체적으로나 국부적으로 모두 조화롭다.

넷째, 척도尺度가 과학적이어서 인체 기능의 요구와 잘 부합된다.

다섯째, 종류가 많고 조형이 풍부하다.

여섯째, 장식을 중시하여 작지만 정교하다.

이처럼 아주 높은 예술 수준을 갖고 있는 명대 가구는 중국과 세계 가구예술의 발전에 커다란 영향을 주었다.

화류목으로 만든 발이 다섯인 향궤香几

화류목으로 만든 접이식 경대

이 경대의 위층 테두리 안은 청동거울을 받쳐주는 뒤판으로 평평하게 펼쳐놓을 수 있다. 뒤판은 걸리게 되어 있으며 3층 8격格으로 나뉘어 있다. 아래층 정중앙 네모 안에는 연잎식의 받침이 위아래로 이동할 수 있어 서로 다른 크기의 동경을 고정시킬 수 있도록 되어 있다. 중간의 네모는 뚫려 있는데, 네 개의 구름문양이 문으로 되어 있고 가운데는 비어 있어 거울꼭지에 붙어있는 끈을 이곳으로부터 뒤판의 뒤로 내려놓을 수 있도록 하였다. 나머지 각각의 격자 모양 장식판은 이무기 문양을 조각하였다. 장식판은 상당한 두께가 있으며 밖에서 조각하는 방법을 사용하여 도안이 특별히 풍만한 감을 드러내고 있다. 아랫부분은 양쪽으로 문을 열 수 있으며 그 안에 서랍이 세 개가 있다. 네 개의 다리는 모두 안으로 들어가 있으며 조형이 낮고 평평하여 힘이 있어 보인다.

다섯 개의 구멍이 있는 자단으로 만든 좌돈

좌돈坐墩은 등이 없는 높은 의자에 속하며 '수돈繡墩'이라고도 한다. 그 위에 면직물에 수놓은 네모난 탁자보를 덮기 때문에 이런 이름이 생겨났다. 명나라와 청나라 전기의 좌돈에는 대부분 등나무 줄기로 만든 등돈藤墩이나 목강고木腔鼓*의 흔적이 남아 있다. 좌돈에 뚫려 있는 '개광開光'**은 고대의 등돈이 등나무줄기로 만든 걸상벽에서부터 시작되었다. 돈墩은 등이 없는 걸상으로 이 가구의 출현은 중국 남북조 시기로 소급할 수 있다. 그림 속의 좌돈은 여전히 목강고의 흔적을 갖고 있다. 속이 빈 걸상벽에는 해당화 비슷한 모양의 개광이 있으며 위아래에 각각 현弦문양과 못모양의 정문釘紋이 한바퀴 둘러져 있다. 이는 북 바닥에 가죽으로 둘레를 씌우고 못을 박았던 것을 상징하는 것이며 이것들은 명나라와 청나라 전기 좌돈에 늘 있는 특징이다. 이 수돈은 목강고의 조형을 충실하게 따르고 있으며 개광은 해당화를 이용한 전통적 조형이다. 그 선은 간결하고 추상적이며 또한 포만감과 긴장감이 있다. 수돈은 전체적으로 점, 선, 면의 결합을 충분히 운용하여 장식하였으며 또한 전체 목강고의 돈후하고 소박한 조형과 혼연일체가 되었다. 중국 고대의 질박하고 자연스러우며 규격이 있는 심미적 정취를 체현하였다.

* 나무로 만든 속이 빈 북 – 역주
** 개광은 물건의 표면을 장식할 때 장식할 모양의 빈자리를 남겨두었다가 장식하는 것을 말함 – 역주

명 · 화류목으로 만든 키작은 반탁

명 · 화류목으로 만든 품자品字 난간 선반

이 가구는 방형으로 전체적으로 낮게 만들었으며 낮은 모서리 선을 만들었다. 격자 판은 3층으로 맨 위층 아래에는 속에 들어가 있는 서랍이 두 개 있다. 서랍 앞면에는 이무기 문양이 부조되어 있고 서랍의 손잡이는 없으며 문양은 생동감이 있고 완정하다. 3면의 난간은 가로 세로로 끼워 맞추어서 만들었으며, 품品자를 변형시킨 것이다. 맨 위층의 가로로 되어있는 두 줄 사이에는 꽃으로 장식된 두 층의 받침대를 해 놓았다. 제일 아래는 넓은 래크rack로 만들어서 꽃과 구름 무늬 등을 나누어 조각하였다. 전체가 균형감이 있고 장식 또한 번잡함 · 간결함 · 화려함이 적당히 배치되어 풍모가 독특하다.

명대의 자기

명대 자기 제조업은 경덕진景德鎭을 중심으로 탁월한 발전이 있었다. 그 주요 성취는 경덕진 자기의 바탕은 지속적으로 원대의 '이원배방법二元配方法'을 연용하여 '탈태脫胎' 자기를 창조하였다는 점에 있다. 석회감유石灰鹼釉가 기본적으로 형성되었고 취유법吹釉法이 발명되었으며 유하청화술釉下青花術이 보편적으로 발전하였다. 이는 경덕진 뿐만 아니라 전국 자기 생산의 주류가 되었다.

저온유의 기초 위에서 각종의 유상채가 발전해오면서 비교적 성숙한 단계에 도달하였다. 성화(1465~1487) 시기에는 또한 유하청화와 유상두채釉上斗彩가 서로 결합된 새로운 공예를 창조하였다. 단색유 기술은 대대적으로 제고되었으며 영락 선덕시기의 동홍유銅紅釉는 명대 도공의 높은 기술을 충분히 보여주고 있다. 강서성의 경덕진 외에도 복건성 덕화德化의 상아백象牙白, 산서성 진남晉南의 법화삼채法華三彩 역시 명대 자기 제조업 기술의 걸출한 성과를 반영하고 있다. 경덕진과 법화삼채는 망초芒硝를 조용제助熔劑로 사용한 점에서 커다란 공헌을 하였다. 명대에는 또한 계단식 가마와 도염만두식倒焰饅頭式 가마를 발명하여서 열효율을 끌어올렸으며 소성조건과 생산품의 질량을 개선하여 양호한 조건을 만들어내었다.

오채누공운문봉문병五彩鏤空雲鳳紋瓶
경덕진요 작품이다. 전체는 오채문 장식으로 복부에는 아홉 마리의 자태가 서로 다른 봉황을 조각하여 그려 넣었다. 이는 길상과 안복을 상징하며, 여의두如一頭, 파초잎, 단수團壽, 구름, 돈문양, 화조花鳥, 팔보八寶 등을 배치하였다. 만력 시기에 오채자기는 명성을 누렸는데, 이 도자기는 조형이 특이하며 투각수법을 이용하여 구워냈다. 유약 채색이 화려하고 청화 및 홍색·황색·녹색·자색·갈색·공작남색을 포함한 일곱 가지 이상의 색채를 사용하였으며 무늬가 풍부하고 조화롭다.

선덕 청화 남사체범문 큰 항아리
이 항아리의 기세는 몹시 웅장하고 제작은 정교하다. 곧은 입에 평평한 어깨, 배는 커다랗고 아랫부분에서 안으로 좁혀지고 있으며 바닥은 평평하다. 전체는 남사체범문藍査體梵文 글씨를 주제로 한 청화 문양이 가득하다. 해수·연꽃·연잎을 보조적으로 배열하였다. 그릇 뚜껑 가운데 움푹 패였는데 중간과 네 면에 모두 여덟 개의 범문자가 그려져 있으며 구름문양이 그 사이에 들어있다. 가장 특이한 곳은 어깨 부분에 돌출된 여덟 개의 네모난 손잡이로 손잡이 모양이 작고도 교묘하며 위에는 연꽃송이가 그려져 있다. 이 손잡이를 속칭 극戟이라고 한다. 항아리 안의 바닥에는 왼쪽에서 오른쪽으로 가로로 전서체의 '대덕길상장大德吉祥場'이라는 다섯 글자가 쓰여 있다. 글자 밖에는 범문과 연꽃잎이 둘러져 있다. 이 항아리는 명대 도자예술과 불교예술을 연구하는 데 있어 몹시 중요한 가치가 있다.

가정 홍채전지련문호로병 紅彩纏枝蓮紋葫蘆瓶
(전지 연꽃 문양이 있는 홍채 조롱박 모양의 병)

경덕진요 작품이다. 조롱박 모양으로 전체는 황색유약과 홍색유약을 섞어 장식했고, 목 주위에는 두 줄로 네 개의 영지형 구름을 그려 넣었다. 잘록한 허리 부분에는 줄기에 달려있는 영지 네 송이와, 위아래 배 부분에는 가지에 달린 연꽃 여섯 송이가 그려져 있다. 바닥에는 두 줄의 청화 둥근 줄 안에 해서로 "대명가정년제大明嘉靖年製"라는 여섯 글자가 쓰여 있다. 이 도자기의 소제燒製 과정은 먼저 백유를 시유하고 고온에서 소성燒成한 후, 다시 황유를 시유하고 조금 낮은 온도로 다시 굽는다. 마지막으로 홍유를 시유하고 반복해서 낮은 온도로 구워내게 된다. 이를 속칭 '황상홍黃上紅'이라고 부르는데 "황제의 복이 온 천지에 가득하다"는 의미로 이름을 취하였다*. 색조의 대비가 강렬하고 서로 어우러져 가정 연간의 자기 중에서 대표작이다.

* 黃上紅의 중국발음인 'huang shang hong'과 황제의 복이 많다는 皇上洪福 'huang shang hong fu'의 발음이 같기 때문에 이런 이름이 붙었음 – 역주

가정嘉靖 소삼채자수돈素三彩瓷綉墩

도자기로 만든 북모양의 의자로 속은 비어 있으며 의자 벽면에 연꽃과 한 쌍의 용을 그렸다. 이 의자의 배 부분 장식은 셋으로 나뉘는데, 위아래 두 부분은 전지문양을 그려 넣었고, 북을 만드는 데 쓰는 못문양[釘紋]으로 경계를 만들고 있다. 가운데 부분에는 한 쌍의 용을 그렸고 그 사이에 연꽃무늬를 넣었다. 그 용 문양은 용맹하고도 생동감이 넘쳐 마치 살아있는 듯하다.

정덕 청화아랍문준尊

청화 아랍문 술동이[尊]는 정덕시기의 대표작이다. 조형은 고대의 동준銅尊 형태를 모방하여 넓은 입에 볼록한 배, 옆으로 퍼진 굽을 하고 있다. 전체에 청화문 장식으로 하였으며 파초잎, 번련番蓮 문양과 아랍글자들이 장식되었다. 복부 장식은 사면의 마름모꼴 개광 안에 아랍글자가 쓰여 있는 새로운 양식이다. 아랍글자 주위의 장식은 여의두如意頭다. 그 사이의 바탕 그림은 여덟 송이의 번련이다. 그림 속의 그림 장식방법을 사용하였으며 정덕 시대 장식의 풍모를 보이고 있다. 층차가 몹시 풍부하다. 이 술동이는 청화색이 진하면서도 균일하고 약간 회색조를 띠고 있다. 바닥에 청화로 두 줄의 원 안에 '대명정덕년제'라고 여섯 글자가 쓰여 있다.

명대의 금은기

명대의 금은장신구업은 전대에 비하여 크게 발전하였으며 화사花絲라는 공예가 출현하였다. 화사공예는 가느다란 금실이나 은실을 엮어 장신구를 만드는 것으로 그 위에 다시 보석을 상감하여 매우 영롱하고 아름다우며 진주와 보석이 찬란히 빛나 몹시 정교하고 화려했다. 북경 궁정 내부內府에서 화사를 생산하였으며 명 13릉의 정릉에서는 금관과 봉관鳳冠이 출토되었는데 이 물건들은 모두 궁정 내부에서 생산된 것이다. 금관은 아주 가느다란 금실을 엮어 만들었고 위에 두 마리의 용이 구슬을 가지고 노는 장식을 하였다. 외형이 간결하고 장식과 공예가 매우 정교하다. 봉관은 화사에 보석을 상감하는 공예 이외에도 또 점취點翠 공예를 사용했다. 이 점취는 즉 선명한 남녹비취 깃털을 붙이는 것이다. 용봉은 상서로움을 나타내는 것으로 금빛 휘황하고 보석들이 빛나 화려함이 특별하다. 명대 궁정에는 금은 장식물과 그릇 이외에도 화사로 만든 비녀·금비녀·금호金壺·금작金爵·금잔金盞·금사발·금접시·금숟가락·금바리·금분합 등이 있었으며 대부분 보석을 상감하여 정교하고도 화려한 황실의 기개를 표현하였다.

금주전자[金壺]

금주전자는 망치로 두드려서 만드는 추섭법으로 제작되었다. 뚜껑의 꼭지는 보주寶珠 모습으로 옥으로 만들었다. 주전자는 곧은 입에 짧은 목, 네모난 배, 아랫부분은 둥근 기둥 모양이다. 두 마리의 용이 구슬을 희롱하는 모습을 상감하였고 바닥은 평평하다. 네모난 배에는 활모양의 손잡이가 있고 손잡이와 뚜껑 사이에는 금사슬로 연결되었다. 주전자의 아래에는 평평하고 둥근 받침이 있다. 주전자의 목 부위에는 여의운如意雲 문양이 가득 새겨져 있고 어깨와 배에는 백옥과 각색의 보석이 상감되어 있다. 받침 외벽에는 절지모란이 장식되어 있다. 조형이 몹시 새롭고 단정하고도 화려하며 제작이 정교한 명대의 걸작이다.

복숭아 모양의 은잔

은잔은 복숭아를 반으로 자른 모습으로 넓은 입을 갖고 있고 잔의 한쪽 벽 바깥에 가지, 줄기, 잎이 붙어있다. 이는 손잡이가 되기도 하며 또한 장식이 되기도 한다. 잔 속에는 '병술년 중하仲夏에 당태공 조업太公祖 노대인의 생신을 축하드리며 학생 고섬高暹이 마련하였습니다' 라는 글귀가 쓰여 있다.

금작金爵과 금쟁반

금작과 금쟁반은 추섭법으로 만들었다. 금작 아래는 테두리를 살짝 접은 운두가 낮고 바닥이 평평한 쟁반이 있다. 금작의 배와 쟁반 바닥에는 두 마리의 용이 구슬을 희롱하는 문양이 있다. 금작의 기둥 끝과 아래, 그리고 쟁반 둘레에는 홍보석과 남보석을 상감하였다.

금바라

둥근 입술에 넓은 입, 배는 약간 튀어나오고 바닥은 평평하다. 바라 바깥 장식은 용이 구슬을 갖고 노는 문양이 새겨져 있다.

은정銀鼎

평평한 테두리에 곧은 입, 배의 운두는 낮고 바닥은 둥글게 되어 있다. 입구 위에는 대칭으로 두 개의 아치형 귀가 있고 귀 밑의 배 쪽으로 각각 톱니바퀴 형태의 기둥이 있다. 바닥에는 세 개의 이무기형 편편한 발이 있다.

은작銀爵

조형은 청동기를 모방하였다. 넓은 입에 꼬리는 비교적 길다. 곧은 배에 둥근 바닥이고 속은 비어 있으며 발굽이 있다. 입에는 두 개의 기둥이 세워져 있다.

금도금한 은쟁반

쟁반은 네 면이 튀어나온 타원형으로 테두리는 접어서 만들었고 넓은 입에 운두가 낮고 바닥은 평평하다. 쟁반 테두리에는 한 바퀴 삼각절선의 문양이 있고 바닥에는 한 쌍의 기린이 가지를 물고 있는 모습이 새겨져 있다.

명대의 법랑기

줌세공 법랑공예는 일찍이 원나라 때에 이미 중국에 전래되었으나 명나라 때에 이르러 비로소 발전하였다. 특히 경태景泰 연간에 최고봉에 달하였으며 후대에는 이때의 제품을 표준으로 삼고 있다. 그리하여 경태람景泰藍이라는 이름이 있게 되었다. 줄세공 법랑공예는 몇 차례의 중요한 공정을 거치게 되는데 우선 금속으로 모형인 바탕을 만든다. 다시 금속실로 장식 도안을 만들고 바탕에 용접하거나 접착제로 붙여서 여러 가지 모양으로 움푹 들어가게 획을 만든다. 그 후에 법랑유약을 사이에 채워 넣고 소성과정을 거치면 법랑이 용화되어서 완전히 투명하게 되며 약간 남색이나 녹색을 띠게 된다. 만일 용해 시에 각종 금속 기화물을 더하면 다른 색의 법랑이 만들어진다. 여러 차례 굽고 법랑제를 채워 넣어서 다시 연마 등의 처리를 하면 경태람 공예품이 만들어진다. 명나라 때에 제조된 경태람 품종은 상당히 광범위하며 실용적이고도 아름답다. 명대 줄세공 법랑기는 전문적으로 어용감에서 관리 제조하였으며 황실의 폭넓은 수요를 만족시켰다. 현재 남아있는 그릇의 형태로는 주로 향로·잔·병·합·권축卷軸·촛대·술독 등이 있다.

줄세공 법랑 출극준出戟尊

이 준尊[술동이]은 동재질에 도금한 것이다. 원형이며 네 개의 출극山戟 모양이 있고 주둥이는 넓고 둥근 굽이 있다. 목, 복부, 굽 및 주둥이 안은 모두 줄세공으로 연꽃문양을 장식했다. 전체는 연한 남유 바탕에 홍색, 백색, 황색, 선명한 남색의 네 가지 유약으로 문양을 만들었다. 바닥 중앙에는 십자형의 절구공이 모양 속에 해서체로 '대명경태년제大明景泰年製' 라는 관지가 있다. 아마도 후에 보충하여 새겨넣은 것 같다. 이 그릇 역시 어용감御用監에서 만든 것이다.

줄세공 법랑 옥호춘병玉壺春瓶

이 병은 동재질에 도금한 것이다. 목이 가늘고 배 부위가 축 처져 있으며 주둥이가 약간 벌어져 있다. 목에는 금으로 활 문양이 두 줄 있고, 그 가운데에는 자색 바탕에 붉고 흰 영지가 그려져 있다. 나머지 부분에는 연한 남색 바탕에 전체적으로 전지매화, 국화꽃 문양이 장식되어 있다. 복부 아래는 붉은 국화꽃잎으로 주위를 빙 둘러 장식하였다. 이 병은 어용감에서 만든 것으로 표면은 갈아서 매끈하게 한 것이 마치 거울과 같고 유약색이 특히 선명하고 화려하다. 어깨 부위 양쪽에 봉새 모양의 손잡이와 입, 그리고 굽은 모두 청나라 때에 다시 수리하여 넣은 것이다. 굽 안에는 양각으로 '경태년제景泰年製' 라고 쓰여 있는데 이것 역시 청나라 때 보수하여 새긴 것이다.

해마문양이 있는 법랑 큰 대접

이 대접은 동 재질에 도금한 것으로 원형이며 곧은 입에 둥근 굽이 있다. 대접 안의 바닥은 동에 도금을 하였는데, 단선으로 둥근 개광開光을 거칠게 만들어 놓고 안에는 절지 모란 한 쌍을 장식하였으며 개광 밖은 둥글게 연꽃잎으로 주위를 장식했다. 대접벽의 아랫부분은 해수와 강가의 도안이 있고 그 안에는 황색·백색·홍색·진한 남색·연한 황색·청색으로 해마 각 한 쌍씩을 그려 넣었다. 입구 주위는 삼각형으로 장식하였고 외벽과 내벽 장식은 같다. 굽 안은 도금을 했고 중앙에 음각으로 '경태년제' 라고 해서체로 쓰여 있다.

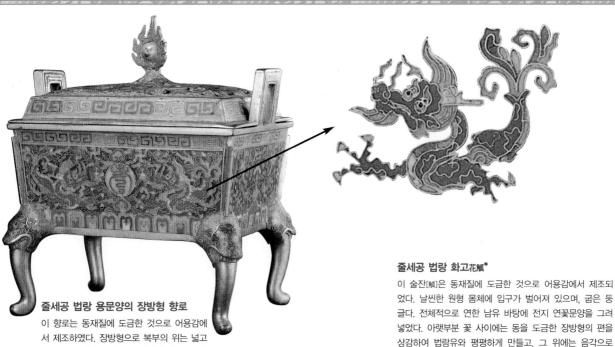

줄세공 법랑 용문양의 장방형 향로

이 향로는 동재질에 도금한 것으로 어용감에서 제조하였다. 장방형으로 복부의 위는 넓고 아래로 좁혀지고 있으며 사각에 출극出戟이 있다. 양쪽에 두 귀가 있고 네 귀퉁이에는 짐승머리가 다리를 삼키는 모양으로 돌출되어 있다. 법랑 뚜껑은 투각 공예를 사용하였다. 향로 몸 사면에는 진남색유로 바탕을 시유하였고 앞뒤 양쪽에는 모두 두 마리 용이 구슬을 갖고 노는 문양이 장식되어 있다. 구슬 안에는 전서로 '수壽' 자가 새겨져 있다. 양측면의 장식문양은 같고 중간에는 극경쌍어戟磬雙魚*가 있고 양쪽에는 화훼를 배치하였다. 뚜껑은 쌍룡의 윤곽에 줄세공으로 옅은 남색과 홍유를 채워 넣어 쌍룡이 구슬을 갖고 노는 모습을 투각하였다. 밖의 바닥은 줄세공으로 작은 구름들을 옅은 남색유로 시유하였으며 중심부에는 여의운如意雲을 길게 늘여 장방형의 향로 주위를 장식하였다. 안에는 두 줄 양각으로 '대명경태년제'라고 해서체로 쓰여 있다. 이 향로는 만력 연간의 표준제품으로 원래는 만력 관지가 있었는데 이를 파내고 경태 관지를 써넣었다.

* 극경戟磬의 중국어 발음 ji qing은 吉慶과 해음諧音이 되고 어魚는 여餘와 해음이 되므로 모두 경사스러움을 나타내는 의미 – 역주

줄세공 법랑 쌍륙 바둑판

이 장방형의 판은 동재질에 도금을 하였다. 네 벽은 곧게 서 있고 아래에 다리 여섯 개가 달린 받침이 연결되어 있다. 판 안쪽 바닥 네 주위에는 도금한 장방형의 테두리가 있으며 그 테두리 안에 줄세공으로 '만卍' 자를 넣었고 바탕은 연한 남유를 시유하였다. 일곱 마리의 시지기 공을 갖고 노는 모습이 있다. 네모진 테두리의 가로 변에는 각각 열두 개의 작고 둥근 개광이 있고 그 안에는 나전을 상감하였는데 기위棋位다. 바둑판 안쪽 벽은 전지화를 빙둘러 장식하였고 외벽의 가로 면에는 각각 세 개의 개광이 있고 세로의 짧은 면에는 한 개의 개광이 있다. 안에는 서로 다른 과일로 장식을 하였고 외벽은 연꽃문양이 이어져 있다. 받침 역시 이어진 연꽃 문양이다. 이 판은 어용감에서 제작했다.

줄세공 법랑 화고花瓠*

이 술잔[瓠]은 동재질에 도금한 것으로 어용감에서 제조되었다. 날씬한 원형 몸체에 입구가 벌어져 있으며, 굽은 둥글다. 전체적으로 연한 남유 바탕에 전지 연꽃문양을 그려 넣었다. 아랫부분 꽃 사이에는 동을 도금한 장방형의 편을 상감하여 법랑유와 평평하게 만들고, 그 위에는 음각으로 '대명경태년제'라고 해서체로 새겨 넣었다. 몸통 속과 굽 아래는 도금을 하였고, 그 위에 연꽃문양을 새겨 넣었다. 문양장식과 금색은 술잔과는 일치하지 않는데 이는 후에 보수하여 넣었기 때문이다.

* 고瓠는 고대에 의식에서 사용하던 원래는 사각형 또는 팔각형의 술잔을 말함 – 역주

명대의 복식

명대의 복식은 중국 역사상 "한나라 관리의 엄숙한 용모"를 집대성했다고 할 수 있다. 명초에 원나라의 복식 제도를 폐기하고 한족들의 습속에 따라서 복식제도에 새로운 규정을 정하였다. 한나라 관리의 엄숙한 용모, 즉 중국 한족의 옛 제도와 봉건의 등급과 존귀비천을 회복하여 명대 복식에 체현해 내도록 사상적으로 확실하게 지도하였다. 명대는 황제와 문무 관리, 서민 복식의 스타일과 법도, 옷감, 모자, 자수의 모양, 색채 및 신발에 모두 엄격한 규정이 있었다. 복식은 가장 쉽게 귀천을 판별할 수 있고 등급과 위엄을 알 수 있기 때문이다. 시간이 흐름에 따라 명말 만력 이후에 명나라 사람들의 복식은 극렬하고도 명확한 변화가 나타났다. 현란하고 다채로운 스타일이 나타났고 여성들의 옷차림과 복식이 더욱 화려함을 다투었다. 이때 남성의 모자는 주로 오사모·망건·사방평정건四方平定巾·육합일통모六合一統帽 등이 있었다. 여성의 복식은 주로 적삼·저고리·숄·배자·소매 없는 두루마기·치마 등이 있었다. 미적 관념이 민가로 들어간 것은 명대 복식문화에서 가장 돌출된 특색이며 주목되는 사회 풍속이다.

꽃무늬 능직의 수건

명대의 숄

수전의 복식도

수전의水田衣는 여러 색의 자투리 천을 이용하여 만든 옷으로 승려들이 입던 가사와 비슷하다. 전체 옷감의 색채가 서로 어우러지며 마치 논과 같은 모습이기 때문에 이런 이름이 붙었다. 수전의는 다른 복식에서 볼 수 없는 특수한 효과를 갖고 있는데 간단하면서도 독특한 멋이 있다. 그래서 명청 시대 여성들은 보편적으로 이를 좋아하였다. 역사서에도 빈번한 기록이 있고 문예 작품 속에서도 묘사되어 있다. 수전의의 제작은 만들기 시작할 때에 미리 대칭에 주의를 기울여서 각종 천들을 모두 먼저 장방형으로 재단한 후에 규칙적으로 배치하여 바느질한다. 후에는 이렇게까지 구애되지 않고 헝겊의 크기가 달라지면서 형태도 달라졌다. 형태는 마치 덧깁기 하는 식으로 무대 연극에서 입는 누더기라는 뜻인 '백납의百衲衣'처럼 되어 버렸다.

오복봉수 문양이 있는 윗옷 복식도

명대에 귀족 남자들이 많이 입던 일상복은
적삼이었으며 우임右衽의 큰 옷깃에 소매가
넓고 크며 길이는 무릎까지 닿았다. 귀족 남
자들의 평상복의 옷감은 비단 위주로 위에
는 수를 놓았다. 또한 면으로 만든 것도 있
었다. 이 그림은 남색비단에 금색과 은색,
옅은 남색의 둥그런 수 문양이 있는 큰 윗
옷의 복식도다. 소맷단의 문양은 전통적인
이무기 도안이고 옷 몸통 부분은 구름과 박
쥐로 이루어진 둥근 꽃문양으로 그 중앙에
둥글게 '수壽' 자가 있는데 이를 '오복봉수五
蝠捧壽'*라고 한다. 이런 문양은 명말청초에
특히 유행했다. 복식에서만이 아니고 기타
일용품과 그릇, 건축 장식에도 다량으로 반
영되었다.

*다섯 마리 박쥐가 수壽를 받들고 있다는
뜻 – 역주

비갑 복식도

비갑比甲이란 명칭은 비록 송원 이후에 많이
보이지만 이런 복장의 기본 스타일은 이전
에 이미 존재하고 있었다. 수당隋唐 시기에
반비半臂라는 것이 있었는데 비갑의 기원과
관계가 있다. 명대에는 젊은 여성들이 주로
비갑을 입었으며 더구나 일반인과 노비 사
이에서 특히 유행하였다. 청대에 들어와서는
이런 복식이 더욱 유행하였고 끊임없이 변
화되었다. 이후의 마고자가 바로 이런 기초
위에서 여러 번의 개조를 거쳐 만들어졌다.

굽이 높은 신발

청 淸

서기 1644~1911년

청 · 여러 색을 시유한 큰 병

청나라(1820년)의 전체 지도

흑룡강黑龍江

오리아소대烏裏雅蘇臺

신강新疆

내몽고內蒙古

북경北京

성경盛京

감숙甘肅

산서山西

청해青海

청淸

산동山東

안휘安徽

강소江蘇

섬서陝西

티베트〔西藏〕

하남河南

절강浙江

사천四川

호북湖北

강서江西

호남湖南

귀주貴州

복건福建

대만도臺

광서廣西

운남雲南

광동廣東

경주瓊州

일본日本

궁녕부
광주부

대만부

남해

청나라

1644~1911년

청나라는 만주족이 핵심이 되어 건립한 중국 최후의 봉건왕조다. 서기 1616년, 누르하치는 건주여진建州女真의 각 부족을 정복하고 후금後金 정권을 건립한 후, 쇠퇴한 명나라를 향해 공개적으로 도전장을 내밀었다. 1644년, 청의 군대가 중원으로 들어오고(그 사이 1636년 '청淸'으로 개국하였음) 청나라의 통치가 시작되었다.

청대 전기의 통치자들은 역대 왕조의 정치 경험을 잘 총결하여 사회 안정과 경제발전에 유리한 적극적인 조치를 시행하였고 이로부터 강희康熙·옹정雍正·건륭乾隆 세 황제 때 점차로 전성기를 이루게 되었다. 이로써 국가가 통일되고 정권은 공고해졌으며, 사회가 안정되고 생산이 회복되면서 경제·문화 모두 비교적 번영하였으니 역사에서는 이를 '강건성세康乾盛世'라고 한다. 이 기간에 중국과 러시아의 변경문제가 해결되었고 대만, 외몽골, 티베트, 청해와 신강 등지도 통일하여 근대 중국의 드넓은 판도를 기본적으로 확정지었다. 건륭 시기는 청대에 최고로 강성했던 시기이자 또한 쇠퇴의 기점으로, 각종 사회모순이 날로 첨예화하여 표면적인 강성함에 내재된 허약함이 가려져 있을 뿐이었다. 중국은 이미 세계 선진국 대열에서 이탈되고 있었으며 더구나 서방 각국과의 경제 실력과 과학기술 방면에서 점차로 그 차이는 벌어져만 갔다.

1840년에 발발한 아편전쟁으로 중국의 빗장이 열리게 되자 외국의 열강들이 분분히 침략하여 전쟁이 끊임없었고 중국은 반세기의 짧은 시간 안에 점점 반半식민지·반半봉건사회로 몰락하게 되었다. 민족 위기가 날로 가중됨에 따라 통치계급 내부에서도 양무운동, 유신운동 같은 자구운동이 여러 차례 출현하였지만 끝내 모두 실패하고 말았다. 이와 동시에 제국주의와 청 정부의 이중의 압박에 시달리던 중국민족은 반항의 대깃발을 들지 않을 수 없게 되었다. 장장 14년에 달하는 태평천국 기의는 청나라의 반동反動 통치를 강하게 뒤흔들었다. 간신히 남은 명맥을 겨우 부지해가던 청나라 정부가 결국 1911년에 손중산이 이끄는 신해혁명에 의해 무너지며 약 2천여 년간에 걸친 중국의 전제군주 시대 역시 이에 따라 마감이 되었다.

1644~1722년의 청

1644년, 이자성의 농민군이 북경을 점령하니 산해관 밖에 있던 야심만만한 만주 귀족들에게는 더할 나위 없이 예상밖의 좋은 기회가 되었다. 인구가 백만도 못되던 만주인들이 핵심이 되어 겨우 몇십 년 사이에 이전에 없던 커다란 제국을 건립하게 되었다. 이 제국은 아주 영민한 군주인 강희제의 영도 하에 기본을 확고히 하였으며 중국 고대 농업사회에서 가장 휘황찬란한 번영의 국면을 만들어내었다.

연대별 주요사건

- 1644년 산해관의 전투에서 청군이 대승을 거둠. 청 조정이 북경으로 천도, 군사를 나누어 남명의 복왕과 대순, 대서 농민군을 소탕
- 1645~1646년 이자성과 장헌충 계속하여 패망
- 1648년 연금된 숙친왕 호격이 죽음. 도르곤이 황부 섭정왕으로 승격
- 1650년 도르곤이 병사하니 의의황제로 추존
- 1651년 복림이 친정. 도르곤의 죄를 밝혀낸 후, 관직 삭탈하고 시신을 태우고 재를 날려버림. 그의 형 영친왕 아제격의 관직 삭탈하고 사사
- 1653년 황후 박이제길특씨를 폐하여 정비靜妃로 봉함
- 1653년 도인법을 엄히 적용. 동악씨를 황귀비로 책봉
- 1659년 운남 통일. 정성공이 남경을 공격하나 실패
- 1661년 복림이 병사, 자신의 죄를 유서로 남기고 셋째 왕자 현엽이 즉위하도록 명령, 색니·오배 등 네 명의 신하가 정무를 보조하고 다음 해를 강희 원년으로 함
- 1662년 정성공의 대만 수복
- 1669년 오배를 사로잡고 관직을 몰수하고 구금
- 1673년 평서왕 오삼계의 반란, '삼번의 난' 일어남
- 1675년 둘째 왕자 윤잉을 황태자로 세움
- 1681년 삼번의 난 평정. 이 때를 전후로 군기를 태만히 한 죄로 다섯 명의 대장군 왕친의 관작을 삭탈하고 치죄함
- 1684년 대만 통일, 연평군왕 정극상 항복
- 1688년 대학사 명주의 관직 삭탈
- 1689년 〈중러 네르친스크 조약〉 협정
- 1690년 1차 갈단 정벌, 오란포통의 전투
- 1696년 2차 갈단 정벌, 소막다의 전투
- 1697년 3차 갈단 정벌, 자진하도록 압박
- 1708년 황태자 윤잉 폐하고 황장자 직군왕 윤제의 작위 삭탈하고 연금. 여러 신하들이 여덟째 왕자 윤이를 태자로 천거하나 허락하지 않음
- 1709년 윤잉이 황태자로 복위, 이후 강희 51년에 다시 폐함
- 1711년 3년 내에 천하의 금전과 식량 1년을 면제하도록 천명
- 1712년 금후로 영원히 세금을 더 부과하지 않겠다고 천명
- 1713년 오배의 공이 큼을 언급. 일등 남세직을 수여
- 1718년 열네 번째 아들 윤제를 무원대장군에 제수. 군대를 이끌고 티베트의 준가르 군대를 정벌하러 가서 강희 59년에 이들을 몰아내고 병사를 주둔시킴
- 1721년 대만 주일귀의 기의
- 1722년 현엽 서거

청·철포
청군은 중국 산해관으로 들어오기 전 화포를 설치하였으며, 관문에 들어서 성을 공격하고, 땅을 빼앗는 데 항상 화포의 위력에 의존했다.

산해관에 들어온 청군

숭덕崇德 8년(1643), 복림福臨(즉 순치제)이 즉위한 후 도르곤*은 점차 조정의 대권을 장악하였다. 자신의 위신을 세우기 위하여 도르곤은 병사를 끌고 산해관으로 들어와 새로운 전쟁터를 열었다. 순치 원년(1644) 4월 7일에 청 조정은 하늘에 제사를 지내고 명나라를 토벌할 것을 군사들과 맹세하였다. 8일, 순치제는 도르곤을 접견하고는 특별히 봉명대장군인을 주어 군대 일체의 상벌을 관장하도록 했다. 9일에 도르곤이 군대를 통솔하여 만주·몽골·한군漢軍 병사 약 14만 명을 거느리고 총포를 울리면서 행군하여 명나라를 토벌하러 나섰다. 11일 대군이 요하遼河에 도달하고, 14일에는 옹후翁後(지금의 광녕廣寧 부근)에 도달하였다. 15일에는 산해관을 지키고 있던 명나라 군대의 통수 평서백平西伯 오삼계吳三桂가 갑자기 청군에게 사람을 파견하여 항복을 상의하였다. 이는 청나라 군대가 산해관을 넘어오는 데 있어 생각지도 못했던 편의를 제공해 주는 일이었다. 22일에 오삼계와 이자성이 격전을 벌일 때 청나라 병사가 갑자기 돌격하여 이자성 군대를 격퇴시

컸다. 뒤이어 오삼계와 청군은 연합하여 서쪽의 관문인 산해관을 넘어 중원으로 들어와 이자성의 농민군을 바짝 추격하였다. 5월 2일에 십정왕 도르곤은 수만 명 친병의 호위 하에 북경으로 진입하고 무영전武英殿에서 황제라 칭하니 청나라의 북경 통치가 시작되었다. 청군이 산해관으로 들어온 일은 명·청 사이의 커다란 역사적 사건이다. 청나라 군대가 명나라를 정복하겠다고 맹세하고 북경을 점령하기까지는 채 1개월의 시간도 걸리지 않았다.

* 예친왕睿親王(1612~1650), 중국어로는 다이곤多爾袞임. 본 청나라 편에서는 우리가 습관적으로 쓰는 인명, 예를 들면 '누르하치' '도르곤' 등은 만주어 발음대로 하되 그 나머지는 만주어 발음을 알 수 없어 한자음으로 표기함 – 역주

청·번기樊圻의 〈세한삼우도歲寒三友圖〉 축軸
이 그림은 추위에 잘 견디는 동백·매화·수선화 세 가지 꽃을 그렸다.

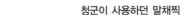

청군이 사용하던 말채찍

산해관
이자성은 북경을 점령한 후 적을 얕잡아 보고 오만불손했다. 그러나 명나라의 평서백平西伯이자 영원寧遠 총사령관 오삼계는 하늘을 찌를 듯 화가 나 있었다. 왜냐하면 자신의 애첩 진원원陳圓圓이 이자성의 부장 유종민劉宗敏에게 붙잡혀 있자 화가 난 나머지 청나라에 투항하고는 산해관을 열고 청군을 맞이하였다. 이자성이 군대를 이끌고 동쪽을 정벌하러 갔지만 농민군은 산해관 전투에서 대패하였고, 청군은 곧 중원의 주인으로 들어서게 되었다. 웅장하게 서 있는 산해관 성루는 이 역사적 사건의 증거다.

1644년
청나라의 북경 건설

청나라 군대가 북경에 도달한 후에 수도를 성경盛京(지금의 심양)에서 북경으로 옮길 것인지에 관한 문제로 통치 집단 내부에서는 논쟁이 일어났다. 아제격阿濟格을 대표로 하는 반대파는 청 군대가 중원으로 들어온 것이 너무 빨라 보급이 불충분하다는 이유로 천도를 반대했다. 그러나 도르곤은 전 중국을 통일하고 관리할 수 있는 전략적인 면에서 천도를 주장했다. 이리하여 순치 원년(1644) 6월에 도르곤은 여러 왕, 왕친, 대신들의 의견을 통일하여 연경에 도읍을 건설하기로 결정하고 보국공輔國公 탄제객呑齊喀 등을 파견하여 상주문을 들고 어가를 환영하도록 했다. 7월 7일에 순치제가 도르곤의 주청을 접수하여 "수도를 옮기고 왕조를 건립하니 수도를 연경에 정한다"고 하늘에 고하고 이를 선포하였다. 8월 20일에 순치제는 어가를 몰아 성경에서 출발하여 9월 19일에 북경에 도착하고 정양문正陽門으로 입궁하였다. 10월 1일에 순치제는 나라를 세우는 의례를 행한 후에 등극하고 친히 남쪽의 수도로 가서 천지에 제사를 드리고 "이에 연경을 수도로 정하니 이로써 중국이 편안하다"고 발포하였다. 이어 '대청大淸'이란 국호를 계속하여 쓸 것과 순치로 새롭게 개원한다고 발포하였다. 중원에서 확립한 청 정권은 만주족의 귀족을 위하여 최종적으로 남명 왕조를 멸망시키고 통일의 대업을 완성하였으며 정치적으로 보장을 받게 되었다.

자금성의 개조

청나라가 수도를 북경으로 정한 후에도 기본적으로는 완전하게 명대의 모든 건축물을 계승하였다. 북경 궁전도 여전히 전 왕조를 계승하여 계속 사용하였으며 전체적인 구조는 변경하기 않았다. 다만, 인폐 있던 명대 궁전의 명칭만을 새로운 이름으로 비꾸어 이미 왕권이 바뀌었음을 표명하였다. 청나라는 또한 전쟁 중 병화에 의해 훼손된 궁전을 전면 수리 보수하였고, 그래서 과거의 웅대하고 정연한 고궁 건축물을 다시 드러낼 수 있었다. 청나라는 북경 궁전을 개조할 때에 중추 대청의 구조를 진일보하여 보호하고 강화하였다. 또한 주위 환경의 분위기를 최대한 이용하여 황권을 최고로 드러내고 모든 위엄있는 기세를 구가하였다. 아울러 생활의 실용성과 장식설계의 화려한 방면에서도 대량으로 개조하였다.

자금성紫禁城
청대에도 여전히 명대의 궁성을 사용하였으나 개조된 후의 모습은 더욱 엄숙하고 화려하다.

청·운수평惲壽平의 〈송석영지도松石靈芝圖〉축
이 그림은 호숫가 바위 앞뒤에 두 그루의 장송을 그리고 있다. 검은 색의 노송이 하늘 가득 들어차 있으며 구부러진 소나무 가지와 구름이 있고 소나무 아래에는 연한 화청으로 그렸다. 그윽한 난과 하얀 꽃이 서로 투영되어 있다. 스스로 오언절구를 써넣었고 겸하여 "구향관甌香館*에서 백석옹白石翁 본을 모사하다. 운계외사雲溪外史 수평"이라고 서명을 하였다.

* 구향관은 현재의 상주常州에 있으며 운수평이 거처하던 곳 – 역주

1644년
남명의 홍광정권 건립

순치 원년(1644) 4,5월에 숭정제가 자진하여 명나라가 멸망했다는 소식과 청나라 군대가 중원으로 들어와 연경을 점했다는 소식이 남경에 전해지자 제2의 수도였던 남경은 일시에 혼란에 빠져버렸다. 남경에 거주하던 명나라의 지주·관료와 군벌들은 철저히 멸망한 운명을 피하기 위하여 새로운 황제를 옹립하기로 논의하였다. 옹립문제에 있어 두 파로 갈리었는데 봉양총독鳳陽總督인 마사영馬士英은 신종의 손자인 복왕福王 주유숭朱由崧을 옹립하자고 주장하였고, 또 다른 한 파는 목종의 후예인 로왕潞王 주상방朱常淓을 옹립하자고 주장하였다. 마사영이 병권을 잡고 있었기 때문에 유리한 위치에 있었다. 순치 원년 5월 15일에 복왕이 남경에서 황제를 칭하고 연호를 홍광弘光이라 하였다. 홍광 정권은

"적을 토벌하여 원수를 갚자"는 기치를 내걸었지만 권력과 병권을 틀어쥐고 있는 마사영 등이 정치적·군사적으로 아무런 일을 하지 않았다. 그리고 오히려 작은 조정 안에서 권력 다툼에만 열을 올리며 눈앞의 안일만 탐내고 되는대로 살아가는 생활을 하였다. 홍광 본인은 더욱 무능한 황제여서 종일토록 그저 주색에만 빠져 지냈고 나라를 회복할 큰 계획 같은 것은 아예 생각하지도 못했다. 이러니 남명의 작은 정부가 신속하게 멸망할 운명은 이미 기정사실이었다. 순치 2년 5월에 예친왕 도도[多鐸]*가 남경을 점령하자 홍광 정권은 겨우 1년간 존속하다가 멸망하였다. 그 후 청나라에 항거하는 일련의 역량들이 계속하여 노왕魯王·당왕唐王·계왕桂王 등 명나라 종실의 후예를 옹립하였지만 제각기 자기 생각대로만 일하고 게다가 정권다툼이 일어 결국에는 모두 청나라 군대에게 멸망당하였다.

* 누르하치의 열다섯 번째 아들 – 역주

황종희의 계몽사상

명말청초의 중국은 계급의 갈등과 민족 갈등이 두드러졌다. 봉건사회의 정치·경제·문화 영역의 폐단에 대한 깊이 있는 해부와 첨예한 비판은 이미 당시 사상가들에 있어 당면한 문제였다. 이리하여 봉건 전제에 반대하는 진보사조의 세력이 대두되는 것은 필연적이었다. 명말청초의 사상가 중에서 황종희의 군주에 대한 부정적인 논술은 즉 근대 계몽사상의 색채를 구비하고 있다. 황종희(1610~1695)의 자는 태충太衝, 호는 이주梨洲이고 절강성 여요余姚 사람이다. 그는 중년시절에 항청투쟁에 참가하였으나 실패 후에 강렬한 민족의 기개를 품고 끝까지 청나라에서 관직을 맡지 않았다. 그리고 저술과 학술에 힘을 쏟았다. 그의 주요 저서로는 《명유학안明儒學案》·《송원학안宋元學案》과 《명이대방록明夷待訪錄》 등이 있다. 황종희는 정치사상 방면에서 뛰어난 공헌을 했다. 그는 강력하게 군주전제 제도를 반대했다. 황종희는 또한 봉건 전제주의의 법제에 관해서도 강력하게 비판했다. 황종희의 봉건 군주와 전제제도에 대한 비평과 미래사회에 대한 구상은 초기 민주사상의 색채를 띠고 있으며 이는 중국 근대 사상계에 있어서 중요한 영향을 주었다.

양주 십일, 가정 삼도

순치 2년(1645) 4월에 남명南明 예부상서이자 동각東閣 대학사 사가법史可法은 양주揚州 도독으로 청 군대가 남하하는 것을 저지하고 있었다. 얼마되지 않아 청 예친왕 도도가 군대를 거느리고 강회의 방어선을 돌파하여 18일에 양주를 포위하였다. 사가법은 성 안에 군량과 마초도 없고 밖에는 구원병이 없는 상황 아래 군민들을 조직하여 완강히 저항하였다. 24일에 청 군대는 홍의대포를 이동 집결하여 양주성을 공격하였고 사가법은 재차 급보를 알렸으나 남명 정권은 여전히 못들은 체하고 상관하지 않았다. 25일, 양주성이 함락되자 사가법은 검을 뽑아 자신의 목에 대었으나 부하가 저지하였다. 도도는 사가법에게 투항을 권했지만 그는 엄숙히 거절했다. 도도는 군졸들이 보는 앞에서 사가법을 죽이도록 명령하였다. 사가법의 부장인 유조기劉肇基가 남은 병사들과 성 안의 주민들을 이끌고 계속 청나라 군대와 시가전을 벌였고 격렬한 전투 끝에 청 군대는 비로소 양주를 점령할 수 있었다. 청 군대는 성으로 진입한 후에도 피비린내 나는 학살을 자행하였다. 사료에 의하면 10일간 성 안의 사람들을 죽였는데 양주에서 나라를 위하다 죽은 자가 10만이라고 한다. 이를 '양주 10일'이라고 역사에서는 말한다. 가정성嘉定城에서도 7월에서 8월까지 청군에 용감하게 저항하는 군민들에게 세 번의 대살육을 감행하니 성 안의 주민들이 강물에 투신하여 강물이 흐르지 않을 지경이었으며, 온 천지에 시체가 가득하고 절구공이가 피에 떠다닐 정도였다고 한다. 역사에서는 이를 '가정삼도嘉定三屠'라고 부른다.

양주에서 순국한 사가법

팔기와 녹영

1644년, 청군이 북경을 수도로 정한 후 팔기상비병제八旗常備兵制를 수립하였다. 팔기상비병제는 만주 팔기군 제도가 변화 발전한 것이다. 편성 방법은 여전히 민족의 분별 편성에 따라 엄격히 실행되었는데, 만주 팔기를 핵심으로 삼고 그 위에 몽골팔기, 한족팔기를 더해서 사병이 20만 정도였다. 팔기상비병의 수립은 중앙정권의 군사적 힘을 대대적으로 증강시켰다. 또한 청나라 봉건전제정권을 보호하고 공고히 하여, 내부 분열을 평정하여 외래침략을 막아내고 영토를 완벽하게 보호하는 중요한 역할을 하였다. 청 정부는 팔기군에 상대되는 것으로 또 녹영병제綠營兵制를 신설하였다. 청군이 북경에 들어선 이후, 청나라 통치자는 투항한 명나라 군대와 새로 모집한 한족 병사를 개편하여 각지의 지방군으로 주둔시켰는데, 녹색깃발을 표시로 삼고 또 영營을 기본 편제 단위로 삼았기에 소위 '녹영綠營' 또는 '녹기綠旗'라 불렸다. 녹영병의 창설은 청나라의 통치를 유지하는 데 강력한 힘이 되었다. 강희 황제 이후 녹영은 점차 청나라 군대의 주력군이 되었다.

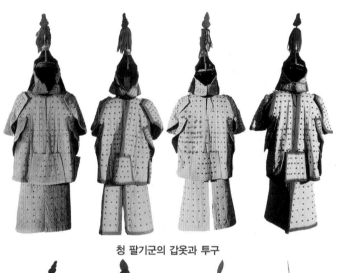

청 팔기군의 갑옷과 투구

청 정황기正黃旗
깃발

청 양황기鑲黃旗
깃발

청 정백기正白旗
깃발

청 양백기鑲白旗
깃발

청 정홍기正紅旗
깃발

청 양홍기鑲紅旗
깃발

청 정람기正藍旗
깃발

청 양람기鑲藍旗
깃발

1645년
이자성의 죽음

이자성李自成 농민군은 북경에서 철수한 후 곧장 서안으로 퇴각하였다. 이때 비록 농민군이 심각한 타격으로 좌절을 겪었다고는 하더라도 섬서 및 황하 일대에서는 적지 않은 역량이 남아 있어 여전히 얼마만큼의 성과는 있었다. 그러나 이자성은 군사상으로 주도면밀한 부서도 만들지 못했을 뿐만 아니라 오히려 모사꾼 우금성牛金星의 충동질을 곧이듣고는 이암李巖 등 대장을 주살하니 곧 대순 정권의 지도층에서는 분열이 나타나 자신들의 역량을 깎아먹게 되었다. 이런 참에 청 군대는 두 갈래 길로 나누어 농민군을 추격해오고 있었다. 한 갈래는 정원靖遠대장군 영왕英王 아제격阿濟格이 이끌고 있었고, 또 한 갈래는 정국定國대장군 예친왕 도도가 이끌고 있었으며 이 두 군대가 곧장 서안으로 밀려들어왔다. 순치 2년(1645) 5월, 이자성은 병사를 이끌고 섬서 상락商洛 산간지역에서 호북으로 후퇴하여 무창에 주둔하였다. 이때 대순군은 아직 50여만의 부대원이 48부로 나뉘어 있었다. 청 군대는 또 수륙 두 갈래로 나누어 갑자기 공격해왔다. 이자성은 이에 무창에서 호북 통산通山으로 후퇴했다. 5월 4일에 이자성은 18기병을 거느리고 통산현의 구궁산九宮山 일대에서 산세와 도로를 순시하고 있었는데 갑자기 현지 지주집단의 습격을 받게 되었다. 이자성과 18기병*은 모두 이들이 휘두르는 칼 앞에 희생이 되고 말았다. 이때 이자성의 나이는 겨우 39세였다. 이자성이 죽고 난 후 나머지 부대원들은 대략 두 갈래로 나뉘었는데, 한 갈래는 유체인劉體仁·학요기郝搖旗 등이 인솔하였고 또 다른 갈래는 이과李過와 고일공高一功이 인솔하여 형양 지역에서 청나라와 대항하면서 투쟁을 계속하였다.

* 원서에는 28기병으로 되어 있으나 오기인 듯하여 18기병으로 바로잡음. 이자성의 죽음에 관해서는 의견이 분분한데, 이 설은 강희 연간의 사학자 비밀費密의 〈황서荒書〉의 기록을 따른 것으로 보임 - 역주

1645년
판첸 명칭의 시작

라마교는 원나라 때부터 티베트에서 성행했다. 당시 승려들은 모두 붉은색 옷을 입었기 때문에 홍교紅敎라고도 불렀다. 명나라 초기에 총카파[宗喀巴]는 종교를 개혁하여 황색옷을 입었기 때문에 이를 황교黃敎라고도 불렀다. 황교는 일종의 사속법嗣續法을 창립했는데 달라이*와 판첸[班禪]** 두 라마***는 죽지 않고 환생한다고 믿어 소위 호비이한呼比爾汗(라마교의 활불계승자를 결정하는 제도)제도를 두고 있다. 명 가정 22년(1543)에 달라이 3세 쇄남가목착鎖南嘉木錯의 영향으로 전 티베트에 퍼져나간 것은 물론이고 몽골과 청해 등지까지도 확장되었다. 몽골의 엄답칸[俺答汗]의 증손자가 달라이 4세가 되니 그 세력은 막북과 이리

[伊犁: 신강, 위구르 자치구 서북부에 있는 지명] 일대까지 확장되었다. 명 숭정 10년(1637)에 달라이 5세 라복장가목착羅卜藏嘉木錯이 그 지위를 잇게 되자 몽골에서의 영향력은 점차로 없어지게 되었다. 이런 정황 하에서 몽골과 석특부碩特部 고실칸[顧實汗]은 청 순치 2년(1645) 달라이 4세와 달라이 5세의 스승이자 시가체[日喀則]의 짜시룬보[札什倫布] 사원의 주지 나상각길견찬羅桑卻吉堅贊(1567~1622)을 '판첸박극다博克多'****(대학자이자 지혜와 용감한 사람이라는 뜻)로 하여 존경의 뜻인 '판첸'이라는 이름이 이때부터 사용되었다. 판첸은 라마교주의 이름으로 그 지위는 달라이 다음이다.

* 몽골어로는 '큰 바다' 라는 의미 - 역주

** 班은 산스크리트어에서 '정통오명한 학자' 의 의미이며 禪은 티베트어로 '크다' 는 의미 - 역주

*** 티베트어로 '높은 스승' 의 의미 - 역주

**** 일반적으로 관용으로 쓰는 티베트 용어 외에는 그 발음을 알 수가 없어 한자식 발음으로 하였음 - 역주

청·강철 검

청·강철 검

제7대 판첸 탱화

1647년
장헌충의 패망

순치 원년(1644) 초, 이자성이 거느 린 대순 농민군이 북경으로 진군할 때 장헌충張獻忠이 거느린 농민군은 사천 에서 명나라 군대와 격렬한 전투를 하 고 있었다. 8월 전후로 성도를 점령하 고 이어 군대를 파견해 사방의 주현州 縣을 공격하였으며 가는 곳마다 모두 승전보를 울렸다. 단지 존의遵義와 두 곳의 소수민족 족장만을 공격하지 못 하였고 전체 촉 지역을 점령하였다. 11월에 장헌충은 황제를 칭하고 국호 를 대서大西라 하고 대순大順이라 개원 하였으며 성도를 서경西京으로 개칭하 고 6부 5군 도독부 등의 기구를 설치 했다. 이자성이 죽자 청 군대는 대서 정권을 향해 진공을 개시했다. 1645 년 겨울에 청 조정은 장헌충에게 투항 하라고 위협하고 유혹했으나 장헌충 은 움직이지 않았다. 그 후에 청 조정 에서는 대군을 보내어 압박하니 대서 정권은 어려운 처지에 놓이게 되었다. 장헌충은 이에 순치 3년(1646) 7월에 성도의 궁전을 모두 불태우고 사천의 북쪽으로 철수했다. 순치 4년(1647) 11 월 27일 이른 아침, 청 군대는 안개가 가득 낀 틈을 이용하여 살그머니 장헌 충의 주둔지를 포위하고 기습공격을 감행했다. 장헌충은 소식을 듣고는 갑 옷도 제대로 입지 못하고 황망히 말에 올라 급히 전투에 임했다. 장헌충은 청 군대의 쏟아지는 화살을 맞고 죽었 다. 장헌충 사후에 그의 나머지 부대 는 손가망孫可望 등 네 명이 이끌며 사 천 남쪽과 운남 귀주 일대에서 여전히

전투를 진행하였다. 그중 특히 이정국 李定國이 거느린 부대는 청나라와의 항거 투쟁에서 가장 공헌이 크다.

오위업 제시題詩 〈산수도山水圖〉축

강좌삼대가

명말 청초의 시인 전겸익錢謙益·오위업 吳偉業·공정자龔鼎孳 등 세 사람은 본적이 모두 강좌江左지역에 속했으며 시와 거서로 이름을 날렸기 때문에 당시 사람들은 이 들을 '강좌삼대가江左三大家'라고 불렀다. 전겸익(1582~1664)은 상숙常熟 사람이고 자 는 수지受之, 호는 목재牧齋, 만년의 호는 몽수蒙叟·동간유로東澗遺老라고 한다. 전 겸익의 학문은 몹시 깊어 자子·사史·문 적과 불경에 두루 밝았다. 전겸익은 재주 와 학식을 모두 겸비하고 시문의 재능이 넘쳐나 방대한 양의 연작시를 잘 썼다. 명 나라 이후의 시편은 세상의 변화와 신세 에 관한 감정을 기탁하였으며 애절함·처 량함·황량함이 합쳐 하나가 되었다. 오 위업(1609~1672)의 자는 준공駿公, 호는 매 촌梅村이고 태창 사람이다. 그는 절개를 버리고 청나라에서 벼슬을 했기 때문에 줄곧 "평생을 잘못 살았다"고 한스럽게 여겼으며 시문 안에서도 이런 점을 표출 하고 있다. 그의 시가는 대부분 암울한 시 절에 일을 그르친 것을 제재로 하여 시대 성이 풍부하다. 오위업의 사작詞作은 많지 않아도 세상에 널리 전해지고 있다. 공정 자(1615~1673)의 자는 효승孝升, 호는 지록 芝麓이고 합비 사람이다. 《정산당집定山堂 集》이 있다. 공정자는 당시 명사들과 주로 왕래하면서 화창話唱하였다. 시와 사에 모 두 조예가 깊었으며 아름다운 시구 가운 데 흥망의 감정을 기탁하여 전겸익, 오위 업과 비슷한 점이 있다.

청대의 벽옥碧玉 태평유상太平有象

1647년
정성공의 기병

순치 4년(1647), 정성공鄭成功은 해상의 의병들을 이끌고 복건성 남오南澳에서 출병하여 2,3년간 동안同安·해징海澄과 천주 등 민남 지역 연해안의 수많은 곳을 격파했다. 또 금문·하문廈門을 점거하였는데 이는 청나라 초기에 청에 항거한 투쟁 중 최후의 격전이었다. 정성공(1624~1662)의 원래 이름은 삼森, 자는 대목大木이고 융무隆武 정권의 중신이었던 정지룡鄭芝龍의 아들이다. 정성공은 남명 융무 황제의 신임을 얻어 연평군왕延平郡王에 봉해져 주씨朱氏 성을 하사받고 이름을 성공成功으로 바꾸었다. 이리하여 '국성야國姓爺'라고 불리게 되었다. 정지룡은 청나라에 투항한 후 아들 정성공에게 간곡히 투항을 권하였지만 항복을 거질하였다. 그리고 군대를 이끌고 "조서를 받지 않았으니 머리를 깎을 수 없다"*고 하며 "아버지를 배반하고 나라를 구한다"는 기치 하에 항청抗淸 투쟁을 계속하였다. 정성공은 금문과 하문을 기반으로 하여 여러 차례 북벌과 남정을 진행하였다. 청 통치자는 이 항청 역량에 대처하기 위하여 연해의 주민을 30리 안의 내륙으로 옮기도록 명령하고 동시에 배를 바다에 띄우는 것을 금지하였다. 이렇게 하여 동남 지역의 백성과 정성공의 연계를 차단하고자 했다. 이런 조치는 정성공에게 커다란 곤란을 가져다 주었다. 국면을 타개하기 위하여 정성공은 네덜란드 침략자들을 내쫓기로 결의하고 중국의 고유한 영토인 대만을

수복하여 항청 투쟁의 최후의 기지로 만들었다.

* 만주족이 앞머리를 깎는 변발을 의미하는 것으로 청나라에 투항하지 않음을 나타내는 말 – 역주

정성공 부대원들이 사용하던 등나무 방패

정성공의 항청부대에서 제조한 '장주군향漳州軍餉' 은화

팔기의 토지 점거

청나라의 통치자들은 중원에 들어온 후에 드넓은 대지를 점거한 후 순치 원년(1644)부터 강희 8년(1669)까지 북경 근교의 직례성에 세 차례 대규모의 토지 점거를 진행하였다. 백성의 토지 1,666만여 무畝*를 억지로 뺏고 경기 지역에 기지를 설립했다. 그 후 각지에 주둔하는 팔기 군병 역시 방어기지旗地를 점거하였지만 그 수가 많지는 않았다. 기지는 청 통치자가 황실에 그 일부를 떼어주거나 공신에게 하사하거나 혹은 팔기관병 등에게 주는 총칭이 되어버렸다. 다수의 정권을 장악하고 있는 관리들의 전답은 강제로 백성들에게서 빼앗아 온 것들이다. 그 중 황실 내무에 떼어준 것을 황실장전皇室莊田, 친왕이나 군왕 등에게 하사한 것을 종실장전宗室莊田, 팔기관병에게 수여한 것을 팔기관병기지八旗官兵旗地라고 한다. 토지 점거는 청초에 일어난 커다란 폐단 중의 하나로 청 정부가 폭력으로 한족 백성의 토지를 강점하여 백성들이 유랑하도록 만들어 수도 근처에서 커다란 혼란을 야기시켰다. 토지 점거 폐단 정치는 강희가 친정한 후에야 비로소 멈췄다.

* 1무는 666.67제곱미터임 – 역주

1650년
섭정왕 도르곤의 병사

순치 7년(1650) 12월에 섭정왕 도르곤이 객라성喀喇城에서 병사하니 향년 39세였다. 도르곤(1612~1650)은 애신각라愛新覺羅씨며 누르하치의 열네 번째 아들이다. 천총天聰 2년(1628)에 홍타이지[皇太極]로부터 묵이근대청墨爾根代靑이라는 호를 하사받으니 즉 총명왕聰明王이다. 도르곤은 명나라와의 전쟁 중에 여러 차례 전공을 세워 그 명성이 하늘을 찔렀으며 숭덕 원년(1636)에 화석和碩 예친왕睿親王에 봉해졌다. 청 세조 복림이 즉위한 후에는 제이합랑濟爾哈朗과 함께 정무를 보조하면서 섭정왕이 되었으며 이 시기 청나라의 실제적인 통치자였다. 순치 원년(1644)에 도르곤은 팔기군을 거느리고 산해관으로 들어왔으며 산해관에서 이자성을 물리치고 5월에 북경에 입성하였다. 숭정제 발상 3일 만에 대대적으로 한족 지주들을 끌어들이고, 부역과 세금을 경감하고, 또한 적시에 전국을 통일할 수 있는 작전 부서를 제정하였다. 동시에 황제를 영접하여 입성하고 연경에 수도를 정하였다. 이후에 도르곤은 숙부 섭정왕·황부皇父 섭정왕에 봉해졌다. 도르곤은 평소에도 풍질병風疾病이 있었는데 중원에 들어온 후에는 날로 심해졌다. 순치 7년 11월, 도르곤은 고북구古北口 밖으로 사냥을 나갔다가 조심하지 않아 말에서 떨어져 중상을 입었고 병세는 더욱 악화되어 12월에 병사하였다. '무덕수도광업정공안민입정성경의황제懋德修道廣業定功安民立政誠敬義皇帝'에 추존되었

고 묘호는 성종成宗이다. 도르곤은 청나라가 중원에 수도를 세우고 나라를 세우는 데 결정적인 역할을 하였다. 그러나 순치제는 그가 섭정할 때 전권을 휘두른 것에 불만을 갖고 있었기 때문에 그의 사후 다음 해에 작위를 박탈하고 시신을 꺼내어 채찍질 당하는 벌을 받았다. 또한 도르곤의 심복들도 일망타진하였다. 이런 상황이 계속되다가 건륭 시기에 와서야 비로소 도르곤은 청나라 역사에서 마땅한 지위를 회복할 수 있게 되었다.

도르곤의 화상

청 세조 순치 황제 애신각라·복림

1651년
순치의 친정

순치 8년(1651) 정월 12일에 순치제 복림의 친정이 시작되었다. 태화전에 나와서 여러 왕·패륵貝勒·대신들의 축하문을 직접 받고 또한 대사면을 반포하였다. 이후 순치는 기복이 심하고 복잡한 10년간 친히 정치를 하면서 일련의 개혁조치를 취하여 자신의 통치를 효과적으로 공고히 하였다. 순치의 친정 이후 맨 처음 실시한 일은 대신들의 권세를 삭감하고 집권제를 실시한 일이다. 인재 임용면에 있어서 순치는 도르곤 시기에 한족 관원들을 의심하고 압제했던 태도를 바꾸어 한족 관리들을 끌어들이고 이들에 의지하는 일에 주의를 기울였다. 일을 과감히 추진하여 관리들을 정돈한 것이 순치 친정 후에 채택한 중대한 조치다. 이외에도 순치는 또 병부에 역참의 정무를 정돈하도록 명령하여 역로驛路가 잘 소통되도록 하였다. 또한 백성의 입장이 되어 감형 조례를 추진하였다. 무거전시武擧殿試를 처음 시행하여 문무를 겸비한 인재를 선발하였고 행군의 규율조례를 제정하여 군기를 정돈하는 등의 정책을 추진하였다. 이상의 개혁조치의 제정과 시행은 충분히 순치의 정치적 재능을 보여준 것으로 그는 청나라 개국 시기에 힘껏 나라를 다스린 젊은 황제였다.

삼해의 중수

　북해北海・중해中海・남해南海를 합해 삼해三海라고 한다. 중해와 남해는 아주 가까이 연결되어 있어 이를 또 중남해라고 한다. 삼해는 지금 북경성의 고궁과 경산景山의 서쪽에 있는 청나라 때의 황실정원이다. 삼해는 요나라 때 처음으로 축조되었으며 명나라에 와서 현재의 형태가 되었다. 청나라가 북경으로 들어온 후 다시 서원삼해西苑三海를 건축하기 시작하였고, 순치 8년(1651)에 시작하여 건륭 연간이 되어서야 전부 완공되었다. 중건한 후의 전체 정원의 면적은 2천5백 무畝이고 그중 북해가 약 1천 무, 중남해가 약 1천5백 무이며 수면이 절반 이상을 차지한다. 그 전체적인 배치는 중국 고대 정원 예술의 전통을 계승했다. 수면에는 섬을 배치하였고 다리와 제방으로 그 기슭을 서로 연결했으며, 섬과 연안에는 건축물과 경치 좋은 명소를 배치하였다. 백탑이 북쪽에 있는 산위에 우뚝 높이 솟아 있고, 영대瀛台가 남으로 대치하고 있으며, 긴 다리가 물 위에 놓여져 있어 그 모습이 무지개가 드리워진 것 같다. 섬 안에 있는 산석과 각종 건축물, 여러 가지 희귀한 꽃과 풀이 서로 서로 어우러져 더욱 빛을 내고 있다. 또한 각종 경관물의 높이가 들쑥날쑥하고 밀도가 서로 엇갈려 있는 가운데 아름다운 장식물이 매우 많아 이루 다 헤아릴 수 없다. 북해와 남해의 대부분의 정원림은 훼손되지 않고 오늘날까지 보존되어 중국 역사에서 현존하는 가장 오래된 황실 정원으로 중국 정원림의 고도의 예술 수준을 구체적으로 보여주고 있다.

북해의 경화도瓊華島 백탑白塔

북해의 구룡벽九龍壁

만권의 책을 읽고 만리 길을 전전한 고염무

　고염무顧炎武는 청나라의 '개국유사開國儒師' '청학개산淸學開山'이라고 불리는 저명한 경학가이자 역사지리학자며 음운학자다. 그는 일생동안 만리 길을 전전하면서 만권의 책을 읽고 새로운 치학 방법을 창조하였으며 지난날의 사업을 계승하여 앞길을 개척한 청나라 초기의 대가다. 고염무(1613~1682)의 원래 이름은 강絳이고 청나라가 남경을 공격한 후에 염무라고 바꾸었다. 자는 영인寧人, 호는 정림亭林이며 강소성 곤산崑山 사람이다. 정림호亭林湖 곁에 살았기 때문에 사람들은 모두 그를 정림선생이라 부른다. 그는 강동의 명망있는 집안 출신으로 14세 때에 복사復社 활동에 참여하였고 복사의 명사들과 학술과 국가대사를 토론하였다. 향시에 낙제한 후에는 의연히 과거시험의 질곡에서 벗어나 발분하여 '경세치용'의 실용학문에 전념하였다. 청 군대가 남경을 함락한 후에 그는 적극적으로 곤산 지역의 항청 무장투쟁에 참가하였다. 실패 후에 그는 긴 시간 도망자 생활을 시작하였다. 고염무는 폭넓게 사회 현실을 직접 겪으면서 다량의 기초 자료들을 수집하고 수많은 유명 학자들과 깊이 있게 학술과 각 방면의 문제에 관해 토론하였다. 또한 실지로 서북 산천 지리를 고찰하고는 서적에 실려 있는 내용과 부합되지 않는 곳을 발견하면 즉시 교감을 하였다. 그는 엄정한 태도로 몹시 어려운 조건 아래서 지금 세상에 전해지고 있는 《일지록日知錄》을 완성하였다. 만리 길을 전전하면서 만권의 책을 읽은 고염무는 박학다식하고 문장을 잘 지었다. 뿐만 아니라 폭넓게 실제적으로 사회와 접촉하여 이론과 실천을 결합하여 청나라 초기에 참신한 학풍을 만들어내었다. 고염무의 영향력은 몹시 크다.

고염무

청나라의 과거 조례 제정

청나라 초기의 황제들은 통치를 공고히 하기 위하여 순치 2년(1645)에 과거로 선비를 뽑아 관직을 주어 백성을 다스리기 시작하였다. 청나라 초기의 과거제도는 명나라 제도와 같이 향시鄕試·회시會試·전시殿試(연시延試)의 세 종류가 있었다. 향시에 합격한 자는 거인擧人이 되고, 거인은 서울에서 회시를 볼 수 있었다. 회시에 합격한 자는 황제가 주관하는 전시를 본 후에 진사의 호칭을 얻을 수 있었으며 관직을 받았다. 시험은 여전히 팔고문으로 보았는데 전문적으로 '사서'·'오경' 속의 문장이 문제로 나왔으며 오직 주희의 주해注解만이 인정되었다. 순치 8년(1651)에 청나라는 각 성의 향시 시험관 조례와 팔기과거제를 제정하여 명나라 과거제도의 기초 위에 수정을 하여 계속 쓰기로 하였다. 상술한 조례의 반포와 실시는 청나라의 과거제도를 더욱 완벽하게 하였다. 그러나 과거시험 제도는 지식인들의 사상을 꼭꼭 묶어놓았으며 또 끊임없이 관료를 확충시킴으로써 만주족과 한족 지주 계급의 국가 기관을 강화하는데 커다란 역할을 하였다.

합격자 발표 명단
청나라 때 전시殿試 결과를 공포하는 데 쓰였던 합격자 발표 명단이다. 황궁 문밖에 붙였다. 전시는 과거 중에서도 최고급의 시험이다.

공원貢院
공원은 청나라 때 향시와 회시를 거행하던 장소다. 통상 성 안의 동남쪽에 건설되었다. 그림은 남경에 보존되어 있는 강남공원江南貢院이다.

공자와 이학을 존중한 청 조정

청나라가 건립되고 중원에 입성한 이후 정권을 강화하기 위해서 처음에는 무력으로 천하를 평정했지만 점차 문치文治로 전환하였다. 공자와 이학理學 숭배가 그 대표적인 예다. 청나라를 세운 만주족들은 소수민족으로 중원에 입성한 후 한족 유학자들에게 청 조정에 귀의할 것을 종용하였다. 또 한편으로는 만주족들이 새로운 변화에 적응할 수 있도록 나라를 다스리는 데 필요한 한족의 문화와 지식, 공자와 유교 숭상 등을 배우게 하고 정주이학程朱理學을 정통으로 삼아 문화와 교육을 진흥시켰다. 청 조정에서 관장하는 공자 제사가 나날이 성대해졌고 제례 의식 및 기타 행사는 정치, 종법, 종교적인 의미를 가지고 있을 뿐만이 아니라 이와 동시에 가장 성대한 정부의 교육의식으로써 전국 교육 발전의 방향을 제시해 주는 상징적인 정책이기도 했다. 청 조정이 공자를 존경하고 유학을 존중한 또 다른 내막은 이학 교육을 강화해서 주도적인 지위에 있게 하여 당시 막 일어난 계몽학파에 대항하고 이학의 정통성을 보호하자는 데 목적이 있었다. 청 조정의 공자와 이학 숭배 정책은 유학과 이학의 발전을 이끌었고 사상의 통일을 촉진시켰으며 청나라의 통치를 공고히 하는 데 어느 정도 기여했다.

북경 국자감의 장식용 문인 패방牌坊

'만세사표' 편액
청 강희제는 북경에 있는 공자사당[孔廟] 대성전 문에 '만세사표萬世師表'라는 편액을 써서 청나라 황제의 공자에 대한 존경을 표명했다.

1652년

이정국에게 패배한 두 명의 왕

이정국李定國의 자는 영우寧宇고 섬서성 유림榆林 사람이다. 농촌 출신으로 장헌충張獻忠의 부장이었다. 장헌충 사후에 그는 부대를 이끌고 계속하여 항청 운동을 하였다. 순치 9년(1652) 봄에 청 군대는 대대적으로 귀주와 사천의 남부지역으로 진공했다. 그러자 이정국은 부대를 이끌고 광서로 돌진하였다. 7월에 정남왕定南王 공유덕孔有德과 이정국이 용강榕江에서 전투를 벌였는데 이정국이 전투용 코끼리를 이용하여 돌진하였다. 이리되자 청 군대는 도망가느라 정신없었고 시체가 온 들판에 가득하였다. 공유덕은 부상을 당하고 갑옷을 버린 채 겨우 목숨만 부지하여 계림으로 퇴각하였다. 4월에 이정국은 계림을 포위하고 구름사다리인 운제雲梯를 이용해 성을 공략하여 신속히 무승문武勝門을 부수고 공격하였다. 공유덕은 싸울 계략이 없자 몹시 당황한 나머지 집안 식구들을 제 손으로 죽이고는 스스로 분신 자살했다. 계림이 함락되고 공유덕이 분신 자살했다는 소식이 북경에 전해지자 청 조정과 재야는 발칵 뒤집혔다. 15일에 청 조정은 패배한 정국을 만회하기 위하여 신속히 경근친왕敬謹親王 니감尼堪을 정원대장군에 제수하고 군대를 이끌고 호남과 귀주로 가시 이정국을 토벌하도록 급파했다. 11월 23일, 니감이 행군하는 도중에 형양에서 매복하고 있던 이정국의 습격을 받아 또 한 번 니감의 선봉군이 죽었다. 이정국 부대는 1년 안에 두 명의 청나라 장군을 죽이고 항청 투쟁 속에서 놀랄 만한 전적을 얻었다. 황종의는 이 전투를 "이정국이 계림과 형주 전투에서 두 명의 왕을 쓰러뜨려 천하를 진동시키니 이는 만력 무오년(1618)이래 없었던 일이다"라고 평가하였다.

달라이 라마 5세 영탑靈塔

오채어조五彩魚藻 접시

1653년

달라이의 책봉

순치 10년(1653) 4월 22일에 순치제는 달라이 5세를 '달라이 라마'로 책봉하여 달라이의 티베트에서의 정치적 종교적 지위를 확정했다. 달라이 5세 나복장가목착羅卜藏嘉木錯은 명 숭정 10년(1637)에 지위를 이어받았는데 당시에 청나라 성경盛京으로 사신을 보내 서신과 특산물을 보내왔고 이에 청나라도 사신을 파견하였다. 청나라가 중원으로 들어온 후에도 여러 차례 티베트로 사신을 보냈고 달라이를 초빙하기도 했다. 순치 9년(1652) 12월 15일에 달라이 5세가 북경에 도착하여 남원南苑에서 순치제를 알현하였고 청 조정에서는 달라이를 융숭하게 대접했다. 다음 해 정월 11일과 16일에 순치제는 달라이 5세를 초청하여 태화전에서 두 차례의 연회를 베풀고 금그릇·비단·말과 안장 등을 선물했다. 2월 20일에 달라이 5세가 귀국했다. 4월 22일에 순치제는 예부상서 각라랑구覺羅郞球와 이번원시랑理藩院侍郞 석달례席達禮 등을 파견하여 달라이 5세를 달라이 라마에 봉하는 금책金冊·금인金印(만주어·티베트어·한문 세 종류의 문자를 사용했음)을 달라이에게 하사했다. 그리고 달라이 5세를 '서천대선자재불西天大善自在佛, 소령천하석교보통와적라달라달뢰라마所領天下釋敎普通瓦赤喇怛喇達賴喇嘛'에 봉하니 달라이는 이때부터 정식으로 '달라이 라마'라는 호칭을 얻게 되었다.

1657년
청 군대의 운귀 침공

순치 14년(1657) 4월에 남명의 항청 세력 간에 내전이 발생하였으니 손가망孫可望은 이정국에게 패한 후 청나라에 투항하였다. 청 조정은 이런 유리한 기회를 틈타서 운귀雲貴로 진군하였다. 12월에 패자貝子 낙탁洛托과 홍승주洪承疇는 호남에서 출병하였고, 오삼계와 묵이근墨爾根 도통都統 · 고산액진固山額眞 이국한李國翰은 사천에서 귀주로 진격하였는데 기회를 엿보다 운남을 취하고자 하였다. 고산액진 조포태趙布泰는 정남장군征南將軍에 제수되어 본부와 광서관병을 통솔하고 광서에서 귀주로 진군하였다. 이 해 겨울 청나라는 또 신군왕信郡王 탁니鐸尼를 통수에 명하여 귀양貴陽을 공격하도록 명하니 삼로군을 이끌고 운남으로 진격하였다. 이정국은 군대를 이끌고 이에 응전하였지만 충분히 준비된 청 군대의 적수가 되지 못하고 전선은 붕괴되고 말았다. 이정국의 부장 30여 명과 수십만의 병사들이 죽고 중상을 입어 손실이 막대하였다. 이렇게 되자 곤명은 앞뒤로 적의 곤경을 받게 되고 포위되는 불리한 형세가 되었다. 순치 16년(1659) 정월에 남명의 영력제永曆帝 주유랑朱由榔은 운남부에서 철수해 2월에 지금의 미얀마로 도망가고 이정국은 변경에서 유랑하게 되었다. 강희 원년(1662)에 미얀마 왕은 영력제와 그 가족들을 운남으로 돌려보냈다. 오삼계는 곤명성 안의 언덕에서 활줄로 주유랑 부자를 목졸라 죽이도록 명령했다.

이리하여 남명정권의 마지막 작은 조정은 끝내 멸망을 고했다.

소릉昭陵 유리 영벽影壁의 채색 용

소릉 석패루石牌樓의 조각

청초 삼릉

명말청초에 여진족은 동북에서 흥기하여 그 후 세력이 끊임없이 확대되어 결국 중원으로 들이와 청나라를 세웠다. 전국을 통일하기 전에 청나라 통치자의 황실 능묘는 주로 동북지역에 분포하였는데 영릉永陵 · 복릉福陵과 소릉昭陵 세 기의 능으로 이를 통칭 '관외삼릉關外三陵'이라고 한다. 영릉은 청나라 황제의 조상능으로 청 태조 누르하치의 부친 · 조부 · 증조 · 면 조상 및 황제의 조상 등 다섯 기의 능묘가 있다. 영릉은 요녕성 신빈현新賓縣 영릉진永陵鎭 북쪽의 계련산啟連山에 있으며 남쪽으로는 소이하蘇爾河가 흐른다. 복릉은 요녕성 심양시 동쪽에 있으며 또 동릉東陵이라고도 한다. 청 태조 누르하치와 황후 엽혁납라씨의 합장묘다. 소릉은 심양시 북쪽에 있으며 또 북릉이라고도 한다. 청 태종 홍타이지와 황후 박이제길특씨의 합장묘다. 청초 통치자들 시기에는 아직 전국을 통일하지 못하였으므로 능묘 건축은 물론 규모 면 등 건축예술로 볼 때 이후 청나라의 황실능묘와 비교하기에는 너무나 거리가 있는 작은 규모다.

복릉福陵 능은전

능은전棱恩殿은 복릉의 정전으로 청태조 및 그 황후에게 제사지내는 장소다. 안에는 누르하치의 신패도 함께 모셔져 있다.

청나라 초기의 화단을 휩쓴 '사왕'

청나라는 중원에 들어온 후 대대적으로 회화예술을 제창하고 화원을 설립했다. 청대는 화가의 수가 많고 유파도 복잡하며 형식 기법의 변화에 있어서 모두 전 시대보다 심하였다. 그중 동기창董其昌의 '송강파松江派' 세력이 가장 컸다. 그 대표 화가들은 왕시민王時敏·왕감王鑑·왕원기王原祁·왕휘王翬로 회화사에서는 이들을 '사왕四王'이라고 부른다. 그들의 필묵기법은 옛 것을 임모하는 것을 위주로 하였기 때문에 화단에서는 또 그들을 '정통화파'라고도 한다. '사왕' 화파들은 화풍에 있어 공정 온건하고 명징 윤택함이 공통의 특색이다. 그들은 필묵의 정과 여운의 효과야말로 창작에 있어 화가의 소양이 다다를 수 있는 최종 목적이라고 여겼다. 평담하고 한적한 이상세계 속에서 소위 '선비의 기질'과 '서권기書卷氣'가 구체적으로 드러난다. 그들의 필묵 기법 역시 옛사람들의 작품을 반복하여 보고 임모하는 것으로 옛사람들의 필묵 배치의 성취를 총결한 후에 발전되어 온 것이다. '사왕'은 모두 산수화를 잘 그렸으며 황실과 귀족들은 이들을 더욱 고취하고 제창하여 일시에 정통으로 떠받들어 조야를 풍미하여 청나라 초기 화단의 주류로 대표된다.

왕시민의 〈남산적취도南山積翠圖〉축

주순수와 일본

주순수朱舜水의 이름은 주지유朱之瑜, 자는 노여魯與고 절강성 소흥부의 벼슬아치의 집안에서 태어났다. 순치 16년(1659) 겨울 말에 홀연히 혼자서 일본으로 건너가 나가사키 해안가에서 20여 년간 학문을 강의하고 예술을 전해주면서 저술생활을 하기 시작했다. 일본에서 생활한 후에 그는 고향의 물이름을 따서 자신의 이름을 순수舜水라고 하였다. 그는 일본의 사상·교육·학술계의 친구들과 폭넓게 교류하면서 중국 고대의 공사설계와 건축기술의 수많은 경험을 일본에 가져다 주었다. 미토[水戸]*지역의 봉건제후 도쿠가와 미즈쿠니[德川光國]**는 그를 빈사賓師에 봉하였다. 그의 영향 하에서 미즈쿠니는 《대일본사大日本史》를 편찬하고 '대의명분'을 제창하여 유명한 '미토학파[水戸學派]'를 형성하였다. 이 학파는 후대의 메이지 유신에 어느 정도 영향을 주었으며 주순수 역시 일본인에게 영향을 준 중국 사람 중의 하나다.

* 일본 혼슈 이바라키 현[茨城縣]의 현청소재지 – 역주

** 도쿠가와 이에야스의 손자. 본래 일본에서는 光國이 아니고 光圀으로 씀 – 역주

왕휘王翬의 옛날 산수화를 임모한 4권 단락의 노정瀛亭

왕휘는 산촌을 그리는 데 뛰어났다. 평담하고 천진하며 그윽한 먼 풍경을 그렸다. 이 그림은 그의 대표작이다.

1658년
내각제 제정

청나라 초기에 의정왕대신회의議政 王大臣會議는 최고의 중추기구로 정부 권력은 소수의 만주족 귀족의 수중에 집중되어 있어 중원 통치의 수요에 적합하지 않았고 왕공 팔기 귀족들의 세력이 약화됨에 따라서 점차 쇠락해갔다. 순치 15년(1658)에 내삼원內三院을 내각으로 바꾸고, 대학사가 전각殿閣 직함을 겸하고 중화전中和殿·보화전保和殿·문화전文華殿·무영전武英殿·문연각文淵閣·동각東閣으로 모두 4전 2각四殿二閣으로 나누었다. 건륭 때에는 중화전을 빼고 체인각體仁閣을 증설하여 3전3각三殿三閣 제도가 되었다. 내각에는 오문내午門內·태화문외를 설치하고 통상 대학사 네 명과 협판대학사協辦大學士 두 명, 내각학사·시독侍讀학사 등 약간 명을 두었다. 청초 대학사는 겨우 5품관이었으나 옹정 때에는 정1품으로 승격되어 품급이 가장 높았다. 그러나 주요 직권은 황제의 명을 받들어 조서를 초안하는 일에 불과하였다. 옹정 연간에는 군기처를 설립한 후에 군정대권이 군기처에 집중되자 내각은 실제로 허울 좋은 이름만 남게 되었다. 내각대학사의 직위가 비록 존경스럽지만 권세는 그다지 없었기 때문에 종종 어떤 대신에게 본래의 관직보다 높은 명예 직위를 따로 주어 그 품격을 높이거나 혹은 겉으로는 영전한 것 같으나 실제로는 좌천하는 일종의 조치였다. 이로써 통치집단 내부 권력 관계의 평형을 조정하였다.

팔기군이 즐겨타던 스케이트

스케이트는 만주족 민간의 전통적인 체육활동이며 또한 얼음놀이란 뜻인 '빙희氷嬉' 라고도 부른다. 일찍이 청군이 산해관 안으로 들어오기 전에 팔기군은 스케이트를 군사훈련의 내용으로 삼았고, 작전 중에 이를 응용하였다. 산해관으로 들어온 후로 스케이드는 팔기 열병의 내용이었으며 궁정의 오락 활동이기도 하였다. 북방 민간에서는 한 단계 더 발전하여 스케이트 활동은 이때부터 공전의 흥성을 맞았다. 청초의 통치자는 줄곧 스케이트를 나라의 풍속으로 여겼고, 스케이트는 주로 서원의 태액지太液池(지금의 북해)에서 거행되었으며 게다가 황제도 스케이트장까지 와서 관람하였다. 이러한 종류의 빙희 활동의 참가자는 적어도 1천6백 명 이상이었고, 그 장소가 매우 광활하고 내용이 풍부하여 종합적인 '빙상운동회' 라 할 만하였다. 〈북해빙희도北海氷嬉圖〉는 팔기사병들이 피겨 스케이트를 타면서 보여주는 여러 가지 잡기雜技 연출을 생동감 있게 표현하고 있다. 피겨 스케이트에서 보여주는 동작으로는 큰 전갈, 금계金鷄독립, 나타탐해哪吒*探海, 쌍비연雙飛燕 등

과 같은 동작들이 있었다. 잡기를 하면서 타는 스케이트에는 장대타기, 철봉운동, 어깨 위에 올리기, 팔에 올리기, 깃발꽂기 등이 있다.

* 나타는 신화속에 나오는 신 - 역주

북해빙희도
이는 팔기 사병들이 스케이트를 타는 장면이다.

고궁 보화전

1659년
정성공의 북벌

순치 16년(1659) 6월, 청나라 군대가 영력永曆 조정을 향해 세 갈래 길로 포위 공격해가는 것을 견제하기 위하여 정성공은 장황언張煌言과 협동하여 83 영營 17만 수륙대군을 이끌고 북쪽의 남경으로 쳐들어갔다. 북벌군이 수륙으로 진격하니 얼마되지 않아 초산焦山이 함락되고, 과주瓜州가 무너지고 양자강의 중요한 문호인 진강鎭江과 그에 속한 여러 현을 점령하게 되었다. 6월 26일에 정성공 부대의 선봉이 이미 남경 교외에 도착하였고, 7월 12 일에는 남경 포위를 마쳤다. 이와 동시에 장황언이 거느린 군대는 강을 따라 올라와 태평太平·영국寧國·지주池州·휘주徽州 등 4부府 3주州 22현縣을 점령했다. 청 조정에서 이를 알고는 모두가 깜짝 놀랐다. 순치제가 특히 놀라서 친히 정복하겠다고 명령을 내렸지만 신하들이 극구 말렸다. 대신 달소達素를 안남장군安南將軍에 임명하여 병사를 통솔하고 강남으로 원조를 가게 했다. 이때 정성공은 일시적인 승리에 취하여 청 군대의 계략에 미혹되어 전투를 1개월여나 끌게 되었다. 남경성을 굳게 지키고 있던 청나라 총독 낭정좌郎廷佐는 정성공 사병들이 그의 생일을 축하하여 갑옷을 벗은 채 실컷 술을 마시며 전투력이 해이해진 유리한 기회를 놓치지 않았다. 그는 청나라 군대를 지휘하여 수륙양방으로 기습을 하니 정성공 군대는 대패했다. 정성공은 황망히 부대를 데리고 금문과 하문廈門으로 퇴각하였다. 장

황언도 고립무원의 상태에서 역시 절동으로 퇴각했으며 북벌은 이로써 실패를 고하였다.

정성공 조각상

청·은입사 법랑 용

중국 최초의 중앙 공문서 보관소-내각대고

청나라 초기에 북경 자금성 내각대당內閣大堂 동측에 내각대고內閣大庫를 설치하고 내각에 귀속 관리하도록 했으며 중앙정부와 궁정의 중요한 문서와 기타 문헌자료를 이곳에 보관하도록 했다. 이는 중국 최초로 설립한 중앙 공문서 보관소로 홍본고紅本庫(속칭 서고西庫)와 실록고實錄庫(속칭 동고)의 두 방으로 나누었다. 홍본고에는 주로 청나라가 중원으로 들어온 후에 역대로 매년 6과科에서 반납한 홍본(즉 내각에서 읽고 비준한 공용의 상주문)을 보관하였고, 실록고에는 주로 명대의 안건·만주어로 된 오래된 안건·실록·성훈聖訓·기거주起居注*·사서史書·칙서·조서詔書·표장表章·지도·황책黃冊·향시록鄕試錄과 각종 서적 등을 보관했다. 내각 아래에는 전적청典籍廳과 만본방滿本房을 설치하여 그 일을 관리하도록 했다.

* 황제의 일상 언행을 적어놓은 서류 - 역주

청대 황실장서관·고궁 문연각文淵閣

1661년
순치제의 서거와 강희제의 즉위

(1662)를 강희 원년으로 정했다.

*허서리 소닌Heseri Sonin, 한자식 이름은 혁사리 색니
赫舍里索尼 – 역주

** 구왈기야 오보이Guwalgiya Oboi, 한자식 이름은 과
이가 오배瓜爾佳鰲拜 – 역주

청 강희 황제
애신각라 · 현엽

강희제가 친필로 쓴 당시唐詩

순치 18년(1661) 정월 7일 밤에 순치제 복림이 병사했다. 순치제 복림은 6세에 즉위하였지만 도르곤과 제이합랑濟爾哈朗이 보정대신輔政大臣으로 정치를 도와주었다. 순치 8년(1651)에 복림이 친정을 하면서 모든 대권을 빼앗고 일련의 개혁 조치를 반포하여 효과적으로 청나라의 통치를 공고히 하였다. 그는 이처럼 젊고 유능한 황제의 재주를 표출하였다. 순치 17년(1660) 8월에 순치가 총애하던 귀비 동악董鄂이 병으로 서거하자 순치제는 점차 정무에서 멀어져 갔으며 불교에 탐닉하여 몇 번이나 출가하겠다는 생각을 하였다. 연말에 순치가 천연두에 걸려 삽시간에 병세가 악화되었다. 순치 18년(1661) 정월 6일에 순치는 스스로 오래 살지 못할 것이라는 것을 알고는 급히 가까운 신하와 예부시랑 겸 한림원 장원학사 왕희王熙를 양심전養心殿에 불러 유서의 초안을 잡도록 했다. 그는 유서에서 셋째 아들 현엽玄燁을 황제에 즉위시킬 것과 색니* · 소극살합蘇克薩哈 · 알필륭遏必隆 · 오배** 네 대신으로 하여금 정무를 보조하도록 하고 14가지 죄로 자신을 다스렸다. 7일 밤에 순치가 양심전에서 병사하니 겨우 향년 24세였다. 순치제가 서거한 후에 시신은 화장되었고 유골은 효릉孝陵(지금의 하북성 준화遵化 청 동릉 내)에 장사지냈다. 묘호는 세조로 정했다. 이달 9일에 현엽이 황제가 되니 나이 겨우 여덟 살이었다. 이날 대사면을 반포하고 그 다음 해

준화遵化에 있는 청 동릉東陵 석패방

명사明史 사건

순치 18년(1661) 3월에 장정룡莊廷鑨의 개인 저서인 명사明史 사건이 발생했다. 장정룡은 절강성 오정烏程(지금의 호주시) 남심진南潯鎭 사람으로 거부의 문인 집안 출신이다. 청나라가 들어선 후에 장정룡은 명대 천계 연간의 대학사인 주국정朱國楨이 편찬한《명사明史》 원고를 사들인 후 문인들을 초빙하여 천계와 숭정 두 연간의 역사를 보충하여 자신의 이름으로 간행했다. 책 속에는 청나라 통치자를 폄하하고 배척하는 문장들이 있었기 때문에 끊임없이 협박에 시달렸다. 탐관오리로 파직된 귀안지현歸安知縣 오지영吳之榮이 장정룡을 협박하다가 일이 성사되지 않자 수치심과 분노로 초간본을 사서는 법사法司에 제출했다. 청 통치자들이 이 소식을 듣고는 공개조직이든 지하조직이든 모든 반청행동이나 혹은 사상을 가진 사람들을 억압하면서 문자옥文字獄을 감행했다. 책을 판매한 사람 · 판각한 사람 · 인쇄한 사람 · 교정본 사람 · 책을 소장한 사람과 실직한 관리들이 모두 연좌죄로 다스려졌다. 강희 2년(1663) 5월 16일에 이르러 장정룡 안건에 연루되어 능지처참된 자가 1백여 명이 되었고 이들의 처자식들은 모두 유배형에 처해졌다. 장정룡은 이미 죽었지만 시신을 꺼내어 태워버리고 아버지 형제 여러 명도 모두 참수를 당했으며 이와 관계된 지방관리들 역시 중죄로 다스렸다. '명사' 사건은 청대에 연루된 자가 가장 많고 규모가 가장 큰 문자옥의 하나이다.

청나라 초기의 네 승려

만주족이 중원의 주인이 된 후에 몇몇 명나라의 주씨들은 새로운 왕조에 타협하는 화가들과는 달랐다. 자신의 신세를 한탄하는 글을 써서 망국의 한을 기탁하거나 혹은 종횡무진으로 감정을 전부 토로하는 화법으로 운명에 굴하지 않는 왕성한 생명력과 강렬한 불굴의 의지를 표현했다. 화단에서는 이런 류의 화가들을 통칭 야일파野逸派라고 부른다. 이 야일파의 전형적인 대표가 청초의 네 승려다. 이 네 승려는 바로 팔대산인八大山人 · 석도石濤 · 곤잔髡殘 · 홍인弘仁 네 승려를 말한다. 팔대산인과 석도는 본래 명 황실의 후예고, 곤잔과 홍인 두 사람은 명 황실에 충성을 다하던 백성이다. 그들은 모두 강한 성정을 가진 피끓는 남성들로 오랫동안 반청복명反淸復明 활동을 하였다. 그러나 날뛰는 듯한 세찬 물결을 돌릴 힘이 없자 시문과 회화로 울분을 쏟아내고 감정을 표출했다. 이 네 승려 중에 팔대산인의 예술 성취가 가장 높다. 팔대산인(1626~1705)은 주원장朱元璋의 열여섯째 아들인 강서성 영왕 주권朱權의 9대손으로 이름은 주탑朱耷이다. 팔대산인의 작품은 뜻이 고졸하고 황량하며 처량하고 처절함 속에 웅건 비장한 기운을 뿜어낸다. 그 고독함과 울분, 견고한 의지가 깃든 심경을 구체적으로 표현해 내고 있다. 팔대산인 작품은 틀에 구속되지 않고 작가의 순간적인 직관을 체현해내며 그의 이런 비범한 기질과 세속을 초탈한 안일한 화풍은 화조화에서 특출나게 표현되어 있다. 팔대산인의 독특한 스타일은 중국 화단에 있어 일대의 대가로 후세에 미친 영향이 지대하다.

청 강희 · 오채해수룡문五彩海水龍紋 자기 접시

주탑의 〈추산도秋山圖〉축

주탑은 이전 화가들이 이룬 성취를 총결한 기초 위에 더욱 개성 있게 재창조하였다. 이 그림에서 붓을 사용함에 있어서는 힘 있고 원만하며, 나무와 줄기를 그릴 때는 현필懸筆 중봉中鋒을 사용하였다. 산석을 그릴 때는 준법皴法과 염법染法을 겸용하여 농담의 짙고 흐림이 아주 적당하다. 태점苔點*이 가로 세로로 교차하며 횡점橫點에 준면皴面, 직점直點에 성긴 먹을 사용해 화면상에 리듬과 의미를 구성하고 있다. 전체 작품은 층차가 뚜렷하며 조리 있게 구비되어 있고 그 스타일은 웅건하고도 질박하다.

* 태점은 형태는 고정적이지만 변화가 많아 수십 종이나 됨. 청나라 정적鄭績은 그 용법에 대해 "바위 위의 푸른 이끼나 혹은 언덕 위의 덩굴풀, 나무 끝, 산 정상의 작은 나무들을 표시하는 방법을 태점이라고 한다"라고 설명했음. 이 태점은 나뭇잎 · 풀 · 꽃 등 비대칭적인 것을 표현할 때 많이 쓰임 - 역주

주탑의 〈하석수금도荷石水禽圖〉축

주탑의 만년 회화예술은 더욱 성숙하고 조형은 극도로 과장되었으며 구도는 간략하고 특이하다. 붓을 사용함에 있어 응축되고 청아하며 격조는 소박하고도 웅건하고 기이하다. 그는 서화를 이용해 일반인과는 다른 오만함, 세상에 대한 분한 감정을 잘 표현하였다. 새를 그릴 때는 발 하나만 그리고, 눈을 그릴 때는 눈동자를 위로 향하게 하여 소위 백안白眼으로 '푸른[靑]' 하늘을 쳐다보도록 하여 내심의 불편한 심기를 드러내었다.*

* 백안은 눈을 흘기다는 뜻이고 푸른 靑은 淸나라를 뜻하므로 청나라에 대한 불편한 심기를 뜻함 - 역주

1662년
정성공의 대만 수복

대만은 고대부터 중국의 영토였다. 17세기에 유럽 식민자들이 아시아를 확장하기 위한 침략활동으로 1642년 네덜란드 사람들이 대만을 점령하니 이때부터 대만 백성에게 미친 듯이 노략질을 하고 노역을 강요하였다. 정성공은 북벌이 실패한 후 장기간의 항청을 견지하기 위하여 대만을 수복하여 이곳을 반청 근거지로 삼기로 결정했다. 정성공이 이런 중대한 군사행동을 계획할 때 네덜란드 통역을 담당했던 애국지사인 하빈何斌이 대만에서 하문(아오이)으로 와서는 정성공에게 대만 지도 한 폭을 헌상하며 정성공에게 대만 광복을 공손히 청하였다.

순치 18년(1661) 2월, 정성공이 하문에서 군사회의를 열고 즉시 대만 수복을 위해 출병하기로 결정했다. 3월에 군사준비가 이미 궤도에 오르자 정성공은 대군을 하문에서 금문金門으로 이주시켰다. 4월 30일에 대군이 대만 해변에 도착하여 하빈의 인도 하에 네덜란드 화포를 피하면서 해수의 만조滿潮 시기를 틈타 네덜란드군의 방위가 소홀한 북쪽 항로의 수심이 낮은 지역을 이용하여 녹이문鹿耳門으로 들어가 대만에 상륙했다. 강희 원년(1662) 1월에 정성공은 군대를 지휘하여 해륙 양 방면에서 네덜란드 침략자들에게 맹렬한 공격을 가하였다. 중국 군대의 강력한 공세에 직면하자 네덜란드 통수는 끝내 투항하는 사인을 하기에 이르렀다. 이로써 네덜란드 침략자가 불법으로 38년이라는 긴 시간 동안 점거했던 대만은 조국의 품에 돌아오게 되었다.

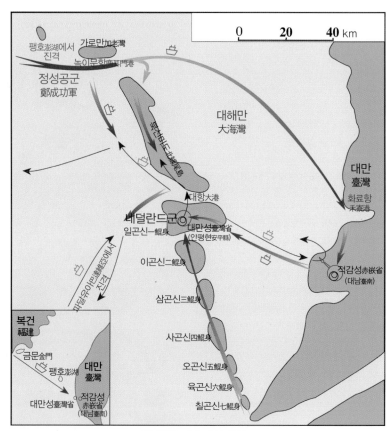

정성공의 대만 수복 작전도

해상 격전 유화
정성공 군대가 네덜란드 함대와 전쟁하는 장면이다.

1666년
범문정의 병사

강희 5년(1666) 8월에 청나라 개국 공신 범문정范文程이 병사하니 향년 70세였다. 범문정은 명 만력 25년(1597)에 태어났으며 자는 헌두憲斗, 호는 휘악輝岳이고 심양 사람이다. 천명天命 3년(1618)에 누르하치가 무순無順을 공격하자 범씨 형제는 팔기군에 자원하여 후금의 중요한 신하 중 하나가 되었다. 순치 초년(1644)에 범문정은 도르곤이 군사를 이끌고 중원에 진입하는 것을 도왔다. 또한 정책을 제정하고 정세를 안정시켜 민심을 위로하며 정치적인 풍운아로 일시에 혁혁한 인물이 되었다. 순치제가 친정을 한 후에 범문정은 의정대신이 되었다. 그는 둔전을 부흥시키고 유랑민을 복종시킬 것을 제안하였다. 인재를 선발함에 있어서는 만주족과 한족의 구분을 없애 자격에 구애를 두지 말고, 가깝고 소원함을 피하지 말 것을 건의하니 모두 순치제가 채택했다. 순치 11년(1654) 8월에 범문정은 소보 겸 태자태보로 승진했다. 당시에 그는 이미 나이가 많고 노쇠하여 상소를 올려 벼슬을 사직하고 은퇴를 청하여 남은 여생을 편안히 보냈다. 범문정은 비록 한족으로 청나라의 원로였지만 그의 정신은 명철하였고 커다란 웅지를 갖고서 청나라 통치를 건립하는 데 있어 중요한 공헌을 했다.

1666년
아담 샬 폰 벨의 서거

아담 샬 폰 벨*의 호는 도미道未고 독일 사람으로 천문과 역법에 정통하였다. 순치와 강희 연간에 흠천감에서 20년간 일하였으며 《시헌력時憲曆》을 집필하였다. 순치 17년(1660)에 서양 사람이 역법서를 주재하는 것에 불만을 가졌던 안휘성 흡현 사람 양광선楊光先이 상소를 올려 아담 샬이 "요상한 책으로 세상을 현혹한다"고 하였다. 강희 3년(1664) 7월에 양광선은 재차 상서를 올려 아담 샬이 모반하고 혹세무민한 10가지 이상한 것을 전파하는 큰 죄를 지었다고 하였다. 8월에 예부에서는 신속하게 아담 샬 등 선교사와 흠천감에 있는 관련 인물들을 체포하여 4개월에 걸쳐 심문하였다. 강희 4년(1665)에 이르러 다섯 명의 흠천감 관원이 처형되었고 아담 샬과 이 안건에 연루된 범인들은 감옥에 갇혀 처벌을 기다렸다. 얼마되지 않아 강희제의 조모(효장문황후)가 보신補臣들에게 아삼 샬에 그러한 대우를 하는 것에 불만을 표시하자 즉시 석방을 명령했다. 강희 5년(1666) 7월 15일에 아담 샬이 병사하니 향년 74세였다. 강희 8년(1669) 8월에 강희제는 아담 샬을 위해 그의 억울함을 풀어주고 '통미교사通微教師'라는 칭호와 원래 관직을 회복해 주었다. 그리고 기존의 교회당 기지에 보내어 장사지내도록 하고 본래의 품계에 따라 제물과 제사 비용을 하사했다.

* 중국명은 탕약망湯若望 - 역주

1667년
오배의 전권

순치 18년(1661), 세조가 서거하자 셋째 아들인 현엽玄燁이 제위에 오르고 연호를 강희라 하였다. 대신 색니 · 소극살합蘇克薩哈 · 알필륭遏必隆 · 오배가 보정輔政대신이 되었다. 네 명의 보정대신 중, 색니는 연로하고, 알필륭은 나약하고, 소극살합의 명성은 그다지 높지 않았기 때문에 오로지 오배가 공을 독점하면서 오만해지더니 결국은 권세를 함부로 휘둘러댔다. 그는 대대적으로 사조직을 만들고 자신의 의견과는 다른 사람들을 배척했다. 강희 6년(1667) 7월에 현엽이 친정을 하게 되었는데도 오배는 여전히 혼자서 권력을 갖고 있었다. 소극살합이 오랫동안 오배의 압제를 받다가 보정대신직을 사임하였다. 그러나 오배는 오히려 죄명을 날조하여 죽을 죄를 만들었다. 강희는 이 안건이 오배 패거리들이 사사로운 이익을 위해 모함하는 것이라는 사실을 알고는 고집스럽게 윤허하지 않았다. 오배는 "소매를 걷어 팔을 내밀며 앞으로 나가 억지로 날마다 상주하여" 끝내 원래의 의견에 따라서 시행하도록 했다. 이때 색니는 이미 죽고 소극살합은 피살되어 보정대신은 단지 알필륭과 오배 두 사람만 남게 되었다. 알필륭은 감히 대립하려 하지 않으니 조정의 권력은 실제로 오배 한 사람의 손에 의해 조종되었다. 조정의 일을 논할 때 대신들이 조금이라도 오배의 뜻을 거스르면 그는 황제의 면전에서 큰소리를 내며 질책하니 그 전횡이 극에 달했다.

김성탄이 평론한 '육재자서'

　명말 청초에 유명한 문학비평가 김인서金人瑞는 많은 책을 평점評點했는데 소설과 희곡 창작 이론 방면에서 사람들의 주목을 끌 수 있는 성취를 이루었다. 김인서(1608~1661)의 이름은 채采고 명나라가 망한 후에 인서로 개명하였다. 자는 성탄聖嘆이고 강소성 오현(지금의 소주) 사람이다. 그의 성정은 어디에 구속됨이 없이 자유스러웠고 벼슬길에는 뜻이 없었다. 순치 18년(1661)에 '곡묘안哭廟案'을 선동했다는 죄로 처단되었다. 김성탄은 일생동안 수많은 책을 폭넓게 읽고 《역경》과 불교에 관해 이야기하기를 좋아하고 늘 불교의 교리로 유교와 도교를 해석하였다. 그는 《장자》·《이소離騷》·《사기》·《두시杜詩》·《수호》·《서상西廂》을 최고의 책으로 존중하며 이를 '육재자서六才子書'라 칭하고 또한 상세한 평론을 했다. 그의 평론은 비교적 사상내용을 설명하는 것에 주안점을 두었으며 종종 이런 일을 구실 삼아 정치적인 일을 토론하였으니 그의 사회관과 인생관을 모두 알 수 있다. 김성탄 문학비평의 핵심은 작품의 예술분석에 있다. 그의 평론방법은 "문장내용을 곧바로 취하고" "그 흔적을 간략히 하여 그 신비로운 이치를 펼쳐내는 것"으로, 사실 그 뜻은 창작규율의 탐색에 있다.

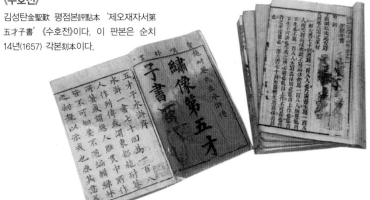

《수호전》
김성탄金聖歎 평점본評點本 '제오재자서第五才子書' 《수호전》이다. 이 판본은 순치 14년(1657) 각본刻本이다.

청판 《서상기》 삽화

청 효장문황후 조례복 모습
효장문황후孝莊文皇后는 박이제길특博爾濟吉特씨로 과이심科爾沁 베이러[貝勒]의 딸이자 태종의 장비莊妃며 세조 복림을 낳았다. 순치와 강희 초년에 종종 정사에 참여하였으며 청나라 초기에 정권 안정을 위해 공헌했다.

1669년

오배의 체포와 강희의 친정

　강희 6년(1667) 봄, 네 명의 보정대신輔政大臣의 우두머리인 색니가 앞장서서 강희제의 친정親政을 주청했다. 7월 3일에 태황태후(효장문황후)의 윤허를 거쳐 길일을 택해 친정을 시작했다. 7일에 강희는 친히 태화전에 임해 친정을 한다는 예를 거행했다. 강희가 이미 친정을 시작했는데도 조정을 독단적으로 처리하던 오배는 권력을 조금도 내놓지 않으려 하고 게다가 본분을 잊고 더욱 심하게 굴었다. 강희제는 친정을 한 이후에도 끊임없이 보정대신의 작위를 더해주어 정세를 온전하게 하였다. 그러는 한편 군신들 중에서 자신의 위엄을 지켜줄 사람을 직접 선택하여 암암리에 오배 처리를 위해 곳곳에 심어놓았다. 강희 8년(1669) 5월 16일에 오배가 접견하러 들어오자 강희제는 오배를 사로잡으라고 명령했다. 동시에 강희제는 의정왕대신議政王大臣 등에게 오배의 일당 13명과 또 다른 보정대신 알필륭 등 관계된 관원들을 체포하라고 명령했다. 강희제는 오배의 관직을 삭탈하여 구금하고 집안 재산을 몰수했다. 오배의 여러 무리들 역시 차등을 두어 처벌하였다. 그러자 오배에게 공격을 받았던 수많은 관원들은 반대로 설욕을 씻게 되었다. 오배를 사로잡은 후에 강희제는 비로소 진정으로 친정을 실현할 수 있게 되었다. 이때부터 '강건성세康乾盛世'의 서막이 열리게 되었다.

티베트의 불교 흥성

청나라 초기에 티베트에서 들어온 불교(즉 황교로, 속칭 라마교라고 함)가 중국 전역에서 폭넓게 유행하기 시작하였고 그 영향 역시 몹시 컸다. 청 정부는 통치를 강화하고 통일을 유지하기 위하여 대대적으로 라마불교를 지지하였으며 정부에서는 또 수많은 지역에 사원을 건립하고 이를 위해 출자하였다. 청나라 중엽에 이르러 황교는 티베트 지역의 사원만 해도 4천여 개소에 달하였고 내몽골의 사원도 1천여 개소에 달하였다. 라마불교 건축 스타일은 주로 티베트 민족이 거주하는 벽돌건물 시스템으로 가장 유명한 사원은 라싸의 포탈라궁[布達拉宮]이다. 이 궁은 당대에 건축되기 시작하였지만 9세기에 전쟁 속에서 파괴당하였고 순치 2년(1645)에 5세 달라이 라마가 중건을 시작하여 장장 50여 년을 거쳐 비로소 완성되었다. 포탈라궁은 동서 길이가 370미터, 높이가 117미터로 궁전·사원·능묘 및 기타 행정건축물이 포함된 종합적 건축물이다. 포탈라궁 이외에 시가체의 짜쉬룬뽀사원[札什倫布寺], 라싸의 세라사원[色拉寺]·드레풍사원[哲蚌寺]·조캉사원[大昭寺]·걍체[江孜]의 펠코르챠데 사원[白居寺] 역시 대표적인 라마불교식 사원이다. 또한 북방의 평탄한 지역에 건설된 중국과 티베트 혼합식 사원도 있는데 이런 류의 사원들은 대부분 몽골족 지역에 분포되어 있다. 전형적인 사원으로는 후허하호터[呼和浩特]시에 있는 석력도소[席力圖召]가 대표적이다.

포탈라궁의 금빛 지붕의 한쪽

소학해[邵學海]가 그린 티베트 포탈라궁(일부)

명·청 시기에는 변경지역에 대한 행정관리가 한층 강화되었으며 명대에는 동북지역에 노아간 도지휘사사[奴兒干都指揮使司]를 설치하였다. 명말에 정성공이 네덜란드 식민자들을 쫓아내고 대만을 수복하였고 청나라 초기에 대만부를 설치하였으며, 후에 성[省]으로 바꾸었다. 청대에 티베트에는 주티베트 대사를 두었고 조정에서는 종교적 지도자인 달라이와 판첸을 책봉했다.

포탈라궁

라싸의 보타산 위에 세워졌으며 서기 7세기에 토번의 족장 송찬간포[松贊干布]와 당나라의 문성공주[文成公主]가 결혼을 하자 "새롭게 궁전을 지어 공주가 거주"하도록 했다. 또한 "공주를 위하여 후세에 자랑할 만한 성을 짓는다"는 취지로 건설되었다. 그러나 후에 벼락과 전쟁으로 훼손되었다. 17세기에 5세 달라이 라마가 원래 있던 유적지에 포탈라궁을 중건하였으며 7세와 13세 달라이 라마가 다시 확장을 하여 지금의 규모를 갖추게 되었다.

청대의 관모

1670년
만·한 관리 품급의 획일화

강희 9년(1670) 3월 9일에 강희제 현엽은 이부吏部에 만주족과 한족의 대소 관원들의 관직이 서로 같은데 품급이 다르니 마땅히 하나로 해야한다고 유시했다. 일찍이 순치 15년(1658)에 세조 복림이 만주족 관원과 한족 관원의 품급을 획일화 한 적이 있었다. 3월 17일에 의정왕 등이 어지를 받들어 의논을 하고 만주족 관원 품계를 순치 15년의 예에 따르기로 했다. 현재의 품급은 그대로 존속시키기로 하고 이후 관직을 보충 받을 때에는 이 예에 따라서 보충하기로 했다. 얼마 되지 않아 조정에서는 《품급고品級考》를 수정하여 간행하고 이에 따라 행하게 되니 만주족과 한족 관리의 품급과 진급 수속이 모두 획일화 되었다. 동시에 한족 관리들이 병이나 상중에도 실제의 대우를 받게 되니 점차로 만주족 관리와 평등하게 되었다.

청대 문관의 대례복*

* 중국어로는 보복補服이라고 함. 가슴과 등 부분에 문관은 조류鳥類, 무관은 수류獸類를 수놓아 관급官級을 나타냈음. 가슴과 등에 '補' 자를 붙인 데에서 그 이름이 유래하였음 - 역주

삼중 입체 조각의 '죽림칠현도' 붓통

민간 죽공예의 흥성

대나무 조각은 재료가 저렴하고 구하기가 쉬워 청나라 초기에 민간의 중요한 조각 예술품목의 하나였다. 청대 민간 죽공예는 문인 회화예술 풍격의 영향을 받아 대나무 조각 기법이 끊임없이 새롭게 나왔으며 자아표현과 대담한 혁신 창조의 풍격을 구체적으로 드러냈다. 가정嘉定은 민간 죽공예의 주요 산지로 자체적인 풍격이 있어 가정파嘉定派라는 명칭이 생겨났다. 청대 전기 1백여 년 동안 가정지역의 대나무 조각 발전은 명대 가정파의 풍격을 발전시켰으며 최고의 전성기에 진입했다. 이 시기에 가정의 대나무 조각 품종은 다양해졌고 훌륭한 장인들도 아주 많아졌다. 그중 비교적 영향이 있는 죽공예가는 오지번吳之璠·봉석록封錫祿·주호周顥·반서봉潘西鳳으로 이들을 '죽각사대가竹刻四大家'라고 한다. 청대 중엽 이후에는 첩황기貼黃器* 제작이 흥성하였고 대나무 조각은 쇠락해지면서 이를 대신하여 평면에 그림이나 글자를 새기는 것이 유행하였으며 대나무 조각 예술인들도 점차 각공刻工으로 전락했다.

* 대통 안쪽의 노란색 표층을 잘라내어 찌고 압축한 후에 나무판이나 기물에 붙이는 죽공예품 - 역주

청 친왕親王 단룡團龍 흉배

청 문5품관 흉배

청 무1품관武一品官 기린 흉배

청 문1품관文一品官 흉배

청 문6품관 흉배

청 무3품관 표범 흉배

청 문2품관 흉배

청 문7품관 흉배

청 무6품관 호랑이 흉배

청 문3품관 흉배

청 문8품관 흉배

청 문4품관 흉배

청 문9품관 흉배

베르비스트*의 신위대포 제조

강희 13년(1674) 8월에 강희제는 역법을 관장하고 있던 베르비스트에게 화포를 제조하여 급히 군사에 적용하도록 명령했다. 이리하여 베르비스트는 전심전력을 다하여 가벼운 화포를 제조하였다. 다음 해 5월에 화포가 제조되었고 강희제는 노구교 화포공장까지 가서 시험하였다. 이 화포의 몸신은 작고 화력은 강하여 표적물에 대한 명중률이 높았다. 또 노새나 말 등에 얹기가 편해 행군 중에도 몹시 가볍고 간편하여 운송하기가 수월하였다. 강희제는 이 화포를 보고 크게 칭찬을 하였다. 이때부터 이 화포가 대량으로 생산되어 1년 동안에 350문을 주조하였다. 청군대에서는 이 포를 '득승포得勝炮'라고 불렀다. 강희 20년(1681)에 강희제는 그 명칭을 '신위장군포神威將軍炮'로 정정하고 무장부대로 쓰도록 했다. 이후에 베르비스트는 또 다른 형태의 화포를 제조하였으며 이전 화포에 손질을 더하였다. 강희제는 베르비스트의 공로를 표창하기 위하여 공부우시랑工部右侍郎에 봉했다.

* Ferdinand Verbiest(1644~1688)는 벨기에 사람으로 중국명은 남회인南懷仁임. 1658년에 중국에 선교사로 왔음 – 역주

베르비스트가 제조한 '위원장군威遠將軍' 동포銅炮

1673년
삼번의 반란

강희 12년(1673)에 강희제는 번藩을 제거하도록 명령을 내리고 오삼계吳三桂·경정충耿精忠·상가희尙可喜의 세 번藩을 없애고 그 군권과 재정권 및 인사권을 중앙에 귀속시켰다. 이리하여 각각 강력한 군대를 장악하고 서로 자웅을 겨루며 하부 조직이 너무 방대하여 상부에서 관리하기 어렵던 국면을 종결시켰다. 청 조정으로부터 번의 제거 명령이 하달되자 오삼계는 즉시 반란을 밀모했다. 11월 21일에 그는 운남 순무 주국치朱國治를 죽이고 부대의 병력과 기병하여 청 조정에 반기를 들었다. 반기의 깃발을 흔들며 오삼계는 자칭 천하도초토병마天下都招討兵馬 대원수가 되어 주周나라를 건국하고 다음 해를 주왕 소무昭武 원년이라 하고 '이용통보利用通寶'를 주조하였다. 부하들에게는 변발을 자르고 머리를 기르도록 했으며 한족 복장으로 바꾸고 친히 자신이 죽였던 남명 영력제永曆帝에게 제사를 드렸다. 군대 깃발의 색은 모두 흰색으로 하고 보병과 기병 모두 흰털 모자를 썼다. 오삼계가 기병을 한 초기에는 군세가 아주 강하였고 계속하여 큰 성을 공격했으나 청 군대는 준비가 부족하여 매 전투마다 패배했다. 이런 형세 속에서 강희 13년(1674) 3월에 정남왕靖南王 경정충이 또 복주福州에서 반란을 일으키고, 강희 15년(1676) 2월에는 평남왕平南王 상가희의 아들 상지신尙之信이 광주廣州에서 반란을 일으켰다. 이렇게 삼번이 모두 반란을 일으키게 되었

고 전쟁의 불길은 전 중국에 반 정도로 퍼져 나갔으며 강희 20년(1681)이 되어서야 삼번三藩의 반란이 겨우 진압되었다.

오삼계가 할거 시에 주조한 '홍화통보洪化通寶' 동전

오삼계의 좌상

청·복수강녕福壽康寧
그림 속에는 복숭아 가지·붉은 박쥐[紅蝠]·소나무 가지·산호 등 복과 수명을 상징하는 물건들이 있다.

1673년
주삼태자 사건

1677년
근보의 황하 치수

을 총결하여 중국 황하 치수의 우수한 전통을 계승하고 발전시켜 황하 치수에서 걸출한 공헌을 이루었다.

강희 12년(1673), 양기륭楊起隆이란 자가 숭정황제의 셋째 아들의 이름을 도용하여 서울에서 기의를 했다. 강희 12년 말에 오삼계가 남방에서 기병하고 청나라에 반란을 일으키게 되니 서울에서의 분위기도 몹시 긴장되었다. 양기륭은 이 기회를 틈타 서울에서 기병을 하기로 결정했다. 그는 자칭 주삼태자朱三太子라 하고 연호를 '광덕廣德', 기의군을 '중흥관병中興官兵'이라고 했다. 그러나 기의가 사전에 누설되어 기의군은 청 군대에게 진압 당하였고 양기륭은 어지러운 틈을 타 도주했다. 강희제는 이 일을 듣고는 엄히 조사하도록 분부하였다. 이리하여 이주李株 등 2백여 명이 체포되어 죽임을 당하니 서울은 공포로 떨었고 백성들은 분분히 사방으로 도망갔다. 시국을 안정시키고 민심을 수습하기 위하여 전력으로 오삼계의 반란을 평정시킨 강희제는 연이어 '백성을 안위'하라고 반포하고, 또 체포된 기의군은 능지처참하고 그 가속들은 사면하도록 명령했다. 이런 일이 있은 후 또 어떤 사람이 양기륭의 이름을 도용하여 비밀리에 항청을 하고, 양기륭의 옛 부하들도 공개적으로 의義를 끌어들이며 거사의 깃발을 들었지만 모두 청 조정에 의해 진압되거나 살해당했다.

강희 16년(1677) 2월 24일에 근보靳輔가 하도총독河道總督으로 승진했다. 당시 소북蘇北지역의 항구가 늘 모래가 쌓여 막히니 조운에 방해가 되고 백성들은 재해를 입었다. 근보가 숙천宿遷(지금의 강소성 숙천)에 도달하여 임무를 수행하기 시작하여 친히 재해 지역을 실지 조사한 후 강희제에게 상소를 올렸다. 강희제는 근보의 황하 치수를 지지하기로 결정했다. 근보의 자는 자원紫垣이고 한군漢軍 양황기鑲黃旗 사람이다. 근보의 황하 치수에 대한 생각은 전체적인 문제에서 출발했으며 시공施工에 중점을 두었다. 그는 우선 청강포淸江浦 이하, 운제관雲梯關에서 항구 일대의 하상의 흙을 퍼내고 더하여 양쪽에 제방을 쌓도록 했다. 제방은 물을 막아놓고 모래를 긁어내는 속수쇄사법束水刷沙法으로 하류를 정리하여 황하와 회수를 바다로 끌어들이도록 하는 방법이다. 두 번째는 축토어수법築土禦水法으로 황하와 회수의 뚫어진 곳을 막는 것이다. 세 번째는 청구淸口까지 준설하는 것으로 회하의 물을 청구까지 곧바로 흐르도록 하여 모래가 황하와 회합하도록 하는 것이다. 네 번째는 제방을 높이 쌓아서 맹렬한 물흐름을 완화하는 것이다. 이밖에도 그는 또 전지세田地稅 등을 미리 징수하여 보상할 것, 쓸데없는 관원을 줄일 것, 직분을 명확히 정할 것, 징벌을 엄중히 실시할 것 등을 상주했다. 이 이후 10여 년간 그는 민간의 귀중한 경험

맑은 황하 상류

황하는 중국에서 두 번째의 큰 강으로 그 길이는 장장 5,464km다. 황하의 구불구불함은 화하華夏 문명 발전의 험난한 여정을 상징하고 있다. 그 근원지인 청해성 파안객랍巴顔喀拉 산의 북쪽 기슭에서 내몽골의 탁극탁托克托까지가 황하의 상류다. 황하 상류가 흐르는 고산 초원지대의 황하물은 아주 맑다.

1681년
강희의 삼번 평정

오삼계의 반란병은 초기에는 군사적으로 우위를 점했으나 승리의 기세로 전진하지 못하고 오히려 태만하게 기회를 놓치게 되어 청 정부군에게 반격할 기회를 주었다. 강희제의 지휘하에 도해圖海 · 뇌탑賴塔 · 걸서杰書 · 악락岳樂 · 조량동趙良棟 · 채육영蔡毓榮 등 만주족과 한족 장수들은 40여만의 관병을 통솔하여 용감하게 싸우고 계속하여 적군을 연속 격파하면서 잃어버린 땅을 수복하였다. 강희 15년(1676) 10월에 경정충耿精忠은 부하들을 거느리고 투항하였고 16년 4월에 상지신尚之信도 항복하였다. 강희 17년 8월에 황제를 칭한 지 반년 만에 오삼계가 병으로 죽으니 강희 19년 정월에 운남과 귀주를 제외한 사천 · 섬서 · 호남 · 강서 · 광동 · 광서 · 복건 · 절강은 이미 전부 평정되었다. 강희제는 패자貝子 장태彰泰를 정원평구대장군定遠平寇大將軍에, 뇌탑을 정남대장군征南大將軍에, 조량동을 용략장군勇略將軍 겸 운귀총독雲貴總督에 임명했다. 그리고 이들에게 만한滿漢대군 40여만을 각 3로로 나누어 주어 귀주, 광서, 촉을 거쳐 곧바로 곤명성으로 쳐들어가도록 했다. 청 군대의 맹공으로 강희 20년(1681) 11월에 성을 빼앗으니 오삼계가 발동한 '삼번의 난'은 이로써 철저히 평정되었다. 이리하여 운남 · 귀주 · 복건 · 광동의 심각하게 할거 분열되었던 국면이 종결되었다.

1684년
시랑의 대만 평정

강희 22년(1683) 5월에 강희제는 복건 수군제독 시랑施琅에게 팽호澎湖를 취하도록 재촉했다. 6월 11일에 시랑은 동산銅山에서 수행할 여러 장수들을 징집했다. 14일에 시랑은 2만여 명의 수군과 3백여 척의 전함을 이끌고 팽호를 향해 진군했다. 22일에 청 군대와 정성공 군대는 한바탕 격렬한 전투를 벌였다. 하루 동안 악전고투 끝에 팽호 열도를 공격했다. 유국헌劉國軒은 패하여 겨우 31척의 전함만을 거느리고 대만으로 돌아갔다. 정극상鄭克塽은 대세가 이미 기운 것을 보고 청 나라에 항복하기로 결정했다. 7월 27일에 정극상은 관원을 시랑의 군진으로 파견하여 연평왕책인延平王册印 · 초토대장군인招討大將軍印 및 공후백장

군독인公侯伯將軍督印을 반납하였다. 8월 18일, 정극상이 문무관원을 이끌고 변발을 하고는 무릎을 꿇고 앉아 군중들 앞에서 사면하고 안무한다는 조령을 들었다. 강희 23년(1684)에 강희제는 정극상에게 북경으로 오라고 명령하여 팔기에 편입시켰다. 이로써 청 정부는 명나라의 역법을 받들고 청나라에 항거하며 마지막까지 남아있던 세력을 소멸시켰다. 강희 23년 4월 14일에 강희제는 시랑의 상주문을 채택하기로 결정하고 대만에 1부府 3현縣을 설치하니 즉 대만부(부는 지금의 대남시에 설치했음)와 대만·봉산鳳山(지금의 고웅高雄)·제라諸羅(지금의 가의嘉義) 3현이다. 이렇게 되어 대만은 청 정부의 관리와 보호 하에 놓이게 되었다.

청·주세페 카스틸리오네
(giuseppe castiglione)*가 그린 《백준도百駿圖》
* 이탈리아 선교사로 중국어 이름은 낭세녕郎世寧 - 역주

홍승의 《장생전》

홍승洪昇(1645~1704)의 자는 방사昉思, 호는 패휴稗畦고 절강 전당(지금의 항주)사람으로 청대의 유명한 희곡작가다. 그는 대대로 문인 벼슬집안의 가정에서 태어났으며 어렸을 때 재주로 이름이 났지만 벼슬길에는 나가지 않았다. 홍승의 희곡창작 성과는 아주 대단하며 현재 알려진 작품으로는 9종이 있다. 그를 유명하게 만든 대표작은 《장생전長生殿》이다. 홍승은 이 희곡집에서 감동적인 사랑 이야기와 심각한 사회모순을 유기적으로 폭넓게 결합하여 당시 사회와 정치에 대한 묘사를 전개하였다. 독자들에게 봉건제왕과 왕비들의 "사치심이 극에 달하고 인간의 욕심이 끝이 없어" 조정의 기강이 문란해지고 번진들이 반란하는 국면을 조성하여 그들 자신이 애정비극을 초래하게 되었음을 보도록 하였다. 물결과 구름처럼 변화무쌍한 거대한 사회가 역사적 화면 속에서 한 왕조의 성쇠를 들춰내고 있다. 《장생전》은 이리하여 같은 종류의 제재 가운데서 성취가 가장 높고 영향이 큰 희곡작품이 되었다. 《장생전》은 명대 전기 창작 속의 현실주의 전통을 계승한 기초 위에 부분적으로는 《모란정》 등 희곡 낭만주의 수법을 흡수하여 사상과 예술적인 면에서는 청대 희곡창작의 최고수준에 도달하였다. 당시 공상임孔尙任이 창작한 《도화선桃花扇》과 함께 중국 고전희곡의 쌍벽으로 불리며 문학사에서 중요한 지위를 차지하게 되었다.

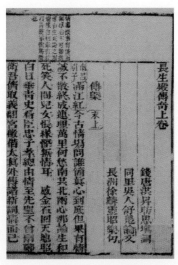

청·강희 각본 《장생전》

세정소설의 성행

청대 전기에는 명대의 《금병매》와 같은 문인 독창소설 전통을 계승하여 세정소설世情小說이 양대 지류로 나타났다. 재자가인才子佳人 소설과 혼인가정생활을 제재로 한 소설은 모두 이전에 없던 성행을 하면서 적지 않은 유명한 작품이 출현했다. 재자가인 소설은 문인과 미녀의 연애 이야기를 묘사한 것으로 《옥교리玉嬌梨》·《평산냉연平山冷燕》·《호구전好逑傳》·《정정인定情人》이 대표작품이다. 혼인가정생활을 제재로 한 소설은 직접적으로 《금병매》의 풍격을 계승하여 전문적으로 시정市井의 평범한 일과 가정의 잡다한 일을 썼다. 대표작으로는 《성세인연전醒世姻緣傳》과 《기로등歧路燈》이 있다. 세정소설이 청대 전기에 발전한 것은 소설가의 심미적 취미가 역사 이야기와 신마神魔세계로부터 더욱더 현실사회로 전향했음을 의미한다. 하지만 작가들의 사상이 제한되었기 때문에 이런 소설은 비록 예술사에서 각각 자신의 독특한 장점을 갖고 있고 어느 방면에서는 진보의의를 구비하고 있지만 총체적으로 보자면 더욱 높은 예술적 경지에는 도달하지 못하고 있다. 건륭 연간에 이르러 《홍루몽》이 출현하여 기이한 봉우리로 우뚝 솟게 되어 중국 고전소설의 최고봉이 되었다.

운람유雲藍釉 옥호춘병玉壺春瓶

1685년
청나라의 야크사 수복

강희 24년(1685) 정월, 강희제는 군대를 파병하여 러시아가 장기 독점하고 있던 야크사성*을 수복하기로 결정했다. 야크사는 네르친스크** 방향과 야쿠츠쿠*** 방향에서 흑룡강 지역으로 진입하는 수륙 요충지로서 러시아 군의 중요한 거점지역이었다. 6월 22일에 청 군대가 야크사성 아래까지 도착한 후 강희제는 러시아 측에 야크사에서 철수하기를 요청하고 도망범들을 돌려보내고 야쿠(지금의 야쿠츠쿠)를 중국과 러시아의 국경으로 하자고 했지만 러시아 측에서는 이를 거절했다. 24일에 러시아의 원군이 급히 도착하니 청 군대는 '신위무적대장군' 포를 군진의 앞에 놓고 성을 공격할 준비를 했다. 25일 이른 아침에 청 군대가 야크사성 공격을 시작하니, 코사크군의 세력은 결국 패하고 말았다. 이날 밤 청군은 수륙 양공으로 진입하여 하루 밤낮을 격렬한 전투를 벌였고, 러시아 군대는 끝내 무참히 패하여 하는 수 없이 성에서 나와 항복했다. 또한 다시는 야크사성에 돌아오지

않겠다고 맹세를 하니 도통都統 팽춘彭春과 흑룡강장군 살포소薩布素는 강희제의 어지에 따라서 탁이포진托爾布津 및 그이 부차아 여성, 아동들은 저를 면해주고 전부 러시아로 돌려보냈다. 또한 포로로 잡혀온 청나라 변경지역의 백성들을 풀어주었다. 이렇게 하여 만주족·한족·몽골족·달알이達斡爾 등의 백성으로 조직된 청나라 군대는 변경의 각 소수민족들의 지지 하에 러시아가 침략해 20여 년간 점거하고 있던 야크사성을 수복할 수 있었다.

* 중국명은 雅克薩城 – 역주
** 중국명은 尼布楚 – 역주
*** 중국명은 雅庫次克 – 역주

살포소薩布素
청대의 유명한 장군으로 처음에는 흑룡강 장군에 임명되었으며 야크사의 전투 중 청나라 군대의 중요한 지휘관이었다. 또한 준가르 평정 전투에 참여하였고 전공 역시 탁월하다.

부산의 '사녕사무'

부산傳山(1607~1684)의 자는 청죽青竹인데 후에 청주青主로 바꾸었다. 호는 진산眞山·식도인石道人·송교노인松僑老人이고 양곡陽曲(지금의 산서성 태원) 사람이다. 명나라가 멸망한 후에 양곡의 산중에 은거하면서 힘들게 의학을 공부하고 금석서화를 연구했다. 강희 17년(1678)에 강제로 박학홍사과博學鴻詞科에 차출되었지만 부산은 죽음을 무릅쓰고 거부하였고 결국에는 다행히 면제가 되었다. 부산은 글을 잘 쓰고 그림도 잘 그렸으며 그림은 대부분 산수화로 풍격은 고절하고 특이하다. 서예에도 정통하여 전서·예서·해서·행서·초서 모두 잘 썼지만 특히 초서에 뛰어났다. 그는 글자를 연습하는 중에 글자를 쓰기 전에 먼저 사람으로의 도리를 배워야 함을 각성하고 유명한 '사녕사무四寧四毋'를 주장했다. 즉 "글자는 고졸할지언정 기교가 없어야 하며, 차라리 추할지언정 아첨하지 말아야 하며, 차라리 지리할지언정 가볍게 미끄러지지 말아야 하며, 차라리 진솔할지언정 안배해서는 안 된다"고 하였는데 그의 서법 미학관점을 잘 나타내고 있다. '사녕사무'는 후대인들이 글을 배울 때 기본 준칙이 되었다.

부산의 글씨·단풍각기丹楓閣記(일부)

야크사 전투를 그린 유화

'신위무적대장군神威無敵大將軍' 포
1676년에 주조되었고 동 재질이며 야크사의 전투 중 큰 위력을 발휘했다.

1686년
광주에 개설한 13행

강희 24년(1685), 청 정부는 광동에 세관을 설치하여 대외통상을 하고 전문적으로 외교무역을 경영하는 상사商事를 설치했다. 국내의 상업세와 세관 무역화물세를 구분하기 위하여 양광 총독兩廣總督 오흥조吳興祚·광동순무 廣東巡撫 이사정李士禎과 광동 세관감독 의이격도宜爾格圖는 함께 공동으로 논의하여 본 성의 땅에 내려놓는 내륙교역의 모든 화물에 주세住稅를 매겨 세과사稅課司에서 징수하기로 했다. 외국에서 들여온 화물 및 출항한 무역화물은 행세行稅를 매겨 광동 세관에서 징수하기로 했다. 이에 상응하는 두 종류 상사인 금사행金絲行과 양화행洋貨行을 건립하기로 하고 나누어 무역세를 경영하기로 했다. 강희 25년(1686) 4월에 청 정부는 광주에 양행을 처음으로 세우고 13행行이라 하였다. 13행은 관에서 설립한 대외무역 특허상으로 "외국에서 들여온 물건 및 출항 무역화물"을 경영하여 세관에 수출입 선박의 각 항목의 세금 대납을 부담하였다. 또한 관부를 대신하여 외국 상사를 관리하고 외교사무를 집행하여 청대의 중요한 상인 자본집단을 형성했다. 양화 13행은 대외무역의 전문 양행과 대외무역세금의 전문관리상으로 광주 양행제도로서 정식으로 형성되었다.

청 전기의 13행

공현龔賢의 〈목엽단황도木葉丹黃圖〉축

금릉팔가의 흥기

금릉팔가金陵八家는 공현龔賢·번기樊圻·오굉吳宏·섭흔葉欣·고잠高岑·추철鄒喆·호조胡慥·사손謝蓀 여덟 명을 말한다. 이들은 모두 명말청초의 난세에 생활한 사람들로서 은둔의 태도를 취하고 산림에 탐닉하면서 서화에 뜻을 기탁하였기 때문에 당시 사람들은 이들을 '고사高士'라고 불렀다. 금릉팔가들은 서로 간에 교유하면서 술을 마시고 밀접한 관계를 유지했다. 비록 팔가의 회화에서 스승관계, 풍격, 정서는 서로 다른 것을 추구했지만 그들은 모두 그림으로 자신의 뜻을 기탁하고 산천을 빌어서 개인의 감정을 표출했다. 작품의 제재는 대부분 남경 일대의 실경을 위주로 하였으며 예술 풍격은 서로 간에 영향을 주었다. 그러므로 작품은 어느 면에서는 일치하는 지역적 특징을 갖고 있다. 금릉팔가 중에서 공현(1618~1689)의 영향이 가장 크다. 그는 또 기현豈賢이라는 이름을 썼고 자는 반천半千, 호는 야유野遺·반전半田·시장인柴丈人 등을 썼다. 원적은 강소성 곤산이고 후에 남경으로 이주하였다. 그의 창작은 "밖에서는 조화를 모범으로 삼고, 안에서는 마음의 근원을 얻는다"는 현실주의 방법을 견지하여 옛사람들의 필묵기법을 융합하고 관통하여 자신의 풍격을 형성했다. 그의 글씨는 독특한 특색이 있는데 동원董源·미불米芾·오진吳鎭·심주沈周의 수법을 하나로 융합하여 영향력이 큰 '적묵법積墨法'을 창조하여 교묘하게 먹색을 억제하여 층차에 변화를 주었다.

사손謝蓀의 산수도 부채

1689년
중국과 러시아의
〈네르친스크조약〉 협정

강희 28년(1689) 7월 24일에 여러 차례 협상을 거친 후, 중국 측에서 중요한 양보를 한 정황 하에서 중국과 러시아 쌍방은 14일간의 담판을 통해 정식으로 〈네르친스크조약〉을 체결하였다. 조약은 명확하게 다음과 같은 규정을 했다. "중국과 러시아 양국은 외흥안령에서 바다까지, 격이필제하格爾必齊河와 액이고랍하額爾古納河를 국경으로 한다." 이는 법률적으로 흑룡강과 우수리강 유역의 광대한 토지를 중국 영토로 확정한 것이다. 조약 규정을 체결한 날로부터 양국의 모든 변경에서의 분쟁이 폐지되고 양국은 영원히 우호적으로 서로를 대한다고 하였다. 조약문은 라틴어로 하였고 양국 사신들이 쌍방의 사인과 도장이 찍힌 만주어 · 러시아어 · 라틴어로 작성된 문서를 서로 교환하였다. 조약은 또한 한자 · 러시아어 · 라틴어의 여러 문자로 돌에 새기고 양국의 변경지역에 세움으로써 영원한 경계비를 세웠다. 〈네르친스크조약〉은 쌍방평등의 기초에서 중국측이 중요한 양보를 한 정황 하에 체결한 평등조약으로 중국과 러시아 양국의 관계 정상화에 기초를 마련해주었다.

1690년
오란포통의 전쟁

강희 29년(1690), 몽골 준가르 부족의 갈단[噶爾丹]이 야심만만하게 객이객喀爾喀 몽골을 침략하고 청 정부를 향해 그 창끝을 겨누었다. 강희제는 친정을 결정했다. 7월 29일에 갈단이 거느린 강력한 기병 2만 명의 긴 대열이 곧장 진입하여 오란포통烏蘭布通(지금의 내몽골 극십극등기 안)에 주둔하였다. 오란포통은 북경과의 거리가 겨우 7백 리 밖에 안 되어 북경은 경비가 삼엄했다. 무원대장군撫遠大將軍 유친왕裕親王 복전福全 역시 이날 청 군대를 이끌고 이곳에 도착하여 군영 40곳을 설치하니 군영이 60리나 되었다. 화력무기를 전진배치하고 멀리서부터 갈단 중심지를 향해 공격했다. 8월 2일 새벽에 청 군대는 좌우 양익兩

제정러시아 정부가 청 정부에 보낸 도서 및
만주어 · 러시아어의 〈네르친스크조약〉

翼으로 나누어 녹각창포鹿角槍炮를 설치하고 서서히 전진해갔다. 우익내의 대신 동국강佟國綱은 군대를 지휘하면서 적군으로 돌진하여 산 아래까지 진격했다. 갈단 군대는 강을 격하여 청군을 막았다. 동국강은 단기필마로 앞장서 적진을 향해 돌진하다가 불행히도 적탄에 맞아 죽었다. 이때 청군 역시 갈단 군이 건축한 '타성駝城'을 공격하여 훼손시켰다. 좌익내의 대신 동국유佟國維가 병사를 거느리고 갈단 진영을 공격하여 격파했다. 갈단은 대세가 이미 기운 것을 보고는 잔여 부대를 이끌고 도주했다. 15일에 제륭濟隆 등이 갈단을 데리고 와서 접견하고 두 번 다시는 객이객을 침범하지 않겠다고 맹세했다. 이리하여 갈단의 첫 번째 침략은 평정되었다.

전공이 탁월하여 위엄을 떨친 팔기八旗 무사

오란포통 전쟁의 유적지

청대의 강남 직조와 자수

금릉·소주·항주는 청대 강남의 3대 직조 생산지로, 각종 직조기술이 이미 완벽하여 수자직繻子織* 구조의 직물을 생산했으며 직물의 3원조직(평직·사직·수자직)이 마지막으로 형성되었다. 직조기계의 명목도 복잡해져서 방직은 대규모 기계 생산 시대로 진입하는 기초를 마련했다. 강남 직물은 실용옷감 이외에도 역시 아름다운 공예품이 많았다. 운금雲錦**·벨벳·무늬비단·금실을 넣은 비단 등 각종 직물이 매우 화려하고 많았으며 기술도 정밀하고 깊이가 있어 청대 강남 직조는 궁정복식의 중요한 생산지가 되었다. 방직공예사상 역시 중요한 지위를 점하게 되었다. 자수는 몇몇 도시의 민간에서 상품성이 있는 자수가 출현하였다. 청대 소주 자수는 촉자수, 광동자수, 호남자수[湘繡]와 함께 이름을 날렸으며 '4대명수四大名繡'로 불린다. 소주자수의 특징은 바늘을 붓 대신 사용하는 법을 연구하여 바느질 법의 효과가 특별하다. 자수공들은 바늘을 노출시키지 않고 세밀하게 실의 흐름을 원활히 자유자재로 하여 수놓은 면이 안정적이며 자수 중의 보물이다.

* 날줄은 적고 씨줄은 많게 하여 옷감을 짜는 방법으로 이렇게 짠 옷감은 두껍고 윤이 나며 표면이 매끄러움 - 역주

** 색채가 아름답고 구름무늬를 수놓은 중국의 고급 비단 - 역주

백자영희百子嬰戱
자수 벽걸이

'제독구문'의 형성

강희 30년(1691) 2월 1일에 강희제는 대학사 등에게 유시하였다. 유시 내용은 다음과 같다. 북경은 중요한 지역으로 백성들이 장사를 하러 사방에서 운집한다. 북경 안팎의 통괄에는 반드시 책임을 져야한다. 도둑을 없애야만 상인과 일반 백성이 안녕을 얻을 수 있다. 지금 성내 지역은 보군통령步軍統領 관할에 속해 있고, 성밖은 비록 순포삼영巡捕三營에 속해있지만 또한 병부독포兵部督捕의 아문 관할에도 속해 있다. 성 안팎의 책임이 각기 다르므로 서로 간에 통하지 않고는 절도사건이 있어도 체포하고 조사하기가 어렵다. 차라리 북경 내외를 하나의 순찰 체계로 하여 책임을 전적으로 하여 도둑을 제거하고 백성에게 편리하도록 하라고 명령했다. 17일 구경九卿 등이 어지를 받들어 상의하여 보군통령·순포삼영·독포督捕·도찰원 및 오성소관사의五城所管事宜 등 아홉 종류의 상관기구를 모두 보군통령에 주어 관리하도록 결정했다. 동시에 '제독구문보군순포삼영통령提督九門步軍巡捕三營統領'이라는 인신印信으로 바꾸어 주었다. 이때부터 '제독구문'이란 명칭이 있게 되고 수도의 치안 역시 기구가 간소화되었고 전문적으로 책임지게 되어 크게 개선이 되었다.

1693년
공묘의 중수

강희 32년(1693) 10월 6일에 공묘孔廟(공자사당)의 중수가 완성되자 강희제는 왕자 윤지允祉와 윤진胤禛을 보내 제사를 드리도록 했다. 일찍이 강희 23년(1684)에 강희제가 동쪽을 순시할 때 곡부曲阜에 가서 공자 제사를 지낸 적이 있는데 공묘가 오래되어 수리를 못해 서까래가 점점 무너져 내리는 것을 보았다. 이에 내탕금을 사용하기로 결정하고 사람을 파견해 보수공사를 주재하도록 했다. 보수공사는 강희 30년(1691) 여름에 시작되어 강희 31년(1692) 가을에 기본적으로 완성되었다. 중수 후의 공묘 평면은 장방형으로 총 면적은 327무에 주위에는 높은 담을 둘렀고, 모퉁이마다 성루를 배치하였다. 구진원락九進院落*으로 전당의 누각이 460여 칸, 문방門坊 54개, 2천여 개의 돌비석이 있다. 주된 건물은 대성전大成殿으로 "고대 성현을 집대성했다"는 의미를 취하였다. 대성전의 높이는 24.8미터, 가로의 너비는 45.7미터, 세로의 너비는 24.89미터로 겹처마 아홉 용마루에 두공斗拱이 교차하며 금빛이 휘황찬란하다. 대성전 안에는 공자와 그 제자, 유가의 역대 선현의 조각상을 봉양하고 있다. 이 중수 공사를 기념하기 위하여 공묘 안에 〈어제중수궐리공자묘비御製重修闕里孔子廟碑〉를 세웠다.

* 대문을 아홉 번 들어가는데 대문과 대문 사이에 커다란 정원과 건물들이 있음 – 역주

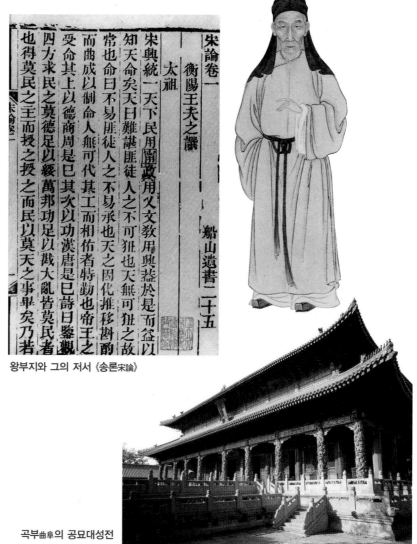

왕부지의 유물주의 사상

왕부지王夫之(1619~1692)의 자는 이농而農, 호는 강재薑齋, 호남 형양衡陽 사람이다. 만년에 형양의 석선산石船山 기슭에 은거하였기 때문에 사람들은 그를 선산선생船山先生이라고 불렀다. 그는 선비집안에서 태어났다. 명청의 교체 시기에 힘껏 투쟁에 몸을 던졌으나 실패 후에 4년간 호남의 거친 들과 산을 유랑했다. 이곳저곳을 전전하다가 순치 14년(1657)에 비로소 형양으로 돌아와 석선산에 은거하면서 저술 활동을 하며 자신의 학설을 세웠다. 왕부지는 극도로 어려운 조건 하에서 강렬한 역사 책임감으로 학술연구를 견지하고 끊임없이 저술활동을 했다. 그 저작의 내용은 풍부하여 정치·경제·철학·사학·문학·훈고학·천문학 등의 방면까지 폭넓게 언급했는데 지금까지 전해오거나 목록이 있는 것은 100여 종 398권에 달한다. 왕부지의 철학사상은 고대 유물주의 사상의 집대성으로 중국의 소박한 유물변증법의 이론형태를 최고봉으로 발전시켰다. 또한 명청 교체시기에 실학의 절정을 위하여 견실한 철학기초를 마련해주었다. 그는 중국의 소박한 유물변증법 사상을 자신의 철학기초로 하여 송명이학과 불교·도교의 일련의 사상을 철저하게 비판하고 공격하여 중국 고대사상사의 또 다른 정점을 이루었다.

왕부지와 그의 저서 《송론宋論》

곡부曲阜의 공묘대성전
孔廟大成殿

1696년
소막다 대첩

시킨 일은 청 정부가 갈단 반란을 평정할 수 있었던 결정적 전투였다.

강희 29년(1690), 강희제가 친히 제1차 갈단 정벌에 나섰는데 오란포통에서 싸워 이겼다. 강희 34년(1695) 가을, 갈단이 재차 기병 3만여 명을 이끌고 동쪽을 약탈하며 파안마란산巴顔馬蘭山까지 침입해 왔다. 강희 35년(1696) 봄, 강희제가 제2차 친정 조서를 내리고 10만 대군을 소집하여 동·서·중中 삼로로 나누어 진격했다. 동로는 흑룡강 장군 살포소가 동북의 병사를 인솔하여 극로륜하克魯倫河를 따라 진군하여 적의 정면을 공격했다. 서로는 무원대장군 비양고費揚古·진무장군 손사극孫思克이 섬서와 감숙의 병사들을 인솔하여 영하에서 출발하여 토랍土拉으로 진군하여 적의 귀로를 차단했다. 강희제는 친히 금위대를 이끌고 중로로 독석구獨石口에서 북진하였다. 5월에 중로 대군은 한해瀚海를 건너 먼저 극로륜하에 도달하였으며 적과 남북으로 대치했다. 강희제는 친히 제진도制陣圖를 그리면서 적을 격퇴할 방책을 제시했다. 갈단은 황제가 친정을 나왔다는 것을 알고는 밤을 이용해 주둔지를 이동하여 도망갔다. 강희제는 선봉대를 이끌고 맹렬하게 3일간을 추격하여 타락산拖諾山까지 도달했다. 갈단은 소막다昭莫多(지금의 울란바토르 동남쪽)까지 도망갔으나 서로 대군에게 막혀버렸다. 청 군대는 한바탕 전투를 치르고 승리하였고 갈단은 겨우 몇십 명의 기병만을 데리고 도망갔다. 소막다의 전투에서 갈단의 정예병을 전멸

흰 바탕에 홍유리 운룡문병

청대의 유리그릇으로 흰색 유리를 바탕으로 하고 몸체는 둥글며 나팔모양의 입에 가는 목, 낮은 굽, 평평한 바닥이다. 바탕의 바깥 문양장식은 자홍색 유리고 병 입구 장식은 현문양이 한 바퀴 둘러져 있다. 목 부분 장식은 파초잎 문양에 어깨부분 장식은 넝쿨풀과 여의운如意雲 문양이다. 배부분은 운룡이 구슬을 갖고 노는 도안이고 바로 아래에는 연꽃잎 문양으로 장식되어 있다. 병바닥에는 '대청건륭년제'라고 여섯 글자가 새겨져 있다. 이 병은 청 내무부 양심전養心殿 조판처 유리공장에서 구운 것으로 문양이 번잡하고 바탕체는 둔중하다. 건륭시기 원료를 배합한 유리제품 가운데서 비교적 큰 작품의 하나다.

《북정독운도책》 일부

《북정독운도책北征督運圖冊》은 청 강희제가 준가르 반란을 평정할 때 서로西路 대군의 군량독운관 범승렬范承烈이 지나온 과정을 그린 것이다. 원래 그림은 24쪽이었지만 지금은 19쪽만 남아 있다. 모든 페이지의 반은 세밀화로 그리고 채색을 하였고, 반은 범승렬이 스스로 그림 내용을 개괄적으로 적고 있다. 그림 속에는 그가 지나온 도시, 역참, 산천과 호수, 사막, 도로 이정표, 각 민족의 관병, 농부, 거마 등이 상세하고도 생동적으로 묘사되어 있다. 한 편의 형상화된 역사문헌이라고 말할 수 있다.

북경의 사합원

청대에는 민가 건축이 매우 발전하여 다양한 거주방식이 출현했다. 건축물의 형태와 구조에 따라 정원식, 동굴식, 울타리식 등 모두 일곱 가지의 민간 건축양식이 있다. 정원식 민가는 여러 개의 작은 방으로 구성된 독채 건물을 기본 단위로 하여 건물을 빙빙 도는 형태로 배치하고 각종 형식의 뜰로 구성되어 있다. 합원合院은 정원식 민가의 일종으로 북경 사합원은 합원식 거주형태의 전형적인 예다. 북경 사합원은 삼중 대문과 정원으로 구성된 삼진원락三進院落으로 남북을 축으로 하여 사랑방, 수화문垂花門, 본청, 본채, 노인이나 어린이 거주방 등이 있다. 각 대문에 들어설 때마다 동쪽과 서쪽으로 곁채의 역할을 하는 동상東廂과 서상西廂이 있다. 본청의 양측에는 골방이 있다. 정원을 둘러싼 사방에는 회랑이 있고 남동쪽 구석에 대문이 있다. 사합원 안에 있는 각 방들은 모두 각각의 고정된 용도가 있다. 방은 나이, 성별, 신분 등에 따라 나누는데, 예를 들어 본채는 가장이나 집안의 어른이 사용하고, 아들이나 조카뻘은 곁채인 상방廂房을 사용하는 식이다. 이를 통해 북경의 사합원은 종법성宗法性이 강한 폐쇄적 주거양식임을 알 수 있다. 북경의 사합원은 청대에 가장 번성했으며 그 당시와 후대의 민가 주거 건축에 큰 영향을 미친 중국 특색의 건축양식이다.

화기를 제조한 대재

대재戴梓의 자는 문개文開고 절강성 인화仁和(지금의 항주시) 사람으로 명말에 태어나니 강희 연간에 사망했다. 그는 박학다식하고 천문·역법·수로水路·시화·사적史籍 등에 통달하였으며 기계와 병기 제조에 특히 정통했다. 강희제가 삼번의 난을 평정할 때 그는 강친왕康親王 걸서杰書에게 초빙되어 종군했다. 이때부터 그는 자신의 탁월한 재능을 십분 발휘하여 일련의 선진적인 기계와 병기들을 창조하고 모방하여 제조했다. 구식 화총은 점화가 느리고 습기가 쉽게 차서 사용하기에 불편한 결점이 있었다. 대재는 구식화기의 이점과 병폐를 총결한 후에 일종의 '연주총連珠銃'을 만들어내었다. 이 총의 모양은 비파 형태로 연속 28개의 총탄을 발사할 수 있어 군사 전투력을 대대적으로 제고하였다. 후에 대재는 또 강희제의 명을 받들어 일종의 '충천포冲天炮'를 만들었는데 '자모포子母炮'라고도 한다. 길이는 2척 1촌, 무게는 약 3백 근이고 탄도는 구불구불하다. 이 포의 포탄 크기는 오이만 하며 살상력이 몹시 강해 갈단 반란을 평정하는 중에 이 화포가 커다란 역할을 발휘했다. 대재가 제조한 수많은 병기는 후에 모두 《흠정공부즉열조화기식欽定工部則例造火器式》에 채택되어 공부에서 이 양식에 따라 제조하는 모델이 되었고 전국에서 통용되었다. 대재는 이리하여 사람들에게 화기전문가로 칭해졌다.

사합원의 화려한
수화문垂花門

전형적인 사합원

청·11개의 금산계金山雞를 상감한
쌍통화창雙筒火槍

문돈門墩
사합원 문 입구에 있는 문돈은 특별한 특색을 갖고 있다. 이는 고급 무관이 사용하던 북을 감싸 안고 있는 사자 문돈이다.

강희 32년(1693), 북경에 그리스 정교 교당이 정식으로 건립되었다. 〈중·러 네르친스크조약〉이 체결된 후에 제정러시아는 그리스 정교회를 통하여 중국에 새로운 거점을 세우고자 힘껏 시도했다. 이제스[중국어로 義傑斯]* 사신단은 표도르 1세의 칙령을 받들어 러시아 상인들을 위한 교회당을 건설할 것을 요구했으나 청 정부는 이를 엄중히 거절했다. 당시에 북경에는 이미 몇몇의 러시아 그리스 정교의 신도들이 있었는데 그들은 중국과 러시아의 야크사 전투(1685~1687) 전후로 청 군대의 포로가 되었거나 자발적으로 청나라에 투항한 사람들로 대략 1백 명 정도 있었다. 강희 32년, 이들은 강희 황제가 그들에게 하사한 사당을 멋대로 그리스 정교 교회로 바꾸고 신부 마·앙리체브가 교회를 맡도록 했다. 그들은 청 정부의 우대를 이용하여 러시아인의 중국 국적 아내와 그 친척들까지 신도로 확보하였다. 제정러시아 정부는 이 사실을 알고 이를 몹시 중시하고는 볼스크 주교에게 마·앙리체브에게 교회증서를 발급하도록 하여 그의 작은 교당을 정식으로 성 니콜라이교회로 명명하였다. 중국인들은 이를 '나찰묘羅刹廟'라고 부른다. 후에 러시아 북관北館으로 불렸는데 이는 제정러시아가 북경에 건립한 첫 번째의 그리스 정교 교회다.

* 러시아 이름은 확인할 수 없음 – 역주

안원

1696년
안원의 장남서원

강희 35년(1696)에 유명한 학자 안원顔元이 장남서원漳南書院을 주관하기 시작하였다. 안원은 23세 후에 사학을 열고 제자들을 가르치기 시작했다. 이와 동시에 전심전력으로 부지런히 학문을 하며 피곤한 줄을 몰랐다. 이리하여 마침내 청대 전기의 유명한 계몽사상가이자 교육가가 되었다. 안원은 소박한 유물주의자이자 공리주의자다. 그는 학습과 실천을 주장하고 학이치용學以致用을 제안했다. 이러한 사상은 자연히 그의 교육실천에서 나타났다. 안원이 장남서원을 주관할 때는 이미 62세였다. 그는 대담하게 구식 교육제도에 대해 개혁을 실행하여 서원 안에 문사과를 설치하고 예·악樂·서書·수數·천문·지리 등을 가르쳤다. 무비과武備課에서는 병법·공수攻守·영진營陣·수륙전 및 활쏘기·말몰기·타격 등을 가르쳤다. 경사과經史課는 13경十三經·역사·고제誥制·장주章奏·시문 등으로 나누었고, 예능과는 수학·화학·공학·상수象數 등으로 나누고 팔고문을 제외시키고 학생들이 부국강병의 본질을 배우도록 하였다. 동시에 그는 교육과 실천의 결합을 중시하여 문닫아 걸고 글이나 읽으며 조용히 수양하는 것을 반대했다. 안원이 제창한 교육내용과 방법은 당시 모두 창의적인 의미를 갖고 있었다. 장남서원의 제도 개혁은 안원의 일생에서 중요한 의미를 지니고 있다.

1697년
갈단의 패망

강희 29년(1690)과 35년(1696) 두 차례, 강희제가 친히 갈단을 정복한 후 큰 타격을 받은 갈단은 이미 절망적인 상태였으나, 죽음을 무릅쓰고 발버둥쳤다. 이리하여 강희 36년(1697) 2월에 강희제는 다시 한 번 군사를 이끌고 서쪽으로 황하를 건너 영하寧夏로 진격하며 친히 갈단 정복에 나섰다. 강희제는 친히 군사 업무를 배치하고 마사합馬思哈·비양고費揚古에게 하란산賀蘭山으로 나가게 하고, 살포소에게는 극로륜하를 건너 양쪽에서 공격하도록 명령했다. 당시 갈단의 도리에 어긋나는 행동과 잔혹한 약탈은 이미 여러 부족의 반감을 사고 있었다. 갈단의 부하들 역시 와해되고 붕괴되어 청 정부에 투항하고는 자진하여 길잡이를 자청하고 청나라 군대를 데리고 직진 깊숙이 들어가 반란을 평정했다. 갈단의 조카는 청 정부의 진격에 발맞추어 아이태산阿爾泰山에 매복해 있다가 갈단을 사로잡아 청나라에 헌상하여 공을 세우려고 준비하였다. 윤 3월 9일에 강희제는 손사극孫思克과 이임륭李林隆에게 각각 2천의 정예병을 거느리고 갈단을 수색하도록 명령했다. 13일에 갈단은 절망 속에서 독약을 마시고 자살했다. 4월 7일에 강희제는 군대를 거느리고 서울로 돌아왔는데 도중에서 〈개선언회凱旋言懷〉라는 시를 지었다.

"6년간 그치지 않으니 / 세 번이나 친히 정벌을 나갔네 / 변경의 어지러움이 이제서 조용해지니 / 봉화대에는 이제 연기가 오르지 않네"라고 읊었다.

이 몇 구절은 확실히 자신이 세 차례 친히 갈단을 정복한 총결산을 읊은 것이라고 할 수 있다. 갈단 반란을 평정한 후 청 정부는 객이객의 각 부족들에게 본래 그들이 갖고 있던 목장을 반환해 주어 편안히 지내도록 하니 몽골 고원은 안정을 회복하였다.

청·운수평惲壽平의 〈화훼책〉

청대·침구동인針灸銅人

의학지식을 보급한 왕앙

청나라 전기에는 중국의약 발전이 대중화되었으며 실용검약을 추구했다. 왕앙汪昻은 바로 이 시기에 영향력이 컸던 의학 전파의 대가였다. 왕앙(1615~1695?)은 30세 이후에 전심으로 의학을 공부하였고 일생동안 의약학의 보급에 심취했다. 강희 33년(1694)에 그는 일반 군중에게 본초지식을 보급할 목적으로 《본초비요本草備要》를 저술했다. 이 책은 《본초강목本草綱目》의 번잡한 것을 간단히 하고 뜻을 명확히 하였으며 약물을 분석할 때 반드시 생리·병리病理·진단·치료법을 서로 잘 융합하여 사람들에게 그 도리를 명확히 하고 용법을 알아야 한다고 기술했다. 《본초비요》는 중국 본초약물학 발전사상 가장 보급이 잘 된 저서로 이 책은 처음 출간된 후 2백 년간 도합 64차례나 인쇄되었다. 왕앙의 또 다른 저서 《의방집해醫方集解》는 본초와 처방전으로 하여금 서로 보완하도록 되어있다. 이 책은 처방전마다 그 아래에 반드시 주치료와 약물의 구성, 처방전 배합의 의미와 부가처방전을 가감할 것 등을 상세히 기술했고, 책 말미에 구급처방전을 부록으로 실었다. 이 책은 널리 실용되었기 때문에 의사와 환자들의 환영과 호평을 받았으며 전부 60여 차례나 간행되어 광범위하게 보급되었다.

피서산장의 건립

강희 42년(1703)에 피서산장이 승덕承德에 건설되기 시작하였고 47년(1708)에 기본적으로 완성되었다. 처음에는 열하행궁熱河行宮이라고 하였다가 50년(1711)에 강희제가 '피서산장避暑山莊'이라 이름을 정하고 친필로 편액을 썼으며, 또 승덕이궁承德離宮이라고도 했다. 강희제는 피서산장에서 정무를 처리하고 대전을 거행하며 신하와 각 소수민족의 수령들을 접견했다. 피서산장은 청 정부의 또 다른 정치중심지가 되었다. 피서산장은 궁전 구역과 정원 구역의 두 부분을 포괄하고 있으며 총면적 564만 제곱미터나 된다. 궁전 구역은 전체 산장의 남부에 있으며 황제가 정무를 처리하거나 거주하는 지역이다. 이곳에는 정궁正宮·송학재松鶴齋·만학송풍萬壑松風·동궁의 네 건물이 있다. 정원구역은 다시 호수·평원·산지역의 세 부분으로 나뉜다. 강희제는 그의 통치기간 중 말기에 피서산장을 건축했는데 북방 민족의 고유한 풍습을 구체적으로 드러내었다. 가을과 겨울에는 추위를 피하고, 봄과 여름에는 더위를 피해야 하기 때문에 두 군데로 이주하는 것이 중국 북방 유목민과 수렵민족이 해오던 생활습관이다. 만주족은 중국의 북방민족이라서 피서산장이 건립된 후에 강희제는 거의 매해 1년 중 반년을 이곳에서 지냈으니 이것이 바로 만주족 풍습을 체현해낸 것이라고 할 수 있다.

강희제의 친필 '피서산장' 편액

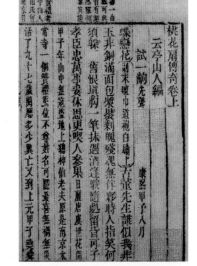

청 강희 · 꽃 법랑 화훼병

피서산장 안의
금산사金山寺

피서산장 안의 정자

강희 연간의 각본 《도화선》

공상임의 《도화선》

　공상임孔尙任(1648~1718)의 자는 빙지聘之, 또는 계중季重이고, 호는 동당東塘, 별호는 안당岸堂이며 자칭 운정산인云亭山人이라고 했다. 산동성 곡부 사람으로 공자의 64대손이며 청대의 희곡가다. 《도화선桃花扇》은 공상임의 대표작이다. 공상임은 일찍이 집안의 전통교육을 받았으며 과거에도 응시했다. 강희 38(1699)에 《도화선》이 최종 탈고되었다. 이 희곡은 10여 년간의 창작 과정 동안 세 번이나 바뀌었고 공상임 필생의 정력을 쏟아부은 책이다. 《도화선》은 복사復社 문인인 후방역侯方域과 진회의 명기 이향군李香君의 애정 이야기를 빌어 남명 홍광弘光 왕조의 흥망의 역사를 반영하였고 남명이 멸망한 원인을 제시하며 작가의 '흥망의 감개'를 토로하고 있다. 작품은 남명 통치계급 내부의 갈등 투쟁을 남김없이 다 그려내고 폭로하였다. 동시에 열정적으로 이향군과 유경정柳敬亭 등 일련의 하층인물을 묘사했다. 《도화선》은 탈고되자마자 일시에 성행하였다. 강희 연간의 연극은 북방에서는 공상임의 《도화선》이, 남방에서는 홍승의 《장생전》이 이름을 날리며 양쪽에서 서로 호응하니 사람들은 이를 '남홍북공南洪北孔'이라고 한다.

공상임의 〈인가도引駕圖〉

1708년
태자 폐위 논쟁

강희 47년(1708) 9월 4일에 강희제가 태자 윤잉允礽을 폐하고 그의 일당을 주살하겠다고 선언했다. 강희 14년(1675) 12월에 강희제는 막 돌 지난 윤잉을 황태자로 세웠었다. 강희 35년과 36년에 강희제가 두 차례 갈단 전쟁에 친히 참석하면서 황태자에게는 궁을 지키도록 명령했다. 이때 끊임없이 황태자의 어질지 못한 유언비어가 강희제의 귀에 들어왔다. 북경으로 돌아온 강희제는 윤잉의 측근 신하들을 처단하고, 대학사 색액도素額圖 역시 윤잉의 제위 찬탈 도모를 도왔다는 죄로 구금시킨 후에 죽였다. 강희 47년(1708) 9월 4일에 강희제는 변경지역을 순시하다가 서울로 돌아오는 도중 포이합소대布爾哈蘇台 지역에서 여러 왕과 대신들을 소집하고 눈물을 흘리면서 윤잉의 황태자 지위를 폐한다고 선언했다. 황태자 윤잉을 폐한 후에 여러 왕자들은 황태자 자리를 다투었고 대신들 또한 무리를 지어 이에 붙으니 강희제는 속상하고 분하여 병이 났다. 강희 48년(1709) 3월에 윤잉이 재차 황태자에 옹립되니 관리들을 보내 천지·태묘太廟·사직에 제사를 드리고 황태자의 책보冊寶를 수여받았다. 허나 51년 9월에 윤잉은 재차 폐위되었다.

1712년
러시아에 간 사절단

강희 51년(1712), 복이가하伏爾加河 유역에 이주해 살던 오이라트[厄魯特] 몽골의 토이호특부土爾扈特部 아옥기칸[阿玉奇汗]이 북경으로 사신을 파견해 조공을 바쳤다. 이를 기회로 강희제는 이 부족에게 사신을 보내서 위로하기로 결정했다. 이해 5월 21일에 도리심圖理琛 사절단 일행이 북경을 출발하여 장가구張家口를 거쳐 객이객 몽골 목초지역을 지나 러시아 국경 내의 초고백흥楚庫伯興으로 진입했다. 거기서 러시아 황제가 비준한 훈령을 기다려야 했으므로 5개월여의 시간을 소비했다. 다음 해 정월에 그들이 계속 전진하여 바이칼 호수를 건너고 시베리아를 넘어서 마침내 강희 53년 6월 1일에 아옥기칸의 주둔지인 마노탁해瑪努托海(지금의 마납특馬納特)에 도착하자 열렬한 환영을 받았다. 도리심 사절단은 마노탁해에서 14일을 묵고는 6월 14일에 귀국길에 올라 강희 54년 3월에 북경에 돌아왔다. 도리심 사절단은 청 정부가 유럽에 파견한 첫 번째 사절단이다.

청·강희 연간에 제조한 오채화조문五彩花鳥紋 화분

청·강희 연간의 미색바탕의 오채화조 병

포송령의 《요재지이》

포송령蒲松齡(1640~1715)의 자는 유선留仙, 별호는 유천거사柳泉居士다. 산동성 치천淄川(지금의 치박시에 속함) 사람으로 청대의 유명한 문학가다. 포송령은 다재다능하고 저서도 아주 많은데, 그의 일생의 피와 땀의 결정은 문언 단편소설집인 《요재지이聊齋志異》에 있다. 이 책은 그가 40여 세에 처음으로 규모를 갖추기 시작하였으며 이후 끊임없이 수정과 보충을 거쳐 노년에서야 비로소 완성되었다. 《요재지이》의 유통본은 16권으로 합계 5백여 편의 작품이 수록되어 있다. 이들 작품은 모두 포송령의 허구와 생활경험·심미의식을 융합하여 작품 속에 내재되어 광활한 현실생활을 반영하고 있으며 풍부하고 심각한 사상내용이 있다. 《요재지이》는 독특한 예술풍격이 있다. 대부분의 작품은 현실주의와 낭만주의가 서로 결합된 창작 방법을 운용하고 있어 역사전기傳記와 전기傳奇 문장을 서로 결합한 기본 스타일을 채용했다. 그 예술 성취는 우선 여러 종류의 수법을 하나로 하여 사람들이 잊지 못할 인물 형상을 만들어냈다는 점이다. 《요재지이》는 포송령의 대표작으로 지괴를 통하여 세상에 용납되지 않는 것에 대한 자신의 분개를 기탁하여 현실생활을 반영하였으며 예술적으로는 문언소설의 최고봉에 도달했다.

청대 사람이 그린 《요재지이》 삽화

산동성 치박시淄博市 포가장蒲家莊
포송령의 옛집

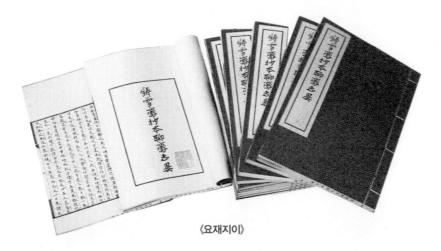

《요재지이》

1718년
청 정부의 티베트 파병

강희 57년(1718) 초에 강희제는 납장칸[拉藏汗]*의 상주문을 받았는데 준가르가 티베트에 들어와 소란을 피운다는 정황을 보고하고 청 조정에 원군을 보내달라는 내용이었다. 3월에 시위侍衛 색릉色楞과 서안장군 액륜특額倫特이 어명을 받들어 각자 수천 명의 병사를 이끌고 청해에서 출발해 티베트로 진입하였다. 결과적으로는 복병에게 당하여 전군이 전멸하였다. 같은 해 10월에 윤제允禔가 무원대장군에 임명되어 대군을 거느리고 티베트를 원조하러 갔는데 서녕西寧에 주둔했다. 강희 59년(1720) 정월 5일에 강희제는 티베트를 안정시키기 위해 재차 티베트에 진입하기로 결정했다. 청 정부는 제1차 용병 실패의 교훈을 잘 새겨 제2차 티베트 용병에 대해 세밀한 안배를 하였다. 준가르 군은 전투마다 패하고 결국 이리伊犁로 도망갔다. 이 티베트 용병으로 완전한 승리를 거두어 준가르를 할거세력까지 내쫓고 더욱 티베트의 관리를 강화하게 되었다. 이는 중국통일을 보호 유지하는 데 있어 중대한 의의를 지닌다. 강희 60년(1721) 2월에 청 조정은 티베트에 3천 명을 주둔시키기로 결정하고 방비를 더욱 강화했다. 동시에 티베트 지방정권에서 대권을 총괄하는 제파第巴 직위를 폐지하고 알륜噶倫을 설치해 티베트 지방 사무를 관리하도록 했다.

* 고대 청해성 화석특부和碩特部 고시칸[顧始汗]의 손자로 화석특국의 마지막 왕 – 역주

《고금도서집성》 완성

강희 45년(1706)에 진몽뢰陳夢雷가 성군왕誠郡王 윤지允祉의 명을 받들어 편찬한《고금도서집성古今圖書集成》 초고가 완성되었다.《고금도서집성》은 내용이 풍부하여 지금까지도 여전히 수많은 학자들이 중시하고 있다. 수록된 자료가 청나라까지 포함되어 있기 때문에 이 책은 많은 방면에서 모두 전 시대의 유서類書를 뛰어넘는다. 예를 들면 명말청초의 기록에 있는 서양력의 중국 도입, 기기의 제조 면에 있어서 모두 이전보다 내용이 많다. 이외에도 예술전藝術典 안에는 서양의 수학을 받아들이고 있는데, 예를 들면 기하와 대수의 공식, 평면, 입체 도형 등이 있으며 이것들은 과거의 유서에는 기록되지 않았던 것들이다.《고금도서집성》이《영락대전》보다 300여 년 늦게 출판되었기 때문에《영락대전》에 수록되지 않았던 수많은 것을 수록하고

《고금도서집성》

있다. 예를 들면 금나라, 원나라 사람들의 유문遺文과 명나라와 청초의 문헌들이 있어 후세에 귀중한 자료를 제공하고 있다.《고금도서집성》은 중국에서 현존하는 최대의 유서로 외국에서도 '강희백과전서'로 칭송되고 있다. 그 권질의 방대함은 세계 백과전서의 으뜸이라고 할만하다. 이 책의 완성은 중국 고대의 문헌자료를 보존하고 정리하는 데 있어 귀중한 의의를 갖고 있다.

천주교 남당南堂
북경 선무문宣武門에 있는 북경에서 최초로 세워진 천주교 성당이다. 마테오 리치가 1572년에 세웠다.

《강희자전》의 완성

강희 49년(1710)에 강희제는 장옥서張玉書·진정경陳廷敬에게 명나라 매응조梅膺祚의《자휘字彙》와 장자열張自烈의《정자통正字通》을 참조하여 대형 자전을 편찬하도록 명령했다. 강희 55년(1716)에《강희자전康熙字典》이 완성되자 간행하여 전국에 발행했다. 이는 중국에서 첫 번째로 '자전字典'이라는 명칭을 쓴 자서字書이자 또한 중국에서 최초로 관방에서 편찬한 자전이다. '자전'이란 명칭은 이로써 같은 종류의 사전의 통칭이 되었다.《강희자전》의 체례는 온전히《자휘》와《정자통》을 모방하였으니 214부수를 그대로 사용하고 12지지地支, 12집集으로 분류하였으며 매 집은 또 상중하 3권으로 분류하였다. 맨 처음에 총목總目·등운等韻·검자檢字·변사辨似 등을 나열하였고 말미에는 부록으로 누락된 부분을 보충하고 비고를 두었다.《강희자전》에 수록된 글자는 47,043자이며 1915년 중화서국에서《중화대자전》을 출판하기 전까지 줄곧 중국에서 가장 많은 글자를 수록한 자전이었다. 적지않은 벽자僻字들이 있는데 다른 책에서는 볼 수 없는 글자를 이 책에서는 종종 찾을 수 있다.

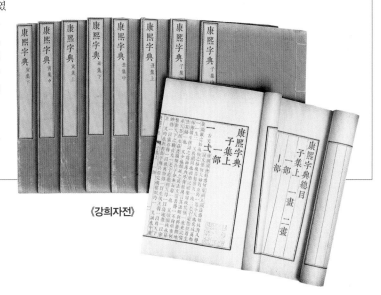

《강희자전》

1720년
강희제의 천주교 금지

명말에 천주교가 들어온 이래 중국의 선교활동은 줄곧 포르투갈이 지지하는 예수회에 의해 장악되고 있었다. 예수회 선교사들은 얼마간 수정을 가한 교의를 취하였는데 중요한 것은 하늘과 조상과 공자에 제사지내는 중국 전통적인 의례를 관대하게 포용하였다는 점이다. 즉 신도들이 가정이나 공공장소에서 이런 의식에 참가하는 것을 간섭하지 않았다. 17세기 중엽 후에 다른 선교사들이 중국에 들어오자 예절과 의식에 관한 논쟁이 일어났다. 이 때문에 로마 교황청에서는 천주교도가 하늘과 공자에 제사지내는 활동을 금지하도록 명령했다. 이 소식은 강희제를 노하게 하였다. 강희 46년(1707)에 청 정부는 천주교를 금지하는 정책을 실행하였다. 1720년에 로마 교황청은 제2차 특사 가록嘉祿*을 북경으로 보내 재차 중국 천주교 신도들이 조상이나 공자의 제사에 참가하지 못한다는 교황의 금령을 허가해달라고 요청했다. 이에 강희제의 분노가 극에 달하여 "이후 서양인들이 중국에서 종교를 행할 필요가 없으며 이를 금지하여 쓸데없는 많은 일을 없애버린다"고 지시하였다. 이 천주교 금지령은 대단히 엄격하여서 마테오 리치와 예수회가 애써서 몇십 년간 선교해 온 사업이 심각한 좌절을 겪게 되었다.

* 본명은 확인할 수 없음 - 역주

1722년
강희제의 서거

강희 61년(1722) 11월 13일에 강희제가 69세의 나이에 병으로 서거했다. 강희제는 61년간 제위에 있었고 재위 기간 동안 모든 힘과 정성을 쏟아 정사에 근실하였으며, 군대를 인솔하여 전쟁에 참여하는 데 두려워함이 없었다. 삼번을 평정하고 대만을 통일하고 친히 갈단 정벌에 나섰으며, 티베트까지 진군하였으니 그 업적은 가히 칭송할 만하다. 평상시에도 힘껏 사치를 경계하고 절약하며 백성을 사랑하고 헛된 문장을 숭상하지 않고 실질적인 정치를 시행하였다. 재위 기간에 사회

경릉 신도神道

청·홍인弘仁의 〈산수책山水册〉 중의 하나

경제는 상대적으로 발전하였고 문화 정책은 회유 위주로 하였다. 정주이학程朱理學을 제창하였으며 서방의 과학 기술을 수용하고 문화유산을 정리하여 청대 문화에 대한 영향이 탁월하다. 강희제는 강희 47년(1708)부터 질병이 몸을 휘감았고 나이가 들면서 체력이 허약해졌다. 56년(1717) 11월부터 큰 병으로 70여 일간을 병석에 있었다. 61년 11월 13일에 병이 위독해지자 윤진允禛에게 황위를 계승하라고 유시했다. 술시戌時에 서거했다. 다음 날 '합천홍운문무예철공검관유효경성신공덕대성인황제合天弘運文武睿哲恭儉寬裕孝敬誠信功德大成仁皇帝'로 추존하였고 묘호는 성조다. 다음 해(1723) 9월 1일에 경릉景陵에 장사지냈다.

중국에 전래된 서양 화법

청 초기에 몇몇 서양화가들이 중국에 왔는데 심지어 궁정 화원畵院에 들어간 화가도 있었다. 서양 화법 역시 이들에 의해 중국에 전래되었다. 강희 말기부터 건륭 초기까지 서양 선교사들은 화원으로 들어가 궁정 안에서 일했다. 그들은 처음에 자신들이 잘하는 고전주의 풍격의 유화작품을 헌상하였다. 그러나 중국과 서양예술 풍격의 차이 때문에 황제는 선교사들이 올린 작품을 마음에 들어 하지 않았다. 서양 회화에서 사용하는 명암 대비, 강렬한 음영, 초점 투시의 사실주의 풍격과 중국의 사의寫意 풍격의 작품은 완전히 달랐기 때문이다.

황제의 비위를 맞추기 위해 서양화가들은 계속해서 화풍을 바꾸고 중국의 회화기법을 받아들여 작품 속에 중국의 전통적인 심미적 뜻과 취향을 첨가하였다. 예를 들어 명암 대비를 약화시키고 강한 광선을 감소시켰으며, 세밀한 색감으로 붓 터치가 드러나는 것을 피하고 준법皴法을 사용하여 음영의 덧칠함을 대신하였다. 청대의 화원에는 서양화가들이 매우 많았는데 그중 주세페 카스틸리오네, 이냐시오 시클타르트*가 가장 유명하다.

* Ignatius Sickltart(1708~1780), 중국명은 애계몽艾啓蒙임 – 역주

숭헌영지도嵩獻英芝圖

이 그림은 주세페 카스틸리오네가 중국에 온 후 초기의 대표작으로 옹정 2년 (1724) 10월에 그렸다. 그는 이 작품 속에서 튼튼한 소묘의 기본 실력과 명암을 충분히 이용하여 요철凹凸의 입체효과를 표현하는 고도의 기량을 표현하였다.

백준도(일부)

주세페 카스틸리오네는 말 그림으로 청대 화단에서 명성이 높았다. 《백준도》 두루마리 그림은 그의 말 그림의 대표작이다.

강희대제

강희 황제는 청나라 제4대 황제로 본명은 애신각라愛新覺羅 현엽玄燁이다. 청 세조 순치 황제의 셋째 아들로 순치 18년(1661)에 겨우 8세 나이로 즉위하였다. 그는 중국 역사상 재위 기간이 가장 길었던 황제였으며, 또한 가장 많은 업적을 남긴 황제 가운데 하나다. 그가 일생동안 이룬 문치와 무공은 고금을 통틀어 보기 드문 일이다. 삼번과 대만臺灣의 평정, 두 번의 야크사 정벌, 세 번의 준가르 정벌을 하였으며 국경을 확대하고 개간하였다. 그는 또 문화를 중시하고 깨끗한 정치를 펴서 중국 고대 사회에서 가장 번영한 사회 국면을 열었다. 강희제는 강희 61년(1722)에 병사했고, 묘호는 성조聖祖며 경릉景陵에 장사지냈다.

강희의 치국

강희제는 청 전기의 비교적 관대하고 총명한 통치자의 한 사람이다. 그의 재위 61년 동안 경제는 발전하고 사회는 안정되었으며 정치는 맑고 깨끗하여 청대의 '강건성세康乾盛世'를 위해 정치와 경제적으로 기초를 마련해주었다. 이 모든 것은 또한 강희제의 치국사상 및 그가 채택한 치국의 실시와 불가분의 관계에 있다. 1661년, 강희제가 즉위했을 당시는 민족 갈등과 계급 갈등이 매우 첨예했고 전쟁에 의해 파괴된 사회 생산의 회복이 시급했으며 국가 재정 역시 매우 어려웠다. 첨예한 민족 갈등과 계급 갈등을 완화시키고 통일된 봉건 통치 질서를 건립하기 위하여 강희제는 친정 이후에 곧 한무제漢武帝의 "백가를 배척하고 유가만을 존중한다"는 정책을 모방하였다. 그래서 공맹孔孟의 도와 정주이학程朱理學을 관방의 정통사상으로 삼았으며, 한족 지식인이 가장 중시하는 정주이학을 대대적으로 제창했다. 강희제는 이학을 이용하는 동시에 또한 유가의 정치사상을 관철하는 것을 치국 시책으로 삼는 데 주의를 기울였다.

소년 강희황제의 평상복 모습

강희제는 민심을 안정시키는 것이 천하를 다스리는 핵심이라고 여겨, 이를 위해 그는 종종 각 지방을 순시하고 민정을 이해했으며 백성의 고통에 관심을 가졌다. 그는 또 백성의 경제력을 회복시키는 일을 중시하고 이를 천하를 다스리는 기본 정무로 여겼다. "국민의 힘을 기르는" 목적에 도달하기 위하여 그는 농업생산을 매우 중시하고, 권지운동圈地運動*을 중지하라는 조서를 내렸다. 또한 명말 농민전쟁 중에 탈취한 명나라 관리와 훈척들의 논밭을 경작자에게 돌려주도록 명을 내려 '경명전更名田'이라 칭했다. 이외에도 그는 백성의 부담을 덜기 위해 부세賦稅를 대폭 감면해 주었다. 오삼계吳三桂 등의 삼번三藩의 난을 평정한 후에 강희제는 "관리가 제대로 다스리지 못하는 것이 민생을 순조롭지 않게 하는" 중요한 원인이라 생각하여 전국적으로 현명하고 유능한 인재를 선발하기 시작했고 관리의 다스림을 바로잡았다. 이 방면에 있어 그는 또 유가의 인치 사상을 받아들였다. 이 밖에도 국가통일과 주권 독립에 대하여 비교적 진보적인 사상을 갖고 있었다.

제정러시아가 흑룡강 유역의 영토를 점거하려고 꾀할 때, 그는 즉시 군대를 파견하여 액소리額蘇里와 애혼璦琿에 진주하여 흑룡강 유역의 강 한 줄기, 시냇물 한 줄기도 러시아에게 넘겨줄 수 없다는 뜻을 분명히 했다. 후에 치른 두 차례의 야크사 전투 역시 이러한 생각을 실제 관철해 낸 것이다. 교황 클레멘트 11세가 중국 신도들이 공자와 조상에게 제사지내는 것을 금지했을 때, 강희제는 외국인 선교사에게 "중국 조정을 어지럽히는 일은 삼가라"고 엄중히 경고했다. 대내적으로는 분열할거를 계속 반대해왔기 때문에 군대를 파병하여 대만을 수복하였고, 삼번三藩 및 신강新疆, 청해靑海, 티베트 등지의 반란을 진압함으로써 국가를 통일하고 영토를 온전하게 유지하였다.

* 청나라에서 강제적으로 토지를 몰수했던 방법의 하나 – 역주

강희의 남순

　강희 23년(1684) 9월 28일에 강희제는 북경에서 출발하여 첫 번째로 강을 따라 남순南巡했다. 강희제 일행은 영정하永定河를 따라 순천부順天府와 하간부河間府를 거쳐 10월 19일에 도원현桃源縣에 도착하였다. 강희제는 친히 황하 북쪽의 각 곳의 요새지의 수리과정을 시찰하였다. 또한 하도총독河道總督 근보靳輔와 방안을 토론한 후 근보에게 요새의 지세를 상세히 계획하고 실시하여 황하가 순조롭게 동쪽으로 흐르게 하여 영원히 제방이 터지는 위험이 발생하지 못하게 하라고 명령했다. 강희제는 친절하게 고생하는 인부들을 격려하고 또한 관리들이 노동자들의 식량을 떼어먹지 못하도록 엄한 명령을 내렸다. 강희제는 근보의 황하 치수의 공적을 인정했다. 뒤이어 강희제는 남경에 도착하여 명 태조릉을 배알한 후에 곡부를 거쳐 북경으로 돌아왔다. 이 첫 번째 남순은 주로 황하 치수를 위주로 하였고 동시에 민정을 시찰하고 관리의 공무집행을 현지 조사했다. 남순을 시작할 때 그는 지방관원들이 이런 기회를 이용해 백성들을 착취하고 정상생활의 질서를 혼란하게 하는 것에 대해 반대했다. 이 첫 번째 남순은 강희제가 예기한 목적을 달성하여 전국의 정치적 안정과 경제 발전에도 어느 정도 영향을 주었다. 이후에 강희 46년(1707)까지 강희제는 도합 여섯 차례의 남순을 하였다. 친히 국가의 계획과 민생을 시찰하며 발길이 닿는 곳마다 사치스러움을 힘써 경계했으며 여러 차례 재난을 구제하고 부역을 면제해 주었다.

강희제 남순도

건청궁
건청궁乾淸宮은 옹정제 이전의 명청 황제들의 침궁이며 일상생활을 하던 장소다. 강희제는 여기서 국가대사를 처리했다.

강희 노란비단 운룡문 담비가죽 조례복 및 면 버선
이는 강희가 중대한 예식을 올릴 때 입는 겨울 조례복이다.

파리에서 출판된 《강희황제》

강희 36년(1697), 프랑스 선교사 요하임 부베Joachim Bouvet*의 저서 《강희황제》가 파리에서 출판되었다. 요하임 부베는 1656년에 프랑스 르망에서 출생했으며 강희 24년(1685)에 교황 루이 14세가 파견하여 프랑스 천주교 선교단으로 중국에 왔다. 강희 27년(1688)에 북경에 도착하여 강희제의 신임을 받았다. 그는 강희제를 위하여 천문역법·화학·약학 등 서양과학을 강의하여 강희제와 도가 넘을 정도로 친밀하였다. 강희 36년(1697)에 강희제는 특별히 요하임 부베를 '흠차'에 책봉하여 프랑스에 가서 예수회 선교사를 초빙하도록 했다. 요하임은 강희제가 루이 14세에게 보내는 선물을 가지고 브레스트brest에 도착한 후 곧 프랑스 당국에 강희제의 뜻을 전달하고 동시에 루이 14세에게 상주문을 올리니 이것이 바로 《강희황제》다. 이 책에서는 강희제의 문치와 무공은 간단하게 서술하였지만 강희제의 품덕·성격·생활·취미 같은 사항에 대해서는 비교적 자세히 소개하였다. 요하임 부베의 이 상주문은 프랑스 당국의 중시와 흥미를 불러 일으켰으며 이를 원고 형식으로 하여 출판했다. 이 책의 출판은 유럽을 떠들썩하게 하였고 강희제와 중국문화에 대한 열기를 불러일으켰다.

* 중국명은 白晉(1656~1730) - 역주

용포

봉건왕조시대의 황제를 소위 '진룡천자眞龍天子'라 했는데 그는 중앙집권 전제 제도의 핵심인물이며 지상 최고의 지위를 갖고 있었다. 황제의 모든 것은 '어御' 용품으로 가장 귀하고 존엄함을 나타내야만 했기 때문에 얼마간 신비로운 색채를 지니고 있다. 그림은 청 황제의 용포다.

강희제와 서양 문화

강희제 재위 61년간은 청나라에서 중국과 서양 간의 문화교류가 가장 활발했던 시기였다. 1669년 친정 이후, 그는 선교사 베르비스트를 흠천감부欽天監副에 임명하고는 양력의 시행과 천문기구의 개조를 주관하도록 하였다. 베르비스트는 1674~1680년 동안, 강희제가 삼번을 평정하도록 서양 철포 120문門과 신무포 320문 및 위력이 대단한 신위포 250문을 제조하여 청 군대가 갖추도록 하여 그 군사력이 대대적으로 증강되었다. 역법 개혁과 서양대포의 효과는 강희제로 하여금 서양 과학기술 발전에 관심을 갖게 하였고, 또 직접 서방 과학지식을 학습하고 그것을 이해하도록 하였다. 또한 천문 역산에 정통한 선교사 크리스천 헤르트리쉬(중국어 이름은 은리격恩理格), 필리투스 마리아 그리말디(1639~1712, 중국어 이름은 민명아閔明我), 토마스 페라이라(1645~1708, Thomas Pereira, 중국어 이름은 서일승徐日昇) 등이 강희제를 가르친 첫번째 서양교사가 되었다. 강희제 본인은 수학을 몹시 좋아하여 요하임 부베, 제르비용(Jean-Francois Gerbillon, 중국어 이름은 장성張誠) 등이 일찍이 그를 위해 유클리드 기하학을 설명했고, 또 명을 받들어 《실용기하학實用幾何學》과 《기하학강요幾何學綱要》를 집필했다. 안다칙安多則은 명을 받들어 유럽과 중국 저서 가운데 가장 흥미로운 산술과 기하연산에 대한 개요를 저술하였다. 이러한 저서의 출판은 유럽 과학이 중국 각 지식계층에 널리 보급되는 것을 가속화시켰다. 강희제는 서양의학이 관리들 사이에 널리 보급될 것으로 믿었고, 이에 요하임 부베, 파르냉(1665~1741, parrenin, 중국어 이름은 파다명巴多明)은 《인체 혈액순환 분석과 데니스의 신발견》을 만주문자로 번역하여 18세기 초 북경 궁궐 안에 유포했다. 이것은 중국이 최초로 받아들였던 근대 실험생리학의 정보며 북경의 프랑스 선교사가 그를 위해 쓴 철학 텍스트였다.

만년의 강희제 초상

1722~1799년의 청

1722~1799년은 청나라에서 '강건성세'의 궤도에 따라 지속적으로 평온하게 발전한 시대였다. 옹정과 건륭 두 황제는 비록 정치적으로는 그들의 스타일에 따라 옹정은 강하고 엄격한 반면, 건륭은 부드럽고 관대하였지만 본질적으로는 강희제의 치국사상과 일치하였다. 건륭시기의 찬란한 문화는 중국 고대사회의 최고봉을 의미하는 것이지만 큰 업적 쌓기를 좋아하고 끊임없이 무력을 자랑하는 '십전노인十全老人'에게는 이미 위기가 도사리고 있음을 볼 수 있다. 중국인이 자신들의 성세에 빠져 있을 때 서양에서는 이미 공업혁명이 시작되었으며 역사의 경기장에서 중국인은 낙후되어 갔다. 건륭 황제는 죠지 매카트니*를 쫓아버렸지만 그는 분명히 다시 오게 되어 있었다

* George Macartney(1645~1708), 중국 이름은 마알이니馬戛爾尼 - 역주

연대별 주요사건

- **1722년** 넷째 아들 윤진이 황제로 즉위하고 다음 해를 옹정 원년으로 함
- **1723년** 다음 해부터 '탄정입묘' 실시 명함. 비밀리에 넷째 아들 홍력을 황태자로 삼음
- **1724년** 청해성 나복장단진의 반란 평정. '모선귀공'과 '양렴은' 제도 실행. 군왕 윤제를 작위 삭탈하고 구금
- **1725년** 대장군 연갱요를 관직 삭탈하고 사형을 내림
- **1726년** 친왕 윤사와 패자 윤당의 작위를 삭탈 연금한 후 이들을 아기나와 새사흑으로 개명. 두 사람이 감옥에서 죽고 그 무리인 악륜대 등을 주살. 운남 귀주 오성에 토사를 폐지하고 유관 설치
- **1727년** 융과다와 연신을 하옥시킴. 티베트 알룬아이포파 반란 평정
- **1729년** 준가르 정벌에 군사 파견
- **1732년** 광현사의 전투에서 준가르 대패
- **1735년** 세종 윤진의 서거. 홍력 즉위, 다음 해를 건륭 원년으로 개원
- **1741년** 처음으로 목련 가을 수렵 거행
- **1745년** 전국의 지세를 면제
- **1747년** 금천 정벌
- **1751년** 제1차 강남 남순, 이후 다섯 차례의 강남 남순을 함
- **1755년** 대소화탁의 반란 평정하고 신강을 통일
- **1771년** 금천을 재차 정복, 5년 동안 은 7천만 량 소비
- **1773년** 《사고전서》 편찬 시작, 1782년에 완성
- **1775년** 화신이 삼등시위에서 어전시위·도통사로 발탁됨. 후에 수석 대학사로 승진하고 군기대신을 거느림
- **1778년** 예친왕 도르곤의 봉작을 추서함
- **1788년** 제1차 곽이객의 티베트 침략 저항
- **1789년** 안남·실리 정벌, 군대를 철수하고 화의
- **1791년** 제2차 곽이객 티베트 침략 저항. 《흠정서장선후장정》 반포
- **1795년** 호남 묘족의 기의. 열다섯 번째 왕자 옹염이 황태자에 오르고 다음 해를 가경 원년으로 함
- **1796년** 옹염이 황제로 즉위, 홍력을 태상황제로 존위, 사천·초·섬서·감숙·하남 5성에서 백련교 기의
- **1799년** 정월 초 3일에 고종 홍력이 서거

'정대광명' 편액
북경 자금성 건청궁乾淸宮 안의 황제 보좌 위에 있는 '정대광명正大光明' 편액은 태자 옹립의 비밀문서가 숨겨있던 장소다.

1722년
옹정의 제위 다툼

강희 61년(1722) 11월 20일에 강희제의 넷째 아들 윤진胤禛이 태화전에서 즉위하니 역사에서 말하는 옹정제다. 뒤이어 그는 하늘과 땅, 종묘와 사직에 제사를 드리고 만천하에 다음 해를 옹정 원년으로 한다고 공포했다. 강희 만년에 왕자들의 제위 다툼 속에서 윤진은 이미 암암리에 당을 결성하고 세력을 키워나갔다. 그 세력 안에는 열세 번째 아들 윤상允祥, 강희제의 손아래 처남이자 가까운 신하인 융과다隆科多, 대학사 마제馬齊, 천섬총독川陝總督 연갱요年羹堯가 포함되어 있었다. 이 파의 세력은 몹시 강하였고 활동은 비밀리에 행해졌기 때문에 강희제의 의심과 질책을 받지 않았다. 이외에도 윤진이 즉위할 수 있었던 유리한 점은 그가 어렸을 때에 강희제의 교육을 받으며 강희제의 곁에서 자랐다는 점이다. 그래서 다른 왕자들이 다른 사람에게 교육받고 황제와 멀리 떨어져 있던 것과는 달랐다. 때문에 윤진은 황제의 뜻을 잘 이해하고 추우나 더우나 문후를 드리고 신중함을 더하여 강희제의 깊은

호감을 샀다. 윤진은 비록 개인적으로 여러 왕자들과 대립하고 있었지만 강희제 면전에서는 이런 내색을 전혀 하지 않았다. 오히려 다른 왕자들에 대한 좋은 말만 하였다. 윤진의 이런 잘 짜여진 계략과 고도의 수단은 강희제의 깊은 환심을 샀다. 강희제는 그가 도량이 넓고 대의를 알며, 일을 행함에 마음을 다하는 위인의 기백이 있다고 칭찬했으며 여러 차례 중임을 맡겼다. 이처럼 윤진과 강희제의 감정이 밀접하였기 때문에 어떤 틈도 있을 수 없었다. 더구나 중임을 맡길 때면 재능있게 일을 잘하고 충성과 효성의 덕성을 표현하였으므로 강희제는 일찌감치 그를 깊이 신임하였다. 병이 위중하자 여러 왕자들을 어전으로 불러들여 면전에서 넷째 왕자 윤진에게 황제직을 계승하겠다는 유시를 하니 윤진이 바로 옹정제다.

청 옹정제 애신각라 · 윤진

1723년
비밀 태자 옹립 제도의 건립

옹정 원년(1723) 8월 17일에 옹정제는 총리사무대신 · 만한滿漢 문무대신 · 구경九卿을 건청궁 서난각西暖閣으로 소집하고는 비밀리에 태자를 세우는 방법을 선포하였다. 그는 선정된 계승자의 이름을 친필로 써서 밀봉한 후 상자에 넣어 건청궁 정중앙의 순치제가 친필로 쓴 '정대광명正大光明'이라고 쓴 편액 뒤에 숨겨 예측할 수 없는 일에 대비하였다. 군신들도 이것에 대해 이견이 없었으며 이로써 비밀리에 태자를 세우는 제도가 정식으로 확정되었다. 옹정제는 건청궁에서 내린 밀지 외에도 또 내용이 같은 황위 계승자에 관한 조서를 원명원 안에도 감추었다. 옹정제가 비밀리에 태자를 세운 것은 국본을 세워 사람들의 마음을 공고히 하는 정치효과를 거두고 역대로 왕자들의 태자 쟁탈전과 황태자와 황제가 권력을 다투는 것을 피하며, 황태자가 오만 방자하거나 황제의 심신이 병들었을 때의 폐단을 막고자 함이었다. 이 제도는 정치적 혼란을 감소시켜 정국의 안정에 이로웠다. 건륭제가 즉위한 후, 이 방법이 아주 좋다고 인식되어 지속적으로 실행하게 되었다. 후에 여러 황제들이 이 방법에 의해 황위를 계승했다. 옹정제가 만든 비밀 황태자 옹립 제도는 건륭 · 가경嘉慶 · 도광道光 · 함풍咸豊 여러 황제들에 의해 계승된 것으로 볼 때 이 제도는 성공하였다.

청나라 막료제의 흥성

청나라의 관가와 사대부 중에서는 사람을 모집하여 막료로 들이는 풍습이 유행하였는데 수많은 선비들이 관원의 막료로 들어갔다. 청나라 막료의 수는 아주 많고 역할도 컸는데 이는 역사상 유래가 없었던 일이다. 막료는 국가의 정식관원이 아니고 품급도 없으며 관원들 자신이 초빙하여 봉급을 주었다. 막료와 관원은 손님과 주인의 관계였으나 상하계급을 의미하지는 않았다. 그래서 자신의 뜻에 맞으면 머물고 그렇지 않으면 떠나면 되니 거취가 자유로웠다. 주인은 통상 예로써 막료를 대하고 상당히 그들을 존중했다. 막료의 주요 임무는 막주幕主를 대신하여 문건을 읽거나, 편지나 상소문의 초안을 잡거나, 형옥刑獄이나 곡식 등의 사무를 처리하고 회시나 향시 이외의 시험답안지를 채점하며, 치수 · 외교 · 학술 · 서적편찬 등의 사무를 처리하는 것이었다. 위로는 총독과 순무巡撫 · 제독提督과 총병, 아래로는 부주현府州縣까지 모두 각자 막료를 초빙하여 일을 처리했다. 강희 연간의 수리전문가 진황陳潢, 옹정 연간의 하남총독 전문경田文鏡 휘하의 오선생鄔先生, 건륭 연간의 고례호顧禮琥와 왕휘조汪輝祖는 모두 전국적으로 인지도가 있던 유명 막료였다.

하남성 내향현內鄕縣의 청대 현縣의 관아 모습

안휘 화풍의 흥성

청나라 초기에 안휘성 화단에는 홍인弘仁을 대표로 하는 '신안파新安派'와 소운蕭雲을 대표로 하는 '고숙파姑熟派'가 출현했다. 또 몇몇 유명 화가들이 자신 만의 독특한 풍모로 한때 이름을 떨치기도 했다. 안휘성 신안 지역에는 홍인을 대표로 하는 수많은 유민遺民 화가기 있었디. 그들의 화법은 대부분 원나라의 예찬倪瓚을 배워 화풍은 청담하고 담백 적막함을 추구하였으며 기본적으로는 예찬과 일치하는 심미 태도를 형성했다. 그들은 자연에서 배우는 것을 중시하여 산수화는 대부분 황산黃山을 제재로 하였고 예술 풍격 역시 서로 비슷하여 방대한 진용의 독특한 풍격의 '신안화파'를 형성했다. 신안화파는 홍인 이외에도 왕지단汪之端·손일孫逸·사사표査士標·정민鄭旼·축창祝昌·왕주汪注·요송姚宋 등이 있다. 그중 왕지단·손일·사사표가 가장 출중하다. 안휘성 무호蕪湖 지역 역시 수많은 화가들이 밀집했는데 화풍이 서로 비슷하여 역사에서는 이들을 '고숙파'라고 한다. 이 파는 소운이 가장 특출하다.

사사표의 《수죽묘제도水竹茆齋圖》 축

《농사도農事圖》 밭갈이

《농사도》 사탕수수 수확

1723년

전국적으로 추진한 '탄정입묘'

옹정 원년(1723) 9월, 청 조정은 직례순무直隸巡撫 이유균李維鈞의 건의를 비준하고 다음 해부터 전국적으로 '탄정입묘攤丁入畝' 정책을 시행하기로 결정했다. '탄정입묘'는 또 '지정합일地丁合一', '정수지기丁隨地起'라고도 하는데 옹정 연간에 처음 전국적으로 시행한 부역제도의 개혁이다. 이는 인두세人頭稅를 변형한 징수방법으로 즉 인두세를 토지세에 포함시켜 징수하는 것이다. 강희 연간에 "사람이 더 생겨도 영원히 세금을 더하지 않는다"는 정책을 시행했는데 땅이 없거나 적은 농민에게는 좋은 점이 있었으나 부역이 불평등한 문제를 해결할 수는 없었다. 이때 '탄정입묘'의 제도는 사천과 광동지역에서는 이미 싹트고 있었으나 지주의 반대 때문에 이 조치가 전국적으로 추진되지는 않았다. 각 지역 순무들의 반복적인 요구가 있자 옹정제는 결국 전국적으로 '탄정입묘'의 정책을 추진하기로 결심했다. 구체적인 방법은 다음과 같다. 각 성의 인두세의 원래 액수를 각 주현의 토지에 편입시키고 매 토지세 1량을 약간의 인두세로 나누어 포함시키니, 1,2전부터 7전까지 차등을 두었다. 이 방법은 토지를 가진 자는 부역이 증가하고, 가난한 자는 부역이 면제되어 과거에 인두세가 균일하지 않아서 빈부의 차이가 심해지는 현상을 바꾸었다. '탄정입묘' 정책이 전국에서 시행되자마자 지주계급의 강렬한 반대에 부딪혔다. 그러나 옹정제의 결심이 이미 정해졌기 때문에 동요하지 않았고 그가 끝까지 버티는 바람에 이 개혁은 확실하게 관철되었다. 전국 범위의 탄정입묘는 건륭 후기에 와서 기본적으로 완성되었다.

청 · '옹정년제' 관지가 있는
법랑채운용문 자기 접시

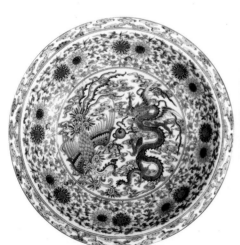

'대청옹정년제' 관지가 있는
채색 용봉문양 자기 접시

1723년
청해 정복

옹정 원년(1723) 10월, 나복장단진羅卜藏丹津이 반란을 일으키자 청 조정에서는 연갱요를 파견해 반란을 평정하도록 명령했다. 나복장단진은 청나라 액로특厄魯特 몽골과 화석특부和碩特部의 대길台吉*로 화석친왕 달십파도이達什巴圖爾의 아들이다. 강희 53년(1714)에 아버지 직위를 세습했다. 강희 59년(1720), 청군을 따라 티베트에 가서 준가르 군을 쫓아내었으나 티베트를 장악하고자 하는 야심을 이루지 못하여 내심 불만이 가득하였다. 옹정 원년(1723) 여름에 그는 공개적으로 청나라를 반대하는 기치를 내걸었다. 청 조정은 반란군을 평정할 대군을 조직하고 8월 하순부터 9월 초까지 연갱요 · 악종기岳鍾琪 · 부영안富寧安 등을

파견하여 길을 나누어 진격하도록 했다. 군대를 주도면밀히 배치한 후에 수개월간 정복전쟁을 치르니 반란군 10여만 명은 하는 수없이 투항을 했다. 다음 해에 곽륭사郭隆寺 대첩에서 승리하자 나복장단진은 여장을 하고 도망을 가니 반년간의 반란은 종지부를 찍게 되었다. 이때부터 청 정부는 연갱요가 제출한 뒷수습에 관한 사무 13조를 채택하여 서녕西寧에 주둔할 대신을 파견하기로 하고 둔전을 개간하고 농업을 부흥시키기로 했다. 청해 지역의 정세는 날이 갈수록 안정되어 갔다. 건륭 20년(1755)에 청 군대가 이리伊犁를 평정할 때 나복장단진을 포로로 잡았으나 그를 용서하고 다만 경성에 살되 쓸데없이 나다니지 말 것을 명했다.

* 청나라 때 몽골귀족에게 봉한 작위로 그 지위는 보국공輔國公 다음임 - 역주

선농단 제사도
선농단先農壇은 북경 정양문正陽門 밖 서남쪽에 있으며 명나라 가정 연간에 건설되었고 황제가 신농씨에게 제사지내던 장소다. 신농은 고대 신화에서 가장 먼저 씨뿌리는 방법을 가르친 사람이다. 매년 봄이 되면 황제는 여러 신하들을 이끌고 선농단으로 나아가 친히 밭을 가는 예를 올리고 풍년이 들기를 기도했다. 그림은 청 옹정 황제가 선농단에서 신농에게 제사지내는 그림이다.

1724년
양렴은 제도의 시행

옹정 2년(1724) 7월에 옹정제는 '모선귀공耗羨歸公' 시행을 명령하는 동시에 또한 '양렴은養廉銀' 제도를 시행한다고 하였다. '모선耗羨'이란 세금 징수를 뜻하며 은량으로 납부할 때 손실 부분에 대한 것을 보조하는 것이다. '귀공'은 몰수한다는 의미다. '모선'을 몰수하기 전에는 모두 지방관이 사적으로 사용하였다. '모선귀공'을 시행한 후에는 세금 징수가 완전히 합법적으로 이루어졌지만 수입은 주나 현의 장관에게 돌아가지 않고 포정사布政司에 귀속되었다. 이렇게 되자 지방관은 돈이 생기는 길을 잃게 되었다. 지방관리가 다시 백성에게 정액 외의 비용을 징수하여 새롭게 부정축재하는 불법행위가 나오지 않도록 방지하기 위하여 옹정제는 '양렴은' 제도를 실행했다. 즉 정당한 녹봉 이외에 징수된 세금부분에서 얼마간을 취하여 주현의 관리들에게 생활 보조비 및 공무비용으로 지급한다는 내용이다. '양렴은' 제도를 실행한 후에 관리들은 정상 봉급 이외에 몇 배 심지어는 몇십 배의 수입을 얻을 수 있게 되자 횡령은 어느 정도 줄일 수 있었다.

1725년
연갱요에게 내려진 사약

옹정 3년(1725) 12월 11일에 연갱요가 사약을 받고 자진했다. 연갱요는 자가 양공亮工이고 한군漢軍 양황기鑲黃旗 사람으로 강희 39년(1700)에 진사에 합격했다. 후에 사천순무가 되어 티베트를 평정한 공으로 천섬총독川陝總督으로 승진했으며 여러 번 강희제의 칭찬을 받았다. 연갱요는 옹정제가 즉위하는 과정에 아주 중요한 역할을 했으며 옹정제는 그를 새로운 정권의 핵심인물로 보았다. 옹정 원년(1723) 2월에 2등공 아달합합번阿達哈哈番 작위의 세습직을 받았다. 3월에 태보太保의 직함을 더했고 3등공 작위를 받았으며 서북西北 사무를 처리하는 전권을 갖게 되었다. 10월에 나복장단진 반란을 평정한 공으로 무원대장군을 수여받았고, 또한 2등공으로 승진했다. 다음 해 반란을 평정한 후에 1등공 작위로 승진했다. 신정권을 보호하고 유지하기 위해 윤사允禩 집단을 공격하는 등 연갱요는 결정적인 역할을 하였다. 그러나 그는 공이 많다고 자만하여 황제의 총애를 믿고 오만방자하고 신하의 도리를 지키지 않는가 하면, 또 뇌물을 받고 사적인 당黨을 결성하였다. 게다가 현명하고 재주 있는 사람을 시기질투하고 군량을 착복하자 옹정제는 그의 교만방자한 거동에 대하여 일찌감치 불만을 갖고 있었다. 12월 11일에 의정대신이 의논하여 연갱요의 죄상 92가지를 상주했다. 옹정제는 드디어 연갱요의 자진을 명하고 그의 부친 연하

령年遐齡과 형 연희광年希光의 관직을 박탈하고 죄는 면죄하였다. 그러나 그의 아들 연부립年富立은 참수당했으며 일가 중 문무관원을 담당하고 있던 자들은 모두 관직을 삭탈당했다.

연갱요

두채斗彩* 화조문양의 긴 손잡이 호壺
호는 약간 납작한 원형이고 높은 손잡이가 있다. 편편한 둥근 뚜껑 위에는 복숭아 모양의 꼭지가 있으며 물대는 약간 구부러졌다. 그릇의 몸에는 두채斗彩의 산석 화조화가 그려져 있다.

* 유하채釉下彩와 유상채釉上彩가 서로 결합한 일종의 장식 품종 – 역주

화원풍격을 대표하는 무림파

청나라 초기부터 중엽까지 절강지역에서는 문인화 계통의 풍격이 유행하였고 이외에도 원화식院畵式 화풍 역시 몹시 성행하였다. 그중 '무림파武林派'가 가장 성했다. 무림파는 남영藍瑛 일족의 화가 집단으로 남맹藍孟·남심藍深·남도藍濤·남회藍涧 위주로 전통적인 원화풍격을 대표하는 화파다. 그들은 당·송·원나라의 여러 화가들을 종법으로 삼았는데 절강성 항주에서 활동하였기 때문에 '절파전군折派殿軍'이라고도 칭한다. 세상에 전해오는 작품으로 볼 때 그 구도나 제재에서 몹시 선비적인 분위기가 있어 절파의 한계를 넘어서고 있다. 그림 속 원근의 구도와 엄밀한 준법, 명쾌한 채색 같은 것에서는 절파의 특징을 거의 볼 수 없다. 새로운 형세 속에서의 풍격 변천과 청나라 초기 예술유파 화풍의 상호간의 영향을 나타내고 있다.

티베트어 문학의 번영

청나라가 시작되면서 티베트어 문학은 공전의 번영을 이루며 최고봉에 올랐다. 17세기에 티베트족의 시에도 새로운 발전이 있었으며 백화만발의 국면이 나타났다. 서술한 내용과 운용한 형식 격률의 상이함으로 볼 때 대체적으로 도가체道歌體·격언체·연아체年阿體·사륙체四六體의 4대 유파로 나눌 수 있다. 특히 6세 달라이 창양가초[倉洋嘉措](1683~1705)는 유명한 《창양가초성가情歌》를 지었다. 청신하고 명쾌한 언어로 진지하고 순결한 애정을 표현하여 시단의 기존 작가들이 사용한 내용 없이 화려하고 겉만 번지르르한 기풍을 단번에 일소시키고 새로운 시풍을 창조했다. 이 시기의 장편소설에는 재인왕개才仁旺階의 《훈노달미薰奴達美》와 달보파達普巴·나상증백견찬羅桑增白堅贊의 《정완달왜鄭宛達哇》·《청년 달미達美의 이야기》가 있다. 우언소설로는 11세 달라이 라마가 쓴 《원숭이와 새의 이야기》, 백주白珠·오견길미각길왕포烏堅吉美卻吉旺布(1808~1887)의 《연원가무蓮苑歌舞》등이 있다.

남도藍濤의 《소하도銷夏圖》축

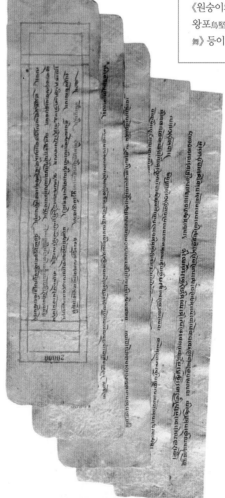

필사본 《격살이왕전》
필사본 《격살이왕전格薩爾王傳》은 티베트 지역에 널리 퍼져 있는 장편 영웅 역사시다. 몽골족·토족土族·납서족納西族 등의 지역과 부탄이나 네팔 등의 국가의 일부 지역에도 전해지고 있다.

민간 목조각의 발달

청 중기 이후, 대나무 조각인 죽조竹雕가 쇠락하고 죽조에서 사용하던 입체조각, 부조浮雕, 투각 등 여러 기법을 목조각에서 받아들여 건축, 가구, 장식품, 식기 등의 방면에 광범위하고 종합적으로 운용되어 흥성시기로 접어들었다. 그중 비교적 유명한 것은 절강성의 동양東陽 목조각, 회양 목조각, 복건성의 나무뿌리에 조각하는 수근조樹根雕, 조주潮州 지역의 금칠金漆 목조각 등이 있다. 동양 목조각은 부조를 위주로 하는데 조각이 정밀하고 세밀하며, 또 구도에 조감투시鳥瞰透視를 사용하여 층차가 뚜렷하다. 주제적인 것과 부차적인 것이 분명하며 화면이 가득하여 장식성이 강하다. 회양 목조각은 주로 절강성 온주溫州 일대에서 생산되었으며 강한 재질의 나뭇결 무늬가 세밀한 회양목을 사용하였기 때문에 이런 이름을 얻었다. 이 제품은 입체적인 조각이 대부분이며 조각 내용은 주로 인물이 많다. 청대 민간 목조각의 발달은 기술과 예술성이 높고 기법이 다양하며 품종과 조형역시 천태만상으로 가히 중국 목조각의 황금시대라고 불릴 만하다.

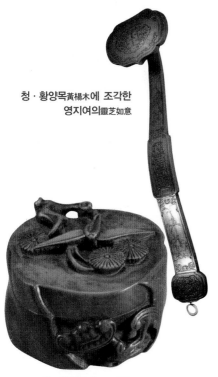

청·황양목黃楊木에 조각한
영지여의靈芝如意

청·황양목에 조각한
송죽합松竹盒

1726년
개토귀류 운동 전개

'개토귀류改土歸流'란 청 통치자들이 서남지역에서 실행했던 지방행정 제도의 개혁이다. 즉 "토사土司*를 폐지하고 대신 유관流官**이 통치하는 것"을 말한다. 운남·귀주貴州·광서 등 소수민족 취락 지역에는 원명 이래로 주로 토사 제도를 시행했다. 토사 제도의 발전은 청대에 와서는 이미 몰락시기로 진입하였다. 토사 제도는 봉건경제의 발전을 저해할 뿐만 아니라 국가의 통일과 안정에도 불리했다. 청 정권이 확립되고 견고해짐에 따라 토사 문제를 해결하고자 의사議事 일정에서 거론하게 되었다. 옹정 4년(1726) 9월에 운귀총독 악이태鄂爾泰는 정식으로 "토사를 폐지하고 유관이 통치하자"는 '개토귀류' 정책을 제출하니 옹정제는 '토사를 유관으로 바꾸는' 정책을 시행하기로 결정하였다. 이 정책은 토사의 할거세력을 타격하여 반란의 요소를 감소시켜 국가의 통일과 변경방위의 공고함을 촉진시켰다. 동시에 서남지역 봉건경제의 발전과 문화교육사업의 발전도 촉진시켰다.

* 원·명·청시대의 소수 민족의 세습 족장 – 역주
** 옛날, 묘족苗族이나 요족瑤族 등의 소수 민족이 모여 사는 지역에 임명된 한족漢族의 벼슬아치 – 역주

1728년
증정의 투서 사건

증정曾靜은 호남성 영흥永興 사람으로 과거시험에 낙방하자 여유량呂留良의 유작을 읽고 깊은 영향을 받아 반청복명反淸復明에 힘을 쏟았다. 옹정 6년(1728) 9월에 증정은 문하생 장희張熙를 시켜 천섬총독 악종기岳鍾琪에게 투서를 했다. 그 내용은 악종기는 악비의 후손이므로 당연히 거병하여 청나라에 반기를 들어야 한다는 내용이었다. 편지 속에는 또한 옹정제가 아버지를 시해하여 황제자리를 찬탈하고 형제들을 죽인 죄행을 열거하였다. 악종기는 장희를 붙잡아 심문하고 증정이 시켰음을 자백하도록 회유했다. 자백을 들은 악종기가 곧 황제에게 보고했고, 옹정제는 즉시 사람을 파견해 증정 사건을 심리했다. 후에 증정은 여유량의 영향을 받았음을 실토했다. 이리되자 또 관원을 파견해 여유량의 집을 몰수했다. 옹정제는 범인들을 모두 북경으로 압송하여 문초하라고 명령하고 그를 모욕한 유언비어의 근원을 끝까지 찾아내기로 결심했다. 결국, 소위 옹정제가 조서를 고쳐 제위를 찬탈하고 강희제를 독살하였으며, 황태후를 못살게 굴어 죽이고 형제들을 죽이는 등의 말들이 모두 윤사允禩와 관계된 태감들이 퍼뜨린 것이라는 결론을 얻어냈다. 이렇게 하여 옹정제는 문초한 정황에 근거하여 끊임없이 여유량의 관점을 반박하는 유시를 내보냈고, 윤사 집단을 비방하면서 자신의 해명할 수 없는 억울한 누명을 씻고자 했다. 증정은 《귀강록歸江錄》을

썼는데 죄를 뉘우치는 마음이 가상타
고 여겨 옹정 7년(1729) 10월 6일에 사
면을 선포하고 증정과 장희 두 사람을
석방했다. 그러나 여유량은 부관참시
당하고 자손들은 유배당했으며 가산
은 몰수되었다. 이후에 문자옥文字獄
은 점차 더욱 더 심각해졌다.

황록에 녹색으로 덮힌 참외 모양의 유리합

박산 유리

원나라 때부터 안신진顔神鎭은 줄곧 중
국 북방 최대의 유리(고대에는 벽유리璧琉
璃·유리·파려頗黎 등의 명칭이 있었음) 생산
의 중심지였다. 이곳은 마아석馬牙石·자
석·능자석凌子石·초석 및 단연丹鉛·
동·철 등 다양한 광석이 출토되어 유리
생산에 더할나위 없는 천연의 조건이 구
비된 지역이다. 강희 35년(1696)에 청 성
부는 내정에 유리창琉璃廠을 설립하고 전
문적으로 황실을 위한 각종 유리 그릇을
제조하였다. 옹정 12년(1734)에 안신진에
박산현博山縣을 설치했다. 후에 내무부 유
리창은 박산현의 유리 장인들을 불러들
이기 시작했고 이로써 박산 유리공예가
궁정으로 들어가게 되었다. 건륭시기에
유리창 안의 박산 장인들은 여전히 많은
수를 차지하고 있었다. 청대에 조판처造辦
處 유리창에서 생산한 기물은 각양각색으
로 주로 향로爐·병·호壺·바라·잔·
사발·술동이 및 연호煙壺(코담배통) 등이
있다. 색상도 흰색·황색·남색·청색·
자색·홍색 등 30여 종으로 풍부하고 다
채롭다. 장식방법 역시 금성료金星料·교
태攪胎*·투료套料·법랑채 등이 있다. 이
중 '투료' 장식예술은 청대에 생긴 새로
운 방법으로 흰 유리 바탕에 각종 채색유
리의 도안을 붙여 미완성품으로 만든 후
에 연마 과정을 거쳐 완성되는데 풍격이
정교하고도 아름답다.

* 흰색과 갈색을 서로 배합하는 것으로 바탕에
는 나무결의 모양이 생김 - 역주

원강과 원씨화파

원강袁江(약 1671~1746)은 자가 문도文
濤, 만년의 호는 수천岫泉이며, 강소성 강
도江都(지금의 양주) 사람이다. 그는 맨 처
음 양주에서 그림을 그렸고 강소성 남경
과 절강성 회계 일대를 다니며 회화창작
생활을 하였다. 옹정 때에 원강은 부름
을 받고 궁정에 들어가서 외양심전外養心
殿에서 지후祗候를 역임했다. 원강은 젊
었을 때는 명나라 구영仇英의 화풍을 배
웠고, 중년에는 당나라 이사훈李思訓 부
자와 송나라 조백구趙伯駒 형제의 청록산
수화를 힘들게 배워 열심히 임모했다.
그는 정교하고 섬세하며 범상치 않은 청
록산수와 정밀한 경계를 교묘히 결합하
여 새로운 품격을 갖춘 산수 누각 경계
를 창조해냈다. 그의 화필은 엄정하고도
세밀하고 색채는 청려했으며 화면은 신
중하고도 세심하였다. 이런 풍격은 청초
화단에서도 독특한 한 축을 이루었고 웅
건한 기세는 당시 사람들이 받들어 칭찬
하였다. 원강의 창작 풍격은 그 아들인
원요袁燿 및 원설袁雪·원영袁瑛 등이 계
승하여 풍격이 독특한 원씨袁氏화풍을
형성했다.

원강의 〈해옥첨주도海屋沾籌圖〉(서화첩)

녹색 유리 사두渣斗*

* 식탁 위에 올려놓고 생선가시나 차 찌꺼기를 담는
그릇 - 역주

원강의 〈화과도花果圖〉권

1732년
군기처의 설립

옹정 10년(1732)에 군기방軍機房을 군기처軍機處로 바꾸고 '의정왕대신회의議政王大臣會議'를 완전히 대신하여 궁정 최고의 정책결정 기구가 되어 황권 통치는 한층 더 강해졌다. 청나라 초기에 궁정에는 '의정왕대신회의'가 설치되어 내각의 위에 있어 최고의 중추기관으로 정책을 결정하는 곳으로 상호 견제를 했다. 의정왕대신회의는 만주족 귀족 특권 지위를 보호 유지하는 기구로 '국의國議'라고 칭했다. 그 구성원은 만주족 귀족의 여러 왕 및 총리기무대신으로 조직되었다. 후에 역대 황제들은 황권을 더욱 끌어올리기 위하여 끊임없이 왕공 팔기주의 세력을 삭감하였다. 게다가 후에 의정왕대신은 "태반이 작위를 세습한 자들로 세상 물정을 모르게" 되어 의정제도는 서서히 쇠락해갔다. 옹정제 즉위 후에 여러 왕들의 권력에 대해 더욱 제한을 두게 되었다. 우선 그는 여러 왕의 군권軍權을 회수하고 이어 옹정 7년(1729)에 군기방을 설립하여 이친왕怡親王 윤상允祥·대학사 장정석蔣廷錫·장정옥張廷玉 등에게 몰래 명하여 군사상 필요한 사무를 보고 군무를 보좌하도록 했다. 옹정 10년(1732)에 정식으로 군기처로 바꾸고 황제의 유지를 받들어 각종의 긴요한 사무를 처리하여 의정왕대신회의를 대신하여 군국대사를 처리하는 상설 핵심 기구가 되었다. 군기처의 설립은 청대 황권이 진일보하여 강해진 것을 의미하며 봉건 전체가 이미 최고봉에 도달했음을 의미한다.

양심전 정전正殿
양심전養心殿은 옹정 이후 역대 황제들이 정무를 처리하던 곳이다.

군기처의 내부 모양
군기처軍機處는 자금성 안 우문右門 서쪽에 있다. 군기대신이 공무를 처리하던 곳으로 군기대신은 이곳에서 황제를 도와 군정의 중요한 일을 처리했다.

검은 바탕의 녹용綠龍 문양 접시

1732년
청군의 갈단 체링 대파

옹정 7년(1729)에 청 군대와 준가르부 간에 충돌이 발생하였고 대규모의 무력충돌로 이어졌다. 옹정 9년(1731) 7월에 부이단부傅爾丹部로 진군하는 중에 매복을 당해서 대패했다. 청 조정에서는 순승군왕順承郡王 석보錫保를 정변대장군靖邊大將軍에 임명하여 9월에 악등초륵鄂登楚勒에서 준가르를 대파했고 갈단 체링[噶爾丹策零]은 도주했다. 그러나 그는 여전히 성에 차지 않아 늘 객이객을 침략하고자 하며 세력을 확대해나갔다. 옹정 10년(1732) 6월에 청 군대와 객이객 몽골기병은 광현사光顯寺에서 갈단 체링을 대파하였다. 광현사의 전투는 준가르부에게 처참한 손실을 안겨주었다. 형세가 어쩔 수 없게 되자 갈단 체링은 옹정 11년(1733) 말에 청 정부에 화의를 구했다. 다음 해에 청 정부는 사신을 준가르에 파견하여 준가르부와 객이객이 각자의 유목지역을 확실히 정해 영원히 전쟁을 하지 않기를 희망했다. 여러 번의 담판을 거친 후에 건륭 4년(1739)에 청 조정은 비로소 갈단 체링과 의견을 조정할 수 있었다. 즉 아이태산阿爾泰山을 경계로 준가르부족은 아이태산 서쪽에서 유목을 하고, 객이객 부족은 아이태산 동쪽에서 유목을 하기로 결정했다. 이렇게 하여 청 정부와 준가르 부족의 세력 할거 갈등은 잠시 화해 모드로 변하여 이후 20년간 평화를 유지했다.

유현의 연화

유현濰縣(지금의 유방濰坊)은 산동성 동부에 있는 경제문화의 중심지다. 유현성 동북의 양가부楊家埠는 목판 연화年畵의 발원지 중의 하나다. 현지의 역사문물로 볼 때 유현 목판 연화는 적어도 건륭 이전에 출현했음이 증명되고 있다. 건륭 연간에 유현에 있던 연화 상점을 고찰할 수 있는 곳으로는 영성永盛 · 길성吉盛 · 공의公義 · 공태公泰 · 공무公茂 · 공흥公興 등의 상점이 있다. 도광과 함풍 연간에는 연화 상점이 급속도로 발전하여 60여 개소에 달했다. 광서 연간에 이르러 유현 연화는 전성기를 맞았다. 유현 목판 연화는 농후한 민간예술 특색을 지니고 있다. 제재는 주로 농촌의 인정과 풍속에서 취하고 인물조형은 과장되고 구도는 양류청楊柳靑 연화의 장점을 흡수하여 더욱 풍부하게 변하였다. 유현 연화는 채색 투인판으로 분류되며 색상에 있어서는 북방의 질박함과 명쾌함을 지니고 있는가 하면 또한 남방의 우아함과 유려함도 지니고 있다. 유현 목판 연화의 예술풍격은 또한 평도平度와 고밀高密 지역의 연화 발전에도 영향을 주었다.

청대 목판 연화 《백사전白蛇傳》

내몽골 석력도소
석력도소席刀圖곰는 일찍이 청군이 준가르를 정복할 때 주둔하던 곳이다.

1735년
옹정제의 서거와 건륭제의 즉위

옹정 13년(1735) 8월 23일 자시子時에 옹정제가 원명원에서 돌연 병사했다. 8월 20일에도 옹정제는 군기대신을 불러들였는데 21일에 갑자기 병이 들었다. 22일 밤에 병세가 심해지자 보친왕寶親王 홍력弘曆이 제위를 잇고 장친왕莊親王 윤록允祿 · 과친왕果親王 윤례允禮 · 대학사 악이태鄂爾泰 · 장정옥張廷玉 네 명에게 정치를 보좌하도록 임종 전에 조서를 내렸다. 23일에 서거하니 향년 58세였으며 후에 시호는 헌황제憲皇帝고 묘호는 세종이다. 옹정제가 갑자기 서거한 원인은 불분명한데 그가 병이 들고 세상을 하직하기까지 걸린 시간은 겨우 이틀이었다. 심지어는 병이 나기 하루 전날에도 평상시처럼 공무를 처리했다. 일설에는 중풍이 들어서 죽었다고 하고, 또 다른 일설에는 자객이 들어 수급을 가져갔다고도 한다. 또 단약 복용이 중독이 되어서 죽음에 이르렀다고도 한다. 9월에 영구가 옹화궁雍和宮에 안치되었다. 건륭 2년(1737)에 역주易州의 태릉지궁泰陵地宮에 장사지냈다. 옹정제 사후에 환구들은 옹정 원년(1723)에 봉해 두었던 조서를 윤록 · 윤례 · 악이태 · 장정옥 등이 모두 도착하기를 기다렸다가 비로소 개봉했다. 홍력은 이리하여 몰래 황태자를 세우고 제위를 잇는다는 유서에 따라 순조롭게 즉위했다. 홍력은 옹정제 윤진의 넷째 아들로 강희 50년(1711)에 옹친왕 저택에서 태어났고 옹정 11년 화석보친왕에 봉해졌다. 같은 해 9월 3일에 홍력은 태화전으로 나아가 천지 · 종묘 · 사직에 제사지내고, 다음 해를 건륭 원년으로 한다고 공포했다.

청 건륭황제 애신각라 · 홍력弘曆

고대 공예를 집대성한 청 황실의 견직물

청대의 견직 공예는 명대의 전통 기초 위에서 더욱 큰 발전을 하였으며 또 서로 다른 지방의 체계를 형성했다. 청 궁정의 견직 공예는 고대 견직 공예를 계승했을 뿐만 아니라 전국 각지의 견직품 공예의 정수를 모았기 때문에 견직품의 품종이 많고 직조기술은 완전하게 성숙했다. 그중 가장 성취가 있는 것은 직금織錦* · 자수刺繡 · 격사緙絲의 세 품목이다. 청대 궁정 직금 기구는 네 곳에 설립되었다. 하나는 북경으로 내직염국內織染局에 있었고, 나머지는 강녕(남경) · 소주 · 항주에 있는 직조국에 있었다. 청대 궁정 견직 공예는 고도로 발전하여 중국 견직 기술의 최고의 성취를 보여주고 있다. 청말이 되자 궁정의 견직업은 점차 쇠락하고 민간 견직 공예는 궁정 견직 기술을 흡수하여 흥기하기 시작했다.

* 자수를 놓은 것처럼 도안과 그림이 있는 채색 견직물 – 역주

옹정제 태릉대전泰陵大殿

옹정제 석청石靑 비단에 채운금룡彩雲金龍을 수놓은 조회용 두루마기

1739년
관방 편찬의 《명사》 완성

청 조정에서 명나라의 역사를 기술한 기전체 사서인 《명사明史》를 주관하여 편찬했다. 순치 2년(1645)에 시작하여 건륭 4년(1739)에 최종으로 보화전保和殿 대학사 장정옥 등이 편찬을 완성하니, 95년이 걸린 중국 역사상 편찬 시간이 가장 긴 관방 사서다. 《명사》는 총 332권으로 본기本紀 24권 · 지志 75권 · 표表 13권 · 열전 220권이 포함되고 또 목록 4권이 있다. 《명사》는 《명실록》 · 《대명회전大明會典》 · 당책檔冊 · 저보邸報와 문집 · 주의奏議 · 패사稗史 · 방지方志 · 전기傳記 등에서 자료를 취하였다. 이 책의 체례는 근엄하고 일의 서술은 정확하며 편성도 타당하고 문장도 간명하여 비교적 높은 사료적 가치를 지니고 있다. 《명사》 체례상에 있어 가장 독특한 것은 시대적 특징에 근거하여 《엄당전閹黨傳》 · 《토사전土司傳》 · 《유적전流賊傳》과 《칠경표七卿表》 등을 더했다는 점이다. 또한 명대의 중요한 사회 문제를 기술한 것도 특이하다. 그러나 《명사》에도 결점이 적지 않은데 기사가 너무 간략하고, 특히 건주여진과 남명의 역사에 관해서는 빼놓은 것이 너무 많고 사실과 부합되지 않는 점이 많다.

1742년
황하와 회하의 수재민 구제

건륭 7년(1742) 여름에 강소·안휘·호남·호북·귀주·강서·절강·산동 등이 모두 수재를 만났다. 특히 강소와 안휘 두 성이 심각하여 두 성의 수재민은 수백만 명으로 추산되었다. 소식을 들은 청 정부는 즉시 강소와 안휘 두 성의 독무에게 이전의 예例에 구속되지 말고 힘껏 구제하도록 지시했다. 물이 빠지고 난 후에는 구휼에 더욱 힘써 미치지 못하는 곳이 없도록 했다. 건륭제는 수해지역에 당해의 세금을 면제하도록 명하고, 또한 여러 차례 독령대학사督令大學士·강남독무督撫·조독漕督·하독河督 등에게 돈과 곡식을 잘 배정하여 수재민을 구제하도록 조서를 내렸다. 8월에 250만 량을 창고에서 내주어 재해지역을 구제했다. 9월에 또 강남·서주·회하 지역 창고에 보관되어 있던 곡식 54만 석을 풀어 수재민을 구제했다. 또 절강 창고에 있던 식량 10만 석을 빌리고, 산동에 저장된 조운미 10만 석을 강남으로 운반하여 사용하도록 했다. 얼마 안 되어 청 조정은 또 계속하여 하강下江(강소성을 말함)의 번藩·양식·소금 창고에 보관되어 있는 94만 량과 미곡 110여만 석, 상강上江(안휘성을 말함) 국고의 80여만 량, 미곡 120만 석을 풀었다. 당해의 소금세금은 130만 량이 있었다. 다시 인근 성省에서 100만 량을 거두어들여 강소성과 안휘성의 번고藩庫에 나누어 저장하여 다음 해 보리 수확 전까지 구휼

토록 했다. 황하와 회하의 대홍수는 비록 거대한 손해를 입혔지만 정부의 효과적인 조치로 커다란 사회 혼란을 피할 수 있었다.

상업회관
상업회관은 상인이 자체적으로 조직한 상업 사무실이다. 그림은 청대 소주에 거주하던 산서성 상인들이 건축한 '전진회관全晉會館'이다.

상업 집단의 흥기

청나라 상업의 번영과 상인들의 활약은 새롭게 최고조에 달했다. 상업활동의 상품유통과 어느 특정지역이 연결되어 각각의 지역이나 혹은 경영 항목을 구분하는 상업집단이 형성되었다. 정확하게 말하자면 명말에 상업 집단이 이미 출현하였는데 비교적 이름이 난 곳은 휘주·산섬山陝·복건과 광동 연안 및 강소 동정산, 절강성 용유龍游 등의 상업집단이 있다. 청나라가 건국된 후에도 그들은 변함없이 중국의 상업무대를 독점하였고 그 중 휘주 상인과 산서 상인은 여전히 최대의 상업 집단이었다. 시장유통의 총액을 절대적으로 점거하는 경영 항목인 식량·면화·면포·생사生絲와 견직품·소금·차 같은 품종이 대종을 이루었다. 위의 두 상업 집단 중에서 수십만 내지 수백만 량의 자본을 보유한 대상인은 모두 소금판매 경영자들이고 그들과 관부는 상당히 밀접한 관계를 맺고 있었다. 이밖에 청대에는 또 신흥의 광주양행廣州洋行 상인과 내무부에 예속된 상인들이 있었는데 청대에 '권欋'·'전錢'으로 통일되는 상업집단에 속해 있었다. 상업집단의 흥기는 청나라 상품유통 총액을 명나라보다 훨씬 많게 하였으며 상업 역시 명나라보다 번영하였다.

주단 포목점
상품 교환은 처음에는 물건과 물건의 교환으로 시작하여 후에는 화폐로 매매를 하게 되었고, 더 나아가 점포를 경영하는 데까지 발전했다. 그림은 청대 주단 포목점이다.

진공도
이 그림은 청대 관부에서 소수민족의 조공품을 받는 광경을 표현했다.

직공도권職貢圖卷(일부)
청나라 김정표金廷標 등이 그렸다.

활쏘기 연습의 중시

청나라는 '활로 천하를 평정' 했기 때문에 마술과 궁술을 몹시 중시했다. 당시에 "우림羽林무사들은 직무를 마치고 물러나 여가가 있으면 늘 교련장에서 활쏘기를 배우며 운동장에 있다"는 말이 있을 정도였다. 팔기군은 마술과 궁술을 본래의 직무로 여겼다. 청나라에서는 군대만이 활쏘기를 중시한 것이 아니라 황실에서도 활쏘기를 중시했다. 궁정 안에는 왕자에게 전문으로 궁술과 기마를 가르치는 사람이 있었다. 그들은 각자의 영참營參·좌령佐領에서 선발하여 파견되었다. "상서방上書房 계단 아래는 궁술을 연습하는 곳으로 황제가 정무를 보다가 여가가 있으면 잠시 황태자와 왕자들을 불러 궁술연습을 하게 했다. 여러 사부 중에서 활을 잘 쏘는 사람도 이들과 같이 했으며 번번이 비단이나 깃털을 하사하여 정상적인 수업으로 여겼다." 강희와 건륭 등 여러 황제들은 모두 활을 잘 쏘았다. 청대 민간에서도 역시 궁술연마를 하였는데 단오절에는 버들잎을 쏘아 맞추는 풍습이 있었다. 청대 무과武科는 시종 궁술이 주요 시험 항목이었다. 이밖에 활을 쏘는 중요한 수단의 하나는 수렵활동이었다. 특히 '목란추선木蘭秋獮'이 가장 유명하다.

건륭의 목란추선

건륭 6년(1741) 7월에 청 고종 애신각라·홍력弘歷이 목란추선木蘭秋獮을 거행했다. 황궁의 정무를 다 처리하고 안배한 후에 7월 26일에 원명원에서 출행을 시작하여 승덕承德 피서산장과 황제 사냥터인 목란위장木蘭圍場으로 향했다. 목란추선은 목란수위木蘭隨圍라고도 하는데 강희 연간에 시작되었다. 그 내용은 피서산장에서 연회를 열고 목란위장에서 사냥하는 것이 포함된다. 피서산장 연회는 만수원萬樹園·대정전大政殿·담박경성전澹泊敬誠殿에서 번부의 몽골 왕족과 대신들을 초청하여 연회를 베풀고 겸하여 뱀춤을 추고 씨름경기를 거행했다. 산장의 활동이 끝난 후에는 중추절을 넘기고 황제 일행은 목란위장으로 가서 사냥을 했다. 사냥의 규모는 몹시 컸으며 황제는 수많은 수행 및 각 번부의 몽골 왕공 등을 대동하고 사냥복을 입고 나는 새를 쏘고 달리는 짐승을 좇는데 그 위풍과 기세가 대단했다. 목란의 가을 사냥의 목적은 상무정신을 키우고 번부를 회유하는 데 있었다. 목란추선은 강희 때에는 격년으로 진행되었고, 건륭 17년(1752) 후에는 해마다 거행되었다. 가경 때에는 국세가 쇠락하자 가을 사냥도 점점 축소되었고 도광 연간에는 너무 가난하여 가을 사냥이 거의 중지되었다. 목란추선의 쇠락은 한 측면으로 볼 때 청왕조의 성세에서 쇠락의 변화를 반영하고 있다.

주세페 카스틸리오네의 〈마술도馬術圖〉
이 그림은 청나라 초기에 팔기병이 군사훈련을 하는 모습이다.

초록도哨鹿圖(일부)
이 그림은 건륭 6년(1741) 가을에 건륭 황제가 즉위 후에 처음으로 사냥터에 가서 사슴을 불러들여 사냥하는 정경을 그렸다. 말의 행렬 앞에서 세 번째 백마를 탄 사람이 건륭 황제고 그 나머지 사람들은 수행하는 왕공과 관리들이다.

1744년
라마교 사원으로 바뀐 옹화궁

강희 33년(1694)에 강희제의 넷째 아들 윤진(후의 옹정제)이 북경성 내의 동북쪽에 있던, 원래 명나라의 태감 관청 유적지에 옹친왕부를 건설했다. 옹정 3년(1725)에 옹화궁으로 이름을 바꾸고 특무관청인 '점간처粘杆處'가 되었다. 옹정제가 서거(1735)한 후에 그 영구가 이 궁 안에 모셔졌기 때문에 주요 건축물인 지붕의 녹색 유리기와를 황색 유리기와로 바꾸었다. 또한 옹정제 화상을 모신 영우전永佑殿을 신어전神御殿으로 명칭을 바꾸었다. 이후에 옹화궁은 청나라 황제가 선조를 모시는 장소가 되었다. 여러 라마승이 오랫동안 이곳에서 불경을 독경하고 망혼을 제도濟度했다. 건륭 9년(1744)에 정식으로 라마교 사원으로 건축하고 또한 청 정부의 라마교 사무를 관리하는 중심처가 되었다.

옹화궁 건축도

라마교의 법기
法器인 날개에
상감한 법고동

청대 전통 민가

청대에 각 민족 간의 왕래와 융합은 점점 빨라져서 사회 경제는 날로 번영되었고 전국 범위 내에서 점차 농후한 지방특색을 갖춘 민가가 건축되어 갔다. 기본적으로는 일곱 가지로 크게 분류할 수 있는데 정원식 민가·난간식 민가·동굴식 민가·티베트족 민가·위구르족 민가·파오와 천막식 및 기타 민가가 있다. 요동窯洞이라고 부르는 동굴식 민가는 황토지역의 절벽에 옆으로 동굴을 파내어 집을 만드는 것으로 오래된 주거방식이라고 할 수 있다. 비가 적은 북방의 황토지대에서 성행했다. 난간식 민가는 주로 기후가 아주 더운 지역에서 응용한 것으로 습도가 많고 비가 많은 서남의 아열대 지역에 많다. 청대 각 지역의 민가의 발전과 성행은 중국 근현대의 민가 형태에 커다란 영향을 주었다.

복건의 민가-토루

토루土樓의 최대 특징은 조형이 거대하고 집단 주거구에 속한다는 점이다. 가장 일반적인 둥근 요채[圓寨]는 직경 50여 미터에 3,4층의 높이다. 안에는 1백여 칸의 주택이 있고 3,40호에 2,3백 명이 살 수 있다. 비교적 큰 둥근 요채에는 7,8백 명까지 살 수 있다.

1744년
원명삼원의 건설

청 건륭 9년(1744)에 원명삼원圓明三園이 기본적으로 건설되었다. 원명삼원은 북경 서북쪽 교외에 있으며 원명원 및 그에 부속된 장춘원長春園과 기춘원綺春園의 합칭으로 청대 북경 서북 교외의 다섯 곳의 이궁별장 즉 '삼산오원三山五園'(향산의 정의원靜宜園·옥천산玉泉山의 정명원靜明園·만수산萬壽山의 청의원淸漪園·원명원·창춘원暢春園) 중 규모가 가장 크다. 총면적은 347 헥타르다. 함풍 10년(1860)에 영국·프랑스 연합군이 훼손했다. 삼원 중에 규모가 가장 큰 원명원은 원래 명나라 시기에는 개인 정원이었는데 청 강희 48년(1709)에 넷째 아들 윤진에게 하사하여 원명원이라 이름을 바꾸었다. 원명원은 건륭 때에 다시 확충 건설되었고 북방 정원의 전통예술을 계승한 기초 위에 강남 정원의 예술 정화도 광범위하게 흡수하여 고도의 예술 수준을 구비한 대형 황실정원을 건설했다. 장춘원은 건륭 14년(1749)에 건설되었다. 장춘원은 원명원의 동쪽에 있으며 건륭 황제가 정무가 끝난 후에 오락을 즐기던 곳이다. 기춘원은 또 만수원萬壽園이라고도 하는데 건륭 37년(1772)에 장춘원 남쪽의 몇 개의 작은 정원을 합쳐서 만들었다. 원명삼원은 모두 집금식集錦*式의 산수 정원이다. 배치와 조경 수법에는 모두 각기 특색이 있지만 총체적으로 볼 때 이는 청대 황실정원 중의 최고로, 사람들은 "모든 정원 중의 정원"이라고 한다.

벽옥 용봉 꽃병

* 훌륭한 것만을 모아놓은 것을 말함 – 역주

교가대원喬家大院의
조형이 특이한 굴뚝

훼손된 원명원 서양식 건축물

교가대원 정원正院

1751년
《서장선후장정》의 초안

건륭 15년에 티베트 왕 주이묵특珠爾默特이 다시 반란을 일으켰으나 얼마 안 가 평정되었다. 청 조정에서는 티베트 왕 제도를 폐지하고 티베트에 갈하噶廈*를 설립하고 지방행정을 관리하도록 했다. 티베트에 들어가 반란을 평정한 사천총독 책릉策楞은 건륭제의 지시에 따라 건륭 16년(1751)에 《서장선후장정西藏善後章程》 초안을 잡고 티베트의 정치·군사·경제 등 각 방면에 중대한 개혁을 진행했다. 《서장선후장정》에서 가장 중요한 내용은 주駐 티베트 대신의 직권을 대대적으로 높인 것이다. 《서장선후장정》에는 주 티베트 대신의 티베트 내에서의 사무를 감독 처리할 것과 그 지위는 달라이 라마·판첸 액이덕니額爾德尼와 평등하다고 명확하게 규정하였다. 이와 동시에 청 조정에서는 또한 티베트의 군사제도 정돈에 착수하여 티베트에 장기적으로 병사 1천5백 명을 주둔시키기로 결정했다. 은폐銀幣를 통일하여 주조하고 티베트 안에서의 외국 화폐의 유통을 금지 시켰다. 조세의 선징수와 오랍烏拉**의 할당 등을 제한하였다. 이런 개혁은 전면적으로 청 정부의 티베트 지역에 대한 통치를 강화하였고 또한 티베트 정치와 경제 상황을 개선시키고 서남 변경 국방을 공고히 해주었다.

* 옛날 티베트 지방 정부의 최고 행정 기관으로 라싸에 설치되었다가 1959년 티베트 사건 후 해체되었음, 중국어 발음은 gaxia – 역주

** 이전에 티베트 지역에서 농노가 관부 혹은 주인을 위하여 복역하던 노역, 혹은 노역하는 사람을 일컫는 말 – 역주

금도금 동 불감

티베트 문물관리위원회에 소장된 청대의 불감이다. 감내에는 부처 세 분이 모셔져 있고 전체 불감 조형은 엄숙하고 근엄하며 금벽이 휘황찬란하다.

금 도금한 단성

티베트 밀종이 법회를 수행할 때 '마귀 무리'의 침입을 막기 위하여 법을 수행하는 곳에 둥근 원을 그리거나 토성을 만들어 놓는다. 어떤 때는 그 위에 부처나 보살 등을 그려서 '만다라曼陀羅'라고 한다. 단성壇城의 뜻은 도량을 말한다. 이 물건은 청나라 때 달라이 라마가 황제에게 선물한 단성이다.

오경재와 《유림외사》

'건륭성세' 일 때 오경재吳敬梓는 걸출한 풍자소설 《유림외사儒林外史》를 창작했다. 오경재(1701~1754)의 자는 민헌敏軒, 만년의 호는 문목노인文木老人이고 안휘성 전초현全椒縣 사람으로 청나라의 유명한 문학가다. 장원급제한 벼슬아치 집안 출신으로 많은 조상들이 높은 관직에 있었다. 33세 때 남경으로 이사왔으나 집안이 이미 몹시 가난하여 글을 팔아 생활하였다. 36세 때 박학홍사博學鴻詞 시험에 응시하도록 추천받았으나 오히려 병을 핑계로 사양하였다. 가난과 근심 속에서 양주에서 54세(1754)에 죽었다. 《유림외사》의 사회 비판의 칼끝은 봉건 과거제도가 문인들의 영감을 부식시키고 중독시키고 있다는 점을 겨냥하였다. 오경재는 분명한 사상의 관점에서 전체 봉건문화를 굽어보며 심각하게 유림 유생들의 여러 가지 심리적 상태와 생태를 해부하였다. 《유림외사》의 수준 높은 사상예술의 성취는 중국 고전 풍자소설의 기초를 확고하게 해주었다. 이 소설은 만청晚淸 견책소설譴責小說 및 현대 풍자소설에 대해 모두 깊은 영향을 주었다. 《유림외사》와 이보다 조금 늦게 출현한 《홍루몽》은 모두 중국 장편소설이 내용에서 형식까지 성숙했음을 보여준다.

건륭의 남순

건륭 16년(1751) 정월에 하천 수리에 관한 업무와 해안 방어를 감독 시찰하고 관방 군정을 현지조사하며, 백성의 고통을 이해하고 노모를 모시고 유람을 한다는 이유로 건륭제는 강희제가 여섯 번이나 남순했던 것을 흉내내어 처음으로 강소성과 절강성의 남순길에 나섰다. 정월 13일에 그는 황태후를 모시고 북경을 떠나 육로로 직례直隷·산동을 거쳐 강소성 청구淸口에 도착했다. 2월 8일에 황하를 건너 천비갑天妃閘·고가언高家堰을 둘러보고 회안淮安을 거쳐 운하를 통해 배를 타고 남하하여 양주·진강鎭江·단양丹陽·상주常州를 거쳐 소주에 도착했다. 삼오三吳*의 선비들에게 각자 본업에 충실해야 하며 겉만 번지르르한 것을 힘껏 물리치라고 유시諭示했다. 3월에 항주에 도착하여 부문서원敷文書院을 참관한 후에 관조루觀潮樓에 올라 열병을 하고 서호의 명승지를 두루 유람했다. 전당강을 건너 소흥에 도착하여 대우릉에 제사를 드렸다. 어가를 돌려 올 때는 강녕(지금의 남경)을 돌아 명 태조릉에 제사를 드리고 열병하고는 또 황태후를 모시고 친히 직조기방에 가서 직조물을 관람했다. 뒤이어 운하로 북상하였고 4월에는 육로로 태안泰安에 도착하여 동악묘에 가서 향을 올렸다. 5월 4일에 원명원에 도착했다. 북경에서 항주까지의 남순 왕복 여정길은 수륙 합쳐 전체 5천8백리였으며 시일은 5개월 남짓 걸렸다. 후에 건륭제는 다시 다섯 차례나 강남으로 내려갔다.

* 즉 오군吳郡·오흥군吳興郡·회계군會稽郡을 말함 — 역주

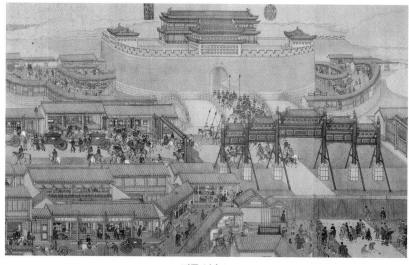

건륭 남순도

마조주의 기의

건륭 17년(1752), 마조주馬朝柱가 호북성과 안휘성 등에 서찰을 보내 군인을 모집하며 기의를 준비하였으나 일이 성사되기 전에 발각되었다. 마조주는 호북성 나전羅田 사람이다. 건륭 16년(1751) 겨울에 마조주는 나전과 영산英山 일대에 사람을 보내 점포를 열고 사람을 모집하였으며 비밀리에 조서 하나를 백 장 인쇄하여 대중들에게 읽게 했다. 건륭 17년 정월에 마조주는 조서를 서찰로 만들어 각지로 보내 군졸들을 널리 불러들였다. 동시에 병기를 제조하고 초석과 유황을 사들이고 적극적으로 기의를 준비했다. 이 소식이 일시에 사방으로 퍼지면서 관부의 주의를 받게 되었다. 기주지주蘄州知州 이필李泌이 대장장이 왕정사王廷賜의 집으로 가서 칼과 백포 등을 압수하고 이인종李仁宗 등을 사로잡은 후에도 마조주는 여전히 '태조군령大朝軍令'이라고 깃발을 만들어 인쇄하고 각지로 보내 길을 나누어 규합하기를 희망하고 동시에 거병했다. 4월 4일에 마조주는 처자식과 부하들을 거느리고 안휘성 영산 천마채天馬寨 산기슭으로 올라가 공개적으로 기의를 했다. 이틀 후에 관군이 포위를 하니 산채를 지켜내지 못했다. 마조주와 핵심 인원들은 어지러운 틈을 타서 도망가 그 행방이 묘연해졌다. 나머지 2백여 명은 모두 체포되어 처형을 당하거나 죄를 받았다. 이에 이르니 명나라 부흥의 기치로 일어났던 마조주의 기의활동은 실패를 고하게 되었다.

청대 상업도시의 번영

청나라 초기에 인구의 압박과 시장경제 이윤의 유혹으로 명대 중기 이후의 강남 농업 경영방식은 상품화의 방향으로 전환했으며 농민은 점차 시장경제 시스템 속으로 빨려 들어갔다. 상업도시는 바로 상품성 농업경영의 발전과 수반하여 시장의 기초 위에서 빠르게 발전시기로 진입하여 일시에 흥성했다. 청대의 민간수공업의 흥성은 도시의 번영을 위하여 풍부한 상품을 제공했으며 객관적으로 도시의 발전을 자극했다. 도시에서 진행되는 각종 교역 중에서는 도매가 소매보다 커서 상업금융이 기술적인 면으로 유리하게 개선되었다. 이는 상업도시로 하여금 '도시화'의 경향을 드러내도록 했으며 이것이 진정한 의미의 전국시장의 일부분이 되었다. 강남 지역은 청대에 도시가 가장 밀집된 지역으로 모두 유명한 상업성 도시. 이 도시들은 엄밀하게 구역도시망을 구성하여 이 지역을 유기적인 경제총체가 되게 하였으며 경제영역의 '전통 안에서의 변천' 과정을 힘있게 촉진하였다. 청대 상업도시로 가장 흥성한 지역은 절강성에 속하며 현지 상품경제의 발전은 이에 상응하여 시민사회의 형성과 발전을 촉진시켰다.

소주의 번화한 회서교懷胥橋의 시장거리

청대 명절의 시장

중국 각지에서는 매번 설날이 되면 평소처럼 시장이 서는 것 외에 또 임시로 조직된 시장이 섰다. 이것이 오랜 시일이 지나다보니 각지에 서로 다른 풍습으로 형성되었다. 북경사람들은 이 임시 시장을 '광창전逛廠甸'이라고 하는데 역시 이런 종류에 속한다. 북경 평화문 밖의 광전廠甸은 매년 초하루부터 보름까지 각지의 상인과 작은 가판대가 이곳에 운집하여 교역시장이 조직된다. 그림은 가판대를 설치하고 사람들이 왕래하고 거마의 왕래가 꼬리를 물고 있는 청대 시장이 선 모습을 표현했다.

북경 전문前門의 상업지역

1754년
악종기의 죽음

건륭 19년(1754) 3월, 사천제독 악종 기岳鍾琪가 군중에서 병사하니 향년 69세였다. 악종기는 자가 동미東美고 사천성 성도 사람이다. 처음에는 문관 인 견납동지捐納同知였다가 후에 무관 으로 바꾸었고 여러 차례 사천 영녕협 부장永寧協副將 직을 수행했다. 강희 58 년(1719)에 준가르가 티베트를 침략하 자 악종기는 도통법라都統法喇를 수행 하여 병사를 이끌고 전로箭爐(지금의 강 정康定)를 공격하여 이당里塘·파당巴塘 등지를 평정했다. 다음 해에는 라싸를 공격하여 책릉돈다복策凌敦多卜 군대를 크게 이기고 티베트를 평정했다. 악종 기는 이로 인해 사천제독으로 승진했 다. 옹정 원년(1723)에 출병하여 청해 를 정복한 악종기는 6천 명을 거느리 고 상·하사동책복上·下寺東策卜의 여 러 번番을 평정, 안무하고 정고里庫· 활이고活爾賈 두 부족을 토벌하여 평 정하였다. 옹정 2년(1724)에 분위장군 奮威將軍에 제수되어 군대를 이끌고 반 란을 일으키는 나복장단진羅卜藏丹津을 공격했다. 출정한 지 15일 만에 수급 首級 8만을 베어 3등공에 봉해졌으며 겸하여 감숙제독에 임명되었다. 다음 해에 천섬총독川陝總督에 임명되었다. 옹정 5년(1727), 녹만종祿萬鍾·농경후 隴慶侯의 반란을 평정하고 오몽烏蒙· 진웅鎭雄 등지에서 토사土司를 유관流 官으로 바꾸었다. 옹정 7년(1729)에 영 원대장군이 되어 부대를 이끌고 준가 르부의 갈단 체링을 토벌했다. 10년 (1732)에 탄핵으로 파직되었다. 건륭

13년(1748), 악종기는 다시 제독으로 복직되었고 금천金川 반란을 종식시키 자 다시 3등공에 봉해지고 태자태보 가 더해졌다. 위신威信이라는 호가 하 사되었다. 악종기는 성정이 침착하고 굳세며 지략이 풍부하고 군대를 엄정 하게 다스렸으며 병졸들의 고통에도 관심을 가졌다. 청나라에서 한족으로 대장군에 제수되고 만주병 휘하에 예 속되어 지휘 통솔을 받은 사람은 오로 지 악종기 한 명뿐이다. 악종기 사후 에 건륭제는 "삼조무신거벽三朝武臣巨 擘"이라고 시를 써서 그를 찬양했다.

악종기

그림이 그려진 법랑 주전자

1755년
청나라에 투항한 아목이살랍

건륭 10년(1745)에 준가르부의 갈단 체링이 죽은 후에 귀족들 간에 칸위 쟁탈을 하며 서로 죽이는 일이 발생했 다. 마지막으로 책릉돈다복의 손자 달 와제達瓦齊가 아목이살랍阿睦爾撒納의 지지 하에 칸의 자리를 획득했다. 아 목이살랍은 액로특 몽골 화석특和碩特 부의 태길台吉로 달와제를 지지한 것 은 또 다른 의도가 있었다. 달와제가 칸으로 자립한 후에 아목이살랍은 액 이제사하額爾齊斯河 지역으로 옮기고 휘특輝特·두이백특杜爾伯特·화석특 세 부를 장악하고 세력을 확대했다. 달와제는 아목이살랍의 위협을 불식 시키기 위하여 스스로 정병 3만을 통 솔하여 대대적으로 그를 공격하였다. 또 효장마목특驍將瑪木特에게 오량해烏 梁海* 병사 8천을 주어 동서로 협공하 도록 했다. 아목이살랍은 청나라의 병 력을 빌려 달와제를 멸하고 기지를 점 거하고자 했다. 건륭 19년(1754) 가을 에 아목이살랍과 그의 형 반주이班珠爾 및 두이백특의 태길 납묵고納墨庫가 무 리를 거느리고 청나라에 투항했다. 11 월에 건륭제는 승덕 피서산장에서 아 목이살랍 등을 접견하고 연회를 베풀 어 위로했다. 이후에 아목이살랍을 친 왕에 봉하고 반주이와 납묵고를 군왕 에 봉했다. 얼마되지 않아 준가르부의 효장마목특도 여러 태길들이 계속하 여 복속하는 것을 보고는 자신도 몸을 빼서 청나라에 항복해왔다.

* 올량합兀良哈이라고도 씀 - 역주

주세페 카스틸리오네의 〈홍력弘曆 설경 행락도〉
이 그림은 건륭제와 자녀들이 함께 아름다운 새봄을 즐기는 정경을 묘사했다.

주세페 카스틸리오네Giuseppe Castiglione (1688~1766, 중국명은 낭세녕郎世寧)는 이탈리아 사람이다. 예수회 선교사로 화가 겸 건축가다. 강희 54년(1715)에 북경에 선교사로 왔는데 얼마 안 되어 황제의 부름으로 궁정에 들어가 내정에서 봉직했다. 그는 초상화·화조·짐승을 잘 그렸고 특히 말을 잘 그렸다. 그의 화법은 서양 화법을 위주로 중국방식을 참조하여 투시와 명암을 중시했다. 그러나 지극히 세밀하게 그리고 너무 똑같은 것을 추구하여 중국화의 형체와 정신을 겸하는 장점을 얻지 못하였다. 건륭 연간에 그는 사람들과 고종의 명을 받들어 준가르 및 회부回部를 평정하는 개선도를 그려서 올렸다. 그림이 완성되자 프랑스로 보내어 동판으로 조각하게 했다. 이 그림에서 중국과 서양 기법이 융합된 특색을 볼 수 있다. 건축가로서 그는 원명원 건축 프로젝트에 참여하였다. 건륭 31년(1766) 6월에 주세페 카스틸리오네가 병으로 북경에서 소천하니 향년 78세였다. 같은 달 초 10일에 건륭제는 그가 강희 연간부터 줄곧 입직하여 내정에 있으면서 몹시 착실하고 근면 성실했다 하여 금품을 하사하고 시랑侍郎의 명칭을 주고 300량을 주어 장례식에 쓰도록 했다.

주세페 카스틸리오네의 〈혜현황귀비〉 초상
혜현황귀비慧賢皇貴妃는 건륭의 비로 성은 고가高佳 씨고 만주족이다. 건륭 2년(1737)에 비에 봉해졌으며 건륭 10년(1745)에 황귀비에 봉해졌다. 같은 해 병으로 서거하였다. 시호는 혜현慧賢이다.

만수원萬樹園 사연도賜宴圖
주세페 카스틸리오네의 작품으로 건륭이 열하 승덕 피서산장 안에서 투항해 온 아목이살랍 등 몽골 귀족들을 접견하는 장면을 그렸다.

청대 유리 공예

중국의 유리공업 생산은 청대 중엽에 크게 번영하였다. 생산지는 매우 광범위하게 분포하였는데, 청 궁궐 안에 있던 유리창琉璃廠과 산동의 박산현博山縣, 광주와 소주蘇州 등지가 주요 산지다. 유리제품은 생신광이 많고 종류도 다양했으며 공예품 제작 면에서도 높은 수준에 도달하였다. 유리생산 원료의 다양화, 유리에 따른 각기 다른 배합률, 정련 가공 기술은 모두 전대에 비해 크게 개선되어 청대 유리 공예의 제작 수준은 상당히 높았다. 청대의 유리 가공 기술에는 두 가지가 있는데 하나는 일반적인 가공법이고 다른 하나는 특수 가공법이다. 특수 가공의 목적은 유리제품의 예술적인 가치와 심미적 기능을 높이는 것이다. 이 기술은 대부분 도자기·칠기·옥기·청동기 등의 가공에 사용했으며, 문사紋絲(줄무늬)·금성료金星料·점채點彩(채색점)·협금夾金(금 삽입)·협채夾彩(채색 삽입)·투료套料·조각·묘영描影(그림자 기법)·이금泥金(금가루)·법랑채 등과 같은 기술이다.

남유藍釉 묘금분채描金粉彩 개광開光 전심병
전심병轉心瓶은 건륭 연간의 관요에서 만든 특이한 병 모양으로 공예가 몹시 복잡하다. 누공의 병 안에 움직이는 속병이 들어가도록 만들었다. 이 병 바닥에는 호녹유湖綠釉를 시유하였고 청화로 '대청건륭년제' 라는 여섯 글자가 전서체로 쓰여있다.

분채 상태보병象馱寶瓶 자기 조각
코끼리는 태평성세의 상징이다. 코끼리가 보물병을 지고 있는 '상태보병' 은 태평을 뜻한다.

호로박 모양의 금 주전자

청대의 금은기로 호로박 모양이다. 곧은 입에 짧은 목, 밖으로 퍼진 둥근 굽이 있으며 긴 물대는 구부러져 있고 위에는 옆으로 주전자 몸체와 연결되었다. 용머리 형태의 굽은 손잡이가 있고 가느다란 줄이 보주형태의 뚜껑 꼭지와 연결되어 있다. 뚜껑의 형태는 반구형이고 뚜껑 면에는 온통 시계풀로 장식되었으며 가는 줄세공에 진주를 꽂심으로 상감하였다. 주전자 몸체에는 두 마리의 용이 구슬을 갖고 노는 모습을 금을 두드려서 장식했다. 사이의 장식은 흐르는 구름 문양으로 주전자 몸체의 네 주위에는 각기 다른 색의 보석을 상감하였고 둥근 발 위 장식은 파도와 보석이 있다. 이 기물의 조형은 풍만하며 전아하고도 대범하다. 문양 장식은 세밀하고 정제되어 깔끔하며 공예는 순수하다.

1765년
오십 지역의 회족 기의

건륭 30년(1765) 2월에 신강 오십烏什(지금의 신강 위구르 지역에 있는 오십현)의 회족이 군사를 일으키자 청 조정에서는 군대를 파견해 진압하였고 기의는 8월에 실패를 고했다. 일찍이 청 조정에서 파견한 주駐 오십 업무대신이자 부도통副都統 소성素誠은 세도를 부리며 회족을 고생스럽게 하였다. 회족과 관부의 갈등은 날이 갈수록 첨예하였다. 건륭 30년 2월에 소성은 강제로 현지 회족민 240명을 사조수沙棗樹로 보내면서 어디로 보내는지 장소도 알려주지 않았다. 압송하는 사람에게 물었지만 오히려 채찍질만 당했다. 회족 사람들은 뢰화목도랍賴和木圖拉을 수령으로 추대하고 14일 밤에 기의를 일으키고 오십에 주둔하고 있는 청 군대를 공격했다. 소성과 아포도랍阿布都拉은 산으로 올라가 저항하였으나 기의군에게 포위되었다. 소성은 살해당하고 아포도랍은 사로잡혔다. 청 조정에서는 신강 아극소阿克蘇의 업무대신 변탑해卞塔海와 객십갈이喀什噶爾의 참찬대신參贊大臣 납세도納世道를 차례로 파견해 회족을 공격 포위하였으나 모두 대패하고 돌아갔다. 이리伊犁 장군 명단明瑞은 명을 받들어 병사를 통솔하여 오십에 도달하여 군사를 나누어 성의 동·서남으로 협공했다. 8월 15일에 명단은 병사들을 감독하여 구름사다리[雲梯]를 세우고 성으로 올라가 격전 끝에 성을 함락시켰다. 청나라 병사가 입성하여 장정들은 모두 죽이고 어린이와 부녀자들은 이리伊犁로 보냈다. 이렇게 되자 기의는 결국 실패를 고했다.

조설근과 《홍루몽》

　　조설근曹雪芹(1715~1763)의 이름은 점霑, 자는 몽완夢阮, 호가 설근雪芹이고 또 다른 호는 근보芹圃와 근계芹溪도 있다. 원적은 요양遼陽이고 청나라의 위대한 현실주의 작가다. 조설근의 증조와 조부, 부친 3대는 모두 강녕직조江寧織造였다. 집안은 조부인 조인曹寅 시절에 최고로 흥성했다. 강희가 여섯 차례 남순할 때 그중 네 차례는 조인이 어가를 맞이하였고 또한 조인 집을 행궁으로 하였다. 옹정 초기에 봉건통치 계급의 내부 정치투쟁에 연루되어서 조설근의 부친 조부曹頫가 관직을 삭탈당하고 하옥되었다. 집안의 재산을 몰수당하여 가세는 이때부터 날로 쇠퇴해져 갔다. 후에 집안이 모두 북경으로 이사해 그곳에서 가난한 생활을 하였다. 조설근은 비단옷을 입고 진수성찬을 먹던 귀족 자제에서 온 집안이 죽만 먹는 가난한 빈민 백성의 처참한 처지로 떨어졌다. 이런 과정 속에서 봉건통치 계급의 몰락과 운명을 직접 체험하며 사회상의 암흑과 죄악에 대해 전면적으로 깊이 있는 통찰을 하였다. 이런 기초 위에서 그는 "10년간 책을 읽고 다섯 차례의 수정"을 거쳐서 불후의 현실주의 거작 《홍루몽紅樓夢》을 창작했다.

조설근

쌍옥독곡雙玉讀曲
이는 《홍루몽》 중에서 보옥과 대옥이 화원에서 함께 《서상기西廂記》를 읽는 이야기다. 이화원頤和園의 장랑長廊에 그려져 있는 채색 그림이다.

낚시하는 네 미녀[四美釣魚]

《홍루몽》은 가보옥賈寶玉과 임대옥林黛玉의 애정비극과 가보옥과 설보차薛寶釵의 혼인비극을 날실로 하여 종적縱的으로는 비극의 심각한 사회 근원을 해부하였다. 동시에 가보옥 집안의 흥망성쇠를 씨실로 하여 횡적橫的으로는 수많은 인물로 구성된 광범위한 사회생활 환경을 보여주고 있다. 이리하여 봉건사회 후기의 여러 가지 죄악 및 극복할 수 없는 내재된 갈등을 폭로하여 독자들에게 봉건제도가 장차 붕괴되는 필연적인 운명임을 알 수 있도록 했다. 《홍루몽》의 예술 성취는 찬란하다. 우선 조설근은 정밀한 수법으로 가보옥·임대옥·설보차·왕희봉王熙鳳 등 생동감이 넘치는 전형적인 인물을 만들어내었다. 다음으로 소설은 가보옥·임대옥·설보차의 애정 혼인의 갈등을 대강의 줄거리로 하여 수많은 인물과 사건을 조직해 작품 줄거리에 종횡으로 집어넣어 엄밀하고도 완전한 그물 구조를 만들어내었다. 그러면서 웅대하고도 청신하며 얼키고 설킨 복잡한 내용을 조리정연하게 표현해 내었다. 《홍루몽》은 민족문화를 계승하는 전통의 기초 위에서 거대한 창작과 발전을 진행하여 중국 고전소설 현실주의의 최고봉에 이르게 되었다. 후대 작가에게 풍부한 예술경험을 제공하였고 《홍루몽》의 연구는 일종의 전문적 학문인 '홍학紅學'이 되었다.

소상관에서 거문고를 타는 임대옥

임대옥은 마음이 심란하여 혼자 소상관瀟湘館에 앉아 거문고를 타며 마음을 달래고 있다. 자신의 신세를 생각하니 슬프고 처량하여 저절로 거문고 소리에 심취하고 있다. 현의 소리가 지나치게 높아지더니 결국 줄이 끊어지고 만다. 그때 보옥과 묘옥妙玉이 이곳을 지나며 거문고 소리를 경청하고 있다가 이들 역시 탄식한다. 그리곤 줄이 끊어지고 아무런 소리도 들리지 않자 조용히 그 자리를 떠나버린다.

유로로劉姥姥가 이홍원에서 술에 취해 쓰러진 그림

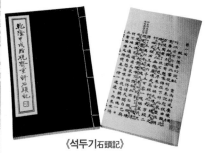

《석두기石頭記》

홍루몽 이홍원怡紅院

양주팔괴

청대 중엽 양주 일대에 일련의 화가들이 있었는데 화풍이 독특하여 당시에 양주화파라고 불렀다. 그중 나빙羅聘·이방응李方膺·이선李鱓·김농金農·황신黃愼·정섭鄭燮·고상高翔·왕사신汪士愼 등 여덟 사람이 가장 대표적이며 이들을 '양주팔괴揚州八怪'라고 한다. 양주팔괴는 다른 사람 밑에 있기 싫어하며 실의에 빠져 지내는 중하층 지식분자들이다. 이들은 대부분 붓에 정을 기탁하여 매화·난초·대나무·돌·소나무 등을 그렸는데 고고하고도 도도하게 탈속한 모습을 표현하였다. 또한 상징·비유·은유 등의 수법으로 심각한 사회내용과 독특한 사상을 작품에 부여하였다. 동시에 양주팔괴는 백성의 고통과 관리의 부패에 대하여 깊은 인식을 갖고 있었으며 게다가 자신들의 불우한 처지가 더해져서 종종 작품을 빌어 표현해냈다. 이리하여 그들의 작품은 사대부 같은 세련됨이 없었지만 세속적이지도 않았다. 필법에는 기존의 구속을 받지 않고 직접적으로 흉금을 토로하였다. 양주팔괴는 전통적인 수묵 사의화寫意畵*의 기교와 정서를 발전시켰으며 특히 사상 방면에서 중대한 혁신을 가져와 역대 화단에서 독특한 입지를 형성하였다.

* 사물의 형식보다 내용과 정신에 치중해서 그리는 그림 – 역주

나빙(1733~1799)

나빙의 자는 둔부遯夫, 호는 양봉兩峰, 별호는 화지사승花之寺僧이며 안휘성 흡현사람이다. 후에 양주로 이사갔다. 어려서 아버지를 잃고 집안이 가난하여 김농을 따라다니며 그림을 배웠으며 평생 관직에 나가지 않았다. 대표작으로는 〈동심선생초음오수도冬心先生蕉陰午睡圖〉〈약근화상상約根和尙像〉〈묵매도墨梅圖〉 등이 있다. 저서에는 《향엽초당시집香葉草堂詩集》이 있다.

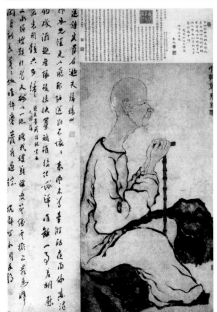

〈정경丁敬* 초상화〉축

이 그림은 나빙이 그린 초상화의 대표작이다. 그림 속의 정경은 지팡이를 기대고 돌에 앉아 있다. 머리를 박박 밀었고 이마가 튀어나왔으며 뒷머리에 몇 가닥의 흰 머리카락이 있다. 목을 특히 길게 내밀고 있어 조형이 과장되다. 괴이함 속에 아름다움이 보이며 졸렬함 속에 취향이 함축되어 있다.

* 정경(1695~1765)은 화가이자 서예가 – 역주

이선(1682~?)

이선의 자는 종양宗揚, 호는 복당復堂, 별호는 오도인懊道人 또는 묵마인墨磨人이고 강소성 흥화 사람이다. 청말 비평가들은 이선의 화풍을 "난폭하고 강한 기질"과 "거침이 지나치다"라고 평하였다. 대표작으로는 〈석반추영도石畔秋英圖〉가 있다.

이선의 〈송등도松藤圖〉

김농(1687~1764)

김농의 자는 수문壽門, 호는 동심多心, 별호는 계류산민稽留山民이며 절강성 인화仁和(지금의 항주에 속함)사람이다. 저서에는 《화죽제기畵竹題記》《화매제기畵梅題記》《동심집多心集》《연명硯銘》《인발印跋》 등이 있다.

김농의 〈자화상〉축

이방응의 〈고송도古松圖〉(북경고궁박물원 소장)

이방응(1695~1755)

이방응의 자는 규중虯仲, 호는 정강晴江, 별호는 추지秋池 또는 억원抑園이며 강소성 통주(지금의 남통시에 속함) 사람이다. 대표작으로는 〈매화도〉 〈묵죽도〉 등이 있다. 저서에는 《매화루시초梅花樓詩鈔》가 있다.

고상의 〈탄지각도〉축(일부)

고상(1688~1753)

고상은 자가 봉풍鳳風, 호는 서당犀堂(또는 西塘)이며, 별호는 산림외신山林外臣이고 양주사람이다. 평생 관직에 나가지 않았다. 대표작으로는 〈번천수사도樊川水榭圖〉 〈탄지각도彈指閣圖〉 등이 있고 저서로는 《서당시초西塘詩鈔》가 있다.

정섭의 〈난묵석도〉축

왕사신(? -1759)

왕사신의 자는 근인近人, 호는 소림巢林이고 안휘성 흡현 출생이지만 양주에 거주했다. 청빈하게 살았다. 시·서·화에 정통하였고, 특히 매화와 수선화를 잘 그렸다.

왕사신의 〈경영수월도 鏡影水月圖〉축

정섭(1693-1765)

정섭은 자가 극유克柔, 호는 판교, 이암理庵이며 강소성 흥화興化 사람이다. 그의 그림은 주로 난초·대나무·돌을 대상으로 하였고, 그 다음으로는 소나무·국화·매화였는데 그중에서 묵죽화가 가장 뛰어났다. 정섭이 대를 그릴 때는 그 뜻을 중시하여 대나무 잎이 종종 복숭아나 버들잎처럼 보이지만 오히려 충만한 기운과 유원한 정서로 세속을 잊게 만든다. 정판교의 난죽석 화법은 후세에 커다란 영향을 주었다.

황신의 〈어옹어부도漁翁漁婦圖〉축

황신(1687-1768)

황신의 자는 공수恭壽, 또는 공무恭懋며, 호는 영표癭瓢子, 별호는 동해포의東海布衣고 복건성 영화寧化 사람이다. 그의 인물화는 가장 큰 특색이 있는데 주로 민간에서 소재를 가지고 왔다. 〈사륜도絲綸圖〉〈군걸도群乞圖〉〈어부도〉등이 있다.

1771년
조국으로 돌아온 토르구드

토르구드[土爾扈特]는 액로특厄魯特 몽골의 4대 부족 가운데 하나로 원래는 액이제사하額爾齊斯河 유역에서 유목생활을 하였다. 17세기 초기에 서쪽으로 쫓겨나 볼가강 하류지역으로 옮겨왔지만 여전히 청나라 정부와 밀접한 관계를 맺고 있었다. 1820년대 이래로 제정러시아가 세력을 확장하면서 토르구드 부족에게 압제와 박해를 가하고 대외적으로 확장전쟁을 하는 중에 토르구드족을 총알받이로 사용하면서 토르구드 사람을 전부 죽이고자 하였다. 이런 무서운 민족 말살에 토르구드족은 제정러시아의 압제에서 벗어나고자 분연히 일어서 건륭 35년(1770)에 토르구드 수령 우바시 칸[渥巴錫汗](1742~1775)의 영도 하에 중국으로 돌아왔다. 그들은 러시아 군대의 포위를 뚫고 온갖 어려움을 극복하고 수많

은 희생을 감수하면서 8개월에 걸쳐 만여 리를 행군하여 마침내 다음 해 6월에 신강 이리伊犁 지역에 도착했는데 살아남은 자는 겨우 반이었다. 토르구드가 돌아온 후에 건륭제는 이 일에 깊은 관심을 가지고 은 20만 량과 쌀·보리·양가죽·면포·천막·소금·차·신발·모자·말·소·양 등 26만 5천여 마리를 하사했다. 그리고 그들을 이리 하곡河谷과 과포다科布多 지역에 거주하며 유목생활을 하도록 했다. 같은 해 9월에 건륭제가 승덕承德에서 우바시 칸을 접견하고 우대를 하였다. 얼마 후에 그를 탁리극도 칸[卓理克圖汗](몽골어로는 용감하다는 뜻)에 봉하고 그의 공적을 표창했다. 건륭제는 또한 친히 《어제御製 토르구드[土爾扈特] 전부 귀순기》를 지었다. 이로부터 고비사막의 서쪽 액로특 몽골은 전부 청나라 중앙정부의 관할 밑으로 통일되었다.

몽고 맹주 인印
건륭 40년(1775)에 만들어진 이 인장은 "오납은수실극도구토이호특동부맹장지인烏納恩殊失克圖舊土爾扈特東部盟長之印"이라고 새겨졌는데 이 인장은 청대에 몽골지역에서는 법률형식으로 관습을 이어받아 다스렸다는 역사상의 증거이다.

건륭 연간에 만들어진 보석을 상감한 금불상
전체 높이 85cm, 무게 19.03kg이다.

토르구드 부족의 유목도

위구르족의 청진사

청나라 초기에 회족의 청진사淸眞寺가 독특한 예술 건축의 풍격을 형성할 당시에 위구르족 청진사 역시 몹시 흥성하여 회족 청진사와 비교적 차이가 있는 건축 체계를 형성했다. 위구르족은 주로 중국 신강지역에 거주하였고 남강南疆에 더욱 집중되었다. 위구르족 청진사 안에는 일반적으로 커다란 정원이 있고 정원 안 광장의 주 건축은 커다란 궁륭형의 아치문과 첨탑이 있어 화려하며 이목을 끄는데 정원 입구는 보통 이곳에 설치한다. 위구르족 청진사의 장식은 일반적으로 간결하고 명쾌하며 넓어 신비감이 비교적 적다. 예배당 안에는 기둥 구조가 완전하게 다 드러나며 배열규정 역시 평면으로 간단하다. 기둥은 일반적으로 녹색·적갈색·남색으로 장식하고 지붕은 흰색, 담벽은 대부분 우윳빛이나 회색이다. 위구르족 청진사 중 가장 걸출한 건축물은 벽돌을 바둑판식 배열의 기술로 쌓는 것으로 높이 40여 미터가 된다. 투루판 액민탑額敏塔의 탑신은 바둑판식 도안으로 문양 장식이 변화가 많으며 탑신직경의 수축률을 따라 바둑판의 치수와 벽돌의 틈새를 조정하면서도 여전히 도안 구도의 완벽함을 유지하고 있다. 위구르족 청진사는 강직하면서도 섬세함을 잃지 않으면서 중국 건축 장식 도안 중 또 다른 특별함을 지니고 있다.

채회 묘금描金 팔선도 칠합
이 합은 나무 재질로 바닥이 평평한 원형이다. 위 아래로 맞추는 꼭 끼는 뚜껑이 있다. 합바닥은 금가루칠로 장식을 하였고 그 위에 채색으로 먼 산과 가까이 흐르는 물, 정자와 누각, 푸른 소나무와 늘어진 버드나무, 신의 풍모를 가진 여덟 분의 신선이 날아오르는 모습이 그려져 있다. 합 안의 칠은 흑광칠이다. 합 바깥 바닥에 해서체로 '대청건륭년간'이라고 쓰여 있다. 이 칠합은 오랜 연구에서 나온 것으로 제작이 정밀하고 칠 그림은 찬란하며 금벽이 휘황찬란한 몹시 귀중한 물건이다.

소공탑蘇公塔
액민탑額敏塔이라고도 한다. 신강 투르판현 성 동남쪽 교외에 있으며 탑 옆에는 위구르어와 한문으로 돌비석이 있다. 18세기 중엽 투르판 군왕 소래만蘇來滿이 그의 부친 액민額敏을 위해 건축하였다. 탑의 높이는 44m로 황색 벽돌을 쌓아 만들었으며 신강 이슬람교의 유명한 건축물이다.

1772년

우루무치의 건설

청나라 전기에 청 정부는 변경지역의 개발을 몹시 중시하였고 그중에서 가장 중요한 조치는 다양한 둔전제의 실시에 있었으며 이로써 변경지역의 농업은 신속히 발전하였다. 농업의 발전은 경제적 번영을 가져왔으며 그 지역 안의 마을·점포·도시·역참이 우후죽순처럼 생겨났다. 우루무치는 이런 때에 발전한 도시 중 하나다. 건륭 37년 이리伊犁 장군 서혁덕舒赫德의 건의를 받아들여 우루무치 성을 건설하도록 명령하고 군대를 주둔시키고 둔전을 했다. 엄중한 방어시설을 만들고 완벽하게 건설하여 청 조정은 우루무치 참찬대신參贊大臣 한 명과 감독대신 한 명을 두어 이리 장군의 통솔을 받도록 했다. 우루무치는 건설된 후에 급속도로 발전했다. 그해 말에 섬서총독 문수文綬가 신강의 각지를 순시한 후에 "우루무치는 장사꾼이 밀려오고, 다른 변경 지역에 비하여 더욱 풍성하고 번잡하다"고 하였다(《황조경세문편皇朝經世文編》). 이로 볼 때 당시 우루무치는 이미 상업도시를 형성했음을 알 수 있다.

1773년
《사고전서》의 편찬

건륭 38년(1773) 2월, 건륭제는 군기대신 유통훈劉統勛을 총재로 명령하고 찬수纂修 30명 및 제조提調 등의 관직을 설치하고 한림원 안 서방西房 구역에 사무실을 개설하고 《사고전서》를 편찬하기 시작했다. 1772년에 건륭제는 계속 조서를 반포하여 각 지역에서 책을 구해 오도록 하여 황궁을 장서로 가득 채웠다. 연말에 주균朱筠이 대형 총서를 편찬하여 전체 도서를 수집하여 기록하자는 상서를 올렸다. 조정의 회의를 거쳐 1773년에 편찬기구가 성립되고 《사고전서》의 편찬이 시작되었다. 건륭 46년(1781)에 제1부 《사고전서》 필사본이 완성되었고, 그 후에 계속하여 6부를 필사하여 북경의 문연각과 문원각文源閣·심양의 문소각文溯閣·승덕의 문진각文津閣·양주의 문휘각文彙閣·진강의 문종각文宗閣·항주의 문란각文瀾閣에 나누어 보관했다. 수록한 전체 도서목록의 수량은 3,461종에 약 79,309권, 3만 6천 책이다. 경·사·자·집 4부로 나누어 건륭 이전 중국 고대의 중요한 전적은 대부분 수록되어 있다. 《사고전서》는 현존하는 관방이 편찬한 최대의 총서로 이 도서가 출판됨으로 한학이 더욱 세계학술계의 주도적인 지위를 확립하게 되었다. 《사고전서》는 중국 고전 문헌의 보존과 전파에 있어 적극적인 역할을 하였으며 실전失傳된 저서들을 수집하는 과정에서 이미 세전世傳 여부를 알 수 없는 오래된 서적이 새롭게 세상에 선을 보이게 되었다. 이리하여 《사고전서》의 편찬은 중국 학술 문화사상 그 규모에 있어 공전에 없던 커다란 사업이었다.

대진

> ### 대진
>
> 대진戴震(1724~1777)의 자는 동원東原이고 안휘성 휴녕休寧(지금의 안휘 둔계) 사람이다. 그는 젊었을 때 무원婺源 학자 강영江永을 스승으로 모시고, 성률·음운·문자·역수·전례 등을 배웠다. 40세에 거인擧人에 합격되었으나 회시會試에는 여러 번 낙제하였다. 51세에 기윤紀昀 등 유명학자들의 추천으로 《사고전서》 관에 들어가 편집관에 임명되었다. 천문의 산법과 지리서 등을 교정하였다. 2년 후, 건륭황제는 그에게 진사 출신과 같은 자격을 하사하여 한림원 서길사庶吉士에 임명하여 그가 병사할 때까지 계속 《사고전서》를 편찬할 수 있게 하였다. 대진은 건가한학乾嘉漢學을 대표하는 걸출한 학자로 건가환파乾嘉皖派의 창시자이며 청대 중기의 탁월한 사상가이자 고증학자이며 자연과학자다. 그의 저술은 몹시 많은데 음운·훈고·철학·윤리·천문·수학·지방지 등 각 방면을 모두 취급하였다.

대진의 《맹자자의소증孟子字義疏証》

청화 절지화과문折枝花果紋 매병

《사고전서》

1776년
《이신전》의 편찬

건륭 41년(1776) 12월, 국사관에서는 건륭제의 유시에 따라 《이신전貳臣傳》을 편찬하기 시작했다. 청나라 개국 초기에 명말의 여러 신하들이 세상의 동정을 살피고 귀순하였으며, 명나라 때 명성과 지위가 높았던 사람들이 청나라에 들어와서도 여전히 대학사가 되어 있었다. 건륭제는 대규모의 통일을 시작하기 위해선 이런 사람들을 어쩔 수 없이 채용하여 민심을 안정시키려고 하였지만 이는 명백한 변절이라고 생각했다. 나라가 안정된 후 냉정하게 논해보자니 사람이 되어서, 더구나 한 나라의 신하가 되어서 나라가 어려울 때 그 주인을 위해서 죽음을 무릅쓰고 나라를 구할 생각은 하지 않고 도리어 구차하게 목숨을 구하고 후안무치하게 투항한 일은 올바른 사람됨이 아니라고 생각했다. 이런 절개가 없는 사람들이 공훈을 세웠기 때문에 생전에 용서를 안 할 수도 없고, 또한 자식이 있기 때문에 원래는 죽여야 하는데 그럴 수도 없는 일이었다. 그래서 정상을 참작하여 국사관에서 마땅히 《이신전》을 새로 만들어 명나라에서 관직을 맡았던 일과 청나라에서 맡았던 사항을 실제에 근거하여 솔직하게 쓰도록 했다. 건륭제의 유시에 따라서 국사관 총재는 그 이름과 사실을 고찰하여 드디어 그 기록을 모두 모았으며 전傳을 편찬하고 계속하여 건륭제에게 올렸다. 《이신전》 전체 12권에 수록된 사람은 125명이다. 모두 청나라에 항복한 명나라 관리들로 유

량좌劉良佐 · 홍승주洪承疇 · 전겸익錢謙益 같은 이도 이에 속한다.

청대 가구

청대 궁궐 내무부 조판처造辦處에는 목공방이 설치되어 있어 전문적으로 황제의 요구에 따라 각종의 가구를 제작하였다. 청초 궁정에서 사용된 가구는 대부분 명대의 것을 모방했으나, 또한 새로운 방법이 출현하여 새로운 조형과 새로운 장식이 생기게 되었다. 건륭시기에 이르러 내무부 제작소에서는 각지에서 목공장인들을 모집하였는데 대부분은 광동과 소주 지역에서 온 두 파로 형성되었다. 그들의 직접적인 역할로 청대가구에 새로운 양식과 새로운 장식의 풍격이 나타나기 시작하였다. 건륭시기의 궁정 가구는 대부분 재료를 엄선하였으며 조형이 새롭고 제작이 정교하며 종합적으로 각종의 공예수법을 응용하였다. 채화, 조각은 물론이고 또한 칠공예 장식 수법도 폭넓게 흡수하였다. 심지어는 법랑 상감이나 도자기 · 옥석 · 나전 등도 응용하여 장식이 몹시 당당하고 화려한데 이는 청대 궁정의 예술적 취미를 반영하고 있다.

황화리 안락의자
이 안락의자의 목재는 황화리黃花梨다. 의자면, 등받이, 다리, 머리받침은 모두 고상함을 상징하는 대나무 형상을 표현했다. 그럼으로써 문인의 느낌을 진하게 발산하고 있다. 전체 조형은 간단하고 고졸하여 여전히 명나라 식 가구의 유풍을 볼 수가 있다.

채회 묘금 복숭아와 박쥐 문양이 있는 방승형方勝形 칠 안궤
안궤 면은 방승형으로 육곡六曲 다리 아래 막혀있는 받침이 있다. 전체는 검은 칠 바탕에 안궤 윗면은 채색 묘금의 복숭아와 박쥐 문양이 있는데 복숭아는 수명을, 박쥐는 복을 나타낸다.

자개를 박은 가구

1780년
외팔묘 건설

건륭 45년(1780), 티베트 6세 판첸이 건륭 70세 생일을 축하하기 위해 방문했다. 판첸을 접대하기 위하여 청 조정은 승덕 피서산장에 수미복수묘須彌福壽廟를 건설했다. 같은 해에 또 광연사廣緣寺를 건립했다. 이리되니 피서산장 동서의 두 산기슭에 12개의 사원과 암자가 있게 되었으며 또 전체를 여덟 곳으로 나누어 라마가 머무는 사원에서 관리했는데 이를 통칭 '외팔묘外八廟'라고 한다. 외팔묘의 대부분은 청나라가 변경 문제를 해결하는 과정 중에서 열하 행궁으로 황제를 배알하러 오는 몽골이나 티베트의 왕공귀족들이 건설한 것으로 정치적 성격이 아주 강한 기념적 건축물이다. 이리하여 이 사원의 건설은 대부분 티베트나 신강 민족의 유명한 사원을 본받고 있다. 그 특징은 유리기와·네모난 정자·패루牌樓·채색 그림 등 한족 건축의 전통수법을 사용함과 동시에 붉고 흰 높은 대·여러 누각·사다리형 창문·라마탑·도금한 동기와 등 몽골과 티베트족의 건축수법도 응용하여 건축형식이 또 다른 특색을 구비하였다. 승덕의 외팔묘는 청대 라마교 중심지의 하나가 되었으며 그 건축은 웅장하고 규모가 아주 커서 청대 전기 중국의 건축기술과 건축예술의 탁월한 성취를 반영하고 있다.

구슬을 상감한 '금구영고金甌永固'라고 쓰인 금잔
높이 12.5cm, 입지름 8cm다.

금불탑
높이 38cm, 너비 14.2cm, 무게 3.45kg이다.

외팔묘 전경

법랑 공예의 전성기

법랑 공예는 금속 공예의 일종으로 명대의 경태람景泰藍(가는 줄의 금은입사를 한 법랑)에서 발전하였다. 청나라 궁정 내무부 산하의 제작소 중에 금속 공예방이 있었다. 공부工部에도 이와 비슷한 제작소가 있었다. 그중 법랑 제작소가 있어 전문적으로 궁궐 내에서 사용하는 정교하고 아름다운 법랑 공예품을 제작했다. 청대 궁정의 법랑 공예는 명대의 경태람 전통을 계승하였으며, 또 한층 더 발전시켜 건륭 시기에는 법랑 공예의 수준이 최고조에 달했다. 청대 법랑 공예의 가장 뛰어난 성과는 서양의 법랑 기술을 도입하여 중국 전통의 청동기·자기·칠기의 외형과 문양을 개조하고 채용하여, 중국 특유의 회화법랑과 참태법랑鏨胎琺瑯*을 만들어냈다는 점이다. 이 두 가지 법랑 공예품은 중후한 외형, 섬세하고 우아한 문양, 수려한 색상을 가지고 있으며 민족 색채가 짙다. 건륭 후기, 법랑 공예는 도처에서 남용되어 법랑 공예의 질이 전체적으로 낮아지는 결과를 초래하였다. 후에 궁정 공예가 쇠락함에 따라 청대 궁정의 법랑 공예는 민간에 전해졌고, 주요 생산지로는 북경과 광주廣州가 있다. 동재질에 금은입사를 한 법랑(경태람)과 동재질 법랑(소자燒瓷)이 주로 생산되었으며 대부분이 해외로 수출되었다.

* 그릇에 조각을 한 법랑 – 역주

법랑 채색 영희문嬰戲紋 쌍련병雙連瓶
높이 21.4cm, 입지름 5.2~5.9cm, 바닥지름 6~10cm다.

동에 금도금을 한 법랑 용토수법龍吐水法 시계
시계의 높이는 98cm, 시계의 면적은 0.4㎡다. 이 시계는 열면 물기둥이 움직이는 것이 마치 용이 물을 머금은 듯한 모습이며 또 여덟 신선이 축수祝壽하는 모습을 제작했다.

장학성

장학성章學誠(1738~1801)의 자는 실재實齋고 절강성 회계(소흥) 사람이다. 일찍이 정주定州의 정무서원定武書院·보정保定의 연지서원蓮池書院·귀덕歸德의 문정서원文正書院 등을 경영했던 청나라의 유명한 사학가이자 사상가다. 그의 대표작 《문사통의文史通義》는 중국 고대 사학이론을 최고의 단계로 끌어올렸다. 장학성은 "육경이 모두 역사다[六經皆史]"라는 설을 제기했으며 사학으로 세상을 경영할 수 있다고 여겼다. 그는 '사의史意' 설을 제출하였다. 그의 사상을 개괄해보자면 첫째는 대도를 밝히는 것이고, 둘째는 고금의 변화에 통달해야 된다는 주장이고, 셋째는 가학家學의 중시고, 넷째는 독창을 귀하게 여겨야 한다는 것이다. 장학성은 중국 사학이론을 전면적으로 총결한 최후의 결출한 고대 사학가다. 《문사통의》와 다른 글에 반영한 그의 사학사상은 중국 고대사학 이론이 기본체계의 발전 위에서 종결했음을 의미한다.

장학성과 《문사통의》

1782년
화신의 권력 독점

건륭 47년(1782) 4월에 건륭제는 화신和珅 등에게 산동순무 국태國泰의 뇌물사건을 조사하라고 명했다. 같은 해 봄에 어사 전풍錢灃이 산동순무 국태와 포정사 우역간于易簡이 뇌물을 받으면서 멋대로 개인이 착복했으며 관리의 치안이 해이해지고 창고가 모두 텅 비게 되었다고 탄핵했다. 4월 4일에 건륭제가 상소문을 읽은 후 곧장 상서 화신·좌도어사 유용劉墉과 어사 전풍을 보내 조사하도록 했다. 화신은 국태와 몹시 친밀한 관계였기 때문에 국태를 두둔하였다. 전풍은 이를 너무도 잘 알기에 떠나기 며칠 전에 평상복을 입고 양향良鄕에 가서 화신의 하인에게 편지를 주며 산동으로 말을 타고 가서 편지를 전해주라고 했다. 또한 편지에 보내는 사람의 특징을 적어 보냈다. 그리고 그 하인이 돌아왔을 때 수하에게 하인의 몸을 수색하게 했더니 과연 국태가 화신에게 보내는 사적인 편지가 있었다. 또한 이미 돈을 빌려서 창고에 채워 넣었다는 내용도 있었다. 전풍은 즉시 이 편지를 황제에게 보였다. 화신은 비밀이 새어나갔음을 알고는 감히 능장을 부리며 조사하지 않을 수 없었다. 7월 8일에 건륭제가 국태와 우역간에게 창고의 은 200량이 없어진 죄를 물어 감옥에서 자진하도록 명령했다. 화신은 이 일로 인해 전풍을 몹시 미워하게 되었고 건륭 60년 전풍을 독살했다. 이후로 화신이 대권을 장악하면서 탐욕과 부패는 더욱 심해졌으며 청 조정의 기강은 해이해지기 시작했다.

1793년
조지 매카트니의 방중

건륭 58년(1793) 8월 10일에 건륭제는 승덕의 여름별장인 피서산장의 만수원萬樹園에서 영국 사절단장인 조지 매카트니*와 부사 조지 스탠톤** 을 접견하였다.

건륭 57년에 영국은 매카트니를 단장으로 하는 외교사절단 7백여 명을 중국으로 파견했다. 58년 6월 18일에 대고大沽에 도착하자 직례총독直隸總督 양근당梁肯堂이 특별히 보정에서부터 천진으로 가서 접대했다. 같은 날에 승덕 피서산장 만수원에서 매카트니가 홍력弘曆 황제(고종)를 알현하고는 한쪽 다리를 꿇는 예의를 갖추고 국서를 올렸다. 영국 사절단은 홍력제의 83세 생일의 경축 예식이 끝난 후에 북경으로 돌아갔다. 매카트니는 돌아간 후에 청 조정에 몇몇 요구를 해왔다. 즉 중국 정부는 영국 상선이 반산舟山·영파寧波·천진 등의 해안에서의 상업을 허락해 줄 것, 영국 상인이 북경에서 양행을 설립하도록 허가할 것, 반산 부근의 작은 섬에 방어진지를 구축하여 귀국하는 영국 상인들이 사용할 수 있도록 할 것, 광주 부근에도 같은 권리를 줄 것, 또한 영국인들이 자유롭게 왕래하도록 하고 영국 상선이 마카오에서 광주로 운항할 수 있도록 하며 면세, 혹은 감세를 해줄 것, 영국 상선은 중국이 지정한 세율대로 세금을 내되 이를 실행하지 않을 경우 징벌을 가할 수 있을 것 등이다. 건륭제는 영국왕에게 칙서를 보내 이상의 요구를 거절하였다. 매카트니는 교섭

이 원만한 결과를 얻지 못하자 다음 달 3일에 북경을 떠나 광주로 갔다. 12월 9일에 매카트니는 광주에서 배를 타고 영국으로 돌아갔다.

* George Macartney(1737~1806), 중국어 표기는 마알이니馬戞爾尼임 - 역주
** Jeorge Staunton, 중국어 표기는 사당동斯當東임 - 역주

청·건륭 〈구양소한도九陽消寒圖〉

1795년
건륭제의 퇴위와 가경제의 즉위

건륭 60년(1795) 9월 3일에 건륭제는 근정전에서 황태자, 왕손 및 왕공 대신들을 불러서 열다섯 번째 왕자 가친왕嘉親王 옹염顒琰을 황태자로 세운다고 선언하였다. 그리고 다음 해를 가경嘉慶 원년으로 하고 예정된 기일에 정권을 물려준다고 하였다. 건륭제는 유시 중에서 "짐이 즉위 초에 재위 60년만 하고 황태자에게 자리를 넘겨주겠다고 말했다. 감히 선왕처럼 61년간 재위에 있을 수는 없다"고 했다. 가경 원년(1796) 정월 1일에 건륭제는 태화전에 나가 정식으로 제위를 가경제에게 양위하고 자신은 태상황이라 하고 훈정訓政을 실행했다. 가경제의 이름은 옹염이고 건륭제의 열다섯 번째 아들로 건륭 25년(1760) 10월 6일에 태어났다. 모친은 효의공순순孝儀恭順純 황후 위가魏佳 씨다. 가경제는 즉위 전에 역사 서적 읽기를 좋아하여 3,4천 년 역사의 치적에 대해 많이 알고 있었다. 가경제 즉위 예식은 몹시 성대하였다. 예부와 홍려시鴻臚寺 관원들이 천안문의 성루에서 가경제 즉위 소식을 전국에 선포했다. 그러나 가경제가 즉위한 초기 3년간은 실제적으로 대권을 잡지 못했다.

가경제

가경제의 이름은 애신각라·옹염이고 건륭제의 열다섯 번째 아들이다. 청나라가 중원에 들어온 후 제5대 황제다. 즉위 후 연호는 가경이고 묘호는 인종이다. 건륭제가 서거하고 난 다음에야 가경제는 친정을 할 수 있었다. 관리의 공무집행을 정돈하고, 화신을 죽이고 재산을 몰수하여 사람들의 마음을 통쾌하게 했다. 재위 중에 여러 차례 세금을 감면하였지만 당시 청 왕조의 계급갈등은 이미 첨예하여 각지에서 기의가 쉼 없이 발생하였다. 백련교·천지회 기의 등이 끊임없이 일어났지만 결국은 모두 소탕되었다. 그러나 청나라는 가경 연간에 이미 쇠락의 길로 접어들었다. 1820년 가경제는 휴양을 하러 열하 행궁에 갔다가 피서산장에서 병사하니 향년 60세였다.

금분파병제도

건륭제는 티베트의 관리를 강화하기 위하여 건륭 57년(1792) 8월 26일에 금분파병金奔巴瓶에서 추첨을 뽑는 방식을 제의하고 달라이와 판첸 등 대 라마의 화신인 활불活佛을 확정했다. 11월 17일에 정식으로 금분파병 제도를 반포했다. 금분파병제의 구체적인 방법은 다음과 같다. 중앙정부가 반포한 금분파병을 라싸의 죠캉사원[大昭寺]에 봉안하고 그 안에 상아로 만든 제비[籤] 몇 개를 넣은 후 병 안에 넣는다. 7일간 분향하고 경을 읽은 후 주 티베트 대신의 회동 하에 대 라마 등 여러 사람 앞에서 직접 추첨을 뽑아 결정한다. 금분파병 제도의 반포 확정은 달라이·판첸과 티베트의 후트쿠트*만이 아니라 청해와 몽골의 후트쿠트도 그 활불의 권한을 선택 지정할 수 있었으며 실제적으로는 이미 청 정부에 귀속되었다. 이는 청 조정의 중앙정부가 몽골과 티베트 지역에 대한 관할의 강화에 커다란 역할을 하였다.

* 청대에 라마교의 활불에 대한 존칭으로 중국어로는 호도극도呼圖克圖임 — 역주

금분파병金奔巴瓶

포탈라궁 사원 비첨 위의 괴수
날렵한 처마 자락인 비첨飛檐 위에 장식된 괴수는 악어의 형상에서 변화해 온 것이다. 불교에서 악어는 영험한 동물로 사원을 보호하고 화재를 방지하는 상징적 의미가 있다.

황제가 사용한 문방사우 및 비준한 상서문

건륭의 서거

1796년 정월 초하루에 건륭제는 제위를 물려주는 큰 예식을 거행하고 황제의 옥새를 황태자에게 넘겨주고 자신은 태상황제가 되었다. 그러나 모든 군국의 중요한 임무와 인재를 기용하는 행정적 큰 일은 여전히 자신이 주재하여 황제로 즉위한 가경제는 허명만 있을 뿐이었다. 1798년, 가경 3년 8월에 사천성의 백련교 기의군 수령 왕삼괴王三槐를 사로잡은 일로 건륭제가 몹시 기뻐하며 화신和珅을 백작伯爵에서 공작公爵으로 승진시키라는 유시를 내리자 가경제는 이에 몹시 불만이었다. 사방의 변경이 소란스럽자 건륭제는 임종 전까지 부지런하게 군무를 계획하였고 심신이 피로하여 병에 이르게 되었다. 그러나 정신은 아주 맑아서 가경 4년(1799) 정월 초이틀 이른 아침에도 그는 여전히 〈망첩시望捷詩〉 한 수를 지었다.

3년간 군사 정벌을 다녔으니 / 실제로 그 수가 얼마인지 모르게 많다네.
사악한 교도들이 가볍게 일어나니 / 관군이 무섭게 소탕한다네.
군대를 이끌고 관망하니 / 나머지 잔당들은 이길 수 없다네.
신속히 못된 것들을 잡아들이니 / 모두가 역당의 괴수들이라네.

이 시를 쓴 다음날, 즉 1799년 정월 초 사흗날 진시辰時에 뜻밖에도 건륭제는 병사하였다. 향년 89세였다. 시호는 '법천륭운지성선각체원립극부

'문분무효자신성순황제法天隆運至誠先覺
體元立極敷文奮武孝慈神聖純皇帝'고 묘호
는 고종이다. 유릉裕陵에 장사지냈다.

은사합

높이 3.9cm, 직경 9.5cm다. 현재 고궁박물원에 소장되어 있다. 은사銀絲를 겹쳐서 만든 합으로 동글납작한 형태다. 전체는 가는 은사를 포개서 전지화纏枝花 문양으로 바탕을 하였으며 그 위에 거칠게 은입사를 하여 꽃문양 도안을 만들었다. 또한 남색과 녹색의 법랑유를 상감하였다. 은합의 실을 엮은 것이 아주 세밀하여 문양장식이 확실하다. 청대의 화사花絲* 상감 예술 풍격과 기술의 수준을 반영하고 있다.

* 중국 공예품의 한 가지로 두께가 다른 금·은 조각이나 굵기가 다른 금실·은실을 엮거나 맞추어 만든 나선형이나 당초무늬의 세공품을 말함 – 역주

유릉 석패방

남채 묘금은분채描金銀粉彩 복숭아 모양 자기 병

병의 모양은 호리병 형으로 두 귀가 있다. 몸체는 남유를 시유하였고 여덟 세트의 금은 채색의 복숭아와 박쥐 문양이 그려져 있는데 모두 수복이 함께 하라는 뜻이다. 병 안과 뚜껑 안, 다리 안은 모두 송석녹유를 시유했으며 은받침대가 있다. 옹정·건륭 연간의 기물이다.

유릉 융은전隆恩殿

건륭대제

건륭 황제의 이름은 애신각라愛新覺羅·홍력弘曆(1711~1799)이며 청 세종 윤진의 넷째 아들로 옹정 13년(1735) 9월 초사흘에 즉위하였다. 청나라는 강희와 옹정 두 황제가 다스린 70여 년의 통치를 통해 사회전체에 번영 상태가 출현하게 되었다. 건륭제는 즉위 이후에 힘을 다하여 나라를 다스려 청나라를 최강의 정점에 이르게 했다. 건륭의 일생을 총체적으로 살펴 볼 때 그는 대부분의 시간을 힘을 다하여 나라를 다스렸고, 정무에 충실하고 백성을 사랑하며 큰 뜻을 품고 용감히 전진하였다. 조세를 감해주고 탐관오리를 징벌했으며 또한 인재를 적재적소에 임명하고 상벌이 분명하였으며, 군정의 대사에 있어 잘못됨을 알면 능히 고쳐나갔다. 그렇게 해서 할아버지 강희제와 아버지 옹정제가 다진 기초 위에 '강건성세'를 최고봉에 이르도록 하여 '대청국 전성시기'를 이루었다. 그는 문치와 무공 양 방면에 모두 커다란 공헌을 했는데 그의 성취는 조부나 부친을 능가했다.

건륭황제 열병식 그림

건륭제 재위 시 청 조정은 준부准部(몽고의 준가르 부족)와 회부回部를 통일하고 변경 2만여 리를 개척하여 서북 및 북방지역을 확실히 안정시켰다. 또한 사막 이북의 객이객 몽골 4부部를 영원히 준부의 침략에서 벗어나게 하였다. 또한 티베트를 엄격히 중앙에 예속시키고, 청해·사천·귀주의 개토귀류改土歸流 정책을 견지하여 운남 서부 민족지구를 견고하게 중앙에 묶어두었다. 그리하여 최종적으로 근대 중국의 지도 모양을 다졌으며, 강대한 중국이 동방에 우뚝 자리잡도록 했다. 그는 다섯 차례에 걸쳐 천하의 조세를 면제해주었고, 국고에는 장기간 보관된 은이 6천만 량이었으며, 가장 많을 때는 8천만 량이 있었는데 이는 역사상 몹시 드문 일이다. 강희와 옹정 연간에 비하여 건륭 연간의 국가는 더욱 강대해지고 정국은 더욱 안정되었으며, 국고는 날이 갈수록 가득해졌다. 농업도 발전하고 백성도 번창하며 도시가 번영하고 문화도 발달하여 확실한 '성세盛世'였다. 건륭제도 물론 적지 않은 실수가 있었다. 특히 말년에 화신和珅을 총애하고 신임하여 그가 직권을 남용하고 뇌물을 받아 관리의 부패를 가속화 시켰다. 결국 탐관오리의 성행은 국력의 커다란 손실을 가져왔고 성세는 쇠퇴하여 갔다. 그러나 결점이 장점을 다 가릴 수는 없고 공이 과보다 더 큰 것만은 확실하다. 그는 중국 역사상 집정기간이 가장 길었으며, 나이도 가장 많았고 진취적이었으며 위대한 업적을 창조하였고 문치와 무공을 겸비한 걸출한 봉건제왕이었다.

건륭제는 늘 스스로를 '열 가지 무훈'이란 뜻인 '십전무공十全武功'이 있다고 자랑했으며 친히 《십전기十全記》를 썼다. 그리고 군기대신에게 이를 만주어, 한어, 몽고어, 티베트어 4종으로 번역하고 비석에 새기어 후대인으로 하여금 영원히 기억하도록 했다. 이 십전무공은 두 차례에 걸친 준가르부의 평정, 한 번의 회부 평정, 두 번의 금천 소탕, 대만의 평정, 버마(미얀마)와 안남(베트남)에 출전한 것이 각각 한 번, 두 차례 객이객의 항복을 받아 낸 것이다.

건륭이 수렵하는 용맹한 모습

仙　　　　　　　清
娥　　　　　　　明
　　　　　　　　時
　　　　　　　　節
御　閒　柳　千　識　輕　杏
題　輕　青　曲　風　盉　苍
　　比　輪　池　景　漠　天
　　似　兩　風　翠　漠　岇
　　壺　鬢　静　翹　烟　柳
　　中　螺　鏡　紅　寂
　　游　未　澄　袖　是
　　甑　許　波　蹴　春
　　羊　人　綠　秋　闺

건륭의 필적 〈청명淸明〉

'대우치수도大禹治水圖' 옥산玉山

건륭 53년(1788)에 조각이 완성되었으며 장장 10년의 세월이 걸렸다. 이 물건은 제재면에서 중요한 역사성을 갖고 있으며 조형이 웅대하고 기세가 드높고 제작이 정교하다. 현재 볼 수 있는 무게가 만근에 달하는 유일한 물건으로 옥조각사에서 중요한 지위를 차지하고 있다. 감히 국보라고 말할 수 있다.

〈십준마도十駿馬圖〉 책 중에서 두 폭

이 그림은 프랑스 선교사 장 드니 아뜨레*가 그렸다. 그는 건륭 3년에 내정에서 근무하였고 말 그림에 뛰어났다. 해부를 중시하고 공필화를 사용하였으며 비례가 정확하다.

* Jean Denis Attiret(1702~1768), 중국어 이름은 왕치성王致誠 – 역주

1799~1840년의 청

1799년에 가경제가 실제적으로 정권을 장악하고 나서부터 청나라는 급속히 쇠퇴하였다. 나라 안의 계급 갈등은 끊임없이 격화되었고 백성들의 기의도 쉴 새 없이 일어났으며 동시에 외환도 날이 갈수록 심해졌다. 아편 밀수는 이미 심각하게 청 제국의 경제와 안전을 침해했으며 백은의 외국 유출이 가속화되어 무역 수지가 심각하게 균형을 잃었다. 임칙서林則徐가 광동에서 펼친 아편금지는 중국 근대사의 서막을 펼치게 되었으며 청 제국의 정치·경제·군사와 문화는 서양 화포의 충격 아래서 전면적인 위기가 나타났다.

연대별 주요사건

- **1799년** 고종 홍력 서거, 화신이 관직을 삭탈당하고 사사됨
- **1802년** 백련교도의 수령 반인걸 익사, 백련교가 기본적으로 붕괴됨
- **1803년** 안남국의 완복영이 국호를 남월로 바꿀 것을 청하여 이를 개명토록 함
- **1811년** 각 성에 서양인 및 천주교도의 금지 명령
- **1813년** 천리교도 2백 명이 궁문에 진입, 천리교도가 하남성 활현에서 기의
- **1820년** 신강에서 장격이가 반란 일으킴. 인종 옹염의 서거. 둘째 아들 민녕 즉위. 다음 해를 도광 원년으로 함
- **1831년** 아편을 조사하고 금지. 흡입한 관리와 국민은 죄가 됨을 정함
- **1834년** 영국 함대가 호문에 입항하고 황포를 침략
- **1838년** 임칙서를 흠차대신으로 명하여 광동에 가서 해구사건을 조사하도록 함
- **1839년** 임칙서가 광동에 도착하여 영국 상선에서 아편 적발, 해안의 방비 정돈

1799년
화신의 하옥

가경 4년(1799) 정월 8일에 가경제가 유지를 반포하여 대학사 화신의 관직을 삭탈하고 하옥시켜 죄를 묻겠다고 했다. 15일에 화신의 죄상이 밝혀지고 18일에 가경제는 화신에게 옥중에서 자진하라고 명했다. 화신은 시한 수를 썼는데 그 시에서 "달빛이 이토록 밝은데/내 어려움을 밝히지 못하는구나/원컨대 백 년이 꿈이길/30년은 헛되게 살았네"라고 하였다. 화신은 20년간 정치를 하면서 재산은 셀수도 없이 많았으며 그중 전답만 해도 8천 경頃이나 되었다. 그의 거액의 재산은 조야에서 모두 부당하게 번 돈으로 황제 역시 깜짝 놀랄 지경이었다. 그의 재산을 백은으로 계산해보면 최소한 8억 량이었다고 한다. 당시 조야에는 "화신이 쓰러지니 가경이 배부르다"라는 말이 유행하였다.

완원의 《주인전》

가경 4년(1799)에 완원阮元이 주편한 《주인전疇人傳》 46권의 판각이 완성되었다. 이는 중국에서 첫 번째로 기술한 역대 천문학자와 수학자의 학술활동 및 그 성과에 대한 전기체의 수학사이자 천문역법사 저서로 중국의 천문·역법과 수학사를 연구하는 데 중요한 기본서다. 1840년에 나사림羅士琳이 《속집續集》 6권을 편찬했다. 1886년에 제가보諸可寶가 또 속편 《삼편三編》 7권을 짓고 1884년에 화세방華世芳의 저서 《근대주인저술기近代疇人著述記》를 부록으로 넣었다. 《주인전》은 인물 학술전기를 핵심으로 하는 천문학사이자 수학사의 거작이다. 또한 중국 최초로 출현한 천문학사이며 수학사 전문서적으로 과학사에서 가장 가치 있는 저서다. 영국의 수학사가인 스미스는 이를 "중국에서 수학에 관한 가장 가치 있는 저서"라고 칭찬하였다. 영국의 조셉 니담*은 "이 책은 중국서적 중에서 중국과학사에 가장 가까운 책"이라고 하였다.

*Joseph Terence Montgomery Needham (1900~1995), 중국어 표기는 이약슬李約瑟 – 역주

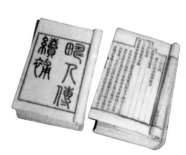

역대 천문산술가 전기집 《주인전》

단성團城 연무청演武廳
북경의 해정구海淀區에 있으며 청나라 때 군사훈련을 하던 장소다.

1802년
백련교 기의의 평정

가경 6년(1801) 6월에 백련교 수령 서천덕徐天德이 전투에서 패하여 죽었다. 9월에 백련교의 수령인 우소주尤紹周가 사천성 태평에서 호북성 죽계로 공격해 와 청군의 서안 장군 새충아賽沖阿와 격전 끝에 섬서성 평리平利로 패주하였다. 21일에 우소주는 평리에 속한 여계汝溪·반룡산盤龍山·악가평岳家坪 일대에서 새충아·온춘溫春이 이끄는 5로의 청군과 눈보라를 무릅쓰고 격전을 벌였지만 결국 패하였다. 가경 7년(1802) 5월에 백련교 수령 번인걸樊人傑이 패전하여 도망을 가자 백련교의 투쟁은 심각한 타격을 받고 점차 사그러들었다. 가경 9년(1804) 9월에 청군의 통수 덕릉태德楞泰가 〈여분소탕삼성전공고천餘氛掃蕩三省全功告天〉 절折을 올렸는데 이는 백련교 기의가 기본적으로 실패했음을 말하는 것이다.

가경 운룡해수雲龍海水 문양의 겉옷[袷袍]
이 옷은 아마도 황태후나 황후가 입었을 것이다.

청대 춘련 문신
춘련春聯은 오대五代부터 시작되었으며 문신門神은 송대에 비로소 성행했다. 후에는 설날의 중요한 풍속의 하나가 되었다. 그림은 청대 주택의 춘련과 문신이다.

'유라과劉羅鍋' 유용의 서거

유용劉墉(1719~1804)의 자는 숭여崇如, 호는 석암石庵·청원靑原이고 산동성 제성諸城 사람이다. 건륭 16년(1751)에 진사가 되었다. 관직은 한림원편수·한림원시강, 이부·예부·병부상서, 체인각體仁閣 대학사를 역임했다. 사후에는 태자태보에 추증되었고 시호는 문청文淸이다. 옹방강·양동서梁同書·왕문치王文治와 함께 '청대사가'로 불린다. 유용의 서법은 아주 방대하고 복잡하여 당나라의 여러 서예가들을 임모하지 않은 사람이 없다. 해서와 행서를 잘 쓰고 또한 합격자 명단과 소해를 잘 썼다. 그는 터럭이 짧은 강한 붓을 선호하였고 서법은 풍부하고 돈후하며 대범하고 솔직하여 너그러운 맛이 있다. 평생 파란 곡절을 많이 겪었으므로 서법에도 변화가 많다. 초년에는 벼슬길이 순탄하여 서법도 둥글고 윤택이 난다. 중년에는 부친의 연좌제에 걸려 관직을 삭탈당하고 하옥되었지만 굴하지 않는 위엄이 있었는데 서법 역시 필력이 웅건하다. 만년에는 세상사를 초탈하여 서법에서도 역시 평담함으로 나아갔으나 정련됨이 함축되었으며 그 굳건한 기가 안으로 수렴되어 솜 속에 바늘이 숨겨져 있는 것 같다. 《학서우성學書偶成》 시 30수는 그의 서법이론을 설명하고 있다.

유용이 임모한 미불米芾시첩

자색 바탕의 법랑 채색 모란 문양 대접

1802년
광동 천지회의 기의

가경 7년(1802) 9월에 광동의 박라博羅에서 천지회天地會가 기의를 했다. 천지회는 건륭 중기에 민간 하층의 비밀결사로 조직되었으며 최초의 활동은 복건성과 광동 지역 수륙 운수 연변에서 있었다. 초기 회원은 대부분 운수 노동자, 소판매상, 수공업자, 실업 유랑자와 농민이었다. 청 정부의 진압이 날로 엄격해짐에 따라서 점차 중요한 반청 비밀조직이 되었다. 광동성 박라현은 천지회 수령 진란사사陳爛屐四·장금수張錦秀 등이 무리를 거느리고 일을 일으켰다. 이들은 붉은 천으로 머리를 감싸고 무기를 들고 기치를 내걸며 요새를 점거하니 그 무리가 만여 명에 이르렀다. 청 조정은 총독 길경吉慶·순무 호도례瑚圖禮에게 병사를 소집하여 진압하도록 했다. 23일에 장금수가 포로가 되었다. 다음날 5일에 진란사사가 나부산羅浮山에서 전사했다. 이 기의는 동완東莞·박라博羅·석룡石龍·증성增城·귀선歸善·용문龍門·하원河源·영안永安 등 현으로 파급되었으며 몇 개월간이나 지속되었다. 기의군은 "등에 보검을 메고 주유하는 우리, 손에는 나무 몽둥이 들고 강산을 때리네", "영웅호걸이 건곤을 정하나니, 만리강산은 모두 한 바퀴라네", "하늘과 나라를 다투는 것은 홍수 길과 같으니, 군기가 누설되어 검 아래 망하도다" 등과 같은 대련을 이곳저곳에 붙이고 다녔다. 그밖에 기의군은 또한 팔배八拜를 선전했다. 기의가 평정된 후 길경은 방비를 소홀히 했다는 죄명으로 총독직을 삭탈당하자 스스로 자결했다.

서양음악의 전래

청대 후기, 선교음악의 전파와 교회학교의 건립에 따라서 서양음악 역시 점차 중국에 전래되었다. 교회음악은 바로 찬송가를 말하는데 교회에서 찬송가를 부르고 기도를 하는 것과 길가에서 포교할 때 풍금이나 다른 악기로 연주하면서 찬송하는 것이다. 선교사들이 중국에서 간행한 도서 중의 대부분은 찬송가 곡보曲譜였다. 중국인들이 쉽게 받아들이게 하기 위하여 어느 선교사들은 중국 전통 곡조를 찬송가와 배합하기도 하고 중서양의 음악이론을 채용하여 찬송가의 곡보를 편집하기도 했다. 그밖에 체계적으로 서양문화와 음악에 정통한 인재를 배양하기 위하여 교회에서는 그들이 세운 학교에 서양음악을 전파하는 커리큘럼을 개설하기도 했다. 이 시기에 중국에 들어온 서양음악은 성가 이외에도 대부분 서양 통속음악과 무곡인 살롱음악도 있었다.

중추가절
양류청楊柳靑 연화로 명절의 오락 활동을 그렸는데 청대의 민속풍경을 잘 표현하고 있다.

청·가봉공자비加封孔子碑
청나라는 명나라의 제도를 계승하여 지속적으로 공자를 '성인'으로 존경하고 유학을 숭상하였다.

1803년
청 조정이 '월남' 국호를 정함

월남越南의 이전 명칭은 안남安南이었다. 순치 17년(1660) 9월에 여유기黎維祺는 스스로 국왕이라 칭하고 표表를 올려 공물을 보내겠다고 하였다. 이후에 안남국 정권은 여러 차례 바뀌었다. 가경 7년(1802) 12월에 완복영阮福映이 안남의 전 지역을 점령하고 사신을 파견하여 공물과 상주문을 보내 책봉을 청하였다. 또한 청나라에게 국호를 '남월'로 해달라는 청을 하였다. 애신각라 옹염(인종)은 안남을 '월남'으로 바꾸라고 명했다. 26일에 또 완복영을 월남국왕으로 봉했다.

가경의 동화로
이 물건은 가경 연간에 오키나와[琉球國]에서 선물한 동화로다. 이로 볼 때 청나라와 해상 인근 국가와의 무역이 번성했음을 알 수 있다.

1805년
전국적인 포교 금지

옹정·건륭·가경 세 황제는 강희제의 천주교에 대한 금교활동을 더욱 강화했다. 옹정과 건륭 연간에 여러 가지 타격을 거치면서 천주교 활동은 중국에서 완전히 지하로 들어갔으나 여전히 활약하였다. 가경제 즉위 후에 백련교 등 민간종교의 청 조정에 대한 위협은 점점 커져만 갔으며 조정은 천주교 역시 일종의 지하 민간종교로 보고 엄격한 태도를 취하였다. 1805년에 외국교회와 중국인 사이에 전국적인 사건이 발생했다. 청 조정은 서양교의 규칙을 검사하는 법을 제정하고 서양인이 책을 출판하고 선교하는 것을 금지했다. 1812년에는 티베트의 제마齊馬 사건과 귀주에서 천주교 교안을 없애버리는 사건이 발생했고, 1813~1814년에 호북·광동에서도 여러 차례 교회를 내쫓는 사건이 발생했다. 옹정·건륭·가정 연간에 금교는 최고조에 달했으나 천주교 활동이 근절되지는 않았다. 아편전쟁 전까지만 해도 중국 천주교 신자는 20만 명 이상이었다. 이는 종교가 일종의 문화현상이 되었으며 행정방식이나 혹은 폭력수단으로 없앨 수 있는 것이 아님을 설명하고 있다. 청 정부는 금교를 하는 동시에 '쇄국' 정책을 실시하여 중국과 서양의 관계를 두절함으로 중국 문명의 발전을 지연시켰으니, 그 위해危害 작용 역시 아무도 짐작할 수 없는 것이었다.

대나무 조각 〈어가악파건漁家樂擺件〉

하얼빈 동방 정교회 성당

청대 대나무에 인물을 조각한 향통香筒

양호파의 탄생

청 건륭·가경 시기에 동성파桐城派가 문단에서 영향력을 높이고 있을 때, 양호陽湖 문인 운경惲敬·이조락李兆洛과 무진武進 문인 장혜언張惠言 등은 동성파 영향을 받으면서 동시에 또 다른 주장을 내놓았다. 양호와 무진은 상주常州에 속했기 때문에 이들을 양호파陽湖派라고 한다. 운경(1757~1817)의 자는 자거子居, 호는 간당簡堂이다. 어렸을 때에 고증과 변려의 학문에 종사하였으나 후에 동성파의 영향을 받아 산문으로 바꾸었다. 그는 문文을 위해서는 문장에서 고증과 경세의 학문을 겸해야 한다고 주장하고 동성파가 문장을 지을 때는 너무 단순하고 사상적으로는 공자·맹자·정이·주희만을 전적으로 하는 폐단이 있다고 비평했다. 운경의 문장은 기세가 강직하고 쾌활하며 특히 비문을 가장 잘 지었다. 〈대유대문단비문大庾戴文端碑文〉·〈장고문묘지명張臯文墓志銘〉·〈호남원소전湖南園小傳〉 등과 같은 비문은 엄격 정밀하고 고졸하며 간단하면서도 오묘하다. 이조락(1769~1841)의 자는 신기申耆, 만년의 호는 양일노인養一老人이다. 가경 10년(1805) 진사로 일찍이 무영전협수武英殿協修 직에 있다가 후에 강음江陰의 기양서원醫陽書院에서 20여 년간 강의를 했다. 이조락은 지도·고증·훈고학에 정통하고 문장을 위해서는 변려문과 산문의 장점을 혼합해야 한다고 주장하였다. 문장을 씀에 있어서는 대체적으로 자신의 주장을 관철하였다. 예를 들면 〈거업전제서擧業篆蹄序〉·〈묵권망기서墨卷望氣序〉·〈변체문초서騈體文鈔序〉·〈황조문전서皇朝文典序〉 등의 작품에서는 변문과 산문을 겸용할 것과 사리가 함께 융합할 것을 주장했다. 장혜언張惠言(1761~1802)의 자는 고문皐文이다. 가경 4년(1799) 진사로 한림원편수를 제수받았다. 젊었을 때의 사부詞賦 작품은 염정의 교묘한 단어를 사용했으나 후에는 당송 고문을 배우면서 날카롭고 깨끗한 작품이 많아지게 되었다. 예를 들면 〈유황산부遊黃山賦〉·〈등석여전세부鄧石如篆勢賦〉·〈송운자거서送惲子居序〉·〈사선서詞選序〉·〈상완중승서上阮中丞書〉 등에서는 광활한 아름다움이 있는가 하면, 따뜻하고 소박하며 건강한 작품도 있어 격조가 매우 돈후하다. 양호파의 주장은 동성파처럼 구속되거나 편협하지 않으며 그들의 작품과 동성파의 작품은 서로 장단점이 있다. 운경과 장혜언은 동성파의 학문을 이어받았기 때문에 문학사가들은 양호파를 동성파의 지류로 보고 있다.

중국에 온 로버트 모리슨

로버트 모리슨*은 영국 북부에서 태어났으며 후에 런던 포교회에 가입하였고 1807년에 중국에 파견되었으나, 당시 영국 동인도 회사는 중국의 포교금지 규정을 고려하여 그에게 배표를 주지 않자 그는 하는 수 없이 미국으로 갔다가 광주로 들어왔다. 중국에 온 후 그는 선교사의 신분을 노출하지 않고 미국 상회에서 거주하면서 중국어를 배우는 한편 중국 문화와 풍속을 이해하였다. 1809년에 로버트 모리슨은 영국 동인도 회사에 통역사로 초빙되었고 이때부터 그는 이 통역사 신분으로 20여 년간 중국에서 장사를 하면서 선교를 하였다. 모리슨이 중국에 있는 동안 두 가지 중요한 저서를 완성했는데 하나는 《성경》을 중국어로 번역한 것이고, 또 하나는 《영화사전英華辭典》을 편찬한 일이다. 《성경》의 번역본은 모두 6책으로 상세한 주석을 하였고 중국과 서양의 문화 교류에 커다란 공헌을 하였다. 모리슨은 중국에서 수많은 새로운 신자들을 포교하였다. 인쇄공 양발경梁發經 역시 그가 배출한 최초의 중국 신교 목사가 되었다. 또한 선교 교의의 작은 책자를 저술하였는데 그중 《권세양언勸世良言》은 홍수전洪秀全의 수중으로 들어가 결국 태평천국의 사상적 무기가 되었다.

* Robert Morrison(1782~1834), 중국어 이름은 라백특羅伯特 · 마례손馬禮遜 – 역주

1808년
영국군의 마카오 침략

가경 13년(1808) 7월에 영국 상선이 군대를 태우고 신속히 광동성 향산香山 계경양雞頸洋 방면으로 진격했다. 다음 달 2일에 영국군 3백여 명이 공공연히 해안에 올라 마카오의 삼파사三巴寺 · 용숭묘龍嵩廟 · 동서 포대炮台에 주둔했다. 23일에 영국군은 또 소형 군선을 몰아 호문虎門으로 진입하여 성 밖의 십삼행十三行에 정박한 후 마카오에서의 거주를 요구했다. 양광총독 오웅광吳熊光은 영국군에게 마카오에서 철수할 것을 명령했지만 영국군은 지지부진 움직이지 않고 10월이 되어서야 철수하기 시작했다. 가경 14년(1809) 2월에 가경제는 한봉韓封이 상주한 〈사열오문이민안도병작주공제사의査閱澳門夷民安堵並酌籌控制事宜〉를 보고는 군기처에 명령을 내렸다. 즉

"마카오 지역에 서양인들이 포대 6좌를 설치했다. 가사란伽思蘭 포대에서 서망양西望洋 포대까지 남쪽 연해 일대는 본래 돌로 쌓은 제방으로 형세가 낮기 때문에 지난 해에 영국 군함이 이곳으로 상륙할 수 있었다. 이곳에 응당 높이 45척, 길이 2백여 장의 축대를 쌓아서 방비와 보호를 해야한다"는 내용이다.

마카오의 마조각媽祖閣

청대의 상아 조각 〈월만청유月曼淸遊〉

소금와사

소금와사小金瓦寺는 명 숭정 4년(1631)에 건설되었다. 원래는 유리기와였는데 청 가경 7년(1802)에 도금한 동기와로 바꾸었다. 정전 안에는 한 필의 백마 표본이 있는데 전하기로는 9세 판첸이 일찍이 말을 타고 티베트에서 출발하여 하루 만에 탑이사塔爾寺에 도착했다고 한다. 소금와사 안에는 수많은 호법신상들이 모셔져 있기 때문에 또 호법신전護法神殿이라고도 한다.

북경의 아편 금지

가경 15년(1810) 3월에 북경에 아편을 금지하라는 유시가 내려지고 이를 어겨 체포된 자는 중벌에 처했다. 2월에 북경 광녕문廣寧門 순라꾼이 양楊씨 성을 가진 자를 조사하여 숨겨두었던 아편 여섯 상자를 찾아내고 경계慶桂가 그 일을 상주했다. 가경제는 내각에 다음과 같이 유시했다. "아편은 중독성이 아주 강해서 이를 흡입하면 정신이 몽롱해지고 멋대로 행동하게 되며 시간이 오래되면 사람의 목숨을 위협한다. 사회 풍속을 해치는 가장 나쁜 해악이므로 일찌감치 금지해야 한다. 죄를 어긴 양씨는 대담하게 아편을 휴대하고 성으로 들어와 법률을 무시했으니 형부에 넘겨 엄중히 심문을 하도록 하라. 최근에 북경에 아편을 몰래 파는 사람들이 많다고 들었는데 못된 상인들이 이익을 위해 판매하니 잇따라 장사꾼이 생긴다. 숭문문崇文門에서 세무稅務를 전문으로 처리하는데 그 소속이 항구의 지방 경찰 소속이라 아마도 주도면밀하기 어려울 것이다. 보군통령步軍統領·오성어사五城御史를 각 문에 배치하여 엄히 조사해야 한다. 체포되면 규율에 의거해 엄히 처벌하며 몰수한 아편은 태워버리도록 하라. 복건과 광동 등 생산지의 총독과 순무에게도 엄히 감독하도록 하고 관리세관이 이를 조사 금지하여 그 공급처를 차단하도록 하라." 이 모든 것을 쓸데없는 문서로 여기며 임의로 판매하거나 흡연자가 아편을 몰래 운반할 수 없다는 내용이었다. 그러나 아편은 여전히 금지되지 않았다. 가경 18년(1813) 6월에 군인과 백성, 호위 무관, 내정의 태감 등 아편 흡연자를 색출하게 되니 가경제는 드디어 이에 관한 조목을 만들고 엄벌에 처했다. 7월에 형부는 어의를 받들어 호위무관으로 아편을 사서 흡연한 자는 관직을 삭탈하고 곤장 100대, 가호枷號* 2개월에 처했다. 내정의 태감이 죄를 범하면 가호 2개월에 흑룡강으로 보내 관방의 노역을 하도록 했다.

*목에 칼을 쓰고 죄상을 알리는 팻말을 가슴에 매다는 형벌 – 역주

1813년
계유의 변

가경 18년(1813) 9월에 북경에서 '계유癸酉의 변'이 발생하여 전국을 진동시켰다. 가경 18년에 천리교가 임청林淸의 영도 하에 "하늘을 받들고 도를 펼친다"는 기치를 내걸고 9월에 기의했다. 15일에 2백 명의 천리교도들이 경성에서 반란을 일으키고 자금성의 동화문東華門·서화문西華門을 공격하고 곧바로 청 황궁의 요충지로 뛰어들어와 피를 튀기는 전투를 벌였지만 끝내 역량이 부족하여 실패를 고했다. 17일에 임청이 체포되고 청 조정은 대흥大興·통현通縣 일대의 천리교도들에 대한 대대적인 압수 수색을 하기 시작하여 4년간 7백여 명을 처형하였다. 임청의 북경 기의에 호응하기 위하여 직直(하북성 일대)·노魯(산동성)·예豫(하남성) 세 성의 천리교도들이 화북 10여개 주와 현에서 일어섰는데 그 기세가 몹시 대단하여 조야를 놀라게 했다. 그러나 애석하게도 역량이 너무나 부족하여 반년이라는 짧은 기간 만에 실패를 고하고 기의한 수령들은 모두 처형되었다. 1813년이 계유년이라서 역사에서는 이를 '계유의 변'이라고 한다. '계유의 변'은 천리교가 일으킨 비교적 대형의 농민 폭동으로 화북지역을 진동시켰다.

〈죽하사녀도竹下仕女圖〉축

도금한 법랑 희준犧尊

4대 유명 도시

청대의 도시는 경제가 신속이 발전하였고 특히 '4대 도시'인 경덕진·주선진朱仙鎭·한구진漢口鎭·불산진佛山鎭이 가장 유명했다. 경덕진은 당시 최대의 자기 생산지이자 집산지였다. 주선진은 개봉으로 통하는 수륙 중계 운송지이자 상업도시였다. 한구진은 양자강과 한구가 합치되는 지점에 있어 '아홉 성의 통로'라는 명칭이 있었으며 양자강 중하류 중 최대의 항구였다. 불산진은 영남의 대도시로 가옥이 1만여 호에 이르렀다.

청대 경덕진
제도도製陶圖 그림 속에 있는 교역 장면은 청대 경덕진의 도자기 사업이 번영되었음을 반영하고 있다.

망사원
망사원網師園은 소주시 봉문십금가葑門十金街에 있다. 면적은 크지 않지만 그 배치가 정교하고 몹시 그윽하며 전아하다. 강남 4대 정원의 하나다.

《성경》의 한역 출판

숭덕 원년(1636), 임마누엘 디아스*의 《성경직해聖經直解》가 출판되었는데 사복음서의 성경문이라는 점이 중요하다. 청대 중엽 전기에 백일승白日升·하청태賀清泰가 신·구약을 모두 번역했지만 출판은 되지 않았다. 19세기 초에 영국 선교사 로버트 모리슨이 광주에서 《성경》을 번역 출판했다. 그중 신약 부분은 가경 19년(1814)에 정식으로 출판되었다. 구약 부분은 미령米怜과 합작으로 1819년에 정식으로 출판했다. 도광 3년(1823)에 신·구약이 함께 출판되어 《신천성서神天聖書》라 하였다. 이는 중국 내에서 최초로 출판된 한어 전 역본 《성경》이다.

* Emmanuel Diaz(1574~1659), 중국어 이름은 양마락陽瑪諾 ─ 역주

사자림
사자림獅子林은 소주시 원림로園林路에 있다. 가산기석假山奇石으로 유명하며 강남 4대 전통 정원의 하나다.

분채 '불일상명佛日常明' 사발
청 도광 연간에 제조되었다. 이 사발은 안에 백유를 시유했고 밖은 노란 분채 바탕에 연꽃문양을 장식했다. 간격이 균등한 원형의 개광이 있고 각각 '불佛·일日·상常·명明' 글자가 전서로 쓰여져 있다.

1816년
애머스트에게 귀국을 명령

가경 21년(1816) 정월에 영국 정부에서 파견한 애머스트와 사절단 6백여 명이 중국에 왔다. 7월에 천진의 대고구大沽口에 도착하니 청 정부는 공부상서 소릉액蘇棱額 등을 파견하여 접대를 책임지도록 했다. 사절단은 청 조정에 영국에게 토지 할양을 요청하고, 몇몇 곳의 지방통상을 윤허 받고 면세 혹은 감세를 우대받고자 기획했다. 그러나 황제 알현 예절 문제가 논쟁의 초점이 되었다. 애머스트 일행은 삼궤구고三跪九叩*의 예를 행하는 것을 거절하였다. 청 조정 대신은 부득이 영국 정사正使·부사副使가 모두 급병이 들어서 움직일 수 없다는 이유를 들어 가경제에게 상주했다. 가경제는 영국 사절단에게 귀국하라고 명령했다. 그리고 "앞으로 먼 길을 번잡하게 사신을 파견할 필요가 없고 마음을 다하여 순종하고자 한다면 해마다 내조할 필요 없이 귀화하면 될 것이다"고 힘주어 말했다.

* 무릎 꿇고 머리를 세 번 땅에 닿도록 하는 절을 세 번 반복하는 것으로 최고의 경의를 표하는 예법 – 역주

비취 동파東坡 적벽야유赤壁夜遊
장식용 소형 병풍

1820년
도광제의 즉위

가경 25년(1820) 7월에 애신각라·옹염(인종)이 목란木蘭으로 순행을 떠났다. 17일에 피서산장에 머물렀고 다음 날 돌연히 발병하여 치료를 받았으나 아무런 효과가 없었다. 붕어를 선포하니 향년 61세였다. 8월에 오동나무관을 북경으로 옮기고 10월에 시호를 예황제睿皇帝로 추존하고 묘호를 인종이라 했다. 다음 해(1821) 3월에 창릉昌陵에 장사지냈다. 이해 8월에 둘째 아들 민영旻寧이 태화전으로 가서 황제(선종宣宗)에 오르고 다음 해를 도광 원년으로 하였다. 도광제는 가경제의 둘째 아들로 건륭 47년 8월 10일에 황궁 힐방전擷芳殿에서 태어났다. 그는 유년시절에 근면하게 배우기를 좋아하였고 어린 시절에는 말타기 활쏘기를 열심히 연습하였다. 아홉 살 때에는 조부 건륭제를 수행하여 사냥을 나갔으며 친히 사슴 한 마리를 쏘아 잡았다. 이에 건륭제의 칭찬을 받고 노란 마고자와 꽃 화살을 상으로 하사받았다. 가경 18년 9월에 천리교도가 황궁 안 우문을 공격해 들어오니 이미 양심전養心殿의 바로 앞이었다. 민영은 마침 방에서 책을 보고 있었는데 소란스런 소리를 듣고 조총과 활을 들고 나와 친히 두 명의 천리교도를 쏘아 죽였다. 이 사건 이후 그는 지친왕智親王에 봉해졌다. 가경 4년(1799) 4월 10일에 비밀리에 황태자에 옹립되었다. 가경제가 1820년에 서거한 후에 민영이 즉위하니 연호는 도광이다.

도광제
청 선종宣宗의 이름은 애신각라·민영旻寧이고 청나라가 중원에 들어온 후의 여섯 번째 황제며 연호는 도광이다. 그가 즉위할 때에 청 조정은 이미 부패하였고 무신들은 해이해지고 대내적으로는 백성들의 기의가 끊이지 않았다. 대외적으로는 아편의 밀수가 창궐하고, 서방 식민주의자는 호시탐탐 중국을 노리고 있었다. 아편전쟁이 폭발하자 그는 굴욕적인 토지할양의 첫 번째 황제가 되었다. 재위 기간은 30년이다.

1827년
장격이 반란 평정

도광 4년(1824) 9월에 회부의 수령 장격이張格爾가 회강回疆에서 거병하였으나 패배하고 포로가 되었다. 장격이는 대화탁大和卓 포랍니돈布拉尼敦의 손자다. 건륭 시기에 대·소화탁이 평정된 후, 포랍니돈의 아들 살목살극薩木薩克이 호한浩罕으로 도망와 살면서 아들 셋을 낳았는데 장격이는 두 번째 아들이다. 가경 25년(1820) 9월에 장격이는 영국의 지지하에 호한에서 신강 남부로 들어가 소란을 피웠다. 청 군대가 조치를 취하자 장격이는 먼저 잡륜卡倫을 침범한 후에 또 압박을 피해 도망갔다. 도광 6년에 장격이는 안집安集延·포로특布魯特 사람들 1백여 명을 이끌고 개제산로開齊山路에서 중국의 국경내로 침입하여 아이도십阿爾圖什에 도달한 후 조상인 대화탁의 묘소 '마잡瑪雜'에 성묘를 하였다. 그리고 묘소를 근거지로 하여 군영을 세우고 위구르 사람들을 선동하고 또 호한으로 구조를 요청하는 사람을 파견하여 자식들에게 옥백玉帛·객십갈이성喀什噶爾城으로 사례금을 보내면서 유혹했다. 8월에 장격이는 반란군을 이끌고 객십갈이성·영길사이英吉沙爾·섭이강葉爾羌·호탄 4개 성을 연달아 공격했다. 청 조정은 섬서총독 양우춘楊遇春·이리伊犁 장군 장령長齡·산동 순무 무륭아武隆阿에게 군을 감독하여 하극소阿克蘇에서 회합하여 적을 소탕하도록 했다. 도광 7년(1827) 2월에 청 군대가 서쪽에서 출발하여 줄곧 파죽지세로 나아가 아이파특阿爾巴特·사이도이沙爾都爾·아와파특阿瓦巴特에서 장격이를 대파했다. 3월에 객십갈이·영길사이·섭이강·호탄 4개 성을 회복했다. 장격이는 반란이 실패하자 가이극자柯爾克孜 족의 유목지로 숨어들었다. 12월에 장격이가 철개산鐵蓋山에서 사로잡혔다. 도광 8년(1828) 5월에 서울로 압송되어 처형되었다.

1831년
청 조정의 아편 금지

도광 11년(1831) 5월에 도광제는 각지에 엄히 아편을 조사하고 금지하라고 명령했다. 당시 서양배들이 사적으로 생아편을 가지고 와서 호문虎門 부근 대어산大魚山 해역을 불법으로 점거하고 광동 방면으로 밀수를 했다. 그런 배를 아편배라는 뜻인 '아편돈鴉片躉'이라 불렀다. 서양인들은 광동 지역의 건달들과 결탁하여 '전점錢店'이라는 상점을 개설하고 여기서 암암리에 생아편을 포대로 팔았는데 이를 '대요구大窯口'라고 한다. 다시 '대요구'에서 대륙 전역으로 나누어 소매했다. 5월에 도광제가 명령을 내린 후에 청 조정에서는 각 성의 총독과 순무에게 엄하게 아편을 조사하고 금지하라는 칙령을 내렸다. 1834년 또 '아편선'을 쫓아내라는 명령을 내렸다.

청 군대가 이리伊犁 회부回部를 평정하는 그림

아편선
1930, 40년대에 중국 동남해역에서 활약하였으며 아편 밀수를 하던 서양 선박이다.

이화양행

19세기 초, 영국 정부가 지속적으로 동인도 회사의 동양의 무역 독점권을 취소하자 영국 양행들이 대량으로 증가하면서 이런 양행이 광주에 대본영을 두고 아편 밀수로 다량의 자본을 축적했다. 도광 12년(1832) 7월에 영국의 윌리엄 자딘*과 제임스 매더슨**이 광주에 정식으로 이화양행怡和洋行을 설립했다. 또 '자딘 매더슨 양행' ***이라고도 하는데(13행의 이화양행과는 다름) 계속하여 아편을 밀수 판매하여 당시 최대의 아편 밀수 수입상으로 아편 밀수선도 여러 척 소유하고 있었다. 동시에 그들은 영국 정부가 대 중국정책을 수립할 수 있도록 수많은 정보를 제공했다. 1842년에 이화양행 본사는 광주에서 홍콩으로 이전했다. 1843년 상해에 이화양행을 설립했다. 1872년 후반기에 아편 수입 가격은 기반이 튼튼한 인도의 사순Sassoon 그룹의 가격을 당해낼 수 없자 이화양행은 대 중국 아편무역을 포기하였다. 그리고 점차 서비스형 영업으로 전환하여 중국에서 대형 독점기업으로 되어갔다. 항전抗戰 전에 이 상점은 동양 지역의 최대 영국 재단으로 발전하였으며 피식민주의자들은 이를 '양행의 왕'이라고 불렀다.

* William Jardine(1784~1843), 중국어 이름은 사돈查頓 – 역주

** James Matheson(1796~1878), 중국어 이름은 마지신馬地臣 – 역주

*** Jardine Matheson 그룹의 전신으로 현재도 홍콩에 있음, 중국어로는 사전양행渣甸洋行이라고 함 – 역주

1834년
영국 함대의 황포 침입

도광 14년(1834) 9월에 영국 함선이 황포黃埔로 쳐들어왔다. 영국은 당시에 네이피어*를 광주에 파견해 상무를 협의하도록 했다. 6월에 마카오에 도착한 네이피어는 광주로 가려는데 총독 노곤盧坤이 이를 제지하자 듣지 않고 그에게 편지를 보냈다. 노곤은 공문형식에 맞지 않는다는 이유로 엄격히 이를 거부했다. 게다가 함선을 봉하고 영업을 중지할 것을 선포하였으며, 병사를 파견해 방비를 더욱 엄하게 했다. 8월 5일에 네이피어가 금령을 상관치 않고 갑자기 두 척의 병선으로 조수를 이용하여 호문虎門으로 들어왔다. 7일에 호문 포대炮台를 지나 9일에는 황포 해역으로 쳐들어가 포대를 지키고 있던 청 군대가 거칠게 포를 쏘자 영국 군대도 반격했다. 노곤이 군대를 이동 집결시켜 영국 상관商館을 포위하자 영국 함대는 하는 수 없이 마카오로 돌아갔다.

* William John Napier(1876~1834), 중국어 이름은 율노비律勞卑 – 역주

만년홍지萬年紅紙 책갈피가 있는 고서
이 오렌지 색의 책갈피는 표면에 연단鉛丹을 칠하여 책벌레를 죽이는 역할을 한다. 이런 종이를 만년홍萬年紅이라고 하는데 고서적을 보존하는 데 중요한 역할을 한다.

청옥靑玉의 고대 소부정召夫鼎을 모방한 정鼎

청 용문양의 합부
합부合符는 황궁과 도성의 야간 특수 통행증으로 음양 두 조각으로 구성되어 있다. 합부 표면에는 두 마리 용이 구슬을 갖고 노는 도안이며 주위에는 상서로운 구름이 가득하다.

공자진의 《기해잡시》

공자진龔自珍의 자는 슬인瑟人, 호는 정암定盫이고 절강 사람이다. 19세기 청대의 유명한 사상가이자 문학가, 학자다. 공자진은 청년시절부터 현실정치와 사회의 중대 문제에 관심이 깊어 내정과 시사時事에 관한 비판과 선의를 끊임없이 세기했다. 부패현실의 개혁을 주장主張하고 제국주의 침략자에게 저항하는 근대 자산계급 개량주의 계몽사상가로서 그의 사상과 태도는 시종 일관 적극적이고 열정적이었다. 그 반역적인 사상과도 관계가 있는 공자진의 시문은 창조성이 풍부하다. 그의 시작은 27권이나 있는데 15세부터 47세까지 쓴 것이다. 유명한 《기해잡시己亥雜詩》 315 수는 도광 19년(1839) 작품으로 공자진 후기의 작품이다. 내용이 광범위하며 공자진 시의 사상 예술특색을 구체적으로 드러냈다. 이런 시는 당시 암흑과도 같은 사회와 부패한 현실정치를 신랄하게 폭로하고 비판했다. 예를 들면 "소금과 철을 막론하고 강을 이루지 못하니 / 홀로 동남에 의지해 눈물이 많도다 / 나라 세금이 삼흡이면 국민은 한 말을 내야하고 / 소를 잡아도 벼를 베는 것만 못하다" 같은 내용이다.

공자진 조각상

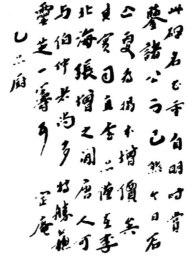

공자진의 필적

국화 꽃잎형 옥접시

직경 17.1cm. 접시 모양이 국화 꽃잎형태로 꽃잎은 세 겹이고, 매 겹은 28개의 꽃잎이 있다. 안으로부터 밖으로 점차 커져 가는데 안에는 둥글게 빈 곳으로 두어 둥근 꽃심을 나타내었다. 접시 바탕 조각은 아주 얇은데 청대 소주지역의 민간 옥공방에서 인도 북부 지역의 힌두스탄 옥제품을 모방하여 만들었다.

청대 청옥 동자호로병童子葫蘆瓶

광주에서 아편을 금지한 임칙서

건륭 38년(1773)부터 영국은 매년 중국에 아편 1천여 상자를 들여보냈다. 가경 5년(1800)에 청 정부는 아편수입을 엄금하라고 조서를 내렸으나 아편무역은 밀수로 바뀌어 매년 수입량이 여전히 많았다. 아편의 범람은 중국에 심각한 결과를 초래하였다. 백은이 외국으로 유출되고 백성들의 건강은 커다란 위협을 받게 되었다. 도광 18년(1838)에 선종은 특별히 조서를 내려 임칙서를 흠차대신으로 하여 광주로 가서 아편을 금지하라고 명령했다. 임칙서는 광주에 도착하자마자 즉시 가혹하고 신속하게 아편금지 조치를 실행했다. 다음 해 2월에 임칙서는 '십삼행十三行' 상인들에게 눈을 돌려 의를 잊고 이익만 탐하며 외국 아편을 팔기 위해 힘을 다하는 죄행을 질책하면서 외국상점에게 3일 내에 소유한 아편 전량을 넘기라고 하였다. 모든 사람들이 보증서를 제출하고 이후에 들어오는 배에는 절대로 아편을 싣지 않겠다는 성명을 하였다. 이와 동시에 임칙서는 광동성 내에서 대대적으로 아편금지를 하였고 〈금연장정십조禁煙章程十條〉를 반포하고 아편을 판매하고 흡연하는 자를 엄격히 징벌하겠다고 하였다. 2개월 동안 판매하고 흡연한 자 1천6백여 명을 체포하고 생아편과 고약모양의 아편 46만여 량, 아편 담뱃대 4만여 개를 몰수했다. 임칙서가 광동에서 실시한 아편금지로 외국 상사로부터는 아편 2만 283 상자,

2,119 마대자루를 몰수하니 전체 무게는 237만 6천 254근이었다. 도광 19년(1839) 4월에 호문虎門 요새지에서 임칙서의 주재 하에 아편을 소각했다.

청나라 사람들이 아편을 피는 모습

一榻夢生琴上月
百花香入案頭詩
임칙서의 친필·대련

임칙서

임칙서

임칙서林則徐(1785~1850)는 복건성 후관侯官 사람이고 자는 원무元撫, 또 다른 자는 소목小穆, 만년의 호는 사촌노인竢村老人이고 가경 때의 진사다. 그는 힘껏 아편 금지를 주장하고 호광湖廣총독으로 있던 임기 동안 아편 기구와 생아편 등을 몰수하고, 아편관을 찾아 봉하고, 제조하거나 확산하는 것을 엄금하니 효과가 현저했다. 도광 18년(1838) 11월에 그는 조서를 받들어 연속 8일간을 황제를 접견하고 아편금지에 관한 대책을 상의했다. 후에 흠차대신으로 승진하여 광주로 가서 아편을 금지했다. 그는 정연정鄧廷楨·관천배關天培 등의 협조를 얻어 아편 237만여 근을 몰수하고 호문에서 대중들이 보는 가운데 소각하였다. 동시에 그는 광동에서 적극적으로 전쟁을 준비하여 세계 각지 정황을 이해하여 《사주지四洲志》를 편역했다. 아편전쟁 발생 후에 그는 광주에서 엄히 진을 치고 기다렸다가 영국군에게 항거할 것을 굳게 주장했으나 도리어 관직을 삭탈당하고 이리伊犁로 유배를 가게 되어 침략자에 대한 항거라는 큰 뜻을 이루지 못했다. 1850년에 태평천국군이 기의하자 임칙서는 다시 기용되어 흠차대신에 임명되어 광서로 가서 진압하라는 명령을 받았다. 이해 10월 19일에 도중에서 병사하였다. 임칙서는 외세 침략에 반항한 민족영웅으로 민족의 존엄을 보호한 애국주의자다. 그는 청나라에서 첫 번째로 세계를 바라볼 줄 아는 정치가였다.

영원 문묘 대성전
영원寧遠 문묘文廟는 호남성 영원현 안에 있다. 주요 건축으로는 대성전·후전後殿·영성문欞星門·극문戟門·반지泮池 등이 있다. 북송 건덕乾德 3년(965)에 처음 세워졌다. 현존하는 건축물은 배치가 정연하고 위엄 있고 화려하며 만청 때에 중건된 것이다. 호남성에서 가장 잘 보존된 문묘다.

중국에 온 엘리어트

영국사람 엘리어트*가 도광 14년(1834)에 광주에 부임하는 상무감독 네이피어를 따라서 처음으로 중국에 왔다. 1835년 계속하여 존 데이비스**가 영국 주중 대표 상무감독 대리가 되었다. 다음 해 11월에 상무감독으로 승진했다. 엘리어트는 재임기간 적극적으로 영국 아편 판매자들을 보호하며 여러 차례 임칙서의 아편금지를 방해하거나 파괴했다. 임칙서가 강경히 조치를 취하여 영국 아편 판매자들을 압박하며 아편을 색출할 때 엘리어트는 여러 차례 영국 외교대신 파머스턴***에게 편지를 보내 그에게 아편무역을 보호하기 위해 중국에 대해 무력을 사용하도록 종용했으며, 일련의 중국에 대한 작전을 하도록 건의하였다. 도광 20년(1840), 엘리어트는 영국 정부에 의해 부전권대표로 부임을 명받고 전권대표 죠지 엘리어트****와 함께 중국 침략전쟁을 발동했다. 군대를 이끌고 북상한 엘리어트와 죠지 엘리어트는 아모이[廈門]에서 격퇴를 당하자 이후 병사들과 절강성을 침범했다. 7월에 영국 함선이 천진항에 도착했고 8월에는 엘리어트와 기선琦善이 대고구大沽口에서 회담을 시작했다. 이후에 또 기선을 꼬드겨서 〈천비초약穿鼻草約〉을 체결하고, 또 혁산奕山을 핍박하여 〈광주화약廣州和約〉을 체결했다. 그의 임기 동안 중국과 영국의 충돌은 한층 더 심각해졌다.

* Charles Elliot(1801~1875), 중국어 표기는 의률義律 – 역주
** John Davis, 중국어 표기는 계덕비繼德庇 – 역주
*** Henry John Temple Palmerston(1784~1865), 중국어 표기는 파맥존巴麥尊 – 역주
**** Admiral Sir George Elliot(1784~1863), 중국어 표기는 의률懿律 – 역주

1839년
호문의 아편 소각

호문虎門은 광주 동남쪽 주강珠江 입구의 지리적 요새지라서 본래 '광주의 남대문'이라는 명칭이 있었다. 도광 19년(1839) 4월 22일에 임칙서는 호문에서 아편을 소각하기 시작했다. 수천수만의 관중들이 다투어 에워싸고 이 아편 소각활동을 보고자 했다. 청 군대는 먼저 해변가에 15제곱미터의 연못 두 개를 파고서는 연못 바닥을 돌로 단단히 덮은 후에 네 벽에 난간을 세우고 철판을 박았다. 이렇게 하여 물이 빠지지 못하도록 하고는 앞에 구멍 하나를 뚫고, 뒤에는 도랑을 파서 통하게 했다. 먼저 수차를 이용해 도랑의 물을 연못에 넣고 소금을 뿌렸다. 그리고 아편을 잘게 잘라 간수에 넣어 반시간 동안 담가놓고 다시 석회를 넣으니 연못 속에서 곧바로 물이 끓어올랐다. 주위에서 지켜보던 관중들이 우레와 같은 환호성을 질렀다. 밀물이 되어 나갈 때 병사들은 구멍을 열어 파도와 조수를 따라서 연못물을 바다 속으로 흘려보냈다. 그런 후에 다시 깨끗한 물로 연못 바닥을 씻어내어 아편 찌꺼기가 남지 않도록 하였다. 이렇게 연속 20여 일간 몰수한 모든 아편을 태워버렸다. 호문 아편 소각의 장거는 영국 아편 판매상의 호기어린 기세를 보기좋게 꺾었으며 중국 백성들의 외국침략에 반항하는 강경한 결심과 굴하지 않는 의지를 보여주었다.

호문 포대의 대포

호문 포대 유적지

호문 위원포대威遠砲臺 유적지

청 · 도광 분채 인물 비연鼻煙*통
* 코담배로 콧구멍에 갖다 대어 향기를 맡는 가루담
배 - 역주

녹색바탕 법랑에 짐승얼굴을 금박한 네모난 병
청 건륭 연간의 제품으로 병은 동 재질에 도금을
하였고 편방형扁方形이다. 양쪽에 코끼리 머리가 병
의 귀로 되어 있다. 전체에 도금을 한 오목하고 둥
근 모양이 네 개 있는데 금을 두드려서 만든 것이
다. 두 면의 중심에는 각각 태극도와 기문夔紋이 서
로 연결되어 있고 어깨 부분 장식은 변형된 파초잎
문양이 한 줄 둘러져 있다. 전체는 고졸하고 소박하
면서도 또 화려함이 드러나는 청대 법랑 작품의 걸
출한 대표작이다.

1839년
임유희 사건

도광 19년(1839) 5월 29일에 영국 해
군이 구룡九龍 첨사저尖沙咀에서 대낮
에 악행을 저지르고 현지 촌민들을 구
타하여 남녀노소 많은 피해자들이 생
겼다. 그중 촌민 임유희林維喜가 중상
을 입고 다음날 사망했다. 사건이 발
생한 후에 임칙서는 영국 주중 상무감
독 엘리어트에게 흉악범을 내주어 지
은 죄를 속죄하도록 엄명했다. 그러나
엘리어트는 범인을 인도하는 것을 거
부하고 1,500은량으로 사망자의 가족
을 매수하여 그들에게 임유희는 "과실
상해로 죽음에 이른 것"이라고 증명하
도록 했다. 중국 법률을 무시하며 공
공연히 중국 주권을 침범하고 독단적
으로 영국함선에서 사적으로 재판정
을 조직하여 중국 측에 사람을 파견해
재판을 참관하도록 통지했다. 심문 결
과 다섯 명의 범인에 대해 3~6개월의
감금과 60~80원의 벌금을 내도록 했
다. 중국 주권을 수호하기 위하여 임
칙서는 영국 함대에 제공하는 음식물
을 중지하라고 명령하고 영국 상인들
이 고용한 중국 매국노와 일꾼들을 철
회시켰으며, 아울러 영국배를 마카오
에서 쫓아내 버렸다. 임유희 사건은
중국과 영국의 충돌을 격화시켰으며
구룡의 군사 충돌을 야기시켰다. 이
사건으로 영국침략자의 강도 본성과
중국에서 영사재판권을 빼앗으려는
야심이 폭로되었다.

중국 최초의 기독교 학교

도광 19년(1839), 마카오에 모리슨
Morrison 학교가 세워졌다. 이는 중국에서
의 첫 기독교학교로 기독교 교육사업의
시초가 되었다. 이 학교는 선교사로 중국
에 온 로버트 모리슨*의 유지遺志에 따라
세워졌다. 이 학교는 영어 교육을 촉진시
켰으며, 중국인이 '서방의 각종 지식'을
취득하는 것을 주목적으로 하였다. 도광
26년(1846), 모리슨 학교는 홍콩으로 이전
하고 규모도 확대하였으며 학생도 5명에
서 40명으로 늘어났다. 도광 30년(1850),
모리슨 학교는 여러 원인으로 인해 해산
되었다. 이 학교는 최초의 중국 유학생들
을 배출하였으며, 후에 중국학생의 미국
유학 교육사업을 시작한 용굉容閎같은 사
람도 이곳 출신이다.

* Robert Morrison(1782~1834), 중국어 표기는
마례손馬禮遜 - 역주

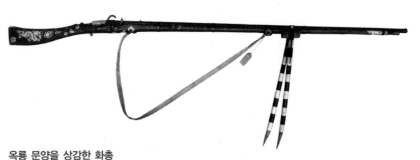

옥룡 문양을 상감한 화총
총신은 167.5cm, 입지름 1.3cm다. 이 총은 외제 동식 화승총으로 황제의 수렵과 오락을 위하여 제공된 엽총
이다. 총관과 총상銃床에 동으로 조각된 박쥐가 7군데 박혀 있고 총관 끝에는 상아로 '오복봉수五福捧壽'라고
새겨져 있다. 이 총에 장식된 상아 조각문양과 옥재질의 용이 구슬을 갖고 노는 모습의 문양은 건장하고 멋스
러우며 이는 길상의 의미를 갖고 있다.

1840~1911년의 청

1840년대 이후 중국 사회는 '수천 년 동안 없었던' 대변혁에 직면하게 되었다. 제1차 아편전쟁에서 청나라는 여지없이 패배하여 토지를 할양하고 손해배상을 해주며 외국에 중국의 문을 개방하게 되었으니 이로써 중국은 반식민지의 고난의 역사가 시작되었다. 1856년에 발생한 제2차 아편전쟁은 중국을 더욱 반식민지의 위치로 떨어지게 하였고 그 후 중국과 프랑스 전쟁, 중국과 일본의 갑오전쟁 및 8국 연합군의 중국 침략은 완전히 중국을 반식민지의 심연 속으로 밀어넣었다. 그러나 중국인들은 분연히 일어나 항거하였다. 광주 삼원리三元里 백성들의 영국에 대한 항거 · 태평천국운동 · 무술유신변법戊戌維新變法 · 의화단 운동은 신해혁명까지 이어져 마침내 청나라를 무너뜨리고 중국 역사의 새로운 페이지를 열게 되었다.

연대별 주요사건

- 1840년 제1차 아편전쟁 폭발
- 1842년 중 · 영 〈남경조약〉 체결
- 1850년 태평천국 기의 폭발, 선종 민영 서거. 넷째 아들 혁저에게 즉위하도록 명하고 여섯째 아들 혁흔은 공친왕에 봉하고 다음 해를 함풍 원년으로 함
- 1856년 태평천국에 내홍이 일어남. 제2차 아편전쟁 폭발
- 1860년 영프 연합군이 북경에 침입해 원명원 방화. 혁저가 승덕으로 피신함. 〈북경조약〉 체결
- 1861년 문종 혁저가 병사하고 황태자 재순이 황제로 즉위, 다음 해를 동치 원년으로 함. 찬양정무왕대신 숙순이 피살됨. 두 황후의 수렴청정. 혁흔이 의정왕으로 승진하고 군기처를 주관함
- 1864년 천진과 북경 함락. 태평천국 실패. 증국번을 1등후에 증국전 · 이홍장 · 좌종당을 1등백에 봉함
- 1869년 서울을 멋대로 나간 태감 안덕해를 주살
- 1874년 목종 재순이 병사하자 자희태후가 순친왕 혁현의 아들 재첨을 황제로 옹립하고 다음 해를 광서 원년으로 함
- 1881년 자안태후 서거
- 1884년 중프전쟁, 혁공친왕이 모든 직무를 군기대신으로 바꿈
- 1887년 덕종 재첨이 친정하고 자희태후가 훈정
- 1894년 중일전쟁 발발. 혁흔을 군기대신으로 기용하여 총리아문을 관리토록 함
- 1895년 중 · 일 간에 〈마관조약〉 체결
- 1898년 무술정변, 유신변법 실패, 재첨이 구금되고 자희태후가 재차 수렴청정. 육군자를 죽이고 혁흔은 병사
- 1900년 의화단의 북경 진입. 8국 연합군의 북경 침입. 태후와 황제가 서안으로 피신
- 1901년 〈신축조약〉 체결
- 1904년 러일전쟁 발발
- 1908년 덕종과 자희태후 서거 후 부의 즉위, 섭정왕 재풍이 감국, 다음 해를 선통 원년으로 함
- 1911년 신해혁명, 부의가 12월에 '손위'를 반포하니 청나라가 망함

관천배

아편전쟁 시기의 청나라 수군의 병선(모형)

청 · 철손잡이에 금도피金桃皮를 상감한 허리에 차는 칼

1840년
제1차 아편전쟁 폭발

도광 19년(1839) 7월 28일에 영국인 엘리어트가 군대를 이끌고 구룡九龍 포구에서 광동 수군을 향해 발포했다. 9월 28일에 엘리어트는 천비양穿鼻洋 해전을 도발했다. 천비양 전투 및 구룡 전투, 관용官湧 전투는 아편전쟁이 일어나기 전에 중국인들이 외국 침략자들에 반항한 전초전이었다. 다음 해 (1840) 5월 29일에 영국군함이 광주 주강 입구를 봉쇄하자 제1차 아편전쟁이 정식으로 폭발하였고 엘리어트는 광주의 수비가 엄중한 것을 보고 군대를 이끌고 북상했다. 6월에 영국군은 아모이[廈門]를 포격하고 또 절강성을 침범하니 정해定海가 순식간에 함락되었다. 영국군은 정해에서 멋대로 약탈을 자행하고 사람들을 죽였다. 12일에 영국군은 영파寧波와 양자강 입구를 봉쇄했다. 7월 14일에 영국함대가 천진항에 도착하고 바다에서 항해하고 있던 중국 양곡선을 억류하고 강탈했다. 직례 총독 기선琦善은 반격도 하지 않았을 뿐만 아니라 도리어 사람들을 파견해 영국군에게 음식을 보냈다. 8월 4일에 기선과 엘리어트는 대고구大沽口 해변에 천막을 치고 회담을 시작했다. 8월 하순에 영국군은 청 조정을 압박하여 굴복시킨 목적은 기본적으로 달성했다고 보고 광주로 돌아가는 것에 동의했다. 8월 22일에 도광제는 기선을 흠차대신으로 제수하고 광동으로 가서 병졸들을 철수시키라고 명령했다. 그러나 영국은 이때를 기회로 오히려 전쟁을 확대할 결정을 내렸다.

1841년
영국군의 광주 침략

도광 21년(1841) 정월 8일에 청 조정은 영국에 선전포고를 했다. 사각沙角·대각大角포대炮台가 함락되었다. 2월 3일에 호문虎門 전쟁이 발발했다. 엘리어트는 혁산奕山이 지지부진하게 도착하지 않은 것을 이용해 대대적으로 청군이 지키고 있는 호문 일대의 진지를 선제공격했다. 5일에 영국군이 횡당橫檔과 영안永安 두 포대를 포위하자 광동 수군제독 관천배關天培가 부하를 거느리고 힘껏 반항을 했다. 그러나 포대 사면이 물로 둘러싸인 관계로 탄약과 구원병이 지속적으로 올 수 없어 지켜낼 수가 없었다. 동시에 정원靖遠·진원鎭遠·위원威遠·공고鞏固 등의 포대 역시 영국군의 진공을 받았다. 노장 관천배가 장렬하게 희생하였고 포대를 지키던 장병 4백여 명도 모두 전사하자 호문 요새는 적의 손에 떨어졌다. 7일에 영국함선이 주강에 들어오기 시작하여 광주 문호를 활짝 열게 되었다. 3월 23일에 장군 혁산이 광주에 도착하였으나 며칠 만에 청군의 전선은 모두 붕괴했다. 4월 6일에 혁산은 성 머리에 백기를 꽂고 항복했다. 7일에 〈광주조약〉을 체결하고 광주 전쟁이 종결되었다. 7월 10일에 영국군이 아모이를 공격하니 그곳 역시 지키지 못했다. 8월 12일에 영국군은 반산에 운집하여 재차 정해定海를 침범하니 정해와 진해가 연속적으로 함락당했다. 22년 5월, 영국군이 오송吳淞을 공격하자 강남제독 진화성陳化成이 전사하고 오송이 함락되

었다. 6월 14일에 영국 해군과 육군이 대거 진강鎭江으로 공격해오자 진강성도 함락되었다. 영국함대는 남경 하관下關까지 쳐들어와 남경성 아래에 병력을 배치하고 청 조정을 압박하니 하는 수 없이 성 아래에서 화의를 체결하였다.

위원과 《해국도지》

위원魏源(1794~1857)의 자는 묵심默深이고 호남 소양邵陽 사람이다. 도광 원년(1821)부터 시작하여 여러 차례 과거에 참가했으나 합격하지 못했다. 후에 강소 포정사 하장령賀長齡의 막부로 들어가 《황조경세문편皇朝經世文編》을 편찬했다. 아편전쟁 폭발 후에 위원은 양강총독 유겸裕謙의 막부로 들어가 절강 전선에서 영국에 항거하는 전쟁을 계획하고 업무를 지휘했다.

위원은 유신사상을 창도한 선구자의 한 사람으로 근대 사조 풍조의 선구를 열었다. 그의 역사 진화관점과 변혁을 요구하는 사상은 근대 중국 자산계급 개량사상의 선구가 되었다. 전통을 비판하는 봉건의식에 대해서도 중화의 각성을 촉구하는 거대한 사상계몽 역할을 했다. 그의 대표작 《해국도지海國圖志》는 도광 22년(1842)에 편찬되었다. 전면적이고 체계적으로 당시 수집할 수 있는 세계 지리와 역사 지식을 소개하며 "외국의 좋은 점을 본받아서 외국을 제압하자"는 관점이었다. 개명한 눈으로 세계를 본 첫 번째의 애국 역사가이자 지리학자다. 위원과 그의 저서 《해국도지》가 제공해 준 해외의 신지식은 후세에 커다란 영향을 주었다. 양무파는 이 책을 읽고서 깨우침을 얻고 중국 근대군사공업과 민간공업을 시작했다. 자산계급 유신파는 《해국도지》는 서양학문을 이해하는 기초라고 여겼다. 이 책은 도광 30년(1850)에 일본에까지 전해지니 사람들은 다투어서 이를 사서 보았다. 일본의 유신변혁에도 계몽역할을 했다.

중·영 간의 〈남경조약〉 체결

도광 22년(1842) 7월에 중국과 영국 간에 〈남경조약〉이 영국 군함 콘월리스호號 상에서 제결되었다. 7월 24일에 흠사내신 기영耆英·이리포伊里布와 영국 전권대사 H.포틴저(1789~1856)가 〈강녕조약江寧條約〉을 체결했다. 즉 중·영 간의 〈남경조약〉이다. 〈남경조약〉은 모두 13개조로 되어 있다. 그 주요 내용은 다음과 같다.

1. 중국은 광주·복주·아모이·영파·상해 다섯 곳을 통상 해안으로 개방하여 영국 상선의 거주와 무역을 허가하며 영국은 주중 영사 등의 관리를 파견할 수 있다.
2. 홍콩을 영국에 할양한다.
3. 영국에 2,100만 원을 배상한다. 그 속에는 아편 값 600만 원, 상품 손해 배상 300만 원, 군사비용 1,200만 원이 포함된다.
4. 세관 세칙을 규정하여 영국 상선의 수출입 관세는 중국과 영국 쌍방의 대등한 법칙을 의논하여 시행한다.

8월 2일에 도광제는 〈남경조약〉을 비준했다. 다음 해(1843) 8월 15일에 청나라의 흠차대신 기영과 영국 대표 포틴저가 광동 호문에서 또 중·영의 〈오구통상부첨선후조약五口通商附粘善後條約〉(즉 〈호문조약虎門條約〉)을 체결했다. 〈남경조약〉은 중국 근대사상 제국주의가 중국인들에게 강제로 한 최초의 불평등 조약이다.

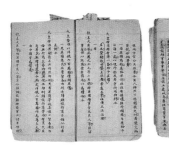

〈남경조약〉 필사본(일부)

〈남경조약〉은 중국영토와 주권을 깊숙이 침해하였고 중국사회는 이때부터 반식민지 사회로 바뀌기 시작했다.

영국에 항거한 삼원리 주민들

삼원리三元里는 광주성 북쪽 약 5리 지점에 있다. 〈광주조약〉 체결 하루 전인 4월 6일에 광주성 북쪽 각 향鄕의 의용 수령들이 우란강牛欄岡에 집결해 연합하여 영국에 저항하자고 협정했다. 9일에 사방의 포대에 불법으로 점거하고 있던 소부대의 영국군들이 삼원리 일대에 숨어들어와 흉폭하게 노략질하고 부녀자들을 겁탈하였으며 재물을 빼앗아 촌민들의 의분을 불러일으켰다. 채소 농사를 짓는 위소광韋紹光 등이 분연히 일어서 반격을 하였고 그 자리에서 영국군 10여 명을 죽이자 나머지 영국군은 머리를 부여잡고 도망갔다. 영국군의 보복을 막기 위하여 촌민들은 마을 북쪽 삼원리의 사당에 집합하여 신당 앞에서 삼성三星의 검은 깃발을 군기로 쓰기로 약정하고는 "깃발이 전진하면 사람도 전진하고, 깃발이 후퇴하면 사람도 후퇴한다. 죽어도 원한이 없다"고 맹세했다. 10일에 5천여 명의 의용민들이 삼원리에 집합하여 '영국군을 평정하는 단'이라는 의미의 '평영단平英團'의 기치 하에 사방의 포대로 진격했다. 영국군 사령관 휴 고프*는 프에리 소장을 파견하여 포대를 지키도록 하고 스스로 2천 명의 영국 군인을 이끌고 응전하러 나섰다. 의용군은 영국군을 우란강 일대의 구릉지대로 유인하고 영국군을 겹겹이 포위했다. 오후 한때 바가지로 퍼붓는 듯한 비가 내려 영국군의 화약이 젖어 총포들이 소용 없게 되자 황망히 후퇴했다. 참전 농민들은 영국군의 포위를 풀고 육박전을 시작하여 영국군 피샤 소령 등 여러 명을 죽이고 다량의 전리품을 획득했다. 삼원리 항영抗英 투쟁은 중국인들이 자발적으로 외국 침략자들에 반항한 최초의 대규모 전투로 중국인들의 투쟁과 용감한 불요불굴한 기개를 충분히 보여주었다.

* Hugh Gough(1779~1869), 중국어 표기는 와오고臥烏古 - 역주

〈광주廣州 평화조약〉

영국군이 천진에서 광주로 물러난 후 1840년 9월 8일에 도광제는 임칙서의 직함을 파직하라는 조서를 내렸다. 그리고 종친인 혁산奕山을 정역장군靖逆將軍에 제수하여 광주로 파견했다. 다음 해 3월에 혁산은 경솔하게 광주에서 쿠데타를 일으켰지만 실패했다. 이리되자 광주지부 서보순徐保純을 파견하여 성밖으로 나가 평화조약을 하도록 했다. 4월 7일에 중국은 영국군에게 배상금 600만 원과 상관商館 손실비용 30만 원을 지불하고 청군은 광주성에서 60마일을 물러났다. 전투는 이로써 잠시 종결되었다.

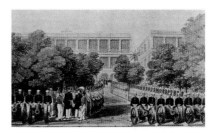

아편전쟁 후 광주에 주둔한 영국군

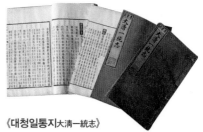

《대청일통지大淸一統志》

도광 22년(1842)에 제3차로 이 책이 완성되었다. 이 해부터 중국의 영토는 계속 상실되었으며 국토는 완전히 파괴를 당했다.

1843년
홍수전과 배상제회 창립

도광 23년(1843) 여름에 홍수전洪秀全과 풍운산馮雲山은 광동성 화현花縣에서 '배상제회拜上帝會'를 창립했는데 이를 또 '배상제교拜上帝教'·'태평기독교太平基督教'라고도 부른다. 홍수전과 풍운산은 모두 어려서부터 경서와 사서를 공부하였으며 여러 가지 서적들을 두루 섭렵했다. 그러나 수차례 과거에 낙방하고 개인서당을 운영했다. 그들은《권세양언勸世良言》을 읽고 기독교 교의를 흡수한 후에 홍수전은 배상제회를 창립하여 스스로 세례를 받았고 서당 안의 공자 위패를 없애버렸다. 도광 24년에 홍수전과 풍운산은 광서로 가서 선교활동을 했다. 8월에 풍운산은 계평桂平 자형산紫荊山 지역에 가서 현지의 가난한 농민과 숯을 굽는 노동자를 회원으로 늘려가면서 배상제회의 규모를 점차 늘려갔다. 10

월에 홍수전은 고향으로 돌아와《원도구세가原道救世歌》·《원도성세훈原道醒世訓》등을 저술하고 배상제회를 위한 완전한 이론적 근거를 만들었다. 도광 27년 봄에 홍수전은 광주에 도착하여 미국 선교사인 잇사갈 제이콥 로버트*로부터《성경》을 공부하고 종교의식을 이해하고 그중 얼마간의 사상을 접수했다. 7월에 홍수전은 자형산에 도착하여 풍운산과 회합했다. 당시 풍운산은 이미 회원을 3천여 명으로 확장시켜 놓고 있었으며 홍수전은 이리하여 풍운산과 함께 배상제회 의식을 제정했다. 동시에 그는 또 '십관천조十款天條'를 제정했다. 도광 29년에 홍수전·풍운산·양수청楊秀淸·소조귀蕭朝貴·위창휘韋昌輝·석달개石達開는 의형제를 맺고 배상제회의 핵심적 영도자를 조직했다. 배상제회는 이때부터 명성을 떨치기 시작했으며 회원들도 많아지면서 일대 대전기를 마련했다. 배상제회는 전체 태평천국 시기에서 태평군 및 태평천국 혁명의 종교적 역량을 묶어주면서 줄곧 중요한 역할을 했다.

* Issachar Jacob Roberts(1802~1871), 중국어 표기는 나효전羅孝全 – 역주

청·옥 화로[玉爐]
전체 높이 16cm, 너비 19.5cm로 벽옥으로 제작되었다. 화로는 원궤형圓簋形을 모방했으며 뚜껑은 그릇을 엎어놓은 형상으로 꼭대기에는 반룡盤龍을 조각했으며 궤의 두 귀는 둥근 고리가 아래로 걸려 있다. 귀는 봉새가 둥근 고리를 물고 있는 형태로 장식되었으며 배 아래에는 세 개의 포수鋪首*가 돌출되어 있는데 포수는 모두 수염을 갖고 있으며 둥근 바닥에 둘러져 있는 삼수족三獸足을 이루었다. 뚜껑과 화로 전체에 부조로 수면문獸面紋이 장식되어 있다.

* 고대 청동기에 장식한 고리를 물고 있는 짐승머리 문양 – 역주

홍수전 조각상

홍수전

홍수전은 태평천국의 창시자이자 사상 지도자로서 광동성 화현 관록포官祿埗 사람이다. 1814년 1월 1일에 출생하였고 어렸을 때에는 경서를 열심히 읽었으나 청년시절에 여러 차례 과거에 낙방하여 마음 속으로 분함이 쌓여 있었다. 1843년《권세양언》을 읽은 후 느끼는 바가 있어 풍운산과 함께 배상제회를 창립했다. 1851년에 광서성 금전金田에서 기의를 하였는데 구호는 '태평천국'이었으며 '천왕'으로 불렸다. 같은 해에 관직을 설치하고 왕을 봉하고 각종 제도를 건립했다. 1853년에 남경을 공격하여 천경天京이라고 도읍을 정했다. 아울러 북벌과 서정西征을 진행하였으며〈천조전묘제도天朝田畝制度〉를 반포하고 청나라에 대항했다. 1864년 6월 3일에 병사했다. 병사 후 한 달 반 만에 남경이 함락되었고 태평천국 운동은 실패로 돌아갔다.

용문건고龍紋建鼓
북받침대의 높이는 263cm고 북 지붕의 사각 둘레 길이는 141cm다. 건고建鼓 북면에는 오채운용문이 그려져 있으며 북 지붕 사각에는 술이 매달려 있다.

요형과 《강유기행》

도광 26년(1846)에 유명한 학자인 요형姚瑩이 《강유기행康輶紀行》을 저술했다. 요형(1785~1852)의 사는 식뉴石甫고 안휘성 동싱桐城 사람이다. 아편전쟁 기간에 대만 병비도兵備道를 지냈으며 일찍이 총병 달홍아達洪阿와 함께 현지 주민들을 이끌고 영국 침략군에 저항하여 찬란한 전과를 얻기도 했다. 〈남경조약〉이 체결된 후에 그는 투항파의 무고를 받아 관직에서 좌천되고 티베트로 귀양을 가게 되었다. 좌절하여 정처없이 돌아다니는 생활 환경 속에서도 그는 가슴 가득한 애국정열을 갖고 서남 변경의 정황을 고찰하고 티베트 지역에 관한 《강유기행》을 저술했다. 이 책은 티베트의 역사·지리·종교·정치·수비에 관해 상세한 기록을 담고있다. 예를 들면 〈서장강리西藏疆理〉·〈서장대번승西藏大蕃僧〉·〈서장술병西藏戍兵〉 같은 조에서는 특별히 티베트의 도로 및 티베트 밖의 인도, 네팔 등 변경지역의 요새지를 강조했다. 영국 침략자가 중국 티베트 지역을 노리는 점에 대해서도 몹시 민감하고 심각한 우려를 나타내었다. 요형의 《강유기행》은 서남 변방을 공고히 하기 위한 참고로 삼을만 하다.

청·임훈任薰의 〈마고헌수도麻姑獻壽圖〉

티베트 풍정·티베트 왕의 묘
티베트 왕묘는 《강유기행》에서 기술한 바에 의하면 경결현성瓊結縣城 맞은편에 있는 목야산木惹山 아래에 있다. 아홉 기의 옛 묘로 송찬감포와 문성공주의 무덤도 여기에 있다고 전해진다.

1844년
〈망하조약〉과 〈황포조약〉의 체결

도광 24년(1844) 정월에 미국 정부가 파견한 사신 쿠싱*이 함대를 이끌고 마카오에 도착했다. 그는 외교적 위협과 군사적 협박 수단을 이용하여 청나라 양광총독 기영으로 하여금 5월 18일에 마카오 부근 망하촌望廈村에서 중·미 간의 〈망하조약望廈條約〉을 체결하게 하였다. 이 조약은 모두 34조로 〈해관세칙海關稅則〉이 부록으로 있다. 그 주요 내용은 다음과 같다.

1. 중국은 세관 세율을 변경해야 하며 미국 영사 등 관원과 상의해야 한다.

2. 미국인은 무역항 조차지租借地에서 건물을 지을 수 있는 권리가 있으며 병원과 교회를 개설할 수 있다.

3. 청 정부는 반드시 중국에 있는 미국인 및 그 가족의 안전을 보호해야 한다.

4. 미국인은 중국에서 중국인 혹은 다른 어떤 외국인과 소송이 있을 때 마땅히 미국영사에 의해 미국 혹은 기타 외국 법규法規에 따라 처리하며 중국 관리는 문의할 수 없다.

5. 미국 함대는 중국의 각 무역항을 순시할 수 있다.

〈망하조약〉은 또 〈중미오구통상장정中美五口通商章程〉이라고도 하는데 중국 근대사상 미국이 청 정부를 강압하여 체결한 최초의 불평등조약이다. 도광 24년(1844) 7월에 프랑스는 라그렌**을 사신으로 파견하여 마카오에 도착하고 위협과 사기로 9월 13일에 광주 황포黃埔에 정박 중인 프랑스 군함 아르키메데스호에서 청 정부와 〈중프오구무역장정五口貿易章程〉을 체결했다. 〈황포조약黃埔條約〉이라고도 하며 전체 36조이고 부록으로 〈해관세칙〉이 있다. 조약에 근거하면 프랑스는 영국과 미국이 이미 얻어놓은 '오구통상' '관세협정' '영사재판권' 및 일방적인 최혜국 특권을 쉽게 얻었으며 아울러 새로운 좋은 점까지 얻었다. 이외에 〈황포조약〉은 청 조정이 교회의 안전을 보호하는 의무를 규정하여 후에 청 조정이 천주교를 금지하는 것을 풀어줄 수 있는 구실을 만들어 주었다. 중·영 간에 〈남경조약〉을 체결한 후에 미국과 프랑스 두 나라는 지속적으로 중국을 협박하며 멋대로 재물을 요구하니, 중국은 이때부터 열강의 압제 속으로 빠져들었다.

* Caleb Cushing(1800~1879), 중국어 표기는 고성顧盛 – 역주

** Theodore de Lagrene, 중국어 표기는 랄악니剌萼尼 – 역주

1850년
함풍제의 즉위

도광 30년(1850) 정월 14일에 도광제는 넷째 아들 혁저奕詝를 황태자로 옹립하고 본인은 당일에 서거했다. 도광제는 일생동안 검약하였으며 서거 때에 외국의 치욕을 설욕하지 못하고 국내의 근심거리들을 해결하지 못하여 가슴 한가득 한과 억울함을 담고 있었다. 그의 재위 기간에 청나라는 권리를 상실하고 토지를 할양하였기 때문에 그는 스스로 선조들과 함께 같은 항렬에 있을 수 없다고 여겼다. 민영旻寧(도광제) 사후 시호는 '성成', 묘호는 선종宣宗이고 장지는 하북성 역현易縣 북녕산 묘릉이다. 3월 29일에 혁저가 즉위하니 연호는 함풍咸豐이고 다음 해를 함풍 원년으로 정했다.

마카오를 강제 점령한 포르투갈

도광 29년(1849)에 포르투갈은 거칠게 제멋대로 출병하여 중국 영토인 마카오를 강제로 점령했다. 명나라 때 포르투갈이 마카오에 침입하여 관청을 설립하고 외국상인과 마카오에 거주하는 외국인을 관리하였으나 당시 주권은 여전히 중국에 속해 있었다. 오구통상五口通商 후에 포르투갈은 영국이 홍콩을 할양받은 것을 흉내 내어 마카오를 병탄하고자 생각했다. 도광 29년(1849) 4월 3일에 마카오의 포르투갈 관원 아마르코는 양광총독이 마카오 세관의 결재와 광주에 영사관 설립 요구를 거절했다는 이유를 들어 청나라의 마카오 동지同知를 쫓아내고 세관을 봉쇄하며 중국인의 재물을 약탈했다. 또한 16세기 이래 포르투갈이 마카오에서 살며 명나라에 납부해 오던 토지세 납부를 정지했다. 당시 마카오에 거주하고 있던 중국인들은 이에 격노했다. 7월 5일에 청군은 아마르코를 죽였다. 이 일이 있은 후에 영국 군함이 마카오에 들어오고 영국·프랑스·미국 세 나라의 주중 공사들이 연합하여 청 정부에 항의서를 제출하였고 공개적으로 포르투갈의 침략 행위를 지지했다. 이로인해 중국 영토인 마카오는 포르투갈에 강점되었다.

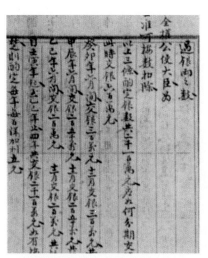

중·프 〈황포조약〉 필사본(일부)

함풍제의 글씨 '경불'

함풍제

애신각라·혁저는 도광제의 넷째 아들이고 청나라가 중원에 들어온 후 일곱 번째 황제다. 묘호는 문종이고 연호는 함풍이다. 그의 즉위 초에 태평군이 광서에서 기의하여 하마터면 청나라는 망할 뻔했다. 영국과 프랑스가 또 제2차 아편전쟁을 벌여 이 어린 황제는 엄청난 치욕을 겪고 이를 벗어나고자 힘껏 발버둥쳐 가까스로 청나라의 강산이 유지될 수 있었다. 그의 재위 기간에 청나라는 내우외환이 최고조에 이르러 청나라는 점차 쇠락해지고 중국 사회는 전면적으로 위기가 더 심해졌다.

1850년
금전기의

도광 30년(1850) 12월 10일에 홍수전이 이끄는 배상제회는 광서성 계평桂平 금전촌金田村에서 기의를 했다. 도광 30년 6월에 홍수전은 무장투쟁의 시기가 이미 성숙했다고 여겨 각지의 배상제회의 회중會衆들에게 총동원령을 발표하고 10월 1일 이전에 금전촌에 모여서 '단체훈련'을 하라고 명령했다. 11월에 홍수전과 풍운산은 광서성 평남현平南縣 화주산花洲山 사람 호이황胡以晃 집안에 몰래 무장기의 사항을 배치해놓고 있었다. 배상제회 회원들이 금전의 단체 훈련에 모이자 대오의 위풍과 기세는 점점 커져갔다. 11월 12일에 청 조정은 병사를 파견하여 진압했다. 11월 하순에 계평에 주둔하고 있던 원진총병遠鎭總兵 주봉기周鳳岐가 부하 이극단포伊克坦布를 파견하여 귀주貴州 병사들을 이끌고 금전촌으로 진격해 왔다. 11월 29일에 태평군은 용촌강蓉村江 나무다리에 매복하고 있다가 청군을 기습 공격했다. 태평군은 나무다리를 부수고 청군의 퇴로를 막아 이극단포의 진陣을 차단했다. 주봉기가 앞뒤에서 지원군을 보내 구했지만 역시 격퇴되었다. 이해 12월 10일에 배상제회는 금전촌에서 정식으로 기의를 선포했다. 이날은 바로 홍수전의 38세 생일날이었다. 양수청楊秀淸·소조귀·풍운산·위창휘·석달개石達開·진일창秦日昌·호이황 등이 배상제회의 대중을 이끌고 열렬한 축수의례를 거행했다. 아울러 금전촌 안에 있는 위씨韋氏 대종사大宗祠에

서 전체 배상제 의식을 거행했다. 여기서 국호를 태평천국이라 선포하고 다음 해(1851)를 태평천국 원년으로 하여 정시으로 거사를 일으키고 청 조정을 타도하기로 했다. 드높은 기세의 태평천국 혁명 운동은 이로써 서막을 열게 되었다.

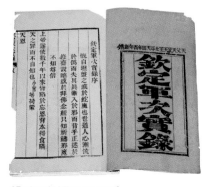

《흠정군차실록欽定軍次實錄》
태평천국에서 판각 반포한 공문서의 하나로 태평천국을 연구할 수 있는 중요한 문헌이다.

대청 호부관표 · 일량
호부관표戶部官票는 은표라고도 한다. 이 사진은 은량 단위의 지폐로 액면가는 1량, 3량, 5량, 10량, 50량으로 나뉜다.

태평군 전금화아典金靴衙에서 제조한 '청사廳使'라고 쓰인 번호 달린 제복(복제품)

태평군 작전 지휘부—광서성 금전 삼계묘三界廟

1851년
태평천국의 영안건제

금전 기의 후에 태평군은 함풍 원년 (1851) 9월에 영안永安을 공격했다. 이 곳에서 태평군은 몇몇 정권에 관한 제도를 제정했는데 역사에서는 이를 '영안건제永安建制'라고 한다. 10월 25일에 홍수전은 양수청을 동왕東王, 소조귀를 서왕으로 1등에 봉하고, 풍운산을 남왕, 위창휘를 북왕으로 2등에 봉하고, 석달개를 익왕翼王으로 3등에 봉했다. 서왕 이하는 모두 동왕의 지휘통솔을 받았다. 12월 14일에 정식으로 태평천국 역법을 반포하고 금전 기의를 한 해를 태평천국 원년으로 정했다. 또 '태평예제太平禮制'를 반포하고 엄격한 존비 등급과 복잡한 예의제도를 규정했다. 또한 '천조군율天朝軍律'을 반포했다. 즉 전군은 사적으로 재물을 소유할 수 없고 모든 금은보화나 비단 포목 등은 전부 국가의 창고에 보관할 것, 위반한 자는 죄로 다스릴 것, 천조십관天條十款을 위반할 수 없고 청군의 유혹을 받지 말 것, 머리를 기를 것, 태평천국 관방문서를 판각하여 반포 실행할 것 등이었다. '영안건제' 후에 태평천국의 중앙정권 조직은 기초적으로 형성되었다. 이는 지배를 강화하고 대오를 발전시켜 대혁명 영향을 확대시키는 중요한 의의를 갖고 있다.

1852년
염군기의

태평천국이 흥기한 후에 하남과 안휘 일대의 염당捻黨* 무리들이 일어나서 호응했다. 함풍 원년에 남양南陽 염군의 우두머리인 교건덕喬建德이 2천여 명을 각자산角子山에 결집시킨 후 기의를 했다. 또 이대李大·이이李二는 남소南召에서 기의를 하고, 봉양鳳陽·영주潁州 등지의 염당 역시 분분히 일어났다. 함풍 2년(1852)에 염군의 대두목 장락행張樂行·공득수龔得樹 등이 안휘성 박주亳州에서 반청 기의를 했다. 이로써 염군기의는 전면적으로 폭발했다. 함풍 3년(1853)에 태평군은 북벌을 위해 회북지역을 통과하면서 각 지역 염군의 발전을 더욱 촉진시켰다. 함풍 5년(1855) 6월에 하남성 난고동와상蘭考銅瓦廂의 황하 제방이 무너져 큰 면적의 재해가 일어나자 염군 조직은 나날이 커져만 갔다. 7월에 각 로의 염군이 치하雉河에 집결하여 장락행을 맹주로 추대했다. 이로써 염군의 위풍과 기세를 크게 떨치고 태평천국 이외의 강대한 반청세력이 되었다.

* 즉 염군을 말하며 반청 농민 무장세력임. '염捻'은 회북淮北 방언으로 '한 무리'라는 뜻임 – 역주

태평군이 사용한 소라

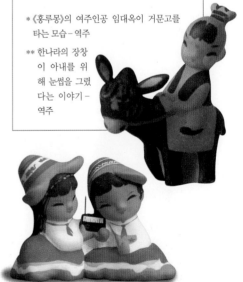

'니인장'의 작품으로 전해지는 점토인형
이 작품은 중국인의 점토인형 예술의 사실 풍격을 계승하고 있다.

점토인형가 장명산

장명산張明山(1826~1906)의 이름은 장림長林이고 하북성 심주深州 사람이다. 12세 때 채색 점토인형을 만들기 시작하여 18세에 이름을 날렸다. 문인 학자, 서예가, 화가들과 자주 교류하였으며 수시로 서로 시를 주고 받으며 그림을 논했다. 그의 채색 점토인형은 일반 민간 예술인의 작품보다 비교적 높은 예술적 정서와 심미의식을 지니고 있다. 장명산의 채색 점토인형은 기법이 숙련되고 선이 엄격하고도 유창하며 형상이 생동감이 있는데 특히 인물 인형은 진짜 같다. 장명산이 만든 점토인형 작품은 만여 점에 다다르며, 인물, 관혼상제와 결혼 등의 민속풍경, 고전문학, 민간전설 등을 소재로 하고 있다. 그중 민간풍속을 반영한 '장례의식'은 장면이 방대하면서도 인물 형상이 생동감이 있다. '석춘작화惜春作畵'·'대옥무금黛玉撫琴'*, '장창화미張敞畵眉'** 등은 청나라 조정의 헌상품이 되었고, 현재 북경 고궁박물관과 이화원에 보존되어 있다. 장명산은 또한 채색 점토인형 공방인 '소고재塑古齋'를 설립해 기예를 전수하고 인재를 배양했다. 그의 아들인 장조영張兆榮, 손자인 장경호張景祜가 가업을 이어 점토인형 예술을 발전시켰다. 장명산을 시작으로 대대로 '니인장泥人張'이라는 이름이 이어지면서 국내외로 이름을 날렸다.

*《홍루몽》의 여주인공 임대옥이 거문고를 타는 모습 – 역주

** 한나라의 장창이 아내를 위해 눈썹을 그렸다는 이야기 – 역주

중국에 등장한 사교춤

청대 후기, 근대 서양 무용이 여러 경로를 통하여 중국으로 전입되었으며 그중 비교적 일찍 중국 사람들이 받아들인 것은 사교춤이었다. 일찍 사교춤을 접촉한 이들은 교회학교의 학생이었다. 매번 만우절·부활절·성탄절 등 서양 명절을 지낼 때면 교회학교는 반드시 성대한 경축식이나 다과회와 무도회를 거행했으며 아울러 학생들에게 '서양문명과 생활방식'을 선전했다. 이로써 그들은 은연중에 영향을 받아 이런 사교적인 춤을 접수하고 이해하게 되었다. 이외에도 사교춤은 서양인의 오락과 사교방식으로 조계租界에 진입하였지만 처음에는 단지 외국 거류민의 생활권 안에만 국한되었다. 도광 30년(1850)에 상해 조차지에서 제1차 무도회가 거행되었다. 단 서양인의 남녀 비율이 현격하였고 중국 전통적 관념의 장애가 있었기 때문에 무도회는 상해 등 대도시에서도 여전히 보기 드물었다. 몇 군데 연해 지역 도시가 개방되면서 조계에 '중국과 서양의 혼합거주' 현상이 출현함에 따라 서양인 생활권의 상층사회에 발을 디뎌본 중국 사람이 점차 서양인들이 개설한 술집이나 식당 및 오락장소의 무도장에 드나들게 되면서 외국 거류민이 개최하는 무도회에 참가하게 되었다. 상해의 '장원張園'·'일품향려사一品香旅社' 등과 같이 중국인이 계승하여 영업하거나 새로 개업하는 오락장소 역시 이런 서양 오락 형식을 도입했다. 사교춤은 점차 중국인의 호감을 받게 되었으며 근대 중국에 발전적 추세로 출현했다.

중국 근대 최초의 교회 사건

도광 27년(1847), 천주교 예수회는 상해 서가회徐家滙에 총본부를 건립하고 천주교당과 김시루 등을 조성했다. 당시 프랑스 천주교 비숍 주교*가 상해 서가회 지역의 민가 지역을 억지로 사들여 교회를 건립했다. 이 행동은 현지 민중의 강력한 불만과 격한 반대를 야기시켰다. 그러나 프랑스 국적 주교 사비에르 마레스카**는 프랑스 주중 상해 영사와 연합하여 청 관부에 압력을 가하며 상해현 지현知縣이 나서서 반항 투쟁을 저지하라고 압박했다. 상해현 지현이 포고를 내걸어 서가회 지역은 이미 프랑스에 팔렸으며 비숍 주교가 교회당을 지으려고 현재 재료를 구입하고 일꾼들을 모아 공사를 진행하고 있으니 무뢰배들과 외지에서 온 유랑자들은 이곳에서 공사를 방해해서는 안 된다고 선포했다. 만일 불법으로 점거하고 재료를 훔치거나 일꾼들을 방해하면 현지의 지보地保들은 그자들을 체포하여 현으로 압송하는 것을 윤허한다고 했다. 이렇게 하여 현지 민중의 반항투쟁은 진압되었다. 이는 중국 근대에 첫 번째로 일어난 교회사건이다.

* Bishop Lodovico Maria Besi, 중국어 표기는 나류사羅類斯 - 역주

** Xavier Maresca(1806~1855), 중국어 표기는 조방제趙方濟 - 역주

삼희당의 문방사우

삼희당三希堂은 자금성의 양심전養心殿에 있다. 이곳에 당시의 문방용품이 아름답게 진열되어 있는 것을 볼 수 있다.

1853년

태평천국 수도 천경

함풍 3년(1853) 2월 10일에 태평군은 남경을 점령했다. 20일에 남경을 수도로 정하기로 결정하고 남경을 '천경天京'으로 바꾸었다. 금전기의 후에 태평군은 '영안건제'가 있었고 드디어 북벌을 결정했다. 전주全州를 공격하는 전투 중에 남왕 풍운산이 화포에 희생되었다. 그들은 침주郴州로 북진하여 장사를 공격하고 이 전투 속에서 서왕 소조귀가 불행하게 죽었다. 장사의 포위를 풀고 나서 태평군은 계속 북진하여 동정호 부근에 도착했다. 그곳에서 그들은 수천 척의 민간인 배를 빌리게 되었고 대오는 신속하게 커졌다. 이에 악주岳州를 공격 점령한 후에 악주에서 곧바로 한양漢陽과 무창武昌으로 쳐들어갔다. 함풍 2년(1852) 11월 13일에 태평군은 일거에 한양을 공격하였고 19일에는 한구漢口를 빼앗았다. 태평군은 한양과 무창 간의 드넓은 강에 부교를 설치하고 양자강을 건넜다. 12월에 대군은 도하를 강행하여 부교를 건넜고 초 4일에 무창성을 공격했다. 함풍 3년(1853) 정월 초이틀에 태평군은 무한에서 출발하여 50만 병사와 전함선 만 척을 이끌고 동쪽으로 내려갔다. 수륙 두 군대가 강변에서 함께 출발하여 먼 거리를 신속히 이동하여 한달음에 남경을 공격하기로 했다. 후에 태평군은 계속하여 구강九江·안경安慶·무호蕪湖를 공격하고 정월 29일에는 남경성 아래까지 근접했다. 2월 10일에 태평군이 전광석화처럼 남경 북쪽성문 의봉문儀鳳門으로

쳐들어가 외성을 공격했다. 다음날 성안을 공격하니 남경 전체는 드디어 태평군이 점령하게 되었다. 남경에 도읍을 정함으로써 태평군은 믿을만한 근거지를 갖게 되었고 이는 태평천국 운동 발전을 더욱 촉진시키는 몹시 중요한 역할을 하였다.

《천조전무제도》 겉표지

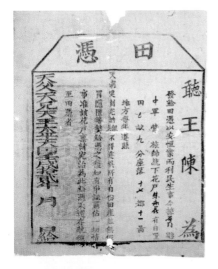

태평천국 토지문서
길이 26cm, 너비 22cm다. 태평천국에서 실행한 새로운 토지제도 후에 발행한 토지문서다.

태평천국 통보
직경 3.8cm. 천국통보天國通寶는 10전으로 네모난 구멍이 뚫려 있고 그 주위는 넓은 면으로 되어 있으며 해서체로 쓰여 있다. 이 통보는 태평천국이 최초로 주조한 돈으로 1853년 태평천국이 나라를 세운 초기에 발행되었다. 현존하는 것은 겨우 18개 뿐으로 몹시 진귀하다.

천왕天王 홍수전이 반포한 '감세조지減稅詔旨'

1853년
《천조전무제도》 반포

함풍 3년(1853)에 태평천국은 천경(지금의 남경)에 도읍을 정한 후에《천조전무제도天朝田畝制度》를 반포했다.《천조전무제도》는 토지제도를 개혁하고 토지문제를 해결하는 것이 중심 내용으로 그 지도적 사상은 다음과 같다. "천하의 모든 전답은 천하 사람들이 함께 경작한다……반드시 천하 사람들이 다함께 하늘에 계신 하나님의 큰 복을 누리도록 하겠다. 전답이 있으면 함께 경작하고, 밥이 있으면 함께 먹고, 옷이 있으면 함께 입고, 돈이 있으면 함께 쓰며 균등하지 않은 곳이 없고 배부르지 않은 사람이 없다"는 내용이다. 이런 토지제도는 농민계급의 토지에 대한 강렬한 갈망을 구체적으로 드러낸 것이며 태평천국이 토지문제에 대해 고도로 중시했다는 점을 보여준다.《천조전무제도》는 남녀평등을 강조하고 이전의 계급·등급과 토지 점유와 관련된 제한을 무시하며, 실제적으로 봉건지주 계급에 대한 토지 제도를 직접적으로 부정하는 강렬한 반봉건 사상을 구비하고 있다. 사회생산품의 분배와 소비에 있어서도《천조전무제도》에서는 "사람들은 사사롭게 받지 못하고 물건들은 모두 주인에게 돌아간다", "천하 사람들은 모두 평등하고 사람들은 모두 배부르게 먹는다"는 주장을 하고 있다. 사회조직에 있어서는 태평군의 건제建制에 의거하여 생산·군사·행정·종교 합일의 사회조직을 건립하여야 하므로 분산된 농가를 조직하여 5호戶를 1오伍로 하고, 5

오를 1량兩으로, 4량을 1졸卒로, 5졸을 1려旅로, 5려를 1사師로, 5사를 1군軍으로 하였다. 그러므로 1군의 합은 13,156호다.《천조전무제도》는 엄격한 소농 자연경제를 실행하여 1호戶는 하나의 생산단위였다.《천조전무제도》는 비교적 체계적으로 태평천국의 정치·경제와 사회생활의 요구를 표현하여 이전 중국 농민기의가 제출했던 '균전均田' '분지分地' 사상을 전대미문의 수준으로까지 발전시켰다. 그러나 일체의 사유재산 폐지를 요구하고 일체의 사회 분업과 상품경제를 배척하고 절대 평균주의를 실행함으로써 현실에 부합되지 않는 환상일 뿐이었다.《천조전무제도》는 반포 초기에 태평천국 중앙에서 정권 역량을 통해 남경지역에서 실시했을 뿐이다.

증국번의 친필

1854년
증국번의 상군 창건

함풍 4년(1854) 정월, 증국번은 상군湘軍을 모집하고 훈련하기 시작했다. 청 통치자의 주요 무장 역량이었던 팔기군과 녹영이 청말에 이미 심하게 쇠퇴되어 있어 전쟁을 하고 방어할 힘조차 없었다. 아편전쟁의 참패는 청군을 건설해야 할 엄준한 당면 문제였다. 태평천국 혁명의 강한 타격은 청나라의 군사제도가 붕괴되는 지경으로까지 몰고 갔다. 기의군과 작전할 때 청 조정은 늘 총망히 각 성의 녹영을 소집하여 출전하도록 했으나 전투마다 패하여 그 타격이 심각했다. 이렇게 되자 통치집단은 크게 각성하고 드디어 각 성에 대규모의 집단훈련을 실시하도록 명령했다. 1853년에 모친상을 당해 고향집에 있던 예부시랑 증국번이 명을 받들어 호남에서 단체 훈련을 실시하였다. 그는 녹영 구 제도의 폐단을 총결하여 상군 창건에 착수했다. 상군의 기본 건군 방침은 선비가 향민을 지도하는 것이었다. 증국번은 호남의 '충성과 절의로 혈기왕성' 한 사람들을 적극적으로 받아들였고 그 가족과 관계가 있거나 스승과 제자 중에서 하층 지식분자를 고급장교로 삼았다. 녹영 세습 병제의 결함을 극복하기 위하여 모병제를 실행했다. 그 모병 절차는 몹시 엄격하였으며 성공의 중요 요소였다. 1854년에 증국번은 이런 모병방식을 이용하여 육군 15영營, 수군 10영을 편성하니 관병의 총 인원은 1만 7천 명으로 태평군과 작전을 개시했다. 증국번이 건립한 상군 용영제도

勇營制度라는 병제 체계는 중국 고전적인 병제의 각 방면에 있어 1차적인 발전 형태다. 그러나 상군 통수에게 병권, 재력권 및 지방행정의 권력이 한 몸에 집중되다보니 지방장관의 세력이 대대적으로 증강되고 중앙집권은 심각하게 약화되어 근대 국가 군대의 건군 원칙에는 위배되었다. 이는 이후 군벌이 횡행하는 화근이 되었고 어느 면에서는 중국의 군사 문명이 근대로 발전하는 것을 저해하였다.

증국번

증국번

증국번曾國藩은 호남성 상향湘鄕 사람이다. 도광 18년(1838) 진사로 한림원서길사翰林院 庶吉士가 되었다. 1847년에 내각학사 겸 예부시랑에 발탁되었고 후에는 예부·병부·공부·형부·이부시랑을 역임했다. 1851년 6월에 모친상을 당하여 고향으로 돌아갔다. 다음 해 11월에 함풍제는 증국번 고향의 시랑에게 명하여 증국번이 본 성省의 단체훈련을 맡게 하라고 명령했다. 그는 용감한 '상군湘軍'을 조직하였고 이 군대는 태평천국을 진압하는 주력부대가 되었다. 1861년 증국번은 양강총독·태자소보에 임명되어 '흠차대신'의 신분으로 강남 각 성의 군무를 감독하게 되었으며 태평군 소탕을 지휘하게 되었다. 1864년 그의 상군이 남경을 공격하여 함락시키고 태평천국 농민기의를 차단해버렸다. 증국번은 또한 양무운동의 지도자며 실행자이기도 하다. 1861년에 안경군계소安慶軍械所를 창립했다. 1870년 천진 교회사건 후에 증국번이 국민을 죽여 서양인에게 사죄한 사건은 국민들의 불만을 야기시켰다. 1872년에 병사했다. 그는 혁혁한 무공을 세워 동치의 '중흥명신中興名臣'이라는 명예로운 호칭이 있으며 또한 '호남삼걸'의 한 사람이기도 하다.

상해 소도회 기의

함풍 3년(1853)에 유려천劉麗川 등이 상해에서 소도회小刀會 기의를 이끌었다. 소도회는 처음에 복건성 하문廈門에서 설립되었으나 얼마 되지 않아 상해로 전파되었고 천지회의 지파에 속해 있었다. 상해 소도회는 도광 29년(1849)에 창립되었으며 그 지도자는 유려천·주립춘周立春 등으로 함풍 3년 7월에 지현知縣 원조덕袁祖德을 살해하고 소송태도蘇松太道 오건창吳健彰을 사로잡았다. 유려천은 상해에서 기의한 후에 홍수전에게 편지를 보내 태평천국에 흡수되어도 좋다는 의향을 표시했다. 함풍 4년 10일에 영·미·프는 청군과 결탁하여 교민을 보호한다는 이유로 조계와 상해현과 성 사이에 견고한 담장을 건축하여 기의군이 외부와 연락하던 유일한 통로를 단절시켰다. 12월에 성안의 식량이 다하자 기의군은 풀뿌리로 배를 채워야만 했으며 청군의 공세는 더욱 맹렬했다. 소도회는 하는 수 없이 함풍 5년 정월 초하루에 길을 나누어 포위망을 뚫었으나 유려천은 격전 중에 전사했다. 반계량藩啟亮이 포위를 돌파한 후에 나머지 부대를 이끌고 태평군에 가입했다. 상해 소도회 기의는 실패로 끝났다.

태평군 서쪽 정벌

함풍 3년(1853) 4월에 태평천국은 북벌을 진행하는 동시에 또 호이황·뢰한영賴漢英에게 군사를 이끌고 서쪽 정벌을 하도록 파견했다. 이들은 양자강 유역을 탈취하여 천경(남경)을 더욱 공고히 했다. 5월에는 안휘성의 지주池州를 공격하고 강을 따라 올라갔다. 이어서 안경安慶·호구湖口를 함락시키고 남창南昌을 포위 공격했다. 오래도록 공격이 이루어지지 않자 8월에 포위를 풀고 북상했다. 또 구강九江·한구漢口와 한양을 함락시키고 부대는 퇴각했다. 호이황은 부대를 거느리고 안휘성 22주와 현을 공격했다. 다음 해 다시 호남으로 들어가 증국번의 상군과 격렬한 쟁탈전을 벌였다. 상군의 완강한 저항으로 태평군은 한구·한양을 잃고 구강으로 퇴각하여 수비했다. 함풍 4년 11월에 태평천국은 석달개石達開·나대강羅大綱에게 지원군을 파견해 지원하도록 했다. 호구와 구강에서 상군 수군을 대패시키고 다시 무한 등 세 도시를 공격했다. 석달개와 호이황은 무리를 거느리고 강서로 남하하여 남창에 있는 증국번을 포위하고 강서 8부府 50여 현을 공격 함락했다. 함풍 6년 초에 석달개는 돌아서 천경을 원조하였고 상군은 태평천국의 점령지역을 공격해서 함락시켰다. 7월에 석달개는 다시 서쪽으로 돌아 무창을 공격했다. 태평군은 장장 3년간 서쪽 정벌을 휘황찬란한 승리로 이끌었는데 안휘성·강서성·호북 동부의 대부분을 취하였고 양자강 중류의 안경·구강·무창 3대 중요한 도시를 통제하게 되어 천경의 바람막이로 기초를 공고히 만들었다.

청대에 말이 끌던 가마

가마차는 격자의 누공 상판으로 장식하였고 안에는 붉은 천으로 커튼을 하였다. 마차 앞부분에는 두 개의 작은 창이 열려 있으며 역시 붉은 리본으로 장식되어 있다. 마차 지붕은 천막식으로 되어 있다. 조형이 둔중하면서도 아름답다.

상해 예원

예원豫園은 상해의 유명한 전통 정원으로 성황묘城隍廟 북쪽에 있다. 예원 동북부에 있는 점춘당點春堂은 1853년에 상해 소도회小刀會가 기의할 당시에 관청을 설립한 곳이다. 지금 점춘당 안에는 소도회가 당시에 사용했던 무기, 그들 스스로 주조한 일월전日月錢 및 발포한 공문서 등이 전시되어 있다.

점춘당

1855년
태평천국의 북벌 실패

함풍 3년(1853)에 태평군은 남경을 점령한 후에 임봉상林鳳祥·이개방李開芳 등을 파견해 부대를 이끌고 북벌하도록 했다. 4월 1일에 양주에서 출발한 전군 2만여 명은 직접 북경으로 진격하라는 홍수전의 명령에 따라서 신속히 안휘성으로 진입하였다. 이어서 저주滁州·봉양鳳陽·회원懷遠·몽성蒙城·박주·상구商丘를 공격하고 주선진朱仙鎭에 주둔했다. 다음 달에는 사수汜水와 공현鞏縣에서 황하를 건너고 청군이 주둔하고 있던 회경懷慶을 빠져나와 제원濟源에서 산서성으로 들어갔다. 원곡垣曲·평양平陽 등지를 공격한 후에 하남성으로 되돌아가 섭현涉縣·무안武安에서 직례로 진입하고 임낙관臨洛關을 탈취하고 직례총독 납이경액納爾經額 부대를 대패시켰다. 승리를 발판으로 8월에 보정성保定城 남쪽의 장등점張登店까지 북진했다. 북경에서는 깜짝 놀라서 계엄을 선포했다. 9월에 북벌군은 북쪽에 청군의 대군이 주둔하고 있었기 때문에 되돌아 동진하여 창주滄州를 공격하고 천진까지 다달았다. 북벌군이 천진을 연일 공격하였지만 함락되지 않고 식량과 무기의 공급도 중단되었다. 겨울이라서 옷이 부족하고 원군이 아직 도달하지 않아 여러 가지 곤란함이 있어 정해靜海를 고수하면서 원군을 기다리기로 결정했다. 다음 해에 남쪽으로 철수했다. 이개방은 부대를 거느리고 북벌군을 나누어 직례 연진連鎭에서 출발해 산동성 고당高庚에 도착한 후 다시 임평荏平 풍관둔馮官屯에서 철수했다. 함풍 5년(1855) 정월에 승격림심僧格林沁이 청군을 거느리고 연진을 함락했고 임봉상은 포로가 되었다. 4월에 승격림심은 운하의 물을 끌어들여 풍관둔을 침몰시키니 이개방 역시 포로가 되었다. 북벌은 비록 실패했지만 태평군은 몹시 빠른 속도로 북방 6성을 함락시키며 청 정부의 심장지역을 놀라게 하였고 남방 태평천국과 북방 인민의 투쟁은 병풍작용을 했다.

태평군의 강남 강북대영 대파

태평군이 남경을 점령한 후 청 조정은 흠차대신 상영向榮에게 청군 1만 7천여 명을 주어 남경성 동효릉위東孝陵衛에 도착해 '강남대영江南大營'을 건립했다. 또 다른 흠차대신 기선琦善은 직례·섬서·흑룡강 마보馬步 각 군 약 1만 명을 양주로 보내어 '강북대영江北大營'을 설립했다. 강남과 강북대영은 직접 천경을 위협하고 있었다. 청군의 포위를 풀기 위하여 태평천국은 양수청의 지휘 하에 천경 외곽에서 격렬한 전투를 벌였다. 함풍 6년(1856) 4월에 태평군이 진강 안팎에서 협공을 하여 청군을 대파했다. 승리를 타서 도강하여 일거에 강북대영을 쑥대밭을 만들고 6월 10일에 각 로의 태평군이 전면적으로 출격하여 강남대영을 공격했다. 그날 밤 강남대영도 함락되었다. 태평군은 강북과 강남대영을 붕괴시키고 천경을 3년간 위협하던 군사 압박을 해소시키며 휘황찬 승리를 거두었다. 아울러 군사상에 있어 태평군은 전성기를 맞게 되었다.

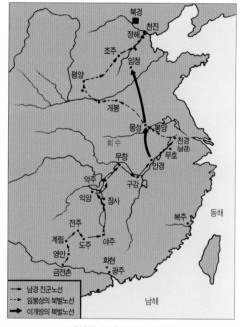

태평군 북벌 진군 노선도

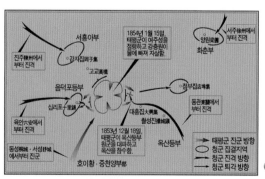

태평군 여주廬州 진공 설명도

태평군이 사용하던 권총

태평군이 사용한 자모포字母炮

1856년
태평천국 천경 사변

수도를 천경天京으로 정한 후에 태평천국 지도자들의 생활은 점차 사치스럽고 부패해졌다. 함풍 6년(1856), 청나라 군대인 강북·강남대영을 격퇴한 후에 양수청은 뜻밖에 자신의 동왕부를 황제에 봉하라고 홍수전을 압박했다. 홍수전은 그 요구에 답하는 한편 몰래 북왕 위창휘韋昌輝와 익왕 석달개에게 밀지를 보내어 서울로 와서 상의하자고 했다. 북왕 위창휘는 양수청에 대해 오랫동안 불만을 갖고 있었기 때문에 밀지를 받자마자 곧바로 군대를 이끌고 천경으로 올라와서 8월 3일 깊은 밤에 동왕부를 포위했다. 다음날 이른 아침에 양수청과 그 가속 및 병졸 2만여 명을 모두 죽여버렸다. 8월 중순에 석달개는 호북에서 급히 천경으로 돌아와 위창휘에게 너무 많은 사람을 죽였다고 질책했다. 이에 위창휘는 또 석달개 전 가족을 죽였고 석달개는 도주했다. 위창휘는 또한 이 기회를 이용하여 천왕 홍수전을 모해하고자 했다. 위창휘가 너무 많은 사람을 죽이자 천경 태평군 장수와 병사들의 원한이 폭발하였고 홍수전은 장수들의 요구를 받아들여 10월에 위창휘를 죽였다. 이렇게 되어 10월 말에 천경으로 돌아온 석달개는 정무를 정리하라고 명령을 받았다. 그러나 양수청과 위창휘 사건 이후 홍수전은 석달개에게도 마음을 놓을 수가 없었다. 이리하여 그의 큰형 홍인발洪仁發을 발왕發王에 봉하고 둘째 형 홍인달洪仁達을 복왕福王에 봉하여 석달개를 견제하도록 했다. 함풍 7년 5일에 석달개는 분한 나머지 수만 명의 태평군사들을 데리고 수도 천경을 떠나 단독작전을 감행하였다. 천경 사변은 태평천국의 내부단결을 파괴하고 군대의 전투력을 약화시켜 태평천국 사업에 보충할 수 없는 손실을 안겨다 주었다.

태평천국과 청군의 작전도

문양으로 장식한 거룻배(모형)

1856년
영국이 도발한 애로호 사건

함풍 6년(1856), 크림 전쟁이 끝난 후에 영국·프랑스·미국 3국은 제2차로 '조약' 요구를 하였지만 재차 청 정부로부터 거절당했다. 이리하여 영국과 프랑스 등은 구실을 찾아내어 전쟁을 도발했다.

같은 해 9월 초열흘에 광동 수군이 황포항에 정박해 있던 중국인 소유 상선 애로arrow호 선상에서 두 명의 중국 해적과 열 명의 해적 혐의가 있는 선원을 체포했다. 그러나 영국 공사 파오링은 주 광주 대리영사 해리 파크스*를 파견해 양광총독 섭명침葉名琛에게 서신을 보냈다. 그는 광주 당국에 범인을 석방해 줄 것과 이들을 체포할 때 영국 국기를 찢어버렸다고 날조하며 영국측에 손해배상과 사과를 요구했다. 섭명침은 당시 배에는 국기가 걸려있지도 않았다고 사실에 근거하여 정황을 설명하는 답신을 보냈다. 그러나 파오링과 해리 파크스는 음모를 꾸미고 사단을 내어 9월 23일에 섭명침에게 최후 통첩을 하였다. 섭명침은 영국 측의 압력에 굴복하여 영국측에 양보를 타협하고 범인을 파크스에게 인도하였다. 허나 영국측 본의는 원래 생트집을 잡기 위한 것이었으므로 범인 인도를 거절하였다. 영국 함선은 25일에 갑자기 광주 내하로 들어와서는 제2차 아편전쟁의 전화에 불을 붙였다.

* Sir Harry Smith Parkes(1828~1885), 중국어 표기는 파하례巴夏禮 – 역주

호구 · 구강의 전투

함풍 4년(1854) 5월에 태평군이 상담湘潭 전투에서 패하고 호남으로 물러났다. 10월에 전가진田家鎭 전투에서 또 패배한 후 연이어서 패했다. 증국번의 부대인 상군湘軍이 뒤이어 강서성 구강九江 · 호구湖口로 진입했다. 11월, 위험한 고비에 안경에서 석달개의 구원군이 왔기 때문에 임계용林啓容 부대는 계속하여 구강을 지키고 나대강은 병사를 이끌고 호구 서안으로 가서 수비하고 석달개는 친히 군대를 이끌고 동쪽 해안의 현에 가서 수비하였다. 견고한 벽과 높은 누대를 엄히 방위하면서 동시에 고의적으로 호구에서 수비병을 철수시키며 적을 유인하여 끌어들였다. 11월 12일에 상군 수군 소첩삼蕭捷三 등이 가벼운 쾌속선 120여 척을 몰고 파양호鄱陽湖 안으로 돌진해오자 석달개와 나대강은 즉시 호수 입구를 막아버려 출로를 차단했다. 이렇게 상군 수군을 와해시켜 외강과 내호 둘로 나누어버렸다. 그날밤 삼경에 석달개는 작은 배를 파견해 강 위에 정박해 있던 대함선을 습격하고, 양안에 있던 태평군은 불화살과 분사통을 쏘아대어 적선 40여 척을 태워버렸고 나머지 적선들은 구강으로 퇴각했다. 12월 15일 깊은 밤에 석달개와 임계용은 구강에서부터, 나대강은 소지구小池口에서부터 가벼운 작은 배 100여 척으로 상군 외각에 있는 수군을 습격하고 증국번이 타고 있는 배를 포획하였다. 배 안에 있던 문서와 책들은 태평군의 손에 들어갔고 증국번 본인 역시 깜짝 놀라서 물에 뛰어들어 죽으려 했다. 다행히 작은 배가 건져내어 황망 중에 남창으로 도망갔다. 호구와 구강의 전투에서 상군 수군의 손실은 너무나 심했고 중형 무기와 군량 · 피복 등 군수 물자도 없어져 거의 군대라고 할 수 없을 지경이었다. 이 전투는 태평군의 서정 패전의 국면에 전기를 마련해주었고 승리를 기회로 삼아 반격하여 무창을 세 번이나 이길 수 있는 조건을 만들어 주었다.

1856년
영 · 프가 일으킨 제2차 아편전쟁

함풍 6년(1856), 영국은 애로호 사건을 구실로 9월 25일에 광주로 진공해 왔으며 제2차 아편전쟁을 도발했다. 함풍 7년(1857)에 프랑스는 '마신부馬神父* 사건'을 빌미로 영국과 영프 연합군을 만들었다. 제임스 부르스 엘긴**과 쟝 바티스트 루이 꼬로***가 영국과 프랑스의 전권대표가 되어 각각 육해군을 인솔하고 홍콩으로 들어왔다. 11월 14일에 광주를 공격하고 섭명침을 포로로 잡아 인도로 압송하였다. 섭명침은 후에 자카르타의 형무소에서 죽었다. 함풍 8년(1858) 4월에 영프 연합군은 전함을 백하구白河口 밖

에 집결시키고 청 조정에 공갈협박을 가하였다. 또 러시아와 미국 공사들은 자신들이 중개자가 되겠다고 하면서 중간에서 협박했다. 4월 8일에 영프 연합군이 대고포대大沽炮台를 공격하고 북경까지 침범하겠다고 큰소리를 쳐댔다. 청 정부는 재빨리 대학사 계량桂良과 이부상서 화사납花沙納을 보내 화의하도록 하였고 5월에 4개국이 〈천진조약天津條約〉을 맺게 되었다. 동시에 러시아는 혁산奕山을 강요하여 〈애혼조약璦琿條約〉(아이훈 조약)을 체결하였다.

* Auguste Chapdelaine(1814~1856), 중국어 표기는 마뢰馬賴 – 역주

** James Bruce, 12th earl of Kincardine(1811~1863), 중국어 표기는 액이금額爾金 – 역주

*** Jean-Baptiste Louis Gros(1793~1870), 중국어 표기는 갈라葛羅 – 역주

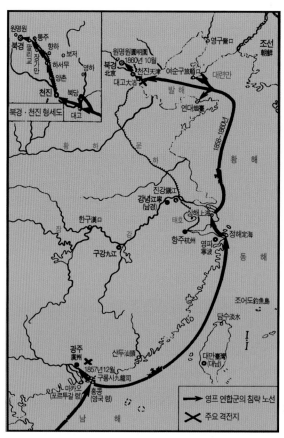

제2차 아편전쟁 형세도

1859년
태평천국《자정신편》 반포

함풍 9년(1859), 태평천국은 홍인간洪仁玕이 지은《자정신편資政新篇》을 반포했다. 이는 중국 근대에서 첫 번째로 자본주의 경제 발전을 모색한 강령綱領성이 있는 문헌이다.《자정신편》의 기본사상은 태평천국이 서양을 본받아서 '사람의 기용'과 '법의 설립'에서부터 정치 · 경제 · 문화면에서 개혁을 해야 한다는 점이다. 전체 문장은 전언前言 · 용인찰실류用人察失類 · 풍풍류風風類 · 법법류法法類 · 형형류形形類의 5개 부분으로 나뉘었다. 홍인간은 농민 출신으로 전통 사상교육을 받았으나 그의 저서《자정신편》은 봉건지주계급과 농민소작농의 사상적인 제한을 타파하여 중국 근대 경제의 발전을 위하여 객관적 규율에 부합하는 방향을 제시하고 있다. 그리하여 중국 역사상 첫 번째로 자본주의 경제를 모색하는 강령성이 강한 문헌이 되었다. 본서의 출현은 이미 자본주의로 전환된 일련의 매판買辦, 상인이 투자하여 흥기한 근대기업의 바람과 동향에 간접적으로 반영되었다. 홍수전은《자정신편》책에 "맞다[是]" "이 책략은 옳다[此策是也]"는 등으로 여러 군데에 찬성을 표시하였고 결국 이 책을 간행 반포하도록 윤허하였다. 그러나 태평천국 내부에 필요한 객관적 조건이 결핍되어 있었기 때문에《자정신편》의 진보적인 주장은 진정으로 실시될 수 없었다.

홍인간

홍인간(1822~1864)의 자는 익겸益謙이고 광동 화현花縣 사람이다. 태평천국 지도자 홍수전의 집안 동생으로 배상제회 최초 신도의 한 사람이다. 금전기의 후에 그는 청 정부의 추포를 피하여 홍콩으로 도망갔고 런던 포교회 선교사에 임명되었다. 홍콩에 있는 동안 홍인간은 서양 선교사들을 통해 서양의 문화 과학을 공부하고 서양 각국의 정치 경제 등의 정황을 이해하게 되었다. 또한 자본주의 영향을 깊이 받아들여 중국 근대에 자본주의 사상의 경향을 갖춘 선구자가 되었다. 1858년에 홍콩을 떠나 태평천국에 투신하고 1859년 4월 말에 천경(지금의 남경)에 도착한 후《자정신편》을 저술하여 홍수전에게 시정 건의로 제출했다. 홍인간이 천경으로 온 후 홍수전은 그를 간왕干王에 봉하고 조정을 총감독하도록 하였으니 태평천국 후기에 가장 중요한 영도자의 한 사람이 되었다. 1864년 천경이 함락된 후에 그는 영특하고 용감하게 남창에서 기의를 하였다.

홍인간의 《자정신편》

석달개의 죽음

함풍 6년(1856), 태평천국 천경 사변 이후 석달개가 천경으로 돌아와 보정輔政이 되었다. 그러나 홍수전은 양수청의 전철을 거울삼아 마음에 의심을 갖고 있다가 자신의 형을 왕으로 임용하여 석달개를 견제하였다. 이에 석달개는 불만이 깊어졌고 함풍 7년(1857) 5월에 화가 나서 천경을 떠났다. 수많은 태평군 병사들을 데리고 태평천국과는 다른 행보를 걷기 시작했다. 석달개는 부대를 이끌고 강남의 강서 · 절강 · 복건 · 호남 · 광서 · 귀주 · 운남 · 사천 등등을 전전하며 이동작전을 하였기 때문에 여러 차례 청군을 격퇴하였지만 점차 곤경으로 빠지게 되었다. 동치 2년(1863) 2월에 석달개는 군대를 이끌고 사천성 안순장安順場까지 전전하였고 대도하大渡河 근처에서 전군이 전멸당했으며 본인도 가혹한 형벌 끝에 죽었다.

태평군의 명문이 있는 대포

1857년, 석달개는 군사들을 이끌고 강서로 진입하여 근 반 년간 전쟁을 벌였다. 상군의 추격을 받고 끝내 적수가 안 되어 하는 수 없이 강서를 포기하고 절민浙閩으로 진군했다. 이 포는 즉 석달개 원정부대가 강서에 남겨놓은 것으로 포신에는 명문이 주조되어 있다.

대고구 '위威'자 포대 유적지

대고포대大沽炮台는 당고해하塘沽海河 입구에 있으며 북방해역 수비의 요충지다. 명대에 건설되었고 청 함풍 8년(1858)에 중수되었으며 제2차 아편전쟁 중 청군이 이곳에서 용감하게 영국과 프랑스 침략자들에게 반격했다. 대고구포는 모두 5기의 포대가 있으며 위威 · 진嶺 · 해海 · 문門 · 고高의 명칭이 있다.

1860년
태평군의 강남대영 격파

함풍 10년(1860) 1월에 철저하게 청군의 강남대영을 파괴하기 위하여 간왕 홍인간과 충왕忠王 이수성李秀成은 "위나라를 포위하여 조나라를 구한다"는 '위위구조圍魏救趙' 계책을 이용하기로 했다. 즉 항주를 기습하여 강남대영의 청군이 항주로 이동하면 그 후에 기세를 몰아 강남대영을 공격하기로 결정했다. 2월에 이수성이 정예부대를 이끌고 일거에 항주를 공격하자 청 조정에서는 강남대영 총병 장옥량張玉良에게 부대를 이끌고 가서 항주를 구원하라고 명령했다. 이수성은 3월에 항주에서 천경으로 돌아왔다. 윤 3월에 영왕英王 진옥성陳玉成·중군주장中軍主將 양보청楊輔淸·좌군주장 이세현李世賢·우군주장 유관방劉官芳 등이 각 로의 대군을 천경에 결집시키고 다섯 갈래로 나누어 강남대영을 향해 맹공을 퍼부었다. 진옥성은 부대를

이끌고 먼저 청군의 군사용 해자를 돌파하여 청군의 군막 50여 개를 공격했다. 강남대영 장군 화춘和春이 낭패하여 도망가니 영내에 있던 은전 10여만 량과 대량의 군수품은 모두 태평군의 획득물이 되었다. 천경을 에워싼 전투를 승리로 맺은 후에 충왕 이수성은 태평군을 이끌고 소주와 항주 지역으로 진공해갔다. 함풍 10년 4월 1일에 태평군이 상주常州를 공격하자 화춘은 절망하여 자살했다. 4월 13일에 소주를 점거했다. 6월에 영왕 진옥성이 군대를 지휘하여 남쪽의 절강으로 진입하고 임안臨安·여항餘杭 등지를 연달아 공격하며 항주에 임박하였다. 후에 안경安慶에서 급보가 날아와 안휘성으로 군사를 돌렸다. 함풍 11년 11월 말에 이수성은 이세형 부대와 회합하여 항주를 공격했다. 태평군은 소주와 항주를 중심으로 나누어 소복성蘇福省과 절강성浙江省을 건립했다.

1860년
〈북경조약〉 체결

함풍 9년(1859) 5월에 영국과 프랑스 미국 공사들이 함대를 연합하여 북상해와 무장으로 조약을 변경했다. 청 정부가 대고에 방비를 설치하였기 때문에 3국은 북당北塘으로 상륙하기로 확정하고 북경으로 가서 조약을 변경했다. 영국과 프랑스 공사는 일부러 생트집을 잡아 대고로 상륙하고자 고집을 부리면서 대고포대에 발포하였다. 청군은 승격림심의 지휘 하에 용감하게 반격하여 영국 프랑스 함대는 낭패하고 철수했다. 함풍 10년(1860), 영국 프랑스 연합군이 재차 대병력으로 침입했다. 7월 5일에 대고포대가 함락되었다. 7월 8일에 적병이 천진을 점령했다. 그런 후에 침략군은 북경을 향하였고 8월 8일에 함풍제는 황망히 열하熱河로 피신을 갔다. 침략군은 북경을 공격하고 8월 22일에서 25일까지 원명원을 불태웠다. 공친왕 혁흔奕

이수성이 사용한 패검

태평천국 충왕부
소주시 루문樓門 안에 있다. 충왕 이수성이 태평군을 이끌고 소주를 공격한 후 왕부를 건축했다. 왕부는 태평천국 경신 10년, 즉 1860년에 건설되었다. 졸정원拙政園의 기초 위에 지었다. 현재 충왕부 건축물은 대부분 완전하게 보존되어 있다.

新은 영국 프랑스와 중·영, 중·프 간의 〈북경조약〉을 체결했다. 일이 끝나자 러시아 사신은 자칭 "조정자에게도 공이 있다"고 하면서 혁흔을 강요하여 또 러시아와도 〈북경조약〉을 체결했다. 제2차 아편전쟁은 중국에게 크나큰 손실을 안겨주었다. 영국은 구룡사九龍司 지역을 점거하였고, 제정러시아는 우수리강 동쪽 이남 약 40여 제곱미터의 토지를 뺏어갔다. 공사가 북경으로 진입해 주둔하고 침략자들은 청 정부에 대한 영향과 통제를 더욱 강화하였다. 개항지를 증가하고, 내지를 자유롭게 돌아다니며 통상을 하고, 세관에 외국인을 고용하고, 자구반세子口半稅*와 내지에서의 선교, 아편무역의 합법화 및 중국인 노동자의 출국을 허가하는 등의 사항은 외국 침략세력이 연해에서 내지로 확장하는 계기가 되었다. 중국의 독립주권은 또 한 번 심각한 손상을 받게 되었다. 청나라 통치 계급은 외국 열강의 침략자들과 결탁하여 끝내 공동으로 태평천국을 진압하는 길에 들어서게 되었다.

* 수출입품에 대해 종가세 5%의 관세를 납부하는 이외에, 그것의 반, 즉 2.5%를 납부하는 세금 – 역주

1860년
화재로 훼손된 원명원

함풍 10년(1860) 7월에 영프 연합군 1만여 명이 북당北塘에 상륙하자 당고塘沽·대고포대가 계속 함락되었다. 천진은 의지하여 방어할 만한 요새가 없게 되자 금방 함락되었다. 청 정부는 급히 대학사 계량桂良 등을 파견하여 적과 화의를 맺도록 했다. 침략자가 제출한 조건이 너무 과하자 협상은 결렬되었다. 8월에 영프 연합군은 통주通州까지 쳐들어왔고 팔리교八里橋 일대에서 격전을 벌였다. 청군은 용감하게 저항하며 서너 시간을 치열하게 싸웠으나 결국 패하였고 영프 연합군은 북경성 아래로 진군했다. 영프 침략군은 북경성 밖에 도착한 후 먼저 길을 돌아 서북쪽 교외의 원명원으로 가서

정원 안의 금은보화를 강탈하고 들고 갈 수 있는 진귀한 물건은 모두 가져갔다. 영국 공사 제임스 브루스는 원명원에 불을 지르라고 명령했다. 8월 22일에서 25일까지 영프 연합군은 원명 3원을 모두 불태워버렸다. 100여 년간 경영되어 오면서 중국인들의 피와 땀이 응집되고 동서양의 예술을 종합한 건축물과 고금의 예술품을 수집하여 꾸며진 아름답고 장엄한 궁전과 황실정원은 삽시간에 폐허로 변했다. 영프 연합군이 북경에 들어오기 전에 함풍제는 이미 열하에 있는 행궁 피서산장으로 피신하였다.

원명원 안의 서양식 미로 황화진黃花陣

원명원 서양식 건축의 무너진 담 일부

원명원 대수법 유적지
대수법大水法은 원명원 서양건축인 원영관遠瀛觀 남쪽에 있다. 이는 건륭제가 분수를 감상하던 자리였다. 1860년 영프 연합군에 의해 불태워졌다.

중국과 러시아의 〈애혼瓊琿*조약〉

함풍 8년(1858) 4월에 중국과 러시아는 〈애혼조약〉을 체결하였다. 함풍 8년에 칭 정부는 데네직으로는 끝치 아픈 태평천국에 대응하며, 대외적으로는 영프 연합군의 침략에 대응하여야만 했다. 제정 러시아 정부는 이런 위급한 때를 틈타서 4월 10일에 시베리아 총독 무라비요프가 병선을 이끌고 애혼성으로 쳐들어왔다. 그리고는 흑룡강 장군 혁산과 담판을 하고 흑룡강 이북의 영토를 러시아에 할양하라고 요구했다. 혁산은 이번에도 러시아의 함선에 포위되자 두려운 나머지 결국 이해 4월 16일에 무라비요프와 불평등 조약인 〈애혼조약〉을 체결했다. 〈애혼조약〉의 주요내용은 다음과 같다.

"흑룡강 이북 중국 60여 제곱미터의 영토를 제정러시아에 할양한다. 다만 원래 거주하고 있던 정기리精耆里 이남에서 활이막륵진둔斡爾莫勒津屯(강동 64둔)의 중국인은 그곳에서 영원히 살수 있다. 우수리강 이동의 중국 영토는 중국과 러시아가 공동으로 관리한다." 원래 중국 내하의 흑룡강과 우수리강은 단지 중국과 러시아 양국의 배들만이 왕래할 수 있고 다른 나라는 항해할 수 없다는 내용이었다. 청 정부는 〈애혼조약〉을 비준하지 않았으며 아울러 혁산 등을 처벌했다. 중국과 러시아의 〈애혼조약〉은 중국 주권과 영토에 커다란 손실을 주었으며 함풍 10년에 이르러 중국과 러시아 간의 〈북경조약〉을 체결할 때가 되어서야 청 정부는 러시아의 압박으로 결국 승인하였다.

* '아이훈조약'이라고도 함 – 역주

양창대

함풍 10년(1860), 제2차 아편전쟁이 끝나자 중국과 외국의 반동 세력들은 서로 결탁하여 공동오료 태평천국을 진압하였다. 4월에 미국인 화엘이 상해에서 양창대洋槍隊를 조직했다. 6월 중순에 화엘의 양창대와 이수성의 태평군이 청포대전青浦大戰을 벌였다. 결과적으로 양창대 군인 3분의 1이 사상자가 나왔고 화엘 본인도 다섯 군데 상처를 입고 상해를 떠나 프랑스로 치료를 받으러 떠났다. 함풍 11년(1861)에 화엘은 재차 중국에 와서 양창대를 다시 조직하고 중국인들을 모집했다. 신식 무기와 장비를 사용하고 서양식 훈련을 받자 전투력은 대대적으로 제고되어 태평군의 또 다른 강적이 되었다. 양창대는 여러 차례 전공을 세워 동치 원년(1862)에 청 조정은 "언제나 승리하는 군"이라는 뜻인 '상승군常勝軍'이란 이름으로 바꾸어주었다. 동치 3년(1864)에 '상승군'은 해산되었다.

화엘*

* Huaer, Frederick Townsend Ward(1831~1862), 중국어 표기는 화이華爾 – 역주

청 동치 홍유 묘금 희자喜字 접시
이 접시는 저온에 홍유를 시유했으며 접시 바닥에 묘금으로 6줄 132자의 '기쁠 희喜' 자를 새겨 넣었다. 이 접시는 동치 7년(1868)에 황제의 결혼식 때 소성되었다.

동치제의 즉위

1861년 8월, 함풍제가 열하 피서산장에서 병사하고 그의 아들 애신각라 · 재순載淳이 즉위했다. 함풍 10년(1860) 8월에 영프 침략군이 통주까지 쳐들어오자 협판대학사 겸 보군통령步軍統領 소순肅順이 만주 귀족인 이친왕怡親王 재원載垣 · 정친왕鄭親王 단화端華와 함께 공동으로 함풍제에게 우선 열하로 피신하여 이 예봉을 피하도록 권하였다. 함풍제는 허약하고 병이 많아서 낙양灤陽에 도착했을 때 이미 병으로 쓰러졌지만 승덕 행궁까지 참고 도착했다. 함풍제는 피난올 때 공친왕 혁흔奕訢을 흠차대신에 제수하고 영프 연합군과 화의를 하도록 명해 불평등한 〈북경조약〉을 체결했고 연합군은 북경에서 천진으로 철수한 후 귀국했다. 혁흔 등 북경에 남아있던 왕과 대신들이 함풍제에게 북경으로 돌아와 민심을 안정시키라고 했다. 그러나 함풍제는 영프 연합군이 다시 올까봐 두려워서 그 해는 잠시 북경에 돌아가지 않기로 결정했다. 함풍 11년(1861) 정월에 또 병이 나서 북경에 돌아가는 일이 다시 지연되었다. 7월 16일에 함풍제의 병이 깊어졌고 다음날 어전대신들을 접견하여 큰아들 재순을 황태자에 세우도록 부탁하고 재원 · 단화 · 경수景壽 · 숙순肅順 · 목음穆蔭 · 광원匡源 · 두한杜翰 · 초우영焦佑瀛 등을 찬양정무贊襄政務로 명하고 이들을 '찬양정무대신'이라고 했다. 함풍제가 행궁에서 서거하니 향년 31세였다. 재순이 즉위하고 다음 해를 기상祺祥

원년으로 바꾸었다가 10월에 다시 동치同治 원년으로 바꾸었다.

황제의 조례복

동치제

서학 동점

청대 후기에 사회 전체적으로 이전에 없던 대동란이 발생하여 고대 중국은 몇천 년에 없던 대변혁에 직면하게 되었다. 서학 동점東漸은 역사의 필연적인 추세였으나 아직 해체되지 않은 봉건사회는 몹시 힘들게 현대화로 향하였다. 외국 침략자들이 견고한 함선과 날카로운 무기로 중국의 문을 열어 제끼자 서방문명의 도전에 직면하게 되었다. 중국인의 첫 번째 반응은 "이민족의 좋은 점을 배워 이민족을 제압한다"는 것이었다. 이 역시 외세의 굴욕을 막아내고 침략자를 제압할 수 있는 가치 있는 선택이었다. 이 구호는 제일 먼저 위원魏源·임칙서가 제기하였고 청 정부의 양무파洋務派 관원들이 실행했다. 두 차례의 아편전쟁의 실패는 청 정부의 유능한 선비들을 애통하게 했다. 그들은 오직 전통사상의 속박을 타파해야 한다며 양무를 제창하고 서양 과학기술을 도입하고 서양 공업화의 길을 추종하고 따르는 것이 상책이라고 주장했다. 이렇게 하여 서양과학 지식이 대량으로 전입되었다. 청나라 후기에 서양의 수많은 선교사들이 중국 연해지역과 내지로 들어왔으며 그들은 교회·학교·서관·학회를 설립하고 도서를 출판하면서 '서학'을 전파하는 데 적지 않은 역할을 했다. 동시대의 수많은 학자들은 모두 서양학자와 왕래하면서 학술교류를 했다. 서학 동점의 가장 중요한 루트는 양무운동이었으며 이는 중국에 근대의 기술자를 생산했을 뿐만 아니라 근대적 공업, 기술과 과학 지식을 출현토록 했다.

동치제

애신각라愛新覺羅·재순載淳(1856~1874)은 청나라가 중원에 들어온 후 8대 황제로 묘호는 목종穆宗이고 연호는 처음에 기상으로 정했다가 1862년에 동치로 바꾸었다. 동치제 즉위 후에 두 태후가 수렴청정을 했다. 청나라는 굴욕적인 투항으로 외적의 지지를 얻어 공동으로 국내 백성들의 기의를 막아냈다. 동치제 즉위 시기에 태평천국 운동·염군의 기의·회민족의 기의 등이 차례로 평정되었고 동시에 '양무운동'이 시작되어 청나라 정권이 거의 안정되었기 때문에 이 기간을 사람들은 '동치중흥'이라고 한다. 그러나 바로 이때에 일본이 중국 국토를 노리기 시작했고 아울러 동치제 마지막 1년인 1874년에 대만으로 출병했다. 동치제는 13년간 재위하였으며 마지막 2년간은 친정을 했다.

요성聊城의 산섬회관山陝會館

이 회관은 전전殿·당堂·루樓·각閣이 160여 칸으로 그 면적은 3,511 제곱미터다. 주요 건축물로는 산문山門·희루戱樓·종고루鐘鼓樓·어비정御碑亭·신전神殿·춘추루春秋樓 등이 있다. 이 회관의 규모는 몹시 크며 그 구조가 정교하다. 현존하는 고금 회관 중에서 가장 웅장하다.

1861년
신유정변

함풍 11년(1861) 9월 30일에 엽혁나랍씨葉赫那拉氏*가 정변을 일으키고 조정대권을 장악했다. 함풍제는 일찍이 6세인 재순을 황태자로 세워 황위를 잇도록 유언하였다. 아울러 재원·단화·숙순 등 여섯 사람을 '찬양정무왕대신'으로 하여 조정을 보좌하도록 했다. 재순이 즉위 후에 연호는 기상이었다. 재순의 생모인 엽혁나랍씨는 바로 자희태후慈禧太后다. 그녀는 권력욕이 강하여 최고 통치권을 얻고자 숙순 등 정무를 보좌하는 여덟 대신들과 갈등이 생겼다. 자희는 함풍제의 배다른 동생인 공친왕 혁흔과 결탁하여 비밀리에 정변을 일으켰다. 9월 23일에 함풍제의 영구가 승덕에서 북경으로 운반되었다. 30일에 나랍씨는 정변을 일으키고 10월 초하루에 혁흔을 의정왕에 봉하고, 초닷새에 기상이라는 연호를 동치로 바꾸었다. 초엿새에 재원과 단화에게 자진을 명하고 숙순은 참수하여 대중들에게 보이고, 경수 등 다섯 사람은 관직을 삭탈하거나 유배를 보냈다. 11월 초하루에 엽혁나랍씨와 뉴호록씨鈕祜祿氏가 양심전에서 정식으로 수렴청정을 하였다. 이때부터 엽혁나랍씨가 정권을 장악하여 광서 34년(1908)에 죽을 때까지 이어졌으며 청나라 최고 권력을 40여 년이나 장악했다.

* 본 번역에서는 중국 성씨 '葉'을 모두 '섭'으로 표기했으나 자희태후는 만주족으로 그 발음은 'Yehe Nara'로 표기되므로 '엽혁나랍'으로 표기함 – 역주

자희태후

자희의 성은 엽혁나랍이고 함풍제의 비로 재순을 낳아 의귀비懿貴妃에 봉해졌으며 저수궁儲秀宮에서 살았다. 후에 재순이 동치제로 즉위하자 나랍씨는 황태후로 봉해지고 성모황태후라고 하였다. 엽혁나랍씨의 권력은 몹시 강하여 1861년에 그는 신유辛酉 정변을 일으키고 수렴청정을 시작하며 조정의 실권을 장악했다. 그는 지방의 실력자인 한족 증국번과 이홍장李鴻章 등을 중용하여 태평천국 운동을 소탕하였고 염군을 평정하였다. 그녀의 노력 하에 청 조정은 잠시 안정적인 국면이 나타났으니 즉 '동광의 치세'다. 후기에 그녀는 적극적으로 외국과 타협하여 결국 "중국의 재력과 물력으로 최대한 서양인의 환심을 산다"는 말까지 나올 정도였다. 1908년에 서거하였고 4년 후에 청나라는 멸망했다.

자희태후

저수궁
저수궁 안의 본채로 자희태후가 이 궁에서 살았다.

초록 바탕의 분채 그릇

함풍 연간에 제조된 것으로 높이 16.5cm, 입 너비 25cm, 바닥 너비 20cm다. 이 그릇은 네모난 형태로 녹유를 시유했으며 분채도안으로 그림을 그려 넣었다. 사면 도안이 똑같이 중앙에 한송이 보상화寶相花가 있고 그 주위 장식은 여의문如意紋이다.

공왕부 정문

공왕부恭王府는 북경의 전해서가前海西街에 있다. 면적은 33,800제곱미터로 중·동·서 3로로 나뉘어 있다. 여러 개의 사합원 형태로 구성되어 있다. 공왕부는 원래 건륭 연간의 대학사 화신의 저택이었으며 가경 4년(1799)에 화신이 죄를 짓자 저택이 관으로 편입되었다. 가경제가 그 일부분을 동생인 경친왕慶親王 영린永璘에게 하사하고 경왕부라 했다. 후에 함풍제가 다시 그것을 동생인 공친왕 혁흔에게 하사하고 공왕부라 이름을 바꾸었다. 공왕부와 그 성원의 규모는 방대하고 화려하며 복잡하고도 그윽하다.

공왕부 정원

공왕부 정원의 시화방詩畫舫

1864년
태평천국 운동 실패

동치 3년(1864) 6월 16일에 상군湘軍이 천경을 함락시켰다. 동치 3년(1864) 정월에 이수성이 부대를 이끌고 증국전曾國荃 대본영을 공격했으나 실패하고 오히려 상군이 천보성天保城을 함락하고 한층 더 천경 동북부 태평문 및 신책문神策門 밖까지 밀고 들어와 천경을 포위하는 상태가 되어버려 태평군은 식량 보급이 단절되었다. 4월 27일에 홍수전이 서거했다. 5월 초사흘에 홍수전의 맏아들 홍천귀복洪天貴福이 즉위하니 유천왕幼天王이다. 월말에 지보성地保城 역시 상군에게 점령당하고 상군은 높은 지세에 위치한 이점을 이용하여 밤낮으로 천경을 포격하며 동시에 땅굴을 파서 폭탄으로 성을 없애버릴 준비를 하였다. 6월 16일에 폭약이 폭발하여 천경성 담장 20여 장이 무너지자 상군이 벌떼처럼 밀려들어 천경이 함락되었다. 이수성과 임소장林紹璋 등은 유천왕을 에워싸고 포위망을 뚫고 성을 빠져나갔다. 증국전은 상군을 지휘하여 성안의 백성들을 대상으로 야만적인 일대 살육을 감행하니 통곡소리가 사방에 퍼졌다. 6월 17일에 유천왕 홍천귀복이 천경을 빠져나갔다. 9월 25일에 유천왕이 강서성 석성石城의 황량한 산속에서 청군의 포로가 되었고 10월 20일에 남창에서 피살되었다.

태평천국은 광서에서 일어났고 강남에서 발전하였다. 태평군이 서쪽 정벌로 승리했을 때가 최전성기였다. 천경 사변 후에 태평천국은 전성기에서 쇠

락기로 변하였고 그들의 전략은 방어라는 피동적인 국면으로 빠져버렸다. 태평천국 운동은 14년간 지속되었고 남북 10여개 성省에서 활약하다가 마지막은 중국과 외국의 반동파가 연합하여 후방 보급선을 차단하는 바람에 실패를 거듭하다가 결국 망하였다.

청나라 말기 우편행정의 발전

동치 5년(1866), 청 정부는 세관총세무사를 영국 사람 로버트 하트*에게 위탁하고 전국적 범위 내에서 국가의 우편행정을 각지 세관에서 처리했다. 세관 겸 우체업무 그리고 시험적인 우편행정의 단계를 거쳐 청 정부는 1989년 3월에 정식으로 대청우정大淸郵政 설립을 비준하고 세관세무사에서 총우정사總郵政司를 겸임하도록 했다. 1911년 우정이 세관에서 분리되어 우전부郵傳部에서 관리했다. 성선회盛宣懷가 우전부상서와 우전부대신에 임명되었다. 1912년에 중화민국 건립 후에 중화우정으로 개칭되었다. 1904년 전국에 우정국이 1,319개가 있었고 1936년에는 2,690곳으로 증가했다. 우정국 직원은 1911년에 15,288명이었고 1936년에는 28,007명으로 증가했다. 우편 운송은 초기에는 어깨에 메거나 말 등에 얹어서 배달하다가 점차 발전하여 자동차, 기차, 배를 이용하게 되었고 항공우송로도 개발되었다. 우송로는 1904년에 전체 50,500킬로미터이던 것이 1936년에는 584,816킬로미터로 발전했다.

* Robert Hart(1835~1911), 중국어 표기는 혁덕赫德 – 역주

1867년
미군의 대만 침략 실패

동치 6년(1867), 미군이 대만의 항춘恒春에 상륙하고 대만을 점거하고자 기도했으나 현지의 고산족高山族들이 격퇴시켰다. 미국은 일찍이 부당하게 대만을 취하고자 도광 27년(1847)부터 여러 차례 함선을 대만에 파견하여 광산을 실지 조사하고 항구를 측량했다. 동치 6년 2월에 미국함선 로버Rover호 함장 등이 대만 남부 항춘에 상륙하였는데 13명의 미국인이 현지의 고산족에게 전부 살해당하고 겨우 한 명의 중국 선원만이 살아남아 도망갔다. 3월에 미국의 주駐 아모이 영사 찰스 리 젠드르*가 군함 '아수라호'를 이끌고 항춘을 점령하여 복수하고자 기도했

수로水路 우편행정
이 봉투는 광서 26년(1900) 안휘성 무호蕪湖 전진성全秦盛 증기선 신국信局에서 실제 보낸 봉투와 안휘성 황상지黃尚志 신국信局에서 보낸 편지 봉투다.

관용봉투
청대 후기에 관방에서 문서를 전달할 때는 여전히 역참을 이용하는 방식이었다. 그림은 동치 9년(1870) 강남 안휘 등의 승선포정사사承宣布政使司에서 실제로 부칠 때 쓰는 봉투로 '용마체用馬遞'(말을 사용하여 전할 것) '무지毋遲'(늦지 말 것) 등의 글씨가 쓰여 있다.

다가 격퇴당했다. 5월 초에 미국이 다시 두 척의 군함을 끌고서 대만을 공격했다. 5월 18일에 미국 해병대 180여 명이 항춘에 상륙하여 공격을 감행했다. 현지 고산족들은 지형이 익숙한 유리한 조건을 이용하여 교묘하게 적들을 기습해 군관을 죽였으며, 침략자들은 낭패하여 도망갔다. 미국침략군은 해변으로 쫓겨났고 결국에는 철수하였다. 미군이 대만 침략을 실패라고 선포했지만 미국 정부는 대만을 점령하고자 하는 기도를 철회시키지 않고 끊임없이 청 정부에 압력을 행사했다. 청 정부는 사태가 확대되는 것을 두려워하여 미국의 무리한 요구를 받아들이고 민절閩浙 총독과 대만도臺灣道에게 '로버호' 사건을 조사하여 처리하도록 명령했다.

* Charles W. Le Gendre(1830~1899), 중국어 표기는 이선득李善得 - 역주

좌종당이 서정西征 중에 사용한
청나라 은폐와 향은餉銀

서정 군수품 운반도(유화)
이 그림은 서쪽 정벌 때에 청군이 군수품을 운반하던 풍경이다. 길고 긴 전선에서의 군수품 공급은 좌종당 서정 대군이 신강의 잃어버렸던 땅을 성공적으로 수복할 수 있게 해주는 기초를 마련해주었다.

1868년
좌종당의 서쪽 정벌 개시

동치 7년(1868)에 서북 변경이 동요하고 불안하였기 때문에 청 정부는 좌종당左宗棠을 서정西征하도록 파견했다. 좌종당은 섬서에 도착한 후 전력으로 회민기의回民起義를 진압했다. 동치 8년(1869) 8월에 제독 유송산劉松山이 이전의 상군湘軍를 데리고 섬북 수덕綏德에서 화마지花馬池(지금의 영하 염지鹽池)를 침략하고 오충보吳忠堡까지 와서 또 금적보金積堡를 포위했다. 동치 12년에 유송산의 조카 유금당劉錦棠이 다시 상군을 통솔해 힘껏 공격하여 11월 16일에 금적보를 점령했다. 동치 12년 회군回軍 수령 마문록馬文祿이 전투에 패하여 청나라에 투항하였으나 곧 처형되었다. 백언호白彦虎가 군대를 이끌고 신강으로 도망갔다. 이렇게 되어 섬서 감숙성 회민기의는 실패로 돌아가고 좌종당은 섬서 감숙지역에 안정을 찾아주었다. 당시에 신강은 호한浩罕 · 러시아 · 영국 3국이 각축하는 전쟁터로 수시로 사분오열될 위험이 있었다. 광

서 원년(1875) 3월에 청 정부는 좌종당을 흠차대신에 임명하여 신강 군무를 감독 처리하도록 명령했다. 1876년 2월에 좌종당은 유금당을 전적통령前敵統領에 임명하여 청군을 세 갈래 길로 나누어 신강으로 쳐들어가도록 했다. 9월 중순에 신강 북로가 전부 수복되었다. 청군이 북쪽 변경의 분열된 할거 세력들을 평정한 후에 유금당은 다음 해(1877)에 또 군대를 이끌고 남하했다. 3월 13일에 장요張曜 · 서점표徐占彪와 유금당의 군대는 함께 투르판을 공격하여 투르판 전 지역을 수복하였고 아길백阿古柏은 자살했다. 광서 4년(1878)에 제독提督 동복상董福祥이 호탄을 수복했다. 이에 이르러 이리伊犁를 제외한 신강 영토 전부는 청군에 의해 수복되었다. 좌종당 서정은 섬서 감숙성을 안정시켰고 또한 신강은 식민지에 빠지는 것을 면하게 하였다. 청 정부는 마침내 서북지역의 형세를 장악하게 되었다. 광서 10년(1884)에 신강에 성省을 설립하고 첫 번째 신강순무는 유금당을 임명했다.

양무운동

1860~1890년대까지 청 조정 내부에서는 양무파 관료를 중심으로 '자강自强'과 '부의 추구'를 표방하면서 군사 · 정치 · 경제 · 문화와 교육 및 외교 등의 방면에서 일련의 혁신운동이 전개되었는데 역사에서는 이를 '양무운동'이라고 칭한다. 이는 중화문명과 서방문명이 충돌한 후 처음으로 전개된 대규모 변화의 움직임이었다.

중국의 주권을 상실하고 치욕적이게 했던 〈북경조약〉이 체결된 후, 중국의 문호는 재차 개방되었다. 공친왕 혁흔, 대학사 계량桂良, 호부좌시랑 문상文祥은 연명하여 황제에게 서구 열강들의 대중외교의 수요에 적응할 수 있는 총리아문을 설립하자고 상주하였다. 이리하여 서기 1860년 12월, 청 조정은 혁흔과 계량, 문상을 총리아문의 대신으로 임명하였다. 혁흔과 문상은 모두 양무운동의 대표 인물이었다. 그 후, 청 조정은 남 · 북양 통상 대신을 설립하여 남북 각각의 통상 개항지의 비즈니스와 각종 대외업무를 관리하도록 하였다. 양무파의 지방 대신은 증국번 · 좌종당 · 이홍장 및 장지동張之洞이 대표적인 인물이다.

이홍장

외국과 교섭할 때 필요한 통역요원을 배양하기 위해 1862년 북경에 동문관同文館을 설립하였다. 그 후 계속해서 임시 사절단과 상주 사절단을 외국에 파견함으로써 서방과의 교류에 기초를 다졌다. 양무운동 초기에 '자강' 활동을 중심으로 태평천국과 염군을 진압하는 동시에 천진과 상해 · 광주 · 복주 · 무창 등지에서 외국 교관을 초빙하고 창과 포를 사들여 서양의 부대처럼 훈련을 시켰다. 동시에 양무파 관료들은 각지에 병기공장을 설립하고 창과 포, 전함을 제조했다. 예를 들면 1861년 증국번은 안경安慶에 내군병기소를 설립했는데 이는 중국 근대 역사상 양무운동의 시작을 의미한다. 1862년 이홍장은 송강松江에 탄약 공장을, 소주에는 양포국洋炮局을 설립했다. 좌종당은 항주에서 창과 포, 증기선을 시험 제작하기도 했다. 1865년 이홍장은 상해 양포국을 더 크게 확충함으로써 강남제조총국江南制造總局이 건립되어 창과 포, 증기선이 제조되었다. 같은 해 이홍장은 소주의 양포국을 남경으로 옮기고 그 시설을 확충함으로써 금릉제조총국金陵制造總局이 설치되었다. 1866년 좌종당은 복주에 복주선정국福州船政國을 창설하여 전문적으로 선박을 만들었다. 1867년 숭후崇厚는 천진에 기기국机器局을 설치했으며 1870년 이홍장에 의해 운영되었다.

좌종당

남경 금릉제조국에서 제조된 선당동포線膛銅炮
포 위에 "태자태보 협판대학사 직례 총독부당總督府堂 일등숙의백一等肅毅伯 이홍장*이 삼품함강소후보도三品銜江蘇候補道 유좌우劉佐禹와 삼품정재도함三品頂戴 道銜 매카트니**가 제조한 것을 감독함"이라는 명문이 있다.

* 이 앞은 모두 이홍장의 직책을 말한 것 - 역주

** Dr. Halliday Macartney, 영국인이고 중국어 표기는 마격리馬格里 - 역주

장지동

1870년대 이후 서안·난주·곤명·복주·광주·제남·성도·장사·길림·북경 등에서 중소형급의 군수·병기 공장들이 하나 둘씩 건설되기 시작했다. 병기 공장의 설립은 청군의 군사장비를 개조하는 데 도움이 되었으며, 중국의 군사 과학·기술의 발전을 촉진시키는 데 어느 정도의 역할을 하였다. 나날이 늘어나는 외국과의 사무에 대한 요구의 확대에 적응하기 위하여 1872년 청 조정은 제1기 유학생을 해외로 파견하였으며 이로써 중국의 유학교육이 시작되었다. 1875년, 청 조정은 이홍장과 심보정沈葆楨을 각각 위임, 파견하여 북양과 남양에 해군을 계획하여 육성하도록 했다. 양무파는 대규모 군사공업을 창립한 이후에 자금의 부족을 실감했을 뿐만 아니라 재료와 원료, 운송의 곤란함도 있음을 통감하였다. 이리하여 그들은 '자강'을 강조하는 동시에 '부의 추구'를 동경하게 되었다. 1870년대부터 1880년대까지 그들은 대규모 민자로 공업, 광업 및 운수업을 창설하였다. 그중 주요 사업은 1872년 이홍장이 상해에서 증기선 초상국招商局을 창설한 것이며, 1876년엔 심보정이 대만에 기륭基隆 탄광을, 1878년엔 이홍장이 상해에 기기직조국을, 1881년엔 개평광무국開平鑛務局이 당산唐山에서 서각장胥各庄까지 중국의 첫 번째 철로를 건설하였으며, 같은 해 이홍장은 열하熱河 평천주平泉州에 구리광산을 세웠다. 그 후 양무파는 계속해서 공업·광업 기업을 설립하고, 장지동을 대표로 하는 양무파의 세력이 나타나게 되었다. 장지동은 호광湖廣 총독에 임명된 후 호북에 호북 총포공장, 호북 제철공장, 호북 직조공장 등 신식 기업을 설립했다. 성선회盛宣懷 등도 적극적으로 이 시기의 양무운동에 참여했다. 이렇게 되어 양무운동은 전국적인 범위로 전개되었다.

양무운동은 중국의 군사·경제·과학기술·문화 및 교육 등 여러 방면에서 발전 성과를 거두었고 중화문명이 구체적으로 서방을 학습하는 운동으로 진입하도록 해주었다. 그리하여 중화문명이 몇천 년 동안 닫아놓았던 상황을 바꾸어 세계를 향해 시선을 돌리게 되었으며 세계문명의 대조류에 동참하게 하였다. 그러나 양무운동은 단지 사회의 겉모습만 건드렸을 뿐 끝내 사회의 근본까지는 움직일 수 없었다. 중국이 중일전쟁에서 패배함에 따라 양무운동도 국정 등 각 방면에서 서방과의 커다란 차이로 인하여 결국 실패를 고하게 되었다.

호북 병공창兵工廠 공장터

후당강포

강남제조국에서 생산한 후당강포後膛鋼炮다. 포신에는 "광서 24년, 강남제조국 제조"라는 명문이 새겨져 있다.

'양무호揚武號' 병선(모형)

복주 선정국船政局에서 제조하여 1872년에 진수했다. 배수량이 1,560톤이고 마력이 1,130필匹이며 배의 속도는 13노트고 12문의 포를 적재할 수 있다.

청말의 전화기

높이 25cm, 바닥변 길이 20cm다. 이는 중국에서 최초로 사용된 전화기다.

강남제조총국 조포창造炮廠

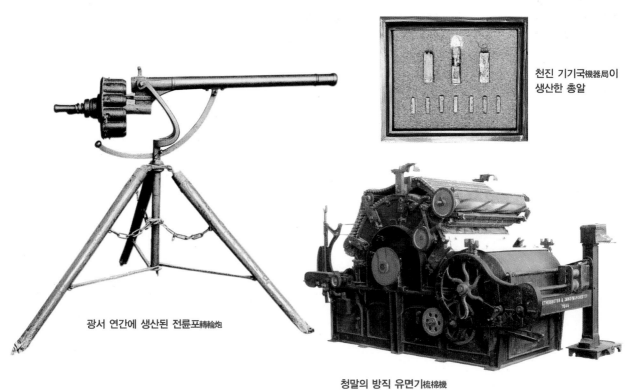

광서 연간에 생산된 전륜포轉輪炮

천진 기기국機器局이
생산한 총알

청말의 방직 유면기梳棉機
전체 무게 40톤으로 이 기계는 외국에서 수입한 것으로 민간 기업이
생산에 사용했다.

중화민족 예술의 보석—경극의 형성

청나라 동치·광서 연간에 북경에서 경극이 형성되었다. 경극의 전신은 휘극徽劇*으로 일반적으로 피황희皮簧戲라고도 불렀다. 휘극은 북경에 전해진 후 다른 지방극들의 장점을 흡수하고 예술형식에 혁신을 일으켜 새롭고 참신한 극의 종류인 경극을 형성했다. 경극은 거의 백 년에 걸쳐 전국에 보급되어 중국에서 가장 영향력 있고 가장 대표적인 전통극으로 자리잡았다.

피황극이 경극으로 발전하는 과정 중에 진강秦腔**과 휘조徽調의 합류가 있었고 후에 또 휘조와 한조漢調가 합류하는 두 번의 융합이 있었다. 건륭제 때 휘반徽班[휘극 극단]이 북경에 입성한 후 이황조二簧調를 위주로 곤강崑腔***과 취강吹腔**** 등의 곡조도 함께 부르며 단시간에 진강秦腔을 압도하였다. 진강 극단의 배우 중 일부가 휘반에 들어가 두 곡조의 융합이 이루어졌다. 휘극 극단은 휘조의 기초 위에 진강을 흡수하면서 북경에서 주도적인 위치를 차지했다. 이황조가 극으로서 곤극을 대체하고 극단에서 독보적인 위치를 차지하며 한 시대를 풍미했으며 이것이 경극 형성의 최초의 싹이다.

* 안휘성에서 유행하던 지방극 – 역주
** 당대唐代에 섬서성에서 시작되어 그 일대에서 유행한 곡조 – 역주
*** 강소성 곤산崑山의 명창 위량보魏良輔가 가정 연간에 시작한 전통극의 곡조 – 역주
**** 휘극의 중요한 곡조의 한 가지 – 역주

고궁故宮의 대희대大戲台
희극은 청대 궁정 문화 속에서 첫 번째 자리를 차지했다.

상해 예원豫園 대극장
예원의 옛 건축물 중 하나로 상해에서 가장 오래된 건물이며 보존상태가 양호한 연극무대다.

'동광십삼절' 모습(일부)
청대 심용보沈容圃의 그림으로 그림 속에는 동치와 광서 연간에 활약했던 열세 명의 유명 배우들 모습을 그렸다.

도광제 때, 호북 출신의 배우 왕홍귀王洪貴, 이륙李六, 여삼승余三勝 등이 북경에 도착한 후, 호북 지역의 서피조西皮調와 안휘 지역의 이황조의 제2차 융합이 이루어졌다. 호북의 서피조와 북경의 이황조의 결합 이후 어느 정도의 발전시기를 거친 다음 북경의 전통 극계에는 새로운 바람이 불기 시작했다. 극단을 이끄는 주요 배우들이 바뀌었다. 주요배우는 여자역[旦]에서 남자역[生]으로 바뀌었으며, 공연 프로그램도 남자역 위주로 바뀌었다. 또한 노래와 연기가 모두 중시되었다. 한 때 유명했던 '동광십삼절同光十三絶'은 동치 시대에서 광서 초기에 이르기까지 가장 활발하게 활동했던 배우들로 관객들의 마음에 남는 명배우들이다. 광서·선통시대에 북경의 피황반은 상해에 가서 공연을 하였는데 심금을 울리는 곡조로 안휘의 피황반보다 뛰어나다는 평가를 받았으며 사람들은 이를 '경희京戲'라고 불렀다. 경희라는 명칭은 상해에서 다시 북경으로 전해졌다. 피황극의 개혁과 경극으로 발전하는 과정에서 중요한 역할을 한 배우로는 정장경程長庚·장이규張二奎·여삼승余三勝이 있으며 사람들은 이들을 '삼정갑三鼎甲', 또는 '노생삼걸老生三杰'이라고 부른다. 이들 세 명은 노래를 할 때 각자 자신만의 고유한 지방색을 가지고 휘파徽派(정장경)·경파京派(장이규)·한파漢派(여삼승) 세 파를 형성하였다. 피황극의 전면적인 개혁을 진행한 인물로는 먼저 담흠배譚鑫培와 왕요경王瑤卿이 있다. 담흠배는 피황극에 가장 큰 영향을 준 인물로 당시 무대에서 사용하던 발음을 통일하였다. 광서제 중엽에 그는 호북성과 광동성 음에 북경음을 섞어 읽어 중주운中州韻을 만들어 냈다. 그 이후 발음이 점차 정리되어 경극 발음의 표준이 탄생하였다. 왕요경의 업적은 경극 중 여자역 연기에 새로운 방법을 제시했다는 점이다. 그는 청의靑衣(양가집 규수나 정숙한 부인 역)·화단花旦(요염한 젊은 여자 역)·도마단刀馬旦(무술을 하는 여자 역)·규문단閨門旦(처녀 역)의 각종 연기예술을 융합시켜 풍부한 연기 방식을 완성했다. 경극의 유명한 4대 명단名旦은 모두 그가 친히 가르친 인물로 후배 배우들을 통해 경극 예술이 백화만발하는 아름다운 국면을 형성했다. 경극은 탄생 초기에 궁궐에 전해져 황실의 지원을 받으며 빠른 발전을 거두었다. 경극은 역대 명배우들의 노력으로 한층 더 완벽해졌으며 지방극과 다른 예술적인 특색을 형성하였다. 근 1백 년간 경극은 전국으로 퍼지며 중국에서 가장 영향력이 큰 희곡의 하나가 되었다.

4대 휘반의 북경 진출

휘반徽班은 안휘 출신(특히 안휘성의 안경安慶 지역) 예인 藝人들 위주로 이황二簧·곤곡·방자梆子·라라강囉囉腔 등의 곡조를 노래하는 희곡 극단을 말한다. 주로 안휘 성·강서성·강소성·절강성 등에서 활동했다. 특히 양주揚州 지역에서는 "안경의 예인이 최고다"라는 말이 있다. 청 건륭 55년(1790)에 양주 '삼경三慶' 휘반이 고 종 홍력제의 축수를 위하여 징발되어 북경에 들어왔고 이것이 휘반이 북경으로 진출하게 된 시초가 되었다. 이후에 사희四喜·계수啟秀·예취霓翠·화춘和春·춘대 春臺 등의 휘반이 차례로 북경에 왔다. 이 여섯 희곡 극 단은 끊임없이 공연을 하면서 점차 서로 합병되어 삼 경·사희·춘대·화춘 4대 휘반이 형성되었다. 4대 휘 반은 북경의 수많은 관중들의 요구에 적응하면서 각 배우들의 특기를 발휘하는 동시에 각자의 독특한 스타 일을 형성해 나갔다. 삼경의 특징은 대극을 전체적으 로 연속 공연하는 데 있었고, 사희의 특징은 곤곡을 노 래하는 데 있었으며, 화춘의 특징은 무공을 잘하였고, 춘대는 아역 배우들이 뛰어났다. 그래서 "삼경은 연극 중심, 사희는 곡 중심, 화춘은 배우 중심, 춘대는 아이 중심"이라는 말이 있었고 이는 4대 휘반의 각 특징을 잘 표현하고 있다. 가경과 도광 연간에 한조漢調(초주楚調) 예인들이 북경으로 들어와 휘반에 참가하여 공연했 다. 휘반은 또 한조의 장점을 연습하여 이황·서피西 皮·곤곡·진강秦腔 등 여러 곡조와 합쳐져 경극이 변 천하는 기초를 만들어 주었다. 4대 휘반이 북경에 들어 온 것은 경극 탄생의 전주로 봐야 하며 경극의 발전에 있어 중대한 의의를 갖는다.

휘반徽班 진경도進京圖

경극 얼굴분장의 색과 인물 성격

색에 따라 나누어 볼 때 경극의 얼굴분장[臉譜]은 붉은색·자주색·흰색·남색·녹색·노란색·암홍색·짙은 회색·금색·은색 등이 있다. 이는 인물의 자연적인 피부색을 과장해서 묘사한 것이며 나아가 성격을 상징하는 우화적인 색채다. 일반적으로 붉은색은 충정과 용감함을 상징하고, 자주색은 지혜와 굳은 의지를, 검은색은 충정과 강직함을 지닌 고귀한 인격을 나타낸다. 흰색은 성정이 간사하고 수단이 악랄한 증오스런 인물을, 유백색은 자부심이 넘쳐 제멋대로 날뛰는 인물을, 남색은 강직하고 용맹함을, 녹색은 의협심이 강한 인물을 나타낸다. 노란색은 잔인하고 폭력적인 인물을, 암홍색은 덕망이 높고 용감한 노장을, 짙은 회색은 노년의 강하고 야심찬 인물을 나타낸다. 금색과 은색은 신·부처님·요괴 등을 나타내며 이때는 특히 얼굴과 몸을 모두 금색으로 분장해 비현실적인 것을 상징한다. 경극의 얼굴분장에는 몇 가지 유형이 있지만 절대적인 것은 아니고 탄력적으로 조정할 수 있는 부분이 여전히 많다.

《타롱포打龍袍》속의 포증包拯으로 분장한 모습

두이돈竇爾敦으로 얼굴분장하는 과정

조조曹操의 얼굴분장

《군영회群英會》 속 조조의 얼굴분장이다. '온통 흰색으로 칠한 얼굴'과 눈가에 간신의 문양을 그린 것은 조조의 간사함을 표현하고 있다.

관우關羽의 얼굴분장

《수엄칠군水淹七軍》 속 관우의 얼굴분장 모습이다. '온통 붉은 색으로 칠한 얼굴'은 그의 장중하고 위엄있는 모습을 표현하고 있다.

《홍교증주虹橋贈珠》 속의 이랑신二朗神으로 분장한 모습

1868년
염군의 실패

이르러 16년간을 지탱하고 종횡으로 8개 성을 전전한 염군기의는 끝내 실패하였다.

동치 4년(1865), 청 조정은 염군을 소탕하기 위해 증국번·이홍장을 파견했다. 이해 정월 사흘날 뇌문광賴文光 등은 과이심科爾沁 친왕 승격림심僧格林沁에게 하남성의 노산魯山에서 대패하였다. 염군은 후에 산동성 조주曹州(지금의 하택荷澤) 고루채高樓寨에 매복해 있다가 청군 전군을 전멸시키고 승격림심은 처죽임을 당했다. 청 조정은 급히 증국번을 흠차대신으로 제수하고 염군 소탕을 총지휘하도록 했다. 위기를 벗어나기 위하여 뇌문광 등 염군 수령은 주력을 동서 두 갈래로 분산하기로 결정했다. 10월에 청 조정은 증국번이 염군 소탕에 공이 없음을 이유로 이홍장을 흠차대신 절제상회제군節制湘淮諸軍에 임명하고 전력으로 염군을 소탕하도록 명령했다. 동치 6년(1867) 5월에 동염군이 산동 운성鄆城에서 청군의 포위를 돌파하여 동평에 주둔하고 또 연태煙台 가까이 접근했으나 영국과 프랑스 침략군에게 격퇴당했다. 7월에 동염군은 교래膠萊의 청군 방위선을 돌파하고 서쪽 유현濰縣으로 도주했다. 공유贛榆·수광壽光에서 두 번의 전투를 치른 후 동염군 주력부대는 거의 다 와해되었다. 12월에 뇌문광은 양주 와요포瓦窯鋪에서 포로가 되었고 용감하게 의를 위하여 죽으니 동염군은 결국 실패했다. 동치 7년(1868)에 서염군이 황하·운하運河·도해하徒駭河 사이에서 포위되었다. 6월 28일에 임평남진荏平南鎭 전투에서 서염군 전군도 전멸되었다. 이에

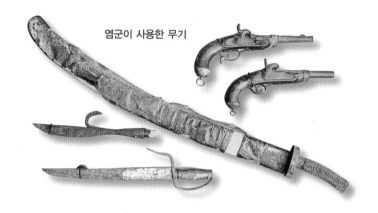

염군이 사용한 무기

아고백의 반란

청 동치 3년(1864) 7월, 신강의 회족들은 타명妥明을 대원수로 추대하여 오항烏桓에서 반청 기치를 들고 일어나 한달음에 쿠챠·우루무치·합밀哈密·마납사馬納斯·객십갈이喀什噶爾(카슈가르)의 구 성터 등지를 점령하였다. 이와 동시에 신강의 소수민족 수령들도 현지인들의 반청기의를 이용하여 봉건 할거를 실행하였다. 동치 3년에 객십갈이 봉건 군주인 금상인金相印은 한성漢城을 공격하기 위하여 호한국에 도움을 청했다. 호한왕은 이에 응답하여 파하帕夏(총사령이란 뜻) 아고백阿古柏에게 장격이張格爾의 아들 포소로화탁布素魯和卓을 수행하여 남쪽 신강을 점거하라고 파견했다. 동치 4년(1865) 정월에 아고백은 병사를 이끌고 남쪽 신강을 침략하여 2월에 객십갈이를 점거하고 후에 또 신강 남릉의 팔좌성八座城을 점령했다. 동치 6년(1867)에 아고백은 '철득사이哲得沙爾 왕국'(칠성국七城國)을 건립하고 제정러시아와 영국 침략자의 지지를 받았다.

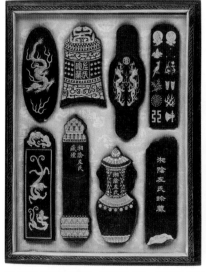

청 말기 호개문이라는 관지가 있는 용문양 팔보 기진도奇珍圖 먹
여덟 장의 먹이 한 세트로 안휘성 휘주 휴녕休寧의 먹장 호개문胡開文이 제작한 것이다. 뚜껑에는 쌍룡이 구슬을 갖고 노는 문양이 흑칠 바탕에 묘금 채칠이 되어 있는 상자 안에 담겨 있다. 표구가 정교하고 먹의 질도 최상품이다.

회풍은행 건립

동치 3년(1864), 중국에 있던 태고太古양행·사순양행·기창旗昌양행·선신禪臣양행 등 10개 양행의 영·미·독일 상인이 공동으로 발기하여 HSBC은행을 설립했다. 오구五口통상 후에 외국 금융세력이 중국에 침입하여 분분히 통상항구에 은행을 설립했다. 그중 영국의 HSBC은행의 설립은 중국에 가장 깊은 영향을 주었다. HSBC은행은 '홍콩상해은행'이라고도 하는데 1864년에 홍콩에 본점이 세워졌고 다음 해에 영업을 시작했다. 동시에 상해에 지점을 설립하고 계속하여 일본의 요코하마·고베, 중국의 한구漢口·아모이·복주·천진·북경·광주·청도·하얼빈·대련·심양·산두汕頭 및 동남아 각지에도 지점을 두었다. 경영 규모의 확대에 따라서 그 자산 및 행정관리권 역시 점차로 영국 상인들의 수중으로 집중되었다. 또한 기타 중국에 있는 영국 상인들과 서로 결합하여 점차 영국이 재중 경제 권익의 대표가 되었다. 'HSBC은행 런던 최고위원회'는 최고의 의결기관이다. 처음에 설립 당시 액정 자본은 500만 홍콩 달러였으며 자본금은 250만 홍콩 달러였다. 민국 25년(1936)에 이르러 재중在中 자본은 1억 5천만 달러가 되었고 전 은행 자산 총액의 44%를 점했다. HSBC은행은 중국에 있는 은행 중에서 세력이 막강한 은행 그룹으로 영제국주의가 중국에 진행한 경제침략의 기구였다.

중국에 온 티모시 리차드*

동치 9년(1870) 정월에 침례교에서 파견한 티모시 리차드가 중국에 왔다. 광서 16년(1890)에 상해에서 거행된 기독교 재중 선교회 전국회의에 출석한 그는 우선 선교 업무 진행 전략을 바꿔야 한다는 견해를 제출했다. 즉 선교의 중점 대상을 청 조정의 상층관료와 사대부로 옮기고 출판 활동을 강화해야 한다고 하였다. 이후에 그는 천진《시보時報》의 주필, 상해 동문관同文館(즉 문학관) 총간사 등을 역임했다. 종교를 전파하는 과정에서 티모시는 중국 정치에 관해 깊은 흥미를 갖게 되었다. 갑오전쟁 후에 청 조정에 〈신정책〉이라는 의견서를 제출하고 서양인 지도자를 초빙하여 신정책을 추진하도록 건의했다. 유신운동의 실패는 그의 계획을 매장시켰다. 경자년庚子年의 쿠데타[庚子之役] 후에 티모시는 또 문화교육으로 전환하고 이 방법으로 선교사업을 추진하여 발전하기를 희망했다. 광서 28년(1902)에 그는 산서 순무 잠춘훤岑春煊에게 변상금으로 산서대학당을 창건하라고 부추기고 외국인이 직접 관립학교에서 강의하는 것을 허용하도록 했다.

* Timothy Richard(1845~1919), 중국어 표기는 이제마태李提摩太 – 역주

카스[喀什] **애제소이**艾提尕爾 **청진사**
청진사 면적은 16,000여 제곱미터로 신강 최대의 예배장소다. 또한 신강 전체 이슬람교의 활동 중심지다.

천진 교회 사건

〈북경조약〉이 체결된 후 프랑스 천주교 선교사가 천진 망해루望海樓에 성당을 설립한 후, 불량배들을 흡수해 입교시키고 어린 아이들을 유괴하고 민간인 땅을 강점하여 국민들의 분노를 야기시켰다. 동치 9년(1870) 5월에 성당 육영당에서 영아 3,40명을 학대하여 죽였다. 동시에 천진 일대에서 끊임없이 유괴 사건이 일어났는데 이것 역시 대부분 성당과 관련이 있었다. 5월 23일에 천진 관원이 유괴범을 데리고 조사를 하러 성당에 갔는데 성당 문 앞의 군중이 점차로 늘어만 갔다. 프랑스 영사 퐁타니에*는 삼구통상대신三口通商大臣 숭후崇厚에게 군사를 파견해 탄압하도록 요구했다. 숭후는 하는 수 없이 몇 명의 수행관원만 보냈다. 퐁타니에는 대로하여 총을 차고 숭후에게 따지러 관아로 갔는데 비서 사이몽이 수행했다. 또 수행관원의 변발을 붙잡고 함께 가자고 억지를 부리니 민심은 더욱 격분했다. 퐁타니에는 숭후가 있는 관아로 가서 불손한 말을 하면서 숭후에게 총을 발사했다. 마침 숭후의 수행원이 숭후를 밀쳐 피했다. 퐁타니에와 사이몽이 돌아가는 도중에 천진 지현知縣 유걸劉傑을 만났는데 퐁타니에는 유걸의 수행원 고승高升에게 총을 발사했고 사이몽은 군중을 향해 발사했다. 화를 참지 못한 군중들이 현장에서 퐁타니에와 사이몽을 때려 죽이고는 시신을 강물에 던져버렸다. 이어 프랑스·영국·미국 교회와 영사관에도 불을 지르고 서양

선교사와 서양 상인 외국 직원 20여 명을 때려 죽였다. 사건이 발생한 후 영·프·미 등 7개국의 군함이 천진과 연태 일대에 집결하여 시위를 벌였다. 청 조정은 직례총독 증국번을 급파하여 이홍장과 함께 사건을 조사하고 처리하도록 했다. 증국번과 이홍장은 대내적으로 진압하는 한편 대외적으로 타협하기를 주장했다. 그래서 천진 지부와 지현의 관직을 삭탈하여 유배를 보내고 애국민 20명을 처단하고 배상금 49만 량을 주고 성당을 중건해주었다. 청 조정은 또한 숭후를 프랑스로 전격 파견하여 사과를 하도록 했다.

* Henry Fontanier(1830~1870), 중국어 표기는 풍대업豊大業 - 역주

《신보》 창간

동치 11년(1872) 3월 23일에 영국 상인 어네스트 메이저*가 상해에서 합자로 《신보申報》를 창설하고 출판했다. 청 말기에 신문업은 점차 발달하여 각종의 신문 잡지 등이 분분히 간행되었는데 그중 가장 영향이 그고 역시기 오래된 깃이 비코 ·싱해의 《신보》다. 《신보》는 처음에 유광지油光紙에 연자鉛字 조판 인쇄로 격일에 1장씩 출판되었다. 4개월 후에 판로가 점차 좋아지자 일보로 바꾸었다. 당시의 간행 목적은 "일반인들을 위해 고통을 말하고, 대국을 위해 이익만 취하는 것을 차단한다"는 것으로 편집과 경영 모두 중국인을 초빙하여 담당하도록 했다. 시사 정치·사회 뉴스·상업 소식 등등 게재하지 않는 것이 없었으며 사회생활의 각 방면을 모두 망라했다. 《신보》는 주로 상해에서 소비되었으나 통상 개항지에서도 발행되었다. 선통 원년(1909)에 영업 이익이 감소하여 그다지 발행이 좋지 않자 중국인 매국노 석유복席裕福(자는 자패子佩)이 사들였다. 1913년에 석유복은 《신보》를 다시 사량재史量才 등에게 양도했다. 사량재 등이 이를 인수한 후에 《신보》는 유명한 신문이 되었다. 1949년 5월에 상해가 해방되었을 때 이 신문은 간행이 정지되었다.

* Ernest Major(1830?~1908), 중국어 표기는 미사美査 - 역주

청대에 신문을 배달하는 그림

북경에서 신문을 배달하는 사람은 대부분 산동 사람이었다. 그들은 경성 안에 신문보급소를 개설하고 내각과 보급소에서 인쇄하는 모든 외성의 주절奏折 및 유지諭旨를 각 관리들의 저택이나 점포에 배달하였다. 매일 한 부씩 배달하고 월 단위로 수금했다. 이것이 북경 최초의 신문배달 방식이었다.

천진 망해루望海樓 대성당
동치 8년(1869)에 프랑스 천주교 성당이 건립되었다. 1870년에 '천진 교회 사건' 중에 불에 타 훼손되었다가 1897년에 중건되었다. 1900년의 의화단 운동 중에 다시 훼손되었다. 1904년 세 번째 중건을 하였다. 성당은 벽돌과 목재로 지어졌으며 정면에 탑루 3개가 있는데 외관으로 보기에는 산山자 모습이다. 내부에는 기둥이 두 줄로 죽 늘어서 있으며 장식이 화려하다.

서양 선교사들의 묘역

양내무와 소백채 사건

동치 12년(1873)에 발생한 양내무楊乃武와 소백채小白菜* 사건은 청 말기 조야를 뒤흔든 큰 사건이었다. 양내무는 절강 여항餘杭의 거인舉人이고 소백채는 필수고畢秀姑의 별명이다. 동치 11년(1872)에 필수고는 여항의 두붓집 점원 갈품련葛品蓮에게 시집을 갔는데 결혼 후에 두 사람은 거인 양내무의 집을 세내서 이웃하며 살면서 왕래하고 지냈다. 당시 양내무는 상처喪妻하고 얼마되지 않았기 때문에 갈품련은 아내 필수고가 양내무와 서로 간통하지 않을까 의심하였고, 갈품련의 어머니도 괜히 시비를 부추겼다. 동치 12년(1873) 겨울에 갈품련이 갑자기 죽어버리자 시어머니는 지현知縣에게 필수고가 지아비를 모살했다고 고소했다. 지현은 허술하게 시신을 검시하고 갈품련은 중독에 의해 사망했다고 억측하여 필수고를 심문했다. 무고한 사람을 심하게 고문하자 필수고는 양내무와 일찌감치 통정을 하였고 또한 지아비를 살해했다고 거짓 자백했다. 현령은 이 안건을 항주부에 상고했다. 항주부에서 양내무에게 혹형을 가하였고 양내무는 혹형에 참지 못하고 비상을 사용해 죽였다고 거짓 자백했다. 이 안건은 성省으로 보고되었고 절강순무 양창준楊昌浚이 친히 심문했다. 필수고와 양내무는 안건을 뒤집기가 어렵다고 여기고 여전히 똑같이 자백을 했고 이리하여 항주 지부가 판결한 죄명대로 형부刑部에 보고되었다. 동치 13년(1874) 형부가 안건을 심사할 때도 여전히 미결이었으므로 절강학정學政 호서란胡瑞瀾을 파견하여 이 안건을 다시 조사하도록 하여 엄한 형벌과 심문 속에서 두 사람은 여전히 억울하게 인정을 했다. 이리하여 이 기막힌 재판은 조야를 들끓게 하였다. 최고통치 집단 내부의 갈등으로 말미암아 광서 원년(1875)에 청 조정은 형부에 다시 조사하도록 명령했다. 관을 열고 시신을 다시 검시한 후 갈품련의 사인은 병사한 것이지 중독으로 죽은 것이 아니라는 것이 증명되어 이 안건은 비로소 깨끗이 판결이 났다. 양내무와 필수고는 석방되었고 양창준 및 심문 관원들은 모두 처분을 받았다. 이 안건은 여러 가지 전설이 되어 퍼져나갔고 후에 희곡·탄사彈詞로 만들어져 민간에 전해졌다.

* 소백채는 배추라는 뜻이지만 여기서는 사람 이름임 – 역주

조례복을 입은 동치제
효철의황후孝哲毅皇后

1874년

동치제의 서거와 광서제의 즉위

동치 13년(1874) 12월에 동치제가 병으로 서거했다. 순친왕 혁현의 아들 네 살짜리 재첨이 즉위하니 바로 광서제다. 동치제가 18세 때 친정을 했지만 세상 사람들의 이목을 가리는 것일 뿐 모든 군정 대권은 여전히 자희태후의 손에 장악되었다. 처음에 양궁의 황태후들이 동치제를 위하여 택혼을 하였는데 동궁은 호부상서 숭기崇綺의 딸 아로특씨阿魯特氏를 마음에 두었고, 서궁에서는 봉수鳳秀의 딸 부찰씨富察氏를 마음에 두었다. 그런데 동치제가 동궁에서 책정한 사람을 선택했으므로 서궁의 자희태후는 몹시 기분 나빠했다. 동치 11년(1872) 9월에 아로특씨를 황후에, 부찰씨를 혜비慧妃에 책봉했다. 자희태후는 동치제에게 황후를 가까이 하지 말고 혜비를 더 사랑하라고 하고는 내감을 파견해 감시했다. 동치제는 자희태후의 간섭을 못마땅히 여겨 홀로 건청궁에 기거하면서 하루종일 어린 태감들과 장난질을 쳤다. 어느 때는 내시의 인도 하에 술집이나 기생집에 가서 놀았다. 이렇게 시일이 오래되자 학업이 황폐해짐은 물론이고 건강마저 점점 나빠져 갔다. 동치 13년(1874) 말에 양심전에서 서거하니 나이 19세였다. 동치제의 죽음에 관해서는 여러 가지 설이 분분한데 천연두로 죽었다고도 하고 또는 매독에 걸려 고치지 못해 죽었다고도 한다. 동치제의 황후 아로특씨는 자희태후의 학대

가 너무 심해서 얼마되지 않아 역시 금을 삼키고 자살했다.

동치제 능침—혜릉惠陵
동릉東陵에 있으며 강희제의 경릉 동남쪽 6리 쯤의 쌍산곡에 있다.

법륜
법륜法輪은 불가의 여덟 가지 보물 가운데 하나로 불법이 수레바퀴처럼 움직임이 그치지 않고 영원히 사라지지 않음을 상징한다. 중앙에 여덟 개의 마름모꼴 바퀴살은 석가모니 일생을 설교하는 여덟 가지 큰 일을 대표한다.

광서제

애신각라·재첨載湉(1871~1908)은 순친왕醇親王 혁현奕譞의 아들이고 자희의 외손자이자 조카다. 청나라가 중원으로 들어온 후 제9대 황제로 연호는 광서고 묘호는 덕종이다. 동치 13년(1874)에 동치제가 병사하였으나 후사가 없었기 때문에 자희는 쉽게 통제를 하기 위하여 재첨을 황제로 세우라고 지시하였다. 당시 겨우 네 살로 옛 방식대로 동태후와 서태후가 수렴청정을 했다. 1887년에 친정을 하였지만 여전히 실권은 서태후 자희의 수중에서 조종되었다. 1894년에 중일 갑오전쟁 때에 광서제는 적극적으로 주전을 주장했으나 청군이 참패하자 그 슬픔과 분함을 이길 수가 없었다. 중일 갑오전쟁 후에 열강들의 토지 분배에 직면하게 되어 광서제는 망국의 군왕이 되지 않으려고 힘껏 변법을 하여 1898년 6월에 무술 유신변법을 진행했다. 자희 태후에 의해 유신변법이 실패하자 영대瀛台에 자신을 수감하였다. 1900년 8국 연합군이 북경을 침략하자 그는 태후를 수행하여 서안으로 피신했다. 광서 34(1908)에 광서제가 병사하니 재위 34년간이었다.

광서제

청·분채 팔길상 자기조각
팔길상八吉祥은 또 '불팔보佛八寶'라고도 하며 불교 속의 여덟 가지 보물을 말한다. 팔보는 법륜·법라法螺·보산寶傘·백개白蓋·연꽃·보병寶瓶·금어金魚·반장盤腸*을 말한다. 자기 조각은 모두 여덟 건으로 아래에는 연화좌가 설치되어 있다.

* 매듭모양의 도안을 말함 – 역주

1874년
일본군의 대만 침략

동치 10년(1871), 유구琉球 어선이 풍랑을 만나 대만에 표류하게 되었는데 고산족들이 이를 잘못 알고 배에 탄 54명을 죽이고 나머지 12명은 청 정부에서 유구로 돌려보냈다. 당시 유구는 중국의 속지였기 때문에 이 일은 원래 일본과 무관했으나 일본은 이 일을 가지고 중국을 침략하는 핑계로 삼았다. 동치 13년(1874) 2월에 일본 정부는 '대만번지사무국台灣番地事務局'을 개설하고 오쿠마 시게노부[大隈重信]를 장관으로 임명하고 나가사키[長崎]에 대만침략 군사기지를 설립했다. 또 육군 중장 사이고 쥬도[西鄕從道]에게 군사 3천을 이끌고 대만을 공격하도록 했다. 3월 23일에 일본 침략군이 낭교琅嶠* 상륙을 감행하자 고산족의 용감한 반항에 부딪혔다. 일본군은 낭교 지역에서 사람을 죽이고 노략질하면서 귀산龜山에 도독부都督府를 설립하여 오래도록 거주하겠다는 의도를 드러냈다. 청 정부는 복건 선정대신船政大臣 심보정沈葆禎을 대만에 보내 국방사무를 안배하도록 하고 1만여 명의 군대를 대만으로 보냈다. 동치 13년(1874) 8월에 일본특사 오쿠보 토시미치[大久保利通] 등이 북경에 도달하여 청 조정에 멋대로 공갈과 위협을 하였다. 청 조정은 처음에는 이치에 근거해 반박하였지만 후에 영국공사 토마스 프란시스 웨이드의 '조정'으로 타협했다. 9월에 혁흔과 오쿠보 토시미치는 중·일〈대사전약삼관台事專約三款〉을 체결했는데 그 내용은 중국은 은 50만 량을 일본에 배상하고, 일본침략을 '백성을 보호하는 의거'로 승인하는 것이었다. 일본은 대만에서 철수했다. 이렇게되어 일본에게 정식으로 유구를 병탄할 구실을 제공했다. 광서 5년(1879) 3월에 일본은 유구를 침략했고 오키나와 현이라고 개칭했다.

*낭교는 현재 대만의 병동屛東 항춘恒春 - 역주

금성金성로 유리 천계* 모양의 연적

*천계天鷄는 고대 전설에 나오는 신조神鳥로 오리주둥이·염소 수염·봉황의 꼬리를 가진 새를 말함 - 역주

대만 억재금성
대남 평안구에 있다. 청 동치 13년(1874)에 처음 세워졌으며 광서 2년(1876)에 준공되었다. 당시에는 '안평대포대安平大炮台'라고 불렀다. 당시 일본이 유구 어민이 피살된 일을 빌미로 출병하여 대만을 침범하였다. 청 정부는 흠차대신 심보정을 대만으로 보내 국방사무와 교섭을 처리하도록 했다. 심보정이 대만에 도착한 후에 안평에 이 서양식 삼합사 포대를 모방하여 건설했으며 아울러 서양대포도 배치해 놓았다. 포대가 건설된 후에 심보정은 문 위에 '억재금성億載金城'이라고 써넣었다.

1875년
마가리 사건

지금의 미얀마 양곤에서 운남성 사모思茅까지 이르는 철로를 개설하기 위해 동치 13년(1874)에 영국군 대령 브롬니*는 무장탐사대 약 2백 명을 이끌고 미얀마에서 출발하여 중국 운남까지의 노선을 측량했다. 주중 영국대사관 직원인 마가리**역시 공사 토마스의 명을 받들고 북경에서 운남을 경유해 미얀마까지 가서 영접하고 연말에 브롬니와 바모Bhamo에서 회합하도록 준비를 했다.

광서 원년(1875) 정월에 마가리와 브롬니는 무장 탐사대를 이끌고 지방관에게 사전 통지도 하지 않고 멋대로 운남으로 들어갔다. 또한 등월성騰越城(지금의 등충騰沖)을 공격한다고 헛소문을 퍼뜨렸다. 만윤산채蠻允山寨의 경파족景頗族은 영국 침략자들의 통과를 막았다. 정월 16일에 마가리가 현지 군중을 향해 흉폭하게 권총을 쏘아대자 군중들은 정의감에 불타 마가리 및 그를 수행하고 있던 몇 명의 중국인을 때려 죽였다. 또한 탐사대를 미얀마로 쫓아버렸다. 이를 '마가리 사건', '운남사건' 또는 '진안滇案'이라고도 한다. 당시 토마스는 즉시 마가리 사건을 가지고 청 조정에 외교적 압박을 가하면서 운남에 군사를 파견하겠다고 떠들어댔다. 이때 마침 신강에 여러 가지 일이 일어날 때여서 청 정부는 이미 좌종당에게 서정을 하여 신강 지역을 수복하라고 명했던 참이었다. 영국이 제정러시아와 연합하여 신강을 점거할 음모를 꾸밀까 걱정되어서

곧장 이홍장과 정일창丁日昌이 함께 이 일을 잘 처리하도록 했다. 다음 해 7월에 이홍장과 토마스가 산동성 연태에서 중·영 간의 〈연태조약〉을 체결했다. 중국은 소위 '흉악범'이라는 정공법으로 영국에게 배상금과 사과를 요청했고 영국인이 인도와 티베트 간에 교통을 개설하도록 윤허하였다. 또한 의창宜昌·무호蕪湖·온주溫州·북해를 개항지로 개방했다.

* H.A.Bromne, 중국어 표기는 백랑柏郞 – 역주
** A.R.Margary, 중국어 표기는 마가리馬嘉理 – 역주

《점석재화보》

광서 10년(1884) 5월에 《점석재화보點石齋畫報》가 창간 발행되었다. 간행자는 점석재 인서국 주인인 어네스트 메이저였다. 화보의 판심은 길이 8촌, 너비 4촌 8푼 반이었고 10일에 책 한 권을 발행했으니 한 달에 세 권이었다. 매 권은 8쪽의 그림이 있고 12권이 한질이었다. 표지는 채색본지를 쓰고 그림은 연사지連史紙* 석인石印이다. 《신보》의 부록으로 배달되었고 단독으로 소매 판매도 했다. 이는 중국 근대에 간행된 최초의 석인화보다. 《점석재화보》에 게재된 그림은 총 4천여 폭으로 14년간 연속 출판되다가 광서 24년(1898)에 정간되었다. 이들 그림은 모두 당시 사회 현실의 증거로 조형미술기록을 이용한 '사회사'라고 부를 만하다. 청 말기의 사회상을 연구하는 데 몹시 귀중한 자료를 제공하고 있다.

* 복건·강서성에서 나는 대나무를 재료로 한 질이 좋은 중국 특산 종이 – 역주

1881년
중국인이 건설한 최초의 철로

광서 7년(1881) 5월에 당산唐山에서 서각장胥各莊까지 가는 당서唐胥 철로가 정식으로 개통되었다. 이는 중국인이 건설한 최초의 철로다. 청 조정에서는 송호淞滬철로*가 철거된 후에 스스로 철로를 건설하자는 의견이 날로 거세어졌다. 장기간의 논쟁을 거쳐 청 조정은 결국 빠져나갈 길을 열어주듯이 개평開平 탄광이 당산에서 서각장까지 철로를 놓도록 윤허했고 전적으로 개평탄광의 석탄만을 운송하도록 했다. 당서철로는 전체 길이 15킬로미터에 단선으로 깔았으며 궤도 간 거리는 143.5센티미터로 이후 중국철로의 표준거리가 되었다. 광서 11년(1885) 이후 당서철로는 계속 확장되어 동쪽으로는 산해관에서 서쪽으로는 천진과 북경까지 연장되었다. 중국은 이로써 정식 철로를 갖게 되었다. 이후에 철로 건축이 중국에서 성행했다.

* 오송吳淞과 상해 간의 철로 – 역주

'번귀탁량番鬼托梁' 나무 인형
광서 사람들이 집을 지을 때 관습으로 대들보 밑에 묻어두었던 중국전통의 도깨비를 중·프 전쟁 후에 프랑스 사람으로 바꾸어 묻었다. 이는 광서인들의 프랑스 침략자에 대한 원한을 표현한 것이다.

1883년
중·프 전쟁 폭발

광서 9년(1883) 7월에 프랑스 군이 베트남의 후에Hue를 점령하고 무력으로 베트남을 위협하며 〈프랑스 베트남 신정조약〉을 체결하고 내정과 외교를 장악하며 베트남을 프랑스 보호국으로 하고자 했다. 이 조약이 체결된 후에 베트남의 변경에 주둔하고 있던 유영복劉永福의 부대 흑기군黑旗軍은 지교紙橋전투·회덕懷德전투·단봉丹鳳전투 등 여러 차례 프랑스군에게 패배했다. 11월 13일에 프랑스군 장군 쿠르베*가 6천여 명의 군인을 인솔하고 베트남을 넘어 산서성을 침입했다. 흑기군과 운남의 방위군 약 5천여 명이 이에 응전하여 3일간 혈전을 벌인 후에 유영복이 부대를 이끌고 흥화興化로 후퇴하니 산서성은 함락되었다. 광서 10년(1884) 7월에 프랑스 해군이 복주시 마니馬尾에 주둔하고 있던 복건 수군을 기습 공격했고 이는 프랑스 군대가 직접 중국 본토에 발동한 전쟁이었다. 복건 수군은 창졸간에 전쟁에 임하여 많은 사상자를 내고 참패하여 거의 전멸할 지경이었다. 청 조정은 프랑스에 선전포고를 하였다. 8월 20일에 프랑스 군함이 또 호미滬尾(지금의 대만 담수淡水)를 공격하자 청군 수장 손개화孫開華는 대만 백성들의 적극적인 지지 하에 프랑스 군에게 심한 타격을 주어 호미대첩에서 승리하였다. 광서 11년(1885) 2월 9일에 청군은 진남관鎮南關대첩도 승리하였고, 이리하여 프랑스 루페리 내각은 와해되었지만 청 조정은 오히려 프랑스와

〈중프정전협정〉을 체결했다. 중프전쟁은 이로써 끝이 났다. 중국은 전쟁에 이기고서도 굴욕적인 화의를 했으니 패하지 않고도 패한 셈이고, 프랑스는 전장에서 얻지 못한 것을 오히려 책상 위에서 얻었으니 이기지 않고도 이긴 셈이었다. 이리하여 중국의 서남 문호는 뚫어졌고 외국 세력이 침입하였다.

* Anatole-Amédée-Prosper Courbet(1826~1885), 중국어 표기는 고발孤拔 - 역주

청군이 중프전쟁 중에 획득한 프랑스 군복과 군화

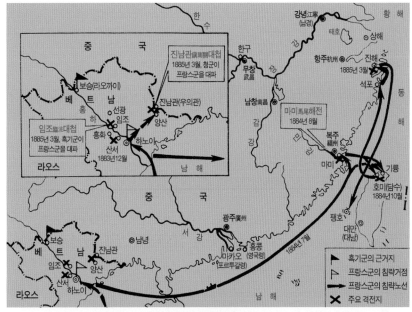
중·프전쟁 형세도

총리해군사무 세 대신
가운데가 순친왕 혁현, 오른쪽이 직례총독 북양대신 이홍장, 왼쪽이 보좌관대신 선경善慶이다. 이 사진은 1886년에 세 사람이 북양해군을 열병할 때 천진에서 찍은 것이다.

1885년
해군아문의 성립

광서 11년(1885) 9월에 청 조정은 북경에 총리해군사무아문總理海軍事務衛門을 설립했다. 아편전쟁 후에 청 조정은 해상방위를 강화하고 함선을 구매·제조하여 해군을 창건했다. 청 조정은 1885년 9월 6일에 북경에 총리해군사무아문을 설립하고 순친왕醇親王 혁현을 총리대신에, 경친왕慶親王 혁광奕劻·북양대신 이홍장을 회판會辦에, 정홍기한군도통正紅旗漢軍都統 선경善慶과 병부우시랑 증기택曾紀澤을 보좌관에 임명하였고 실권은 이홍장이 갖고 있었다. 이홍장은 해상방위를 정돈한다는 명목을 이용하여 대대적으로 외국 함선을 구매 배치하고 남양·복건 수군의 비교적 좋은 함선을 북양으로 보내어 북양해군을 확충했다. 광서 14년(1888)에 북양함대를 편성하고 제독·총병 등 해군 관직을 설치했다. 자희태후가 해군비용을 이화원 건축에 돌려쓰자 광서 14년 이후에 해군은 새로운 군함을 더 늘릴 수가 없었고 광서 17년 이후에는 군수품 구매가 중지되었다. 중일 갑오전쟁 중에 북양해군이 전멸한 후에 청 조정은 광서 21년 2월에 해군아문을 폐지했다.

총리해군사무아문관방總理海軍事務衛門關防

청·분채 나비문양[百蝶紋] 병
높이 40cm, 입지름 10cm, 바닥지름 17cm다. 병 벽면에 분채로 서로 모양이 다른 백여 마리의 나비가 그려져 있다. 백 마리 나비라는 뜻인 백접百蝶은 백질百耋*과 해음이 되므로 장수의 뜻이 있다. 전통적인 길상도안이다.

* 百蝶과 百耋의 중국어 발음은 모두 baidie이며 질耋은 70~80세를 뜻하므로 장수의 의미임 – 역주

오창석吳昌碩은 청말의 유명한 대화가다. 그는 어려서부터 가정의 훈육을 받았고 성년 후에는 더욱 열심히 학문을 하였다. 삼십여 세가 되어서야 비로소 임이任頤에게서 그림을 배웠다. 임이의 지도 아래 그는 여러 화가들의 장점을 취하여 결국 회화사에 있어서 독자적으로 한 파를 이룩하여 근대의 가장 걸출한 사의寫意 화훼 화가가 되었다. 오창석은 매화·국화·난·죽·모란·수선화 등을 그리기를 좋아하였고 청아하고 초탈한 뜻이 숨어있다. 구성 구조가 뛰어나고 좌우가 상호간에 교차하며 긴밀하면서도 대각의 세를 이루고 있다. 오창석은 전서篆書의 법칙과 초서의 취지를 깨닫고 그림을 그렸다. 전각의 붓놀림, 조각도의 움직임 및 구도의 자체字體가 기세가 드높고 금석미의 독특한 화풍을 구비했다. 색상 처리에 있어서 오창석은 명청이래 문인 사의화의 진부한 스타일을 벗어버리고 서양홍을 즐겨 썼다. 어떤 때는 꽃을 그릴 때 대담하게 이런 홍색(혹은 진홍색)을 겹겹이 쌓는 식으로 그렸다. 화면의 색채가 웅혼하면서도 복잡하고 대비가 강렬하여 묵직하고 함축성이 드러나며 충돌 가운데 조화가 있다. 오창석의 현존 작품은 아주 많다. 〈포도호로도葡萄葫蘆圖〉·〈자등도紫藤軸〉·〈수선천죽축水仙天竹軸〉·〈추국연년도축秋菊延年圖軸〉·〈도실도축桃實圖軸〉·〈묵하도축墨荷圖軸〉 등등이 있다.

오창석의 〈세조청공도歲朝淸供圖〉
이 그림은 구도가 충실하고 번잡하지만 혼란스럽지는 않다. 색채와 먹을 함께 사용해 침착하면서도 밝다. 붓을 사용함에 있어서는 마른 붓과 습한 붓을 결합하여 웅혼하면서도 힘이 있다.

광학회

　광학회廣學會는 광서 13년(1887)에 영·미 기독교(신교) 선교사들이 상해에 창립했다. 광학회는 청말 외국의 선교사·영사와 상인들이 중국에 세운 최대의 출판 기구로 광서 10년(1884)에 설립된 '동문서회同文書會'를 개편하여 광서 20년(1894)에 '광학회'로 이름을 바꾸었다. 광학회는 한문서적을 출판하면서 "서양의 학문으로 중국의 학문을 넓히고, 서양의 신학문으로 중국의 구학문을 넓힌다"는 슬로건을 내걸었다. 광학회는 대량의 종교·정치·역사 지리·윤리 서적을 번역 출판하였다. 《태서신사람요泰西新史覽要》·《중동전기본말中東戰紀本末》과 같은 것이 있다. 또한 《만국공보萬國公報》를 발행하여 종교와 서양학문을 선전하고 개량을 고취하였는데 유신파에 대한 영향이 자못 깊다. 광학회는 출판되는 서책을 통해 중국인의 무장 해제를 기도하고 중국이 외국보호국이 되어야 한다고 주장했다. 광학회는 상해 외에 북경·봉천(지금의 요녕성 심양)·서안·남경·연태 등지에도 전문 기구를 설립해 광학회 활동을 진행했다.

청대 금사본金寫本 장한합벽경책藏漢合璧經冊

1887년
대만성 건립

　대만은 바다 가운데 홀로 있는 섬으로 청 조정에서는 일찍이 지부를 설립해 관할하였고 복건성에 예속되어 있었다. 아편 전쟁 후에 외국은 대만을 여러 차례 엿보고 침략했다. 일본이 대만을 침략했을 때 대만의 위기는 비로소 청 조정의 주의를 야기시켰다. 이때 심보정이 대만을 위무하고 있었는데 주현州縣을 첨가하여 2부府 4청廳 8현縣을 설치했고 처음으로 행성行省 규모를 정했다. 중프전쟁에서 프랑스 군대가 대만을 공격하자 다시 위기가 생겼다. 광서 13년(1887) 9월 16일에 민절閩浙 총독 양창준楊昌浚과 유명전劉銘傳은 조정에 상소를 하여 대만성의 필요성을 역설했다. 청 조정은 이 건의를 채택하여 대만에 정식으로 성省을 설립하고 그 아래에 3부府 1주州 5청廳 11현縣을 두었다. 대만부台灣府에 수도를 신설하여 대만·창화彰化·운림雲林·묘리苗栗 4현과 포리사청埔里社廳을 관할하였다. 원래 대만부는 대남부台南府로 바꾸어 안평安平(원래 대만현)·가의嘉義(원래는 제라현諸羅縣)·봉산鳳山·항춘恒春 4현과 팽호청澎湖廳을 관할하고, 대북부台北府는 담수·신죽新竹·의란宜蘭 3현과 기륭청基隆廳·남아청南雅廳을 관할하였다. 대동직례주台東直隷州를 추가 신설하여 원래 남청南廳을 승격시켜 화련항청을 관할했다. 이는 중국 역사상 처음으로 대만에 성省을 설치한 것으로 유명전을 초대 순무에 임명했다. 청나라가 통일된 정권으로 관할하자 대만의 경제와 문화는 모두 발전하였다.

대북의 지남궁
청 광서 7년(1881)에 세워졌으며 1891년에 지남궁指南宮이라 불렸다. 대만의 유명한 도교 사원이다.

황준헌과 《일본국지》

　황준헌黃遵憲(1848~1905)의 자는 공도公度, 별호는 인경려주인人境廬主人이다. 광동성 가응주嘉應州(지금의 매주시梅州市) 사람이고 광서 2년(1876)에 거인에 합격했다. 1877년에 황준헌은 주일본 공사관 참찬參贊에 임명되었다. 일본에 있는 동안 그는 일본의 역사·문화를 이해하기 시작했고 특히 메이지유신 이래의 일본 근 십여 년간의 대변화를 받아들였다. 광서 5년(1879)에 그는 《일본국지日本國志》 저술에 착수하였다. 1882년에 주미 샌프란시스코 영사에 임명되었다. 1885년에 미국에서 귀국한 후 관직을 사직하고 문을 닫아걸고 저술에 힘썼다. 1887년에 드디어 책이 완성되었다. 《일본국지》는 12종류 40권으로 분류되는데 국통지國統志 3권·인교지鄰交志 5권·천문지天文志 1권·지리지 3권·직관지職官志 2권·식화지食貨志 6권·병지兵志 6권·형법지刑法志 5권·학술지 2권·예속지禮俗志 4권·물산지物産志 2권·공예지工藝志 1권이다. 황준헌은 《일본국지》 안에서 군주입헌의 정치 체제를 긍정했다. 황준헌은 중국이 갖고 있는 서학에 대한 보수적이고 편협한 관점을 비평하고 국민들이 한학을 발양시킨 기초 위에 힘껏 서양학문을 학습하여 중국에 맞도록 하자고 제창했다.

1888년
영국군의 티베트 침략

광서 14년(1888) 정월에 영국군이 제1차 티베트 전쟁을 일으켰다. 이해 정월에 영국은 철맹웅哲孟雄(지금의 식킴[錫金]) 문제를 구실로 갑자기 융토산隆吐山 티베트 군을 공격했고 제1차 침략전쟁을 일으켰다. 티베트 군은 용감하게 저항하였으나 결국 중과부적으로 융토산·아동亞東·낭열郎熱 등 요새가 연달아 함락되었다. 청 조정은 타협하길 원했으나 주 티베트 대신 문석文碩이 명령을 듣지 않고 철수했기 때문에 자희태후에 의해 관직을 삭탈당하고 장경長庚이 이를 대신했다. 또 주 티베트 보좌관대신 승태升泰에게 전선으로 가서 화의를 하도록 명령하고 동시에 해관세무사 혁덕赫德의 동생 혁정赫政을 파견해 승태를 돕도록 했다. 승태가 티베트에 도착한 후에 친히 전선으로 가서 화의를 구하여 제1차 침략전쟁은 끝이 나고 중·영 간에 담판이 시작되었다. 광서 16년 2월에 승태는 인도총독 랜스다운*과 〈중영회의장인조약中英會議藏印條約〉을 체결하였다. 중국은 식킴이 영국 보호에 귀속되는 것을 승인하고 아동을 상업지구로 개방했다. 영국은 아동에서 치외법권과 수입화물을 5년간 납세하지 않아도 되는 특권을 누리게 되었다. 이때부터 영국세력은 티베트에 침투하였고 티베트는 불안하게 동요하기 시작했다.

* Lansdowne, 중국어 표기는 란사단蘭士丹 - 역주

영국에 저항한 티베트 간체종산 유적지
현재 이 유적지는 간체종[江孜宗]산 티베트군 지휘의 하나인 동부 대본代本(티베트군 군관의 직함으로 매 대본은 5백 명을 통솔함)의 주실往室과 일부 포대의 흔적이 남아 있다.

순금 운룡문양 주전자와 잔
이 주전자는 순금을 두드려서 만들었다. 몸체에 용이 구슬을 갖고 노는 도안을 하였다. 탑모양의 주전자 뚜껑은 세 줄이 쳐져 있어 전체는 4층으로 되어 있다. 매 층마다 두 마리 용이 구슬을 쫓는 모습이 조각되어 있다. 뚜껑과 주전자 손잡이는 금실로 연결되어 있다. 바닥은 나팔모양이고 조형이 무척 아름답다. 장식과 조각 또한 정교하다. 최고급의 공예 수준을 잘 보여주고 있다.

1888년

북양해군 건립

광서 원년(1875), 이홍장이 명을 받들어 북양해상 방위를 감독하고 처리할 때 군함은 겨우 4척이었다. 이홍장은 부임한 후 몇몇 강력한 조치를 취하였다. 경비 방면에서 그는 적극적으로 유세를 하여 청 조정으로 하여금 해군발전을 위한 경비 대부분을 북양에 투입하도록 했다. 1885년 10월에 해군아문을 편성조직하고 독단적으로 실제 병권을 잡았다. 해상방위 경비를 각 성省에서 지불하게 한 후에 북양해군의 8척 철갑순양선의 경비는 오히려 해군아문에서 직접 지불하도록 했다. 이홍장은 권세를 이용하여 각 로의 해군이 소유하고 있던 선진적인 군함과 장비를 북양으로 투입하도록 해 다른 해군과의 거리를 더욱 넓혀놓았다. 발전이 분산되는 것을 피하기 위해 그는 또 원래 직례·봉천·산동 3성에 속해있던 군함을 북양에 하나로 통일시키고 역량을 집중시켰다. 1888년이 되자 북양해군은 이미 25척의 각종 함선을 소유하게 되었다. 북양해군은 정식으로 건군되어 스스로 독립된 작전임무·작전능력을 구비한 시스템의 함대가 되었다. 20여 년의 힘든 경영을 거쳐 1894년 갑오전쟁 전에 북양수군은 군사실력·기지건설 제도·훈련 및 근해 방어체계와 후방 보장체계 등에 있어 이미 기본적으로 비교적 높은 수준에 도달해 있었다. 이리하여 청대에 유일한 근대적인 규모를 구비한 정식 해군 함대가 되었다.

북양해군제독 관청 유적지
지금 산동성 위해시 유공도劉公島에 있다. 1만 제곱미터에 남향으로 뒤에 산이 있고 앞에는 바다가 있다.

침몰된 '위원호' 함선의 명패

여순 백운산 포대
1880년부터 1890년까지 이홍장은 마음을 단단히 먹고 여순旅順 군항을 경영했다. 여순 동서 양안에 9개의 신식 포대를 쌓았다. 대포는 독일 크루버 Kluber회사에서 제조했다. 백운산白雲山 포대炮台는 그중의 하나다.

'해군공소海軍公所' 편액
이것은 북양해군 제독 관청 정문 위에 걸려있던 편액으로 이홍장이 직접 썼다.

청군 총병總兵 좌보귀(회족)
좌보귀左寶貴는 평양을 지키면서 일본군과 전투하는 과정 중에서 장렬하게 희생했다.

1894년
북양해군의 전멸

광서 20년(1894) 8월 13일에 이홍장은 초상국招商局의 증기선 5척과 원병 12영營을 파견하여 조선 평양의 청군을 원조하도록 했다. 북양해군제독 정여창丁汝昌은 '정원호定遠號' 등 북양함선 16척을 이끌고 이 배들을 호위했다. 18일 오전, 되돌아가는 도중에 '정원호'는 일본해군 중장 이토 스케유키[伊東祐亨]가 이끄는 마츠시마호[松島號] 등 12척의 일본 함선에게 습격을 당했다. 정여창은 응전하라고 명령했다. 일본선은 빠르고 포砲의 위치가 많은 이점을 이용하여 신식전함인 '요시노호[吉野號]'를 위주로 북양함대인 '정원'과 '진원鎭遠' 두 주력선을 피하여 되돌아 측후에서 양익의 소형선을 맹공했다. 첫 번째 포가 '정원'과 '진원' 두 척의 함대 뒷면을 포격하자 북양함대 대열은 혼란에 빠졌으며 피동적이 되었다. 정여창은 부상을 당하였지만 여전히 함대에서 정원호의 깃발을 휘두르면서 적선을 격퇴하라고 소리질렀다. '치원호致遠號'의 함장 등세창鄧世昌이 군함에서 중상을 당하고도 쓸 수 있는 마력을 다해서 '요시노호'와 충돌하라고 명령을 내리고 군함과 함께 죽으려고 했다. 불행하게도 어뢰에 격침되어 함대의 군인 250명 전부 장렬하게 희생했다. 황해黃海해전은 약 5시간 동안 계속되었는데 북양함대 전선은 5척이 손실되었고 사상자는 1천여 명이었다. 일본 함대도 여러 척이 손상을 입었고 사상자는 6백여 명이었다. 12월 25일에 일본은 함정 25척을 출동하여 일본

군 2만여 명을 호송하고 위해威海 동남쪽으로 상륙했다. 27일에 청군 영관營官 손만령孫萬齡이 부하를 거느리고 교두진橋頭集 부근에서 여러 차례 육료로 진군하는 일본병을 격퇴시켰지만 얼마 안 되어 원조가 없자 패하였다. 30일에 일본군은 두 갈래로 나누어 육상에서는 위해위威海衛를 배후에서 측면 공격하고 아울러 전함은 정면으로 위해위를 포격하도록 명령하고 항구는 봉쇄했다. 이홍장이 해군제독 정여창에게 전함을 보호하기 위해 전투를 피하라고 엄히 명령하고 바다로 나가 작전을 못하도록 엄금했기 때문에 전투의 기회를 앉아서 놓쳐버렸다. 광서 21년(1895) 정월 8일에 위해위가 함락되었다. 일본군의 포격이 맹렬하자 북양 함대 정원·래원來遠·위원·정원靖遠 모든 함선이 계속해서 침몰했고 12척의 어뢰정은 전부 나포되었다. 정월 13일에 영국인 북양해군 부제독 맥루레존*과 미국인 고문 해트필드**는 몇몇 장수들과 결탁하여 용감한 수군들에게 쿠데타를 일으켜 적에게 항복하라고 정여창을 압박했다. 정여창이 죽어도 따르지 않자 배를 빠뜨리고 포대를 훼손하라고 명령하였지만 부하들이 명령을 따르지 않았다. 18일에 정여창과 섬을 지키는 기명총병記名總兵 장문선張文宣이 자살했다. 맥루레와 해트필드는 정여창의 명의를 도용하여 정벽광程璧光을 일본 함대에 파견해 투항하도록 했다. 20일에 영무처도원營務處道員 우창병牛昶炳과 일본 해군 중장 이토 스케유키가 〈유공도조약劉公島降約〉 11조를 체결했다. 위해위 내에 소속된 남아 있는 함정 11척과 기타 군무기는 모두 적들의 손으로 들어갔다. 이렇게 되어

이홍장이 약 20년간 막대한 자금 몇천만 량을 쏟아부은 북양함대 전군은 전멸했다.

* Mclure John, 중국어 표기는 마격록馬格祿 – 역주
** Hatfield, 중국어 표기는 호위浩威 – 역주

등세창 동상

'진원호'의 닻
일본군이 유공도를 침략한 후에 북양함대에 남아있던 함선은 모두 일본군이 가져갔다. '진원호' 철갑선상의 이 닻은 일본군의 '전리품'으로 도쿄의 공원에 진열되어 있다가 항전승리 후에 중국으로 환수되었다.

1894년
일본군의 요동반도 점령

황해전투 후에 일본은 두 갈래로 나누어 중국대륙을 침략했다. 한 갈래는 조선 의주에서 압록강을 통과해 구련성九連城·안동安東(단동)·봉황성鳳凰城·해성海城·요양遼陽 등을 점령하였고, 또 한 갈래는 요동반도의 화원항花園港으로 상륙하여 금주金州를 점거하고 대련과 여순을 공격하였다. 이홍장의 타협정책의 지도 아래서 청군은 하는 싸움마다 패하였다. 일본군이 요동을 침략하는 과정 중에 일부 애국 장수들이 용감하게 일본군 침략군에 반격을 가하였다. 예를 들면 영산永山은 봉황성을 지키는 전투에서 중상을 입고 혼절하여 땅에 쓰러졌다가 갑자기 큰소리를 내며 일어나 장대를 붙잡고 후퇴하지 않고 결국은 장렬하게 순국했다. 일본은 요동을 침략하고 도처에서 태우고 죽이고 간음하며 안 하는 악행이 없었다. 일본군이 여순을 점령한 후에 영국 사람 홀랜드*의 말에 근거하면 "당시 일본 군인들의 행위는 정말 일상의 도를 넘는 것이었다. 4일 동안 일반인, 여자, 어린이들을 잔인하게 마구 죽였다. 종군한 유럽 군인과 특파원은 이 잔혹한 정황을 목격하였지만 제지할 수가 없어 그저 바라보면서 탄식을 금할 수 없었다. 이때에 죽음을 면한 중국 사람은 전 시내에서 겨우 36명뿐이었다"고 했다. 이 36인의 숫자는 죽은 자를 매장하고 난 후에 남은 숫자다.

* Thomas Erskine Holland, 중국어 표기는 호란덕胡蘭德 — 역주

1895년
〈마관조약〉 체결

광서 21년(1895)에 중·일 간에 〈마관조약〉*이 체결되었다. 외국 자본주의의 중국침략은 한층 더 심화되어 중국의 반식민지화와 민족위기는 더욱 심해졌다. 광서 20년(1894) 10월에 여순이 함락된 후 자희태후는 일본군이 북경과 천진까지 쳐들어올까봐 두려워서 혁흔奕訢을 지지하며 미국 사신 덴비**에게 비밀리에 부탁해 일본과 화해하도록 했다. 다음 해 정월에 청 조정은 이홍장을 최고전권대신으로 임명하여 일본으로 보내 일본과 평화협상을 하도록 했다. 3월 23일에 이홍장은 시모노세키[下關]에서 강요에 못이겨 〈마관조약〉을 체결했다. 〈마관조약〉은 모두 11조인데 부록으로 〈별도 약속〉과 〈의정전조議訂專條〉가 있다.

그 주요내용은 다음과 같다. "중국은 조선을 완전한 '자주' 국으로 인정한다. 중국은 요동반도·대만·팽호澎湖를 일본에게 할양한다. 배상은 일본군비 2억 량으로 한다. 초시沙市·중경·소주·항주를 개항지로 개방한다. 일본인이 중국의 개항지에 공장을 설립하고 기계를 수입하는 것을 허락한다. 일본이 중국에서 제조한 모든 물품은 각 항의 세금을 면제한다. 포로 교환을 하고 중국은 즉시 일본군 간첩이나 혹은 혐의를 받고 있거나 체포된 일본인을 석방한다"는 등등이다. 〈마관조약〉은 〈남경조약〉에 이은 청 조정이 체결한 가장 악랄한 매국조약이다. 이는 외국자본주의가 상품수입 발전에서부터 자본수출의 단계까지 중국을 경제적으로 침략했음을 보여주고 있다. 〈마관조약〉의 체결은 중국에서 일본의 세력이 과도하게 팽창하여 러·프·독·미·영국의 불만을 야기시켰다. 얼마 안 되어 일본은 요동반도에서 억지로 물러났지만 동시에 청 조정에 '요동배상금' 3천만 량을 요구해 받아갔다.

* 시모노세키 조약이라고도 하나 원서대로 '마관조약'으로 번역함 — 역주
** Charles Denby(1830~1904), 중국어 표기는 전패田貝 — 역주

중·일이 담판하고 〈마관조약〉을 체결하는 모습

이토 스케유키 해군 중장
황해해전 때에 일본 연합함대 사령관이었다.

일본에서 처음으로 부임한 대만총독 가바야마 스케노리[樺山資紀]
일찍이 1874년에 부대를 이끌고 대만을 침략한 적이 있었다. 갑오전쟁 때에 일본 해군 군령부장을 담당하였고 일본 연합함대를 따라 황해해전에 참가했다.

대만민주국

〈마관조약〉이 체결된 후에 청 조정이 대만을 할양한다는 소식이 대만에 전해지자 대만 사람들은 몹시 분개하였다. 광서 21년(1895) 4월에 청 조정은 이경방李經方을 전권위원으로 특파하여 대만에 가서 항기 이항을 처리하도록 명하고 대만순무 당경숭唐景崧은 대만에서 천수하여 신속히 북경으로 돌아오도록 명하였다. 아울러 대만관병이 바다를 건너면 책임을 묻고 대륙 군민들이 대만 항전을 돕는 것을 금지했다. 대만인들은 독립하여 스스로 대만을 구할 것을 결심했다. 구봉갑丘逢甲 등 대만 지식인의 동원과 제의 하에 대만인들은 5월 2일에 '대만민주국'의 성립을 선포했다. 당경숭을 총통으로 추천하고 구봉갑을 부통령 겸 의용통령에, 유영복을 민주장군에, 진계동陳季同을 외무대신에, 유명진俞明震을 내무대신에, 이병서李秉瑞를 군무대신에, 임유원林維源을 의원의장議院議長에 임명했다. 또 남색 바탕에 노란 호랑이를 그린 남지황호기藍地黃虎旗를 국기로 삼고 국호를 '영청永淸'이라 하여 "예사롭지 않게 변하며 성省을 국國으로 바꾸고, 명목은 자주지만 영원히 청나라에 예속된다"는 점을 표명했다. '대만민주국'의 성립은 대만인들이 특수한 역사조건 하에서 조국의 신성한 영토를 수호하기 위하여 채택한 일종의 애국행동이다. 일본군은 두 갈래로 나누어 대만을 공격하여 5월 11일에 기륭을 점령했다. 다음날에 '민주국' 총통부 군대 내부에 반란이 일어나자 당경숭은 변장을 하고 대륙으로 도망쳤다. 15일에 일본군이 대북을 점거하니 '대만민주국'은 패망했다.

원시 무기를 들고 있는 고산족 항일 의사들

대남관은표
광서 21년(1895)에 일본이 중국 대만성을 침략하자 청군 애국장수인 유영복劉永福이 대만 사람들을 이끌고 일어나 항거했다. 항전 기간 동안 대남은 현금이 부족했기 때문에 군비가 몹시 결핍했다. 하는 수 없이 대남에 관은전총국官銀錢總局을 설립하고 대남관은표南官銀票를 발행했다. 가치는 당시 대만에서 주조한 은화와 같다.

중 · 미 〈화공조약華工條約〉

광서 20년(1894) 2월 11일에 청나라의 주미공사 양유楊儒와 미국 국무장관 그레샴*이 워싱턴에서 〈미국에 온 중국인 노동자 보호 금지 제한 조약〉 6조항을 체결했다. 〈미국에 온 중국인 노동자 보호 금지 제한 조약〉은 미국에 있는 중국인과 중국 노동자에게 일련의 가혹한 구속 조건을 주는 것이었다. 미국에 살고 있는 중국 노동자들이 만일 미국을 떠나 규정된 1년의 시간을 초과하면 다시는 미국에 입국할 수 없고, 미국에 있는 중국인이 미국국적을 취득할 수 없으며, 미국에 거주하고 있는 중국 노동자들은 모두 반드시 미국국회에서 통과한 중국노동자 학대 조례에 따라 등기를 해야 한다는 내용이다. 이 조약의 제한은 10년이었다. 청말에 중국 남방연해의 수많은 가난한 사람들이 해외로 건너가 생활을 영위하였다. 미국은 당시 마침 거대한 면적의 국토자원을 개발하는 붐에 직면하여 많은 노동력이 절실히 필요한 때였다. 이리하여 미국은 임금이 저렴한 중국 노동자들에게 눈을 돌리고 〈중미속증조약中美續增條約〉을 이용해 중국 노동자들을 불러들여 국토를 개발했다. 그러나 국토개발 후에는 또 〈미국에 온 중국인 노동자 보호 금지 제한 조약〉을 이용하여 중국인 노동자들이 입국하는 것을 배척했다. 이 조약이 만기된 후에 미국은 폐기하기로 한 약속을 거절하고 계속 새로운 조약을 요구하여 중국 각계 인사들의 반미 애국운동에 불을 지폈다.

* W.Q.Gresham, 중국어 표기는 갈례산葛禮山 – 역주

1895년
홍콩에 설립된 흥중회 총본부

광서 20년(1894)초, 손중산은 이홍장에게 변법자강을 주장하는 편지를 보냈으나 채택되지 못했다. 같은 해 10월에 손중산은 호놀룰루에 가서 화교 20여 명을 연합하여 흥중회興中會를 설립했다. 그 조목별 규정은 "중화를 진흥시키고 국체를 유지"하는 것이 목적이었다. 입회 비밀서약서에는 "오랑캐들을 쫓아내고 중화를 회복하여 연합정부를 창립한다"는 투쟁 강령이 있었다. 광서 21년(1895) 정월에 홍콩에 흥중회 총본부를 설립하고 황영상黃詠商을 초대회장으로 추천했다. 얼마되지 않아 광주기의廣州起義를 준비했는데 사전에 발각되어 육호동陸皓東 등이 체포되어 희생되었고 손중산은 외국으로 망명했다. 광서 26년(1900) 윤 8월에 흥중회는 또 정사량鄭士良을 파견해 혜주惠州(지금의 광동 혜양惠陽) 삼주전三洲田에서 기의를 발동했는데 외국의 원조 없이 계획에 따랐기 때문에 기의 대오는 중도에서 해산되었다. 흥중회는 중국 최초의 자산계급 혁명단체로 요코하마 · 나가사키 · 샌프란시스코 · 대북 · 하노이 및 남양 · 남아프리카 등지에도 분회가 설립되어 화교들 속에서 발전된 조직이다.

손중산

손중산孫中山(1866~1925)의 이름은 문文, 자는 덕명德明, 호는 일선逸仙이고 광동 향산촌山 사람이다. 1894년 그가 29세에 천진에 와서 이홍장을 만나려고 준비하였으나 거절당했다. 이리하여 외국으로 나가 당시에 중국에서 첫 번째의 자산계급 혁명단체인 '흥중회'를 설립했다. 이때부터 자산계급혁명의 길을 걷게 되었다. 1905년 화흥회華興會 · 광복회를 연합하여 동맹회를 창건했다. 1911년 신해혁명 후에 손중산은 외국에서 귀국했고 1912년 중화민국 임시대통령으로 뽑혀 〈중화민국 임시약법〉을 제정했다. 1913년에 '2차혁명'을 발기하고 원세개袁世凱에 반대했다. 1914년에 중화혁명당을 성립하고 1919년에 국민당을 조직하여 성립했다. 또 1924년에 국민당의 조직을 개혁하고 "러시아와 연합하고 공산당과 연합하여 농민과 노동자들을 도와준다"는 3대 정책을 제기했다. 1925년 3월 12일에 북경에서 병사했다. 손중산은 중국의 위대한 자산계급 혁명가다.

손중산

天下爲公
孫文
손중산이 직접 쓴 '천하위공'(세상은 모두를 위한 것)

원세개의 병사 훈련

광서 20년(1894) 10월, 청 정부는 호율분胡橘棻을 파견해 천진에서 70리 떨어진 새로운 농촌 읍인 소참小站에서 '정무군定武軍'을 훈련했는데 전체 10영營 4,750명이었다. 갑오전쟁을 치르면서 청군의 부패와 무능이 온전히 니피나게 되었다. 그리하여 전쟁이 끝난 후에 청 정부는 군제를 개혁하기로 결정하고 서양을 모방하여 신식 육군을 편성하여 훈련했다. 광서 21년(1895) 10월에 원세개가 신군 편성 훈련을 이어받았다. 원세개는 정무군을 5천 명에서 7천3백 명까지 확대 편성하고 '신건육군新建陸軍'으로 이름을 바꾸었다. 이 군대는 준군淮軍 영무처營務處를 그대로 연용하여 영營·대隊·초哨·붕柵 등의 명칭을 썼다. 편제는 독일 근대 육군제도를 채용했다. 보步·마馬·포炮·공工·치중輜重 등 각 병종으로 나뉘었고 전부 외국에서 구매한 신식무기를 사용했으며 독일 군관을 초빙하여 서양체조와 진법을 연습했다. 각급 군관은 대부분 군사학당을 졸업한 자들로 충당되었으며 신병 모집은 나이, 체격 및 문화정도의 규정이 있었다. 아울러 보병·포병·공병 등 각 학당을 설립했다. '신건육군'은 중국 신식 육군의 시작으로 이후에 점차 6진鎭(진은 사단과 비슷함)으로 확대되었고 북양군의 기본역량이 되었다. 원세개는 이로써 병권을 장악했다.

《신건육군병략록존新建陸軍兵略錄存》
원세개가 편집한 것으로 1898년에 간행되었다. 전체 8권 6책이다. 원세개가 신군을 훈련하는 초기에 각 항의 조례·규정 및 관련 상주문을 묶었다.

자희태후 생신에 태산에 하사한 '팔선수자八仙壽字'* 자수품

이 '수壽'자는 분홍색 비단 원단에 여러 가지 채색 비단을 이용해 아플리케 수법으로 암팔선暗八仙 문양·팔괘 문양·박쥐 및 꽃 문양을 장식했다. 수壽자는 단정하고 대범하며 수놓은 장식물들은 깜찍하고도 정교하며 색상이 화려하다. 소위 암팔선이란 고대 도교에 등장하는 여덟 신선이 늘 갖고 다니는 물건이다. 즉 한종리漢鐘離의 부채·장과로張果老의 어고魚鼓·한상자韓湘子의 피리·이철괴李鐵拐의 호로병·조국구曹國舅의 음양판陰陽板·여동빈呂洞賓의 보검·남채화藍采和의 꽃바구니 및 하선고何仙姑의 복조리를 말한다.

* 팔선이 서왕모西王母의 생일을 축하한 데서 유래되었으며 팔선은 축수祝壽를 상징함 – 역주

청 신군이 사용한 미제 개틀링 건Gatling Gun이다.

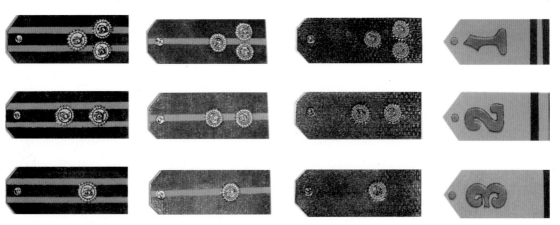

청 신군 관병의 견장도식肩章圖式

청말 신군 군관은 3등 9급으로 나뉘고 사병은 3급으로 나뉜다.

1895년
강유위의 공거상서

광서 21년(1895) 4월에 강유위康有爲는 북경에 회시를 보러 온 거인들을 연합하여 광서제에게 연명으로 상서를 올렸다. 이것이 역사적으로 유명한 '공거상서公車上書'다. 갑오전쟁에서 패하고 청 조정은 강압에 못이겨 일본과 국권을 상실하는 굴욕적인 〈마관조약〉을 체결하여 수많은 국민들의 강렬한 반대를 불러일으켰다. 이전에 없던 심각한 민족의 위기로 애국 지식분자들을 자극하여 국사에 관여하게 하고 유신변법을 요구하며 국가를 구하고자 했다. 4월 8일에 강유위는 회시에 참가하려고 북경에 올라온 거인 1천3백여 명과 연합하여 송균암松筠庵에서 집회를 가진 후 연명하여 광서제에게 상소를 했다. 국토를 할양하고 백성을 버린 심각한 결과와 대만을 할양하여 전 국민의 민심을 잃게 된 것을 통렬히 지적하고 화의를 적극적으로 거절하고 대책을 명확히 정해야 한다고 했다. 상서에는 4가지 해결방법을 적시하고 있다.

첫째, 천하의 기를 고취하도록 조서를 내릴 것

둘째, 천도하여 천하의 근본을 세울 것

셋째, 군대를 훈련하여 천하의 세력을 강하게 할 것

넷째, 변법으로 천하의 치세를 세울 것

과거에 거인들은 서울에 와서 회시를 볼 때 관용차, 즉 공거公車를 탔기 때문에 이때 거인들이 연명한 상서를 '공거상서'라고 한다. '공거상서'는 오랫동안 묵혀있던 자산계급 유신변법 사조가 이미 망한 나라를 구하고자 하는 애국의 정치 활동으로 발전하였음을 나타낸다. 사회에 끼친 영향과 파장이 무척 크다. 강유위는 이로써 유신운동의 지도자가 되었다.

강유위

강유위는 광동 남해 사람이라서 사람들은 그를 강남해康南海라고 부른다. 근대 개량유신파의 영수로 1898년에 '무술변법'에 참여하고 영도하였다. 실패 후에 외국으로 망명하였으며 후에 변절하여 보황파保皇派 일원이 되었다.

1895년
이화원의 조성

광서 21년(1895), 이화원頤和園이 조성되었다. 건륭 15년(1750)에 건륭 황제가 이화원 조성을 시작했다. 이화원은 북경 서북 교외에 있으며 청대 북경의 유명한 '삼산오원三山五園'(향산의 정의원靜宜園, 옥천산의 정명원靜明園, 만수산의 청의원淸漪園·원명원·창춘원暢春園) 중 가장 나중에 세워졌다. 건륭 15년에 건륭제는 어머니 효성헌황태후孝聖憲皇太后의 축수를 위해 옹산瓮山 남쪽 기슭 안의 원정사圓靜寺 옛터에 대보은연수사大報恩延壽寺를 건설하였다. 서호까지 확장하여 정자·대臺·전殿·누각 등을 많이 세워 유명한 청의원이 되었다. 동시에 옹산을 만수산으로, 서호를 곤명호로 명칭을 바꾸었다. 함풍 10년(1860)에 원림은 영프 침

강유위·상섭정왕서
上攝政王書
이 글에서는 강유위가 천하를 자신의 소임으로 하는 애국정신을 꿰뚫어 볼 수 있다.

략군에게 훼손되었다. 광서 12년(1886)에 다시 중건했다. 광서 14년에 이화원으로 이름을 바꾸었고 광서 21년(1895)에 공사가 끝났다 이 공사비는 자희태후가 해군경비를 유용한 것이다. 광서 26년(1900)에 8국 연합군이 중국을 침입하니 이화원은 또다시 짓밟혔다. 다음 해 중수를 하여 지금의 모습이 되었다. 이화원은 대형 황실정원으로 중국에서 현재 보존이 가장 완전한 행궁 황실정원이다. 이화원은 중국 고대 정원 건축 예술의 탁월한 성취를 구체적으로 표현하고 있다.

영화 도입

광서 22년(1896) 8월 11일 상해 서원徐園 안의 '우일촌又一村'에서 서양영화가 상영되었는데 이는 중국에서 첫 번째로 상영된 영화다. 광서 23년(1897) 7월에 미국 영화사 옹송雍松*이 상해 묘 아 천하다원天華茶園, 기원奇園·동경다원同慶茶園 등에서 처음으로 영화를 상영했다. 광서 25년(1899)에 스페인 상인 가륜백극加倫百克**이 상해에 와서 영화를 상영했다. 광서 28년(1902)에 북경에서도 영화를 상영하기 시작했다. 당시 어느 외국인이 영화 필름과 영사기 및 발전기를 북경으로 가지고 와서 전문前門 타마창打磨廠에서 복수당福壽堂을 임차하여 상영했다. 광서 30년(1904)에 자희태후 70세 생신 때 영국 주 북경 공사가 영사기 한 대와 필름 여러 편을 생일 선물로 헌상했다. 1905년에 북경 풍태豊泰 사진관에서 중국 최초의 희곡영화《정군산定軍山》을 촬영했다. 이는 중국인이 촬영한 첫 번째 영화다. 홍콩에서 대략 1904~1905년 사이에 최초의 영화관이 중환中環의 운함가雲咸街에 건설되었다. 상해에서 이탈리아 상인 라모스(A.Ramos)가 경영하는 영화가 상영되면서 많은 이익을 내게 되자 1908년에 250명을 수용할 수 있는 홍구대희원虹口大戲院을 건설했다. 이는 상해에서 정식으로 지어진 첫 번째 영화관이다. 이후에 영화 상영은 중국 전역으로 퍼져나갔으며 내지 깊숙이 들어갔다. 영화예술은 자국인에 의해 받아들여져 한층 더 발전을 하였다.

* 원명 확인 불가 - 역주

** 원명 확인 불가 - 역주

《정군산》극 사진
경극의 유명한 배우 담흠배潭鑫培가《정군산定軍山》에 나온 연극 사진이다.《정군산》은 중국 첫 번째 단편 무대예술로 북경 풍태豊泰 사진관에서 촬영하였다.

북경의 이화원

〈중 · 러 밀약〉 체결

광서 22년(1896), 제정러시아 니콜라이 2세가 대관식을 거행했다. 청 정부는 러시아 정부의 요청에 응해 이홍장을 '흠차 수석 사신'에 임명하고 러시아 축하사절로 파견했다. 러시아 정부는 중국과 러시아가 공동으로 일본 침략을 저지한다는 구실 하에 이홍장에게 사례비로 300루블을 주고 꼬드겨서 4월 22일에 러시아 재정대신 · 외교대신과 함께 모스크바에서 〈적에 대한 상호원조조약〉 즉 〈중 · 러 밀약〉을 체결했다. 밀약은 모두 6개조로 되어 있고 그 주요 내용은 다음과 같다. "일본이 만일 러시아 원동 영토 혹은 중국이나 조선 영토를 침략하면 중국과 러시아 양국은 이에 응하여 모든 해군과 육군이 상호 협조한다. 약

속을 체결한 국가가 다른 국가의 동의를 얻지 않고 적과 화의를 맺을 수 없다. 전쟁기간에 중국의 모든 개항지는 러시아 군함에게 개방하고 러시아가 흑룡강 · 길림성에서 해삼위(블라디보스토크)까지 직통 철로를 놓을 수 있도록 허가한다. 전쟁시나 평화시에도 러시아는 이 철로로 군대와 군수품을 운송할 권리를 소유한다. 본 조약은 철로계약이 비준되는 그날부터 효력이 생기며 그 유효 기간은 15년이다." 등의 내용이다. 갑오 중일 전쟁 이후에 청 조정은 러시아와 연결하여 다른 열강들을 견제하기를 희망했다. 제정러시아는 기회를 노리고 있다가 청 조정을 향해 좋은 점만을 얻어냈다. 이 밀약을 통해 제정 러시아 정부는 침략세력을 중국 동북지역까지 넓혔다.

길림 성당
길림 시내에 있는 이 성당은 고딕식 건물이다. 〈중 · 러 밀약〉이 체결된 후 중국 동북지역은 제정러시아의 세력범위가 되어버렸고 정교 세력은 동북에서 강대해졌다. 이 성당은 당시 러시아인과 교인들이 예배를 보던 장소다.

독일의 교주만 침공

광서 23년(1897) 9월 8일에 독일 군함이 무한武漢에 정박했다. 함선의 해군들이 상륙하여 멋대로 불법을 저지르자 어떤 자들은 군중들에게 매를 맞기도 했다. 독일 황제는 함대를 산동성의 교주만膠州灣으로 가도록 명령했다. 1주일 후에 독일은 독일함대가 교주만에서 겨울을 보낼 준비를 하고 있다고 총서總署에 통보했다. 광서 23년(1897) 10월 20일에 독일은 두 명의 선교사가 산동 거야巨野에서 피살된 것을 빌미로 군함을 보내 교주만을 강점하고 청도포대를 탈취하였다. 동시에 청 조정에 몇 가지 무리한 요구를 했다. 교섭을 반복한 끝에 다음 해 2월에 이홍장은 독일 사신 헤이킹*과 〈교오조계조약膠澳租界條約〉을 체결했다. 청 정부는 강압에 의해 교주만을 독일에 99년간 조차해주고 이 기간 동안 교주만은 완전히 독일 관할이 된다는 내용이다. 동시에 독일이 산동성 내에

독일이 청도에 세운 성당 내부

서 두 개의 철로를 놓을 수 있도록 허가했다. 독일은 산동의 철도와 광산권을 움켜쥐게 되었다. 독일은 교주만을 강점하고 제국주의로 중국을 부할해 나눠 갖는 광풍의 문을 열어 제꼈다.

*Edmund Friedrich Gustav Freiherr von Heyking(1850~1915, 중국어 표기는 해정海靖 – 역주)

청말 · 대청은행지폐

대청 은화
청말에 주조된 은화로 유통 영역으로 진입하기 시작했다. 이 그림은 광서 24년(1898) 성도成都 화폐 제조창에서 제조된 '용상龍祥' 은화다. 중국에서 처음으로 화폐에 제왕의 얼굴(광서제)을 사용했다.

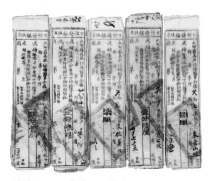

하망조下忙條 은판銀版 꿰미
이 판은 청대 개인이 운영하던 금융업 점포인 전장錢莊에서 대출해 주던 은표와 전표의 일종으로 대출해 준 해는 광서 13년(1887)이다.

담사동

담사동(1865~1898)은 자가 복생復生, 호는 장비壯飛며 호남성 유양瀏陽 사람이다. 그는 과거시험을 포기했으며 공자진龔自珍 · 위원魏源 · 황종희黃宗羲 · 왕부지王夫之 등의 저서를 높이 평가하였고 일찍이 서양학문 지식을 접한 적도 있었다. 갑오전쟁 후에 그는 강유위를 추종하며 적극적으로 변법유신 운동에 종사하였다. 양계초 · 당재상唐才常 등과 호남에서 '남학회南學會'를 조직하고 구학문을 반대하고 신학문을 제창하며 새로운 정책을 기획하는 등 변법유신의 홍보와 조직 활동을 전개했다. 무술정변 중에 담사동은 '육군자六君子'의 한 사람으로 참혹하게 처형되었다. 담사동은 중국 근대사상 걸출한 애국자이며 진보적 사상가다.

1897년
담사동의 《인학》

광서 23년(1897), 담사동譚嗣同은 그의 저서 《인학仁學》을 완성했다. 《인학》은 담사동 철학사상의 대표작이고 그가 구학문에서 신학으로 변해가는 과정 중에 신구사상의 복잡함과 갈등이 교차하는 면을 반영하고 있다. 우선 철학적 세계관을 보면 그는 중국 고대유물주의 사상의 전통적인 한 면을 계승하고 있다. 그 다음에 인식론 방면에서는 인식의 기원은 객관적 실체며 감각 기관의 접촉은 인간 인식의 출발점이라는 점을 인정하고 있다. 그러나 또 일반 감성인식의 확실성과 감성인식의 상대성을 확대하는 것을 의심하였다. 이리하여 상대주의에 대한 의심은 신비주의의 '돈오'론으로 나아갔다. 세 번째로 담사동은 자가당착의 사상 체계 속에 '일신一新' 설의 변증법 사상이 포함되어 있고 또한 형이상학 순환론의 성분도 포함되어 있다. 이 밖에 담사동은 또 '일신' 설을 운용하여 사회법제를 논증하는 것 역시 경직되어 변하지 않는 것이 아니며 도리어 시대의 변화에 따라서 끊임없이 변화 발전하는 것이라고 보았다. 그는 명확히 "한당漢唐은 오늘날의 도가 아니고, 오늘날은 다른 시기의 도가 아니다"라는 의견을 제출하여 변법유신 운동을 위한 이론적 근거를 제공했다. 담사동 《인학》 중의 사상 갈등은 그가 구국구민의 진리를 찾기 위하여 표현한 용감한 정신이라는 것을 설명해주고 있다. 또한 당시 선구적 지식인의 사상이 제한적임을 반영하고 있다.

《인학》

중국통상은행의 창립

광서 22년(1896) 중일 갑오전쟁 후의 전쟁 배상금과 철로를 수리하는 경비를 조달하기 위하여 성선회盛宣懷는 상해와 북경에 은행을 설립할 것을 주청하고 상업 주주들을 소집하였다. 광서 23년(1897) 4월, 총리아문의 허가를 얻어서 성선회는 상해에 중국통상은행 총본부를 설립하고 또한 한구漢口·광주·연태·진강·산두汕頭 등지에 분점을 설립하였다. 중국통상은행이 창설될 때 모집한 주식값은 500만 량 백은으로 주주는 총 열 명이었다. 중국통상은행의 영업 범위는 비교적 광범위한데 저축, 대출, 환전을 처리하는 이외에 또한 수표를 발행하였다. 수표에는 은량銀兩과 은원銀圓 두 종류가 있었다. 또한 이 은행에서는 일종의 특수한 업무가 있었는데 전문적으로 각 성의 관리 봉급을 저축하는 것이었다. 중국통상은행의 창립은 중국인 스스로 설립한 신식은행 설립의 시초가 되었다.

자희태후의 제3차 수렴청정

유신파의 정치제도 개혁은 봉건관료의 이익에 저촉되었고 게다가 자희태후의 권위를 위협하였다. 완고파와 양무파는 연합하여 광서제와 유신파를 향하여 반격을 가했다. 자희태후의 계속되는 반격에 직면한 광서제와 유신파는 발등에 불이 떨어져 속수무책이었다. 그들은 새로 창건한 육군을 장악하고 있는 원세개를 끌어들여서 자신들의 실력을 확대하고자 했다. 광서 24년(1898) 8월 2일에 광서제는 원세개를 접견했다. 원세개는 표리부동하게 광서제를 만난 자리에서는 '충성'을 표시하고, 천진으로 돌아와서는 오히려 직례총독 영록榮祿에게 비밀보고를 하며 광서제와 유신파를 배반했다. 8월 6일에 자희태후는 주도면밀하게 안배를 다한 후에 쿠데타를 발동하여 광서제를 중남해中南海의 영대瀛台에 감금하고 자신이 다시 '수렴청정'을 하였다. 계속하여 멋대로 유신파를 체포하고 처형했다. 쿠데타 후에 경사대학당京師大學堂을 보류한 것을 제외하고 신정조치는 전부 취소되었다. 쿠데타 전날 밤에 강유위는 홍콩으로 도망을 갔고 양계초는 천진을 거쳐 일본으로 도일했다. 8월 13일에 담사동 등 여섯 명은 북경 채시구菜市口에서 처형되었다. 이들을 역사에서는 '무술육군자戊戌六君子'라고 부른다.

양계초

자희태후가 이화원 낙수당樂壽堂에서 외국 공사 부인들과 촬영한 단체 사진

통상은행에서 발행한 은표銀票
이 은표는 광서 24년(1898)에 중국통상은행에서 발행한 일량壹兩 은표의 정면과 뒷면의 도안이다.

황후의 보좌寶座

자희태후

1898년
무술변법

광서 24년(1898) 4월에 광서제는 양심수楊深秀·서치정徐致靖·강유위 등이 올린 상주문과 조목별로 쓴 진정서[條陳]에 근거하여 군기전당軍機全堂을 소집하여 국가의 정략을 정하고 변법을 결정했다. 4월 28일에 광서제는 강유위를 접견하고 변법의 절차와 조치를 상의하고 확정했다. 얼마되지 않아 또 강유위가 이에 관한 상주문을 올린 것을 비준하고 아울러 총리아문장경상행주總理衙門章京上行走에 임명했다. 강유위는 특별한 문제에 관해* 상주할 수 있는 특수대우를 이용해 끊임없이 상주문을 올리고 조목별로 쓴 진정서를 건네며 일련의 신 정책에 관한 건의를 하였다. 강유위 등의 건의에 근거하여 백일유신百日維新 기간 동안 광서제는 낡은 것을 제거하고 새로운 것을 건립하는 100여 건의 개혁 조령을 반포했다. 내용으로 볼 때 6월 상순 이전에 광서제가 반포한 신정新政은 주로 경제·군사·문화교육 방면의 개혁이다. 6월 상순 이후의 신정은 경제·문화교육·군사방면에서 정치방면으로 확대 전개되었다. 주요 개혁으로는 칙례則例의 삭제와 개정, 필요 없는 관리의 감축, 한가하고 중첩된 기구의 철폐 등이었다. 대소의 관리들과 백성들의 상소를 허락하고 관리들이 이를 막지 못하도록 하는 것도 있었다. 신정은 봉건 수구세력의 일치된 저항과 반대에 부딪혔다. 광서제가 반포한 신법 조령은 호남순무 진보잠陳寶箴이 성심껏 집행한 것을 제외하고

는 다른 지방 독무들은 대부분 들은 체 만 체 했다. 중앙에서는 일부 신정기관이 형식적으로 건립되기는 했지만 기본적으로는 와고파와 대치했다. 이리하여 변법에 관한 조서는 대부분 휴지가 되어버렸다. 자희태후가 쿠데타를 일으킨 이후에 신정은 기본적으로 철저히 폐지되었다.

* 강유위가 올린 전절專折은 '특별한 일에 관한 상주문'이란 뜻으로 즉 무술변법에 관한 상주문을 말함 – 역주

엄복

엄복

엄복嚴復(1854~1921)은 최초로 비교적 체계적으로 구미 자산계급의 자연과학 이론과 철학·정치학·사회학 등 지식을 중국에 소개한 계몽사상가다. 엄복의 자는 우릉又陵이고 복건성 후관侯官 사람이다. 청 광서 3년(1877)에 영국으로 유학을 갔다. 귀국 후에는 장기간 북양 수군 임직에 있었다. 갑오전쟁의 실패는 양무운동이 결코 중국을 구할 수 없음을 확실히 알게 해주었고 이리하여 자산계급 개량파의 유신변법 운동에 투신하게 되었다. 1895년에 그는 천진의 《직보直報》에 〈논세변지극論世變之亟〉·〈원강原强〉·〈구망결론救亡決論〉 등 중요한 글을 발표했으며 1897년에는 하증우夏曾佑 등과 함께 《국문보國聞報》를 창간했다. 1898년에 헉슬리의 《천연론天演論》*을 번역했다. 무술변법 후에는 아담 스미스의 《국부론》·스펜서의 《종합철학》·존 스튜어드 밀의 《자유론》·몽테스키외의 《법의 정신》 등을 번역했다. 엄복은 서방 근대 선진의 사상 문화 성과를 중국인에게 소개하여 당시 몽매한 사람들을 크게 각성시켜 사상을 해방하는 역할을 하여 유신변법 운동에 이론적인 무기를 제공했다.

* 원제는 《Evolution and Ethics》 – 역주

엄복이 《천연론天演論》을 위해 쓴 서언序言

1899년
미국이 제출한 '문호 개방'

광서 25년(1899) 8월에서 10월까지 미국 국무장관 존 밀튼 헤이*가 미국의 주 영 · 러 · 독 · 일 · 프 · 이탈리아 각국 대사에게 각국이 '문호개방'에 관한 각서를 제출하도록 훈령을 내렸다. 아울러 각국을 청하여 각서에 승낙을 하도록 했다. '문호개방'의 주요 내용은 다음과 같다.

첫째, 각국은 중국에서 획득한 세력 범위 및 조차지역 내의 어떠한 기존 이익도 승인한다.

둘째, 각국은 전술한 세력 범위 내에서 모든 개항지의 화물을 운송하는데 일률적으로 중국의 현행 약정관세율을 준수한다.

셋째, 각국은 그 세력범위 안에서 타국 선박에 대해 본국 선박보다 높은 항구세를 부과할 수 없다. 철로를 이용해 운송한 타국의 화물에 대해 같은 거리, 같은 종류의 본국 화물의 운반비보다 높게 징수할 수 없다.

이런 '문호개방' 정책은 실제로 열강들이 중국의 조차지 및 세력범위 내에서 기존에 얻은 모든 특권의 전제하에 승인되고 유지 보호되는 것이었다. 그래서 각국은 중국에 요구하여 얻은 균등의 무역기회를 늦게 도착한 미국도 중국 시장에 발을 들여놓을 수 있도록 하였다. 다음 해에 미국은 제2차 '문호개방' 각서를 제출하고 미국의 재중 이익의 보호를 강조하는 동시에 중국으로 중국을 다스릴 것을 주장했다. 미국정부가 두 번에 걸쳐 제출한 문호개방 정책은 미국 침략정책의 근본방침이 되어 후에 8국 연합군이 북경에 들어올 때 각국의 북경에서의 담판 기본원칙으로 부당한 이익을 취했다.

* John Milton Hay(1838~1905), 중국어 표기는 해약한海約翰 – 역주

《마씨문통》

마건충馬建忠이 광서 24년(1898)에 중국에서 최초로 체계적인 문법서인《마씨문통馬氏文通》을 완성했다. 이 책은 중국어 어법연구를 과학화 · 체계화의 길로 이끌었다.《마씨문통》의 저자인 마건충(1845~1900)의 자는 미숙眉叔이고 강소성 단도丹徒 사람이다. 어렸을 때에 라틴어 · 희랍어 · 영어 · 프랑스어를 배웠다. 1876년에 이홍장은 그를 낭중자격으로 프랑스에 유학생으로 파견했고 후에 당시 주불공사 곽숭도郭嵩燾의 통역관을 겸임했다. 귀국 후에 양무파 그룹에 참여하였다.《마씨문통》은 처음으로 중국어의 단어를 어법의 각도에서 사류詞類로 구분하였고 또한 실사實詞와 허사虛詞의 두 부분으로 분류했다. 동시에 이 책은 체계적으로 구법의 결구를 해석했으며 초보적으로 사법詞法과 구법句法의 어법 체계를 건립했다.《마씨문통》은 현대에 이르기까지 중국어 어법체계의 건립에 있어 깊은 영향을 주고 있다.

《마씨문통》
1898년에 상해 상무인서관商務印書館에서 출판되었다.

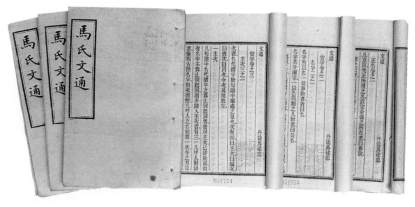

1899년
의화단 운동의 흥기

의화단 민간 단원

광서 25년(1899), 산동 청평현淸平縣의 의화거義和拳를 의화단義和團으로 바꾸었다. 이해 여름에 청 조정은 의화거 처리에 있어 오로지 교살하던 정책을 바꾸어 섬멸과 회유를 동시에 사용하는 정책을 실행했다. 육현毓賢이 산동순무 직무를 이어받은 후에 의화거를 합법한 민간훈련단체로 승인해 줄 것을 조정에 주청하여 정식으로 의화거를 의화단으로 바꾸었다. 이후에 의화단은 합법적인 지위를 부여받고 각지의 의화거 역시 속속 의화단으로 바꾸었다. 육현의 의화단에 대한 귀순 정책은 산동 의화단을 신속히 확장하도록 해주어 이 단체의 무리들이 도처에서 성당을 공격하고 선교사들을 내쫓으며, 선교사를 도와 잔학한 짓을 하는 지방관원과 대립하였다. 1899년 9월에 주홍등朱紅燈이 평원현平原縣 강자이장杠子李莊에서 먼저 "청나라를 흥하게 하고 서양을 멸한다"는 '흥청멸양興淸滅洋'의 깃발을 내걸었다. 이후에 '순청멸양順淸滅洋' · '보청멸양保淸滅洋' · '부청멸양扶淸滅洋' 등의 구호가 도처에서 속속 출현했고 후에는 대부분 '부청멸양'으로 통일되었다. 동시에 나날이 높아져가는 의화단 운동은 직례 · 천진까지 파급되었다. 원세개가 산동순무에 임명된 후에 적극적으로 의화단을 진압했다. 산동의 의화단은 화북과 북경 천진 등으로 발전하여 더욱 의화단 운동이 촉진되어 최고조에 달하게 되었다.

일본군과 청나라 순포巡捕*가 안정문安定門 밖에서 잔혹하게 죽인 의화단원

* 당시에 외국 조계를 지키던 경찰관 – 역주

8국 연합군의 중국 침략

광서 26년(1900) 5월 1일 밤에 의화단이 풍대豐台 기차역을 불태우고 경진京津철로 궤도를 모두 철거했다는 유언비어가 동시에 동교민항東交民巷에 전해졌다. 각국 공사들은 형세가 악화되었음을 느끼고 즉시 회의를 열어 군대를 파견하여 각국 대사관을 보호하는데 동의하였다. 다음날 급히 대고구大沽口 밖에 도착한 외국함대는 먼저 북경으로 들어오라는 전보를 받고 명령에 따라 신속하게 해병대를 파견하여 해하海河에서 배를 타고 천진에 도착하여 북경으로 진격할 준비를 했다. 5월 상순에 천진 조계지역 내에 진입한 각국 군대는 이미 2천여 명이 넘었다. 5월 13일에 각국의 주 천진 영사와 해군 통솔자는 영국 영사 칼스*의 요청으로 회의가 거행되었다. 미국 영사가 부추기는 가운데 천진에 있는 8개국이 현재 보유하고 있는 병력으로 연합군을 결성하여 북경으로 진군하기로 결정하고 천진 군대 중에서 직급이 가장 높은 영국인 시모어** 중장을 원수元帥로, 미국인 마이클 칼 대령을 부원수로 삼았다. 이로써 8국 연합군이 정식으로 조직되었다. 1900년 5월 21일에 대고포대가 함락된 후 천진 의화단과 청군은 자죽림紫竹林 조계지를 공격하기 시작했고 천진 전투는 이로써 폭발했다. 5월 25일 청 조정은 각국에 개전을 선포했다.

6월 1일, 의화단의 유명한 수령인 장덕성張德成이 '천하제일단天下第一團' 5천여 명을 이끌고 천진으로 진입하여 전투에 참가했다. 청 정부는 천진에 주둔하고 있는 청군이 겨우 섭사성聶士成 부대 무위전군武衛前軍 10영營 밖에 없어 군세가 약하다는 점을 감안해 산해관에 주둔하고 있던 마옥곤馬玉昆·송경宋慶 군대를 급히 천진으로 급파하여 천진을 돕도록 했다. 의화단과 청군이 자죽림의 전투에서 장장 1개월을 대치하였다. 섭사성 부대는 청군 가운데서도 전투력이 비교적 강한 신군으로 조계지에서 연합군과 10여 차례 심한 전투를 하였고 참수한 적군은 다른 군부대보다 많았다. 그러나 각국 연합군이 대고大沽에서 끊임없이 진입하여 연합군의 역량이 대대적으로 증강되었다. 6월 13일에 섭사성이 전사하자 천진 방어능력은 급격히 떨어졌다. 송경이 천진 전투를 이어받은 후에 또 마옥곤과 한 통속이 되어 멋대로 의화단을 도살하니 천진은 18일에 함락되었다. 8국 연합군은 이어서 북경으로 진격했다.

1900년 7월 27일에 8국 연합군이 북경으로 진입했다. 이른 아침에 러시아 군대가 동편문東便門으로 공격하니 성을 지키고 있던 청군이 감제고지瞰制高地를 점령한 후 적들을 저격하여 격전은 오후까지 계속되었다. 러시아 군대는 건국문建國門을 점령하고 이곳을 통해 성으로 진입했다. 이후 일본군이 조양문朝陽門을 점거하고, 영·프·미국의 군대가 계속하여 북경성으로 진입했다. 21일 이른 아침에 자희태후는 광서제를 협박하여 평상복으로 갈아입고 덕승문德勝門을 통해 북경을 빠져나갔다. 22일에 북경이 함락되었다.

연합군은 북경에 진입한 후에 북경 의화단과 수많은 백성들을 잔혹하게 죽여 성 안에는 시체가 온 천지에 가득하고 백골이 이곳저곳에서 썩어나갔다. 연합군은 또 성 안에서 멋대로 방화를 하여 명성이 높았던 왕공저택·사원과 민가들이 모두 소실되었고 지난날의 금빛찬란했던 북경성은 도처에 벽과 담이 무너져내려 온통 처연하게 변해버렸다. 대량의 진귀한 도서와 문서가 훼손되거나 약탈당했다. 이해 11월 3일에 각국 주중 공사단은 같은 문자로 쓴 각서 형식으로 〈의화대강議和大綱〉 12조를 청 조정의 의화대신에게 건네었고 이는 서안 행궁으로 전해졌다. 이 〈대강〉에 일련의 가혹한 조건을 제출했는데 죄인들을 징벌할 것과 손해배상금을 청구하고 군사시설을 철수하고 북경에서 발해까지의 길을 개방하라고 요구했다. 이홍장 등 의화대신은 자희태후의 지위를 보호하기 위하여 협상하는 과정 중에 끊임없이 각국 공사들을 찾아다녔다. 6일에 자희태후가 12조의 대강에 동의한다고 조서를 반포했다. 또 각국 공사의 요구에 따라서 조서에 옥새를 찍고 각서의 부본도 만들었다. 광서 29년(1903) 11월 26일에 각 대사관에 나누어 발송하니 정식으로 효력이 생겼다.

* William Richard Carles, 중국어 표기는 가례사賈禮士 – 역주
** Edward Hobart Seymour(1840~1929), 중국어 표기는 서마이西摩爾 – 역주

천진에서 의화단을
도살한 송경宋慶

1900년 8월 가장 먼저 진입한 영국군 중의
인도 시크족 용병들

영국사령관 사무엘이 이끄는 8국 연합군이 천진 대고구에 상륙하여 북경을 향해 진군하는 그림

〈신축조약〉

광서 27년(1901) 7월 25일에 청 조정은 혁광奕劻과 이홍장에게 전권을 주어 영·미·러·독·일·프·오스트리아·스페인·네덜란드·벨기에 등 11개국 공사와 북경에서 〈신축조약辛丑條約〉을 체결했다. 그 주요 내용은 다음과 같다.

1. 중국은 배상금 4억 5천만 량 백은을 관세·염세와 상관세를 담보로 하여 39년에 걸쳐 배상하며 연 이자는 4리고, 본 이자 합계는 백은 9억 8천여만 량으로 이를 '경자庚子배상금'이라 칭한다.
2. 북경 동교민항東交民巷에 대사관구를 설립하여 그 안에는 중국인 거주를 불허하고 각국에서 파견한 병사들이 주둔할 수 있다.
3. 대고포대와 북경에서 대고까지에 있는 각 포대를 철거하고 외국군대가 북경 대사관구와 북경에서 산해관 연도 12개 전략요지에 주둔할 수 있다.
4. 청 조정은 각지에 다음과 같은 유시를 2년 이상 공고한다. "외국을 적대시하는 모임의 설립과 가입을 영원히 금지한다. 위반하는 자는 모두 처단한다." 여러 신하와 지방관의 수괴를 처단한다. 각 성 관리들은 반드시 외국인을 보호하고 만일 외국인을 학대 혹은 피살하는 지역은 문무 모두 고시 5년을 정지한다.
5. 원래의 총리전국사무아문總理全國事務衙門을 외무부로 고치고 그 지위를 6부의 앞에 놓는다.

〈신축조약〉은 국권을 상실한 치욕적인 조약으로, 이로써 중국은 완전히 반식민지·반봉건의 사회로 떨어졌고 정부는 한층 더 부패하고 무능했으며 백성의 생활은 이루 다 말할 수 없이 고통스러웠다.

1900년의 외국 그림 엽서

그림에는 서로 다른 군복을 입은 외국 사병들이 '중국용中國龍'을 둘러싸고 있다. 여덟 명의 병사들은 8개 국가 즉 영국·프랑스·독일·러시아·미국·벨기에·이탈리아·일본을 상징한다.

선농단의 미군장교들

시국도時局圖

이 그림은 청말 사람이 그린 것으로 19세기 말에서 20세기 초에 제국주의가 중국을 분할하는 형세와 청 조정의 부패를 폭로하고 있다. 그림 속에서 영국을 대표하는 호랑이는 양자강 중하류지역을 점거하고, 제정러시아를 대표하는 곰은 중국 북부 전체에 세력을 뻗치고 있으며, 프랑스를 대표하는 개구리는 광동 광서 운남을 침입하고 있고, 일본을 대표하는 태양은 대만을 점령하고 있으며, 미국을 대표하는 독수리는 "문호를 개방하여 이익을 함께 나누자"고 요구하고 있다.

진비

진비정珍妃井

진비

진비珍妃(1876~1900)는 광서제가 가장 총애하던 비로 성씨는 타타랍他他拉이고 공부시랑 장숙長敍의 차녀로 그의 언니는 광서제의 근비瑾妃다. 광서 15년(1889) 정월 27일에 광서와 혼인할 때 진빈珍嬪으로 책립되었다. 무술변법 때에 진비는 광서제의 변법을 지지하였기 때문에 후에 자희태후에 의해 냉궁에 감금되었다. 8국 연합군이 북경에 진격했을 때 자희태후는 궁을 도망치기 전에 진비를 궁중 우물에 빠뜨려 죽이라고 명령했다.

1901년
청 정부의 신정 추진

1901년 1월 29일, 자희태후는 변법에 관한 조서를 내리고 "외국의 장점을 취하고 중국의 단점을 버린다"고 하며 '신정新政'을 실행하기 시작했다. 신정 추진 3년째에 비교적 두드러진 세 가지 일이 있었다. 첫째는 개인자본으로 공업에 힘쓸 것을 제창하고 장려한 일이다. 1903년 9월에 조정은 상부商部를 성립하고 1년 전에 영·프·미·일본 시찰단으로 파견한 황친 귀족 재진載振을 상서에 임명하고 광공업과 철로를 모두 이곳으로 이관하여 관리하도록 했다. 둘째는 과거시험 제도를 폐지하고 학당을 설립하여 유학을 장려한 일이다. 1901년 청 조정은 각급 서원을 대학당大學堂·중학당·소학당으로 나누어 바꾸고 신식교육을 도입했다. 1904년 1월에 장지동張之洞 등이 학당장정學堂章程을 제정하여 통과하였고 보통교육을 초등·중등·고급교육으로 나누었으니 이것이 바로 근대성을 구비한 '계묘학제癸卯學制'다. 1906년부터 과거시험을 폐지하고 일률적으로 학당에서 선발하여 인재를 배양했다. 중국이 1천여 년간 지속해온 과거시험 제도는 이로써 종말을 고했다. 셋째는 제도와 군제를 개혁한 일이다. 1903년 12월에 청 조정은 연병처練兵處를 설립하고 혁광이 연병사무를 총괄하도록 하고 원세개를 회판대신으로 삼았다. 원세개는 실제적으로 연병대권을 장악했다. 청말 신정의 실제적 일은 무술신정의 계속이었다. 신정은 이전에 있던 봉건세력을 건드리지 않는 기초 위에서 위험을 방비하는 구제 조치를 실시하여 어느 각도로 보자면 이는 청 조정이 서방 열강들에게 잘 보이기 위한 일종의 표현인 셈이다.

청말에 신정의 대표인물인 원세개

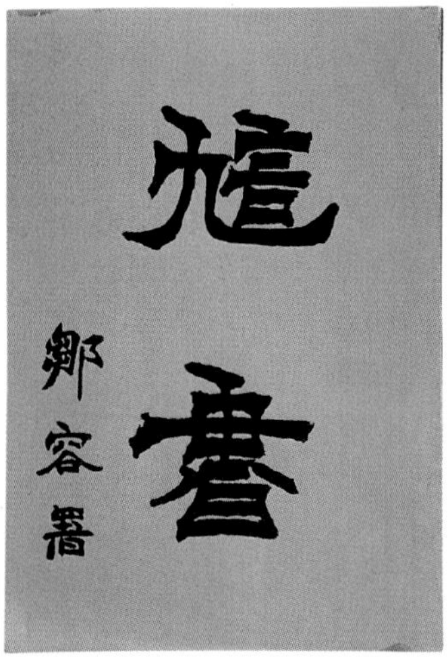

《구서訄書》
청말 자산계급 사상가가 만주족 배척 혁명사상을 홍보하는 서적으로 장병린章炳麟의 저서에 추용鄒容이 글씨를 썼다.

청말 신정의 모습–학당서보관學堂書報館

광복회

　광서 30년(1904) 10월 공보전龔寶銓이 상해에서 암살단을 설립했는데 채원배蔡元培가 이 소식을 듣고 참가했다. 이리하여 공보전과 채원배는 10월에 상해에서 혁명단체 '광복회光復會'를 결성하고 채원배가 회장이 되었다. 광복회는 "한족을 광복시키고 조국 산하를 우리에게 돌리는 데 나라를 위해 몸을 바치고 성공한 후에야 몸을 뺀다"는 것을 목표로 삼고 암살과 폭력을 혁명수단으로 삼았다. 도성장陶成章 · 서석린徐錫麟 · 추근秋瑾 등이 먼저 입회하여 광복회는 절강 회당 가운데서도 신속히 세력을 확대해갔다. 다음 해 주요 회원들이 개인신분으로 동맹회에 가입했다. 선통 2년(1910), 동맹회 내부에 분열이 가중되자 도성장이 일본에서 광복총회를 성립하고, 장태염章太炎을 회장으로 하여 절강에 광복회를 조직했다. 신해혁명 후에 도성장이 암살되고 광복회는 해체되었다.

光復會

誓言

光復漢族

還我山河

以身許國

功成身退

陳魃

화흥회 성립

　혁명사조의 광범위한 전파와 유학생이 분분히 귀국함에 따라서 중국내의 혁명단체 역시 계속 성립되었는데 그중 영향력이 비교적 큰 단체는 황흥黃興이 창립한 화흥회華興會다. 1903년 9월 황흥은 반청 혁명 조직 '화흥회'를 성립하기로 결정하고 준비작업에 들어갔다. 12월 30일에 장사長沙에서 정식으로 화흥회 성립대회를 거행하고 황흥을 회장으로 추천하는 데 일치했다. '화흥회'는 "외국인을 몰아내고 중화를 부흥시킨다"는 점을 목표로 삼아 우선 한 성省에서 확실하게 자리잡은 후에 각 성에서 호응하도록 했다. 그래서 각 성에 반청혁명 책략을 발동하고 아울러 '화흥공사華興公司'를 화흥회의 총기관으로 하였다. 동문강습소東文講習所를 따로 설립하여 학계와 연계하고, 흥한회興漢會를 설립하여 군계와 연계하고, 동화회同化會를 설립하여 회당會黨과 연계하도록 확정했다.

화흥회 일부 구성원 단체 사진(일본에서 촬영)
앞에서 좌로부터 첫 번째가 황흥, 네 번째가 송교인宋敎仁이다. 뒷줄 왼쪽부터 시작하여 네 번째가 유규일劉揆一이다.

1905년
중국 동맹회 성립

　광서 31년(1905) 8월에 손중산이 영도하는 동맹회가 성립되었다. 1905년 7월 30일, 손중산 등은 일본 동경에서 당을 결성하는 주비회의를 개최했다. 회의석상에서 손중산은 혁명동맹회를 건립하자는 의견을 제출했고 중국동맹회로 이름이 결정되었다. 8월 20일에 동맹회는 정식으로 성립대회를 거행하고 이때 회의에서 황흥黃興 등이 기초起草한 회칙이 통과되어 손중산을 총리로, 황흥을 집행부 서무로 선출했다. 동맹회 성립 후에 집행부 · 평의부評議部와 사법부를 설립하고 삼권분립 제도를 채택했다. 동맹회는 "외국세력을 몰아내어 중화를 회복시키고 민국을 창립하여 토지의 평등분배"를 혁명 강령으로 확정하고 '민족 · 민권 · 민생' 삼민주의 학설을 제출했다. 〈군정부선언軍政府宣言〉 · 〈중국동맹회총장中國同盟會總章〉을 제정하여 대회에 선언하고 대내적으로는 포고 등 문건을 보내고 기관정보지인《민보民報》를 발간하여 혁명을 선전했다. 국내외 각지에 지부를 결성했다. 동맹회는 원래 각지에 속해 있던 혁명조직을 통일하여 전국적인 호소력을 갖게 되었고 혁명파의 핵심조직이 되어 대대적으로 자산계급 민주혁명 운동의 발전을 촉진시켰다.

驅除韃虜
恢復中華
創立民國
平均地權

손중산이 직접 쓴 동맹회 강령

손중산 동상

《민보》

《민보》는 1905년 11월 도쿄에서 처음 발행되었으며 동맹회의 회지로서 혁명사상을 선전했다. 손중산은 《민보》에서 민족·민권·민생의 삼민주의를 정식으로 제기하였다. 그림은 《민보》 창간호의 표지다.

추근

추근秋瑾(1875~1907)은 절강성 소흥 사람이다. 호는 경웅竟雄, 또는 감호여협鑒湖女俠이라고도 한다. 1904년에 일본에 유학을 갔다가 다음 해에 동맹회에 가입했다. 1906년에 상해에서 《여보女報》를 창간하고 여성 해방을 제창했다. 1907년에 소흥으로 돌아와 대통학당大通學堂을 주관하고 광복군을 조직하여 서석린과 함께 분담하여 기의를 준비했다. 일이 성사되기 전에 누설되어 체포된 후 7월 15일에 처형되었다.

동맹회의 기의

광서 32년(1906)부터 동맹회는 각지에서 조직적으로 여러 차례 기의를 벌였다. 동맹회 성립 후에 양기강 유역에서 회당을 연락하는 계획을 세워 무장기의를 발동할 것을 준비했다. 1906년 10월 19일에 공춘대龔春台가 평류례萍瀏醴 기의를 발동하고 청나라 전제정권 타도를 선고하고는 공화국을 건립하여 토지소유균등을 실현했다. 그러나 기의가 일어난 지 얼마되지 않아 청군에게 진압되어 채소남蔡紹南·유도일劉道— 수령 10여 명이 나라를 위하다 처형되었고 단원 1만여 명이 살해되었다. 이 기의 영향은 몹시 커서 이후 동맹회가 전국 각지에서 지속적으로 기의를 발동했다. 1907년 4월 11일에 황화강기의가 폭발했다. 창졸간에 거사 기의군 700여 명은 다음날 광동 조주潮州 요평현饒平縣 황강진을 점령하고 당시의 청군 통령을 사로잡아 죽였으나 결국에는 실패했다. 같은 해 4월 23일에 혜주惠州에서 등자유鄧子論가 기의하였으나 얼마되지 않아 실패했다. 이후에 동맹회는 또 몇몇 기의를 조직했는데 비교적 유명한 것으로는 광서 33년 7월 26일에 동맹회 회원 왕화순王和順 등이 발동한 흠렴방성欽廉防城 기의, 같은 해 10월 27일에 동맹회가 지도한 진남관鎭南關 기의, 다음 해 3월 3일에 동맹회 황흥이 지도하여 발동한 마독산馬篤山 기의가 있다. 이상의 기의는 청 조정의 우세한 병력의 진압 아래 모두 실패를 고하였다.

호북군 정부에서 반포한 무창기의
기념휘장과 광복 기념휘장

1908년
자희태후와 광서제의 서거, 선통제의 즉위

광서 34년(1908) 3월에 광서제의 병이 위중해지자 10월에 청 조정은 조서를 내려 재풍載灃을 섭정왕으로 임명했다. 10월 21일에 광서제가 병사하자 자희태후는 재풍의 아들이 황제의 뒤를 잇도록 한다는 뜻을 반포했다. 10월 22일에 자희태후도 중해中海의 의란전儀鸞殿에서 서거했다. 25일에 재풍이 연호를 선통宣統으로 정하였다. 11월 9일에 부의溥儀의 등극대전을 거행하고 재풍이 부의를 안고서 중화전에서 시위 대신들의 축하의 절을 받고 이어서 태화전 용상에서 문무백관의 조하를 받았다. 다음 해를 선통 원년(1909)으로 하였다.

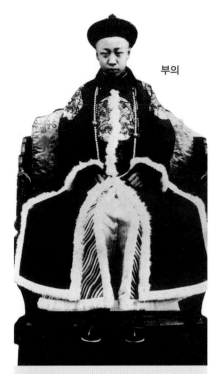

부의

부의(1906~1967)의 성은 애신각라고 이름은 부의溥儀다. 청나라 마지막 황제이자 중국 봉건왕조의 마지막 황제다. 1908년 즉위 후에 연호를 선통으로 하고 부친 섭정왕 재풍이 감국을 하였다. 1911년에 신해혁명 발발 후 원세개를 기용했다. 1912년에 퇴위했다. 1917년에 장훈張勳이 제위를 복위시켰지만 겨우 12일간이었다. 1924년에 풍옥상馮玉祥에 의해 북경에서 쫓겨났다. 1934년, 일본인이 부의를 위만주국 황제로 세웠다. 1945년 일본이 투항한 후에 소련의 포로가 되었고 1950년에 귀국했다. 1958년에 중화인민공화국의 특별사면을 받아 석방되어 보통 국민이 되었다. 1967년에 북경에서 병사하니 향년 61세였다.

자희태후 침릉 융은전隆恩殿 앞의 계단석
계단석의 도안은 용 위에 봉황이 있는데 이는 황제와 황후의 관계가 뒤바뀐 구체적 표현임을 볼 수 있다.

1911년
황화강기의

1911년 3월 29일, 동맹회는 광주에서 기의를 일으켰는데 많은 사상자를 내었고 그 영향은 전국을 뒤흔들었으니 이를 '황화강黃花崗기의' 라고 부른다. 동맹회가 창설된 후 혁명 당원들은 여러 차례 기의를 일으켰으나 모두 실패했다. 그러나 그들은 결코 낙심하지 않았고 광주에서 신군新軍·방영防營·민군民軍·경찰들 속에서 많은 혁명 활동을 진행했다. 1911년 3월 10일에 홍콩 지휘부에서 회의를 열고 조성趙聲과 황흥을 각각 정·부 책임자로 임명했다. 15일 정식으로 기의를 공포하고 열 개의 길로 나누어 광주를 공격하기로 결정했다. 그러나 혁명지사 온생재溫生才가 광주 장군 부기孚琦를 암살한 뒤 청군이 광주에서 계엄을 실시했으므로 기의는 하는 수 없이 연기되었다. 29일 밤, 황흥 등은 광주에서 기의를 거행했고 격렬한 전투 끝에 결국 실패로 끝이 났다. 기의에서 희생된 72명 열사들의 유골은 광주의 황화강黃花崗에 합장되었으므로 이를 '황화강기의' 라고 부른다. 손중산은 이 기의를 하늘 땅을 놀라게 하고 귀신을 울리는 행위였다며 높이 평가하였다.

황화강기의 전사들

청 조정의 황족 내각

선통 3년(1911) 4월에 청 조정은 책임내각을 설립하고 혁광을 총리대신에 위임하니 이것이 '황족내각'이다. 입헌 주서를 준비하고 반포한 후에 입헌파는 청 조정에 책임내각을 구성하고 국회를 열라고 재촉하기 시작했다. 청 조정 왕공귀족들은 오로지 국운이 바뀔 것만을 두려워하며 입헌의 명의를 빌어 집권하기를 원하였다. 청 조정은 군기처 · 회의정무會議政務 등의 기구를 폐지하도록 조서를 내리고, 새롭게 내각관제를 정해 반포하고 책임내각을 설립했다. 신 내각 성립에 뒤이어 혁광(황족)을 내각총리대신에, 나동那桐과 서세창徐世昌을 협리대신協理大臣에 임명했다. 그 아래에 외무 · 민정 · 탁지度支 · 학學 · 육군 · 해군 · 법 · 농공상 · 우전郵傳 · 이번理藩 등 10부를 설치하고, 기선毓善 · 재택載澤 · 재순載洵 · 음창蔭昌 · 소창紹昌 · 부륜溥倫 · 수기壽耆 · 양돈언梁敦彦 · 당경숭唐景崧 · 성선회盛宣懷를 각 부의 대신으로 임명했다. 이를 '황족내각' 혹은 '친귀내각親貴內閣'이라고 부른다. 황족내각이 탄생하자 곧 사회 각계에서 광범위하게 불만이 터져 나왔다. 신해혁명 발발 이후에 청 조정은 원세개의 압력에 눌려서 하는 수없이 황족내각을 해산했다.

황족 내각총리대신 경친왕慶親王 혁광

무창기의

선통 3년(1911) 8월 19일에 호북 혁명당원들이 무창기의를 발동하자 각 성에서도 이에 호응하여 분분히 독립을 선포했다. 1911년 8월 3일에 호북 혁명 단체 공진회共進會와 현지 신군新軍 중의 비밀혁명조직 문학사文學社가 합병하여 기의를 영도하는 기구를 건립했다. 문학사 수령 장익무蔣翊武가 총지휘를 하고 공진회 수령의 하나인 손무孫武가 참모장이 되었다. 8월 19일(10월 10일)에 무창 신군이 기의를 앞당겨 20일 이른 아침에 총독아문이 공격을 당하고 무창성은 기의군에게 점령되었다. 21일에 한양漢陽 · 한구漢口가 모두 광복되었다는 보고가 있었다. 신군 협통協統 여원홍黎元洪이 도독으로 추대되었고 호북군정부를 조직하고 독립을 선포했다. 무창기의 후에 호남 · 섬서 · 산서 · 운남 · 강서 · 귀주 · 강소 · 광서 · 안휘 · 복건 · 광동 · 사천 등이 계속하여 독립을 선포하고 결국에는 청나라의 멸망을 이끌어내었다. 이해가 신해년이기 때문에 역사에서는 이를 '신해혁명辛亥革命'이라고 한다. 1912년 1월 1일, 남경 임시정부가 성립되었다. 손중산이 임시대통령에 취임하고 국호를 중화민국으로 정했다. 중화민국의 성립은 2천여 년간 이어져 온 봉건군주제를 종결하는 시대적 의의를 갖고 있다.

청 황제의 퇴위 조서
1911년 12월에 부의가 퇴위 조서를 반포하였고 이에 청나라는 멸망했다.

《소보》안건

1903년 6월, 상해의 지방 관리가 조계租界 당국에 《소보蘇報》를 고소했다. 1년간의 사건 심리 후 결국 《소보》는 발행 금지되었다. 장태염章太炎은 3년 징역형을 받고 추용鄒容은 2년 형을 선고받았다. 이것이 바로 한 때 세상 사람들을 놀라게 한 '소보사건'이다. 1903년 추용은 《혁명군革命軍》이라는 책을 써 혁명을 선전했으며 열렬한 환영을 받았다. 장태염은 이 책의 서언을 써 《소보》에 게재했다. 청 조정은 상해의 조계당국과 결탁하여 장태염과 추용을 감금했다. 추용은 나중에 감옥에서 병으로 죽었다. '소보사건'은 중국 자산계급 민주주의 혁명파와 외국자본주의 세력 및 청 정부 봉건세력 간의 이념의 충돌이라고 할 수 있다. 《소보》는 결국 정간되었지만 당시 사회를 뒤흔들 만큼 큰 영향을 주었고 혁명사상의 보급에도 도움이 되었다.

중화민국 성립

　'무창기의'가 전국에서 호응을 얻고 있을 때 손중산은 조국으로 돌아와 상해에 도착하고 혁명파는 공화국 임시정부 건설계획을 세웠다. 1911년 12월 20일, 17성의 대표회의가 남경에서 열렸고 임시정부 성립을 결정했다. 손중산은 16표라는 절대적 우세로 중화민국 제1회 임시대통령에 당선되었다.

　임시 대통령부府는 남경성 안의 구 양강총독아문 안에 설립하였다. 이날 밤 11시에 손중산 대통령 취임기념식이 거행되었다. 손중산은 서약서를 선독하고 동시에 〈임시대통령선서〉와 〈전국 동포에게 고함〉을 발포하며 국호를 '중화민국'으로 정하고 양력 사용으로 바꾸었다. 1912년 1월 2일, 손중산은 역법이 바뀐 것을 전국에 공개 전보하고 아울러 1912년 1월 1일에 중화민국 건원이 시작됨을 알렸다. 1월 11일에 각 성 대표회의는 또 오색기를 중화민국 국기로 결정하고 18성기星旗는 육군기, 청천백일靑天白日 만지홍기滿地紅旗는 해군기로 정하고 대통령 반령으로 전국 각 성을 통일하였다. 새롭게 성립된 남경 임시정부는 서양의 자산계급 민주정부 삼권분립 정신에 근거하여 건립되었다. 각 성 대표회의는 임시 참의원으로 개각 확충되었고 입법권을 행사했다. 임시 참의원은 헌법효력을 갖춘 〈중화민국임시약법〉을 통하여 자산계급 민주자유의 일반원칙을 규정하여 공화국의 방안을 구체화 법률화하였다. 남경 임시정부의 주요 구성원 및 이를 추진한 정책은 자산계급 성질의 혁명정부임을 설명해주고 있다.

십팔성기十八星旗(복제)
길이 280cm, 너비 165cm다. 무창기의 성공 후에 호북군 정부가 이런 국기를 내걸었다.

중화민국 제1차 국민대표회의
1912년 1월 5일, 손중산이 주재하는 각 성 대표회의가 개최되니 즉 제1차 국민대표회의다. 1월 5일에 새로 임명된 내각 구성원들이 총통부에서 제1차 회의를 열었다. 중화민국 임시중앙정부는 이로써 성립되었다.

청대의 금은기

청대 금은기 공예는 공전의 발전이 있었다. 금속 공예 기술은 더욱더 성숙해지고, 모형주조·용접·추타捶打·투조透彫·유금鎏金*·문양조각·누사累絲·주옥 상감 등 여러 기법이 종합되어 운용되었다. 특히 금은기 위에 투명한 법랑이나 금입사로 채운 법랑 등 신 기법이 생겨 매우 절묘하였다. 청대 금은기의 제품은 소형 금은 장신구로부터 대형 불탑 공양품까지 품종이 다양하고 풍부하였다. 궁정의 금은기 사용은 더욱 더 보편화되어 전장典章·제사·관복·생활·말안장·진설·불사佛事 등 다양하였다. 청대의 금은기는 주로 북경·남경·항주·소주·양주·광주 등지에서 생산되었고, 이러한 지역들의 금은기는 유구한 역사와 범상치 않은 기예를 갖고 있다. 청대에는 또 몽골·티베트·위구르 등 소수민족의 금은기 공예도 많은 발전이 있었다.

* 금과 수은을 합성한 아말감으로 이를 청동기 표면에 바르고 가열하면 수은이 증발하고 금만이 그릇 표면에 부착되어 떨어지지 않음 – 역주

금편종金編鐘

강희 연간에 만든 제품이다. 금편종은 순금으로 만들어졌으며 금종金鐘이라고도 한다. 황제가 대전을 거행할 때 사용한 악기다. 편종은 한 세트가 16개이고, 외형의 크기는 기본적으로 서로 같다. 중앙은 비어 있고, 단지 종벽의 두께가 다르다. 망치로 때리면 서로 다른 음조를 낸다. 이것은 금종에서도 으뜸인 황종黃鐘이다.

은화분의 금나무 분재[銀盆金鐵樹盆景]

은화분은 육각형으로 매 면마다 신선들이 축수하는 모습을 조각한 문양이 있다. 인물은 겨우 1촌寸 정도지만 그 섬세함이 깊은 경지에 이르렀고 정신과 감정을 모두 드러내었다. 금속공예 조각 장인의 탁월한 기교를 볼 수 있다. 화분 안에는 금재질의 철나무가 있는데 곧게 뻗은 나무 줄기를 비늘 문양으로 깎았고 나무 끝에는 우상엽羽狀葉의 나뭇잎들이 무성하다. 나무 제일 꼭대기 중심에는 다섯 개의 나선형 금실이 있으며 금실에는 귀엽고 조그만 박쥐가 용접되어 있다. 분재 제작이 정교하고 섬세하며 조형이 아름다워 무한한 생동감과 우아한 정취를 느끼게 한다. 철나무는 장수를 표시하고 위에 장식한 박쥐의 뜻은 '오복봉수五福捧壽'를 뜻하는 축수 때에 사용하는 진설품이다.

'대위덕大威德' 금 단성

원형의 단성壇城과 성 기단 외측에 전지연화纏枝蓮花가 조각되어 있으며 녹송석이 상감되어 있다. 테두리 밖은 누사累絲로 팔대시림八大尸林*을 장식했다. 중간은 화염이고 안은 호법저護法杵가 있다. 정중앙은 불경을 넣어두는 경전經殿이고 경전 위에는 일산과 깃발이 숲처럼 빽빽하다. 경전의 사면은 모두 문이 있고 경전 내부에는 대위덕과 많은 현인들이 앉아 있다. 단성은 교묘하고도 영롱하며 제작이 아름답다. 추섭법·문양 조각·누사법·덧붙이기 등 여러 가지 수법을 사용하여 그 기예가 몹시 섬세하다. 매우 보기 드문 예술진품이다. 단성은 산스크리트어로 '만다라'이고 성현들이 모여서 법을 수행하는 곳이라는 의미다.

* 고인도의 중요한 8대 성지로 불교신도와 요가 수련자들이 이곳에서 정진하면 성취를 이룬다고 함 – 역주

손잡이가 있는 은주전자

은주전자는 원형으로 넓은 입에 둥근 뚜껑이 있으며, 목이 가늘고 배가 넓으며 바닥은 둥근 굽이다. 목 부분에는 한 쌍의 짐승 형상의 작은 손잡이가 달려있고 움직이는 손잡이와 주전자 뚜껑이 연결되어 있다. 배 부분에는 고개를 든 용머리가 돌출되어 있고 그 입에는 둥근 기둥식 물대를 물고 있다. 물대와 대칭이 되는 곳에 또 하나의 둥근 고리 모양의 손잡이가 있다. 은주전자는 조형이 우아하고 문양조각이 세밀하여 건륭시기 은재질 주기酒器 중의 명품이다.

터키석을 상감한 종모양의 금불탑

불탑은 거꾸로 된 종모양을 하고 있고 탑의 중간 부분에는 서로 마주 본 연꽃잎이 새겨져 있다. 탑 중간부에는 불감이 있고 불환문佛歡門이 있다. 문 위에는 연꽃이 조각되어 있고 터키석이 상감되어 있다. 탑 중반부 주위에는 짐승이 영락瓔珞*과 절구공이를 물고 있는 문양이 있다. 탑찰은 13층으로 되어있는데, 위에는 탑산이 있으며 연꽃 방울을 오려 조각 장식되어 있다. 탑산 꼭대기는 공 모양의 연밥이 달려 있고 좌우에는 각각 꽃처럼 오려 만든 깃발이 달려 있다. 그 위에 산호와 백옥으로 만든 일월과 금으로 만든 화염火焰이 있다. 탑좌는 자단목으로 만들었으며 바깥은 은으로 싸여 있고, 연화무늬를 두드려서 조각하였다. 탑좌의 사면에는 각각 한 쌍의 금으로 만든 사자가 공을 가지고 놀고 있다. 종탑의 조형은 명쾌하고 장중하여 또 다른 풍격을 갖추고 있으며 합리적으로 조화를 이루고 있다. 조각기법이 정교하여 감상자에게 미적 향유를 느끼도록 해준다.

* 구슬로 만들어서 목에 거는 장식품 – 역주

송석을 상감한 손잡이가 있는 금분파호金賁靶壺

이 금분호는 원래 황제가 거주하는 자금성 양심전 불누각의 공양품이다. 황제가 사는 곳에는 대부분 불 누각과 불당 등을 건설하여 영원한 복을 기도했다. 금분파호는 전체에 꽃문양이 장식되어 있으며 터키석이 상감되어 있다. 공예가 매우 정교하고 조형이 특이하여 티베트 법기 중의 정품이다.

금계월金桂月 거는 병풍

이 병풍은 아름다운 산석과 우뚝 솟은 계수나무를 금을 두드려서 만들었으며 무성한 계화꽃이 가지 끝에 가득 달려있다. 공중에는 둥근 명월이 높이 걸려 있고 흰 구름이 송이송이 표표히 날아가고 있어 황금가을의 아름다운 풍경을 묘사하고 있다. 왼쪽 위에는 해서체의 금글씨로 '어제영계御製咏桂'라는 시 한수가 쓰여 있다. 테두리는 자단목에 기룡문을 상감했다. 걸이용 금 병풍은 아름답고 우아하며 제작이 우수하다. 추섭과 오려서 만든 공예의 대표작이다.

청대의 법랑기

화법랑 노호盧壺

이 호는 동재질에 도금한 것으로 자금성 양심전養心殿 조판처造辦處에서 제작되었다. 둥근 항아리 모양으로 물대는 아주 짧고 이무기 형의 높은 손잡이가 있으며 뚜껑 꼭지와 손잡이기 연결되어 있다. 전체에 흑유를 바탕색으로 시유하고 18송이의 꽃을 장식했다. 모든 꽃송이 중심에는 둥글게 수壽자가 장식되어 있다. 꽃 사이에는 박쥐가 10쌍이 있어 복과 수명을 의미하고 있다. 둥근 굽 안에는 백유로 바탕색을 하고 그 가운데 남색 두 겹의 네모 칸 안에 두 줄의 세로 쓰기로 '옹정년제雍正年製'라는 관지가 있다.

법랑 공예는 명대의 경태람景泰藍(가는 줄 세공을 한 법랑) 전통을 계승하면서 한층 더 발전하였다. 특히 건륭시대에 공전의 발전이 있었으며 기물 모양의 응용에 있어서도 광범위하게 확대되어 큰 물건으로는 가구·불탑, 작은 물건으로는 코담배통·문방용품에 이르기까지 모두 법랑 공예로 제작했다. 법랑의 유색도 점차 증가하여 분홍·비취록·흑색 등이 새롭게 나와서 법랑의 색채를 더욱 풍부하게 했다. 청대 법랑 공예의 가장 뛰어난 성과는 화법랑畵琺瑯과 참태법랑鏨胎琺瑯*을 만들어 낸 점이다. 화법랑은 즉 동태화법랑銅胎畵琺瑯**으로 또 '소자燒瓷'라고도 부른다. 자태화법랑瓷胎畵琺瑯과 마찬가지로 강희 연간에 서양에서 도입한 것으로 둘 다 재질인 태胎만 다를 뿐이다. 즉 하나는 동재질이고 또 하나는 자기 재질이란 점이며 그 나머지는 몹시 비슷하다. 화법랑에는 두 종류가 있다. 한 종류는 실용품으로 병·접시·사발·항아리·합·향로·코담배통 등이다. 또 한 종류는 장식품으로 주로 가구나 시계에 상감하였다. 참태법랑은 금속재질 위에 두드리거나 잘라 조각하거나 부조와 같은 문양을 장식하고 그 후에 법랑약재를 채워넣는 것이다. 소성·광택·도금을 거쳐서 완성된다. 원래 서양공예로 청나라 후기에 법랑 공예에 남용되었으며 법랑 공예는 전체적으로 수준이 떨어졌다.

화법랑 법륜

이 법륜法輪은 동재질에 도금을 한 것으로 양심전 조판처 법랑제작소에서 제조한 것이다. 모두 여덟 개의 바퀴살이 있으며 바퀴살은 연화팔보蓮花八寶 문양으로 장식되어 있다. 높은 원형의 받침대 위에 양각의 연꽃잎이 빙 둘러 장식되어 있으며 두 줄의 구슬 문양이 받침대의 테두리를 두르고 있다. 받침의 안쪽은 노란색 유약 바탕에 중간 부분에는 해바라기꽃 한 송이가 장식되어 있다. 그중 파란색으로 시유한 꽃잎에는 한 줄 세로 쓰기로 '옹정년제'라고 해서체로 쓰여 있다.

* 참태법랑은 금속바탕에 문양을 새기는 것으로 문양의 윤곽을 뚜렷하게 파내고 그 속에 법랑약을 채워넣어 소성, 갈기, 도금을 하면 보석을 상감한 효과를 냄 – 역주

** 동재질에 법랑으로 그림을 그린 것 – 역주

줄세공 법랑 부준鳧尊*

이 술동이는 동 재질에 도금을 한 것으로 꼬리는 말려있으며 등에 타원형 술동이를 지고 있는 오리 형태다. 물오리의 몸에는 줄세공 기법으로 깃털 문양을 하였으며 채색유약이 발라져 있다. 술동이는 옅은 파란색 바탕에 연꽃 문양과 활짝 핀 꽃송이가 장식되어 있고, 양쪽 측면에는 태극문양이 장식되어 있다. 세련된 모양에 디자인도 참신하고 색채도 화려하다. 양주揚州 법랑제품의 대표작이다.

* 물오리 모양의 술동이 – 역주

화법랑 큰 항아리

항아리는 동 재질이고 입과 발은 도금되어 있다. 원형으로 위는 넓고 아래로 좁혀지며 둥근 굽이다. 전체는 노란 바탕에 입 아래 장식은 기문夔紋과 수운 문垂雲紋이 한 줄 빙 둘러져 있다. 복부 장식은 구련문勾蓮紋이고 또 4개의 개광開光이 있어 각각 쌍학·장난하는 어린이·피리소리 듣는 모습·축수의 광경이 그려져 있다. 굽 안은 담황색 바탕이고 중간부분 장식은 남유로 둥근 교룡이 장식되어 있다.

화법랑 육경六頸병

이 병은 동재질에 도금을 한 것이며 양심전 조판처 법랑제작소에서 제조되었다. 원형이며 굽도 둥글다. 어깨 부분에는 주둥이가 다섯 개 있다. 병의 몸통 부분은 노란색 유약 바탕에 전지연纏枝蓮이 장식되어 있으며, 어깨·배·다섯 개 주둥이 부분에는 모두 활짝 핀 꽃이 장식되어 있다. 몸통 배 부분에는 검은 색 바탕에 꽃이 채색되어 있다. 굽 중앙에는 파란 선으로 두 줄의 사각 테두리가 그려져 있고, 그 안에 두 줄 세로 쓰기로 '옹정년제' 라고 쓰여 있다.

화법랑 해당화식 병

이 병은 동 재질에 도금을 했다. 몸통·입·굽은 모두 네 잎의 해당화 형태다. 전체는 추섭법으로 흐르는 구름모양을 도금했다. 그 사이에 법랑으로 흰 꽃을 장식했다. 배 부분의 장식은 두 마리 짐승머리가 손잡이를 물고 있는 형태며 또 양쪽에 개광이 있다. 장식은 산수누각이 있지만 서로 다르다. 발굽의 안은 흰 바탕이고 중심 부분의 남색 장방형 안에 세로로 세 줄 '대청건륭년제' 라고 전서체로 쓰여 있다. 이 병은 광주에서 제조되었으며 중국의 전통 조형 기초 위에서 서양의 금속장식 방법을 흡수하여 금색이 돌출하여 더욱 화려하고 부귀스럽다.

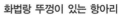

줄세공 법랑 쌍룡병

동 재질에 도금을 한 것으로 양심전 조판처 법랑제작소에서 제조되었다. 원형에 목이 길며 작은 입이 벌어져 있다. 아래는 도금한 동 받침이 있고, 병의 윗부분에는 도금한 두 마리의 용이 휘감고 있다. 병의 몸통 부분은 옅은 파란색의 유약 바탕에 연꽃 문양으로 장식을 하였다. 받침 바깥부분에는 해서체로 '대청건륭년제大淸乾隆年製' 라고 음각되어 있다. 병을 장식하고 있는 꽃잎에 바른 채색 유약은 고르지도 않고 광을 내지도 않았는데, 이것은 건륭 시대의 법랑 공예품에 나타난 새로운 특징이다.

화법랑 뚜껑이 있는 항아리

이 항아리는 동 재질에 도금을 했다. 둥근 형태로 뚜껑이 달려 있다. 양심전 조판처 법랑제작소에서 제작되었다. 전체에 백유로 바탕색을 했고, 서로 다른 크기의 각양각색의 피구화皮球花*로 장식되어 있다. 어깨와 굽 부분에는 솟아오른 뭉게구름 문양이 한 줄 둘러져 있다. 굽 안은 흰 바탕에 중심부에는 남색 쌍선의 둥근 테두리 안에 세로로 두 줄 '건륭년제' 라고 해서체로 쓰여 있다.

* 소단화小團花라고도 하며 불규칙적인 방사형이나 나선식 원형의 문양을 말함─역주

줄세공 법랑 사각형 술독

이 사각형 술독(방뢰方罍)은 동 재질에 도금을 했다. 편방형이고 배 부분은 조금 튀어나왔다. 사면의 중간과 네 귀퉁이에 여덟 개의 극戟이 나와 있다. 장방형 굽은 밖으로 조금 퍼져 있다. 양쪽 어깨부분은 솟아오른 짐승얼굴이고 전체는 줄세공으로 장식한 짐승얼굴이다. 문양 장식에 채색유를 채워 넣었으며 문양 밖 나머지 바닥은 도금을 했다. 이 공예는 줄세공법랑 공예의 일종으로 청대 말기에 출현했다.

추태법랑 팔보

팔보八寶는 동 재질에 도금을 하였으며 양주에서 제조되었다. 아랫부분은 난간을 가진 원형 좌단이고 중간 부분은 세 장의 잎이 나온 모양의 둥근 기둥이 있고 위의 연봉오리와 연결되어 있다. 꼭대기는 가운데가 빈 불꽃이 있는데 그 안에 팔보 즉, 법륜 · 법라法螺 · 보산寶傘 · 백개白蓋 · 연꽃 · 보병寶瓶 · 금어金魚 · 반장盤腸으로 채워져 있다. 문양 장식은 추섭법으로 이루어졌다. 안에 옅은 남색 법랑을 채워 넣고 중간에는 붉은 산호를 상감했다.

참태법랑 코끼리

전체가 동 재질이고 도금했다. 코끼리는 네 발로 꼿꼿이 서있고 둥근 코에 꼬리는 아래로 쳐져있다. 등에는 안장깔개와 보병寶瓶이 있는데 그 뜻은 '태평유상太平有象'을 의미한다. 아래에 난간을 잇는 장방형 받침대가 있다. 병 · 코끼리 · 받침대에 모두 둥근 구름과 전지화 문양을 파내고 채색법랑유를 넣었다. 안장 앞뒤에는 모두 운룡문양이 장식되어 있고 덮개 좌우 장식은 운룡문을 줄세공법랑으로 만들었다. 이 코끼리는 불당 공양품으로 모두 두 개가 있다.

추태錘胎법랑 촛대

이 촛대는 동 재질에 도금을 했다. 두 개 접시는 연좌식이고 접시·기둥·받침은 모두 여섯 잎의 해바라기 모양이다. 전체는 두드려서 구련문을 만들었고 연한 남색 법랑으로 채워넣었다. 꽃심은 붉은 산호를 상감하였다. 이 촛대는 불당 공양품의 하나다.

화법랑 집호執壺

이 호壺는 동 재질에 도금을 하였다. 원형으로 가는 목에 긴 물대, 높은 손잡이가 있으며 둥근 굽은 밖으로 조금 퍼져 있다. 전체 바탕색은 황유고 목 부위는 네 송이 채색꽃으로 장식하였고 그 사이에 구련문을 넣었다. 어깨 부분 장식은 남유로 늘어진 구름모양으로 한 바퀴 돌렸으며 복부 장식은 모란과 꽃송이다. 굽 안은 흰 바탕으로 가운데의 남색 두 줄 테두리 안에 두 줄의 세로쓰기로 '가경년제嘉慶年製'라고 해서체로 쓰여 있다. 양심전 조판처 법랑제작소에서 만들었다.

화법랑 방기문 향로

이 향로는 동 재질에 도금했다. 원형으로 위쪽 장식은 루공 화법랑 뚜껑이 있다. 양측 장식으로는 코끼리 코를 손잡이로 하였다. 바닥 부분은 세 마리의 코끼리 머리와 감아올린 코를 다리로 하였다. 전체에 옅은 남색유로 바탕을 하였고 향로 몸 중간부위에는 도금의 현弦 문양을 한 바퀴 돌렸다. 그 위아래에는 각각 방기문方夔紋으로 한 바퀴 장식했다. 뚜껑 꼭지는 동 재질의 코끼리로 도금했다.

줄세공 법랑 향로

이 향로는 동 재질에 도금을 하였다. 장방형에 위는 넓고 아래로 좁혀진다. 쌍극雙戟 모양의 귀가 곧게 서있다. 꼭대기는 루공 법랑 뚜껑이 있고 뚜껑 꼭지는 사자모양이다. 바닥부분은 네 마리의 짐승이 다리를 물고 있는 모습이다. 전체에 흑유로 바탕색을 하였고 사면에 모두 줄세공 모란 문양으로 장식하였으며 뚜껑 장식은 구련문이다.

청대의 유리 공예

준국이 고대 유리 공예의 기원은 춘추전국시기였으며 청대에 번영단계로 발달했다. 청대 유리 생산지는 남북 두 곳으로 나눌 수 있으며 남방은 광주를 중심으로 하고 북방은 박산현博山縣의 안신진顔神鎭이 그 중심지다. 청 광서 30년(1904), 청 조정은 박산현이 있는 동북 지역에 유리회사를 설립하고 일곱 명의 독일 기술자를 초빙하여 유리를 제조하여 서양의 유리 제작 기술을 전파했다. 청대 유리 색감은 화려하고 재질은 가볍고 얇으며 깨지기 쉬웠다. 가장 중요한 창조적 기술은 투료套料*로 흰 유리 바탕 위에 각종 채색유리의 도안 원료를 붙이고 연마를 거쳐서 완성된다. 그 스타일은 당시의 죽각이나 상아조각과 비슷하여 세밀함은 마치 터럭과 같고 만져보면 모서리가 느껴지는 제품으로 채색유리의 바탕으로까지 발전했다.

* '투료'는 재료를 넣을 때 배합하는 과정에서 좋지 않거나 공백이 생기면 낭비가 많게 되어 그 안에 서로 다른 형상의 재료를 메우게 된다. 즉 한정된 재료 면적에 최대한 많은 재료를 사용해 생산하여 재료의 이용률을 극대화시켜 재료 손실을 감소하는 방법 – 역주

좌대가 있는 채색 유리병

병은 불투명한 백색으로 구연부는 홍색으로 테두리가 되어 있다. 병 입구는 바깥쪽으로 퍼져있고 가는 목에 배는 넓다. 병의 좌대는 6층으로 되어 있으며 모두 타원형으로 붙여 만들었다. 직경의 크기는 각각 다르다. 위에서 아래로 녹색·백색·남색·백색·녹색·갈색 등의 색깔로 되어 있다. 제일 아래 가장자리에 '건륭년제'라는 네 글자가 새겨져 있다. 이 유리병은 색채가 풍부하며 조형이 독특하다. 전체는 촛대의 모양을 하고 있으며 건륭시기 생산된 신품종이다.

분홍 유리 삼족 향로

이 향로는 분홍색 유리로 제작되었다. 둥근 입에 한 쌍의 교각橋脚식 귀가 있다. 배 부분은 아래로 좁혀지며 배 아래에 젖꼭지 모양의 다리가 세 개 있다. 향로 바닥에는 '건륭년제'라는 관지가 새겨져 있다. 청 내무부 양심전 조판처 유리공장에서 제조되었다. 이 향로의 표면은 고르지 못한 짙고 옅은 붉은 산호를 모방한 문양이 나타나는데 이를 '방산호료仿珊瑚料'라고 한다. 향로 안은 구리 재질이며 전당殿堂 안에서 향료를 넣고 태우던 그릇이다.

남색 투명 유리 사발

진남색 투명 유리 그릇이다. 둥근 입이 밖으로 퍼져 있고 배 벽은 경사지면서 아래로 좁혀지고 둥글고 작은 굽이 있다. 바닥에 '건륭년제'라는 넉 자가 새겨져 있다. 청대 내무부 양심전 조판처 유리공장에서 구운 제품이다. 이 그릇의 색깔은 광택이 나며 투명도가 몹시 좋다. 입구 테두리는 6개의 등거리 삼각형의 작은 파임이 있어 여섯 잎의 연꽃 잎 모양의 그릇이다.

교태유리병

병 입구는 나팔모양으로 밖으로 퍼져 있고 목 부분은 비교적 가늘고 배 부분은 넉넉하고 둥글며 아래 굽은 밖으로 퍼져 있다. 병 외벽은 흰색·남색·홍색 세 색상이 같은 간격의 나선형식의 띠를 두르고 있다. 입과 다리는 모두 녹색이다. 병 바닥에는 '건륭년제' 라는 관지가 있다. 청대 내무부 양심전 조판처 유리공장에서 제조한 물건이다. 이 병의 제작 공예과정은 복잡하다. 먼저 백색의 유리를 불어 타원형으로 만든 후, 백색의 몸체 바깥쪽으로 남색과 홍색의 띠형 유리 재료를 모양틀에 넣고 계속 공기를 채워 형체를 완성시킨다. 형체가 완성된 후, 다시 녹색유리로 주둥이와 받침을 만든 다음 가열하여 병의 몸체와 붙여 결합시킨다. 이러한 기법을 '교료유리攪料琉璃' 혹은 '교태유리攪胎琉璃' 라고 한다. 이 병의 문양장식은 몹시 새롭고 화려하지만 속됨이 없어 청대 유리공예품 중의 걸작이다.

흰 바탕에 투람套藍 유리 쌍이병雙耳瓶

이 병의 바탕색은 불투명한 백색 유리로 그 문양과 두 개의 귀는 모두 남색유리로 되어 있다. 병은 원형이고 입구는 밖을 향해 퍼져 있으며 목 부분은 비교적 가늘다. 배 부분은 비교적 넓고 굽은 낮고 바닥은 평평하다. 두 귀는 기봉형夔鳳形이며 단독으로 만들었다가 열이 가해진 후에 병 몸체에 붙였다. 목 부분은 파초잎으로, 배 부위는 기룡문과 전지연문纏枝蓮紋으로 장식했고 두 마리 용이 서로를 향하고 있다. 굽 가까운 곳은 연꽃잎으로 두 바퀴 돌렸다. 바닥에는 '건륭년제' 라는 관지가 있다. 청 내무부 양심전 조판처 유리공장에서 제조한 작품이다.

노란 유리 국화잎 모양의 음식물 찌꺼기 담는 그릇

노란색 유리 그릇이다. 펼쳐진 입에 넉넉한 배, 둥근 굽이 있다. 전체는 국화 꽃잎 16장으로 만들어졌다. 바닥에는 '옹정년제' 라는 해서체 관지가 있다. 이 그릇의 제작은 몹시 규격이 있고 조형이 우아하고 색채가 화려한 것이 옹정 연간 유리그릇의 대표작이다.

남유리 촛대

이 촛대는 남색유리로 만들어졌으며 상하 몇 부분으로 조합되었다. 가장 꼭대기는 원형의 작은 접시가 있고 그 안에 동으로 만든 초를 꽂을 수 있는 침이 있다. 접시 아래에는 둥근관형의 기둥이 있고 기둥 아래는 입이 넓고 운두가 낮은 접시가 있다. 접시 아래는 또 한 개의 원형 기둥이 있고 가장 아래에는 사발을 엎어놓은 모양의 높은 굽이 있다. 촛대의 표면은 전지연꽃 문양과 권운문卷雲紋 도안을 새겨넣었고 그곳에는 금을 채워 넣었다. 촛대 허리부분에는 '건륭년제' 라고 관지가 새겨져 있다. 이 촛대는 제작이 정교하고 공예가 복잡한데 건륭시기 각종 공예품의 공통된 특징을 반영하고 있다.

청대의 도자

청대 전기의 강희 · 옹정 · 건륭 황제의 삼대에 걸쳐 중국 고대 자기 제작 기술은 황금기를 누렸다. 비록 생산 설비와 도구에는 큰 변화가 없었지만 태토와 유약성분의 선택과 배합에서부터 굽기 · 장식 기법에 이르기까지 모두 역대 최고 수준을 자랑했다. 청대의 도자기는 북송 때와 마찬가지로 국영 도요지인 관요官窯와 민간 도요지인 민요民窯의 구분이 있었다. 관요는 궁궐에서 사용하는 여러 가지 종류의 자기를 전문적으로 만들었으며 경덕진은 여전히 주요 생산지로 전국 각지의 민간요에 널리 영향을 주었다. 그 중요한 성취는 유상채釉上彩* · 단색유單色釉 · 청화靑花 · 삼채三彩 등이다. 화려하고 웅장하며 밝은 색채는 청대 궁궐 자기의 특징이다. 경덕진에는 민간요가 여러 곳 있었는데, 가장 유명한 제품이 오채五彩 · 청화 · 삼채다. 그 밖에도 강소성의 의흥요宜興窯 · 복건성의 덕화요德化窯 · 광동성의 석만요石灣窯는 유명한 민간 도요지이다.

* 도자기 위에 그림을 넣은 것 – 역주

노균유삼계병爐釣釉三系瓶

노균유는 청대 관요에서 비취를 원료로 사용하여 저온의 가마에서 두 번 구워낸 것이다. 이 병은 어깨 · 배 · 목 세 부분으로 나뉘고 각 부분에는 세 개의 줄무늬가 있다. 바닥에는 전서체로 '옹정년제' 라는 네 글자가 음각으로 새겨져 있다.

여의주를 쫓는 용이 그려진 큰 청화병

큰 입구에 좁혀진 목과 둥근 배가 있는 그릇으로 모양이 장중하고 단정하다. 여의주를 쫓는 용 문양이 주 도안이며 청화색이 짙다. 이런 종류의 병은 건륭 관요에서 많이 생산되었으며 이 병처럼 옹정 시대에 제작된 것은 보기 드물다.

황색 분채 연탁팔보문蓮托八寶紋 자로瓷爐

이 향로는 분향을 할 때 사용하는 도구로 다섯 가지 공양품 중 하나다. 이 향로는 황색 바탕에 분채 구련문勾蓮紋에 팔보를 가탁한 장식이다. 구련문은 건륭 후기부터 청 말기 분채 자기에서 쉽게 볼 수 있는 문양이다. 연꽃의 가지와 잎이 작아 갈고리 모양을 띠고 있으므로 이런 이름이 붙었다.

'대아재大雅齋'관지가 있는 큰 항아리

이 그릇은 아주 크지만 문양 장식은 정밀하다. 녹유
를 시유했고 분채로 아욱꽃과 국화꽃을 그려 넣었
다. 이 항아리는 궁중에서 연꽃을 재배하던 항아리
다. '대아재大雅齋'는 자희태후가 만년에 기거하던
궁이다. 광서 연간에 '대아재'라는 관지의 궁정 자
기가 생산되었다. 또 '천지일가춘天地一家春'이란 타
원형의 홍인紅印도 찍혀 있다.

분채 '백록百祿' 술동이

소머리 모양의 술동이로 분채로 백록도白鹿圖를 그렸다.
산기슭에 100여 마리 가까운 각양각색의 매화록梅花鹿이
무리를 이루고 있다. 어떤 것은 먹이를 찾고, 어떤 것은 장
난질을 하며 조용하고 안락한 전원 분위기가 충만하다. 사
슴 녹鹿과 복 록祿은 발음이 같으므로 백록白鹿은 즉 '백
록百祿'으로 고관대작과 높은 봉록을 뜻한다.

녹유분채 쌍봉천화병雙鳳穿花瓶

목 부위에 주작朱雀 모양의 귀가 있고 안
에는 연초록유를 시유했다. 밖은 비취유
위에 분채 쌍봉천화문雙鳳穿花紋을 그려
넣었다. 바닥에는 '대청건륭년제'라는 여
섯 글자가 붉은 전서체로 쓰여 있다. 이
병의 문양 장식은 섬세하고 유색은 선명하
며 비교적 보기 드문 걸작품이다.

청대의 가구

청대 가구는 초기에는 기본적으로 명대의 방식을 계승하였다. 건륭 때부터 청대의 특징이 나타나기 시작했는데 조형이 점차 더 복잡해졌고 장식도 더욱 화려해져 청대 가구발전은 절정기에 이르렀다. 건륭 이후에 점차 쇠퇴하여 청말에는 북경가구·소주가구·광동가구 등 민간가구 제작에 직접적인 영향을 주어 발전하기 시작하였다. 청대 가구는 궁정가구가 대표적이며 건륭 때의 궁정 가구는 당시의 다른 궁정 공예와 마찬가지로 다양한 공예기법을 종합적으로 이용하였다. 채색그림, 조각 외에도 광범위하게 다양한 칠기 공예수법을 흡수하였는데 예를 들어 척홍도 이용하였고, 심지어는 법랑·자기 조각·옥석·나전 등을 끼워 박았다. 이리하여 가구의 형태가 번잡하고 덧대어졌으며 장식도 화려해졌고 기술은 신기神技에 가까울 만큼 훌륭했다. 그러나 예술적인 품격이 떨어져 명대의 가구만큼 우아하지는 못하다.

빙상冰箱(얼음상자)

얼음상자 혹은 얼음통으로 주周대의 빙감冰鑒(고대 얼음을 담던 그릇)에서 발전하였다. 전해오는 수많은 청대 말기의 목재질의 얼음상자는 대부분 홍목·화리목花梨木·잣나무 등의 목재로 제작되었다. 이 상자는 홍목으로 제작한 것으로 대나무를 엮는 방식을 모방하여 정교하게 만들었다. 아가리는 크고 바닥은 작고 외관은 네모지다. 바닥에는 물이 빠지는 구멍이 있으며 모양은 나무통과 비슷하다. 얼음상자 양측에 손잡이 고리가 있고 위에는 덮개가 있다. 덮개에는 동전 크기 만한 구멍이 두 개 있는데 손잡이 구실을 함과 동시에 냉기가 빠져나가는 구멍이기도 하다. 얼음상자는 일정한 높이에 놓아 얼음과 음식을 넣고 빼는 데 편리하도록 받침이 있다.

자단목으로 만든 등받침과 팔걸이가 달린 둥근 의자

'권의圈椅'(팔걸이가 달린 둥근 의자)라는 명칭은 청대에 북경 장인들이 습관적으로 사용하던 말로 명대에는 '원의圓椅'라고 했다. 또 다른 별명으로는 '마장의馬掌椅'라고도 하는데 서양인들이 붙여준 이름이다. 둥근 의자는 명나라 때 이미 고정적인 조형 모델이 되었고 이 의자의 뒷면과 손걸이는 자연스럽게 내려온 형태로 완곡하고 부드러워 몹시 아름답다. 앉았을 때 뒤꿈치를 올려놓을 수 있을 뿐만 아니라 겨드랑이 아래의 팔도 지탱할 수 있게 되어 몹시 편안하다.

이 둥근 의자는 청나라 때 생산되었고 자단을 사용했다. 자단은 명청 시대에 가구로 사용되었지만 재료가 부족했기 때문에 몹시 진귀하다. 또 자단의 나무 색상이 윤택이 나는 짙은 자색이다. 중국에서는 이전부터 '자기동래紫氣東來'라는 말이 있었으며 '자紫'는 본래 왕을 상징하기 때문에 짙은 자단목은 궁정에서 좋아하였다. 이 자단 둥근 의자는 투각이 여러 곳에 사용되었고 빽빽한 둥근 문양 장식은 당시 서양 장식 스타일의 영향을 받았음을 알 수 있다. 등받침의 구조는 청대에 형식을 중시했다는 점과 아울러 제작에 담긴 사상적 배경 및 묵직한 궁정의 품격을 보여주고 있다. 매우 화려하고 엄숙한 느낌을 준다.

채색그림이 있는 흑칠 교의交椅

교의는 또 호상胡床이라고도 하며 원래는 중국 고대 마상민족의 도구로 통상 땅바닥에 앉았다가 의자에 앉게 되면서 변형된 것이라고 여겨진다. 교의는 접을 수 있기 때문에 고대의 제왕과 귀족들이 사냥을 나가거나 순행할 때 시종들이 언제나 교의를 짊어지고 동행했다. 그래서 주인이 언제 어디서나 앉아서 쉬도록 했는데 이 때문에 교의를 '행의行椅' 또는 '엽의獵椅'라고도 한다. 교의는 제왕 귀족들이 사용하던 용구로 신분의 상징이기 때문에 중국어로 '첫 번째 교의交椅'라고 하면 1인자를 뜻하고 있다. 이 교의는 몇 개의 필요한 선으로 구성되어 조형이 간단하고 검은 칠이 부분적으로 떨어져 나가 나무 재질이 드러나 더욱 고졸함이 엿보인다. 팔걸이 앞쪽과 다리 모서리 권화문卷花紋의 조각 장식과 등받이 판의 묘금 장식, 투각으로 된 운문의 운용은 조형이 거칠면서도 호방한 교의에 얼마간의 운치를 더하여 주고 있다.

황화리로 만든 안락의자

안락의자는 청대에 출현한 가구로 새로운 스타일이자 기능적인 용도의 가구다. 당시 안락의자는 부잣집의 가장을 위해 전문적으로 설계되어 만들어졌다. 이 안락의자는 황화리 목재로 만들었으며 동시에 의자면·등받이·다리면과 머리받침은 모두 풍아를 상징하는 대나무 형상으로 표현하고 있다. 농후한 문인 숨결을 내뿜고 있다. 전체 조형은 간결하고 고졸하여 명대 가구의 유풍을 볼 수 있다.

나무에 옷칠을 하고 금박 문양을 넣은 등받이가 있는 보좌寶座

보좌는 가구용 의자 중에서 체적이 가장 큰 것으로 의자 주인의 위엄과 장중함을 표현하고 있다. 이 보좌는 옹정 연간에 제작된 것으로 크기가 아주 크며 앉을 수 있는 면적이 140cm에 달한다. 좌석면은 허리 쪽이 원형이며 북처럼 둥근 다리가 있다. 다리 가장자리 조각 장식은 호문곡선壺門曲線이 은근하고 자유로워 자못 기품과 운치가 있다. 보좌의 다리는 안쪽을 향하여 큰활모양으로 구부러져 있어 침착한 느낌을 준다. 조형은 코끼리 코와 비슷한데 과거 장인들은 이런 모양을 '내번대알內翻大挖'이라고 하였다. 같은 모양의 다리를 명대의 향궤香机와 수돈繡墩 같은 기물에서 종종 볼 수 있다. 단독으로 등받이만 기대게 되어 있고 책을 펼쳐놓은 것 같은 받침머리와 양쪽에 손잡이 모양의 팔걸이가 둘러져 있다. 전체적으로 보좌는 원활하고 침착하고 전아함이 느껴진다.

채회 묘금 복숭아와 박쥐 문양이 있는 방승형方勝形 칠 안궤

안석이란 뜻의 궤几는 가구의 일종이다. 방승형 궤는 사용하기가 불편하며 크기도 아주 작아서 주로 진열 성질의 가구로 설계되어 제작되었다. 이 방승형 칠궤는 전형적인 청대 중엽 작품이다. 안궤 면은 방승형으로 육곡六曲 다리 아래 막혀있는 받침이 있다. 전체는 검은 칠 바탕에 안궤 윗면은 채색 묘금의 복숭아와 박쥐 문양이 있는데 복숭아는 수명을, 박쥐는 복을 나타낸다. 다리 가장자리 장식은 고대 문양 장식인 기룡문夔龍紋을 모방하였고 다리 부분은 서양장식 도안을 사용했다. 이 두 가지는 완전히 서로 다른 장식 풍격으로 건륭시기의 수많은 공예품에서 상당히 조화의 미가 있는 아름다운 배합이다.

청대의 여성 복식

　중국 역사상 만주족 여성들에게서 받는 느낌은 이전 역대 여성들보다도 몸매가 호리호리하다는 점이다. 이는 결코 만주족 여성들이 키가 커서만이 아니라 복식의 도움이 큰 것으로 보인다. 예를 들면 만주족 여성의 틀어올린 머리는 보통 한족 여성들의 올린 머리보다 5~6촌† 정도가 높다. 또 '화분저花盆底'라는 만주식 신발은 일반 여성의 신발보다 2~3촌 정도 높은데 어떤 것은 심지어 4,5촌 높은 것도 있다. 이 두 가지만을 더해도 1척 정도의 높이가 된다. 만주족 여성들이 입는 복장을 보면 주로 긴 두루마기 위주로 길이는 땅까지 끌려 만주식 신발까지 덮어버려 여성들을 더욱 몸매가 호리호리하게 보이도록 한다. 긴 두루마기 겉에 다시 조끼를 곁들이는데 만주족 여성들이 몹시 좋아하는 치장이다. 이런 조끼는 남성용과 마찬가지로 대금大襟* · 대금對襟** 및 비파금琵琶襟*** 등의 모양이 있으며 길이는 대부분 허리쯤까지 오고 여러 가지 모양의 바이어스를 덧대었다. 한족 여성 복식은 가경 · 도광 이전에는 여전히 명대의 형상과 구조를 갖고 있었으며 적삼과 치마 위주였다. 건륭 연간의 여성 두루마기 양식은 비교적 넓고 길이는 일반적으로 무릎 아래로 내려왔다. 허리에 넓직한 띠를 두르고 그 안에는 긴 치마를 입는다. 옷깃은 여전히 둥근 깃이거나 비스듬한 것이고 차이나식 칼라는 극히 드물었다. 가경 이후 홑옷은 좁아지고 길이 역시 명확하게 짧아졌다. 어떤 사람은 옷 위에 깃과 소매가 없이 무릎까지 오는 조끼를 입었다. 아래 의복은 치마 이외에 바지도 입었다. 바지 스타일 역시 변화가 있었는데 처음에는 통이 넓은 바지를 입었고 후에 점차 통이 좁은 바지로 바뀌었다. 바지통의 끝단에는 바이어스를 대었다. 광서 연간부터 바지의 유행으로 치마를 입는 여성은 점점 보기 어렵게 되었다.

* 중국옷에서 단추로 채우게 되어 있는 오른쪽 앞섶 -역주

** 중국식 윗옷의 두 섶이 겹치지 않고 가운데에서 단추로 채우게 되어 있는 것-역주

*** 가슴 가운데가 겹치게 되어 있는 구식의 부인복-역주

비파금 조끼[馬甲]

봉새가 모란을 희롱하는 수를
놓은 굽이 높은 만주족 신발

청대에 전족을 한 여성이 신는 궁혜弓鞋

낮은 깃에 바이어스를 댄
긴 두루마기

청대 앞가리개

비단 바탕에 금룡이 있는
쓰개치마

금은으로 수놓은 긴 바지

비늘모양의 주름치마

번역을 마치면서

아주 긴 터널을 빠져나온 느낌이다.

드디어 수천 년 역사인 《중국통사》의 번역과 교정을 모두 마쳤다.

비록 수년에 걸쳐 번역하였다고는 하지만 수천 년의 망망한 바다같은 중국 역사에 비한다면 그 바다 속으로 흘러드는 가늘고 가는 한 물줄기와 같은 시간일 따름이다.

길고 긴 역사에서 명멸했던 인물들과 사건들도 무한한 우주와 억겁의 시간 속에서는 그저 한 점에 불과할 뿐임을 번역하면서 생각하곤 했다. 이런 거대한 역사의 흐름 속에 점 하나인 '나'에 대해서 더욱 겸허해지며 되돌아보는 시간을 가질 수 있었다.

역사는 흥망성쇠의 과정이지만 4권의 마지막 부분 1900년 의화단사건의 사진 한 장은 오래도록 뇌리에서 떠나지 않는 역사의 슬픔을 담고 있었다. 망해가는 중국을 회복해보려던 의화단원이 무참히 처형당한 사진인데 그 옆에는 총을 멘 일본순사와 정부군이 거만하게 서 있다. 겨우 100여 년 전의 일이다. 그리고 지금 중국은 G2가 되어 세계의 중심으로 힘차게 올라가고 있다. 그 옆에 있는 우리는 어떻게 할 것인가?

번역을 하면서 생각해야 할 것이 많았다.

예를 들어 죽음을 엄밀하게 번역하자면 황제의 죽음인 '붕어', '훙어'부터 일반인까지 신분마다 다른 용어를 써야겠지만 본서에서는 모두 일률적으로 '서거'로 하였다. 우리 역사도 아닌데 극존칭을 할 필요도 없거니와 죽음에도 이런 차별이 있어야 하나 하는 생각도 들었기 때문이다. 원서에서도 엄격한 구분은 없었다. 본서를 편찬한 중국역사학회가 농민운동에 기반을 둔 공산당이라서 그런지 농민반란 등을 '기의起義'로 표현하였다. 번역본에서는 '의거'로 할까 고민했지만 느낌이 달라 우리에게는 어색하지만 그대로 기의로 했다. 왕조 중심으로 서술할 때는 '봉기', '난' 같은 단어를 사용하였지만 역사의 흐름에 따라 단어 선택이 달라짐을 알 수 있다. 즉 역사를 기술하는 주체에 따라 달라지는 것은 당연한 일이다. 그것이 역사다. 왕멍王蒙이 《장자》를 해설할 때 언어의 역사를 말하면서 "우리가 언어를 사용하는 것이 아니라 언어가 우리를 사용하고 있다"고 말했는데 정말 그렇다는 생각이 든다. 어쩌면 역사도 그렇지 않을까? 역사는 그대로 흐르는데 사람만 변해왔다. 역사가 변하면서 사람을 지배하고 있다는 느낌이 든다. 어쩌면 우리가 역사를 만드는 것이 아니라 역사가 인간을 만드는지도 모르겠다.

또 어려웠던 점은 원나라와 청나라의 인명과 지명이었다. 모든 고유명사는 원칙적으로 한자음으로 하였지만 우리에게 익숙한 칭기즈칸, 누르하치, 포탈라궁 같은 것은 원음대로 하였고(확실한 원음은 알 수 없지만), 익숙지 않은 인명이나 지명은 티베트나 만주어라도 한자식 발음으로 했다. 청나라 황제의 성 '愛新覺羅'는 '아이신교로', '아이신지로' 등 여러 발음이 혼재되어 사용되므로 아예 한자음 '애신각라'로 하였다. 그래야만 이름과 함께 한자음으로 맞출 수가 있기 때문이다.

티베트나 만주족의 발음은 현재 통일되지 않고 멋대로 사용되고 있다. 예를 들면 '토이호특土爾扈特'을 '투르후트', '톨구트', '토르구드', '토르구트' 등 여러 가지로 사용되고 있어 차라리 한자음으로 하였다. 중국 역사학자들이나 국립국어원이나 이를 담당한 부서에서 빨리 한 가지로 통일해주기를 희망해본다. 티베트의 '죠캉사원[大昭寺]' 같은 경우도 정확한 발음인지는 알 수 없지만 우리나라 사람들이 많이 쓰고 있으므로 그대로 따랐다.

4권 청나라 부분에서는 수많은 서양인들이 중국에 왔는데 이들 이름의 본명을 찾는 데도 많은 시간이 할애되었다. 예를 들면 '왕치성王致誠', '이선득李善得' 같은 경우는 이름만 보면 중국 사람으로 여길 수 있어 일일이 찾아 번역했다. 왕치성은 'Jean Denis Attiret'(1702~1768)이고 이선득은 'Charles W. Le Gendre'(1830~1899)다. 그리고 주를 달아 중국식 이름을 표기했다. 이럼으로써 중국도서를 읽는 분들이 다시 찾아야 하는 수고로움을 덜었으면 하는 바람에서다. 세심하고 꼼꼼하게 한다고 하였지만 잘못된 부분이 있다면 전적으로 역자의 책임이다. 독자 여러분의 애정 어린 질책을 달게 받고자 한다.

《중국역사박물관》(전10권)과 《중국통사》(전4권)의 번역을 하면서 전체적으로 두 번이나 중국 역사라는 망망대해를 헤쳐왔다. 그래도 좀더 전문적인 지식을 축적하기에는 부족한 감이 있다. 이를 계기로 각 사건과 인물들에 관해 미시적으로 더욱 천착해보는 것은 앞으로 역자가 공부해야 할 과제라고 할 수 있겠다.

올해로 아버지가 이 세상의 소풍을 마치고 가신 지 5년이 된다. 2008년 햇빛 찬란한 가을 《중국통사》 1, 2권의 번역본을 보시며 무척 흐뭇해하시던 아버지가 그립다. 한창 바쁠 때라서 그 핑계로 편찮으신 아버지를 자주 찾아뵙지 못했었다. 올해 산소에 가서 완간 소식을 고한다면 자책의 마음이 조금이라도 옅어질 수 있을지 모르겠다.

2005년 10월에 번역계약이 있었고, 2006년부터 시작하여 이제야 대장정의 막을 내리게 되었다. 작년(2012, 8월 말)에 중국 베이징국제도서전의 주빈국이 한국이라서 여기에 출품하고자 3월 29일에 4권 번역을 끝내고 출판사에 송고를 하였다. 그리고 혼자서 기쁜 나머지 지인들에게 번역을 끝냈다는 문자를 보냈다. 축하한다는 답문 속에 "7년이라는 세월은 초등학교도 졸업할 시간"이라는 내용이 왔다. 그렇구나! 그렇게 긴 시간이구나……. 조카 하나는 정말 그동안 초등학교에 입학하여 졸업을 하였다. 그동안 역자의 삶에도 수많은 변화가 있었다. 큰 사건들이 이 기간에 다 있었던 것 같다.

여러 가지 사정으로 작년에 출간이 미루어져서 이제야 나오게 된 아쉬움도 크다. 결국 8년이 걸린 셈이다.

10년 가까이 100만여 글자와 치열하게 싸워왔던 시간들을 어찌 설명할 수 있을 것인가? 물론 그동안 이것에만 매달린 것은 아니었다. 학교 수업도 하였고 저서가 2권, 번역본도 3권이 출판되었다.

'아, 이제 번역은 쉬어야겠다'고 생각하지만 지금 진행중인 854쪽의 《중국인쇄사》 번역이 남아있다. 이것이 끝나면 정말 쉬어야겠다. 그렇게 되기를 간절히 바란다.

2013년 2월 4일

색인

중국역사연대표(□은 중국통사 4권 내용)

선사시대	구석기 시대	기원전 약 800만~6000년
	신석기 시대	기원전 약 6000~2000년
하夏		기원전 2070~1600년
상商		기원전 1600~1046년
서주西周		기원전 1046~771년
동주東周	춘추春秋	기원전 770~476년
	전국戰國	기원전 475~221년
진秦		기원전 221~206년
서한西漢		기원전 206~서기 25년
동한東漢		25~220년
삼국三國 (220~280년)	위魏	220~265년
	촉蜀	221~263년
	오吳	222~280년
서진西晉		265~317년
동진東晉		317~420년
남북조南北朝 (420~589년)	남조南朝 (420~589년) 송宋	420~479년
	제齊	479~502년
	양梁	502~557년
	진陳	557~589년
	북조北朝 (386~581년) 북위北魏	386~534년
	동위東魏	534~550년
	서위西魏	535~556년
	북제北齊	550~577년
	북주北周	557~581년
수隋		581~618년
당唐		618~907년
오대십국五代十國		907~960년
요遼		907~1125년
북송北宋		960~1127년
서하西夏		1038~1227년
금金		1115~1234년
남송南宋		1127~1279년
원元		1271~1368년 (1206~1271년은 몽골국이라 함)
명明		1368~1644년
청淸		1644~1911년

옮긴이 소개

강영매姜始妹

충남 예산 출생
이화여자대학교 중어중문학과 졸업
대만국립사범대학 중문연구소 졸업(중문학 석사)
대만중국문화대학 일본연구소 졸업(일문학 석사)
국사편찬위원회 국외사료과정 수료
연세대학교 대학원 졸업(중문학 박사)
간행물 윤리위원회 심의위원 등 역임

현재

이화여자대학교 통역번역대학원 겸임교수

논문

《湯顯祖 牡丹亭研究》《井上靖の中國歷史小說研究》《牡丹亭時空結構析論》〈모란정과 파우스트의 합창의 의미〉
〈춘향전과 모란정의 '천자문' 수용양상〉〈모란정 언어기교의 해학성〉〈案頭의 書와 실제공연의 문제〉
〈모란정에 나타난 '화신'의 의미와 상징성 고찰〉〈한중공연문화 교류현황〉
〈湯顯祖《牡丹亭》의 助役 春香의 役割과 극적구성 고찰─《西廂記》《페드르》와의 대비를 중심으로〉 등 다수.

저·역서

《고사성어 문화답사기》1·2《강영매의 한자여행》《한자특강》《사통팔달 중국어》《재미있는 북경중국어》,
《동양고전극의 재발견》《춘향예술의 양식적 분화와 세계성》(공저) 등 다수.
《중국통사》(전4권)《중국역사박물관》(전10권)《중국고전극 연구》《중국의 성문화》《굴원》《채문희》《백록원》(전5권)
《선월》《중국인의 꾀주머니》《주룽지 기자에 답하다》(공역) 등 다수.

중국통사 4

2013년 3월 15일   초판 1쇄 발행

엮은이   중국사학회
옮긴이   강영매
발행인   윤형두
발행처   종합출판 범우(주)

등록   제 406-2004-000012호(2004년 1월 6일)
주소   (413-756)경기도 파주시 문발동 출판문화단지 525-2
전화   031-955-6900~4
팩스   031-955-6905
홈페이지   http://www.bumwoosa.co.kr
이메일   bumwoosa@chol.com

편집   윤아트
교정   김영석·박은성

ISBN   978-89-6365-085-2 04910
         978-89-9116-795-7 (세트)

*값은 뒤표지에 있습니다.

범우사에서 펴낸 거작선

韓國典籍印刷史
천혜봉(前 성균관대 교수) 지음

實證的으로 정리된 印刷文化史 1,300년. 形態書誌學 분야에서 硏究·
分析된 完結本. 古書鑑識을 위한 全圖版 211종 實物文化. 9,800항목의
註가 뒷받침된 완벽한 論考.
考證된 刊記·跋文 등 主要資料 90점이 실려 있다.
·제13회 한국출판학회상 저술·연구부문상 수상
·제6회 인쇄문화상 특별부문상 수상
·제31회 한국출판문화상 출판상 수상·제2회 북디자인상 장려상 수상
·1990년 올해의 책 선정·제23회 문화부 추천도서 선정

타블로이드판/고급양장본/케이스 入/402쪽/값 100,000원

韓國의 古地圖
이찬(前 서울대 교수) 지음

500년 전에 제작된 東洋最古의 세계지도〈混一疆理歷代國都之圖〉등
희귀본 235점 天下圖-關防地圖-朝鮮全圖 및 道別圖-都城圖-繪畵
地圖-山圖 등 類型別·目的別·時代別로 분류하여 분석·정리한 한국
고지도의 百科事典.
·1992년 문화부 추천도서 선정
·제33회 한국출판문화상 저작상 수상·1992년 韋菴 學術賞 수상

타블로이드판/고급양장본/케이스 入/422쪽/값 200,000원

한국회화소사
이동주(前 서울대 교수) 지음

1. 삼국시대부터 조선시대에 걸친 우리 그림을 친근하고 쉽게 이해할 수
   있도록 보편성과 문화총체성 위에서 설명한다.
2. 실물 위주의 감상을 바탕으로 깔고 기술한다.
3. 단편적 미술사를 뛰어넘어 인접국과의 문화 교류 풍속을 더욱 통시적
   으로 볼 수 있는 눈을 길러 준다.
4. 화가의 가계와 보학譜學에 대한 저자의 해박한 지식을 토대로 한국미
   술통사로서의 가치를 발현하다.
5. 미술사를 비평가적 혜안에 의해 바라본다.

21.8×24.5cm/284쪽/값 40,000원

세계의 문자
세계문자연구회 엮음
김승일(문학박사) 옮김

1. 1,200개에 이르는 도판을 사용하여 이해하기 쉽도록 기술하고 문자
   의 계통과 변천을 도표에 의해 설명.
2. 문자의 형태, 비문, 옛글 사본, 문장의 예 등을 관계가 있는지도나 부
   록, 표를 풍부하게 삽입하여 설명.
3. 소멸된 고대 문자는 해설을 곁들여 기술.
4. 로마자는 각종 자체의 변천과 현상을 병렬시켜 가며 문자의 명칭과
   문자의 결구, 읽는 법 등을 유럽 각 국어로 해설.
5. 부록에는 인쇄한 문자의 크기 견본, 주요 언어 분류표, 찾아보기 등이
   실려 있어 편리.

4×6배판/고급양장본/578쪽/값 70,000원

돈 황 敦煌
돈황연구원·돈황현 박물관 지음
최혜원·이유진 공역

중국 불교예술의 보고인 돈황석굴에서 발견된 문물들의 정화판!
· 총 293폭에 이르는 사진을 골라 컬러 수록함.
· 돈황의 역사 및 석굴 예술과 돈황 유서에 관한 논문 네 편을 실었다.
  사진에 관한 설명은 287항목이다.
타블로이드판/고급양장본/케이스 入/360쪽/값 130,000원

兼齊謙齋 眞景山水畵
최완수(간송미술관 민족미술연구실장) 지음

朝鮮 後期 전통 화법에서 벗어나 활달하면서도 섬세한 독창적 眞景山水畵
法을 완성하여 한 畵派를 이룩한 畵聖 謙齋의 걸작과 生涯를 담은 國寶
級 畵集.
· 제34회 한국출판문화상 예술 ·사진 부문 수상
· 제12회 東垣 學術賞수상
타블로이드판/고급양장본/348쪽/케이스 入/값 150,000원

눈으로 보는 책의 역사
안춘근(전 중앙대학원 교수)
윤형두(출판학회장) 편저

인류의 사상과 정서를 가장 훌륭하게 전달한 책 변천사!
'책의 위기'가 심각하게 거론되는 현실이지만 인류의 사상과 정서를 가장
훌륭하게 전달해 온 매체인 책의 역사를 고대 이집트의 파피루스 부터 20
세기 미국 소설가 존 스타인벡의 '에덴의 동쪽'까지 책의 흐름을 각 페이
지마다 빠지지 않고 사진과 함께 게재. 제목 그대로 '읽는'책이 아니라
'보는'책의 형식을 따랐다. 게재된 책들의 표지·활자·삽화 등을 따라가
다 보면 자연스레 '책의 진화'에 동참하게 된다. —중앙일보
· 1998년 문화관광부 추천도서 선정
190×260mm/고급양장본/값 60,000원

한국서화가 인명사전
한문영 지음

국내 서예가·화가 등 10,000여 명 인명·작품 총 집대성!
· 국내 서예가 3천여명, 화가 2천여명, 불화승 2천 4백여명, 현존 작가 2
  천여명 등
  삼국시대에서부터 근·현대 서화가 총망라.
· 서예 작품 760여점, 그림 560여점, 인물사진 70여점, 총 1,500여점의
  사진 수록.
4×6배판/고급양장본/케이스 入/970쪽/값 150,000원

定都 600년 서울지도
허영환(성신여대 교수·박물관장) 지음

조선초에서 최근에 이르는 서울지도 원색 190여 점.
서울의 발전상뿐만 아니라 지도제작의 발달과정, 역사적 변혁과 사회상
의 변화를 일목요연하게 보여준다.
그리고 서울지도 600년史와 서울을 읊은 詩와 노래 등 서울 600년 略史
도 실려 있다.
· 제35회 한국출판문화상 수상
타블로이드판/고급양장본/케이스 入/276쪽/값 100,000원

韓國의 木工藝
박영규(용인대 교수) 편저

한국미술품 중 가장 한국적인 아름다움이 잘 나타나 있는 것은 白磁와
粉靑沙器 木工藝品들이다. 이들은 외형상의 자연미와 순수미를 보이고
있다.
그중에서도 기능과 함께 건강한 조형미가 가미된 목공예품들은 섬유질의
부드러운 눈매와 나뭇결로 자연의 아름다움을 더욱 깊이 느끼게 한다.
· 1998년 문화관광부 추천도서 선정
4×6배판/고급양장본/365면/값 120,000원